Bewegung und Beharrung

Studies in the History of Christian Traditions

General editor

Robert J. Bast
Knoxville, Tennessee

In cooperation with

Henry Chadwick, Cambridge
Scott H. Hendrix, Princeton, New Jersey
Paul C.H. Lim, Nashville, Tennessee
Eric Saak, Indianapolis, Indiana
Brian Tierney, Ithaca, New York
Arjo Vanderjagt, Groningen
John Van Engen, Notre Dame, Indiana

Founding editor

Heiko A. Oberman†

VOLUME 144

Bewegung und Beharrung

Aspekte des reformierten Protestantismus, 1520-1650

Festschrift für Emidio Campi

herausgegeben von

Christian Moser & Peter Opitz

unter Mitwirkung von

Hans Ulrich Bächtold, Luca Baschera und
Alexandra Kess

BRILL

LEIDEN • BOSTON
2009

Einbandillustration: Berner Disputation, 1528; Heinrich Thomann, Kopie von Heinrich Bullingers Reformationsgeschichte, 1605 (Zentralbibliothek Zürich, Ms. B 316, fol. 302r)

This book is printed on acid-free paper.

A C.I.P. record for this book is available from the Library of Congress.

Typesetting: Christian Moser, Zurich

ISSN 1573-5664
ISBN 978 90 04 17806 9

Copyright 2009 by Koninklijke Brill NV, Leiden, The Netherlands.
Koninklijke Brill NV incorporates the imprints Brill, Hotei Publishing,
IDC Publishers, Martinus Nijhoff Publishers and VSP.

PRINTED IN THE NETHERLANDS

INHALT

Vorwort ix

Oswald Myconius in Luzern 1
Markus Ries

Sebastian Franck und die Zürcher Reformation 21
Christine Christ-von Wedel

Rudolf Gwalthers Unterstützung des Landesschulprojekts in
Sondrio (1582–1584) und seine Meinung über Graubündens
Bedeutung in der damaligen Mächtekonstellation 39
Kurt Jakob Rüetschi

Gespräch wider Willen: Der Konstanzer Disputationsversuch
mit Zürich, 1597–1603 65
Christian Moser

Disputanten und Dissidenten: Zur gelehrten Auseinandersetzung mit dem Täufertum in Zürich im 17. Jahrhundert 91
Urs B. Leu

Valdés and Vermigli: Crossing the Theological Rubicon 117
Frank A. James III

From Florence to Zurich via Strasbourg and Oxford: The
International Career of Peter Martyr Vermigli (1499–1562) . . 135
Torrance Kirby

The Italian Antitrinitarians 147
Joseph C. McLelland

Konrad Gessner und Ungarn: Kommunikations- und
bibliotheksgeschichtliche Erkenntnisse 159
Jan-Andrea Bernhard

Heinrich Bullingers letztwillige Verfügung über seinen
schriftlichen Nachlass 181
Rainer Henrich

Mittelalterliche und frühneuzeitliche Kommentare zu
Augustins »De civitate Dei« 193
Alfred Schindler
»Zů vesperzyt sollend sie anheben ze lesen im Nüwen
Testament . . .«: Transformation und Transkulturation des
Horengottesdienstes in der Zürcher Reformation 207
Michael Baumann
Zürich und die Geister: Geisterglaube und Reformation 237
Philipp Wälchli
Bibeldichtung als Bibel-Verdichtung: Rudolf Gwalthers
»Argumenta capitum« in der Tradition biblischer
Gebrauchspoesie 259
Peter Stotz
»Our Philosophy«: Heinrich Bullinger's Preface to the 1539
Latin Bible 283
Bruce Gordon
»Das uns gott helff und die heiligen«: Zürich im Streit um die
eidgenössische Schwurformel 295
Hans Ulrich Bächtold
»Tyrannus ac impius princeps«: Die Rolle der Waldenser im
ersten piemontesischen Religionskrieg (1560–1561) und die
Entstehung der reformierten Widerstandsrechtslehre 347
Emanuele Fiume
Die religiöse Toleranz in Siebenbürgen und Polen-Litauen im
Kontext der europäischen Kirchengeschichte 361
Erich Bryner
»Lex Credendi«? Katharina Schütz Zell's Prayers 383
Elsie Anne McKee
Predigt bei Calvin 395
Christoph Strohm
Der Begriff »Doctrina« in der reformierten Tradition des
16. Jahrhunderts 413
Herman J. Selderhuis
Witnessing to the Calvinism of the English Church: The 1618
Edition of Thomas Bradwardine's »De Causa Dei Adversus
Pelagium« 433
Luca Baschera

Bibelstellenregister 447
Personen- und Ortsregister 451
Verzeichnis der Mitarbeitenden 469

VORWORT

Allen kulturellen und historiographischen Moden zum Trotz: Die Beschäftigung mit der Reformationsgeschichte ist und bleibt spannend. Sie ist die Beschäftigung mit einer Bewegung, deren Facettenreichtum und Vielschichtigkeit immer neue Fragestellungen erfordert und immer neue Entdeckungen ermöglicht.

Dies gilt nicht zuletzt für die Geschichte des »reformierten« Protestantismus. Lässt man sich den historischen Blick nicht durch zeitliche, geographische und thematische Verengungen verbauen, wie sie sich nur allzu oft in Lehrbüchern und Überblickswerken finden, so öffnet sich gerade diese reformierte Reformationsgeschichte zu einer komplexen Geschichte vielfältiger Bewegungen geistiger, sozialer, aber auch rein physischer Art. Bewegung gibt es aber nicht ohne Beharrung, so wenig wie es Transformation ohne Kontinuität, und Wille zur Veränderung ohne Suche nach Beständigkeit gibt. Die Geschichte des reformierten Protestantismus, ihre Verwurzelung im späten Mittelalter und im Renaissancehumanismus einerseits, und ihre Prägekraft für das 17. Jahrhundert andererseits, macht dies besonders deutlich, und der vorliegende Strauß an Themen und Aspekten vermag es denn auch vielfältig zu illustrieren.

Er ist gedacht als Dankesgabe an Prof. Dr. Emidio Campi, einen Weggenossen, Gesprächspartner und Lehrer. So spiegelt er nicht von ungefähr etwas von dem breiten Arbeitsfeld des Geehrten wider, ebenso wie von der Fülle der Gesprächsthemen, die ihn selber bewegten, und mit denen er andere in Bewegung zu setzen vermochte. Dass sich dabei die »Zürcher Reformation« wie von selbst als Gravitationszentrum herausbildet, ist in einer Festschrift für einen Kirchenhistoriker und ehemaligen Leiter des Instituts für Schweizerische Reformationsgeschichte an der Universität Zürich wenig verwunderlich. Mehr als ein solches ist sie allerdings nicht, wie schon das geographische Themenspektrum, und erst recht der internationale Kreis der Autorinnen und Autoren eindrücklich zu zeigen vermag. Dies ist nicht Zufall, sondern entspricht dem weit über das enge Zürich hinausgehenden Erfahrungs- und Forschungshorizont, den der Geehrte immer wieder in fruchtbarer Weise in Lehre und Forschung einzubringen vermochte. Auch hier entsprechen sich die reale Bewegung des reformierten Protestantismus und die Biographie eines ihrer verdienstvollen Erforschers, dem hiermit anlässlich seiner Emeritierung ein herzlicher Dank ausgesprochen sei.

Die Herausgeber   Zürich, März 2009

OSWALD MYCONIUS IN LUZERN

Markus Ries

Die Entscheidung gegen die Reformation fiel in Luzern sehr früh: Bereits im Jahr 1522, noch vor der ersten Zürcher Disputation, stellten weltliche und geistliche Obrigkeiten sich offen gegen Luther und damit auf die altgläubige Seite. Im Blick auf die äußeren Umstände ist dies zunächst auffällig; denn die Luzerner Verhältnisse waren durchaus mit jenen der Nachbarorte vergleichbar. Auch hier hatte das Studium der klassischen Sprachen und der antiken Kultur begeisterte Anhänger gefunden, und auch von hier waren junge Männer an die Universitäten Basel, Paris oder Wien aufgebrochen und gehörten seither zu den Kreisen der Humanisten. Sie führten weit verzweigte Korrespondenzen und waren eingebunden in das Netz, dessen Mitglieder sich gegenseitig mit Nachrichten, aber auch mit Druckschriften versorgten, welche nun in rasch wachsender Zahl verfügbar waren. In der Stadt Luzern bestanden zwei Bildungseinrichtungen: die Stiftsschule zu St. Leodegar, die faktisch zugleich eine städtische und eine kirchliche Einrichtung war, und dazu die Klosterschule mit dem Hausstudium für den Franziskanerkonvent; auf der Landschaft führten das Kollegiatstift Beromünster und das Zisterzienserkloster St. Urban eigene Schulen. Die Themen, welche die gebildete Welt beschäftigten, besonders die Kritik an den kirchlichen Zuständen, waren auch hier Gegenstand vielfältiger Debatten. Seit 1519 verfolgte man mit lebhaftem Interesse den Streit um Martin Luther, und 1521 soll sich bereits die Hälfte des Klerus mit dessen Ideen angefreundet haben.[1] In Luzern

---

[1] Diese Einschätzung äußerte Pfarrhelfer Wolfgang Schatzmann von Sempach im Jahr 1521 gegenüber Vadian. Sebastian *Grüter*, Geschichte des Kantons Luzern im 16. und 17. Jahrhundert, Luzern 1945, 53. – Zur Reformation in Luzern: Gottfried W. *Locher*, Die Zwinglische Reformation im Rahmen der europäischen Kirchengeschichte, Göttingen / Zürich 1979, 424–429; Willy *Brändly*, Geschichte des Protestantismus in Stadt und Land Luzern, Luzern 1956 (Luzern Geschichte und Kultur II/4); Hans *Wicki*, Geschichte der Cisterzienser Abtei St. Urban im Zeitalter der Reformation 1500–1550, Freiburg 1945 (Zeitschrift für Schweizerische Kirchengeschichte. Beiheft 1), bes. 80–84; Theophil *Graf*, Die Reformation in Luzern, in: Josef Schmid (Hg.), Inner-

entwickelte sich eine eigene reformatorische Bewegung; sie war getragen von einer Handvoll Gebildeter, die untereinander sowie mit
dem Erasmus-Kreis und mit Zwingli in Zürich in engen Beziehungen
standen. Die Exponenten waren Oswald Geißhüsler (Myconius), Lehrer der Luzerner Stiftsschule, Johannes Zimmermann (Xylotectus),
Chorherr in Beromünster und in Luzern, Jodok Kilchmeyer, Pfarrer
von Ruswil, Melchior Dürr (Macrinus) und danach Rudolf Ambühl
(Collinus) als Lehrer in St. Urban und Johann Jakob Zurgilgen (Lili-
anus). In der Reformationsgeschichte erreichte später Myconius die
größte Wirkung – allerdings nicht in Luzern, sondern in Basel. Ursprünglich weder Geistlicher noch graduierter Theologe, kam er durch
Studium und persönliche Beziehungen zum reformatorischen Bekenntnis. In Zürich gehörte er später zu Zwinglis engsten Vertrauten,
danach war er Pfarrer und Antistes in Basel. Sein Schicksal und jenes
der jungen Luzerner Reformation in den Jahren 1521 und 1522 waren
auf das engste ineinander verwoben. Aus diesem Grund macht der
Blick auf sein Wirken und auf seine Entlassung die schon früh getrennten Wege der Eidgenossenschaft verständlich.

1. Freundschaft mit Zwingli

Oswald Geißhüsler stammte aus der Stadt Luzern, er wurde 1488 als
Sohn eines Müllers geboren und hatte zwei Schwestern.[2] Die erste

---

schweizerisches Jahrbuch für Heimatkunde 7, Luzern 1943, 29–39. – Die wichtigsten
Quellen zu Myconius für die Jahre 1519 bis 1522 finden sich in: Huldreich Zwinglis
Sämtliche Werke [Z], hg. von Emil Egli et al., Bd. 7, Leipzig 1911 (Corpus Reformatorum 94) und Amtliche Sammlung der älteren Eidgenössischen Abschiede [EA], Bd.
4/1a, bearb. von Johannes Strickler, Brugg 1873.
    [2] Eine von ihnen, Anna, heiratete später Pfarrer Hans Schröter von Dübendorf.
Die Namen der Mutter und der anderen Schwester sind nicht bekannt. – Grundlegend zur Biographie: *Brändly*, Geschichte, 14–47; sodann: Hans *Jurt*, Aurolea und der
hl. Apollinaris: Ein privater Bildersturm Luzern 1522, Seminararbeit Soziologie, Universität Luzern 2007; Peter *Vogelsanger*, Zürich und sein Fraumünster: Eine elfhundert-
jährige Geschichte (853–1956), Zürich 1994, 297f.; Ekkehart *Fabian*, Zur Biographie
und geplanten Erstausgabe der Briefe und Akten von Oswald Myconius und seiner
Basler Mitstreiter, in: Heiko A. Oberman et al. (Hg.), Reformiertes Erbe: FS Gottfried
Locher, Bd. 1, Zürich 1992 (Zwingliana 19), 115–130; Jean-Claude *Margolin*, Un échange de correspondance humaniste à la veille de la Réforme: Henri Glarean – Oswald
Myconius (1517–1524), in: La correspondance d'Erasme et l'épistolographie humaniste,
Brüssel 1985, 145–181; *Locher*, Zwinglische Reformation, 47 und 575f.; Ernst Gerhard
Rüsch, Oswald Myconius, in: Dorothea Christ et al. (Red.), Der Reformation verpflich-
tet: Gestalten und Gestalter in Stadt und Landschaft Basel aus fünf Jahrhunderten,

Ausbildung erhielt er in Rottweil am Neckar und später in Bern als Schüler des Michael Röthlin (Rubellus). Am 31. Mai 1510 immatrikulierte er sich unter der Bezeichnung »molitoris« an der Universität Basel, welche in ihren ersten Jahrzehnten von Studenten aus Luzern stets gut frequentiert war,[3] und im September 1514 wurde er baccalaureus artium. Die Studienzeit verschaffte ihm vielfältige, teilweise lebenslange Freundschaften mit namhaften Humanisten, so mit Heinrich Loriti (Glarean) von Mollis, mit Beatus Bild (Rhenanus) von Schlettstadt und – möglicherweise dank dessen Vermittlung – mit Barnabas Bürki von Altstätten, dem späteren Abt von Engelberg.[4] Überragende Bedeutung erlangte die Beziehung zu Erasmus von Rotterdam, welcher sich von August 1514 bis Mai 1516 zu ersten Mal in Basel aufhielt. Myconius besaß dessen 1511 in Paris erschienene und 1515 in Basel neu gedruckte gesellschafts- und kirchenkritische Schrift über das »Lob der Torheit« (Moriae Encomium), und zwar jenes berühmt gewordene Exemplar, welches Hans und Ambrosius Holbein mit Randzeichnungen versahen. Er selbst fügte rund 550 Bemerkungen und Kommentare hinzu. Sie zeigen, mit welch großer Begeisterung er sich die Gedankenwelt des Erasmus zu eigen machte und wie gut er schon in frühen Jahren mit Texten der klassischen Antike vertraut war. Dar-

Basel 1979, 33–38; *ders.* (Hg.), Oswald Myconius: Vom Leben und Sterben Huldrych Zwinglis, St. Gallen 1979 (Mitteilungen zur Vaterländischen Geschichte 50), 9–32; Willy *Brändly*, Myconius in Basel, in: Zwingliana 11 (1960), 183–192; Karl Rudolf *Hagenbach*, Johann Oekolampad und Oswald Myconius die Reformatoren Basels, Elberfeld 1859 (Leben und ausgewählte Schriften der Väter und Begründer der reformirten Kirche 2); Melchior *Kirchhofer*, Oswald Myconius: Antistes der Baslerischen Kirche, Zürich 1815. – Martin *Jung*, in: Religion in Geschichte und Gegenwart, 4. Aufl., Bd. 5, Tübingen 2002, 1634; Thomas *Kuhn*, in: Neue Deutsche Biographie, Bd. 18, Berlin 1997, 662–664; Hartmut *Lohmann*, in: Biographisch-bibliographisches Kirchenlexikon, Bd. 6, Hamm 1993, 412–414.

[3] Von 1490 bis 1500 waren aus der Stadt Luzern 28 Studenten in Basel eingeschrieben, von der Landschaft waren es 21. Willy *Brändly*, Lucernensia, in: Zwingliana 8 (1944–1948), 55–56, hier 56; Georg *Wackernagel* (Hg.), Die Matrikel der Universität Basel, Bd. 1, Basel 1951, 300 f.

[4] Die Möglichkeit ist gegeben, da Rhenanus 1503 bis 1507 in Paris weilte und Bürki sich 1504/05 zum zweiten Mal dort aufhielt. Der Ursprung der Beziehung ist indes bisher noch nicht geklärt. In einem zwischen 1510 und 1522 an Myconius gerichteten Brief empfahl Bürki sich als »tuus amicissimus amicorum«. Albert *Weiss*, Das Kloster Engelberg unter Abt Barnabas Bürki 1505–1564, Freiburg 1956 (Zeitschrift für Schweizerische Kirchengeschichte, Beiheft 16), 26–31, 164 f., hier 165. – *Fabian*, Zur Biographie, 118; *Brändly*, Geschichte, 31.

über hinaus vermitteln diese Eintragungen Hinweise zu seiner Biographie und zu seiner Geisteshaltung.[5]

Der Begegnung mit den Humanisten verdankte Geißhüsler seinen Beinamen – Erasmus selbst soll ihn als Anspielung auf die bereits damals vorhandene Stirnglatze gewählt haben; denn nach einem Hinweis, den Plinius in der »Historia naturalis« gibt (VII,47), galt sie als Merkmal der Männer auf der Kykladen-Insel Myconos.[6] Sein Auskommen fand Myconius als Lehrer – seit 1514 an der Schule St. Theodor in Kleinbasel, danach am Stift St. Peter. In die gleiche Zeit fielen Heirat und Geburt des Sohnes Felix, der später auf Wunsch des Vaters und gegen seine Neigung in Bern die Schule besuchen musste. Die Herkunft der Frau ist unbekannt, selbst ihr Name ist nicht überliefert. Hinweise auf ihre Person lassen sich vielleicht aus einem Gemälde gewinnen, welches Ambrosius Holbein im Jahr 1516 schuf. Gezeigt ist eine Schulstube, in der sowohl ein Mann als auch eine Frau Unterricht erteilen.[7] Aufgrund der Umstände ist es möglich, dass Myconius es

---

[5] Ernst Gerhard *Rüsch*, Vom Humanismus zur Reformation: Aus den Randbemerkungen von Oswald Myconius zum »Lob der Torheit« des Erasmus von Rotterdam, Basel 1983 (Theologische Zeitschrift 39 [1983], Sonderheft). – Die Randbemerkungen nehmen auf zahlreiche Autoren Bezug, im Vordergrund steht Erasmus selbst. Genannt sind im weiteren Aulus Gellius, Cicero, Demosthenes, Herodian, Homer, Horaz, Iuvenal, Lucian, Macrobius, Ovid, Pausanias, Plato, Plinius, Plutarch, Quintilian, Sallust, Seneca, Terenz, Tibull, Valerius Maximus, Varro, Vergil; ferner: Antonius Manicellus, Nicolaus Perottus und Laurentius Valla. Ebd., 6.

[6] Die Glatze des Myconius erwähnt Beatus Rhenanus in seinem Brief vom 31. März 1515 an Kirchenrektor Martin Eregrinus von Schlettstadt, mit welchem er ihm seine Ausgabe »de laudibus calvicii« des Bischofs Syneisios von Ptolemais dedizierte. Briefwechsel des Beatus Rhenanus, hg. von Adalbert *Horawitz* und Karl *Hartfelder*, Leipzig 1886 (Nachdruck Hildesheim 1966), 72. – Dass die Namensgebung Erasmus zuzuschreiben ist, hielt Bernhard Wyss noch zu Geißhüslers Lebzeiten in seiner Chronik fest: »Diser ward ouch fast unter den Gelehrten genempt Miconius. Als man sagt, so hat im den namen also zugeschriben doctor Erasmus von Rotterdam, so dozemal zu Bassel was«, zit. in: Willy *Brändly*, Myconica, in: Zwingliana 8 (1944–1948), 169–171, hier 169.

[7] Das Bild ist zweiseitig bemalt und befand sich schon 1587 im Kunstkabinett des Basler Rechtsprofessors Basilius Amerbach (1533–1591). Auf der einen, von Hans Holbein gestalteten Seite zeigt es einen Lehrer beim Unterricht mit zwei Gesellen. Auf der anderen Seite, welche Ambrosius Holbein gemalt hat, ist der gleiche Lehrer zusammen mit seiner Frau und vier Kindern im Unterricht zu sehen; der Mann und die Frau haben je ein eigenes Lesepult, er verwendet eine Rute, sie arbeitet ohne Hilfsmittel. Neben der Frau ist möglicherweise der gemeinsame Sohn Felix dargestellt. Bernd Wolfgang *Lindemann*, Ein schulmeister schilt vf beiden seiten gemolt: Holbeins Beitrag zur Frühgeschichte des Genrebildes, Basel 1997 (Ins Licht gerückt 3); *Jurt*, Aureola, 5; Willy *Brändly*, Der Schulmeisterschild Hans Holbeins und Myconius, in: Zwingliana 10 (1954/58), 261f.

war, der das Bild als Werbetafel für seine Schule in Auftrag gab, und dass er selbst darauf dargestellt ist. Trifft dies zu, so heißt dies, dass auch die Frau literarisch gebildet war und sich als Lehrerin betätigte. Das gezeigte Paar verfügte über einen erfrischenden Unternehmergeist: Der beidseitig angebrachte Werbetext empfiehlt die Privatschule für Groß und Klein, für Frau und Mann, und er gibt sogar eine Erfolgsgarantie: Wer so ungeschickt ist, dass er nicht zum Ziel kommt, »den will ich um nichts und vergeben gelehrt haben«.[8] Ein weiteres Indiz für das literarische Interesse der Frau sind auch die ungewöhnlich vertrauten Grüße, die ihr Glarean wiederholt übermitteln ließ: Er beteuerte, ihr aus dem gleichen Grund verbunden zu sein, aus dem sie ihren Mann liebe![9]

In Basel begann die später so folgenreiche Bekanntschaft mit Huldrych Zwingli. Der Pfarrer von Glarus reiste im Frühjahr 1516 an den Rhein, um Erasmus aufzusuchen. Er erlebte eine Begegnung, die bei ihm tiefen Eindruck hinterließ und ihn in Begeisterung versetzte. Bei der gleichen Gelegenheit lernte er Myconius kennen. Dieser blieb jedoch nur noch für kurze Zeit in Basel und zog noch im gleichen Jahr als Lehrer nach Zürich an das Großmünsterstift; vergeblich hatte Rhenanus versucht, ihn nach Freiburg im Üchtland zu ziehen. Am neuen Wirkungsort kam es bald zu gewichtigen Veränderungen; denn im Herbst 1518 gab es am Großmünster eine Kaskade von Vakanzen. Am 25. oder 26. Oktober starb Stiftspropst Johannes Manz, Nachfolger wurde Chorherr Felix Fry. Dessen frei gewordenes Kanonikat erhielt der bisherige Leutpriester Erhard Blattmann, so dass am Ende die Seelsorgerstelle zur Besetzung anstand. Myconius erkannte die Chance, Zwingli zu gewinnen. Er nahm sofort mit ihm Verbindung auf und ermunterte ihn, nach Zürich zu kommen.[10] Der Angespro-

---

[8] »Wer jemandt hie der gern welt lernen dütsch schriben und läsen usz dem aller kürtzisten grundt den jeman erdencken kan do durch ein Jeder der uor nit ein buochstaben kan der mag kürtzlich und bald begriffen ein grundt do durch er mag uon jm selbs lernen sind schuld uff schriben und laesen und wer es nit gelernen kan so ungeschickt were den will jch umm nüt und uergeben gelert haben und gantz nüt uon jm zuo lon nemen er sig wer er well burger oder hantwercks gesellen frouwen und junckfrouwen wer sind bedarff der kumm har jn. Der wirt drüwlich gelert umm ein zimlichen lon. Aber die jungen knaben und meitlin noch den fronuasten. wie gewonheit ist. 1516.« *Lindemann*, Schulmeister, 7.

[9] »[...] quam equidem amo eam ob causam quod te amat juro tibi«. Glarean an Myconius, Basel, 22. Juni 1518, zit. in: *Margolin*, Un échange, 158. Ähnlich äußerte er sich auch am 25. Oktober 1518 (ebd., 161).

[10] »Scis, si foret in rem tuam, quanto gaudio accumularer, si daretur Zinlium apud

chene zeigte sich geneigt und versuchte, Einzelheiten zu Seelsorgever-
pflichtungen und Gehalt in Erfahrung zu bringen[11]. In der Folge engagierte Myconius sich tatkräftig für die Wahl. Gewichtige Hindernisse
waren zu überwinden: Zum einen gab es mit Laurenz Mör aus Feldkirch einen ernsthaften Konkurrenten, zum anderen kursierten be-
denkliche Gerüchte. Zwingli liege mit einem Mann im Streit, hieß es,
»quod filiam eius vitiaverit«[12]. Zum ersten Problem verwies der Angesprochene energisch, ja mit Eifer auf seine Herkunft – es sei ja kaum
möglich, dass ein »Schwabe« einem Schweizer vorgezogen werde.[13]
Zu den erhobenen Vorwürfen nahm er in einem langen, an den be-
freundeten Chorherrn Heinrich Utinger gerichteten Brief Stellung. Er
bereute Verfehlungen und versicherte, es bestehe für die Zukunft keinerlei Anlass zu Beunruhigung. Bemerkenswert war das dritte Bedenken, es betraf Zwinglis »ingenium ad musicam«. Diese Begabung
weckte Misstrauen; denn sie ließ Zwingli einigen als lebenslustig und
weltgewandt erscheinen. Utinger vermochte in Zürich alle Zweifel zu
zerstreuen, und seine Verwendung führte zum Erfolg: Am 11. Dezember 1518 wählte das Großmünsterstift Huldrych Zwingli zum Leutpriester.

Diese Veränderung bewirkte, dass Zwingli und Myconius seit Anfang 1519 in Zürich Seite an Seite wirkten. Der Luzerner erhielt Gelegenheit, neben der Schule eigene Arbeiten zu verfassen. Mit Unterstützung durch Johannes Xylotectus in Luzern veröffentlichte er einen
Kommentar zu Glareans »Descriptio Helvetiae«, welcher 1519 zusammen mit diesem Werk in Basel im Druck erschien. Im weiteren plante
er die Herausgabe der Bruder-Klausen Vita des Berner Chorherrn
Heinrich Wölflin (Lupulus) aus dem Jahr 1501, was indes nicht zustande kam.[14] Die gemeinsame Zeit endete bereits nach wenigen Monaten,

---

Tigurum conspici paroecianum«. Myconius an Zwingli, Zürich, 29. Oktober 1518. Z
7, 101f.

[11] »De sacerdotio interea diligenter omnia perquirito, num parecianum opus sit
confessiones audire, morbidos invisere, qui pareciano praesit magistratus, quod emo-
lumentum; atque posteaquam hec aliaque didiceris, non sine tuo consilio rem aut
agam aut praeteribo.« Zwingli an Myconius, nach 29. Oktober 1518. Z 7, 103.

[12] Myconius an Zwingli, Zürich, 3. Dezember 1518. Z 7, 107–109. – Ulrich *Gäbler*,
Huldrych Zwingli: Eine Einführung in sein Leben und Werk, Zürich ³2004, 44f.

[13] »Nae, mecum dicebam: verum est, prophetam in patria honorem non habere,
atque adeo Suevum Helvetio praeferri, cui nec in ipsius quoque arena cedere animus
est?« Zwingli an Myconius, Einsiedeln, 2. Dezember 1518. Z 7, 105.

[14] Ernst Gerhard *Rüsch*, Bemerkungen zur Zwingli-Vita von Oswald Myconius, in:
Zwingliana 15 (1979–1982) 238–258, bes. 241f. – Zum Folgenden siehe *Brändly*, Geschichte, 18–28.

weil Xylotectus eifrig darum bemüht war, den Zürcher Lehrer für Luzern zu gewinnen. Ein erstes Angebot betraf die Lehrerstelle am Stift St. Michael in Beromünster. Myconius war zur Zusage geneigt, doch das Vorhaben wurde in Luzern hintertrieben und scheiterte. Beim zweiten Versuch ging es um die Stiftsschule von St. Leodegar in der Stadt selbst – auch hier besaß Xylotectus ein Kanonikat. Der Angesprochene zögerte zuerst, doch dann nahm er an und verließ Zürich Ende 1519.

2. Schulmeister in Luzern

Mit der Rückkehr in die Stadt seiner Jugend kam Myconius in eine Umgebung, in der seine Beziehung zum Humanismus bereits gut bekannt war. Überliefert ist eine Begebenheit aus dem Jahr 1518. Damals kehrte der frühere Rektor der Universität Wien, Joachim Watt (Vadian), nach St. Gallen zurück und hielt sich im Blick auf seine bevorstehende Heirat für einige Zeit in Zürich auf. Von hier kam er Mitte August gemeinsam mit seinem künftigen Schwager Konrad Grebel nach Luzern und besuchte Xylotectus und Myconius. Die vier Männer unternahmen eine Exkursion zum Pilatus-Bergsee. Seit Jahrhunderten galt dieser Ort als bedrohlich, weil er mit einem hieher gebannten Wettergeist und später mit Pontius Pilatus in Verbindung gebracht wurde. Wer immer beim sumpfigen Teich die Bergruhe störe, so die gängige Meinung, bringe die Kräfte in Unordnung. Er bewirke damit schwere Unwetter und Überschwemmungen in der Stadt Luzern. Aus diesem Grund war der Zutritt zum See streng beschränkt. Vadian und seine Begleiter kamen zu Pferd durch das Eigental bis zur Alp Stafel. Von dort stiegen sie unter Führung eines Alphirten zu Fuss weiter Richtung Oberalp und gelangten mit Hilfe von Stöcken über einen steilen, felsigen Pfad »non sine sudore« ans Ziel. Auf dem Weg ließ der Hirte die vier Begleiter hoch und heilig versprechen, sie würden weder einen Gegenstand in den See werfen noch sonst irgend etwas Unangemessenes tun. Das Interesse der Besucher galt den sagenhaften Überlieferungen, welche die Bewohner mit dem Ort verbanden. In der Sache kam man zu keinem Urteil, erklärte aber die Legendenbildung als Teil kollektiver Komplexitätsverminderung: »mortalium levitas est, ut locis naturae numine aliquo insignibus fabularum praestigias adnectant«.[15]

---

[15] Joachim *Vadian* (Hg.), Pomponii Melae de orbis situ libri tres, Zürich ³1522, 34;

Als Myconius an die Luzerner Stiftsschule kam, hatte diese bereits eine lange Geschichte. Das Benediktinerkloster St. Leodegar und St. Mauritius, welches im 8. Jahrhundert gegründet worden war, führte seit dem 13. Jahrhundert eine öffentliche Leseschule.[16] Als das Kloster 1456 in ein Chorherrenstift umgewandelt wurde, blieb die Einrichtung bestehen; sie verfügte südlich der Kirche – ungefähr am Ort des heutigen Pfarrhauses – über ein eigenes Gebäude. Die Knaben wurden unterrichtet und vielfältig für liturgische Hilfsdienste herangezogen. Rudolf Collinus meinte später im Rückblick auf seine eigene Schulzeit in den Jahren nach 1510, es habe hier zwar gute Männer gegeben, doch hätten sich deren Fähigkeiten meist im Singen erschöpft.[17] Myconius stellte in seinem Unterricht die klassische Bildung in den Mittelpunkt. Er dürfte dabei gleich vorgegangen sein wie zuvor in Basel. Mit den Schülern las er von Erasmus das »Compendium verae theologiae« und das »Moriae Encomium«, aber auch die in Hexametern gesetzte Evangelienharmonie des spanischen Theologen Iuvencus aus dem 4. Jahrhundert. Er hatte die Absicht, dazu einen eigenen Kommentar zu veröffentlichen, konnte aber auch dieses Vorhaben nicht verwirklichen. Für seine Bibliothek beschaffte er Texte der Kirchenväter, aber auch solche, die sich kritisch mit der Tradition auseinandersetzten. Auf Glareans Empfehlung las er Lorenzo Vallas Buch »De falsa credita et ementita Constantini donatione declamatio«. Diese 1435 verfasste und 1517 von Ulrich Hutten herausgegebene Schrift bestritt die Historizität der »konstantinischen Schenkung« und stellte damit die Legitimität der weltlichen Papstherrschaft in Frage.

Im Unterricht stellte Myconius hohe Anforderungen. Sein späterer Zürcher Schüler Thomas Platter berichtet, der Lehrer habe jeweils

---

Pirmin *Meier*, Schweiz: Geheimnisvolle Welt im Schatten der Alpen, München 1993, 46–58.

[16] Oscar J. *Koch*, Die Hofschule: Geschichte der ältesten Schule von Luzern, Luzern 1995, 5–9.

[17] »Lucernam traductus, in familiam D. Johannis Buholzer, Praepositi Lucernensis (qui mihi magnus avunculus erat) susceptus sum, apud quem commoratus ad quinquennium, et varijs usus Praeceptoribus, viris quidem bonis, sed nihil nisi cantare peritis, magnam studiorum jacturam fecissem, immo ad frugem bonam nunquam evasissem, nisi D.M. Johannes Xylotectus, Lucernensis et Beronensis Canonicus, patritio genere ortus (qui postea anno 1526. d. 6. Augusti, Basileae peste obijt, patria ejectus propter religionem, qui patriae et religionis unicum decus fuerat) mihi privatim Virgilium praelegisset.« Collinus, Lebensbeschreibung, zit. nach Johann Heinrich *Hottinger*, Historiae Ecclesiasticae Novi Testamenti: Seculi XVI, Pars II., Zürich 1665, 335 f.

höchst anstrengende Lektüreübungen durchgeführt: »als er anstůnd, laß er uns den Terentium; do mießten wier alle wertlin, ein gantze commoedi, declinierren und coniugierren«; es sei so weit gekommen, »das min hembdlin naß ist worden«[18]. Auf die Anwendung der Rute freilich habe Myconius verzichtet. Insgesamt galt er als »gar gelerter man und trüwer schůlmeister, aber grusam wunderlich«[19]. Die Arbeit in der Schule und der Austausch mit anderen Gelehrten verhalfen ihm zu hohem Ansehen – auch über seine Tätigkeit hinaus. Konrad Gessner, ein anderer Schüler, lobte ihn später als »vir summa eruditione et acri iudicio«[20]. Obwohl selbst ein Laie, wurde er von Geistlichen in theologischen Fragen konsultiert – unter anderem vom früheren Dekan des Vierwaldstätterkapitels, Pfarrer Balthasar Trachsel von Arth. Mitunter gab er Antworten nicht allein auf der Grundlage des eigenen Wissens, sondern versicherte sich durch Rückfrage bei Zwingli. Dabei kamen selbst Themen zur Sprache, die im engsten Sinne zur Sakramentenpastoral gehörten, etwa im Frühling 1520, als er sich in Zürich nach dem richtigen Umgang des Beichtvaters mit einem Skrupulanten erkundigte.[21]

3. Anfeindung und Absetzung

Schon nach kurzer Zeit erlebte Myconius Luzern als feindselige Umgebung – am 20. November 1520 schrieb er an Collinus, er lebe unter reißenden Wölfen.[22] Der früheste Gegensatz dürfte auf seine Position in der damals sensiblen Frage der Solddienste zurückzuführen gewesen

---

[18] Thomas *Platter*, Lebensbeschreibung, hg. von Alfred Hartmann, Basel [2]2006, 60.

[19] *Platter*, Lebensbeschreibung, 60.

[20] Conrad *Gessner*, Bibliotheca universalis, Zürich 1545, 530. – Ernst Gerhard Rüsch charakterisiert Myconius als einen »trocken-sachlichen Schulmeister von mancherlei frostiger Redeweise« und – mit Hinweis auf Johannes Gast, der 1529 bis 1552 als Diakon in Basel St. Martin wirkte – als »ängstlich gesinnt« und als »oft unberechenbar heftig«. *Rüsch*, Bemerkungen, 250.

[21] »Inter ea vero, que maxime scire exoptabam, illud erat: Quid putares, an redeundum esset ad sacerdotem post confessionem, si quod facinus in memoriam veniet, omissum non malicia, sed sola oblivione. Supra re quid mihi videatur, temporis brevitas scribere prohibet. Ne autem me tam curiosum putes! Fui et ego rogatus idem. Respondi incerto sermone, donec abs te certius instruerer«. Myconius an Zwingli, Luzern, 17. März 1520. Z 7, 282.

[22] Willy *Brändly*, Eine ergötzliche Mitteilung des Myconius über Erasmus von Rotterdam, in: Zwingliana 11 (1959–1963), 216f. – Zum Folgenden siehe *Brändly*, Geschichte, 29–39; *Graf*, Reformation.

sein. Anders als Zürich, das päpstlich und kaiserlich gesinnt war, hielt Luzern zu Frankreich. Gleich wie Zwingli lehnte Myconius fremde Dienste ab. Er verfasste den »Philirenus«, eine Kampfschrift gegen Krieg und Reisläuferei. In Form eines Dialoges argumentierte er darin gegen die verbreitete Kriegslust und führte auch kräftige Seitenhiebe gegen Mönche und Kleriker. Dies wiederum missfiel Erasmus, welcher in der Schrift wiederholt als Autorität in Anspruch genommen wurde und dem Myconius den Text zusandte. Wegen seines Einspruches blieb das Manuskript, das schon bei Froben im Basel zu Druck bereit lag, unveröffentlicht.[23]

Verstärkten Widerspruch erfuhr Myconius wegen seiner Haltung zu kirchlichen Fragen. Wie aus seinen Briefen, aber auch aus den Anmerkungen zum »Moriae Encomium« hervorgeht, war er ein überaus aufmerksamer Gottesdienstbesucher. Heftig kritisierte er unfähige Prediger, welche fern von Bibel und Kirchenvätern scholastische Quisquilien – »nugae sophisticarum« – traktierten, er spottete über untätige Mendikanten und er verlangte eine Abkehr von der spätmittelalterlichen, an Legenden orientierten Heiligenverehrung. Schon die Ankündigung eines Franziskaners im Sommer 1520, er werde seine Predigthörer wieder richtig auf Aristoteles einschwören, versetzte Myconius in Unruhe – allzu stark fürchtete er die scholastische Indoktrinierung.[24] Aufmerksam und mit zunehmender Erregung verfolgte er von Anfang an die Kontroverse um Martin Luther. Durch Vermittlung eines Dominikaners erhielt er schon Ende 1519 die von Melanchthon für Oekolampad verfasste »Lypsicae disputationis epitome«, und er kannte die Verurteilung der Universitäten Köln und Löwen. Widerspruch erfuhr Myconius, als er sich kritisch zur Reliquienverehrung äußerte. Zwingli empfahl Zurückhaltung und tröstete ihn zugleich: Man brauche sich weder als Antichrist noch als Häretiker beschimpfen zu lassen – immerhin hätten ja auch die Pharisäer Christus als von Dämonen besessen denunziert.[25] Myconius wurde vorgeworfen, er verwende Luthers

---

[23] *Kirchhofer*, Oswald Myconius, 24; *Graf*, Reformation, 31f. – Der Text konnte bisher nicht gefunden werden.

[24] »Nihil est hodie, quod insigniter me urgeat, nec quicquam sico futurum, nisi novus lector Minoritarum, qui ante octo dies huc venit ex Lutecia, aliquid ferat novi. Dixit in secunda declamatione sua ad populum, Aristotelem se molestius inculcaturum his, qui eius nomini infestiores sint.« Myconius an Zwingli, Luzern 21. August 1520. Z 7, 346.

[25] »Quod Antichristorum turpis ille grex tum imprudentie tum impudentie nos accusat, gratis te oportet audire: iam enim incipimus esse non heretici, cum illi interim

Schriften im Unterricht, ja er selbst sei ein Lutheraner. Gereizt kommentierte er dies mit dem Hinweis, die Leute seien mit dem Evangelium nicht vertraut, weshalb sie es mit Luthers Texten verwechselten.[26] Nachdem Leo X. die Bannandrohungsbulle erlassen hatte (15. Juni 1520) und im Reich die Vernichtung von dessen Schriften angeordnet worden war, glaubte Myconius, auch die Eidgenossenschaft sei davon betroffen. Er wehrte sich gegen die drohende Gefahr – »non quod Luthero tam praetendam, sed quod pecuniam, quam pro libris exposui, invitus amittam«. Zugleich beklagte er sich bitter, man fordere in Luzern nun auch gleich seine eigene Beseitigung – »Lutherum comburendum et ludimagistrum«! Obwohl er sich in den nachfolgenden Monaten mit Äußerungen zurückhielt, wurde er auf offener Straße sogar von Ratsherren angerempelt.[27] Prediger griffen offen oder verdeckt seine Positionen an, und nach weiteren »tumultus« musste er sich Ende 1520 vor dem Rat verantworten. Die Vorwürfe waren hart: Er sei ein Lutheraner, ein »novorum dogmatum seminator« und mit seinen Ansichten als Lehrer ein »seductor puerorum«.[28] Mit verzweifelten Hilferufen wandte er sich an Zwingli.[29] Bereits gab es zwei Lager: Auf einer Seite standen Xylotectus, Kilchmeyer und Myconius, dazu Stadtarzt Erhard und der Patriziersohn Jakob Zurgilgen, auf der anderen sammelte sich eine Gruppe um Schultheiß Jakob von Her-

fortiter dicant, ne dicam, mentiantur. Non enim soli sumus: Tiguri plus duobus millibus parvulorum et rationalium, qui lac iam spiritale surgentes mox solidum cibum perficient, illis misere esurientibus. Quod diaboli doctrinam nostram vocant (que tamen Christi est, haud nostra), bene habet: in hoc enim Christi doctrinam agnosco et nos veros eius precones. Sic Pharisei Christum aiebant habere demonium, et se id recte facere asseverabant.« Zwingli an Myconius, Zürich, 31. Dezember 1519. Z 7, 245. – Vgl. *Hagenbach*, Johann Oekolampad, 319.

[26] »Clamatur hic per totam civitatem, Lutherum comburendum et ludimagistrum; cum ego nunquam de illo dicam quicquam, nisi apud meos, idque rarissime, neque ex eo vel unicam sententiam depromam, quamvis sciam, quare me Luthero semper adiungant: dico in scholis, quae sunt euangelica; dico item, ubicunque res efflagitat, praeterea nihil. Sed quia haec cum his consonant, quae illae habet in plerisque locis, putant, ex Luthero esse, quae sunt ex euangelio.« Myconius an Zwingli, Luzern, 2. November 1520. Z 7, 366. – Der Rat soll ihm darauf die Verwendung von Luther-Texten explizit verboten haben. *Kirchhofer*, Oswald Myconius, 41.

[27] »Nihilominus, cum mecum Xilotectus senatorem quendam praeteriret, statim post invectionem sic impetebamur: vos discipuli Lutheriani, quur non defendistis magistrum vestrum? Nos vero tacendo responderamus.« Myconius an Zwingli, Luzern, 8. Januar 1521. Z 7, 423.

[28] »Huc res devenit, ut senatusconsulto vocatus sim iterum ad dominos meos ad audiendum ea, quae de me fuerant acta per senatores.« Z 7, 424.

[29] »Quid igitur faciam tantis immersus turbationibus? Quo me vertam?« und: »Consilio igitur, si poteris, me adiuva, per deum immortalem oro«. Z 7, 424.

tenstein (um 1460–1527) und Leutpriester Johannes Bodler (†1539). Der letztere versuchte, die Diskussion zu ersticken. Dafür setzte er auf seine pfarrherrliche Autorität; denn diese wog – wie Xylotectus resigniert feststellte – schwerer als jene von 600 Gelehrten.[30]

Im Jahr 1522 verschärften sich die politischen Spannungen; Anlass dazu gab die Frage der Solddienste. Am 5. Mai 1521 hatten die eidgenössischen Orte und Frankreich eine neue »Vereinigung« geschlossen, welche die Anwerbung eines 6000 bis 16000 Mann starken Söldnerkontingentes vorsah – einzig Zürich war dem Bündnis ferngeblieben. Jeder beteiligte Ort erhielt von Frankreich eine jährliche Zahlung in Höhe von 3000 Franken. Dieser Beitrag war für die Luzerner Staatskasse von hoher Bedeutung; er erlaubte es, im ganzen 16. Jahrhundert auf die Besteuerung der Einwohner zu verzichten. Auf der Grundlage des Vertrages wurde im Frühjahr 1522 mit Schweizer Söldnern ein Feldzug gegen Karl V. vorbereitet; Ziel war die Rückgewinnung des Herzogtums Mailand für Frankreich. Am 27. April erlitten die Schweizer bei Bicocca vor Mailand eine schwere Niederlage – ein unüberlegter Angriff, von den Eidgenossen gegen den Willen der Franzosen durchgesetzt, endete in einem Desaster, weil er gegen befestigte Stellungen und gut eingerichtete Artillerie geführt wurde. Luzern war direkt betroffen: 20 Männer aus der Stadt verloren ihr Leben, unter ihnen der mit Myconius befreundete Johann Jakob Zurgilgen, aber auch Benedikt von Hertenstein, der Sohn des Schultheißen.[31] Zwingli, der in Zürich bereits im Frühling gegen die Reis-

---

[30] »De Luthero mirum est quam sileatur. At nobis sildenum es taut male habendum, ita ins nos omnem plebem instuit plebeianus noster; dices forsan pro Christo adversa omnia subeunda, etiam mortem. Scio equidem. Plus tamen valet una plebeiani auctoritas quam sexcentum aliorum etsi doctissimorum, itidem futurum foret, si quis verum christianismum doceret, adeo est populus religionis capax et pastori credulus.« Xylotectus an Rhenanus, Luzern, 17. Juli 1522. *Horawitz/Hartfelder*, Briefwechsel des Beatus Rhenanus, 288f., hier 289.

[31] Rudolf *Henggeler* (Hg.), Das Schlachtjahrzeit der Eidgenossen nach den innerschweizerischen Jahrzeitbüchern, Basel 1940 (Quellen zur Schweizer Geschichte 2/3), 249; Paul *Zinsli* und Thomas *Hengartner* (Hg.), Niklaus Manuel: Werke und Briefe, Bern 1999, 73–99; *Gäbler*, Huldrych Zwingli, 51. – Zum Pensionenwesen und zum »Pensionenstreit« von 1521 siehe: Valentin *Groebner*, Gefährliche Geschenke: Ritual, Politik und Sprache der Korruption in der Eidgenossenschaft im späten Mittelalter und am Beginn der Neuzeit, Konstanz 2000 (Konflikte und Kultur – Historische Perspektiven 3), 155–194, 243–250; Kurt *Messmer* und Peter *Hoppe*, Luzerner Patriziat, Luzern/München 1976 (Luzerner Historische Veröffentlichungen 5), 77–93: Leonhard *von Muralt*, Renaissance und Reformation, in: Handbuch der Schweizer Geschichte, Bd. 1, Zürich 1972, 389–570, hier: 428–431.

läuferei gepredigt hatte, reagierte Mitte Mai mit seiner »göttlich Vermanung an die ersamen, wysen, eerenvesten, eltisten Eydgenossen zuo Schwytz, das sy sich vor frömden Herrn hütind und entladind«, und er rief dazu auf, die Solddienste zu beenden. Tatsächlich folgte die Schwyzer Landsgemeinde am 18. Mai 1522 der Empfehlung und suspendierte die Bündnisse für 25 Jahre, doch der Entscheid wurde bereits 1525 wieder aufgehoben.

Zeitgleich mit den politischen Spannungen kamen auch die kirchlichen Konflikte zum Ausbruch. Am 9. März 1522 brach Zwingli in Zürich demonstrativ die alte Fastenvorschrift. Am 24. März fand in Luzern der traditionelle »Musegger Umgang« statt, eine Bittprozession, die auf das 14. Jahrhundert zurückging. Sie wurde mit großem Aufwand begangen und zog jedes Jahr Hunderte von Personen in die Stadt – es war das größte öffentliche Ereignis im Jahreslauf. Als Festprediger war Komtur Konrad Schmid (1476/77–1531) vom Johanniterhaus Küsnacht engagiert. Möglicherweise war es die Gruppe um Myconius, die dazu den Anstoß gegeben hatte; denn Schmid hatte 1515/16 an der Universität Basel studiert und stand seither mit den Humanisten in Verbindung.[32] Seine Ansprache erregte Anstoß, weil er für das Schriftprinzip eintrat und den päpstlichen Herrschaftsanspruch bestritt, und sie führte zu einem Federkrieg mit Leutpriester Bodler. Die steigende Unruhe alarmierte in Luzern und in der Eidgenossenschaft die Franzosenpartei und die kirchlichen Autoritäten. Zwingli und seinen Gesinnungsfreunden wurde vorgeworfen, mit ihren religiös motivierten Aufrufen Unruhe zu stiften – ein römisches Breve vom 27. April 1522 und ein Brief der Konstanzer Kurie vom 5. Mai 1522 riefen zur Ordnung. Die Tagsatzung nahm sich am 27. Mai in Luzern und am 4. Juli in Baden der Sache an. Sie verlangte die Disziplinierung der Geistlichen; diese sollten von Predigten absehen, »die unter dem gemeinen Mann Unwillen, Zwietracht und Irrung im christlichen Glauben« hervorzurufen drohten.[33] Am 2. Juli richtete Zwingli mit zehn weiteren Petenten an den Bischof von Konstanz eine Bittschrift um Freigabe der evangelischen Predigt und der Priesterehe – zu den Unterzeichnern, die sich zuvor in Einsiedeln abgesprochen hatten, ge-

---

[32] Helvetia Sacra, Bd. IV/7,1, Basel 2006, 293f.; *Locher*, Zwinglische Reformation, 576–580; Thomas *Hohenberger*, Lutherische Rechtfertigungslehre in den reformatorischen Flugschriften der Jahre 1521–22, Tübingen 1996 (Spätmittelalter und Reformation. Neue Reihe 6), 352–355.

[33] EA 4/1a, 194.

hörten auch Kilchmeyer und Trachsel. In Luzern begann Sebastian
Hofmeister, der neue Lesemeister der Franziskaner, gegen Heiligen-
frömmigkeit und Marienverehrung zu predigen. Er zog sich damit
eine Anzeige beim Bischof und die Ausweisung aus Luzern zu. Bald
brachen die Dämme bezüglich des Priesterzölibates: Kilchmeyer und
Xylotectus gingen mit Magdalena Eng und Margarete Feer geheime
Ehen ein, ebenso Pfarrer Trachsel von Arth. In Sempach verband sich
ein Geistlicher mit einer Eschenbacher Augustiner-Chorfrau – beide
wurden ins Gefängnis geworfen.[34]

Myconius sah sich in einer zunehmend schwieriger werdenden Lage: Seit Monaten angefeindet, hatten die Ereignisse in der ersten Hälfte des Jahres 1522 seine Stellung zusätzlich erschüttert. Nach der
Ausweisung Hofmeisters wandte sich Mitte August 1522 das Blatt endgültig gegen ihn. Hertenstein kündigte auf der Tagsatzung den Zürchern sarkastisch an, man werde ihnen den Lehrer zurückschicken.[35]
Danach schritt man zur Tat: Der Luzerner Rat entließ Myconius. Eine
Verfehlung wurde ihm nicht nachgewiesen, belastend wirkte einzig die
Nähe seiner Positionen zu jenen des Wittenberger Reformators: »Nil
feci, nil exprobarunt, nisi quod sim Lutherus«[36]. Mit ihm zusammen
wurde auch sein Hilfslehrer Konrad Maurer, der gleichzeitig die Stelle
angetreten hatte, entlassen. Hilfesuchend wandte Myconius sich an
Zwingli und bat um Unterstützung bei der Suche nach einer neuen
Stelle, obwohl ihn dieser lieber weiterhin in Luzern gesehen hätte.

---

[34] Es gelang ihnen, aus dem Arrest zu entkommen, was dem verantwortlichen
Kirchmeier eine Strafe eintrug. Joseph *Bölsterli*, Urkundliche Geschichte der Pfarrei
Sempach als solcher bis auf unsere Tage II, in: Geschichtsfreund 15 (1859) 1–106, hier
45 f.; Alois *Rey*, Dekan Balthasar Trachsel und die Früh-Reformation in Schwyz 1520–
1524, in: Mitteilungen des Historischen Vereins des Kantons Schwyz 71 (1979), 221–
256; Conradin *Bonorand*, Vadians Humanistenkorrespondenz mit Schülern und Freunden aus seiner Wiener Zeit: Personenkommentar IV zum Vadianischen Briefwerk,
St. Gallen 1988 (Vadian-Studien 15), 106–108.
[35] »Ecce remittimus vobis ludimagistrum vestrum (privavimus enim officio); videte
ergo, ut quam optime habeat; certum est enim ad vos rediturum.« Myconius an
Zwingli, Luzern, 21. August 1522. Z 7, 563.
[36] »Caeterum omnes consulunt, ut adeam senatum; non enim sese dubitare, quin
gratiam inveniam. Mihi vero nihil minus est cordi. Rogare non possum, multo minus
petere, ut priorem noxam remittant (sic enim suadent), quam nescio. Nil feci, nil
exprobarunt, nisi quod sim Lutheranus. […] Non enim possum cessare ab euangelicis
moribus docendis; quod statim ut fiet, clamitabunt iterum Lutheranum esse, et erunt
posteriora prioribus longe peiora«. Z 7, 563 f.

Ohne Erfolg bewarb er sich in Baden und in Freiburg im Üchtland – von Luzern ausgehende Denunziationen taten ihre Wirkung.[37]

Auch nach seiner Absetzung engagierte Myconius sich als Kritiker der traditionellen Heiligenverehrung. Möglicherweise unter seinem Einfluss wandte sich in Luzern eine vermögende Frau – er nennt sie »Aureola« – von der traditionellen Bilderverehrung ab und demonstrierte dies öffentlich.[38] Während einer Krankheit hatte sie im Gebet Zuflucht gesucht und in der Kapelle der Beginen »im Bruch« zu Luzern ein geschnitztes Votivbild des heiligen Apollinaris aufstellen lassen. Bald bemerkte sie, dass damit Missbrauch getrieben wurde; denn die Statue veranlasste die Leute, in der Kapelle Hühner zu »opfern« – und diese Gaben wurden danach von den Schwestern genüsslich verzehrt. Unter dem Eindruck solcher Beobachtungen – und nachdenklich gemacht durch die Kritik an Bildern und Heiligenverehrung, welche sie wohl von Myconius zu hören bekommen hatte – entfernte sie die Darstellung aus der Kirche und verbrannte sie. Damit zog sie sich eine Anzeige zu: Der Rat verhängte eine Buße in Höhe von 40 Golddukaten und verlangte Beichte sowie Wiederherstellung des Bildes. Aufgrund ihres Gesinnungswandels wollte sie letzteres nicht auf sich nehmen und suchte Rat bei Myconius; dieser wandte sich an Zwingli. Aus Zürich kam die Empfehlung, die Frau möge sich dem Rat gegenüber auf ihr Gewissen berufen und die Beginen mit einer Ersatzzahlung abfinden.[39]

---

[37] »[…] sed tam Lucernates mei ubique me commendant, ut nullibi sit mihi locus vel ad tempus degendi, nisi hunc inveniam apud vos.« Myconius an Zwingli, Luzern, 15. November 1522. Z 7, 616.

[38] *Jurt*, Aureola; Quirinius *Reichen*, Aureola Göldi – in der Schweiz beginnt der Bildersturm mit einer Frau, in: Cécile Dupeux et al. (Hg.), Bildersturm: Wahnsinn oder Gottes Wille?, Zürich 2000, 115; *Brändly*, Geschichte, 45 f. – Laut einer Hypothese, welche bereits Kasimir Pfyffer vertreten hat, handelte es sich bei der Frau um Dorothea Göldi, eine Tochter des Schultheißen Ludwig Seiler (1440–1499). Sie war verheiratet mit dem aus Zürich stammenden und 1507 ins Luzerner Bürgerrecht aufgenommenen Renward Göldi (um 1476–1555). Dieser war zunächst 1483–1498 Chorherr in Zofingen, musste dann aber wegen Teilnahme an Kriegszügen auf die geistliche Laufbahn verzichten. Jurt erklärt »Aureola« plausibel als Übername mit Assonanz zu »Göldi«. *Jurt*, Aureola, 6. – Zu Renward Göldi: Christian *Hesse*, St. Mauritius in Zofingen, Aarau et al. 1992 (Veröffentlichungen zur Zofinger Geschichte 2), 447f.; *Messmer/Hoppe*, Luzerner Patriziat, 182.

[39] Auf einen intensiven Kontakt mit Myconius verweist insbesondere die formvollendete theologische Argumentation: »Adibit etiam plebeianum, non quidem ut confiteatur, set ud edoceatur per divinas literas sese pecasse, si sic fieri potest. Verum illud grave, si restituenda est imago. Videt enim duplo gravari conscientiam; aderit enim scrupulus antiquus, et novus additur, si obtemperabit hominibus contra deum«. Myconius an Zwingli, Luzern, 19. Dezember 1522. Z 7, 641.

Im Dezember 1522 fand Myconius außerhalb von Luzern eine neue Anstellung: Diebold von Geroldseck, der Pfleger des Klosters Einsiedeln, nahm ihn als Lehrer auf. Wenige Monate danach konnte er nach Zürich zurückkehren – nun als Lehrer an der Fraumünsterschule. Hier unterrichtete er alte Sprachen und hielt an der Prophezey jeden Tag um 15 Uhr eine Vorlesung zum Neuen Testament. Anders als viele Freunde aus dem Humanistenkreis stellte er sich fortan ganz auf die Seite der Reformation. Öffentlich rief er den altgläubigen Klerus dazu auf, von der Beschimpfung der Zürcher abzulassen, zugleich legte er die Grundlinien seiner eigenen kirchlichen Überzeugung dar.[40] Mit den Freunden aus der Luzerner Zeit blieb er weiterhin in Verbindung – noch 1529 beauftragte er einen Boten, Geld nach Luzern zu bringen.[41] Dem Zusammenwirken mit Zwingli kam im Blick auf den Aufbau der neuen Kirchenordnung große Bedeutung zu. Umso härter traf ihn dessen Tod in der Schlacht von Kappel am 11. Oktober 1531. Sofort strebte Myconius weg von Zürich.[42] Dank Verwendung seines Schülers Thomas Platter kam er nach Basel und wurde am 22. Dezember 1531 zum Prediger von St. Alban gewählt – es war seine erste Pfarrstelle. Schon am 9. August des folgenden Jahres stieg er auf zum Münsterpfarrer und Antistes sowie zum Professor an der Universität, damit war er direkter Nachfolger des am 24. November 1531 verstorbenen Johannes Oekolampad. Erasmus, der sich der Reformation nicht angeschlossen hatte, qualifizierte ihn 1532 in einem Brief an den Churer Dompropst Johannes Koler distanziert als »homo ineptus et ludimagister quondam frigidus«[43].

---

[40] Osvaldi Myconii Lucernani Ad sacerdotes Helvetiae, qui Tigurinis male loquuntur suasoria, ut maleloqui desinant, Zürich 1524. Deutsche Übersetzung: *Hagenbach*, Johann Oekolampad, 387–399.

[41] Es handelte sich wohl um den Preis für zugesandte Bücher. Der Vorgang wurde aktenkundig, weil der Überbringer, Jacob Federlyn, das Geld veruntreute und bestraft wurde. Der Gerichtsschreiber notierte zur Einvernahme am 1. April 1529: »Item der Geisshüßler von Zürich habe im vier batzen gen, sollt er gen Lucern tragen, die habe er verton«. Luzern Staatsarchiv, Ratsprotokoll 12, Bl. 309v. *Brändly*, Myconica, 171.

[42] Gottfried W. Locher kommentiert den raschen Weggang mit den Worten: »Eine kämpferische Natur war der Humanist nicht«. Sein Gesamturteil: »Theologisch war Myconius wenig selbständig. Er versuchte redlich, manchmal schwankend, seine Zwinglische Grundhaltung mit Humanismus und Unionismus zu verbinden«. *Locher*, Zwinglische Reformation, 575f. – *Brändly*, Oswald Myconius in Basel, in: Zwingliana 11 (1959–1963), 183–192.

[43] *Rüsch*, Vom Leben, 12.

Die Erinnerung an seinen Freund Zwingli hielt Myconius lebendig durch eine Biographie, welche er noch 1532 verfasste – es ist die älteste Lebensbeschreibung überhaupt und zugleich die einzige, welche im 16. Jahrhundert publiziert wurde. Unter dem Eindruck des Kappeler Krieges wählte der Autor die Überschrift: »De domini Huldrichi Zuinglii fortissimi herois ac theologi doctissimi vita et obitu«, eine Formulierung, die einen deutlichen geistlichen Akzent setzt. Formal tritt die vita »im Faltenwurf humanistischer Rhetorik und antiker Biographik« auf (Ernst Gerhard Rüsch)[44]. Myconius und sein Schüler Theodor Bibliander (1504–1564) ließen den Text vier Jahre später zusammen mit einer Sammlung von Briefen von Zwingli und Oekolampad im Druck erscheinen.[45] Unter anderem dieser Schrift war es zuzuschreiben, dass »Osualdus Myconius Lucernanus« auf dem 1557 erstmals publizierten römischen »Index librorum prohibitorum« als verbotener Autor erschien.[46] In seiner Basler Zeit entfaltete er sich als Theologe und hatte maßgeblichen Anteil an der Formulierung des Basler Bekenntnisses von 1534 und der Confessio Helvetica prior von 1536; 1538 erschien seine »in Evangelium Marci docta et pia expositio«, in der er das Papsttum einer schweren Kritik unterzog. Myconius starb in Basel am 14. Oktober 1552.

Mit der Vertreibung von Hofmeister und Myconius war in Luzern faktisch die Entscheidung gegen die Reformation gefallen. Von allem Anfang an galten jene, die im Geiste des Humanismus an der politischen und kirchlichen Praxis Kritik übten, als Luthers Parteigänger.

---

[44] *Rüsch*, Bemerkungen, 241.

[45] Ioannis Oecolampadii et Huldrichi Zuinglii epistolarum libri quatuor, Basel 1536. – *Rüsch*, Oswald Myconius, 27–30; Christine *Christ-v. Wedel*, Theodor Bibliander (1505–1564): Ein Thurgauer im gelehrten Zürich der Reformation, Zürich 2005; Ernst Gerhard *Rüsch*, Vadians Gutachten für eine Zwingli-Vita, 1544, in: Zwingliana 15 (1979–1982) 40–49, bes. 49.

[46] Der Name hatte bereits auf einer Mailänder Verbotsliste aus dem Jahr 1538 figuriert; die Zwingli-Biographie selbst wurde 1551 von der Inquisition in Portugal verurteilt. Der römische Index von 1557, ein Zusammenzug früher erschienener Verurteilungslisten, enthielt in der Aufzählung der verbotenen Schriftsteller auch den Eintrag »Agathius Beronen«. Dabei handelte es sich allerdings nicht um einen Autor, sondern um jenen Mann, dem Myconius die Biographie gewidmet hatte. Das Pseudonym stand für den Arzt und Humanisten Ludwig Kiel (Carinus, 1496–1569), den Myconius aus Studienzeiten kannte und der in Beromünster ein Kanonikat besaß. Offenkundig bemerkte man in Rom die Fehlerhaftigkeit des Eintrags; denn ab 1559 war der Name im römischen Index nicht mehr enthalten. J. M. de *Bujanda* (Hg.), Index des Livres Interdits, Bd. 1–10, Genf 1985–1996, hier: Bd. 3, 305 f.; Bd. 4, 379; Bd. 7, 718 und 741.

Diese Gleichsetzung beschränkte sich nicht auf die öffentliche Polemik, sondern sie fand ihre Fortsetzung im Bereich der zeichenhaften Gewaltanwendung. In Worms wurde am 12. Juni 1521, nach Abschluss des Reichstages, eine Verbrennung lutherischer Schriften inszeniert. Doch nicht allein die Traktate des Reformators fielen dem Feuer zum Opfer, sondern auf symbolische Weise auch er selbst, indem ein eigens zu diesem Zweck hergestelltes Bild verbrannt wurde.[47] Einige Monate danach kam es zum gleichen Vorgehen gegen Zwingli; er klagte später, man habe in Luzern sein Bild »in einem offenen Brand« geschändet.[48] Am 1. März 1523 hatte er eine Schmach erwähnt, die er um Christi Namen willen erlitten habe, und Xylotectus berichtete von einer »passio Zuinglii apud nos celebrata«[49]. Diese Hinweise zeigen, dass Zwingli während der Fasnacht 1523, kurz nach dem erzwungenen Wegzug des Myconius, in Luzern »in effigie« verbrannt wurde.

4. Gegenreformation avant la lettre

Der gewaltsame Kampf gegen die Kritik der Humanisten und das Bekenntnis der Reformatoren wurde für Luzern nicht erst auf dem Schlachtfeld von Kappel entschieden, sondern bereits mehr als acht Jahre früher. Diese Entwicklung ergab sich keineswegs selbstverständlich; denn auch in Luzern wäre eine Entwicklung wie in den andern Städten der Eidgenossenschaft durchaus möglich gewesen. Mit My-

---

[47] »Am 29. mazo da nam der reichstag gar ain end. Die fürsten ritten al hinweg, dann kai. Mt. und der pfalzgraff die beliben noch da. Also wurden auf denselben tag, als die fürsten weg waren, des Luthers büchlin verprennt. Es was ain predigerminch darbei, der prediget den leuten; also sagten die leut, was der minch sagt, das ist erlogen; er prediget wider das hailig evangelium; er sagt, man sollte das ewangelium nicht predigen, es wer ein schanddeckerin. So hett man den Luther auf ainen prief gemalet, den warf man in das feur und ward auch verprant; das tet der henker, der hett ein fleschen mit wein bei im, der trank und was gutter ding.« Bericht aus einer Augsburger Chronik, in: Deutsche Reichstagsakten, Jüngere Reihe II. Band, Göttingen 1962, 953. – Vgl. Helmut *Feld*, Einleitung, in: ders. (Hg.), Jeanne de Jussie: Petite Chronique. Einleitung, Edition, Kommentar, Mainz 1996 (Veröffentlichungen des Instituts für europäische Geschichte Mainz 167), XIII-LXXV.

[48] Zwinglis Klage betraf Gewalttätigkeiten in Freiburg und in Luzern: »Item zu Fryburg mine büecher unverhört verbrennt. Item ze Luzern mit eim offnen brand miner bildnuß min leer und mich geschändt, und die in allen iren gebieten als ketzerisch verbotten«. Zwingli an die Eidgenössischen Orte, 10. Mai 1526. EA 4/1a, 899–905, hier 901.

[49] Z 8, Leipzig 1914, 38–41; *Brändly*, Geschichte, 49f.

conius und Xylotectus gab es in der Stadt zwei engagierte Angehörige des Basler Humanistenkreises. Sie übten im gleichen Sinne Kritik an den Zuständen wie die anderen Reformatoren es taten, und sie verfolgten die Entwicklungen um Luther sehr aufmerksam. Zugleich standen sie in enger Verbindung mit Zwingli und Vadian. Myconius gab seine Position offen zu erkennen, suchte jedoch die Konfrontation nicht von sich aus. Von Anfang an gewann er auch Sympathien in der Oberschicht. Dass es eine Stimmung gab, die dieser Richtung gegenüber aufgeschlossen war, zeigt die Einladung des Komturs Schmid für die Festpredigt am Musegger Umgang 1522. Die Kritik des Myconius lag auf der Linie dessen, was andere Reformatoren mit Erfolg vertraten. Seine eigen »reformatorische Wende« erlebte er früh – bereits in der ersten Hälfte des Jahres 1520 und unter dem Eindruck der Wormser Disputation. Seine Entwicklung ist mit jener Zwinglis zu vergleichen, für den der Übergang, d.h. die Überbietung des humanistischen Weges und die Hinwendung von der politischen und kirchenpolitischen zur theologischen Argumentation, auf die Zeit von 1520 bis 1522 datiert wird.[50]

Trotz dieser Ausgangslage wurde in Luzern der Versuch im Keim erstickt. Als Grund hat einerseits die unterschiedliche Option in der Frage der Pensionen zu gelten: Luzern schloss 1521 die Allianz mit Frankreich und profitierte so sehr vom Solddienst, dass man trotz der Zürcher Weigerung und trotz der Niederlagen von Bicocca (1522) und von Pavia (1525) dabei blieb – selbst der Verlust eigener Söhne bewirkte beim Luzerner Patriziat keinen Sinneswandel. Für die Innerschweizer Landorte fiel ins Gewicht, dass hier die Kommunalisierung der Kirche weiter fortgeschritten war.[51] Diese Faktoren erzeugten bei der Obrigkeit sehr früh eine deutliche Abwehr gegen alle Kritik, und ihre Protagonisten wurden hart bedrängt: Auf die Musegg-Predigt des Komturs Schmid reagierte sein geistlicher Widerpart Bodler mit einem Broschürenkampf, eine eigenmächtige Bilderstürmerin wurde auch als Patrizierin kompromisslos zur Rechenschaft gezogen, die Priesterehe wurde von der weltlichen Obrigkeit von Anfang an bekämpft. Myconius, dessen Haltung gut bekannt war, erfuhr seit 1520 offene Ableh-

---

[50] Siehe *Gäbler*, Huldrych Zwingli, 46–49; Arthur *Rich*, Die Anfänge der Theologie Huldrych Zwinglis, Zürich 1947, 145–151.

[51] André *Zünd*, Gescheiterte Stadt- und Landreformationen des 16. und 17. Jahrhunderts in der Schweiz, Basel 1999 (Basler Beiträge zur Geschichtswissenschaft 170), 37–49; Peter *Blickle*, Warum blieb die Innerschweiz katholisch?, in: Mitteilungen des Historischen Vereins des Kantons Schwyz 86 (1994), 29–38.

nung. Der Vorwurf lautete, er sei ein Lutheraner – eine Qualifizierung, mit der man in Luzern schon in den ersten Jahren die unbequemen Neuerer verdächtig zu machen suchte. Der Verbleib Luzerns beim hergebrachten Bekenntnis war Mitte 1522 so gut wie entschieden. Den Ausschlag gab die weltliche Obrigkeit. Sie handelte auf jener Linie, welche in der zweiten Hälfte des 16. Jahrhunderts für katholische Konfessionalisierung stehen sollte. Früher als an anderen Orten der Eidgenossenschaft begann in Luzern die Gegenreformation – gleichsam schon vor der Reformation selbst.

SEBASTIAN FRANCK UND DIE ZÜRCHER REFORMATION

Christine Christ-von Wedel

1544 urteilte Luther hart über Sebastian Franck, den er als Menschen, als Historiker und als Christen ablehnte. Der Polyhistor sei ein Lästermaul, das sich nur im Dreck anderer suhle. Aus seinen Büchern sei weder zu lernen, was ein Christ glauben, noch, was ein frommer Mann tun solle. Das wolle der auch gar nicht lehren. Man könne nie wissen, was er selbst glaube oder was für ein Mann er sei. Luther weiß aber doch soviel: Er sei ein »Enthusiast oder Gaister«, der vom Wort, Sakrament und Predigtamt nichts halte.[1] Luther stand mit diesem Urteil nicht allein, schon 1540 hatte der Theologenkonvent in Schmalkalden Franck offiziell verurteilt.[2]

Das hat das protestantische Franck-Bild geprägt. Zwar wird etwa von André Séguenny in seinem Artikel in der Theologischen Realenzyklopädie zu Sebastian Franck von 1984 dessen moralische Integrität nicht mehr bezweifelt, aber das Urteil lautet: Franck habe »die Bibel als Quelle der Gotteserkenntnis« abgelehnt. »Da bei Franck eigenständige Begriffsbestimmungen fehlen, liegt auch keine systematische Darstellung seiner Gedanken vor. Selbst die Gegner aus dem orthodoxen Lager konnten seine Lehre nicht in den Griff bekommen, obwohl sie sehr richtig erkannten, welche Gefahr sich daraus für den Glauben ergab, der sich auf das Zeugnis der Heiligen Schrift stützt.«[3]

Andere freilich urteilen ganz anders. Hier sei aus der reichen Literatur nur auf wenige neue Studien verwiesen. 2005 hat für Christoph Dejung Franck die reformatorische Theologie des jungen Luther folgerichtig weiterentwickelt, während Luther selbst sie später verraten

---

[1] D. Martin Luthers Werke [Weimarer Ausgabe], Bd. 54, Weimar 1928, 171–173.

[2] Philippi Melanthonis opera quae supersunt omnia, hg. von Karl Gottlieb Bretschneider, Bd. 3, Halle / S. 1836 (Corpus Reformatorum 3), 983–986. Das Memorandum wird demnächst im Melanchthonbriefwechsel unter Nr. 2396 erscheinen.

[3] Theologische Realenzyklopädie, Bd. 11, Berlin et al. 1983, 307–312, bes. 309 und 311.

habe.[4] Patrick Hayden-Roy dagegen sah 1994 in Franck einen Mysti-
ker, der von der »Theologia deutsch«, aber auch von Hans Denck und
Hans Bünderlin geprägt sei. Sein anachronistischer »medieval mysticism« habe in den Kämpfen zwischen den Reformvorstellungen der
Prediger und der Obrigkeiten keine Chance gehabt.[5] Yvonne Dellsperger zeichnet 2006 in ihrer lesenswerten Dissertation Franck als
eigenständigen »Wahrheitssucher«, der »das Denken auf der Grundlage ganz verschiedener Traditionen in immer neuen Anläufen auf *got
und sein wort*« hinlenken wollte, um dem Leser eine »subjektive Erfahrung göttlicher Wahrheit zu eröffnen«.[6]

Man kann Sebastian Franck offenbar sehr verschieden beurteilen.
Das zeigte sich bereits im reformierten Zürich des 16. Jahrhunderts.
Wie die Zürcher mit dem Werk Francks umgingen, soll thematisiert
werden, aber auch wie Franck selbst die Zürcher beschrieb. Sein Urteil ging der Zürcher Rezeption voran.

Die erste in Zürcher Quellen greifbare Nachricht über Sebastian
Franck steht in einem Brief von Sebastian Locher, einem ehemaligen
Studienfreund von Heinrich Bullinger. Locher preist Ende 1532, wie
Franck aus Wörth Bullinger der Welt empfehle.[7]

Tatsächlich lobt Franck Bullinger in seiner »Chronik« oder Ge-
schichtsbibel. Er reiht ihn unter die vielen »Ketzer« ein, die freilich
nicht Franck, sondern die römische Kirche für Ketzer hielt. Bullinger
wird mit Kirchenvätern wie Origenes oder Augustin, Humanisten wie
Pico della Mirandola oder Erasmus und Reformatoren wie Luther und
Zwingli abgehandelt. Franck berichtet, er sei: »ein jung gelert treffen-
lich in vier zungen / nemlich / Latinischer / Griechischer / Teüt-
scher / vnd Hebreischer / wie seine bůcher bezeügen / ein berůümp-
ter wolbelesener mañ«.[8] Er habe zwei Bücher über den Missbrauch
der Messe, der Bilder und der Heiligenverehrung geschrieben. Die

---

[4] Christoph *Dejung*, Sebastian Franck interkulturell gelesen, Nordhausen 2005, bes.
83.
    [5] Patrick *Hayden-Roy*, The Inner Word and the Outer World: A Biography of
Sebastian Franck, New York 1994, bes. 199–201.
    [6] Yvonne *Dellsperger*, Lebendige Historien und Erfahrung: Studien zu Sebastian
Francks »Chronica Zeitbuoch vnnd Geschichtsbibell« (1531/1536), Bern 2006, bes.
164. Dellsperger bietet einen ausgezeichneten Forschungsrückblick.
    [7] Heinrich Bullinger Briefwechsel [HBBW], Bd. 2, bearb. von Ulrich Gäbler et al.,
Zürich 1982, Nr. 145, 254, 25.
    [8] Sebastian *Franck*, Chronica, Zeytbůch vnd geschÿchtbibel von anbegynn biß inn
diß gegenwertig M.D.xxxi. jar, Straßburg, Balthasar Beck, 1531 (Sebastian Franck
Bibliographie, hg. von Klaus *Kaczerowsky*, Wiesbaden 1976 [FranckBibl.] A 38), 405r.

habe Franck in seiner »Chronik« benutzt, genauso wie seine Erklärung der sieben Jahrwochen.

Der eilige Leser wird Locher zustimmen, wer freilich genauer hinsieht, dem werden einige Fragen kommen. Was bedeutete es bei Franck, als gelehrt zu gelten? Hatte er nicht bereits in der »Chronik« sein später noch oft zitiertes und kommentiertes Sprichwort: Die Gelehrten die Verkehrten mindestens dreimal erwähnt.[9] Und wie benutzt Franck die angegebenen Werke? Wohl gefällt Franck die Berechnung der sieben Jahrwochen von Bullinger vor allen anderen, aber auch sie ist nur »am nechstẽ hinzů geratten« und sie dient vor allem dazu, andere Ausleger zu kritisieren. Am Ende kommt Franck zum Ergebnis, dass alle fehlerhaft seien.[10] Und wie steht es schließlich mit den Bullinger-Zitaten, die dessen »Ketzertheologie« darstellen sollen? Sie stammen alle aus der damals brandneuen Schrift »Von dem unverschämten Frevel der Wiedertäufer«.[11]

Wie bei anderen »Ketzern« seiner Chronik bietet Franck einen bunten Strauß von Lehrsätzen, ohne sie zu kommentieren. Oft gibt Franck nämlich nur indirekt einen Kommentar, indem er wie z.B. bei Luther offensichtliche Widersprüche nebeneinander setzt, um auf eines seiner Anliegen zu weisen, nämlich dass alle Menschen irrten und jedes Wissen unsicher sei. Bei Bullinger verzichtet er weitgehend darauf, aber auch da mischt er Sätze, die ihm entsprachen, mit solchen die ihm kaum zusagten.

So könnte er das Bullingerzitat, die Standhaftigkeit der Täufer beweise nicht, dass ihre Irrtümer richtig seien,[12] unterschreiben, spricht

---

[9] Sebastian *Franck*, Chronica, 304v, 345v, 416v. Vgl. zur Bedeutung des Sprichwortes im 16. Jahrhundert: Carlos *Gilly*, Das Sprichwort »die Gelehrten die Verkehrten« oder der Verrat der Intellektuellen im Zeitalter der Glaubensspaltung, in: Forme e destinatione del messaggio religioso: Aspetti della propaganda religiosa nel cinquecento, hg. von Antonio Rotondo, Florenz 1991, 229–375 und Heiko A. *Oberman*, Die Gelehrten die Verkehrten: Popular Response to Learned Culture in the Renaissance and Reformation, in: Religion and Culture in the Renaissance and Reformation, hg. von Steven Ozment, Ann Arbor 1989, 43–63.

[10] Sebastian *Franck*, Chronica, 84r-85v; Heinrich *Bullinger*, De hebdomadis, Zürich: Christoph Froschauer, 1530 (Heinrich Bullinger Bibliographie [HBBibl.], Bd. 1, hg. von Joachim Staedtke et al., Zürich 1972, 27), 12v-20r, bes. 13r. Vgl. Dan 9, 24–27. Vgl. den Hinweis bei Christoph *Dejung*, Wahrheit und Häresie: Eine Untersuchung zur Geschichtsphilosophie bei Sebastian Franck. Zürich 1979, 23 f.

[11] Heinrich *Bullinger*, Von dem vnverschamtẽ frãfel [...] vnnd vnwarhafftem leeren der selbsgesandten Widertŏffern [...], Zürich: Christoph Froschauer, 1531 (HBBibl. 28).

[12] *Franck*, Chronica, 405r; *Bullinger*, Vom Frevel der Wiedertäufer, 4vf.

er sich doch in seiner »unparteiischen Chronik« für einmal deutlich aus und setzt sich von den Täufern, in deren Kreisen er in Nürnberg verkehrt hatte, ab, obwohl er sie sehr differenziert und durchaus mit Sympathie darstellt. Aber er wirft ihnen einen Buchstabenglauben und Hoffärtigkeit vor.[13]

Bullingers Satz aber geht weiter: Könnte Standhaftigkeit als Wahrheitsbeweis dienen, würde keine Religion und kein Glaube bestehen, denn es gäbe auch manche Juden, Ketzer, Mörder und Verräter, die darauf sterben, ihnen geschehe Unrecht. Franck würde nie Juden und Ketzer mit Mördern und Verrätern in einem Atemzug nennen und glaubte, jeder Ketzer, der um seines Glaubens willen getötet werde, erleide Unrecht.[14]

Dass die christliche Freiheit keine leibliche Freiheit sei, und alle, die im Evangelium materiellen Vorteil suchen, Gesellen des Zauberers Simon seien,[15] das entspricht Franck, doch hat er aufgefordert, den Fehler auch bei sich selbst zu suchen.[16]

Wenig begeistert war Franck wohl von Bullingers Sätzen: Alle dürfen von Gottes Wort reden, aber nicht predigen, geschweige denn eigene Versammlungen abhalten. Das stehe nur den dazu Verordneten zu. Die Täufer-Kirche sei keine Kirche, sondern eine Rottung abgefallener Leute. Franck selbst hat auf Versammlungen und Predigten verzichtet und institutionelle Kirchen grundsätzlich abgelehnt, ihm schwebte eine »unparteiische, zerstreute Kirche Christi unter allen Heiden« vor.[17]

Geradezu abgestoßen haben müssen Franck die vielen harschen Sätze Bullingers, die die Wiedertäufer als Aufrührer, ja als teuflisch beschimpfen.[18] Die zitierte er nicht. Er wollte sie kaum bekannt machen, denn er mahnte, man solle die Täufer nicht tyrannisieren, sondern Gott anbefehlen, auch wenn sie hartnäckig blieben. Sie seien

---

[13] *Franck*, Chronica, 452r und 445r.

[14] Vgl. ebd. das Kapitel »Wie man mit den ketzern handlen soll« (*Franck*, Chronica, 453v-455v).

[15] *Franck*, Chronica, 405r; *Bullinger*, Vom Frevel der Wiedertäufer, 141r-142v.

[16] Vgl. das Vorwort zu Sebastian *Franck*, Klagbrieff oder supplication der armen dürfftigen in Engenlandt, [Nürnberg: Friedrich Peypus] 1529 (FranckBibl. A 28), in: Sebastian *Franck*, Sämtliche Werke: Kritische Ausgabe mit Kommentar, Bd. 1: Frühe Schriften, bearb. von Peter Klaus Knauer, Bern 1993, 219f.

[17] *Franck*, Chronica, 405r und 406r. Vgl. *Bullinger*, Vom Frevel der Wiedertäufer, 53v.

[18] Vgl. z.B. *Bullinger*, Vom Frevel der Wiedertäufer, 72v-77r.

nicht aufrührerisch. Franck warnte davor, sie zu verfolgen, sonst ergreife man am Ende einen Christen für einen Ketzer.[19]

Aber er zitierte doch: die Täufer seien »masen vñ fleckẽ« des christlichen Volkes und: »Der widertauff ist nichts / dann ein neydisch geschwetz wider die predicantẽ.« Dazu stellte er auch von Bullinger zwei widersprüchliche Sätze hintereinander, nämlich, dass die Wiedertäufer mit ihrem Müßiggang gegen die Liebe sündigten, die Predikanten aber – gemeint sind selbstverständlich die von Kirche und Obrigkeit bestallten – nicht mit Handarbeit überladen werden sollten, sie sollten allein dem Schriftstudium obliegen, strafen, trösten und ihre Herde weiden.[20] Bullingers Verteidigung des Ius belli erwähnt der Pazifist Franck kommentarlos.[21]

Mit Wohlwollen aber wird er zitiert haben: »Gott ist auch der kinder Gott vnnd erlôser / darzů seind auch die kinder von Gott gereiniget / darumb haben sy auch den geyst Gottes.« Das gelte sogar, wenn der Vater ungläubig wäre.[22]

Entsprechendes zitiert Franck auch von Zwingli. So aus »De providentia dei«: Die Kinder, die in der Jugend sterben, seien gewiss erwählt, da sie noch ohne Gesetz und Sünde seien.[23] Oder aus »Von Touff«: Erst nach Kenntnis des Gesetzes könne der Mensch sündigen, woraus folgt, dass Zwingli die klassische Erbsündenlehre ablehnt. Die Erbsünde sei nichts als ein ererbter »Prest«, also ein Mangel, aber keine Sünde, die verdamme.[24] Die Kindertaufe sei erlaubt. Die Kinder seien ohne Sünde und gehörten zu Gott, wie wir, die gläubig sind.[25]

Zunächst freilich wird auch Zwingli wie Bullinger als Gelehrter gewürdigt.[26] Bemerkenswert scheint Franck, dass Zwingli sich rühmte,

---

[19] *Franck*, Chronica, 444vf., 449v. Vgl. auch 452r.

[20] *Franck*, Chronica, 405r-406r; *Bullinger*, Vom Frevel der Wiedertäufer, 7rf., 75r, 77r-95v.

[21] *Franck*, Chronica, 406r ; *Bullinger*, Vom Frevel der Wiedertäufer, 139v. Zu Francks Meinung vgl. *Franck*, Chronica 388vf. und bes. das Kriegsbůchlin des frides, [Augsburg: Heinrich Steiner], 1539 (FranckBibl. A 151), bes. 2v, 32r, 36rf., 41r-48r, 56v-57v, 58v-61v.

[22] *Franck*, Chronica, 405v; *Bullinger*, Vom Frevel der Wiedertäufer, 55r-56v.

[23] *Franck*, Chronica, 444r; das Zitat stammt aus »De providentia dei« (Huldreich Zwinglis sämtliche Werke [Z], Bd. 6/3, Zürich 1983 [Corpus Reformatorum 93/3], 187f.).

[24] *Franck*, Chronica, 444r; Dies und die folgenden Zitate zur Taufe stammen aus: Von dem touff, vom widertouff unnd vom kindertouff durch Huldrych Zuingli, Zürich: Johann Hager, 1525 (Z 4, 307f.).

[25] *Franck*, Chronica, 444r, Z 4, 300f.

[26] *Franck*, Chronica, 441v.

von Luther unabhängig zu sein, obwohl er mit ihm einig gewesen sei, bis der Streit mit Karlstadt über die Sakramente und die Bilder ausbrach. Daraufhin hätten sich die Oberdeutschen ihm zugewandt, und Luther und Zwingli hätten sich gegenseitig die Wahrheit abgesprochen. An der Disputation in Bern sei über die unterschiedlichen Abendmahlslehren gestritten worden und Zwingli habe den Sieg für sich in Anspruch genommen, den ihm die Lutheraner freilich nicht zuerkannt hätten. Zwingli aber und seine Anhänger hätten dessen Thesen »als für die ewig götlich warheit / erkannt vñ bschlossen«. Daraufhin sei die Messe abgeschafft, seien die Altäre abgerissen und die Bilder, samt Bildern Christi, aus den Kirchen geräumt und verbrannt worden.[27] Franck war über die Verhältnisse in Zürich offenbar schlecht unterrichtet. Von den Zürcher Disputationen wusste er nichts, war aber über die innerprotestantischen Gegensätze in Bern informiert. Das wundert nicht, denn in Bern disputierte für die Lutheraner neben Benedikt Burgauer Andreas Althamer. Mit ihm war Franck während seiner Pfarramtszeit in Büchenbach und Gustenfelden befreundet gewesen und hatte 1528 dessen »Diallage, hoc est conciliatio locorum scripturae« übersetzt,[28] eine Schrift, die sich gegen die Schwärmer – insbesondere Hans Denck richtete. Denck hatte versucht, mit Widersprüchen in der Heiligen Schrift nachzuweisen, dass die Bibel nicht als Gottes Wort im engeren Sinn, sondern nur als Zeugnis von Christus zu lesen sei. Eine Sicht, die Franck bereits in der »Chronik« selbst vertrat, Althamer aber in seiner Schrift zurückgewiesen hatte.[29]

Auch über das Gespräch in Marburg ist Franck recht gut unterrichtet, Zwingli habe »diß Herrn brott ein / Sacrament / oder ein bedeütnüs / büldtnüs / vnd zeichen des leibs vnd blůts Christi« genannt, während Luther »auff dem wesen deß bůchstabens / vnnd auff den hellen düren worten des text« bestanden und Signum und Signatum als eins gesehen habe.[30]

Die Artikel, die Franck aus den Werken Zwinglis zieht, stammen fast alle aus »De providentia dei«, einer Schrift, die Franck besonders anziehen musste. Ihn begeisterten vor allem die ersten Kapitel, die

---

[27] *Franck*, Chronica, 441vf.

[28] Sebastian *Franck*, Diallage, Nürnberg: Friedrich Peypus, 1528 (FranckBibl. A 1).

[29] *Franck*, Chronica, 337r; vgl. auch Sebastian *Franck*, Das verbütschiert Bůch, [Augsburg: Heinrich Steiner], 1539 (FranckBibl. A 142), bes. iijr.

[30] *Franck*, Chronica, 442r.

Gott als den liebenden Urheber aller Dinge preisen, die in ihm leben, wesen und sind, und Zwinglis Lehre von der göttlichen Weisheit der Heiden. Hier sei aus den angezogenen Artikeln zitiert:

> Gott ist alles in allem, was Moses, Paulus, Plato und Seneca u. a. bezeugen. Zwingli ist damit »wider die / die die warheit in den Philosophis verkleinen / vnnd verhasst machen / vnd spricht / Das die warheit / durch wen sie gleich herfürbracht wird / vom heiligen geist sey.«[31]

> »Es ist nit allein der mensch gŏtlichs geschlechts / sunder auch alle creaturen wie wol eine mehr edler vnnd theürer ist dann die andere / seindt sie doch des vrsprungs vnd geschlechts halb alle auß got / vnd in got.« Sogar Kröte und Sau würden, wenn sie sterben, nicht aufhören zu sein, wie viel weniger der Mensch.[32]

> Der Heiden Lehre dürfe man göttlich nennen, sofern sie heilig, Gott gemäß und »onwidersprechlich« sei.[33]

> Alles sei Mittel und Geschirr, durch das die Gotteskraft wirke.[34]

> Der Mensch sei nicht nur himmlisch, sondern auch irdisch, aber ihm sei ein »himmlisch gemŭt« eingegossen.[35]

Das alles dürfte Franck entgegengekommen sein. Wie Zwingli spricht er von »erleüchten heyden«, die von Gottes Geist belehrt werden,[36] und er zitiert auch zu Zwinglis Gotteslehre genau das, was zu seiner eigenen Definition Gottes passt, die er 1534 in einer kleinen Schrift programmatisch so zusammenfasst:

> Das Gott aller wesen wesen sey / alle creatur inwone / erfüll / vnd mit seinem wort wie erschafft / also trag / ernere / vnd erhalt / im menschen aber / den er zŭ seinem Bild vnd Tempel erschaffen hat / mit ainem sondern Privilegio / als in seinem reich vnnd aigenthŭm wone / also /, das alle creatur sein vol ist / vnd Gott alles in allem sey vnnd wirck.[37]

Anders steht es mit der Prädestinationslehre. Zwar betont auch Franck mit Paulus das wichtigste Fundament Zwinglis, dass ohne Gesetz keine Sünde sei,[38] aber er hält doch später gegen den Zürcher Reformator

---

[31] *Franck*, Chronica, 442r, vgl. Z 6/3, 82f und 94.
[32] *Franck*, Chronica, 442v; Z 6/3, 100 und 104.
[33] *Franck*, Chronica, 442v; Z 6/3, 106.
[34] *Franck*, Chronica, 442v; Z 6/3, 112.
[35] *Franck*, Chronica, 442v; Z 6/3, 116 und 120f.
[36] *Franck*, Chronica, 87v.
[37] Sebastian *Franck*, Das Gott das ainig ain / vnd hŏchtes gŭt […] sey, [Augsburg: Silvan Otmar], 1534 (FranckBibl. A 101).
[38] *Franck*, Das Gott das ainig ain / vnd hŏchtes gŭt sey, aijvf.

klar und ausdrücklich fest: »Deus est, qui operatur omnia, in omnibus, excepto peccato.« Gott könne die Sünde im Menschen nicht wirken, denn sie sei nichtig und vernichtend, so habe sie nichts mit dem Schöpfer gemein: Die Sünde stamme aus dem Freien Willen des Menschen.[39] Franck fasst denn auch nur knapp die langen Kapitel 5–7 aus »De providentia dei« über den Menschen unter dem Gesetz, den Fall, die Erwählung und die Verdammnis zusammen. Zwingli lehre,

> die, die ewiglich verdammt werden, werden nach der Voraussicht Gottes dazu erschaffen, dass sie seine Gerechtigkeit verkündigen.[40]

> »Alles was das fleisch thůt / thůts auß gott / vnd durch gott.«[41]

> Gott ist ein Verursacher auch der Ungerechtigkeit. Die Kreatur hat sie nicht selbst hervorgebracht.[42]

> Was bei uns Ungerechtigkeit ist, ist es bei Gott keineswegs. Gott übertritt kein Gesetz, wenn er den Menschen zum Übeltäter macht. Nur der Mensch sündigt, auch wenn er dazu getrieben wird, denn Gott ist kein Gesetz gegeben. Darum sündigt er nicht.[43]

> Ein Mörder würde gezwungen zu morden, auf dass der Ermordete in den Himmel käme.

> Aber Gott gebiete auch, den Mörder zu strafen. Gott aber ist nicht zu schelten, denn er steht unter keinem Gesetz.[44]

> Gottes Erwählung ist frei.[45]

> Entweder müsse die freie Wahl Gottes fallen, oder unser Verdienst.[46]

Soweit Francks nüchterne kurze Zusammenstellung zu Gesetz und Prädestination bei Zwingli. Die Sakramentslehre wird in »De providentia dei« nur gestreift. Dennoch zitiert Franck daraus, was ihm entsprach:

> Den Sakramenten spreche Zwingli keine Gnade oder Kraft zur Sündenvergebung zu.

---

[39] Sebastian *Franck*, Paradoxa ducenta octoginta, Ulm: Johan Varnier, [1534] (FranckBibl. A 102), Par. 2, Aijv.
[40] *Franck*, Chronica, 442v; Z 6/3, 135f.
[41] *Franck*, Chronica, 442v; Z 6/3, 137.
[42] *Franck*, Chronica, 442v; Z 6/3, 155 und 187.
[43] *Franck*, Chronica, 442v; Z 6/3, 144–153.
[44] *Franck*, Chronica, 443r; Z 6/3, 153–155.
[45] *Franck*, Chronica, 443r; Z 6/3, 153.
[46] *Franck*, Chronica, 443r; Z 6/3, 163.

Die Taufe sei nur Zeichen der ersten Einschreibung in Christo, das Abendmahl eine Erinnerung an die durch Christi Kreuz erlangte Erlösung.[47]

Franck, der überall in seiner »Ketzerchronik« besonders hervorhebt, was die römische Kirche verworfen hatte, interessiert vom Kapitel über den Glauben nur der Gedankengang, der zur Erwählung der Heiden hinführt:

Der Glaube ist ein Zeichen der vorangegangenen Erwählung.[48]

Wer einmal recht glaubt, kann nicht mehr aus der Erwählung fallen. Aber die Wahl macht auch die selig, die nicht mehr zur Erkenntnis des Glaubens kommen.[49]

Zwingli wolle lieber bei Sokrates und Seneca stehen als bei den Päpsten, seien jene doch, auch wenn sie die Ordnung des Glaubens, die Worte und Sakramente noch nicht erkannt hätten, frömmer gewesen.[50]

Aus dem Epilog fasst Franck nochmals zusammen, was ihm wichtig schien:

»Summa alles sein vnd wesen aller ding ist / das sein vnd wesen gottes.«[51]

Und: »Gott hat den menschen dermasen / dz er fallen soll / erschaffen / dz er auß seinem fall erkante / was war / recht / vnd heilig wer.«[52]

Was Franck von der Zürcher Reformation hielt, wird klar: Ihre Exponenten haben viele gute und bedenkenswerte, ja weiterführende Ansätze, aber sie haben auch Fragwürdiges gelehrt. Ihre Entscheidung, eine institutionelle obrigkeitliche Kirche zu gründen und die daraus folgende Polemik gegen Andersgläubige, kann er nicht gutheißen. Das machte er bereits im Vorwort seiner Chronik klar:

Ich kan got hab lob als ein vnparteischer vngefangner / ein yeden lesen / uñ bin keiner sect oder menschen auff erden also gefangen / dz mir nit zů gleich alle frume võ hertzen gefallen / ob sy schon in vil unnötigen stucken ein falgriff thůnd / vñ bin in keins menschen wort geschworen / dann Christi meines gottes vnd mitlers in des gehorsam ich mein vernunfft allein gefangen nym. Ja ich wirff auch kein ketzer also hin / das ich das kind mit dem bad außschüt / das ist / die warheit von

---

[47] *Franck*, Chronica, 443r; Z 6/3, 165.
[48] *Franck*, Chronica, 443r; Z 6/3, 178.
[49] *Franck*, Chronica, 443r; Z 6/3, 180f.
[50] *Franck*, Chronica, 443v; Z 6/3, 182f.
[51] *Franck*, Chronica, 443v; Z 6/3, 219f.
[52] *Franck*, Chronica, 443v; Z 6/3, 221.

der lugen wegen verschlauder / sunder scheide das golde vom katt.
Dann es ist kaum ein Heyd / philosophus oder ketzer, der nit etwa ein
gůts stuck errathen hab / das ich nit darumb verwirff sunder als feingold
anbett / vñ gleich etwz auch mein gott in Heydẽ vñ ketzern find / lieb
und eere.

Gott lasse seine Sonne über Gute und Böse scheinen und so gieße er
seine Güte auch über alle Menschen aus, sodass alle davon zu sagen
wissen. Aber auch alle Menschen irrten. Darum kann Franck nicht
verstehen, dass »wir dañ so superstitiosi seind / das schier yetzt keiner
den andern leyden kann« und alle ihre eigene Kirche gründen wollen
und sich gegenseitig verfolgen.[53]

Nachdem er Luthers Lehre dargestellt hat, bekennt er, er wolle
gegen niemanden schreiben, sondern bloß erzählen, wie es gewesen
sei, ohne einen »andern glaubẽ vñ sect zů verstürzẽ«. Noch weniger
wolle er eine andere aufrichten, wolle er sich doch keine »zertreñung
auff erden gfallen« lassen. Denn auch die ärgsten Ketzer seien Menschen wie wir. Man dürfe jemanden wegen eines Irrtums nicht gleich
umwerfen: »Wir geen fürwar hie alle auff dem eyß / gar ein schlüffe-
rigen weg.«[54]

Anders freilich lauten die viel zitierten Äußerungen aus dem »Brief
an Campanus«, den Franck ebenfalls 1531 in Straßburg verfasst haben
soll. Er ist nur aus posthumen, voneinander abweichenden Übersetzungen bekannt. Darin werden die protestantischen Kirchen nicht nur
kritisiert, sondern mit allen Gelehrten und Doktoren geradezu als
»entechristen«, die »gottlose ketzereien« lehrten, verteufelt, während
Hans Bünderlin als gottesfürchtiger Lehrer empfohlen wird, ein von
Franck sicher geschätzter Theologe, den er aber drei Jahre später zusammen mit Campanus gleichwertig neben Luther und Zwingli stellt.
Der Brief widerspricht dem integrierenden Anliegen der autorisierten
Schriften Francks so diametral, dass ich an der Echtheit zweifle. Dazu
spricht der Autor den bedeutendsten Kirchenvätern ab, überhaupt
Christen zu sein, während Franck sie in seiner »Ketzerchronik« breit
zitiert und sie in seiner »Guldin Arch« unter die »vätter / vnd zeügen
Gotes« zählt.[55] Für mich Grund genug, jene Quelle nicht heranzuzie-
hen.

---

[53] *Franck*, Chronica, aijv.

[54] *Franck*, Chronica, 427v-428v.

[55] Sebastian *Franck*, Die Guldin Arch, Augsburg: Heinrich Steiner, 1539 (Franck-
Bibl. A 123), Vorrede, 4. Der Brief ist nach der holländischen Fassung (wahrscheinlich
von 1572), die den Brief erst auf 1541 datiert, und der hochdeutschen von 1563 abgedruckt in: Quellen zur Geschichte der Täufer, Bd. 7, hg. von Manfred Krebs und

Im »Weltbuch« von 1534, wo Franck sich mit jeder Kirchenbildung auch von der Zwinglis lossagt, wirbt Franck nochmals dafür, Frömmigkeit, in welcher Partei auch immer, anzuerkennen und verurteilt einzig die Sucht, alle anderen als Ketzer zu verdammen: Zur Zeit Karls V. habe Gott »etlich menner erweckt vnd rechte geystlichẽ gesendt«, die mit Gottes Geist dem Teufel recht zugesetzt hätten, der aber trete jetzt anders auf, und gründe täglich neue Sekten, »deren ein yeder sein eygne kirch / opinion vnd auch glauben hat / als dann ist der Bapst / Luther Zwinglin / Teüffer mancherley / Johannes Campanus / Johannes Bünderlius / Schwenckfeld / Melchior Hofman / Bilgram / Böhem / Pickarder / Armenier / Moscobiter«. Sie alle wollten rechte Christen sein, stimmten aber untereinander in vielen Stücken nicht überein. Darum glauben manche, Gott gefalle alles, was in guten Treuen getan werde, und andere, Gott werde nicht jeden Irrtum verdammen. Denen neige Franck zu. Diese würden nicht gleich alle anderen als Ketzer verteufeln. Sei doch gerade Verfolgungssucht ein Charakteristikum für Ketzerei.[56]

Noch deutlicher wird er 1539 im »Verbütschierten Buch«. Dort steht die in Schmalkalden verurteilte Sicht, dass Gott seine Kirche aus Gliedern aller Glaubensrichtungen sammelt: »Mir ist ein Papist / Lutherã Zwinglian / Tåuffer / ja ein Türck / ein gůter brůder / der mich zů gůt hat / vñ neben jm leyden kann / ob wir gleich nit ainerlay gesinnt / durchauß eben sind / biß vns Gott ein mal inn seiner schůl zůsamen hilfft / vnnd eins sinns macht.« Der Pferch Christi sei unter allen Sekten und Völkern zerstreut. Darum seien Franck alle gleich lieb, ob sie nun papistisch, lutherisch, zwinglisch oder paulinisch heißen.[57]

Wie aber sahen die Zürcher Sebastian Franck? Es ist anzunehmen, dass Heinrich Bullinger sich sehr schnell die »Chronik« besorgte, die

---

Hans Georg Rott, Gütersloh 1959, 301–325, vgl. bes. 302, 307f., 313, 321. Auch im ebenfalls unsicher überlieferten Lied: »Ich will vnnd mag nicht Bäpstisch sein« (Das deutsche Kirchenlied, hg. von Philipp Wackernagel, Bd. 3, Leipzig 1870, Nr. 965, 817), das der Straßburger Zeit zugeschrieben wird, sagt sich Franck von Luther und Zwingli ausdrücklich los, ohne sie allerdings zu verteufeln. Lied und Brief, sofern sie echt sind, waren den Zürchern 1534 sicher nicht bekannt. Bekannt gewesen sein könnte indessen eine Stelle aus der Türkenchronik von 1529, die von den drei großen Kirchen, der Lutherischen, Zwinglischen und Täuferischen spricht, während sich eine vierte, unsichtbare schon anbahne (*Franck*, Sämtliche Werke, Bd. 1, 304).

[56] Sebastian *Franck*, Weltbůch / spiegel vnd bildtnis des ganzen Erdbodens, [Ulm: Johan Varnier], 1534 (FranckBibl. A 77), 44vf. Zu Schmalkalden vgl. Anm. 2.

[57] *Franck*, Das verbütschiert Bůch, 427r-429v.

er später so oft benutzt hat.[58] Sicher ist es allerdings nicht. Sicher ist
indessen, dass er noch Anfang 1534 glaubte, Franck sei einer der ihren.
Denn er fürchtete im Januar, Franck werde durch Kaspar von
Schwenckfeld vom richtigen Weg abkommen, wie es bei Leo Jud für
kurze Zeit auch der Fall gewesen sei.[59]

Offenbar haben er und seine Zuträger bis dahin bei Franck nichts
Anstößiges gefunden. Tatsächlich hatte Franck sich ja 1531 in der
»Chronik« noch nicht wie 1534 und 1539 ausdrücklich von Zwingli
abgegrenzt. Und wer wird schon die »Chronik« ganz gelesen haben?
Man wird das nachgeschlagen haben, was einen gerade interessierte.
Erstaunlich ist immerhin, dass von den Schwierigkeiten Francks mit
Bucer in Straßburg nichts nach Zürich drang, jedenfalls nach den
bekannten Quellen nichts, was Bullinger bewegte. Erst die Briefe
Johannes Zwicks und vor allem Martin Frechts aus Ulm warnen Bullinger vor Francks Theologie. In Ulm hat Franck – aus Straßburg
vertrieben und nach einer kümmerlichen Zeit als Seifensieder in Esslingen – versucht, sich eine neue Existenz als Drucker aufzubauen.

Zwick schrieb im September 1535 über sein Misstrauen gegenüber
Schwenckfeld und meldete im gleichen Atemzug: Martin Frecht habe
gesagt, auf Senatsbeschluss sei Franck befohlen worden, all seine
Schriften entweder öffentlich zu erklären oder zurückzuziehen.[60]

Einen Monat später meldete sich Frecht selbst bei Bullinger und
behauptete: Schwenckfeld und Franck hielten es mit den Täufern –
eine böswillige und 1535 höchst bedrohliche Verleumdung. Er fuhr
näher an der Wahrheit fort: Sie würden viel vom inneren und äußeren
Wort schreiben, vom Buchstaben und vom Geist und von deren Die-
nern, die unverhohlen lehren, die Schrift sei nicht das Wort Gottes. In
den Seelen aller sei ein inneres Wort verborgen, das durch das Zeugnis
des äußeren Wortes gleichsam in Bewegung gerate. Sie erwarteten eine
neue Art von Kirche. Von diesem Schlag sei Franck, der Autor der
»Chronik« und der »Paradoxa«. Er habe sein Buch mit Artikeln, »die
von ihm unklar und wenig fromm geschrieben seien«, herausgeben
können und müsse es nun vor dem Senat verteidigen. Bullinger wisse
ja, dass früher Denck und Hätzer mit dem äußeren Wort jonglierten,

---

[58] Vgl. unten Anm. 71.
[59] HBBW, Bd. 4, Zürich 1989, Nr. 313, 35 f.
[60] HBBW, Bd. 5, Zürich 1992, Nr. 648, 363.

sie seien in Franck und seinen Komplizen wieder erstanden. Franck würde der Kirche mehr schaden als Schwenckfeld.[61]

Drei Jahre später, 1538, wurde Bullinger über Johannes Zwick mitgeteilt, dass Schwenckfeld zwar aus Ulm fortgezogen sei, aber Sebastian Franck die »Goldene Arche« veröffentlicht habe, welche kaum golden, stattdessen voller Blasphemien sei.[62] Im Juni berichtete Frecht, er habe die gewisse Hoffnung, dass Franck im Herbst die Stadt verlassen müsse. Tatsächlich entsprach der Rat erst im neuen Jahr Frechts Forderung, den »Irrlehrer« zu verbannen.[63]

Frecht hielt Franck und Schwenckfeld, wie er Bullinger im August anvertraute, für vom Teufel verführte Sektierer, die weder warm noch kalt seien. Sie würden die Gemeinschaft der Kirche verschmähen. Zwar seien sie keine plumpen Anabaptisten, aber subtile, die, während sie weder zu Zwingli, noch zu Luther, noch zu offenkundigen Täufern, noch zum Papst gehören wollten, ihre eigene Kirche bildeten, nämlich eine geistliche erwartend.[64]

Frecht hielt Bullinger weiter über die Vorgänge in Ulm auf dem Laufenden, bis Franck, »miser ille rhapsodus«, vom Senat verbannt, die Reichstadt im April 1539 endgültig verlassen musste. Im Juni bat er Bullinger, eine geplante Apologie gegen Franck in Basel anzukündigen. Franck war in Basel aufgenommen worden.[65]

Im August 1539 berichtete aus Ostfriesland der Pfarrer Hermann Aquilomontanus an Bullinger, Francks »Paradoxa« fänden viel Beachtung, viele Fromme aber seien empört besonders über seine Willenslehre und über seine Christologie, bekräftige er doch Christus mehr als Verkünder und Boten des Heils, denn als Erlöser.[66]

In den folgenden Jahren wird Franck, der 1542 in Basel stirbt, im bekannten Bullingerbriefwechsel nicht genannt.

Ein eigenes Urteil von Bullinger über Franck ist aus dem Winter 1570/71 erhalten. Der Churer Pfarrer Johannes Gantner hatte Duldsamkeit eingefordert: Niemand dürfe zum Glauben gezwungen werden. Dazu hatte er sich neben dem Gleichnis vom Unkraut in Mt 13

---

[61] HBBW, Bd. 5, Zürich 1992, Nr. 661, 390f.
[62] HBBW, Bd. 8, Zürich 2000, Nr. 1138, 151, Anm. 4.
[63] HBBW, Bd. 8, Zürich 2000, Nr. 1149, 174. Patrick *Hayden-Roy*, 188f.
[64] HBBW, Bd. 8, Zürich 2000, Nr. 1154, 185.
[65] HBBW, Bd. 8, Zürich 2000, Nr. 1161, 196; Nr. 1200, 271; Bd. 9, Zürich 2002, Nr. 1285, 171f.
[66] HBBW, Bd. 9, Zürich 2002, Nr. 1294, 194f.

auf Franck berufen.[67] Bullinger kommentierte, leicht könne Gantner
zusammen mit seinem Franck das Maul gestopft werden, sei Franck
doch »ein törichter Rhapsode ohne Urteilskraft und ohne jeden Nutzen, der in der Tat, vieles zum Schaden zusammentragend, der Täu-
fersekte nicht ganz fern stand und auch von anderen Sekten besudelt
war«.[68] Wenig später hat Bullinger endlich den Traktat von Urbanus
Rhegius über die Bestrafung der Häretiker[69] gefunden. Damit, meint
er, könne man Gantner, der sich auf Francks Chronik stütze, leicht
widerlegen.[70]

Ein vernichtendes Urteil wird da von Bullinger über Franck gefällt.
Dennoch hat er ihn in seinen Täuferschriften und auch in seiner Reformationsgeschichte, also in Spätschriften, als Autorität zitiert, freilich
nur als Autorität für die weltliche Geschichte, nicht als Theologen oder
gar als Prediger der Duldsamkeit in Glaubensfragen.[71] Bullinger erweist sich mit Franck als Eklektiker. Die von Erasmus übernommene
Locimethode erlaubte den humanistisch Gebildeten von überall her,
von Freund und Feind ihre Belege zu holen.[72] Wurde das Wissenswerte

---

[67] Bullingers Korrespondenz mit den Graubündern, 3. Teil: Oktober 1566-Juni
1575, hg. von Traugott Schiess, Basel 1906, Nr. 230, 228; vgl. auch Nr. 221, 215.
[68] Ebd., Nr. 231, 229.
[69] Vgl. Urbanus *Rhegius*, Ein bedenken, der Luneburgischen ob der Oberkeyt ge-
zymme, die widerteüffer oder andere ketzer zum rechten glauben zu dringen und so
sye in der ketzerey beharrend halb mit dem Schwert zu richten, Straßburg: Jac[ob]
Frölich, 1538.
[70] Bullingers Korrespondenz mit den Graubündern, Nr. 241, 240.
[71] Vgl. Heinold *Fast*, Heinrich Bullinger und die Täufer: Ein Beitrag zu Historiographie und Theologie im 16. Jahrhundert, Neustadt a.d.Aisch, 1959, 30, 47f., 75,
95f., 100f., 103f., 108, 120f., 128f., 13. Fast bezieht sich auf die Täuferschriften Bullingers. Die Belege aus der Reformationsgeschichte stellte mir freundlicherweise Christian Moser zusammen: Bullinger erwähnt Franck im Zusammenhang seiner Darstellung des Sacco di Roma: »Darvon andere vil und lang geschriben, ouch Sebastian
Franck in siner Chronica amm 232. Blat.« (Heinrich *Bullinger*, Reformationsgeschichte
nach dem Autographon herausgegeben von J.J. Hottinger und H.H. Vögeli, 3 Bde.,
Frauenfeld 1838–1840 [HBRG], hier Bd. 1, 387; *Franck*, Chronica, 232r-234v) und bei
der Schlacht von Pavia (HBRG, Bd. 1, 258; *Franck*, Chronica, 231v-232r). Bei der
Erzählung folgender Begebenheiten dürfte Franck als Quelle gedient haben: Hub-
maiers frühes Wirken in Regensburg (*Franck*, Chronica, 224v-225r; HBRG, Bd. 1,
223f.); der Tod Ludwigs II. in der Schlacht von Mohács (1526) (*Franck*, Chronica, 241r;
HBRG, Bd. 1, 366); die Ausbreitung des »Englischen Schweißes« (*Franck*, Chronica,
253r; HBRG, Bd. 2, 223).
[72] Zur Erasmischen Locimethode vgl. Urs B. *Leu*, Aneignung und Speicherung
enzyklopädischen Wissens: Die Loci-Methode von Erasmus, in: Erasmus in Zürich:
Eine verschwiegene Autorität, hg. von Christine *Christ-von Wedel* und Urs B. *Leu*, Zürich 2007, 327–342.

doch aus dem Zusammenhang gelöst und unter verschiedenen Stich-
worten neu geordnet. So lag es griffbereit und konnte in neuem Zusammenhang genutzt werden. Von einem »törichten Rhapsoden«
gesammeltes Wissen konnte Bullinger darum in seiner Zürcher Reformationsgeschichte dienen.

Aber in Zürich las nicht nur Bullinger Francks Werke. Der noch
erhaltene Bestand von Franckausgaben aus dem 16. Jahrhundert in
der Zentralbibliothek Zürich deutet auf eine erstaunliche Rezeption
dieses verfemten Autors:

Chronik, oder Geschichtsbibel	7 Exemplare
Kriegsbüchlein des Friedens	2
Paradoxa	3
Sprichwörter	4
Das verbüthschiert Buch	2
Weltbuch	3
Das Gott ainzig sei	2
Germania	2
Auslegung von Ps. 64	1
Vom Laster der Trunkenheit	1
Die guldin Arch	1
Türkenchronik	1
(Der Brief an Campanus [holländisch])	(1)
(Die Gelehrten die Verkehrten)	(1)[73]
Total	27 / (29)

Zum Vergleich: Zwar besitzt die Zentralbibliothek von Erasmus'
»Adagia« nicht weniger als 18 Ausgaben des 16. Jahrhunderts, aber
von seinen »Opera omnia« ist nur gerade eine Ausgabe erhalten, von
seinen »Colloquia«, die an den Schulen Zürichs gelesen wurden, sieben und von der überaus einflussreichen »Ratio seu methodus« sechs,
von »De conscribendis epistolis« zwei. Die »Chronik« von Carion bzw.
Carion / Melanchthon / Peucer ist in sechs Exemplaren mit einer
Übersetzung vorhanden.

Damit nicht genug. 1545 erschienen in Zürich, gedruckt von Eustachius Froschauer, Francks »Sprüchwörter Gemeiner Tütscher nation / erstlich durch Sebastian Francken gesam̃let / nüwlich aber in

---

[73] Es handelt sich um die von J. Fischart hg., sich an Franck anlehnende Reimdich-
tung. Vgl. Carlos *Gilly*, Über zwei Sebastian Franck zugeschriebene Reimdichtungen:
Stammen »Die gelehrten, die Verkehrten« und »Vom Glaubenszwang« tatsächlich von
Franck? in: Sebastian Franck (1499–1542), hg. von Jan-Dirk Müller, Wiesbaden 1993,
223–238, bes. 230.

kom̃liche ordnung gestellt uñ gebessert«.[74] Man habe, so Froschauer, für den Druck durch »geschickte Personen« die Ordnung geändert. Denn die alten Sprichwortsammler – nach denen Franck geordnet hatte – seien mit Geschäften überhäuft gewesen: »Vnd diewyl ouch ein yeder sinen kopff vñ verstand hat / wirt ouch zům dickeren mal von einem für dienstlich vnnd gůt hinyn gemengt / daran die anderen nit sonders gefallen haben mögend.«[75]

Man könnte meinen, es handle sich um eine von geeigneten Zensoren purgierte, einfache Sammlung von deutschen Sprichwörtern. Indes, hinter den geschickten Personen verbarg sich keine Zensurbehörde, sondern nur eine Person und zwar niemand geringeres als der Hebraist und Lektor für Altes Testament an der Schola Tigurina: Konrad Pellikan, dessen »Index bibliorum« Franck 1539 rühmend erwähnt hatte.[76] Pellikan berichtet in seinem »Chronikon«, er habe die deutschen »Sprichwörter« von Franck neu herausgegeben und in eine bequemere Ordnung gestellt.[77] Die bequemere Ordnung ist eine systematisch-alphabetische. Dabei hat Pellikan nicht nur Sprichwörter, sondern auch Erklärungen Sebastian Francks übernommen, die dessen spiritualistische Tendenz mit seinem Panentheismus nirgends verbergen und u.a. offen, ja plakativ Willensfreiheit lehren,[78] insbesondere eine Anthropologie vertreten, die für heutige Reformierte anstößig genug sein mag.

So ist zu lesen: Der Mensch sei aus Himmel und Erde, aus Geist und Fleisch zusammengesetzt. Er sei ein Mikrokosmos. Wer sich selbst kenne, kenne darum Geist und Fleisch, Gott und Mensch, Himmel und Erde. Man finde im Menschen Gottes Ebenbild, aber auch des Teufels Samen:

---

[74] Vgl. FranckBibl. A 161, wo die in der Zentralbibliothek Zürich liegende Ausgabe nicht nachgewiesen ist.

[75] Sprüchwörter, *iijv.

[76] *Franck*, Das verbütschiert Bůch, 426v, Konrad *Pellikan*, Index bibliorum, Zürich: Christoph Froschauer, 1537. Dieses Werk war das einzige eines Zürchers, das im Inventar Francks aufgeführt ist. Vgl. Christoph *Dejung*, Sebastian Francks nachgelassene Bibliothek, Zwingliana 16/4 (1984), 315–336.

[77] Das Chronikon des Konrad Pellikan, hg. von Bernhard Riggenbach, Basel 1877, 168.

[78] Vgl. z.B. Sprüchwörter, 32v–34v; 169r; 10r; *Franck*, Werke, Bd. 11, Bern et al. 1993, 265–267; 426f.; 329.

> Darumb ist die erkanntnus sin selbs / das ewig låben vnd die hőchst
> såligkeit / dã darinn wirt begriffen die erkãtnuß aller dingen zum
> låben von nőten: darinn findst du Gott / sin gsatz / Christum vñ Eu-
> angelium / so du es nahend ansichst / inn die tafel dines hertzens mit
> sinem finger geschriben.

Die Selbsterkenntnis lehre den Menschen, was böse sei und nicht zuletzt, dass *er* böse sei. Darum werde der sich erkennende Mensch niemand verurteilen. Denn alle Menschen seien gleich, ja eins. So sehe
der Mensch in sich nichts, was er nicht auch in einem anderen sähe.
»In disem blick zerschmiltzt der mẽsch in im selbs in Gott / ylt von jm
selbs in Gott / vñ wirt zů liebe / mißt yederman mit der maß wie er
jm selbs mißt / ist gnädig [...]«. Er sieht in sich selbst die ganze Welt,
und was je Mensch hieß, und sucht das erloschene Bild Gottes in
jedem, für den er vor Gott bittet und eintritt.[79]

Pellikan dürfte kaum entgangen sein, dass aus diesem Menschenbild
zwingend eine Duldsamkeit in Glaubensfragen folgen musste, jedenfalls hat er an anderer Stelle einen nur leicht verschleierten Aufruf
gegen jeden Bekenntniszwang aufgenommen: Nichts dürfe geglaubt
werden, »dann das sich mit dinem hertzen vnd dem sinn der heiligen
gschrifft übertregt / vnd das vor in din hertz geschriben / vñ damit din
gewüßne überzüget ist.« Man solle ja nicht lange fragen, sondern alles
»versuchen« und »erfahren«, selbst gelte es, zu urteilen »vnd dz vrteil
by dir selbs beschliessen«.[80]

Pellikan hat in seinem »Chronikon« nicht berichtet, warum er gewagt hatte, Francks »Sprichwörter« neu als Nachschlagewerk zu edie-
ren. Offenbar bedurfte es dafür in Zürich in der Mitte des 16. Jahrhunderts keiner Begründung.

Wie in Basel wurde auch in Zürich ein Außenseiter wie Sebastian
Franck – jedenfalls als Autor – geduldet, ja geschätzt. Standen doch
die Zürcher in der Mitte des 16. Jahrhunderts nicht nur der Willenslehre Francks nahe. Sie haben auch den bereits von Franck hervor-
gehobenen Pantheismus Zwinglis und seine Ansätze einer natürlichen
Theologie auf ihre Art weiter verfolgt.[81] Die oben zitierten vernichten-

---

[79] Sprüchwörter, 140r-42r; *Franck*, Werke, Bd. 11, Bern et al. 1993, 377–379.
[80] Sprüchwörter, 70vf.; *Franck*, Werke, Bd. 11, Bern et al. 1993, 474.
[81] Vgl. Christine *Christ-von Wedel*, Erasmus und die Zürcher Reformatoren: Huldrych Zwingli, Leo Jud, Konrad Pellikan, Heinrich Bullinger und Theodor Bibliander,
in: *Christ-von Wedel/Leu*, Erasmus in Zürich, 111–114 und 138–141, sowie Christine
Christ-v. Wedel, Theodor Bibliander in seiner Zeit, in: Theodor Bibliander 1505–1564:
Ein Thurgauer im gelehrten Zürich der Reformationszeit, hg. von ders., Zürich 2005,
38–44.

den Worte über Franck hat Bullinger erst 1570 geschrieben, als Pellikan
schon längst tot, aber auch Bibliander bereits gestorben war, den man
zehn Jahre zuvor seines Amtes enthoben hatte, weil er nicht auf die
calvinische Prädestinationslehre einschwenken wollte. Dennoch hat Josias Simler die Werke Francks in seiner erweiterten Neuedition der
Gessnerschen »Bibliotheca« von 1574 aufgezählt und 1583 hat Frisius
auch die Auslegungen Francks in der Zürcher Ausgabe gewürdigt:
Darin habe der Autor die Sprichwörter breit erklärt. Von Schwenckfeld und Müntzer etwa distanziert sich die »Bibliotheca«, Franck wird
nicht kritisiert.[82]

Die Quellen offenbaren eine erstaunliche Offenheit in der gegenseitigen Wahrnehmung von Franck und den Zürcher Reformatoren.
Franck sah in Zwingli und Bullinger nicht nur negativ Vertreter einer
Kirche, die Andersdenkende ausschloss, sondern würdigte durchaus
auch die theologischen Ansätze bei Zwingli, die den seinen verwandt
waren. Bullinger schloss sich 1570, als er mit Francks Toleranzideen
konfrontiert wurde, dem abschätzigen Urteil Martin Frechts über den
Dissidenten an. Dennoch benutzte er Francks Chronik, wo immer sie
ihm diente. Pellikan wies nicht nur eklektisch auf einzelne Zitate oder
Berichte des Polyhistors. Er ließ in der Neuedition der Sprichwörter
von 1545 den undogmatischen Spiritualisten in breiten Kommentaren
zu Wort kommen. Mochte Franck auch in den Augen Bullingers »von
Sekten besudelt« sein, man zeigte in Zürich, anders als in Wittenberg
und Schmalkalden, gegenüber dem Kritiker aller institutionellen Kirchen auch im sich verhärtenden Konfessionalismus keine Berührungs-
ängste und zollte seinem Werk Respekt.

---

[82] Bibliotheca instituta et collecta, primum a Conrado Gesnero, hg. von Josias
Simler, Zürich: Christoph Froschauer, 1574, 621; Bibliotheca instituta et collecta, primum a Conrado Gesnero, hg. von Jacob Frisius, Zürich: Christoph Froschauer, 1583,
746; 259 f.; 797 f. Ich danke Rainer Henrich für den Hinweis auf diese Ausgaben.

RUDOLF GWALTHERS UNTERSTÜTZUNG DES LANDESSCHULPROJEKTS IN SONDRIO (1582–1584) UND SEINE MEINUNG ÜBER GRAUBÜNDENS BEDEUTUNG IN DER DAMALIGEN MÄCHTEKONSTELLATION

Kurt Jakob Rüetschi

1. Literaturübersicht und Zielsetzung

In der bündnerischen Geschichtsschreibung ist das erstaunliche, jedoch am erbitterten Widerstand der römisch-katholischen Priesterschaft bald gescheiterte Projekt einer für die Söhne beider Konfessionen aus dem Freistaat der Drei Bünde und aus seinen Untertanengebieten (Veltlin, Grafschaften Bormio und Chiavenna) offenen Lateinschule in Sondrio oft und unter verschiedenen Aspekten behandelt worden: Auf Quellen gestützte Darstellungen gaben 1777 Petrus Dominicus Rosius à Porta[1] am Rande der im Zentrum stehenden Schilderung des Sonderser Aufruhrs, 1901 Carl Camenisch[2] sehr ausführlich innerhalb der Auseinandersetzungen der Bündner mit der von Kardinal Carlo Borromeo vorangetriebenen Gegenreformation im Veltlin, 1949 Conradin Bonorand[3] als ein von Politik geprägtes Kapitel

---

[1] Petrus Dominicus *Rosius de Porta* [à Porta], Historia Reformationis Ecclesiarum Raeticarum, Tomus II, Liber 3, Chur / Lindau 1777, im Kapitel 1 (gegenreformatorische Unternehmungen von Carlo Borromeo) 32, im Kapitel 2 (Seditio Sondriensis 1584) bes. 36f., 45, 48f., 51, 53f., 57f. – Wertvolle Hilfe verdanke ich Dr. Jan-Andrea Bernhard in Castrisch und lic. theol. Rainer Henrich von der Heinrich Bullinger-Briefwechseledition in Zürich.

[2] Carl *Camenisch*, Carlo Borromeo und die Gegenreformation im Veltlin mit besonderer Berücksichtigung der Landesschule in Sondrio, Chur 1901, Kapitel 5: Die Landesschule zu Sondrio, 140–159, im 6. Kapitel über den Aufruhr zu Sondrio bes. 165, 172, 180–187, im 8. Kapitel: Das Churer Strafgericht und Aufhebung der Schule zu Sondrio, bes. 211, 223–233, sowie 250–263 und 269–275 die Beilagen 9–12 und 15–19 mit (nicht kritischer, teils nur auf Abschriften beruhender) Edition wichtiger Quellen, darunter von 7 Briefen an Gwalther.

[3] Conradin *Bonorand*, Die Entwicklung des reformierten Bildungswesens in Graubünden zur Zeit der Reformation und Gegenreformation, Chur 1949, 55–70, bes. im 4. Kapitel: Neue Versuche zum Ausbau von öffentlichen Lateinschulen, die Abschnitte

des reformierten Bildungswesens in Graubünden, 2003 Mark Taplin[4]
im Rahmen der Beziehungen italienischer Reformationstheologen mit
der Kirche Zürich, Emanuele Fiume[5] aus der Sicht des reformierten
Pfarrers Scipione Lentolo von Chiavenna und im selben Jahr 2003
Martin Bundi[6] als ein Beispiel des Aufeinandertreffens von Glaubensfreiheit in Bündens Gemeinde-Demokratie mit der in einem Absolutheitsanspruch gründenden Intoleranz der autoritären Mächte Papsttum und Spanien. Zu den einschlägigen Quellen über die von Zürich
unterstützte Errichtung der Schule gehören auch Briefe an Rudolf
Gwalther und weitere Zürcher Dokumente; fast alle herangezogen und
viele Quellen ediert hat Camenisch; in geringerem Maß berücksichtigt
haben sie Bonorand, Taplin und Fiume, während Rosius à Porta und
Bundi von ihrem Hauptanliegen her nicht auf sie eingehen mussten.
Anschauliche Zusammenfassungen oder nur knappste Erwähnungen
finden sich in Überblicksdarstellungen[7]. Die reformierten Bündner
Historiker betonen stets den paritätischen Charakter der Lateinschule

---

2 (Der Versuch zur Gründung eines Gymnasiums aller drei Bünde in Sondrio) und
3 (Die Verlegung der Schule von Sondrio nach Chur und deren Vereinigung mit der
wiedereröffneten Schule des Gotteshausbundes). – Davon eine Zusammenfassung (gestrichen sind die Bezüge zu Gwalther) in: Conradin *Bonorand*, Reformatorische Emigration aus Italien in die Drei Bünde: Ihre Auswirkungen auf die kirchlichen Verhältnisse – ein Literaturbericht, Chur 2000 (Beiheft 9 zum Bündner Monatsblatt), 212–
216.

   [4] Mark *Taplin*, The Italian Reformers and the Zurich Church, c. 1540–1620, Aldershot 2003 (St Andrews Studies in Reformation History), 278–281 (im Kapitel 6:
From Heretics to Martyrs: Zurich and the Italian Churches of Graubünden, 1572–
1620).

   [5] Emanuele *Fiume*, Scipione Lentolo, 1525–1599: »Quotidie laborans evangelii causa«, Turin 2003 (Collana della Società di Studi Valdesi 19), 206–210 (Kapitel VI/2: La
scuola pubblica di Sondrio).

   [6] Martin *Bundi*, Gewissensfreiheit und Inquisition im rätischen Alpenraum: De-
mokratischer Staat und Gewissensfreiheit. Von der Proklamation der »Religionsfreiheit« zu den Glaubens- und Hexenverfolgungen im Freistaat der Drei Bünde (16.
Jahrhundert), hg. vom Verein für Bündner Kulturforschung, Bern et al. 2003, 119–127
und 305–309 (hier Abdruck der Beschlüsse betreffend Errichtung einer Landsschule im
Veltlin), Grundsätzliches: 16f. und 193–199. – Die Glaubensfreiheit, nach Mehrheits-
beschlüssen der Gemeinden oder individuell, war eine relative; sie galt nur für Römisch-Katholische und Evangelisch-Reformierte, nicht für Täufer, Antitrinitarier usw.

   [7] Mehr als knappe Erwähnungen bringen: Christian Immanuel *Kind*, Die Reformation in den Bisthümern Chur und Como: Dargestellt nach den besten ältern und
neuen Hülfsmitteln, Chur 1858, 203–206; Friedrich *Pieth*, Bündnergeschichte, Chur
1945, 173–175, 240; Emil *Camenisch*, Geschichte der Reformation und Gegenreformation in den italienischen Südtälern Graubündens und den ehemaligen Untertanenlan-
den Chiavenna, Veltlin und Bormio, Chur 1950, 145–148; Albert *Frigg*, Die Gegenreformation, Chur 1986 (Bündner Kirchengeschichte, Teil 3), 38f.; *Bonorand*, Emigration.

in Sondrio und bedauern, dass dies katholischerseits im italienischen Sprachgebiet niemand zur Kenntnis nehmen wollte; dagegen, sofern sie das Gymnasium überhaupt erwähnen, heben Veltliner Historiker[8] hervor, wie die Priester der römisch-katholischen Mehrheit in der Valtellina, Bischof Giovanni Antonio Volpe von Como, Erzbischof-Kardinal Carlo Borromeo von Mailand und der dortige spanische Statthalter es für ein nicht zu duldendes »seminario evangelico« und dessen Bikonfessionalität nur für einen Vorwand zur besseren Verbreitung der »Ketzerei« hielten.

Dem so eingehend behandelten Thema kann ich Präzisierungen zu Rudolf Gwalther[9] und zur Überlieferung seiner Korrespondenz beifügen. In den Briefen an ihn und von ihm suche ich Antworten auf die Fragen: Was hat er, der seit 1. Oktober 1575 als Bullingers Nachfolger erster Pfarrer am Großmünster und Vorsteher (Antistes) der ganzen Zürcher Kirche war, vom Schulprojekt erfahren, was nicht? Wie hat er es unterstützt und wie lange konnte er es aus gesundheitlichen Gründen? Wie hat er es selbst und die darauf einwirkende Politik beurteilt? Ziel ist, aus der subjektiven Sicht Gwalthers und seiner Korrespondenten einige bisher nicht beachtete Erkenntnisse zu gewinnen.

2. Was Gwalther über die Landesschule Sondrio erfuhr und wie er sie unterstützte

Nicht eine Neubelebung[10], sondern nur eine Intensivierung erfuhr die nach Bullingers Tod nie abgebrochene, allerdings locker gewordene

---

[8] Detailliert: Enrico *Besta*, Le valli dell'Adda e della Mera nel corso dei secoli, Bd. 2: Il dominio grigione, Mailand 1964, 110–118 (La questione del seminario e i moti del 1584); danach sehr knapp bei Ettore *Mazzali*, Giulio *Spini*, Storia della Valtellina e della Valchiavenna, Bd. 1, Sondrio 1968, 218, Bd. 2, Sondrio 1969, 33–35 und bei Dario *Benetti*, Massimo *Guidetti*, Storia di Valtellina e Valchiavenna: Una introduzione, Mailand 1990, 96; nichts (und damit eine Bestätigung, dass in Veltliner Quellen das Schulprojekt nirgends erwähnt ist) bei Giuseppe *Romegialli*, Storia della Valtellina e delle già contee di Bormio e Chiavenna, 5 Bände, Sondrio 1834–1844 oder bei Alessandro *Pastore*, Nella Valtellina del tardo Cinquecento: Fede, cultura, società, Mailand 1975.

[9] Zu Rudolf Gwalther d. Ä. (1519–1586) vgl. die Artikel von Kurt Jakob *Rüetschi* in: Walther Killy (Hg.), Literaturlexikon, Bd. 4, Gütersloh / München 1989, 439; Religion in Geschichte und Gegenwart, Bd. 3, 4. Aufl. [RGG⁴], Tübingen 2000, 1356–1357; Historisches Lexikon der Schweiz [HLS], Bd. 5, Basel 2006, 845. Daneben J. Wayne *Baker*, Art. ›Gwalther, Rudolf‹, in: The Oxford Encyclopedia of the Reformation, Bd. 2, New York / Oxford 1996, 203.

[10] So *Bonorand*, Bildungswesen, 55.

Beziehung zwischen den Theologen Zürichs und der Drei Bünde mit dem Schulprojekt. Es fehlten Gwalther so schreibeifrige Korrespondenten, wie sie Bullinger in den Pfarrern von Chur, besonders in Johannes Fabricius Montanus und Tobias Egli besaß.[11] Deren Nachfolger Kaspar Hubenschmid schrieb ihm von 1575 bis 1585 nur achtmal[12] und empfing von ihm nur vier (noch erhaltene) Briefe[13]. Schon früh hatte Gwalther Kontakte zu Gelehrten und Politikern in den rätischen Alpen gewonnen. Mehrmals war er Mitempfänger von Briefen an Bullinger. Von 1550 bis 1552 sandte ihm (meistens aus dem Bergell) Pier Paolo Vergerio 17 italienische Briefe.[14] Ihm schrieben die Pfarrer Paolo Gaddi zweimal 1553/54 und Scipione Lentolo neunmal[15] von 1571 bis 1582 aus Chiavenna, Tobias Egli zehnmal 1564 bis 1574 aus Davos und Chur, Pietro Parisotti einmal 1575 aus Pontresina, Scipione Calandrini fünfmal 1583–1584 aus Sondrio; die beiden Ruinella / Ruinelli (Jakob, Jurist, und Andreas, Arzt und Lehrer) korrespondierten 1569/70 mit ihm; zwischen 1571 und 1577 wandte sich Lateinschulrektor Johannes Pontisella d.J. aus Chur sechsmal an ihn.[16] Lockere Beziehungen besaß er auch zur Familie von Salis. Seine Predigten und Homilien über die Menschwerdung Christi[17] widmete Gwalther dem Churer Bürger-

---

[11] Bullingers Korrespondenz mit den Graubündnern, hg. von Traugott Schieß, 3 Teile, Basel 1904–1906 (Quellen zur Schweizer Geschichte 23–25) [Nachdruck: Nieuwkoop 1968].

[12] Die folgenden Angaben zum Briefwechsel beruhen auf dem Manuskript meiner Gwalther-Biobibliographie; nur in besonderen Fällen gebe ich in diesem Abschnitt Nachweise.

[13] Wie Bullinger behielt Gwalther viele der an ihn gerichteten Briefe auf, während die von ihm fortgesandten mehrheitlich verloren sind.

[14] Emidio *Campi*, Ein italienischer Briefwechsel: Pier Paolo Vergerio an Rudolf Gwalther, in: Von Cyprian zur Walzenprägung: Streiflichter auf Zürcher Geist und Kultur der Bullingerzeit, hg. von Hans Ulrich Bächtold, Zug 2001, 41–70. S. 54–56 das von Gwalther entworfene Zeugnis für Vergerio zuhanden der rätischen Synode.

[15] Erhalten ist auch der Brief vom 9. März 1571 an ihn. – Scipione *Lentolo*, Responsio orthodoxa pro edicta illustrissimorum DD. trium foederum Rhatiae, adversus haereticos [...], Genf 1592 (aber entworfen um 1572/73 [gegen Bartholomeo Silvio gerichtet], von Bullinger 1574 gutgeheissen), enthält ein Gedicht Gwalthers über die Ausmistung des Augiasstalles (vgl. *Bundi*, Gewissensfreiheit, 85, 217 [Anm. 16–17]); Gedicht-Entwurf: Zürich Zentralbibliothek [Zürich ZB], Ms. D 152, 120r.

[16] Auf den Tod des aus dem Bergell stammenden Johannes Pontisella d.Ä. am 28. März 1574 schrieb Gwalther 17 Distichen (Zürich ZB, Ms. D 152, 119v–120r; Ms. E 21, 200r), abgedruckt in: Johannes *Pontisella* d.J., Carmina doctorum virorum in obitum D. Ioan. Pontisellae, Scholae Curiensis apud Rhaetos moderatoris fidelis et senatoris dignissimi, scripta, Ohne Ort und Drucker, 1576, 3f. (Vorhanden: Zürich ZB, 6.131₅). Auch Pontisella d.J. und Rudolf Gwalther d.J. schrieben einander.

[17] Vgl. die Vorworte zu: Rudolf *Gwalther*, Die Menschwerdung deß waarenn, ewi-

meister Stephan Willi, weil auch die Obrigkeit ihre Bevölkerung schützen müsse vor irrigen Spekulationen einiger italienischer Emigranten über Christi Gottheit und menschliche Natur. Im Streit um die Prädestinationslehre sandte er an Hubenschmid und Pontisella am 7. Juli 1577 eine grundlegende Abhandlung über Vorsehung und Vorherbestimmung,[18] und für die rätische Synode verfasste er danach noch über Ulrich Campells Prädestinationsschrift gegen die »Libertiner« ein (weitgehend zustimmendes) Gutachten.[19] Ins Protokoll nahmen die Synode 1576 in Zernez sein Gutachten gegen die Rechtmäßigkeit einer Ehe von Ehebrechern und die Synode 1581 in Vicosoprano seinen an die Kirche Chiavenna am 2. März 1576 schon geschriebenen Brief über erlaubte und verbotene Verwandtschaftsgrade für eine Ehe auf,[20] ein dort bei der geringen Zahl Reformierter brennendes Thema. Wie Bullinger war Gwalther für die reformierte Kirche Rätiens in heiklen theologischen Fragen die maßgebende Autorität und ein hilfsbereiter Freund.

Vom Schulprojekt erfuhr die Zürcher Kirche erstmals aus einem Schreiben von zwei der dafür verantwortlichen Bündner Amtsleute im Veltlin (Gubernator-Landeshauptmann Hartmann von Hartmannis und Statthalter Vespasian von Salis)[21] – welches Gwalther dem Zür-

gen und eingebornen Suns Gottes, unsers Herren Jesu Christi, erklärt und ußgelegt in sechs predigen, diser zyt wider allerley Secten nutzlich zů läsen [...], Zürich: Christoph Froschauer d.J., 1571 (Verzeichnis der im deutschen Sprachbereich erschienenen Drucke des XVI. Jahrhunderts, Stuttgart 1983–1995 [VD 16] W 1071); Rudolf *Gwalther*, De Incarnatione veri et aeterni Filii Dei, Domini et Servatoris nostri Iesu Christi, Homiliae sex, quibus illum Deum verum et aeternum esse, et ex Maria Virgine hominem verum assumpsisse demonstratur [...], Zürich: Christoph Froschauer d.J., 1572 und 1584 (VD 16 W 1072f.). – In Chur sind keine Exemplare mehr vorhanden.

[18] Eigenhändiger Entwurf: Zürich Staatsarchiv [Zürich StA], E II 377, 2661r-2662v; gedruckt (ohne die letzten Sätze) in: Johann Heinrich *Hottinger*, Historiae Ecclesiasticae Novi Testamenti Tomus VIII, Zürich 1667, 877–891 (dazu Korrekturen bei der Teilkopie in Zürich ZB, Ms. S 135, 184); Teilübersetzung: Alexander *Schweizer*, Die protestantischen Centraldogmen, Bd. 1, Zürich 1854, 497–501.

[19] Petrus Dominicus *Rosius de Porta*, Historia reformationis ecclesiarum raeticarum I/2, Chur/Lindau 1771/1772, Kap. 23, 613–632; Jan-Andrea *Bernhard*, Rosius à Porta (1734–1806): Ein Leben im Spannungsfeld von Orthodoxie, Aufklärung und Pietismus, Zürich 2005 (Zürcher Beiträge zur Reformationsgeschichte 22), 368–373.

[20] Chur, Evangelisches Synodal- und Kirchenratsarchiv, B 3, Synodalprotokolle I 17 bzw. 59–63, je von Niklaus Kesel eingetragen. Kopien des Briefes vom 2. März 1576 auch in Zürich StA (E II 377, 2652f.; E II 381, 1405–1408) und Zürich ZB (Ms. S 134, 90).

[21] Die Amtstitel (»gubernator capitaneus« und »vicarius«) erfahren wir aus Lentolos Brief (siehe Anm. 23) und Gwalthers Eingabe an den Zürcher Rat vom 6. November 1582 (siehe Anm. 32 und Anhang 1), die Namen erst aus einem Schreiben Zürichs an

cher Rat vorlegen wird[22] – und, da der Bote den Weg über Chiavenna nahm, aus dem persönlichen Begleitbrief des dortigen reformierten Pfarrers Scipione Lentolo vom 27. Oktober 1582.[23] Lentolo (ein Glaubensflüchtling aus Neapel) begann mit der Entschuldigung, dass er ihm seltener schreibe als den Mitpfarrern, um ihn nicht unnötig von der bedeutenden Arbeit an seinen Homilien abzuhalten. Nun aber handle es sich um ein gewichtiges Anliegen: Am eben zu Ende gegangenen Bundestag in Davos sei beschlossen worden, dass mittels der Einkünfte aus einer papistischen Propstei eine Schule zu Sondrio errichtet werden soll, in der ein Gelehrter »bonas literas et artes« lehre, und dass auf seinen (Lentolos) Vorschlag, dafür sein ehemaliger Schüler Raphael Egli vorgesehen sei. Inständig bat er, Gwalther möge beim Zürcher Rat die Freigabe Eglis erreichen, da dieser in der ganzen Region auch für »pietatem« höchst nützlich sein werde. In diesem Sinn hätten »Gubernatores Capitaneus et Vicarius Vulturrenae« geschrieben.

Der wegen Drängens des Boten eilig abgefasste Brief musste nichts über frühere, gegenseitig verhinderte Versuche der überwiegend katholischen Veltliner und der mehrheitlich reformierten Bündner erzählen, Schulen im Veltlin zu gründen, welche den humanistisch qualitätvollen, theologisch manchmal fragwürdigen Privatunterricht italienischer Emigranten ablösen sollten,[24] und nichts über die zunehmenden konfessionellen Spannungen im Tal; aber er berichtet auch nichts darüber, dass die Lateinschule für die Jugend beider Konfessionen zugänglich sein sollte, wie auf Anregung der »Prädikanten-Synode« der »Beitag Gemein[sam]er III Bünde« vom 29. Mai bis 1. Juni

die Drei Bünde vom 23./26. September 1583 (siehe Anm. 39) und Gwalthers gleichzeitigem Brief an Calandrini (siehe bei Anm. 40 bzw. Anhang 2, Abschnitt 1).

[22] Das Schreiben ist nicht mehr erhalten. Es ist nicht zu finden in Zürich StA, Akten Graubünden 1574–1586 (A 248.3; darin eine Lücke Herbst-Winter 1582/83), oder in andern Beständen von Staatsarchiv und Zentralbibliothek Zürich.

[23] Scipio Lentulus an Gwalther, Chiavenna, 27. Oktober [6. November] 1582; eigenhändiges Original: Zürich ZB, Ms. S 140, 177, Adresse mit Gwalthers Empfangsvermerk »Accepi 5. [15.] Novemb.« davor eingereiht; gedruckt (ohne Adresse und Empfangsvermerk, irrtümlich mit Empfängerangabe Adolf statt Rudolf Gwalther, sonst genau) bei *Camenisch*, Borromeo, 250 f., Beilage 9 (zu S. 146 f.); zitiert (lat. und in ital. Übersetzung) bei *Fiume*, Lentolo, 207. – Zur von den Reformierten bis 1700, in Graubünden bis 1760/1812 verwendeten Datierung im alten julianischen Kalender, setze ich in den Anmerkungen in eckige Klammern die Datierung des neuen gregorianischen Kalenders, obwohl er von den katholischen Orten auch nicht sofort (wie in Italien, 5. [= 15.] Oktober 1582), sondern erst im Januar 1584 eingeführt worden ist.

[24] *Camenisch*, Borromeo, 141 f.; *Bonorand*, Bildungswesen, 55 f.

1581 beantragt[25] und die Zustimmung der Gemeinden gefunden hatte,[26] sondern nur über den Beschluss der Ratsgesandten in Davos vom 14. Oktober 1582, dass die Einnahmen der Propstei Teglio des vom Papst 1571 aufgehobenen Humiliatenordens[27], statt verpachtet nun für die Schule eingesetzt werden sollten und diese durch die derzeitigen Amtsleute im Veltlin (Landeshauptmann Hartmann von Hartmannis, Vicari Vespasian von Salis und Podesta Georg Schorsch) eingerichtet werden soll.[28] – Sehr geschickt war es, Raphael Egli vorzuschlagen; denn als Sohn des früheren Churer Pfarrers Tobias Egli, als Schüler Pontisellas in Chur und Lentolos in Chiavenna kannte er die Mentalität der Bevölkerung und beherrschte das Italienische. Sein Studium als Zürcher Stipendiat in Zürich, seit Mai 1580 in Genf und ab Mai 1582 in Basel, qualifizierte ihn, den hochbegabten 23-Jährigen, für ein Rektorat.[29]

Beide Schreiben erhielt Gwalther am 5. November.[30] Schon am Tag darauf legte er das Gesuch der im Veltlin tätigen Amtsleute dem Zürcher Rat vor samt dem Entscheid der Examinatoren,[31] ihr Stipen-

---

[25] Fritz *Jecklin* (Hg.), Materialien zur Standesund Landesgeschichte Gem[einer] III Bünde (Graubünden) 1464–1803, 2 Teile: Regesten und Texte, Basel 1907, Reg. Nr. 1002f., Text Nr. 479 (»ein gůtte latinische schůl im landt Vëltlin aufzerichten, damitt die jugendt beider religionen mit minsten kosten möchttendt geschůlet werden«). – Haupt-Initiant des Schulprojekts in der Synode vom 18. Mai 1581 in Vicosoprano war Johann Contius Bisatz, Pfarrer von Zuoz und Madulain.

[26] *Camenisch*, Borromeo, 143.

[27] Humiliaten-Mönche hatten versucht, den sie zu Reformen drängenden Kardinal Borromeo zu ermorden; deshalb die Aufhebung (RGG⁴, Bd. 3, Tübingen 2000, 1956f.).

[28] *Bundi*, Gewissensfreiheit, 119. S. 305: Abdruck des Abschieds vom 14. Oktober 1582.

[29] Raphael Egli (1559–1622), geboren in Frauenfeld. Lit.: Andreas *Marti*, Art. ›Egli, Raphael‹, in: HLS, Bd. 4, Basel 2005, 85; Die Matrikel der Universität Basel, hg. von Hans Georg Wackernagel, Bd. 2, Basel 1956, 307; Correspondance de Théodore de Bèze, hg. von Alain *Dufour* et al., Tome 21 (1580), Genf 1999 (Travaux d'Humanisme et Renaissance 327), 120f., Anm. 5 zu Nr. 1419 (Gwalther an Beza, 11. Mai 1580). – Egli bereitete Beza und Gwalther Sorge wegen Arrogranz und Kontakten zu einem heterodoxen Gelehrten, empfahl sich dann aber durch die Publikation von Bezas Vorlesung über Röm 9 (De praedestinationis doctrina, 1582) und einer eigenen Verslehre (1582), vgl. Correspondance de Bèze, Tome 22 (1581), Genf 2000, Nrn. 1455, 1459, 1461 und 1467; Tome 23 (1582), Genf 2001, Nr. 1509 und S. 239. – Weiteres über Egli in Anm. 60.

[30] Siehe Anm. 23.

[31] Das Examinatorenkollegium, bestehend aus je zwei Stadtpfarrern, Professoren und Abgeordneten des Rates, entschied über Beförderung der Schüler und schlug Kandidaten für Pfarrstellen vor; es bestimmte das Ausbildungsniveau, musste sich aber für Finanzielles oder die Freigabe von Stipendiaten aus Zürcher Dienst an den Rat

diat Egli sei fähig für ein Rektorat und da ihn die Zürcher Kirche derzeit nicht benötige, solle er für drei bis vier Jahre den Bündnern zur Verfügung gestellt werden; der Rat gab bereits am 7. November seine Einwilligung[32] und gewährte sogar weiterhin ein Stipendium aus dem Großmünsterstift[33] als Ergänzung zum versprochenen Lohn von 60 Kronen.

Mit Eglis Ankunft in Sondrio nahm die Schule (gegen Ende November 1582 in kleinem Rahmen und noch inoffiziell) ihren »glücklichen Anfang«, wie Pfarrer Scipione Calandrini – ein Glaubensflüchtling aus Lucca – am 12. Februar 1583 schrieb, für Zürichs Hilfe dankte und um weiteres Stipendium für Egli bat, dessen Einsatz er lobte; zugleich musste er beklagen, dass erst das Schulgeld von mehr Schülern als bis dahin die Anstellung weiterer Lehrer ermöglichen würde, dass er, obwohl »Satan« bereits die Schule zu verhindern trachte, dennoch das Beste hoffe.[34]

---

wenden. Vgl. u.a. Kurt Jakob *Rüetschi*, Bullinger and the Schools, in: Architect of Reformation: An Introduction to Heinrich Bullinger, 1504–1575, hg. von Bruce Gordon und Emidio Campi, Grand Rapids 2004, 215–229, bes. 224f.

[32] Fürtrag der Examinatoren, 6. [16.] November 1582 mit Kanzleinotiz vom 7. [17.] November; siehe Anhang 1. – *Taplin*, Italian Reformers, 279, Anm. 115 vermutet, Gwalther könnte es angenehm gewesen sein, von Egli wegen dessen Kontakten zu Heterodoxen (vgl. Anm. 29) »befreit« zu sein (to be rid of); ich möchte eher argumentieren, dass er der Meinung war, Egli habe solche Versuchung überwunden und sei, nebst seinen sonstigen Qualitäten, gerade deshalb geeignet für die exponierte Stelle.

[33] Zürich StA, G II 39.7, Eintragungen vom 17. [27.] November 1582, 28. September [8. Oktober] 1583 und 6. [16.] Juli 1584, zitiert nach *Bonorand*, Bildungswesen, 57 und *Taplin*, Italian Reformers, 279, Anm. 116.

[34] Scipione Calandrini an Gwalther, Sondrio, 12. [22.] Februar 1583; Original: Zürich ZB, Ms. A 49, 222f., Adresse auf 225; Kopie 18. Jh.: Zürich ZB, Ms. S 141 13; da *Camenisch*, Borromeo, 149 nur sehr weniges daraus mitteilt, sei das Wichtigste abgedruckt: »Magnas tibi merito gratias ago, vir praestantissime, quod in Eglino impetrando, qui Scholae Rheticae erigendae praeesset, auctoritate tua nos omni modo iuveris. Et sane vix aliter initium huic rei tamdiu a piis omnibus exoptatae dari potuisset, et iam datum promoveri, ut fere nobis totum hoc beneficium debeamus; modo Deus (quod speramus) impedimenta maxima, quae a Satana obiiciuntur auferre dignetur. Hoc tantum molestiam mihi attulit, nempe Eglinum suo isthic stipendio fuisse privatum sub spe pecunii maioris illi accedendi ex concursu discipulorum ultra sexaginta coronatos illi certo promissos. Nam facile hoc evenisset, nisi reditus Scholae applicandi in sequentem annum dilati essent, quod nobis ac magistratibus nostris ignotum erat; unde fit, ut merces, qua discipulis colligitur, non sufficiat pluribus magistris, qui necessario requiruntur ad praesentem scholae constitutionem, si supra sexaginta coronatos addatur aliquid amplius Eglino. Itaque si qua honesta ratione posset ei denuo impetrari, illud stipendium, donec illi addatur, tantumdem hîc, uti fore speramus, pergratum non illi solum, sed nobis omnibus esset, idque inter reliqua non

Im Herbst 1583 brachte Egli persönlich zwei Briefe nach Zürich, einen offiziellen, auch nicht mehr erhaltenen der neuen Bündner Statthalter im Veltlin, dem (katholischen) Landeshauptmann Rudolf von Schauenstein und dem (reformierten) Vicari Johannes Travers von Salis, sowie einen der Kirche Sondrio vom 5. September 1583; darin lobte Calandrini die nützlich gewesene Präsenz Eglis; er habe die langsamen Bündner Behörden angestachelt und eine gute Schulordnung ausgearbeitet; die Gegner aber behinderten jeden Fortschritt der Schule, Geld für weitere Lehrer und ein Schulhaus fehle immer noch.[35] Hauptgrund für Eglis Besuch dürfte gewesen sein, drei Dokumente mit Gwalther zu besprechen: einen Katechismus für die Kirche Sondrio,[36] seinen Entwurf der nach Zürcher Vorbild geschaffenen Schulordnung und das noch vom alten Landeshauptmann Hartmann von Hartmannis 1583 in Sondrio erlassene Edikt zur Gründung der Schule.[37] Weil in

mediocria erga nos beneficia vestra connumeraremus. Scholae, ut iam dixi, initium, Dei beneficio, felix ob adventum Eglini datum est et progressum quotidie faeliciorem eius speramus, cum id ad stimulandos Dominos nostros plurimum valeat, et ipse quoque non desinat eos tum sermonibus tum litteris, prout occasio sese offert, urgere. Quantum vere accessionis Ecclesiae Christi, et detrimenti regno Antichristi hinc sperandum sit ex artibus Satanae, hoc opus quantum in ipso est impedientis, facile coniici potest. Faxit Deus, ut eius conatus omnes irriti reddantur […]« (es folgen Bitte um Gebet und Grüße).

[35] Kirche Sondrio (Pfarrer Scipione Calandrini, die Ältesten Ulisse Martinengo, Cesare Paravicini, Jellosio Marlianico und Diakon Jacopo Merulo) an Gwalther und Mitpfarrer, Sondrio, 5. [15.] September 1583, Original: Zürich ZB, Ms. A 49, 218–221, danach gedruckt (ohne Grüße) bei *Camenisch*, Borromeo, 252f., Beilage 10 (zu S. 150f., wo nichts steht über Eglis Besuch in Zürich; dieser ergibt sich u. a. aus dem Briefanfang: »Ex domino Eglino intelleges […] statum rerum nostrarum praesertim scholae«). Lateinische Texte sind genau wiedergegeben, hier nur zu korrigieren in Zeile 11: »expositione accusata« in »accurata« sowie »Marcianicus« (zwar auch so lesbar) in »Marlianicus«; Kopie 18. Jh.: Zürich ZB, Ms. S 141, 86.

[36] [Scipione *Calandrini* und Raphael *Egli* gemeinsam?], Catechismus Religionis Christianae ad usum Sondriensis Ecclesiae. […] (Zitat von Apg 17, 30f.). Anno Domini M.D.LXXXIII. Ungedruckt. Reinschrift eines Schülers: Zürich ZB, Ms. D 157, 484r–500v. Aufbau: I[nterrogatio] – R[esponsio]. Kapitel: Vera religio. Summa sacrosanctae scripturae. De Symbolo Apostolorum et de Fide. De Deo Patre. De Domino Jesu Christo. De Spiritu sancto. De Ecclesia. De Regeneratione et Operibus (10 Gebote). De Sacramentis. De oratione (Herrengebet). Precatio matutina, nocturna, ante / post cibum, Precatio Scholastica. Als Schreiber wurde der spätere Zürcher Ratsherr Andreas Schmid (1566–1606) vermutet (aus einem altem Katalog übernommen von Ernst *Gagliardi* und Ludwig *Forrer*, Katalog der Handschriften der Zentralbibliothek Zürich, II: Neuere Handschriften, Zürich 1931–1982, 426), den Egli (am 16. Mai 1584, vgl. unten Anm. 48–49) als seinen Schüler erwähnt.

[37] Beide wurden im Jahr darauf in einem Heft veröffentlicht: Raphael *Egli*, Via ac Ratio Scholae illustrium D. D. Rhaetorum, qui nomine Trium Foederum nuncupantur […] Adiectum est de eadem Schola edictum praetorium, Latine expressum (Wappen-

diesen beiden separater Religionsunterricht für katholische und reformierte Schüler vorgesehen war,[38] wusste man spätestens jetzt auch in
Zürich vom paritätischen Charakter der Schule. Bestimmt waren die
Zürcher, allerdings ohne dies in den Antworten zu erwähnen, einverstanden damit; denn der Bitte der Sonderser Kirche nach einem offiziellen Schreiben an die Landstände Rätiens und nach längerer Über-
lassung Eglis kam der Zürcher Rat am 23./26. September 1583 nach,[39]
indem er die Bündner Obrigkeiten mahnte, endlich für eine rechte
Schule mit Mitarbeitern und Behausung zu sorgen und Egli, den man
weiterhin zur Verfügung stelle, besser zu entlöhnen.

3. Was Gwalther über die Schule dachte und wie er Graubündens Bedeutung für die reformierte Schweiz innerhalb der damaligen Mächtekonstellation einschätzte

Zur gleichen Zeit antwortete auch Gwalther dem Pfarrer und den
Ältesten in Sondrio,[40] (1.) dass die Eröffnung einer Schule, worüber die

---

schilder des Grauen, des Gotteshaus- und des Zehngerichte-Bundes). Entworfen von
Egli im Sommer 1583 (siehe Brief bei Anm. 35); mit Hartmannis' Gründungsedikt, von
Egli aus dem Italienischen übersetzt, gedruckt in Poschiavo bei Cornelius und Antonius Landolfi, 1584 (einzig erhaltene Exemplare: Zürich ZB, 6.131$_8$; Druck in Ms. S
140, 173). Abdrucke: *Camenisch*, Borromeo, 253–261, Beilage 11 (zu S. 151–159); das hier
gekürzt wiedergegebene Edikt findet sich vollständig bei *Bundi*, Gewissensfreiheit, 307–
309. – Egli sah eine Lateinschule zu drei Klassen mit je einem Lehrer vor.

[38] Zitate aus der Schulordnung (*Camenisch*, Borromeo, 255): »In Religionis vero
negotio, quoniam omnes eiusdem non sunt, singuli privatim institui iubentur«, und aus
dem Edikt (*Bundi*, Gewissensfreiheit, 308): »Quoniam […] Trium Foederum consilio
statutum est, ut schola sit communis tam iis, qui Missam, quam qui Evangelii prae-
dicationem sequuntur, ut aeque omnes bonis literis ac moribus instituantur, absque
omni obstaculo, aut Religionis suae cuiusque perturbatione; proinde poterunt ii qui
Missae adhaerent, festos dies ipsis praeceptos observare ac diebus eiusmodi (modo
numerus eorum magnus fuit) communes lectiones differentur, atque Evangelici sepa-
ratim in Catechismo et Religione sua instruentur, ut pax et concordia in schola et
bonum publicum sine cuiusquam inpedimento conservetur«).

[39] Entwurf von zwei Kanzleihänden: Zürich StA, A 248. 3 sub datu 23/26. September [3./6. Oktober] 1583; das gestrichene frühere Datum bezeichnet den ersten
Entwurf, das spätere die (vielleicht zusammen mit Gwalther vorgenommene) Überar-
beitung. Titel: »Schůl im Veltlin zů Sonders.« *Camenisch*, Borromeo, 261–263, Beilage
12 (zu S. 150), hat aus den vielen Streichungen und Ergänzungen den wahrscheinli-
chen Text hergestellt. – Der Churer Rat hoffte, so in seiner Antwort vom 10. [20.]
Oktober 1583 (ebd.), dass die nächste »Versamblung Gemeiner Dreyen Pünthen einen
gwüssen, glücklichen fürgang gwinnen« möge.

[40] Gwalther an Calandrini und die Ältesten der Kirche Sondrio [und an die Bünd-

Präfekten im Veltlin, Hartmann von Hartmannis und Vespasian von Salis, vor einem Jahr geschrieben hätten, große Freude bereitet habe, dass um so mehr schmerze, wie Gegner eine so überaus ehrenhafte, nützliche und heilige Einrichtung behinderten; (2.) dass er, obwohl frühzeitig darüber von Gutgesinnten benachrichtigt, nicht unbedacht handeln wolle, um nicht die Aufrichtigkeit der Schulinitianten anzuzweifeln und um nicht bei den in jedem Staat vorhandenen Mentalitätsunterschieden Anlass zu größerer Unruhe zu geben; denn bisweilen sei es klüger, geduldig zu ertragen, was nicht geändert werden könne. (3.) Was in Sondrio geschehen sei, kenne er nun durch ihren Brief und jenen der neuen Amtsleute Rudolf von Schauenstein und Johannes Travers von Salis, welche Egli brachte; da sie offen Mitschuld an Problemen bekannten und tapfer diese zu beseitigen versprächen, zweifle er weder an ihrer Zuverlässigkeit noch an Gottes Gnade. (4.) Schulen seien Pflanzstätten der Kirchen; darin werden von Kind an jene unterrichtet, die Gottes Wort verkündigen und die »reinere« Gottesverehrung überliefern sollen. Gott, der solche Propheten-Schulen unter den schlechten Königen Israels bewahrt habe, damit die »reinere« Lehre nicht ausgelöscht werde, lasse heute jene nicht im Stich, die ihre Knie vor dem »Römischen Baal« (dem Papst) nicht beugten. (5.) Die Zürcher seien erfreut über ihren Eifer für Kirche und Schule, sowie über das gute Zeugnis, welches sie Egli ausstellten, indem sie ihn zurück erbitten. (6.) Ihr Begehren, die Bündner Behörden brieflich anzuspornen, verlange nur, was ihnen sogar ungefragt zustände. Dem Zürcher Rat habe er ihr Anliegen unterbreitet; leicht habe er erreicht, was sie wollten. Wie hilfsbereit man hier ihnen gegenüber sei, mögen sie daran erkennen, dass der Rat Egli mit einem Reisegeld für rasche Rückkehr ausgestattet habe. (7.) Ohne Bedenken bestätige er, dass die Bündner bei den Zürchern so großes Ansehen genössen, dass sie kaum etwas fordern könnten, was sie nicht erhielten, wenn erkenntlich sei, dass es ihnen nütze; denn gewiss entspreche es Gottes Absicht, dass Zürich durch die Mauer der rätischen Alpen von Italien geschieden sei, wo Aberglaube und der Papst dominierten; groß sei das Vertrauen in die tapferen Bündner. (8.) Gerne biete er ihnen seine Hilfe an. Da Arbeit und Gesundheit ihm nicht erlaubten, den Amtsleuten im Veltlin zu schreiben, bitte er, ihnen diesen Brief zu zeigen und sie zu

---

ner Amtsleute im Veltlin], undatiert (um 26. September [6. Oktober] 1583), in Kenntnis des Ratsschreibens (Anm. 39) verfasst und mit diesem von Egli überbracht, siehe Anhang 2, Abschnitt 8. – Bibelstellen- und andere Nachweise im Anhang 2.

grüßen. Der Zürcher Rat habe den Ratsherren und den Gemeinden
der Drei Bünde geschrieben; macht davon guten Gebrauch! – Der
Brief, der neben Lob und Ermunterung doch schon sanft die Empfän-
ger auf ein mögliches Scheitern des Schulprojekts vorbereitet, schließt
mit den Wünschen, Gott möge ihre Bemühungen segnen, sie leiten
und der Feinde Machenschaften zerstreuen.

Vergebliche Hoffnung! Beide Seiten intensivierten ihre Anstrengungen, die Gegner erfolgreicher als die Bündner. Einige aus dem Obern
Bund sollen mit dem Herzog von Savoyen zusammenspannen, seit
sich Borromeo, so schrieb Hubenschmid an Gwalther im Dezember
1583,[41] als »Heuchler« dort »eingeschlichen« habe[42], sodass er schweren Schaden befürchte; noch sei ihm, als er sich für die Schule öffentlich eingesetzt habe in Gegenwart des so begabten wie redegewandten
Raphael Egli (offensichtlich bei dessen Rückkehr Ende September),
gute Antwort gegeben worden. Calandrini, der den Erfolg aller Bemühungen abwarten wollte und deshalb erst am 5. April 1584 dankte,[43]
berichtete, wie auf den Brief des Zürcher Rates hin drei mit großer
Vollmacht ausgestattete »Commissarii« zu ihnen gesandt worden sei-
en[44], um Unterhalt für Lehrer und Schüler zu schaffen; zugleich musste er enttäuscht feststellen, dass diese wenig erreicht und alles auf einen
Bundestag im Juni verschoben hatten, dass jedoch »Satan« durch seine
Trabanten, besonders durch den Erzpriester Pusterla, immer stärker

---

[41] Kaspar Hubenschmid an Gwalther, Chur, 10. [20.] Dezember 1583, Autograph:
Zürich ZB, Ms. F 39, 259–262 (bes. 260: »Sabaudus omnino videtur minitari Gene-
vensibus […] quidam ex Rhaetis nostris in superiore foedere suspecti habentur, ut qui
colludant cum isto principe […] Et (en portentum) irrepsit etiam in superius foedus
hypocrita ille Borromeus, nihil non tentans […]. vereor ne maxima mala nobis sint
[…] Etiam tunc publice egi causam domini Raphaelis ac scholę Sondriensis in prae-
sentia ipsius, et bonum retulimus responsum; est is doctus et disertissimus iuvenis
[…]«); Kopie 18. Jh.: Zürich ZB, Ms. S 142, 6, danach erwähnt bei *Camenisch*, Borromeo, 151).

[42] Borromeo hatte im November 1583 unbewilligt das zum Grauen (Obern) Bund
und zum Bistum Chur gehörende Misox besucht, Kapuziner und Jesuiten einge-
schleust, Reformierte der Hexerei angeklagt, verurteilen und verbrennen lassen (vgl.
u. a. *Bundi*, Gewissensfreiheit, 140–145).

[43] Calandrini und die Ältesten der Kirche Sondrio (Cesare Paravicini und Jellosio
Marlianico) an Gwalther, Sondrio, 5. [15.] April 1584, Original, von Calandrini geschrieben: Zürich StA, E II 382, 1049–1049av; Kopie 18. Jh: Zürich ZB, Ms. S 142, 6;
danach Teildruck bei *Camenisch*, Borromeo, 269 f., Beilage 15 (zu S. 165, 175).

[44] Landrichter Gallus Mont vom Obern Bund (ein Freund Borromeos), Dietegen
von Salis vom Gotteshaus- und Florian Sprecher vom Zehngerichtebund sollten im
März 1584 die Schule auf finanziell sicherer Basis definitiv eröffnen (*Camenisch*, Borromeo, 165). Vgl. unten im Text bei Anm. 52.

gegen die Schule agiere, in der Egli trotz größter Gefahr standhaft ausharre.

Das ist alles, was Calandrini über die eigentliche Eröffnung der Schule und über den sogleich danach am 25./26. März ausgebrochenen und lange dauernden Aufruhr gegen die Schule und die Bündner Herrschaft im Veltlin mitteilte. Zu diesem hatten Erzpriester Giangiacomo Pusterla von Sondrio und ein Franziskanermönch aufgehetzt. Nur das beherzte Auftreten von Bündnern hatte damals ein Niedermetzeln der Reformierten – in Sondrio (wie in Chiavenna) eine Minderheit von einem Drittel, im ganzen Untertanengebiet von nur zwei bis fünf Prozent[45] – verhindert, wie dies dann 1620 im Veltlinermord geschah. In Zürich erfuhr man aus mündlichen Berichten und dem Briefwechsel des Rates mehr darüber sowie auch über Umtriebe für ein spanisches Bündnis und politische Initiativen der katholischen Orte gegen die Schule.[46]

Nun sah Gwalther die Sicherheit des starken rätischen Volkes auf Messers Schneide durch das von Spanien regierte Mailand, wie er im langen Brief vom 3. Mai 1584 an Churs ersten Pfarrer, Kaspar Hubenschmid, schrieb,[47] über den er Bündner Politiker ansprechen wollte. Der spanische König Philipp II. könnte seine Truppen, die er nach Niederlagen aus den Niederlanden abziehen müsse, gegen uns wenden, um uns zu unterjochen. Savoyens Angriffe auf Genf zielten auf eine Schwächung Berns. Die Unversehrtheit der Eidgenossenschaft beruhe zu einem beträchtlichen Teil auf dem Frieden innerhalb Rä-

---

[45] Zahlen nach Guglielmo *Scaramellini* (aus dem Italienischen übersetzt von Ruth Theus), Die Beziehungen zwischen den drei Bünden und dem Veltlin, Chiavenna und Bormio, in: Handbuch der Bündner Geschichte, Bd. 2, Chur 2000, 141–171, bes. 149.

[46] Vgl. *Camenisch*, Borromeo, 160–187 (Der Aufruhr zu Sondrio, das Intervenieren der Innern Orte), sowie den Briefwechsel unter den reformierten Orten (Zürich StA, A 248. 3); man beachte auch, dass Großmünster-Archidiakon Johann Jakob Wick davon genau berichten konnte (Wickiana 22: Zürich ZB, Ms. F 32, 66r, 232v-233v).

[47] Gwalther an Kaspar Hubenschmid, 3. [13.] Mai 1584. Eigenhändiger Entwurf (mit unüblich vielen Streichungen und Ergänzungen sowie späteren Randbemerkungen von Johann Heinrich Hottinger): Zürich ZB, Ms. F 60, 33–34; Kopie 18. Jh.: Zürich ZB, Ms. S 142, 11; danach zu zwei Abschnitten knappe Angaben (unter dem falschen Datum 4. Mai) bei *Camenisch*, Borromeo, 171. Aus Platzgründen und weil nichts darin zur Schule steht, seien nur die wichtigsten Gedanken in drei Zitate festgehalten: »Est enim Rhetiae gens magnifica, quoad unita et coniuncta manserit, instar maceriae et muri inexpugnabilis [...] Inter ipsos Helvetios tantum valuit communi et vetus gentis societas, ut ne diversitas quidem religionis et doctrinae, etsi dissidia multa peperit, animos tamen non potuerit omnino dissociare [...] Possent his multa alia addi, sed [...] capitis dolores me a scriptione revocant.«

tiens, wie der Papst erkannt habe und deshalb alles aufbiete gegen
diese bei Einigkeit nicht erstürmbare Schutzmauer. Er säe Zwietracht,
besteche mit Geld, fordere (scheinbar ohne religiösen Bezug) freien
Durchgang für Spanien durch Graubünden. Friede sei mit einem
Land anderer Konfession möglich, wenn es, wie Frankreich, die eidgenössischen Bündnisse stütze. Unter den Eidgenossen sei der Sinn
fürs Gemeinsame stärker als die konfessionelle Trennung, sodass kein
Feind bisher die Bündnisse habe zerreißen können. Auf eine Bewahrung des Religionsfriedens aber dürfe nicht hoffen, wer sich mit Spanien, Savoyen oder dem in Bünden (u. a. im Unterengadin und Prättigau) noch Rechte besitzenden Österreich verstricke; denn diese
rühmten sich, Vollstrecker des Tridentinischen Konzils zu sein. Jene
Orte, die dessen Dekrete unvorsichtigerweise unterzeichnet haben,
könnten nicht mehr tun, was sie wollten; ihnen soll man nicht folgen.
Was wäre aus dem von einigen frechen Priestern erregten Aufruhr zu
Sondrio geworden, wenn schon ein Bündnis mit den Feinden der
Wahrheit bestanden hätte? Mit einer Warnung vor einer Spaltung in
eine französische und spanische Partei, mit einem Aufruf, auf Solddienst zu verzichten und zur Bescheidenheit und Freiheitsliebe der
Vorfahren zurückzukehren, schließt er den heftigem Kopfweh abge-
rungenen Brief.

Aus Eglis Brief vom 16. Mai 1584[48] erfahren wir, dass Gwalther zur
selben Zeit der reformierten Kirche in Sondrio einen Trostbrief gesandt hatte, dass Graf Ulisse Martinengo nach Zürich kommen wolle,
um über den hässlichen Aufstand zu berichten, dass dieser Wohltäter
der Kirche am meisten von den Feinden verfolgt werde, dass der spanische Gesandte fordere, die Bündner müssten Flüchtlinge und Ver-
bannte der spanischen Regierung ausliefern, dass er, Egli, trotz Gefahr
ausharren wolle, obwohl kaum mehr Hoffnung für die Schule bestehe,
weil das überzeugte Eintreten für sie erkalte und die Feinde sie zunehmend verhöhnten; auch teilt er mit, dass Andreas Schmid aus Zürich
ein gefreuter Schüler sei und dass Calandrini nach der Synode antworten werde.[49] Ob Gwalther auf diesen Brief, der ihm am 23. Mai

---

[48] Raphael Egli an Gwalther, Sondrio, 16. [26.] Mai 1584 (»Redditae 23. Maii« [2.
Juni]); Autograph: Zürich ZB, Ms. F 42, 78; Kopie 18. Jh.: Zürich ZB, Ms. S 142, 16;
danach Teilregest bei *Camenisch*, Borromeo, 172. Der erwähnte Trostbrief von Gwalther ist nicht erhalten.

[49] Martinengo war ein Glaubensflüchtling aus Brescia, vgl. die biographischen Bemerkungen in Girolamo *Zanchi*, De religione christiana fides – Confession of Christian
Religion, hg. von Luca Baschera und Christian Moser, Leiden / Boston 2007 (Studies

von Martinengo überbracht worden war, sofort antwortete, oder ob er Calandrinis Bericht abwarten wollte, ist nicht mehr feststellbar.

4. GWALTHER KANN AUF BRIEFE NICHT MEHR ANTWORTEN

Seit 15 Jahren schon hatte Gwalther als Folge schwerer Krankheiten heftiges Kopfweh geplagt. Am 26. Juni 1584 erlitt er einen Hirnschlag. Nach wenigen Wochen des Auf und Ab kam er in eine geistige Lähmung. Seine schöne Handschrift zerfiel, predigen konnte er nicht mehr. Gegen seinen Willen, in falscher Hoffnung auf Besserung, hielt ihn der Rat in seinem Amt bis Ende 1585. Da Ulisse Martinengo öfters vom Veltlin nach Zürich und Genf reiste, wusste man bald auch in Sondrio von Gwalthers Krankheit,[50] aber auch, dass er nominell immer noch Antistes war. Deshalb adressierte man die vier Briefe über das Ende der Schule weiterhin an ihn (und die Mitpfarrer). Fraglich ist, ob der Kranke sie noch zu lesen versucht hat; darauf antworten konnte er nicht mehr.

Scipione Calandrini berichtete am 18. November 1584,[51] dass nach bester Hoffnung noch im Herbst des Vorjahres und trotz der guten Regelung durch fünfzehn Kommissäre in diesem Sommer von den Bündner Behörden nötige Entscheide sogar auf Anraten der Zürcher, Berner und Basler Tagsatzungsgesandten verschoben wurden, dass man die Lehrer der beiden untern Klassen aus Geldmangel habe entlassen müssen, dass man auch Egli, dem man ein bestes Zeugnis gebe und für den man den Zürchern danke, kaum mehr lang behalten könne.

Erstmals erfahren wir aus einem Brief von zwei weitern Lehrern; waren sie vielleicht schon 1583 angestellt worden, oder erst durch die

in the History of Christian Traditions 135), 22–25. Zu Schmid vgl. Anm. 36. Statt nach der Synode vom 20. Juni 1584 in Chur schrieb Calandrini erst am 18. November (unten Anm. 51).

[50] Zu Martinengo als Nachrichtenübermittler von u.a. Gwalthers Krankheit vgl. Correspondance de Théodore de Bèze, Tome 25 (1584), Genf 2003, 188–193, Nr. 1691 (Beza an Gwalther, 30. Juli 1584); 269–273, Nr. 1713 (Raphael Egli an Beza, Sondrio, 20. November 1584); zu Gwalthers »paralysis« ebenda 217, 234.

[51] Calandrini, Kirchenälteste Cesare Paravicini, Jellosio Marlianico und Diakon Jacopo Merulo an Gwalther und die Mitpfarrer, Sondrio, 18. [28.] November 1584. Autograph Calandrinis: Zürich StA, E II 382, 1050–1050a; Teilkopie von 1584: Zürich ZB, Ms. F 32 (Wickiana 22), 238v; Kopie 18. Jh.: Zürich ZB, Ms. S 142, 49; danach gedruckt bei *Camenisch*, Borromeo, 270–272, Beilage 16 (zu vorne 223f.).

drei Kommissäre im März oder bei ihrem zweiten Besuch am 27. April 1584 oder gar erst Ende Juli durch die große Kommission,[52] welche u.a. die Gehälter von drei Lehrern festsetzte? Dass dabei mindestens einer, wie vorgesehen, ein Katholik war, dafür dürften der katholische Landeshauptmann Rudolf von Schauenstein und noch mehr der einflussreiche katholische Kommissär Gallus Mont garantiert haben. Somit darf als gesichert gelten, dass die Lateinschule von der Lehrerschaft her zumindest im Sommer 1584 bikonfessionell war. Von den Schülern her war sie es vielleicht schon vorher, da katholische Bündner möglicherweise stets dabei waren, während die Priester den Eintritt katholischer Veltliner bestimmt zu verhindern gewusst hatten.

Am 19. November schon fragten sich in einem lateinischen Brief Statthalter von Schauenstein und Vicari Travers von Salis, ob man die Schule nicht besser nach Chur verlegen und im überwiegend katholischen Veltlin statt einer evangelischen eine »papistische« einrichten solle.[53] Einen Tag später bat Egli, Zürich möge ihn zurückrufen, damit er seinen seit Juni ausstehenden Lohn bei den Bündner Behörden einfordern könne, was, wenn er selber gehe, nicht möglich sei; sogar der reformierte Vicari Johannes Travers von Salis denke an die Verschiebung der Schule nach Chur, weil sie sich in Sondrio nicht mehr halten lasse.[54] Den entsprechenden Fürtrag der Zürcher Examinatoren schrieb nicht Gwalther,[55] sondern Ludwig Lavater. Der Rat entschied am 12. Dezember 1584, die Bündner zu mahnen, »mit dem gůten angefengtem werck, als wyt mügklich, fürzefaren unnd nitt abzestaan […]«, Egli aber, sofern sie ihn nicht weiter brauchten, zurück-

---

[52] Die große Kommission (je 5 Vertreter und je ein Kanzler aus den Drei Bünden) untersuchte den Aufruhr und bestrafte Schuldige, sie beschloss den Erwerb eines Schulhauses, setzte die Gehälter der drei Lehrer fest und regelte die Schuleinkünfte. Vgl. oben Anm. 44; *Camenisch*, Borromeo, 177–181; *Bundi*, Gewissensfreiheit, 121.

[53] Rudolf von Schauenstein und Johannes Travers von Salis an Gwalther und die Mitpfarrer, Sondrio, 19. [29.] November 1584. Original: Zürich StA, E II 382, 1051; Kopie 18. Jh.: Zürich ZB, Ms. S 142, 50; danach gedruckt bei *Camenisch*, Borromeo, 272–273, Beilage 17 (zu S. 223f.). – Vgl. unten Kapitel 5.

[54] Raphael Egli an Gwalther und die Mitpfarrer, Sondrio, 20. [30.] November 1584. Autograph: Zürich StA, E II 382, 1052–1052a; unter der Adresse notierte Ludwig Lavater: »R. Eglinus Curia Rhaetorum revocari petit«. Kopie 18. Jh.: Zürich ZB, Ms. S 142, 51; danach gedruckt bei *Camenisch*, Borromeo, 273–274, Beilage 18 (zu S. 223, 225).

[55] Wie *Camenisch*, Borromeo, 223–225 in seinem orthographisch ungenauen Abdruck nach dem Original (Zürich StA, A 248.3) angibt. Der Fürtrag der »verordneten zů der leer und den schůlen« ist undatiert. Vgl. aber Anm. 56.

zuschicken.[56] Egli mochte oder konnte nicht warten; schon am 9. Dezember hatte er Sondrio verlassen; er habe, so schrieb Calandrini,[57] versprochen, am nächsten Bundestag teilzunehmen und könne über die Gefahren infolge der verräterischen Machenschaften Kardinal Borromeos berichten, den Gott, sich ihrer erbarmend, abberufen habe;[58] an Egli werde man sich stets dankbar erinnern. Im Januar 1585 beschloss der Bündner Bundestag, die Schule von Sondrio nach Chur zu verlegen;[59] das Angebot, dort Lehrer zu sein, schlug Egli aus.[60]

5. ERGEBNISSE UND BEURTEILUNGEN

Eine damals einzigartige Institution mit dem Ziel, Angehörige zweier Konfessionen, Herrschende und Untertanen und drei Kulturen – die deutsche, romanische und italienische – einander näher zu bringen, hatte von dort weichen müssen, wo sie den Veltlinern bessere Zukunftsperspektiven hätte bieten können und den Schülern von nördlich der Alpen Gelegenheit, humanistische Bildung und Italienischkenntnisse gleichzeitig zu erwerben.[61] Es war ein Sieg der gegenreformatorischen Intoleranz. Borromeo[62] bekämpfte alles Evangelische im Velt-

---

[56] Kanzleinotiz auf Lavaters Fürtrag (vorangehende Anm.) über den Ratsentscheid vom 12. [22.] Dezember 1584.

[57] Calandrini an Gwalther, Sondrio, 9. [19.] Dezember 1584. Autograph: Zürich ZB, Ms. S 142, 54; danach gedruckt bei *Camenisch*, Borromeo, 275, Beilage 19 (zu S. 226).

[58] Carlo Borromeo war im Alter von 46 Jahren am 3. November 1584 (Datum des neuen gregorianischen Kalenders) in Mailand gestorben. – Calandrini spielt an auf den von Borromeo inspirierten, geheimen und doch aufgeflogenen Plan des Rinaldo Tettone, mit Truppen ins Veltlin einzufallen, um die Protestanten zu vernichten. Es besteht ein ursächlicher (schon vom italienischen Historiker Cesare Cantù 1856 gesehener) Zusammenhang dieses Plans mit dem Veltlinermord (»sacro [!] macello«) 1620, vgl. u. a. *Bundi*, Gewissensfreiheit, 123–126.

[59] Dazu und zur Weiterführung in Chur vgl. *Bonorand*, Bildungswesen, 59–64.

[60] *Bonorand*, Bildungswesen, 60. – Egli (siehe Lit. in Anm. 29) wurde Diakon in Winterthur, 1588 in Zürich, setzte sich für die Einführung des ihm von Chur und Winterthur vertrauten Kirchengesangs in Zürich ein (1596/1598), brachte sich und andere mit alchemistischen Experimenten so in Schulden, dass gegen ihn prozessiert wurde. Von 1607 bis zu seinem Tod 1622 war er Prediger und Theologieprofessor in Marburg. Er verfasste viele dichterische und theologische Werke.

[61] Zusammenfassung der Beurteilung von *Bonorand*, Bildungswesen, 58f., und *Bundi*, Gewissensfreiheit, 121.

[62] Kardinal Carlo Borromeo, Erzbischof von Mailand, wurde wegen seiner großen Verdienste um die Erneuerung der katholischen Kirche bereits 1610 heilig gesprochen. Graubünden litt unter seinem Hexenwahn und seinem rücksichtslosen Kampf für

lin besonders hart, um die von dort aus leicht mögliche reformatorische Propaganda nach Italien zu unterbinden. Viele Veltliner standen
auf seiner Seite, weil sie das (zeitweise schlechte) Regiment der Bündner abschütteln wollten und auch gute Anordnungen von diesen zunehmend ablehnten.

Welche gegenüber der bisherigen Literatur zusätzlichen Erkenntnisse ergeben sich aus der nähern Betrachtung des um die Schule
geführten Briefwechsels? – Mehr Klarheit über die Gründe der Zürcher Unterstützung, über die in der Schule, wenn auch nur kurze Zeit,
tatsächlich bestehende Parität und die Beobachtung, dass diese in den
Briefen überhaupt nicht erwähnt ist; dazu den Erweis, dass Egli von
Sondrio aus im September 1583 Zürich besucht hat.

Gwalther und der Zürcher Rat unterstützten das Schulprojekt, um
nicht nur die Evangelische Kirche, sondern den ganzen Drei-Bünde-
Staat zu stärken, weil ihnen die Mächtekonstellation höchst bedrohlich
erschien; sie hatten erkannt, wie sich die Interessen der »päpstlichen«
Mächte (Spanien, Savoyen, spanisch beherrschtes Mailand, Österreich) mit jenen von Frankreich-Venedig im Land der Pässe kreuzten.
Um vor den daraus wachsenden Gefahren eindrücklich zu warnen,
setzte Gwalther die Bedeutung Bündens als »Schutzmauer« sehr hoch
an; gehört wurde er dennoch kaum. Der einst so tolerante, nun immer
mehr durch konfessionspolitische Parteiung zerrissene Freistaat ging
seiner dunkelsten Zeit (während des Dreißigjährigen Krieges) entgegen.

Warum wurde die Parität in den Briefen der Pfarrer und der Amtsleute nicht erwähnt? Unter sich mussten sie davon nichts berichten,
ließen dadurch aber überaus klar ihre Hoffnung erkennen, die Schule
werde den reformierten Kirchen nützen. Gaben sie damit dem Vorwurf der Veltliner Katholiken recht, die Bikonfessionalität sei nur vor-
geschützt? Gewiss nicht; denn die reformierten Pfarrer stellten sich ja
nicht dagegen, denn sie kannten das Edikt und die Schulordnung. Die
darin vorgeschriebene Gleichberechtigung beider Konfessionen bezeugt zusammen mit der Wahl des Katholiken Rudolf von Schauenstein zum neuen Landeshauptmann 1583 und gar des Borromeo-
Freundes Gallus von Mont zu einem der drei und dann der fünfzehn

---

Rekatholisierung und Ausrottung der »Ketzer« auch in außerhalb seiner Erzdiözese
liegenden Gebieten wie dem Misox (vgl. oben Anm. 42) und dem Veltlin, welches (mit
dem bündnerischen Puschlav) zum Bistum Como und mit diesem von 607 bis 1751 zur
Erzdiözese Aquileia-Venedig gehörte.

Kommissäre 1584 ganz klar, dass die Bündner wirklich eine paritätische Schule und den katholischen Veltlinern entgegenkommen wollten. Die Zürcher waren einverstanden damit, denn sonst hätten sie, als sie von Egli im September 1583 davon erfuhren, nicht dieses Projekt weiterhin unterstützt und hätte Gwalther nicht so eindringlich die trotz konfessioneller Trennung gelebte politische Einigkeit der Eidgenossenschaft den »zugewandten« Bündnern als Vorbild hingestellt. Seine Sicht von »Schulen als Pflanzstätten der Kirche« dürfte Borromeo, der Gründer von Priesterseminarien, darunter 1579 dem Collegium Helveticum in Mailand, geteilt haben. Die Differenz lag darin, dass der Kardinal die tridentinisch-römisch-katholische Lehre als einzig wahre durchsetzen wollte, während Gwalther, die evangelische Lehre mit dem Komparativ »reiner« bezeichnend, zwar einen hohen, aber keinen Absolutheits-Anspruch erhob und so Toleranz zuließ.

Wenn von Schauenstein und Travers von Salis die Schule am 19. November 1584 als evangelische bezeichneten, übernahmen sie nicht nur die Veltliner Volksmeinung, sondern umschrieben einen Tatbestand. Wirklich bikonfessionell war sie von der Lehrerschaft her im Sommer 1584; davor, lange Zeit, und danach, noch wenige Wochen, war sie, wenn auch gegen alle Absicht, mit Egli als einzigem Lehrer eine evangelische. Katholischerseits ließ man ihr fast keine Chance, die beabsichtigte Parität zu erweisen. Von Ausnahmen abgesehen,[63] respektierten die (mehrheitlich reformierten) Bündner die katholische Mehrheit im Veltlin und beanspruchten nicht, nach dem Grundsatz »cuius regio eius religio« die Konfession der Untertanen zu bestimmen; sie beharrten nur auf dem Recht, die evangelische Minderheit zu schützen. Diese tolerante Konfessionspolitik gründete in der bereits 1526 in Ilanz (noch von einer katholischen Mehrheit) beschlossenen, relativen (nur für Katholiken und Reformierte gültigen) Religionsfreiheit, im Toleranzedikt von 1544 und in ergänzenden Erlassen;[64] darauf

---

[63] Ulrich Campell, Pfarrer und Historiker, hielt es für eine Verpflichtung, im Veltlin die Reformation einzuführen; vgl. Randolph C. *Head*, At the Frontier of Theory: Confession Formation, Anti-Confessionalization and Religious Change in the Valtellina, 1520–1620, in: Konfessionalisierung und Konfessionskonflikt in Graubünden, 16.–18. Jahrhundert: Akten der historischen Tagung des Instituts für Kulturforschung Graubünden, Poschiavo, 30. Mai bis 1. Juni 2002, hg. von Georg Jäger und Ulrich Pfister, Zürich 2006, 163–179, bes. 172f.

[64] Vgl. *Bundi*, Gewissensfreiheit 32, 34, 51, 61, 69, 72, 193–197, 283–285, 290, 296. – Als früheste Glaubensfreiheit überhaupt wird die bündnerische gerühmt von Diarmaid *MacCulloch*, Reformation: Europe's House Divided, London 2003 (Penguin Books), 51, 164. – Als nächste Toleranzbeschlüsse folgten jene von Siebenbürgen 1552, 1557 und 1568.

gründen auch die teils noch heute bestehenden paritätischen Kirchgemeinden. Von diesen her lag es eigentlich nahe, solche Gleichberechtigung zweier Konfessionen auf eine Schule zu übertragen. Die
Idee kam in den Jahren der harten Konfessionalisierung nach dem
Tridentinum zu spät und ihre Verwirklichung wurde von einigen mit
Idealismus, insgesamt aber mit zu schwachen finanziellen Kräften und
politisch zu zögerlich gegen zu starke Widerstände versucht. Dennoch
verdienen alle, die sich für dieses – zukunftsweisende – Projekt eingesetzt haben, unsere Anerkennung.

ANHANG

Zur Wiedergabe der Quellenstücke: Die Abkürzungen werden aufgelöst. Die Groß- und Kleinschreibung folgt der Vorlage. In deutschen
Texten wird ß gemäß der Vorlage, in lateinischen Texten als ss wiedergegeben. Ferner werden ſ als s sowie u / v und i / j nach ihrem
Lautwert transkribiert. Die Interpunktion wurde nach heutigem Gebrauch normalisiert. Zusätze erscheinen in eckigen Klammern.

1. *[Fürtrag der Examinatoren an Bürgermeister und Rat von Zürich], 6. [16.]
November 1582*

Autograph Rudolf Gwalthers: Zürich StA, E I 1.6a, Faszikel »Prozess R. Egli
(1599–1606)«, erstes Doppelblatt: S. 1 Text, 2–3 leer, 4 Gwalthers titelähnli-
ches Regest und Aktennotiz des Ratsentscheids. Früher eingeordnet, wie alte
Archivarenbemerkungen (»Praedicatur zum Gr. Münster«, »T. 444, Nr. 2t«),
danach Simlers Quellenangabe (»Trucke 444, b[ündel] 1, nr. 2«) ausweisen:
E I 17. 1, Lateinschulen. Da Johann Jakob Simlers Abschrift (18. Jh.: Zürich
ZB, Ms. S 140, 181) ungewöhnlich stark in Lautung und Orthographie ab-
weicht und *Camenisch*, Borromeo, 147f. zudem diese Kopie ungenau wiedergibt, rechtfertigt sich ein nochmaliger, jedoch dem Autograph folgender Abdruck. – Vgl. oben im Text bei Anm. 30–32.

Herr Burgermeister, Edel, vest, fromm, fürsichtig und wyß, insonders
gnedig lieb Herren.
    Es hand die Edlen, vesten Herren, der Gubernator und Statthalter
im Veltlin[1] uns hiebiligende Mißif[2] zůgeschikt, in deren sy uns versten-

---

[1] Gubernator-Landeshauptmann Hartmann von Hartmannis und Vicari Vespasian von Salis, (reformierte) Amtsleute in Sondrio 1581–1583 (vgl. oben im Text bei
Anm 21).
    [2] Nicht mehr erhalten (vgl. oben im Text bei Anm. 22).

digend, daß die Herren von den dreen Pündten uff nechstgehaltnem Pundtstag zů Davas[3] sich entschloßen, zů Sonders im Veltlin ein Latinische Schůl anzerichten, zů gůtem der Jugent und gemeiner Landschafft, und diewyl Raphael Egli, der üwer, herren Thobiasen Eglis säligen, gewesnen predicantens zů Chur[4], Eelicher sun, innen wol erkant[5], daß er von wägen siner gleerte und insonnders daß er der Italienischen Spraach bericht (dann er in siner Jugent bi innen zů Cläfen[6] erzogen) gedachte Schůl anzerichten und derselben vorzeston gantz geschikt und tugenlich[7] sin wurde, Bittend sy früntlich und trungenlich, daß wir[a] innen denselben ein zit lang, als uff dry oder vier iar vergunnen[8] wellind, mitt versprächung sechziger Cronen, die er järlich zů besoldung uff ein gwůße zal ettlicher knaben haben sölle, sampt anderen zůfälen[9].

Diewyl aber gedachter Egli üwer, unserer Gnedigen Herren, Stipendiat und deßhalben uff U[wer] E[rsam] W[yßheit] zewarten und derselben zů dienen verbunden[10] ist, wil uns keins wägs gebüren, daß wir imme für uns selbs[11] erlaubind, andere und frömde dienst anzenemmen. Laßend deßhalben dise wärbung an U.E.W. langen, deren wir mitthinzů underthänigklich nitt verhalten[12] wellend, daß vilgedachter Raphael Egli zů sölchem Stand[13] geschikt und tugenlich, wir aber diser zit in unser Schůl sinen[b] wol manglen mögend[14], und diewyl er aber wol wärdt[15], daß er uff ein dienst gefürdert werde, möchte U.E.W. den wolgedachten Herren in Pündten wol willfaren, mitt dem

---

[3] 14. Oktober 1582 in Davos (vgl. oben im Text bei Anm. 27).

[4] Tobias Egli, 1534 geboren im Thurgau, Pfarrer in Frauenfeld, in Davos (1561–1564), im Zürichbiet und von 1566 bis zu seinem Tod am 15. November 1574 an St. Martin in Chur.

[5] ihnen gut bekannt.

[6] In Chiavenna bei Scipione Lentolo (vgl. dessen Brief vom 27. Oktober 1582, vorne im Text bei Anm. 23).

[7] tauglich, geeignet.

[8] gönnen, aus Gunst geben.

[9] Einnahmen.

[10] dem Rat gegenüber verpflichtet, sich bereit zu halten für eine Stelle in einer Zürcher Kirche oder Schule, vgl. Hans Ulrich *Bächtold*, Bullinger vor dem Rat: Zur Gestaltung und Verwaltung des Zürcher Staatswesens in den Jahren 1531 bis 1575, Bern / Frankfurt a.M. 1982 (Zürcher Beiträge zur Reformationsgeschichte 12), 197f., 227.

[11] ihm von uns [den Examinatoren] aus.

[12] zurückhalten, verbergen.

[13] (berufliche) Stellung [hier bei Egli: Schulleitung].

[14] ihn gewiss entbehren können.

[15] verdient hätte, fähig ist.

anhang[16], daß wenn ir sinen in künfftigem bedörffen wurdint, inn als den üweren wol widerumm heim erforderen mögind.

Actum, den 6. Novembers im jar 1582.

U. E. W.

Verordnete Examinatores von Rhäten,

Predicanten und Läsern der H[eiligen] Geschrifft allhie.

[S. 4:] Anträffend Raphael Egli und die Schůl im Veltlin.

[Darunter von Kanzleihand der Ratsentscheid:] Es hand myn herren inn disere sach, in hoffnung, hieruß vil gůts ervolgen, iren willen[17] gëben. Actum, Mitwuchs, den 7ten Novembris Anno etc 82. Praesentibus Herr Kambli unnd beid[18] Reth[c].

a-b wir *und* sinen *am Rande nachgetragen.* [c] Camenisch, *Borromeo 148f. stattdessen:* Inn allweg iren richtigen fürgang haben, *entnommen dem Schreiben Zürichs an Chur, 23./26. September 1583 (siehe:* Camenisch, *Borromeo, 262, Z. 7).*

2. *Gwalther an Scipione Calandrini und die Ältesten der reformierten Kirche Sondrio [und an die Bündner Amtsleute im Veltlin]*[1]*, Zürich, [um 26. September 1583]*[2]

Zürich ZB, Ms. F 41, 141v-142r: Kopie eines bei Gwalther wohnenden Studenten, vor Sendung des nicht mehr erhaltenen Originals, mit davor gesetzter autographer Adresse und 2 Randbemerkungen von Johann Heinrich Hottinger (1620-1667). Kopie 18. Jh.: Zürich ZB, Ms. S 141, 87; danach erwähnt bei *Camenisch,* Borromeo, 151, Anm. 1. – Vgl. vorne bei Anm. 40 die deutsche Zusammenfassung.

Eruditione et pietate praestantiss[imis] viris, Domino Scipione Calandrino, Ecclesiae Sondriensis pastori fideli et eiusdem Ecclesiae Senioribus, fratribus in Domino honorandis[a].

[1.] S[alutem]. Quemadmodum anno superiori magno gaudio et consolationi nobis fuit, cum de schola Sondrii aperienda ad nos scriberent vallis Tellinae praefecti, Magnifici viri Hartmannus ab Hart-

---

[16] unter der Bedingung.

[17] ihre Zustimmung.

[18] In Anwesenheit von Bürgermeister Hans Kambli und dem Kleinen und Großen Rat.

[1] Der erweiterte Empfängerkreis ergibt sich aus Abschnitt 8.

[2] Datierung: Antwort auf Calandrini und Älteste der reformierten Kirche Sondrio an Gwalther, 5. [15.] September 1583 (vgl. oben Anm. 35); geschrieben in Kenntnis (vgl. Abschnitt 8) des Briefes von Zürichs Bürgermeister und Rat an die Drei Bünde, 23./26. September [3./6. Oktober] 1583 (vgl. oben im Text bei Anm. 39), und mit diesem von Egli überbracht.

mannis et Vespasianus à Salicibus[3]; ita non parum nobis doluit, quod institutum hoc vestrum, quo nullum honestius, nullum utilius et sanctius institui poterat, adversariorum consiliis fuit impeditum.

[2.] Etsi vero in tempore de hac re admoneremur à viris bonis et piis[4], quibus illa cordi erat, et nostra opera se adiuveri cupiebant, noluimus tamen ipsi quicquam priores aggredi, aut ad nostros referre, ne quid importunius aut intempestivius agendo[b] eorum fidem in dubium vocaremus, qui huius instituti apud vos authores[5] fuerunt; sed occasionem expetandam esse putavimus commodiorem, quam sperabamus brevi vos ipsos daturos nobis. Scimus enim plerunque in Republica omni incommoda aliqua incidere ex ingeniorum et morum diversitate, quibus sana consilia impediuntur. Quae si semper subito tollere, et importunius abscindere velimus, maior animorum offensio oborietur, quae plus turbarum dabit, quam ut facile placari possint. Feramus ergo interdum patienter, quod commode non potest mutari, et in Domino speremus, qui Ecclesiam non negligit, et suis occasiones suggerere solet, quibus utiliter utantur.

[3.] Quod apud vos etiam accidisse videmus, quando Raphael[6] noster cum vestris, reverendi viri et fratres in Christo honorandi[c], et magnificorum virorum Rodolphi à Schouwenstein Gubernatoris[7] et Joannis Friderychi à Salice vicarii[8] literis[9] ad nos rediit[10], quibus ut ingenue culpam aut incommodum, quod vobis impedimento fuit, fatemini; ita[d] in eo removendo fortiter operam vestram offertis. Itaque

---

[3] Der Brief der beiden Amtsleute (zu diesen vgl. Anhang 1, Anm. 1) ist nicht erhalten, aber von Gwalther dem Zürcher Rat am 6. [16.] November 1582 vorgelegt (vgl. oben im Text bei Anm. 21–22 und 30–32).

[4] Nicht nachweisbare, wohl mündliche Nachrichten.

[5] Die Reformierte Synode und die Gesandten am Beitag vom Mai 1581 bzw. die in Davos am 14. Oktober 1582 versammelten Ratsgesandten (vgl. vorne im Text bei Anm. 25–28).

[6] Raphael Egli (1559–1622), Rektor der Landesschule Sondrio während deren Bestehen von der 2. Hälfte November 1582 bis 9. Dezember 1584.

[7] Rudolf von Schauenstein, ein Katholik, Landeshauptmann im Veltlin 1583–1585.

[8] Johannes Travers von Salis (1546–1624, benannt nach seinem Großvater mütterlicherseits, dem Humanisten Johannes Travers), ein Reformierter, Vicari in Sondrio 1583–1585. – Gwalther vermengt seinen Namen mit dem des Vaters, Friedrich von Salis (1512–1570), einem Freund Bullingers.

[9] Calandrini an Gwalther, 5. September 1583 (vgl. Anm. 2), jener der beiden Amtsleute ist nicht erhalten

[10] Zu Eglis Besuch in Zürich im September 1583 vgl. oben bei Anm. 35–38 und 41.

nos neque de vestra fide neque de Dei gratia et ope dubitamus. Hic enim Ecclesiae suae in hac causa tam sancta tam neceßaria non deerit[11].

[4.] Sunt enim Ecclesiae seminaria scholae[12], in quibus à pueris ęducantur et instituantur, qui Verbum Dei praedicent et cultum puriorem tradant. Qui ergo olim in Israele sub Regibus illaudatis Jorano[13], et Ochozia[14], Achabo[15] et similibus Scholas Prophetarum mirifice servavit[16], ne purior doctrina[17] extingueretur, vestram gentem, in qua maiorem quam olim in Israele eorum numerum reperiri scimus, qui genua sua Baali Romano[18] non flexerunt, minime deseret.

[5.] Nobis autem gratissimum accidit, quod ex Raphaele nostro audivimus, quantus vester in promovenda vera pietate ardor sit, et quantum desiderium promovendi quod bene coeptum est. Imprimis autem nos exhilaravit, quod Raphaelem nostrum ita apud vos vixisse, et tanta cum diligentia munus commissum administravisse scribitis, ut ipsi luculentum detis diligentiae et virtutis testimonium, atque illum ad vos remitti cupitis.

[6.] Quod ergo à nobis postulatis, ut nostris simul authores simus, ut suis literis et admonitionibus vestros confirment et incitent, ne in opere sanctissimo segnescant, id vero libenter à nobis factum est. Quia enim non aliud petiistis, quam quod nos etiam non rogati debebamus vobis, ego causam hanc vestram qua potui diligentia et ad Senatum Tigurinum amplissimum retuli omnium collegarum nomine, et facile impe-

---

[11] Vgl. u.a. Gen 28, 15; 1Kön 6, 13; Ps 37, 28.

[12] Ähnlich Bullinger (Dezember 1539): »Scholae quidem fuerunt [...] vero ecclesiastarum seminaria [...]« (Heinrich Bullinger Briefwechsel, Bd. 9: Briefe des Jahres 1539, bearb. von Hans Ulrich Bächtold et al., Zürich 2002, 271, 31f.); Luther in einer Tischrede: »Scholae crescentes fructus sunt verbi et seminaria ecclesiarum« (D. Martin Luthers Werke [Weimarer Ausgabe], Abt. 2: Tischreden, Bd. 4, Weimar 1916, 529, Z. 24).

[13] Jehoram (Joram) von Israel, vgl. 2Kön 3, 1–3; aber auch Jehoram (Joram) von Juda »tat, was böse war in den Augen des Herrn«, vgl. 2Kön 8, 16–18; 2Chr 21, 1–20.

[14] Achasjahu (Ahasja) von Israel, vgl. 1Kön 22, 52–54; aber auch Achasjahu (Ahasja) von Juda handelte gegen Gott, vgl. 2Kön 8, 24–27; 2Chr 22, 1–9.

[15] Achab (Ahab) von Israel, vgl. bes. 1Kön 16, 29–33; 21, 20–22.

[16] Gwalther übernimmt eine Argumentation Bullingers gegenüber dem Zürcher Rat (1532), vgl. *Bächtold*, Bullinger vor dem Rat, 190.

[17] Gwalther verwendet hier gern den Komparativ, um den hohen Anspruch der reformierten Lehre auszudrücken und um gleichzeitig jeden Absolutheitsanspruch (Alleinbesitz der einzig wirklich reinen Lehre) zu vermeiden.

[18] Das Zitat aus 1Kön 19, 18 bzw. Röm 11, 4 wird mit dem Zusatz »Romano« auf den Papst bezogen.

travi quod vos petebatis[19]. Et quam propensa sit nostrorum hominum vobis gratificandi voluntas, ex eo potestis cognoscere, quod Raphaelis nostri diligentia et fides, qua se vobis approbavit, Senatui nostro illum ita commendavit, ut eum honesto et neceßario viatico quoque eum instruxerit, ut citius et commodius vobis possit restitui.

[7.] Et sane non vereor hoc vobis affirmare, dilecti et observandi in Christo fratres et magnifici viri, tantam esse Rheticae gentis authoritatem apud Tigurinos, ut vix putem à vobis postulari posse, quod non impetraturi sitis, si vestris Ecclesiis et communi patriae id commodo fore nostri intelligant. Etenim ex singulari Dei decreto factum credimus, ut hac quasi maceria nos ab Italia, in qua superstitio et | Papa 142r dominantur, diremerit, et tanta nobis de vestra gente fortissima fiducia est, ut nunquam vos passuros esse credamus, ut qui nos perditos aut turbatos volunt, aliquid nobis incommodent.

[8.] Quoad me privatim, me totum vobis offero, et ut mea opera libere utamini, iubeo, si qua in re ea vobis commodare potest. Quia autem negocia et valetudo non patiuntur, ut magnificis viris, vallis Tellinae gubernatoribus et vicariis singulis scribam, ut has literas illis communicatis precor, et iisdem ex me reverenter et officiose salutem dicatis. Dominis Rhetis trium foederum et communitatibus Senatus noster diligentissime scripsit[20]; vos per nostros data occasione prudenter et fortiter utimini.

Valete feliciter in Domino, quem ex animo precor, ut studiis vestris benedicat, consilia regat suo spiritu et hostium machinationes dissipet.

Tiguri[e].

---

[a] *bis hierher von Gwalthers eigener Hand.* [b] *vom Kopisten korrigiert aus* agendos. [c] *Von* reverendi *bis* honorandi *am Rande für im Text gestrichenes* Gubernatoris. [d] *davor irrtümlich nicht gestrichen:* ita in removendo. [e] *ohne Datum und Unterschrift.*

---

[19] Ein schriftliches Gesuch Gwalthers beim Rat vom September 1583 ist nicht erhalten.

[20] Am 23./26. September [3./6. Oktober], siehe oben Anm. 2 und den dortigen Verweis.

GESPRÄCH WIDER WILLEN: DER KONSTANZER DISPUTATIONSVERSUCH MIT ZÜRICH, 1597–1603

Christian Moser

1. Einleitung

Im Frühling des Jahres 1597 weilte der bischöfliche Rat und Kanzler Andreas Harst in Zürich und führte unter anderem Gespräche mit dem Bürgermeister Hans Keller und weiteren Ratsmitgliedern. Keiner der Gesprächsteilnehmer vermochte wohl zu ahnen, dass aus dieser informellen Diskussion der erste ernsthafte offizielle Versuch eines Religionsgesprächs zwischen den reformierten Orten der Eidgenossenschaft und römisch-katholischen Exponenten seit der Badener Disputation von 1526 erwachsen würde, der beide Parteien schließlich gut sieben Jahre lang in Atem halten sollte, letztlich aber ohne verwertbares Ergebnis blieb. Die Geschichte dieses Disputationsversuchs, die im Folgenden nachgezeichnet werden soll, wird durch ein ansehnliches Quellenkorpus dokumentiert. Neben den nach dem Scheitern der Verhandlungen 1603 von beiden Seiten publizierten Druckschriften[1] sind auch die ungedruckte Korrespondenz zwischen den Gesprächsprotagonisten sowie weiteres Aktenmaterial erhalten geblieben.[2] Angesichts

---

[1] Es handelt sich dabei um folgende Schriften: Johannes *Pistorius*, Acten der zu Zürich zwischen weilundt herrn cardinaln von Osterreich, bischoffen zu Costantz etc. und eynem ehrsamen wolweisen rath der statt Zürich wegen der religion angestellter disputation […], Freiburg i. Br.: Martin Böckler, 1603 (VD 17 12:123836N); [Rat von Zürich], Wahrhafftige acten der von weiland herren cardinal von Oesterreich, bischofen zu Costantz [et]c. an burgermeister unnd raht der statt Zürych wegen der religion begerten unnd gesuchten disputation. Auß den darüber beyderseits abgangenen originalmissiven von wort zu wort auffs trewlichste nachgetruckt und den durch Johannem Pistorium inn jüngst abgeloffner Franckfurter ostermeß in offnem truck außgesprengten vermeinten acten entgegen gesetzt, sampt fernerer und außführlicher beweisung, daß die Eydgnössisch glaubensbekanntnuß nicht gantz noch auch auß einiger canonischer schrifft widerlegt, unnd derhalben derselbigen zugethanen kirchen nicht ein falsche, sonder ein wahre kirch Christi, als dero lehr noch aufrecht staht, seyen und bleyben, Zürich: Johannes Wolf, 1603 (VD 17 12:116592Q) [Wahrhafftige acten].

[2] Ein chronologisches Quellenverzeichnis findet sich als Anhang.

dieser Quellenlage erstaunt die geringe Beachtung, die der Gegenstand in der historischen Forschung gefunden hat.[3]

2. Das Gesprächsangebot des Bischofs, Verhandlungen der eidgenössischen reformierten Orte und eine erste Antwort

Der Konstanzer Bischof und Kardinal Andreas von Österreich (1558–1600)[4] reagierte umgehend auf die Kunde, die ihm sein Kanzler Harst von dem erwähnten Gespräch in Zürich überbrachte. In einem Schreiben vom 7. August 1597[5] an den Zürcher Rat zeigte er sich hocherfreut: Gemäß Harst hätten Bürgermeister Keller und weitere Ratsmitglieder[6] die Bereitschaft zu einem Religionsgespräch unter seinem Vorsitz zu erkennen gegeben, was er mit größter Dankbarkeit vernommen habe, da dies durch Gottes Gnade womöglich zu einer Wiederherstellung der kirchlichen Einheit führen könnte.[7] Andreas bat den Zürcher Rat, sich über die Modalitäten des Gesprächs zu äußern – insbesondere über eine etwaige Beteiligung der protestantischen Orte der Eidgenossenschaft –, damit er nach Rom Bericht erstatten könne.[8]

---

[3] Vgl. Johann Georg *Mayer*, Das Konzil von Trient und die Gegenreformation in der Schweiz, Bd. 2, Stans 1903, 285–293, der sich eng an die »Wahrhafftigen acten« anlehnt. Im Wesentlichen eine Paraphrase von Mayers Darstellung bietet Rudolf *Pfister*, Kirchengeschichte der Schweiz, Bd. 2: Von der Reformation bis zum Zweiten Villmerger Krieg, Zürich 1974, 407–409.

[4] Vgl. Die Bischöfe des Heiligen Römischen Reiches: 1448 bis 1648. Ein biographisches Lexikon, hg. von Erwin Gatz, Berlin 1996, 21–23.

[5] Zürich Staatsarchiv [Zürich StA], E II 364, 117–119 (Original); ebd., 131–132 (Abschrift); Druck: Wahrhafftige acten, 1r-2r.

[6] Zur Zusammensetzung des Natalrats im Jahre 1597 vgl. Werner *Schnyder*, Die Zürcher Ratslisten 1225 bis 1798, Zürich 1962, 359.

[7] Wahrhafftige acten, 1r-v: »Demnach unser radt, cantzler unnd lieber getrewer d. Andreas Harst zue seiner anhaimschung under anderm uns underthenigst angemelt, was massen ihr der burgermaister Keller unnd etliche andere auß deß rahts mittel sich dahin vernemen lassen, das euch sambtlich nichts angenehmers begägnen köndt, als das wir uns in der persohn zu euch verfuegten unnd in unserm als deß presidenten beisein von stritigen glaubens artickeln zwischen unsern und ewern theologen freundtliche beschaidenliche underhandlung und gesprech gehalten wurd. Also habend wir uns darüber zum höchsten unnd mit sonderem dankh gegen dem Allmechtigen erfrewet und die hoffnung empfangen, das vileicht seiner barmhetzigkait gefallen möcht, sein segen letstlich ainsmahls zu hinlegung eingerissener mißverständt unnd widerbringung der abgangener khirchen ainigkait genedigst zuerthailen.«

[8] Wahrhafftige acten, 1v-2r.

Das bischöfliche Schreiben löste in Zürich einige Betriebsamkeit aus. Am 19. August legten die Zürcher Pfarrer und »Verordneten zur Lehre«[9] dem Rat eine Stellungnahme vor,[10] in der sie sich im Lichte früherer Versuche skeptisch gegenüber dem Instrument Religionsgespräch zeigten, da dieses »mehr unrichtigs dann richtigs« hervorzubringen pflege.[11] Eine Ablehnung des Gesprächsangebots schien ihnen aber dennoch nicht ratsam, da ihr Bekenntnis, die »Confessio Helvetica posterior« von 1566, den reformatorischen Grundsatz einer steten Bereitschaft, sich aufgrund der Heiligen Schrift belehren zu lassen, deutlich zum Ausdruck bringe. Diesem Grundsatz sei auch heute noch Folge zu leisten, denn wir »schüchend unnd fürchtend das liecht nit«.[12] Waren die Pfarrer somit trotz Bedenken grundsätzlich willens, auf das bischöfliche Gesprächsangebot einzugehen, so gaben sie dem Rat zwei Punkte zu bedenken: Zum einen sollten aufgrund der Brisanz der Angelegenheit die reformierten Städte Basel, Bern und Schaffhausen gemäß der üblichen Verfahrensweise kontaktiert werden,[13] zum anderen bedürften der Status des Bischofs als Disputationspräsident und die von ihm angedeuteten Kontakte zum Papst einer genaueren Klärung,

---

[9] Zu diesem Gremium vgl. Heinrich *Bullinger*, Briefwechsel, Bd. 10: Briefe des Jahres 1540, Zürich 2003 (Heinrich Bullinger Werke II/10), 71, Anm. 1.

[10] Zürich StA, E II 364, 121–123 (unterzeichnet von den Verordneten zur Lehre) und 124f. (unterzeichnet von den Pfarrern); die beiden Dokumente sind trotz der verschiedenen Unterschriften inhaltlich identisch.

[11] Zürich StA, E II 364, 122 bzw. 124. Die Pfarrer erinnerten an die Religionsgespräche von Marburg (1529), Worms (1540/41 bzw. 1557), Montbéliard / Mömpelgard (1586) und Bern (1588; Kolloquium mit Samuel Huber).

[12] Zürich StA, E II 364, 122 bzw. 124: »Diewil sich unsere frommen altfordern ye unnd ye anerbotten unnd sonderlichen inn der letsten inn offnem truck uß gegangnen bekandtnuß unnd erlüterung der rechten algemeinen leer unnd haubtarticklen der reinen christenlichen religion, von den dieneren der kilchen Christi inn der Eidgnoschaft, ob yemands umb alle unnd jede artickel, die inn gemelter confession unnd bekandtnuß gestelt, volkommeren bescheid unnd erlüterung begärte, daß sy unnd wir allezyt sölches zethůn gutwillig unnd bereit syend. Unnd ob yemandts were, der uns uß göttlichem wort eines bёßeren berichten köndte oder wölte, daß wir von hertzen unnd gern losen wöllind etc. Wolan, so sind wir deß erbietens noch, schüchend unnd fürchtend das liecht nit.« Die Zürcher Pfarrer beziehen sich dabei auf die Vorrede des 1566 im Druck erschienenen Zweiten Helvetischen Bekenntnisses: »Ante omnia vero protestamur nos semper esse paratissimos omnia et singula hic a nobis proposita, si quis requirat, copiosius explicare, denique meliora ex verbo Dei docentibus, non sine gratiarum actione et cedere et onsequi in Domino, cui laus est gloria.« (Bekenntnisschriften und Kirchenordnungen der nach Gottes Wort reformierten Kirche, hg. von Wilhelm Niesel [Niesel, Bekenntnisschriften], Zollikon-Zürich ²[ohne Jahr], 221).

[13] Zürich StA, E II 364, 122 bzw. 124f.

denn schließlich habe man sich in rechtmäßiger Weise von der römisch-katholischen Hierarchie emanzipiert.[14]

Nach Eingang der Stellungnahme der Pfarrer und der Verordneten zur Lehre bildete der Rat eine Kommission, die über das weitere Vorgehen zu beraten hatte und insbesondere den Kontakt mit den reformierten Städten Bern, Basel und Schaffhausen aufnehmen sollte, was sie am 27. August denn auch tat.[15] Die Antworten der Städte, die zwischen dem 5. und 10. September eintrafen, waren allesamt von großer Skepsis geprägt und demzufolge in ablehnendem Sinne verfasst.[16] Nicht nur wurde eine etwaige Disputation als unnötig betrachtet, da man keine Notwendigkeit sah, am eigenen Bekenntnisstand Modifikationen vorzunehmen, sondern auch der gute Wille der Gegenpartei zu einem ernsthaften Gespräch angezweifelt. Den Zürcher Pfarrern wurde die Aufgabe zuteil, aufgrund der eingegangenen Stellungnahmen der Städte einen Vorschlag zum weiteren Vorgehen auszuarbeiten, der dem Rat schließlich am 14. September vorgelegt wurde.[17] Die vorgeschlagene Taktik war von Pragmatik geprägt und berücksichtigte sowohl die ablehnende Haltung der Miteidgenossen[18]

---

[14] Zürich StA, E II 364, 123 bzw. 125: »Wir können eüch unseren gn. herren auch das nit verhalten, diewyl sich der bischoff ze praesidieren vermercken laßt, item under anderem heiter vermeldet, daß ihr, unser gn. herren, ihne by zyten ewerer meinung verständigind, somlichs an ihr heiligkait umb ordnung unnd gehorsams willen zebringen etc., daß wir nit allenklichen verstahnd, wie unnd was gestalt gedachter bischoff zů Constantz zu praesidieren begåre; item, ob er von båpstischer hailigkait (wie er sy nennt) alein siner person halber erlaubnus unnd anordnung begåre zu einem somlichen gesprech, oder aber, ob er, der bapst, auch uns ordnung geben sölle. Denn wenn es den letsten verstand hette, wurde es eüch, unseren gn. herren, noch bedancklich syn, ob man sich also bloß geben sölte oder wölte, diewyl uns Gott der Almächtig von bischoffen und båpsten erlediget, unnd das nit unordenlicher, sonder ordenlicher wyse.«

[15] Zwei identische Listen der Kommissionsmitglieder finden sich in Zürich StA, E II 364, 120 und 124 (eine summarische Liste ebd., 130a). Die Kommission setzte sich demnach zusammen aus den Bürgermeistern Konrad Großmann und Hans Keller sowie den Kleinräten Adrian (oder Hans) Ziegler, Heinrich Bräm, Melchior Breitinger, Jakob zur Eich, Hans Ulrich Wolf, Hans Escher, Hans Kambli, Hans Rudolf Rahn, Konrad Grebel und Hans Heinrich Holzhalb.

[16] Zürich StA, E II 359, 3171r-3172r (Rat von Bern, 5. September); E II 364, 162–172 (Pfarrer von Schaffhausen, 8. September; mit Begleitbrief des Rates vom 9. September 160–161); E II 364, 173–178 (Rat von Basel, 10. September).

[17] Zürich StA, E II 364, 187f.

[18] Vgl. Zürich StA, E II 364, 187: »[…] findend wir bynach alle sachen gestaltet syn, wie gemelte schryben unserer lieben Eydgnoßen der dry evangelischen stetten lutend und zůgåbend, namlichen daß sich somliche böswilliger lüten, die anderst nüt süchend als unserer christenlicher religion große mechtige verlümbdung (wie wir dann glaub-

als auch den Rechtfertigungszwang, in dem sich die Zürcher mehr oder weniger unfreiwillig im Gefolge ihrer Unterhaltung mit Harst gefangen sahen. Der Rat solle so knapp wie möglich antworten und damit der Form Genüge tun: »Diewyl man aber für das ander, uff diß bischofflich schryben denocht ehren halb etwas antworten sol und můß, bedůchte uns (uff üwer unserer g. herren verbeßerung hin) das aller best, daß es beschehe zů dem aller kürtzisten und einfaltigisten.«[19] Die anschließende Musterformulierung beinhaltete keine Zusage zu einer Disputation, wohl aber den Grundsatz einer prinzipiellen Bereitschaft, sich in Liebe aus dem Wort Gottes belehren zu lassen: »Wir wöllend auch keinen anderen richter weder lyden noch dulden, als allein das heilig und unfelber wort Gottes.«[20] Zudem richtete sich eine scharfe Spitze gegen den Konstanzer Generalvikar und Konvertiten Johannes Pistorius, der in den weiteren Verhandlungen eine prominente Rolle einnehmen sollte: »Mit apostatis aber, das ist mit verlőugneren der warheit, item mit abtrünigen, ehrsüchtigen lüten, die Gott und dwelt wol weißt, daß sy nit Gottes ehr, sonder ir selbs eigne ehr sůchend, und welche die kilchen Gottes veräfner und můtwilliger wys schon vorhin offentlich verkätzeret, geschmecht und gschendt habend etc., mit denen als fridlestigen lüten habend wir niit gern zethůn, in kein wys noch wäg.«[21]

Der Rat machte sich den Vorschlag der Pfarrer zu eigen und schrieb – offenbar nach vorhergehender Beratung auf einem Städtetag in Aarau[22] – am 28. September in deren Sinne an Bischof Andreas, wobei das Schreiben sich der Polemik gegen Pistorius gänzlich enthielt.[23]

Offenbar wurden nicht nur die reformierten Städte um eine Stellungnahme gebeten, sondern auch die Pfarrerschaft, wie ein mit »Antwort uff die frag, ob wir von Zürich uns mit dem bischoff von Constantz in ein disputation und colloquium von religions artickelen

---

wirtig berichtet sind, daß an ettlichen orten und enden schon yetz geredt und geschriben ist und wirt, als ob ein bischoff von Costents von üch unseren g. herren bestelt und beschickt sye, unsere kilchen zereformieren etc.), daß sich ja sőmlicher bőswilliger lüten nit gůt ist anzenemmen, sunder vil weger und beßer were, sich iren gantz und gar zemüßigen.«

[19] Zürich StA, E II 364, 187.

[20] Zürich StA, E II 364, 188.

[21] Zürich StA, E II 364, 188.

[22] Vgl. Zürich StA, E II 364, 193a (Notiz vom 17. September).

[23] Abschriften in Zürich StA, E II 364, 132–134 und 189–190; Druck in Wahrhafftige acten, 2r-3r.

sollind begeben« überschriebenes undatiertes Schreiben von Hans Jakob Maurer, Pfarrer in Neunforn, belegt.[24] Seine Ansicht fügte sich dem Tenor der Städte nahtlos ein: »So ist uß disem lichtlich abzůnemmen, was bi inen [den Päpstlichen] zů erleben syn wurde: namlich nüt.«[25]

3. Bischöfliche Insistenz und ein Zürcher Verfahrensvorschlag

Hatten die Zürcher Räte und Theologen mit dem kurzen formellen Schreiben an Bischof Andreas auf eine schnelle und stille Erledigung der eigentlich unerwünschten Angelegenheit gehofft, so täuschten sie sich in der bischöflichen Hartnäckigkeit. Am 25. Oktober erinnerte Andreas den Zürcher Rat daran – ob zu Recht oder Unrecht bleibe dahingestellt –, dass die Initiative zu einem Glaubensgespräch von Zürich ausgegangen war und er sich als Bischof zur Beförderung dieser Angelegenheit verpflichtet fühle.[26] Die Zürcher Vorbehalte betreffend das Schriftprinzip würden des Weiteren ins Leere zielen, denn selbstverständlich anerkenne er die Schrift als Fundament, lege sie aber nicht beliebig aus, sondern im Einklang mit der bald 1600 Jahre alten Kirche.[27] Darum wiederhole er sein Gesprächsangebot und hoffe, »durch Gottes segen euch und den ewerigen vorzuweisen, was massen ir durch schlechte leuth von allgemeinem verstand der ganzen kirche Christi zue newerlicher vor wenig jahren inn gantzer welt unbekhanter und newangemaßter meinung euch abführen lassen.«[28]

Es sollte mehr als acht Monate dauern, bis Andreas am 10. Juli 1598 schließlich eine Antwort auf sein Schreiben erhielt. Bereits am 28. Oktober 1597 verfassten die Verordneten zur Lehre eine Stellungnahme zum neu eingetroffenen Brief, in der sie sich gegen die bischöfliche Argumentation verwahrten.[29] Befremdet zeigten sie sich insbesondere

---

[24] Zürich StA, E II 364, 139–145. Zu Hans Jakob Maurer (gest. 1616) vgl. Huldreich Gustav *Sulzberger*, Biographisches Verzeichniss der Geistlichen aller evangelischen Gemeinden des Kantons Thurgau von der frühesten Zeit bis auf die Gegenwart, Frauenfeld 1863, 107.

[25] Zürich StA, E II 364, 141.

[26] Zürich StA, E II 364, 191–193 (Original); ebd., 137–138 (Abschrift); Druck: Wahrhafftige acten, 3v-5r.

[27] Wahrhafftige acten, 3v-4r.

[28] Wahrhafftige acten, 4v-5r.

[29] Zürich StA, E II 364, 194f.

über Andreas' Versuch, die Zürcher als Initiatoren des Gesprächs darzustellen, sowie über die Anmaßung, sich als »Bischof der Zürcher« zu
positionieren. Eine erneute Konsultation der reformierten Städte Bern,
Basel und Schaffhausen war unausweichlich. Am 14. Dezember infor-
mierte der Rat die genannten Obrigkeiten[30] und einen Tag später
wandten sich auch die Pfarrer an die entsprechenden Kirchenleitung-
en.[31] Da man des Bischofs Begehren ohne Gesichtsverlust nicht
schlechthin ignorieren konnte, schlug man vor, statt mit diesem in eine
mündliche Disputation einzutreten, ihm ein gedrucktes Exemplar der
»Confessio Helvetica posterior« zur Prüfung zuzusenden.[32] Die Antworten der Städte zeigen deutlich, dass eine Disputation gänzlich unerwünscht war.[33] Bern bat zunächst um einen Aufschub, um die Meinungen von Basel und Schaffhausen abzuwarten,[34] und wandte sich
schließlich gegen den Zürcher Vorschlag: »Inn summa, wir könnend
uns uß söllicher vortheilligen disputation nützit gůts versechen ouch
nüt anders gedencken, dann das von der widerparth ein böser zettel
angelegt, zů unrůw, die sy durch mittel einer disputation inn das werck
zebringen sůchendt und understandt, darzů wir unsers theills die mins-
te occasion geben, vil minder darzů verhelffen wöltendt. [...] Es ist
ouch unser meynung gar nit, das man dem bischoffen die Eydtgnos-
sische confession überschicke.«[35] Ihre eigene Position zum im Raume
stehenden Religionsgespräch ließ an Deutlichkeit nichts zu wünschen
übrig, wollten sie den Zürchern doch nicht verschweigen, »das wir
vonn Gott wünschten und begärten, einer söllich unnothwendigen,
unfruchtbaren, gefharlichen und uffsätzigen, arglistigen disputation
überhept syn möchten.«[36]

---

[30] Zürich StA, E II 364, 196 f. (Entwurf).

[31] Zürich StA, E II 359, 3187r-3188r.

[32] Zürich StA, E II 364, 196 f.: »[...] so will uns unnd unseren kilchendieneren
bedencklich fallen, söllich deß bischoffs anmůten und begären allerdings abzuschla-
hen. [...] Derhalben zů vermydung eines solchen und zů erhaltung und beschirmung
der ehr Gottes und evangelischer warheit, so hatt uns unnd unseren kilchendieneren
von nöten syn bedunckt, wolgenannten bischoff widerumb ein antwort [...] sambt
unserer allgemeinen vor jaren im offnen truck ußgangnen confession zůzeschicken.«

[33] Zürich StA, E II 364, 198 f. (Basel, 19. Dezember 1597); ebd., 200 f. (Bern, 21.
Dezember); ebd., 203–205 (Schaffhausen, 21. Dezember); ebd., 206–208 (Basel, 24.
Dezember); ebd., 209 f. (Bern, 5. Januar 1598); ebd., 211–214 (Bern, undatiert [Januar]).

[34] Vgl. Zürich StA, E II 364, 200 f.

[35] Zürich StA, E II 364, 213 f.

[36] Zürich StA, E II 364, 212.

Parallel zu diesen Verhandlungen erhöhte Johannes Pistorius den Druck von katholischer Seite her. In seinen Briefen an die Zürcher Theologen Johann Wilhelm Stucki (1521–1607)[37] und Raphael Egli (1559–1622)[38] kontrastierte er in so provokativer Weise die wenige Jahrzehnte alte Geschichte der protestantischen Theologie und die 1600-jährige Tradition der römischen Kirche, dass eine Reaktion kaum zu umgehen war.[39] Dergestalt in die Enge getrieben, entschloss sich der Zürcher Rat, die Bedenken der reformierten Städte zu ignorieren, und unterbreitete Bischof Andreas in einem langen Schreiben vom 10. Juli den bereits im Dezember konzipierten Verfahrensvorschlag:[40] Der Bischof solle die »Confessio Helvetica posterior« prüfen und etwaige Einwände schriftlich vorbringen, worüber man sodann ebenfalls schriftlich Rechenschaft ablegen werde.[41] Durch ein schriftliches Verfahren würden sich die zwangsläufig – wie die Geschichte der Religionsgespräche zeige – auftretenden Streitigkeiten über den Vorsitz und den Modus der Disputation sowie über die Publikation der Ergebnisse erledigen.[42] Zudem sollten die aus dem schriftlichen Austausch her-

---

[37] Vgl. Allgemeine deutsche Biographie, Bd. 36, Leipzig 1893, 717–720.

[38] Vgl. Zürcher Pfarrerbuch 1519–1952, hg. von Emanuel Dejung und Willy Wuhrmann, Zürich 1953, 252, Nr. 7.

[39] Pistorius an Stucki (26. Februar 1598): Zürich StA, E II 359, 3176r-3177r; Pistorius an Egli (25. Mai 1598): ebd., 3183r-3184r. Stucki an Pistorius (nach 10. März 1598): ebd., 3178r-3182r; Egli an Pistorius (31. Mai 1598): ebd., 3184r. Vgl. Zürich StA, E II 359, 3176r: »Nos contra palam et constanter profiteri et in coelum clamare non dubitamus vestram fidem et novam esse, ante annos LXXV primum infusam in mundum, et omnibus vero ecclesiis, quotquot per mille annos antecesserunt, ignotam et scriptura adversaria et ab omnium iudicis christianorum, qui unquam fuerunt, abhorrendum.«

[40] Zürich StA, E II 364, 179–186 (Entwurf[?]); ebd., 274–286 (Abschrift); Druck: Wahrhafftige acten, 5v-15r.

[41] Wahrhafftige acten, 13r-v: »Diewyl unsere anno 1566 in offentlichem truck ußgegangene glaubensbekanntnus […] uß dem wort Gottes genommen, unseren einhelligen und gemeinen consens in aller christenlicher einfalt unnd bescheidenheit begryffe, so lassend wir uns nit züwider syn, das u.f.g. theologi, oder das wir vil lieber wolten, das u.f.g. selbs dieselbige unsere confession für handt nemmen, lesen und examinieren wöllen. Befinden sy dann in derselbigen, daß wir uns von den uralten und rechten verstand heiliger Schrifft uff ein unerhörten, nüwangemaßten unnd der heiligen Schrifft unbekhandten verstand haben abfüren lassen, und sy solchs uß dem einigen wort Gottes alts und nüws testament (alle apocrypha hindan gestelt) uff uns zumbewysen sich understahn wöllen, da stellen wir solches derselben zethun zu irem fryen willen und gefallen, mit dem fründtlichen anerbieten, da uns von u.f.g. derglychen etwas schrifftlichs und in Tütscher sprach zükommen wurde, wir es hören, lesen und in Gottes forcht mit unseren kirchendieneren erwegen und darüber u.f.g. mit aller bescheidenheit und gütem grund begegnen wöllend.«

[42] Wahrhafftige acten, 13v-14v: »Daß wir uns aber diser zyth und zum anthritt ein

vorgehenden Akten in beiden Gebieten frei zugänglich gemacht werden.[43] Eine Kopie des Schreibens ging am 12. Juli den reformierten Städten zu.[44]

4. DIE »CONFESSIO HELVETICA POSTERIOR« UNTER BESCHUSS: PISTORIUS' VORREDE ZU SEINER »CONFUTATIO«

Am 20. August zeigte sich Bischof Andreas vorerst einverstanden mit dem Zürcher Vorschlag.[45] Die Aufgabe einer Prüfung und Widerlegung der »Confessio Helvetica posterior« übernahm Johannes Pistorius. Der 1546 geborene Pistorius wirkte ab 1575 als Leibarzt und Hofrat von Karl II. von Baden-Durlach.[46] Ursprünglich lutherischer Herkunft, wandte er sich dem Calvinismus zu, ehe er 1588 zum Katholizismus konvertierte und sich bald – wie dies nach Konversionen häufig zu beobachten ist – zu einem scharfzüngigen Apologeten entwickelte, der vor keiner Polemik zurückschreckte. Bald nach seiner

---

schrifftliche conferentz oder disputation besser gefallen lassend, dann ein mundtlich gespräch und persönliche zůsammenkunfft, beschicht warlich söllichs unsers teils nit der ursachen, daß wir einiche ußflucht hierdurch zesůchen oder also hinder dem berg (wie man spricht) uff einem vortheil zehalten gesinnet syen, sonder vil mehr darumb, damit alle und jede verhindernussen, so zwüschent uns deß orths, der presidenten, der disputanten, der notarien und anderer umbstehnden und unglegenheiten halber fürfallen möchtend, vorkommen, und also alles nit zånckischer, hönischer, unbesindter wyß und in der yl, sonder mit christenlicher bescheidenheit, mit gůter wyl, besindtlich und wolbedåchtlich und desto mehr frucht und nutz abgahn und beschehen möge. [...] Zů dem wüssend u.f.g. wol, und hats ouch die erfarenheit diser unserer zythen gnůgsam bewisen, daß mit mundtlichen gesprächen und zůsammenkomnussen nit nun kein nutz geschaffet, sonder ouch zů mehrer wytlöffigkeit, unrichtigkeit, allerley erdichteten zůlagen, beschwerlichem verwysen und falschem růmschen anlaß und ursach gegeben worden. also, das wann sölliche disputationes geendet, man darnach vil unrichtiger und verbitterter dann zůvor jemals gewesen.«

[43] Wahrhafftige acten, 14v-15r.

[44] Zürich StA, E II 364, 215 (Entwurf).

[45] Zürich StA, E II 364, 21–220 (Original); ebd., 221f. (Abschrift); ebd., 135f. (Teilabschrift); Druck: Wahrhafftige acten, 15v-17r.

[46] Zur Biographie des Pistorius vgl. Hans-Jürgen *Günther*, Johannes Pistorius Niddanus d.J.: Humanist, Arzt, Historiker, Politiker und Theologe (1546–1608), in: Lebensbilder aus Baden-Württemberg, hg. von Gerhard Taddey u.a., Bd. 19, Stuttgart 1998, 109–145; Hans-Jürgen *Günther*, Die Reformation und ihre Kinder, dargestellt an Vater und Sohn Johannes Pistorius Niddanus (1502–1583; 1548–1608). Eine Doppelbiographie, Nidda 1994 (Niddaer Geschichtsblätter 2); Biographisch-bibliographisches Kirchenlexikon, Bd. 7, Hamm 1994, 649–651; Helvetia Sacra I/2: Das Bistum Konstanz, Basel/Frankfurt a.M. 1993, 564–566.

Übersiedlung an den Hof von Markgraf Jakob III. von Baden-Hachberg starb dieser, so dass sich Pistorius nach Konstanz wandte und in
den Dienst von Bischof Andreas von Österreich trat. Andreas ernannte
ihn 1591 zum Generalvikar und später zum Präsidenten des Geistlichen Rats und apostolischen Protonotar. Für die Protestanten war der
»Apostat« Pistorius aufgrund seiner kirchenpolitischen und publizisti-
schen Aktivitäten ein rotes Tuch, wie die Stellungnahme der Zürcher
Pfarrer vom 14. September 1597 bereits gezeigt hat. Pistorius' Werde-
gang in der katholischen Kirche war einerseits gesäumt von polemischen Schriften, die sich etwa gegen Johann Jakob Grynäus,[47] Jakob
Heerbrand,[48] Lukas Osiander,[49] Johannes Pappus[50] oder Ägidius Hunnius[51] richteten und ihren Höhepunkt in einer äußerst gehässigen
»Anatomia Lutheri«[52] fanden, andererseits – in unserem Zusammen-

[47] Vgl. Von der wahren kirchen Gottes sendbrieff d. Ioannis Pistorii Nidani, marg-
gräffischen bademischen raths etc. Erstlich von ihme an d. Iacobum Grynaeum, superintendenten zů Basel, Lateinisch beschriben, an jetzo aber von einem trewhertzi-
gen der ursach halber in unser hoch Teutsch gebracht, dieweil darinn mit augen-
scheinlichen grundt erwisen, daß weder die Calvinische, noch Lutherische, noch einige andere diser zeit secten, die rechte catholische oder allgemeine kirch Gottes sey,
Ingolstadt: David Sartorius, 1589 (VD 16 P 3039); Theorema de fidei christianae de-
finita mensura, et an haec sit sola scriptura canonica. Cum episagmate de sacramentis,
disputatum ante biennium Basileae a nihil demonstrante demonstratore Grynaeo, iam
vero ex iisdem principiis et pene iisdem verbis explicatum contra Grynaeum. Ex quo
admirabile novum, a Grynaeo inventum artificium, uno medio demonstrandi res duas
contrarias cognosci potest, Köln: Johann Quentel (Erben), 1590 (VD 16 G 3811).
[48] Vgl. Thesium d. Iacobi Herbrandi de visibili Christi in terris ecclesia brevis
analysis in quinque principia, ex quibus natae sunt, id est in malitias, falsitates, errores,
antilogas et blasphemias. Accesserunt quinquaginta ex libris Augustini sumptae de
sanctorum reliquiis theses et aliquot de Christi ecclesia ad amicos scriptae epistolae,
Ingolstadt: David Sartorius, 1589 (VD 16 P 3051).
[49] Vgl. Rechtmäßige retorsion und ehrenverwahrung doctor Ioannis Pistorii Nidani
[...] wider die ehrenrhürige, unerfindtliche prefation unnd darinn eingeflickte Schmä-
hung, so der lästerlich diffamant, welcher sich doctor Lucas Hosiander, Hofprediger
zu Studtgart nennet, [...] wider in, doctor Pistorium, offentlich in truck unverschämter
massen außgesprengt [...], Ingolstadt: Wolfgang Eder, 1589 (VD 16 P 3046).
[50] Vgl. Epistolae tres ad d. Ioannem Pappum, theologum Lutheranum [...], Köln:
Johann Quentel (Erben), 1594 (VD 16 P 3042).
[51] Vgl. Ein hundert unwarheyt beneben achtzehen und mehrern verfälschungen
der schrifft und viertzigen ungeschickten consequentzen, so in den ersten siben kleinen
blettern, von der halben praefation anzurechnen, in d. Aegidii Hunnii, professoris zu
Wittenbergk uncatholischen und guten theyls auch unlutherischem bůchlen, daß er
wider d. Pistorii theses von der iustification vor sechs jahren geschriben, Konstanz:
Arnold Quentel und Leonhard Straub, 1595 (VD 16 P 3043).
[52] Anatomiae Lutheri pars prima. Das ist auß den siben bösen geistern des vil
seelen verlustigen und also tewren manns d. Martini Lutheri die drey erste geister: I.
Der fleischlich geist, II. Der lester geist, III. Der lotter geist, Köln: Arnold Quentel,

hang von größerer Bedeutung – verfocht Pistorius die römisch-katholische Sache in mehreren Religionsgesprächen, so in Baden-Baden 1589,[53] Emmendingen 1590[54] und Regensburg 1601[55]. Der auch als Geschichtsschreiber äußerst produktive[56] Pistorius erlag schließlich 1608 in Freiburg i. Br. der Pest.

Pistorius verlor keine Zeit. Nachdem er sich bereits am 7. September an Raphael Egli gewandt hatte,[57] übersandte er am 14. Oktober den Zürcher Pfarrern die Vorrede seiner Widerlegung des Zweiten Helvetischen Bekenntnisses.[58] Darin beschäftigte er sich gleichsam als Prolegomena zu seiner »Confutatio« mit dem der »Confessio Helvetica posterior« vorangestellten »Symbolum Damasi«[59] und dem spät-

1595 (VD 16 L 3592); Anatomiae Lutheri pars secunda. Das ist auß den siben bösen geistern des vil seelen verlustigen und also tewren manns d. Martini Lutheri der vierdter, nemlich irrthumbs geist, Köln: Arnold Quentel, 1598 (VD 16 L 3608). Vgl. Adolf *Herte*, Das katholische Lutherbild im Bann der Lutherkommentare des Cochläus, Bd. 1: Von der Mitte des 16. bis zur Mitte des 18. Jahrhunderts, Münster 1943, 85–90.

[53] Vgl. Johannes *Pistorius*, Badische disputation, das ist kurtze, warhaffte und auß den acten und prothocoll mit bestendigem grund außgezogene historien und erzehlung des theologischen im nechsten novembri im jar 1589 zu marggraven Baden zwischen den [...] herrn patre Theodoro Busaeo societatis Iesu [...] und d. Ioanne Pistorio eines, auch d. Jacob Schmidlin und d. Jacob Heerbrand Lutherischen und Tübingischen theologen anders theils angefangenen und bald hernach zerschlagenen gesprächs, Köln: Johann Quentel (Erben), 1590 (VD 16 P 3035).

[54] Die entsprechenden Schriften in: Johannes *Pistorius*, Unser von Gottes genaden Jacobs, marggrafen zu Baden und Hachbergk [...] christliche erhebliche und wolfundirte motifen, warumb wir [...] nicht allein für unser person die Lutherische lehr verlassen und zu dem catholischen immerwehrenden und allein seligmachenden christlichen glauben uns notwendig begeben, sondern auch unser von Gott anbevohlene land zu ebenmessiger warhaffter religion anweisen und reformiren lassen müssen, Köln: Johann Quentel (Erben), 1591 (VD 16 ZV 12520).

[55] Vgl. Johannes *Pistorius*, Offentliche beweisung, daß die Lutherische zu Regenspurg im letsten colloquio anno 1601 mit ihrem ersten armseligen glaubens grund und argument, dergleichen inn gantzer weldt bachantischer, närrischer und verlogener bei gelehrten leuthen nie erhört worden, sich und ihr sect mehr alß jemahls in höchste schand und spott gesetzt und sich billich ewiglich ermeldten colloquii in das hertz schämen sollen, Freiburg i. Br.: Johann Maximilian Helmlin, 1607 (VD 17 12:113110N).

[56] Vgl. u. a. Johannes *Pistorius*, Polonicae historiae corpus [...], Basel: Sebastian Henricpetri, 1582 (VD 16 P 3045).

[57] Zürich StA, E II 359, 3189r-3190r.

[58] Zürich StA, E II 359, 3197-3206; Druck: *Pistorius*, Acten, †3r-f3v. Das Begleitschreiben findet sich in Zürich StA, E II 359, 3191-3196 (Original); Druck: *Pistorius*, Acten, f4r-g2r (lateinisch); g2v-h1v (deutsche Übersetzung).

[59] Heinrich *Denzinger* und Peter *Hünermann*, Enchiridion symbolorum definitionum et declarationum de rebus fidei et morum – Kompendium der Glaubensbekenntnisse und kirchlichen Lehrentscheidungen, Freiburg i. Br. u. a. [37]1991, Nr. 71f.

antiken kaiserlichen Edikt »Cunctos populos«[60], die Bullinger auch im
Eingang zu seinen »Dekaden« zitiert hatte.[61] Pistorius' These war sim-
pel: »Das die Eydgnoßische confeßionisten, wann sie die prolegomena
ernstlicher, christlicher meynung und bei gutem verstandt gesetzt haben wollen, in der warheyt bereyts gute baptistische christen sein und
nicht erst darzu durch newe disputation gebracht werden müssen.«[62]
In seiner Argumentation bediente er sich eines wenig raffinierten hy-
pothetischen Syllogismus entsprechend dem Modus *Darii*: Wer die in
den beiden altkirchlichen Dokumenten zum Ausdruck gebrachte Lehre als rechtmäßige christliche Lehre anerkennt, muss auch die Lehre
des zeitgenössischen römischen Katholizismus als rechtmäßig anerkennen; die Anhänger des Zweiten Helvetischen Bekenntnisses – die »confeßionisten« in Pistorius' Diktion – anerkennen die Rechtmäßigkeit
dieser beiden Dokumente, also müssen sie auch den römisch-katholischen Glauben anerkennen und irren folglich in den zwischen den
beiden Konfessionen strittigen Punkten.[63] Seiner Beweisführung ließ
Pistorius – der offensichtlich ein gewisses Faible für Auflistungen besaß[64] – eine Liste von hundert Punkten folgen, die gemäß seiner Auffassung das »Symbolum Damasi« mit der römisch-katholischen Lehre
gegen die Bekenntnissätze der »Confessio Helvetica posterior« vertrat
und die von der Dunkelheit der Schrift und der Notwendigkeit der

---

[60] Codex Theodosianus 16,1,2 (hg. von Theodor Mommsen, Bd. I/2, Berlin 1904,
833).

[61] Vgl. Heinrich *Bullinger*, Sermonum decades quinque, Zürich: Christoph Froschauer d. Ä., 1552 (Heinrich Bullinger Bibliographie, Bd. 1, hg. von Joachim Staedtke,
Zürich 1972, Nr. 179), β5v-β6r.

[62] *Pistorius*, Acten, †††3r.

[63] *Pistorius*, Acten, †††3v-4r: »Wer denjenigen christlichen glauben, so anno 380
und nemblich zur zeit deß gemachten und vor die confeßion bei gezeychneten keyserlichen gesatzes zu Rom der gemeyn glaub, und des h. Damasi und h. Petri Alexandrini glaub gewesen ist, vor den rechten christlichen und von s. Petro dem apostel
gelehrten und gepredigten glauben verhaltet und erkennt, der muß auch unsern heutigen papistischen glauben (wie man in nennet) vor den rechten christlichen unnd von
s. Peter dem apostel gelehrten glauben halten, unnd hergegen die gegenwertige confeßion, was darinn unserm glauben zuwider einkompt vor unrecht und unapostolisch
bekennen. Aber die confeßionisten oder schreiber der Calvinischen confeßion bekennen, das der Römisch glaub, wie er anno 380 zu Rom und im Römischen gebiet
offentlich vom h. Damaso, h. Petro Alexandrino und inn gemeyn geglaubt worden
s. Petrus unnd der recht apostolisch glaub gewesen sei. Ergo, und darumb gestehen sie
auch zugleich, das unser papistischer von ihn also genannter glaub der recht catholisch, apostolisch und s. Peters glaub aber hergegen der confeßionisten glaub in den
streittigen stucken falsch unnd unrecht sei.«

[64] Vgl auch unten Anm. 90.

Autorität einer auslegenden kirchlichen Tradition über das Amt des Papstes und die Billigkeit des Mönchtums bis zur Realpräsenz im Abendmahl reichte.[65]

Eine dergestaltige Argumentation vermochte mit ihrer impliziten Prämisse der Kontinuität zwischen altkirchlicher und römisch-katholischer Lehre die Zürcher Theologen verständlicherweise nicht in Bedrängnis zu bringen. Im Auftrag des Rates verfertigten sie eine umfangreiche Replik, die bereits am 23. Dezember 1598 vorlag, aber zunächst unter Verschluss gehalten wurde.[66] Darin verkehrten sie – nicht ohne eine Prise Ironie – Pistorius' Syllogismus ins Gegenteil: Wer die altkirchliche Lehre als rechtmäßig bezeugt, kann weder zu Recht der Ketzerei bezichtigt werden, noch muss er die Legitimität des römischen Katholizismus anerkennen.[67] Einziges legitimes Beurteilungskriterium kann – wie dies etwa Basilius von Cäsarea treffend zum Ausdruck gebracht habe[68] – nur die respektive Schriftkonformität sein, an

---

[65] Die Auflistung in *Pistorius*, Acten, ††††4v-e1r.

[66] »Bericht der dieneren der kirchen zů Zürych von der bischofflichen vorrede über das examen der Eydtgnőssischen glaubensbekanntnuß. Darinn augenscheynlich erwisen, daß man diß orts, mit annemmung deß keyserlichen gesatzes unnd deß darinn gerühmten glaubens Damasi, der für die Eydtgnőssisch glaubensbekanntnuß getruckt etc. weder geirret, noch einichen betrug gebraucht, auch weder papistisch sein, noch die Eydtgnőssisch confession widerrüffen mûsse«, Wahrhafftige acten, 13r-43v.

[67] Wahrhafftige acten, 43v-44r: »Sagen derhalben also: Wer den jhenigen glauben, so anno 380 und nemlich zur zeit deß gemachten und vor die confession bezeichneten keiserlichen gesatzes zu Rom der gemein glaub und deß Damasi und Petri Alexandrini glaub gewesen, mit dem heiteren bescheid außgetruckten vorbehalt, und wol specificierten anhang (namlich so fern und weyt sőlcher glaub mit den schrifften der h. propheten, evangelisten und apostlen uberein kompt) für den rechten, christlichen und von s. Peter dem apostel gepredigten glauben von hertzen haltet und mit dem mund bekennt, der kan für keinen ketzer, aber nothwendigklich für ein rechtglåubigen christen gehalten werden; der mûß auch im geringsten weder den heütigen papistischen Rőmischen glauben für den rechten, christlichen und von dem apostel Petro gelehrten glauben halten, noch die Eydtgnőssisch glaubensbekanntnus inn denen wider das heütig papstumb eingeführten artickeln verdammen. Aber die jenigen, so die Eidgnőssisch glaubensbekantnus zusamen getragen und die sich zu derselbigen bekennen, halten von hertzen unnd bekennen mit dem mund, daß der jhenig glaub, so anno 380 […] gewesen, der recht, christlich unnd von s. Peter dem Apostel gelehrt sey, mit dem heiteren bescheid, außtruckten vorbehalt unnd wol specificierter bedingung, so fern nemlich sőlcher glaub mit den schrifften der h. propheten, evangelisten und apostlen ueberein komme. Darumb kőnnen sie mit mehrgemeldter und erklerter approbation und annemmung deß keiserlichen gesatzes weder für ketzer gehalten, noch dahin getrungen werden, daß sie den heütigen Rőmischen, papistischen glauben für den rechten, christlichen […] glauben halten und die Eidgnőssisch glaubensbekantnus in denen wider das heutig papstumb eingeführten artickeln verdammen mûssen.«

[68] Wahrhafftige acten, 43v: »Die Schrifft von Gott eingegeben werde zum richter

der es gerade bei der römisch-katholischen Lehre mangelt.[69] Demzufolge sei die auf der Schrift gründende reformatorische Botschaft als
fest auf dem Fundament der altkirchlichen orthodoxen Lehre stehend
anzusehen, während die Katholiken genau dieses Fundament zugunsten einer subjektiven Tradition aufgegeben hätten und ihren Argumenten somit jegliche Plausibilität abgehe.

5. Das katholische Drängen auf eine mündliche Disputation

Noch ehe die Zürcher Pfarrer ihre Antwort auf Pistorius' Vorrede
fertiggestellt hatten, wandte sich dieser am 7. Dezember 1598 an den
Rat und brachte die ursprüngliche, von Bischof Andreas vorgebrachte
Forderung einer mündlichen Disputation wieder in die Diskussion
ein.[70] Der Bischof wolle sich nicht auf ein »schrifftliches gezånk« ein-
lassen, »welches ein verzuglich, lang wirig und verdrießlich werck wer
und keiner disputation gleich sehe«,[71] und entsprechend werde Pistorius' Widerlegung nicht übersandt, bis die Zürcher in ein solches
mündliches Verfahren eingewilligt hätten.[72] Nachdem Pistorius diese
seine Forderung am 12. März 1599 wiederholt hatte,[73] beschwerte sich
der Zürcher Rat bei Bischof Andreas und erinnerte ihn an das Verfahren der schriftlichen Prüfung der »Confessio Helvetica posterior«

---

und schidman under uns gesetzt, und bey welchem theil man die lehr findet, die mit
göttlichem wort stimmt, derselbigen sol man billich, als der warheit beypflichten.«
[69] Vgl. Wahrhafftige acten, 35v: »Weil es so fern ist, daß die papistischen lehrer ihre
oder auch der heiligen våtter lehre und glauben auß alein heiliger göttlicher schrifft als
der einigen, volkomnen, heiteren und alein glaubwürdigen regel aller warheit wöllen
lassen urtheilen und der selbigen außspruch einig underwerfen, daß sie hergegen die
selbig ein zanck eysen und wåchsine nasen nennen und von ihro schreyben, man
kônne auß ihro, als die auff allerley außlegungen kônne gebogen werden, kein gewüsse
und bestándige meinung fassen; sie habe ohne der kirchen ansehen nit mehr ansehens,
als Esopi fabelbůch, sie seye nicht die regel und richtschnůr deß glaubens, můsse man
derhalben den rechten verstand deß glaubens und der heiligen Schrifft nicht inn und
bey der Schrifft, sonder bey der Rômischen kirchen und sonderlich bey dem pabst, der
alle göttliche recht in dem schrein seines hertzens habe, suchen, unnd bey seinem
entschluß ohn alles weyters nachforschen einig verbleiben.«
[70] Zürich StA, E II 364, 226–228 (Original); ebd., E II 359, 3207r-3208r (Abschrift);
Druck: Wahrhafftige acten, 17v-19r.
[71] Wahrhafftige acten, 18r.
[72] Wahrhafftige acten, 18r: »Aber uber das ist mir auch befolhen, die zůgeschickte
confutation vor erlangter wolfariger antwort nicht auß handen zugeben.«
[73] Pistorius an Johann Wilhelm Stucki, Raphael Egli und die übrigen Pfarrer: Zürich StA, E II 359, 3209r-3210r; deutsche Übersetzung: ebd., 3211r-3212v.

und anschließenden Stellungnahme durch die reformierten Pfarrer, mit dem sich der Bischof am 20. August 1598 einverstanden erklärt habe. Über eine etwaige mündliche Disputation könne erst nach Eingang und Prüfung von Pistorius' »Confutatio« entschieden werden.[74]

Es verging mehr als ein Jahr, bis die Zürcher Pfarrer schließlich in den Besitz dieser Widerlegung kamen. Am 21. Juni 1599 lenkte Bischof Andreas ein und versprach, die Zusendung der »Confutatio« zu erwirken.[75] Am 26. Februar 1600 kündigte er sodann die baldige Übersendung an und verband diese Mitteilung mit der erneuten Bitte um eine mündliche Disputation,[76] was der Zürcher Rat am 29. März ein weiteres Mal ablehnte.[77] Nachdem die Zürcher am 22. Juni noch einmal vertröstet worden waren,[78] kam ihnen die Schrift mit Datum vom 29. Juli 1600 schließlich zu.[79]

6. Das Scheitern der Verhandlungen und die Publikationen des Jahres 1603

Pistorius insistierte nach der Zustellung seiner Gegenschrift sofort. In zwei Schreiben an Johann Wilhelm Stucki, Raphael Egli und die übrigen Zürcher Pfarrer vom 27. August und 14. Oktober 1600[80] sprach er ihnen mit markigen Worten den rechten Glauben ab und forderte sie erneut zu einer Disputation heraus: »Nos parati sumus ad ea, quae in libro nostra sunt, omnibus scripturae firmamentis magis devincienda et ad omnes vestras reiiciendas impressiones. Requiretis fortassis omnium errorum explicatam et singularem eversionem; atqui id opus

---

[74] Wahrhafftige acten, 22r: »Was aber vernere mundtliche disputation, uff deren bewilligung offt gemelter Pistorius vor überschickter und erwegner widerlegung der confession wider u. f. g. anerbieten so hefftig tringt, anlangen thůt, werden unnd khőnnen wir uns uß allerley ursachen (umb vermydung willen wytläuffigkeit diß orts zuvermelden unnőthig) uff keinen weg erklären, biß uns einmalen das verheissen examen der confession uberschickt, von uns gelesen, und von unseren kirchendieneren erwägen worden ist.«

[75] Zürich StA, E II 364, 229–233 (Original); Druck: Wahrhafftige acten, 44r-45v.

[76] Zürich StA, E II 364, 234–239 (Original); Druck: Wahrhafftige acten, 46r-47r.

[77] Wahrhafftige acten, 47v-50r.

[78] Zürich StA, E II 364, 240–248 (Original); Druck: Wahrhafftige acten, 50v-54v.

[79] Zürich StA, E II 364, 249–251 (Original des Begleitschreibens); Druck: Wahrhafftige acten, 55r-v. Die »Confutatio« selbst erschien 1603 im Druck (*Pistorius*, Acten).

[80] Schreiben vom 27. August 1600: Zürich StA, E II 359, 3215r-3216v (lat. Original); ebd., 3218r-3219v (deutsche Übersetzung). 14. Oktober 1600: Zürich StA, E II 359, 3222r-v (Original).

non est: tota vestra eversa ecclesia et fide, quam universam nulla societate cum scriptura et Christi ecclesiae atque doctrina cohaerere ostendemus.«[81] Die Zürcher Pfarrer zogen es vor, diese Briefe zu ignorieren, und sandten stattdessen ihre Stellungnahme und Verteidigungsschrift am 13. November direkt an Bischof Andreas.[82]

Diese Zusendung bedeutete zugleich auch den Abbruch der Verhandlungen über eine Disputation, obwohl keine der beiden Parteien einen solchen Abbruch formell erklärte. Der Grund ist in dem am 12. November erfolgten Ableben von Bischof Andreas zu sehen, was dem Zürcher Rat, der offiziell stets nur mit dem Bischof verhandelt hatte, die Gelegenheit gab, sich angesichts eines fehlenden Gesprächspartners ohne Gesichtsverlust aus den ohnehin als lästig empfundenen Verhandlungen zurückzuziehen.

Als eine potentielle Wiederaufnahme des Gesprächs im Fortlauf der Zeit zusehends unrealistischer wurde, entschloss sich Pistorius im Winter 1603 zur Publikation seiner »Confutatio« des Zweiten Helvetischen Bekenntnisses, die er als »beweisung auß eyniger h. schrifft, daß die Calvinische oder confeßionistische kirch keyn kirch Christi, sonder eyn falsche kirch, und all ihr glaub und confeßion in allen mit den catholischen strittigen puncten und artickeln unchristlich unnd unrecht sei« deklarierte.[83] Die gedruckte »Confutatio« enthielt neben der bereits behandelten Vorrede eine polemisch gehaltene Replik des Pistorius auf die Stellungnahme der Zürcher Pfarrer vom 23. Dezember 1598[84] sowie im Hauptteil eine ausführliche Widerlegung von insgesamt 35 Irrtümern der »Confessio Helvetica posterior«.[85] In diesem Hauptteil beschränkt sich Pistorius auf die seiner Position diametral entgegenstehenden Kapitel eins, zwei und 17 von Bullingers Bekennt-

---

[81] Zürich StA, E II 359, 3215v; dt. Übersetzung ebd., 3218v.

[82] Die Verteidigungsschrift trägt den Titel »Bedencken uber das groß buch, so den 21. augusti anno 1600 einem ehrsamen raht der statt Zürych vom h. bischoff zů Costantz under dem schyn und namen der von ihme versprochnen ordenlichen, gantzen unzertheylten, allein uß h. prophetischer unnd apostolischer schrifft genommenen widerlegung der Eydgnössischen glaubensbekanntnuß, anno 1566 in offnem truck ußgangen, zůkommen ist« und ist gedruckt in: Wahrhafftige acten, 64v-151v. Das Begleitschreiben ebd., 55v-64r.

[83] *Pistorius*, Acten. Die Widmungsvorrede datiert vom 14. Februar 1603. Das Zitat ist dem Titel des Hauptteils (11r) entnommen.

[84] *Pistorius*, Acten, i2v-n2v. Vgl. den Schlusssatz: »Gott erleucht alle verführte unnd schaff durch sein barmhertzigkeyt, wann je die Zürchische minister die göttliche himlische warheyt nicht erkennen wöllen, das sie doch zum wenigsten niemandt mit verkehrung der wordt unnd falschen zeugnuß unrecht unnd gewalt thun. Amen.«

[85] *Pistorius*, Acten, A1r-Ttt11v.

nis, die die Schriftlehre, die Auslegung der Schrift und die Rolle der
Tradition sowie die Ekklesiologie zum Inhalt haben. Eine detaillierte
Analyse von Pistorius' Argumentation würde den Rahmen dieser Untersuchung bei Weitem sprengen und inhaltlich auch kaum etwas Neues zu Tage bringen, kann sein Werk doch geradezu als Kompendium
des posttridentinischen Gegensatzes zwischen der römisch-katholischen und protestantischen Lehre angesehen werden. So verwirft er
die von Bullinger hochgehaltene uneingeschränkte und von den Menschen unabhängige Autorität der Schrift, wie auch deren Suffizienz,[86]
prangert die protestantische Verwerfung der Tradition – die allein der
hermeneutischen Willkür Einhalt zu gebieten vermöge – an[87] und ver-

---

[86] Vgl. beispielsweise folgende von Pistorius konstatierte Irrtümer: 1. »Das die ca-
nonische h. schrifft beyder testament gnugsame authoritet auß ihr selbst und gar nicht
von den menschen haben soll.« (*Pistorius*, Acten, Aɪv-I3r; vgl. Niesel, Bekenntnisschriften, 222: »[…] et authoritatem sufficientem ex semetipsis, non ex hominibus
habere.«); 2. »Das alles zum vollkommensten in den büchern der schrifft außgelegt
und beschriben gefunden werdt, was zum seligmachenden glauben und zu rechter
anstellung eynes Gott wolgefelligen lebens […] zu wissen und zu thun nothwendig ist,
derhalben Gott also außtrucklich gebotten hab, nichts zu oder von den büchern alten
und newen testaments, wie wir sie heutigs tags haben, zuthun oder zunemmen.«
(I3v-P4v; vgl. Niesel, Bekenntnisschriften, 223: »Et in hac scriptura sancta habet universalis Christi ecclesia plenissime exposita, quaecunque pertinent cum ad salvificam
fidem, tum ad vitam Deo placentem, recte informandam. Quo nomine distincte a Deo
praeceptum est, ne ei aliquid vel addatur vel detrahatur.«).
[87] Vgl. etwa 8. »Das der Rômischen kirchen außlegung uber die schrifft eyn privat
außlegung unnd derhalben zuverwerffen sei.« (*Pistorius*, Acten, X4r-Y4r; vgl. Niesel,
Bekenntnisschriften, 224: »Scripturas sanctas dixit apostolus Petrus non esse interpre-
tationis privatae. Proinde non probamus interpretationes quaslibet: unde nec pro vera
aut genuina scripturarum interpretatione agnoscimus eum, quem vocant sensum Romanae ecclesiae […], sed illam duntaxat scripturarum interpretationem pro orthodoxa
et genuina agnoscimus, quae ex ipsis est petita scripturis […] cum regula fidei et
charitatis congruit, et ad gloriam Dei hominumque salutem eximie facit.«); 11. »Das
der h. vâtter schrifft wol nicht zuverachten seien, aber doch anderst nicht, dann so fern
ein jeder sie der h. schrifft gemeß befindet erst angenommen und sunsten, wann sie
nach eynes jeden gutduncken von der schrifft frembde sachen oder derselbigen zu
wieder lehren, verworffen werden sollen.« (Ee2r-Ff2r; vgl. Niesel, Bekenntnisschriften,
224: »Proinde non aspernamur sanctorum patrum Graecorum Latinorumque interpretationes, neque reprobamus eorundem disputationes ac tractationes rerum sacrarum, cum scripturis consentientes: a quibus tamen recedimus modeste, quando aliena
a scripturis aut his contraria adferre deprehenduntur.«); 16. »Das der kirchen tradition
wider die schrifft sein unnd alleyn derhalben vor unapostolisch erkennt unnd verwerf-
fen werden sollen.« (Mm3r-Nn3r; vgl. Niesel, Bekenntnisschriften, 224f.: »Pariter re-
pudiamus Traditiones humanas, quae tametsi insigniantur speciosis titulis, quasi divinae apostolicaeque sint, viva voce Apostolorum, et ceu per manus virorum apostoli-
corum, succedentibus Episcopis, Ecclesiae traditae, compositae tamen cum scripturis,
ab his discrepant, discrepantiaque illa sua ostendunt, se minime esse apostolicas.«); 17.

dammt auch – wenig erstaunlich – das protestantische Kirchenver-
ständnis *in globo*.[88] Damit der Kritik aber noch nicht genug: Gleichsam
als Anhang fügt Pistorius seinem Werk zusätzlich zu den 35 behandelten Irrtümern eine Aufzählung von »mehr dann zwey tausent particular irrthumb«[89] hinzu, die in der »Confessio Helvetica posterior«
zu finden seien.[90] Die Quantität der von Pistorius aufgespürten Irrtümer entspricht dabei allerdings umgekehrt proportional der Qualität
seiner Begründung, handelt es sich doch zumeist um mehr oder weniger pauschale Verwerfungen, wie ein Beispiel zum dritten Kapitel
»De Deo, unitate eius ac trinitate« zeigt: »Im dritten capitel ist unrecht
unnd unwahr alles, waß Calvinus, Beza, Bullinger, Zanchus unnd an-

»Das keyn ander richter in glaubens sachen sey, als alleyn die schrifft, dadurch Gott
unns eyngeb, was recht oder unrecht sey.« (Nn3v-Pp3r; vgl. Niesel, Bekenntnisschriften, 224: »Ergo non alium sustinemus in causa fidei iudicem, quam ipsum Deum, per
scripturas sanctas pronunciantem, quid verum sit, quid falsum, quid sequendum sit,
quid fugiendum.«).

[88] Vgl. etwa 21. »Das die kirch Christi eyn sewl und grundtfest der warheyt anderst
nicht sei, dann so lang sie beim wort Gottes unnd inn Christo bleibet.« (Hhh3r-Iii2r;
vgl. Niesel, Bekenntnisschriften, 249: »Haec ecclesia Dei sancta, vocatur domus Dei
viventis, extructa ex lapidibus vivis et spiritualibus, et imposita super petram immo-
tam, super fundamentum, quo aliud collocari non potest: et ideo nuncupatur etiam
columna et basis veritatis. Non erat illa, quamdiu innititur petrae Christo et fundamento prophetarum et Apostolorum. Nec mirum si erret, quoties deserit illum, qui
solus est veritas.«); 23. »Das die confeßion billich oder mit fug der Donatisten kirch
verdammen, aber ihr eygen kirch dabei vor christlich und catholisch halten, und also
von eynerley sach zwey wiedrige urtheyl fellen kŏnn.« (Kkk2v-Lll1v; vgl. Niesel, Bekenntnisschriften, 249: »Damnamus ergo Donatistas, qui Ecclesiam in nescio quos
Aphricae coartabant angulos.«); 27. »Das Christus in seiner kirchen keyn underscheyd
der hirten und lehrer, sondern alle in gleichem grad und sonderlich daß primat und
die beherrschung in der kirchen streng verbotten hab.« (Qqq4r-Yyy4v; vgl. Niesel,
Bekenntnisschriften, 250: »Christus vero praesens est ecclesiae, et caput vivificum. Hic
Apostolis suis apostolorumque successoribus primatum et dominium in ecclesia seve-
rissime prohibuit.«); 31. »Daß die kirch Christi keyn ander merckzeychen, dabei sie
jedermann erkennen kŏnn, an ihr hab, alß die reyne lehr, wie sie inn der schrifft steht,
unnd die reyne sacramenth, wie sie Christus brauchen heyssen.« (Dddd4v-Iiii1r; vgl.
Niesel, Bekenntnisschriften, 251: »sed illam docemus veram esse ecclesiam, in qua
signa vel notae inveniuntur ecclesiae verae, imprimis vero verbi Dei legitima vel sin-
cera praedicatio […]. Simul et participant sacramentis a Christo institutis, et ab Apostolis traditis.«); 32. »Das die nachfolg der bischoff unnd die eynigkeyt unnd das alter
der kirchen keyn merckzeychen der rechten kirchen Christi sein.« (Iiii1r-Ooo02r; vgl.
Niesel, Bekenntnisschriften, 251: »Proinde damnamus illas ecclesias, ut alienas a vera
Christi ecclesia, quae tales non sunt, quales esse debere audivimus, utcunque interim
iactent successionem Episcoporum, Unitatem, et Antiquitatem.«).

[89] Kolumnentitel zu *Pistorius*, Acten, a1r-bb3v.

[90] Der Buchteil (*Pistorius*, Acten, a1r-bb3v) ist überschrieben mit: »Uber die vorige
fünff und dreißig irrthumb der confeßion noch andere uber die zwey tausent irrthumb,
so doch all in den 35 begriffen und im grundt widerlegt werden«.

dere auß lauter unwissenheyt wider die h. dreyfaltigkeyt und dero
warheyt und allmåchtigkeyt in ihren bůchern låsterlich wider der
schrifft und kirchen brauch außgossen«.[91]

Die Publikation verlangte nach den Gepflogenheiten der Zeit eine
Replik. Am 6. Juli schlugen die Zürcher Pfarrer ihren Mitstreitern in
den reformierten eidgenössischen Städten die kombinierte Veröffent-
lichung der gesammelten Korrespondenz mit dem Bischof sowie ihrer
am 13. November 1600 übersandten Gegenschrift vor,[92] was Zustimmung fand.[93] Bereits vom 24. August datierte sodann das Vorwort zu
dieser Entgegnung,[94] die die Akten zu den Disputationsverhandlungen
»auß den originalien getrewlich und unverenderlich«[95] wiedergeben
sollte und dazu deklariert war als »beweisung, daß die Eydgnóssisch
glaubensbekanntnuˢ nicht gantz, noch auch auß einiger canonischer
schrifft widerlegt, unnd derhalben derselbigen zůgethanen kirchen
nicht ein falsche, sonder ein wahre kirch Christi, als dero lehr noch
aufrecht staht, seyen und bleyben«.[96] Die Verfasser wälzen darin die
Schuld für das Scheitern der Disputationsverhandlungen gänzlich auf
die Gegenpartei[97] und streiten Pistorius' Schrift sodann jegliche Relevanz ab, da dieser entgegen ihren Vereinbarungen weder eine Widerlegung des ganzen Zweiten Helvetischen Bekenntnisses vorgelegt,[98]
noch ihre Fundamentalbedingung der Schrift als alleiniger Argumen-
tationsgrundlage eingehalten habe.[99] Zudem werfen die Zürcher Pfar-

---

[91] *Pistorius*, Acten, b1r. Vgl. dazu auch b1v-bb3v.

[92] Zürich StA, E II 359, 3238r-3240v (Entwurf).

[93] Zürich StA, E II 359, 3241r-v (23. Juli 1603, Berner Pfarrer an die Zürcher
Pfarrer, Abschrift); ebd., 3243r-v (4. August 1603, Schaffhauser Pfarrer an Zürcher
Pfarrer).

[94] Wahrhafftige acten. Das Werk enthält folgende Bestandteile: Vorrede des Rates
(AA2r-BB4v); Korrespondenz betreffend die Disputation (1r-22v); Stellungnahme zu
Pistorius' Vorrede, 23. Dezember 1598 (23r-43v); weitere Korrespondenz (44r-64r);
Antwort auf Pistorius' »Confutatio« (64v-151v).

[95] Wahrhafftige acten, 1r.

[96] Wahrhafftige acten, Titelblatt.

[97] Vgl. Wahrhafftige acten, BB2v: »[...] auff das mennigklich sehen un spüren
mȯge, was massen und uß was grund anfänglich man diß orts die religion zu ver-
thådigen sich erbotten, wer in dieser gantzen sach ob glych nit mit worten, doch mit der
that die disputation ufgehalten, verhindert und endtlich abgeschnitten habe.«

[98] Vgl. den Abschnitt: »Darauß nochmahlen zusehen, daß weder das erstlich geschriben uberschickt, noch jetzunder getruckt bůch ein solche widerlegung der Eyd-
gnȯssischen glaubensbekantnus sey, wie aber versprochen worden.« (Wahrhafftige acten, 73v-74v).

[99] Vgl. das Kapitel: »Gegentheyl hat nicht die einig glaubensbekandtnus, auch nicht
auß alein h. schrifft widerlegt, unnd derhalben verlengerung und außfluchten zusu-

rer Pistorius eine mutwillig verfälschende Darstellung der Schriften
Zwinglis, Bullingers[100] und auch der »Confessio Helvetica posterior«[101]
selbst vor. Mit ihrem Fazit beendeten die Zürcher Pfarrer schließlich
nicht nur ihre Entgegnung auf die Anwürfe des Pistorius, sondern
zogen den endgültigen Schlussstrich unter die ganze Episode:[102] »Hiemit beschliessen wir disen gantzen handel. Und sind der gewissen zu-
versicht, daß wir dem unpartheyeschen leser zu gutem genügen erwisen, daß der scribent nit die einig confession widerlegt, daß er der
unserigen privatschrifften und der glaubensbekanntnuß sehr verkehrt,
daß er die h. schrifft schrocklich verlestert, daß er uns mit Tertulliano
und Augustino unrecht gethan, daß er mit vermeinter widerlegung,
der allein dreyer capitlen in der confession unseren gantzen glaub im
wenigsten nit umbgestossen, noch unser kirchen der falschheit über-
zeüget, daß dem scribenten die confession auß einiger h. schrifft
zuwiderlegen unmüglich gewesen, daß die Römisch kirch der vom
scribenten gesetzten vier kennzeichen keines durchauß in allweg und
allein gebühr. Bitten hiemit den Vatter der liechteren, daß er sich aller
dero erbarmen wölle, so von disem scribenten verführt worden, und
alle fridliebende gottselige hertzen von seiner schalckheit und nichtigen
sophisterey gnedigklich verwahren wölle. Amen.«[103]

7. RESÜMEE

Der Konstanzer Disputationsversuch mit Zürich und den eidgenössischen reformierten Orten gegen Ende des Reformationsjahrhunderts
war der erste namhafte Versuch eines reformiert-katholischen Religionsgesprächs in der Eidgenossenschaft seit der Badener Disputation

chen gleich im ersten andritt wider sein versprechen gehandelt.« (Wahrhafftige acten,
75r-77v).
    [100] Vgl. das Kapitel: »Exempel grosser falschheit, offentlichen betrugs und unver-
schamter boßheit, so der scribent in anziehen der schrifften h. Zwinglii unnd Bullingers gebraucht.« (Wahrhafftige acten, 77v-87r).
    [101] Vgl. das Kapitel: »Der glaubensbekanntnuß wort, lehr und meinung wirdt vom
scribenten groblich verfälscht und verkeert.« (Wahrhafftige acten, 87r-93r).
    [102] Die Zürcher Publikation hatte allerdings noch ein Nachspiel: In Zürich StA, E II
364, 254–277 findet sich ein unvollständiger und undatierter Entwurf eines Gutachtens
zu zwei Schreiben des Pistorius an die eidgenössische Tagsatzung vom 9. Januar und
27. März 1604, in denen sich dieser gegen die Vorwürfe der Zürcher Pfarrer verwahrte
und die Tagsatzung zu einer Untersuchung der Angelegenheit aufforderte.
    [103] Wahrhafftige acten, 151v.

von 1526 und verdient als solcher – trotz der geringen Resonanz, die er in der kirchengeschichtlichen Forschung gefunden hat – Beachtung.

Nicht geändert hat sich im Vergleich zu den frühen Reformationsjahren die Rolle der Obrigkeit. Den Zürcher Theologen kam zwar die wichtige Rolle der theologischen Beurteilung und Beratung des Projekts zu, offizieller Gesprächspartner des Konstanzer Bischofs war aber stets der Rat als politisches Organ des konfessionell geeinten Territoriums. Die Verhandlungen zeigen auch deutlich das Bewusstsein um eine eidgenössische reformierte Glaubensgemeinschaft. An eine isolierte Disputation zwischen Zürich und dem Konstanzer Bischof war – wie die stete Rücksprache mit den reformierten Städten Bern, Basel und Schaffhausen zeigt – nicht zu denken, wäre damit doch die gemeinsame, schriftlich fixierte Bekenntnisgrundlage auf dem Spiel gestanden. Stark verändert gegenüber früheren Jahrzehnten präsentiert sich allerdings die katholische Gesprächspartei: Die Zürcher sahen sich in der Gestalt von Bischof Andreas und Johannes Pistorius ausgesprochen selbstbewussten Vertretern des römischen Katholizismus gegenüber, die taktisch außerordentlich geschickt agierten und ihren konfessionellen Opponenten das Verhandlungsdiktat aufzudrängen vermochten. Auf der wenig stabilen Grundlage einer informellen Konversation zwischen dem bischöflichen Rat und Kanzler Andreas Harst und Zürcher Ratsmitgliedern gelang es Bischof Andreas, eine Disputationsforderung zu kreieren, auf die einzugehen sich die Zürcher trotz offensichtlichen Widerwillens und der Ablehnung ihrer reformierten Verbündeten gezwungen sahen, wollten sie keinen Gesichtsverlust und eine Beschädigung ihrer Reputation riskieren. So lag die Initiative stets auf der katholischen Seite, während den Reformierten bloß das Mittel der defensiven Reaktion verblieb. Inhaltlich brachte die langwierige und umfangreiche Publikationen hervorbringende Diskussion nichts Neues zu Tage, sondern bewegte sich in den festgefahrenen Bahnen zweier gefestigter Konfessionen, die auf verschiedenen theologischen Prämissen aufbauten.

Der hier dargestellte Konstanzer Disputationsversuch ist so in erster Linie die Geschichte eines gescheiterten Religionsgesprächs. Keine der beiden Parteien war letztlich zu einer unvoreingenommenen und ernsthaften Prüfung der Argumentation der Gegenpartei und noch viel weniger zur Relativierung der eigenen theologischen Prämissen bereit. Während die Reformierten in der bischöflichen Initiative einen – noch dazu an einen Konvertiten delegierten – Rekatholisierungsversuch er blickten, vermochte Pistorius als publizistischer katholischer Wortführer in seiner Argumentation nicht einmal ansatzweise auf das von den Reformierten geforderte *sola scriptura*-Prinzip einzugehen, womit jeglichen Annäherungsversuchen von vornherein der Weg verbaut wurde.

So zeigt der Konstanzer Disputationsversuch vor allem eines: Die Zeit war zugleich längst nicht mehr und noch lange nicht reif für ein Gespräch zwischen den beiden Konfessionen, das diesen Namen verdient.

ANHANG: CHRONOLOGISCHE QUELLENÜBERSICHT

7. August 1597	Bischof Andreas an den Rat von Zürich Zürich StA, E II 364, 117–119 (Original); Zürich StA, E II 364, 131–132 (Abschrift); Druck: Wahrhafftige acten, 1r-2r
19. August 1597	Gutachten der Zürcher Pfarrer und der Verordneten zur Lehre Zürich StA, E II 364, 121–123; ebd., 124–125 (Abschriften)
nach 19. August 1597	Listen der Verordneten für ein Gutachten und ein Schreiben an die reformierten Städte der Eidgenossenschaft Zürich StA, E II 364, 120, 124 und 130a
5. September 1597	Rat von Bern an den Rat von Zürich Zürich StA, E II 359, 3171r-3172r (Original)
8. September 1597	Pfarrer von Schaffhausen an den Rat von Zürich Zürich StA, E II 364, 162–172 (Original); mit Begleitbrief des Rats von Schaffhausen, 9. September, ebd., 160 f. (Original)
10. September 1597	Rat von Basel an den Rat von Zürich Zürich StA, E II 364, 173–178 (Original)
14. September 1597	Gutachten der Zürcher Pfarrer nach Eingang der Meinung der Städte Zürich StA, E II 364, 187–188 (Original)
September(?) 1597	Gutachten von Hans Jakob Maurer, Pfarrer in Neunforn Zürich StA, E II 364, 139–145 (Original[?])

17. September 1597	Meinung der Zürcher Pfarrer betreffend das weitere Vorgehen Zürich StA, E II 364, 193a
28. September 1597	Rat von Zürich an Bischof Andreas Zürich StA, E II 364, 189–190; ebd., 132–134 (Abschriften); Druck: Wahrhafftige acten, 2r-3r
25. Oktober 1597	Bischof Andreas an den Rat von Zürich Zürich StA, E II 364, 191–193 (Original); Zürich StA, E II 364, 137–138 (Abschrift); Druck: Wahrhafftige acten, 3v-5r
28. Oktober 1597	Gutachten der Zürcher Pfarrer Zürich StA, E II 364, 194f.
14. Dezember 1597	Rat von Zürich an die Räte von Bern, Basel und Schaffhausen Zürich StA, E II 364, 196f. (Entwurf)
15. Dezember 1597	Zürcher Pfarrer an die Pfarrer von Bern, Basel und Schaffhausen Zürich StA, E II 359, 3187r-3188r (Abschrift)
19. Dezember 1597	Rat von Basel an den Rat von Zürich Zürich StA, E II 364, 198f. (Original)
21. Dezember 1597	Rat von Bern an den Rat von Zürich Zürich StA, E II 364, 200f. (Original)
21. Dezember 1597	Rat von Schaffhausen an den Rat von Zürich Zürich StA, E II 364, 203–205 (Original)
24. Dezember 1597	Rat von Basel an den Rat von Zürich Zürich StA, E II 364, 206–208 (Original)
5. Januar 1598	Rat von Bern an den Rat von Zürich Zürich StA, E II 364, 209f. (Original[?])
Januar(?) 1598	Rat von Bern an den Rat von Zürich Zürich StA, E II 364, 211–214 (Original)
26. Februar 1598	Johannes Pistorius an Johann Wilhelm Stucki Zürich StA, E II 359, 3176r-3177r (Abschrift)
nach 10. März 1598	Johann Wilhelm Stucki an Johannes Pistorius Zürich StA, E II 359, 3178r-3182r (Entwurf)
25. Mai 1598	Johannes Pistorius an Raphael Egli Zürich StA, E II 359, 3183r-3184r (Abschrift)

31. Mai 1598	Raphael Egli an Johannes Pistorius Zürich StA, E II 359, 3184r (Abschrift)
undatiert	Rat von Zürich an Bischof Andreas Zürich StA, E II 359, 3185r-3186r (Entwurf, das Schreiben wurde nicht abgesandt)
10. Juli 1598	Rat von Zürich an Bischof Andreas Zürich StA, E II 364, 179–186 (Entwurf[?]); ebd., 274–286 (Abschrift); Druck: Wahrhafftige acten, 5v- 15r
12. Juli 1598	Rat von Zürich an die Räte von Bern, Basel und Schaffhausen Zürich StA, E II 364, 215 (Entwurf)
20. August 1598	Bischof Andreas an den Rat von Zürich Zürich StA, E II 364, 216–220 (Original); ebd., 221f. (Abschrift); ebd., 135f. (Teilabschrift); Druck: Wahrhafftige acten, 15v-17r
7. September 1598	Johannes Pistorius an Raphael Egli Zürich StA, E II 359, 3189r-3190r (Abschrift)
14. Oktober 1598	Johannes Pistorius an die Zürcher Pfarrer Zürich StA, E II 359, 3191–3196 (Original); Druck: *Pistorius*, Acten, f4r-g2r (lat.); g2v-h1v (dt. Überset- zung). Übersandte Vorrede: Zürich StA, E II 359, 3197– 3206 (Abschrift); Druck: *Pistorius*, Acten, †3r-f3v
7. Dezember 1598	Johannes Pistorius an den Rat von Zürich Zürich StA, E II 364, 226–228 (Original); Zürich StA, E II 359, 3207r-3208r (Abschrift); Druck: Wahrhafftige acten, 17v-19r
23. Dezember 1598	Zürcher Antwort auf die am 14. Oktober 1598 übersandte Vorrede von Pistorius' Widerlegung Druck: Wahrhafftige acten, 23r-43v
12. März 1599	Johannes Pistorius an Johann Wilhelm Stucki, Ra- phael Egli und die übrigen Pfarrer von Zürich Zürich StA, E II 359, 3209r-3210r (Abschrift, lat.); ebd., 3211r-3212v (dt. Übersetzung)
4. April 1599	Rat von Zürich an Bischof Andreas Zürich StA, E II 364, 157–159 (Abschrift); Druck: Wahrhafftige acten, 19r-22v

21. Juni 1599	Bischof Andreas an den Rat von Zürich Zürich StA, E II 364, 229–233 (Original); Druck: Wahrhafftige acten, 44r-45v
26. Februar 1600	Bischof Andreas an den Rat von Zürich Zürich StA, E II 364, 234–239 (Original); Druck: Wahrhafftige acten, 46r-47r
29. März 1600	Rat von Zürich an Bischof Andreas Druck: Wahrhafftige acten, 47v-50r
22. Juni 1600	Bischof Andreas an den Rat von Zürich Zürich StA, E II 364, 240–248 (Original); Druck: Wahrhafftige acten, 50v-54v
29. Juli 1600	Bischof Andreas an den Rat von Zürich Zürich StA, E II 364, 249–251 (Original); Druck: Wahrhafftige acten, 55r-55v
27. August 1600	Johannes Pistorius an Johann Wilhelm Stucki, Raphael Egli und die übrigen Zürcher Pfarrer Zürich StA, E II 359, 3215r-3216v (lat. Original); ebd., 3218r-3219v (dt. Übersetzung)
14. Oktober 1600	Pistorius an Johann Wilhelm Stucki, Raphael Egli und die übrigen Zürcher Pfarrer Zürich StA, E II 359, 3222r-v (Original)
13. November 1600	Rat von Zürich an Bischof Andreas Druck: Wahrhafftige acten, 55v-64r
14. Februar 1603	Datierung der Widmungsvorrede von *Pistorius*, Acten
6. Juli 1603	Zürcher Pfarrer an die Pfarrer von Bern, Basel und Schaffhausen Zürich StA, E II 359, 3238r-3240v (Entwurf)
23. Juli 1603	Pfarrer von Bern an die Pfarrer von Zürich Zürich StA, E II 359, 3241r-v (Abschrift)
4. August 1603	Pfarrer von Schaffhausen an die Pfarrer von Zürich Zürich StA, E II 359, 3243r-v (Abschrift)
24. August 1603	Datierung der Vorrede von Wahrhafftige acten
nach 27. März 1604	Unvollständiger Entwurf eines Gutachtens zu zwei Schreiben des Pistorius an die eidgenössische Tagsatzung vom 9. Januar und 27. März 1604 Zürich StA, E II 364, 254–277

DISPUTANTEN UND DISSIDENTEN: ZUR GELEHRTEN AUSEINANDERSETZUNG MIT DEM TÄUFERTUM IN ZÜRICH IM 17. JAHRHUNDERT

Urs B. Leu

1. Die Täufer als Thema der Zürcher Disputationen

In den Publikationen des 20. Jahrhunderts wurde die Ansicht vertreten, dass es bis um 1630 um die Täufer im Kanton Zürich, abgesehen von Einzelfällen in Grüningen, Knonau, Kyburg und Wädenswil, ruhig geblieben sei.[1] Eine Schlussfolgerung, die sich aufgrund der Quellenknappheit aufdrängte, auf dem Hintergrund der Aktivitäten an der Hohen Schule in Zürich[2] aber insofern ein Trugschluss ist, als sich zwar die Politiker wenig, umso mehr aber die Theologen mit den Täufern beschäftigten.[3] Die akademische Auseinandersetzung ruhte dort, dem theologischen Zentrum sowie der hauptsächlichen Ausbildungsstätte für die Pfarrer der gesamten Nordostschweiz, keineswegs. Zwischen 1613, dem Antrittsjahr Johann Jakob Breitingers als Antistes der Zürcher Kirche, und 1702 erschienen mindestens 20 Dissertationen über kontroverstheologische Täuferthemen, wobei etwas mehr als die Hälfte (12) bis 1630 verfasst worden ist. Diese frühneuzeitlichen Dis-

[1] Zum Zürcher Täufertum des 17. Jahrhunderts vgl. die Monographien von: Jeremy Dupertuis *Bangs*, Letters on toleration: Dutch aid to persecuted Swiss and Palatine Mennonites 1615–1699, Rockport 2004; Urs B. *Leu* und Christian *Scheidegger* (Hg.), Die Zürcher Täufer 1525–1700, Zürich 2007; James W. *Lowry*, Hans Landis: Swiss Anabaptist Martyr in Seventeenth Century Documents, Millersburg 2003; *ders.*, Documents of Brotherly Love, Bd. 1: Dutch Mennonite Aid to Swiss Anabaptists 1635–1709, Millersburg 2007.

[2] Vgl. zur Hohen Schule im 17. Jahrhundert: Hans *Nabholz*, Zürichs Höhere Schulen von der Reformation bis zur Gründung der Universität, 1525–1833, in: Die Universität Zürich 1833–1933 und ihre Vorläufer, Festschrift zur Jahrhundertfeier, hg. von Ernst Gagliardi et al., Zürich 1938, 30–50; Hanspeter *Marti*, Die Zürcher Hohe Schule im Spiegel von Lehrplänen und Unterrichtspersonen (1650–1740), in: Zürcher Taschenbuch 2008, NF, 128. Jahrgang, Zürich 2007, 395–409.

[3] Die im Staatsarchiv Zürich [Zürich StA] unter der Signatur E I 7.5 aufbewahrten Täuferquellen weisen für die Jahre 1622 bis 1629 kein einziges Dokument auf.

sertationen dürfen nur beschränkt mit modernen Doktorarbeiten verglichen werden.[4] Sie dienten in Zürich nie zur Erlangung eines akademischen Grades, sondern formulierten Thesen, über die anlässlich
einer Disputation von mindestens zwei bis drei Personen diskutiert
wurde. Der Vorsitz hatte der Präses, erster Gesprächspartner war der
Respondent, dem der Assument gewissermaßen als Assistent zur Seite
stand. Gelegentlich traten auch Opponenten auf, die Gegenthesen ins
Feld führen mussten. Bei den erwähnten 20 Dissertationen handelt es
sich mit einer Ausnahme um die gedruckten Diskussionsthesen zuhanden der seit 1603 üblichen Synodaldisputationen, die im Anschluss an
die halbjährlich einberufenen Frühlings- oder Herbstsynoden stattfanden. Der Dürntener Pfarrer Johann Jakob Wirz (1732–1797) erklärte
diese Synodaldisputationen 1793 mit den Worten:

> Am Tage nach der Synode wird in dem Collegium Publikum eine aka-
> demische Uebung mit disputiren gehalten. Die Anordnung derselben
> lautet also: »Auf jede Synode soll eine gemeine grosse Disputation ge-
> halten werden, unter beyden Theologen [der Hohen Schule] alterni-
> rend, damit auch die Herren auf der Landschaft derselben beywohnen,
> und so sie wollen, selbst disputiren koennen. Deswegen soll ein Praeses
> die Theses acht bis vierzehn Tage vorher in Druk verfertigen, auf daß
> ein jeder, der Lust hat, sich bey Zeiten umsehen, und auf die Disputa-
> tion gefaßt machen koenne.« Diese gedrukten Disputationen werden in
> der Synode unter die Pfarrer ausgetheilt [...], wobey ein Geistlicher aus
> der juengern Claß (ein Exspectant[5]), den Respondenten, und ein Stu-
> diosus Theologiae, den Aßumenten macht.[6]

Da zu den Synoden alle Pfarrer aus Stadt und Landschaft sowie alle
Professoren der Hohen Schule und die Lehrer geistlichen Stands unter

---

[4] Die auf der Grundlage der »Dissertatio« abgehaltene »Disputatio« steht in der
Tradition der mittelalterlichen Disputation. Vgl. Hanspeter *Marti*, Dissertation und
Promotion an frühneuzeitlichen Universitäten des deutschen Sprachraums: Versuch
eines skizzenhaften Überblicks, in: Promotionen und Promotionswesen an deutschen
Hochschulen der Frühmoderne, hg. von Rainer A. Müller, Köln 2000, 1–20; vgl. auch
Hanspeter *Marti*, Von der Präses- zur Respondentendissertation: Die Autorschaftsfrage
am Beispiel einer frühneuzeitlichen Literaturgattung, in: Examen, Titel, Promotionen:
Akademischen und staatliches Qualifikationswesen vom 13. bis zum 21. Jahrhundert,
hg. von Rainer Christoph Schwinges, Basel, in Vorbereitung (Veröffentlichungen der
Gesellschaft für Universitäts- und Wissenschaftsgeschichte 7).
[5] Expektanten sind Theologen, die ihr Studium abgeschlossen haben und auf eine
Anstellung warten.
[6] Johann Jakob *Wirz*, Historische Darstellung der urkundlichen Verordnungen
welche die Geschichte des Kirchen- und Schulwesens in Zuerich [...] betreffen, Bd. 1,
Zürich: Ziegler und Weiß, 1793, 197f. Den Hinweis auf dieses Literaturzitat verdanke
ich Dr. Hanspeter Marti (Engi).

Androhung einer Geldbuße erscheinen mussten, wohnte auch die gesamte Zürcher Geistlichkeit der abschließenden Disputation bei, die gewissermaßen als obligatorische Weiterbildungsveranstaltung vorgesehen war. Wenn nun an diesen Disputationen Themen verhandelt wurden, welche die Täufer betrafen, kann davon ausgegangen werden, dass die gesamte Pfarrerschaft in dieser Angelegenheit geschult und auf eine einheitliche Linie gebracht werden sollte[7], was für die Täufer auf der Landschaft sicher nicht ohne Auswirkung blieb. Als Autoren der Dissertationen wirkte in der Regel einer der beiden Theologieprofessoren der Hohen Schule. Über die Hälfte der Titelblätter macht darauf aufmerksam, dass diese Disputationen nicht hinter verschlossenen Türen durchgeführt wurden, sondern öffentlich waren, also möglichst breite Kreise angesprochen werden sollten. Die Autoren und die Themen lauten in chronologischer Reihenfolge:

> 1613, Frühlingssynode im Mai[8]: Kaspar Waser[9], Orthodiscalia de paedobaptismo, heterodidascaliae Anabaptistarum opposita; Respondent: Markus Bühler; Assument: Johannes Zingg.

> 1613, 20. Oktober, Herbstsynode: Heinrich Erni[10], ΤΕΤΡΑΣ problematica de scriptorum Veteris Testamenti dignitate, adversus Anabaptistarum deliria; Respondent: Kaspar Huber; kein Assument.

> 1614, Frühlingssynode im Mai: Kaspar Waser, Orthodiscalia de binis quaestionibus, I. An Christiano liceat magistratum gerere, etc. II. An eidem liceat praestare juramentum, etc. Heterodidascaliae anabaptistarum opposita; Respondent: Rudolph Schwarzenbach; Assument: Josias Waser.

> 1614, 19. Oktober, [Herbstsynode]: Heinrich Erni, Disputatio theologica de vocatione ministrorum Ecclesiae reformatae, Anabaptistis opposita; Respondent: Felix Koller; Assument: Johann Bernhard Fries.

---

[7] Vgl. »Von dem Synodo, und wie der gehalten«, in: Ordnung der Dieneren der Kilchen in der Statt unnd uff der Landtschafft Zürich […], Zürich 1628, DIV: »Damit aber diß oberzelt ansaehen dester bas erhalten, auch zucht, eingkeit, rechtmaessige ermanung unnd straaff under den Dieneren des worts blybe: alle simulation und ambition vermitten und ußgeschlossen werde, sol jaehrlich ein allgemeiner Synodus zwey mahlen hie in unser Statt Zürych besamblet werden.«

[8] Auf den Titelblättern ist nicht immer vermerkt, ob die Dispuation zur Frühlings- oder Herbstsynode stattgefunden hat. Wir geben die Angaben wieder, wie sie sich auf den Titelblättern finden.

[9] Kaspar Waser (1565–1625), seit 1596 Diakon am Großmünster und seit 1611 Professor für neutestamentliche Theologie und Chorherr.

[10] Heinrich Erni (1565–1639), seit 1612 Professor der Theologie und Chorherr.

1615, 25. Oktober, [Herbstsynode]: Heinrich Erni, Diatribe theologica de Christiano perfecto, Anabaptistico-Romanensi errori obiecta; Respondent: Iodocus Wagner; Assument: Johann Jakob Stumpf.

1616, 23. Oktober, [Herbstsynode]: Heinrich Erni, Enodatio problematis: An Ecclesia Dei militans improborum admixtione vacare possit? Donatistorum redivivorum nugamentis obiecta […]; Respondent: Jakob Vollenweider; Christoph Taubenmann.

1617, 22. Oktober, [Herbstsynode]: Heinrich Erni, Disputatio de unitate ecclesiae utriusque testamenti; Respondent: Johannes Haller; kein Assument.

1624, 20. Oktober, [Herbstsynode]: Heinrich Erni, Disquisitio altera de spirituali infantium conditione[11]; Respondent: Christoph Taubenmann; Assument: Jakob Keller.

1627, 24. Oktober, [Herbstsynode]: Heinrich Erni, Trias problematum: I. De linguarum principium cognitione, II. De constantia doctorum in doctrina, III. De usu stipendiorum in Ecclesia[12]; Respondent: Jakob Keller; Assument: Johann Heinrich Meyer. Jakob Keller verfasste dazu ein spöttisches, elf Hexameter umfassendes Epigramm gegen die Täufer (Epigramma in Catabaptistam).

1628, 22. Oktober, Herbstsynode: Heinrich Erni, Gemina quaestio: I. De fanaticorum enthusiasmis, II. De Deo τρισυποστατω; Respondent: Johann Bernhard Fries; Assument: Georg Müller. Müller verfasste dazu ein spöttisches Epigramm in sieben Hexametern gegen die Täufer (Super Catabaptistarum ridiculis ecstasibus).

1629, 21. Oktober, [Herbstsynode]: Heinrich Erni, Disputatio theologica de disciplina ecclesiastica contra Anabaptistas; Respondent: Rudolph Schwarzenbach; Assument: Johann Melchior Wyss.

1630, 20. Oktober, [Herbstsynode]: Heinrich Erni, ΠΕΝΤΑΣ quaestionum contra Anabaptistas: 1. De concionandi licentia; 2. De iustificatione; 3. De gratiae Dei participatione; 4. De anima humana; 5. De diabolorum et reproborum conditione; Respondent: Johann Jakob Keller; Assument: Jakob Fries.

1645, 17. Februar[13]: Johannes Wirz[14], ΔΙΑΤΑΞΙΣ loci communis theologici de iuramento; Respondent: Ulrich Hohiner; kein Assument.

---

[11] Die Arbeit beginnt mit der Frage, ob Kinder getauft werden sollen (An infantes sint baptizandi?).

[12] Im Rahmen des zweiten und dritten Themenkreises wird auf die Täufer eingegangen.

[13] Hierbei handelt es sich um keine Synodaldisputation, da die Synoden immer im Mai und Oktober stattfanden.

[14] Johannes Wirz (1591–1658), seit 1651 Professor der Theologie.

1646, 6. Mai, [Frühlingssynode]: Johann Peter Thomann[15], Doctrina compendiaria atque orthodoxa, de homine irrenato, deque homine utroque renato; ex sacris scripturis hausta, erroribus circa eam Pontificiorum, Pelagianorum, Servetianorum, Sozzinianorum, Arminianorum, Anabaptistarum, reliquorum, opposita; Respondent: Johann Melchior Wyss; Assument: Salomon Gessner.

1648, 10. Mai, Frühlingssynode: Johann Peter Thomann, Assertio orthodoxae doctrinae de iure divino baptismatis parvulorum Christianorum; ex sacris Scripturis hausta, fanatico atque impio Anabaptistarum circa eam furori opposita; Respondent: Johann Jakob Ulmer; Assument: Ioannes Petrus Ficeisenius[16] aus Zweibrücken.

1649, 9. Mai, Frühlingssynode: Johann Peter Thomann, Consensus orthodoxus [...] super iure divino baptismatis parvulorum Christianorum; ex antiquitate ecclesiastica haustus, [...]; Respondent: Johann Melchior Wyss; Assument: Rudolph Ulrich.

1650, 8. Mai, Frühlingssynode: Johann Peter Thomann, Consensus orthodoxi [sic!] super iure divino baptismatis parvulorum Christianorum pars reliqua; ex genuino sensu patrum ecclesiasticorum hausta, [...]; Respondent: Johann Ulrich; Assument: Kaspar Huber.

1651, 7. Mai, Frühlingssynode: Johann Peter Thomann, Historia de tempore baptismatis Imp. Fl. Valerii Constantini Max. Aug. et Aurelii Augustini, episcopi Hipponensis, ex antiquitate ecclesiastica hausta, violente abusioni Anabaptistarum opposita; Respondent: Johannes Lavater; Assument: Johann Friedrich Schärer.

1658, Frühlingssynode: Johann Rudolph Stucki[17], Declaratio brevis argumentorum, de paedobaptismo; Respondent: Johann Rudolph Balber; Assument: Heinrich Koch.

1702, Herbstsynode: Johann Jakob Hottinger, Diatriba theologica qua paedopabtismi ius et antiquitas, ex verbo Dei et primitivae ecclesiae praxi astruitur. Modernis, sub Pietistarum larva[18] hinc inde grassantibus Catabaptistis, opposita; Respondent: Johann Rudolph Huber; Assument: Johann Heinrich Rahn.

Zu ergänzen bleibt die zwar nicht in Zürich, sondern an der Genfer Akademie, aber von einem Zürcher, nämlich Johann Rudolph Hottin-

---

[15] Thomann (1583–1651) war seit dem 26. April 1638 Professor für Altes Testament am Collegium Carolinum (Zürich Zentralbibliothek [Zürich ZB], Ms J 59, 157r).

[16] Der deutsche Name der Person konnte nicht ausfindig gemacht werden.

[17] Johann Rudolph Stucki (1596–1660), seit 1639 Professor der Theologie.

[18] Vgl. zum Begriff auch: Friedrich *Seiler*, Anabaptista larvatus. Das ist verstellter Wieder-Taeuffer. Entdeckt beydes in einem historischen Entwurff aller uns bekandter Wieder-taeufferen Ursprungs seltzammer Meynungen und hin und wieder erweckter Unruhen, Basel: Johann Rudolph Genath, 1680.

ger, verteidigte Dissertation mit dem Titel »Theses theologicae de bap-
tismo«, die 1620 in Genf gedruckt worden ist.[19] Unter These 22 geht er
auf die Täufer und die von Zwingli eingeführte Analogie zur alttestamentlichen Beschneidung ein. Der Vollständigkeit halber sei auch auf
die vom späteren Zürcher Pfarrer Johannes Müller 1654 in Groningen
unter Abdias Widmarius verteidigte Dissertation hingewiesen mit dem
Titel »Controversiae theologicae inter Reformatos et Anabaptistas«.

Die Wortwahl in den Titeln der Dissertationen wie »Wahnwitzig-
keiten«, »Irrtümer«, »Geschwätz« der Täufer oder wenn sie als Donatisten[20] und Fanatiker bezeichnet werden, deutet darauf hin, dass die
Situation zwischen Täufern und reformierter Staatskirche alles andere
als entspannt war. In die gleiche Richtung weisen die zwei antitäuferischen Spottepigramme von Jakob Keller und Georg Müller, die in
den 1627 und 1628 verfassten Dissertationen abgedruckt worden sind.
Es fällt schwer zu glauben, dass die Täufer in der Zeit zwischen der
Enthauptung von Hans Landis 1614 und 1630 ein ruhiges Leben hatten, zumal sie von 1624 bis 1630 fast jährlich Thema einer Disputation
waren und die Geistlichkeit sich an lyrischen Witzeleien über sie ver-
gnügte. In diesem Zusammenhang sei darauf hingewiesen, dass auch
die auf der Frühlingssynode von 1649 abgehaltene Disputation mit
einem Spottepigramm endete, das die Täufer als Diener Satans hin-
stellt:

> In Anabaptistas et similis farinae fratres.
>
> Omnia diruitis, nihil aedificatis in orbe;
> Non zeli, scelerum sed vobis poscite famam.
> Spiritus at vestris etiam praetenditur ausis;
> Angelus ille quidem est Scripturae dictus Abaddon.

Während der Jahre 1613 bis 1617,[21] 1624 bis 1630 und 1645 bis 1651
fanden gehäuft antitäuferische Synodaldisputationen statt. Die erste

---

[19] Die Arbeit ist Kaspar Waser und Heinrich Erni gewidmet.
[20] Die Donatisten machten die Gültigkeit des Sakraments (z.B. der Taufe) von der
Heiligkeit des Spenders abhängig. War dieser zu unheilig, war auch das Sakrament
ungültig, weshalb sie Leute zum zweiten Mal tauften (Wiedertaufe). Diese vorder-
gründige Ähnlichkeit zwischen Donatisten und Täufern täuscht aber darüber hinweg,
dass es sich dabei um zwei grundverschiedene Strömungen handelt, die unmöglich in
den gleichen Topf geworfen werden können, was aber von verschiedenen Reformatoren, vor allem auch von Heinrich Bullinger, getan worden ist. Vgl. Urs B. *Leu*,
Gutachten Bullingers und der Pfarrerschaft über die Bestrafung der Täufer (Mai
1535), in: Zwingliana 30 (2003), 111–116.
[21] In dieser Zeit, genauer 1615, erschien in Zürich auch die etwa 400 Seiten starke
»Christliche treüwhertzige Ermahnung auß Gottes Wort an alle diejhenigen, welche
uß ungegründtetm eyfer sich von den Reformierten Evangelischen Kirchen absoen-

Periode ist durch den Fall des letzten in Zürich hingerichteten Täufers Hans Landis charakterisiert, die dritte durch die holländische Intervention und die damit einhergehende Toleranzdiskussion, weshalb zu vermuten ist, dass es auch während der zweiten gute Gründe gab, die Geistlichkeit in Sachen Täufer zu unterweisen und zu einen. Infolge der Auswanderung der Täufer waren sie ab der zweiten Hälfte des 17. Jahrhunderts kaum mehr ein Thema.

Auf den Frühlings- und Herbstsynoden der Jahre 1622 bis 1636 kamen die Täufer fast regelmäßig zur Sprache. Aus den Synodalprotokollen geht hervor, dass auf der Herbstsynode 1622 alle Kaptitel, somit auch diejenigen aus dem Unterland, über die Zunahme der Täufer beunruhigt waren.[22] In den folgenden Jahren gehören negative Äußerungen über die Täufer, den mangelnden Besuch des Gebets und den Sittenzerfall zu den stereotypen Klagen der Pfarrerschaft,[23] die von den Vertretern der Obrigkeit, die an der Synode jeweils anwesend waren,[24] zwar ernst genommen wurden, doch leiteten sie bis 1635 keine entschiedenen Gegenmaßnahmen ein. So stoßen sich die Pfarrer an der Frühlingssynode 1617 am Verhalten des Obervogtes, der gegen die Täufer am oberen Zürichsee und im Freiamt nichts unternehme.[25] An der Herbstsynode 1623 wird wiederum bemängelt, dass die Obrigkeit und das Ehegericht in Sachen Täufer zuwenig aktiv seien, und im Frühling 1625 verlangt das Kapitel Oberwetzikon, dass der Rat dem neuen Vogt Hans Bräm die Einhaltung der Täufermandate einschärfe.[26] Auch der Umstand, dass Tobias Hamberger als Dekan des Zü-

---

deren unnd gemeinlich Widerteuffer genennt werden« aus der Feder des Zürcher Theologen, Chorherrn und Griechischprofessors Johann Jakob Ulrich (1569–1638). Das Werk stellt eine breit gefächerte Auseinandersetzung mit dem Täufertum dar, die vor allem das aus täuferisches Sicht lasterhafte Leben der Reformierten und die daraus resultierende Absonderung der Täufer sowie Bann, Abendmahl, Predigtamt, Taufe, Obrigkeit und Eid zum Gegenstand hat.

[22] Zürich StA, E II 1a, 1271.

[23] Vgl. Zürich StA, II 1a, 1287 (Frühlingssynode 1623); 1292f. (Herbstsynode 1623); 1327 (Frühlingssynode 1625); 1357 (Herbstsynode 1626); 1367 (Frühlingssynode 1627); 1372 (Herbstsynode 1627); 1429 (Frühlingssynode 1630). Zürich StA, E II 2, 8 (Frühlingssynode 1631); 19 (Herbstsynode 1631); 44 (Herbstsynode 1632); 51 (Frühlingssynode 1633); 86 (Herbstsynode 1634); 111a (Herbstsynode 1635).

[24] Ordnung der Dieneren der Kilchen in der Statt unnd uff der Landschafft Zürich [...], Zürich 1628, Dɪᴠ: »In disem Synodo sind zwen Presidenten: uß unser der Oberkeit mittel einer und von den Predicanten einer verordnet: welche die anfraag habind, berueffind, ußstellind, anbringind unnd handlind. So soellend alle mahl ein alter Burgermeister unnd acht von Raehten und Burgeren by dem Synodo sitzen.«

[25] Zürich StA, E II 1a, 1168.

[26] Zürich StA, E II 1a, 1292f. und 1327.

richseekapitels auf der Herbstsynode 1627 über die Täufer klagt und ihre Verzeichnung verlangt,[27] zeigt, dass während der 1620er Jahre zwischen Täufern und Geistlichkeit ein erhebliches Spannungspotential bestand. Es macht den Eindruck, als ob die Täufer sich einerseits relativ frei bewegen konnten, weil die Obrigkeit selten einschritt, dass sie aber andererseits doch vorsichtig agieren mussten, damit es mit den Pfarrern vor Ort nicht zur Eskalation und dann möglicherweise doch zum massiven Einschreiten von Ordnungskräften kam.

Geht man den Personenkreis der an diesen Dissertationen beteiligten Gelehrten durch, fallen zwei Namen auf, die mit der Zürcher Täufergeschichte des 17. Jahrhunderts in Verbindung stehen: Jakob Vollenweider (1594–1647), der als Respondent an der Disputation anlässlich der Frühlingssynode 1616 teilnahm, und Johannes Wirz (1591–1658), dem im Herbst 1626 die gleiche Aufgabe zukam. Vollenweider wirkte ab 1625 als Pfarrer in Wädenswil und verfasste eine etwa 600 Seiten umfassende, nur handschriftlich überlieferte Abhandlung »Gespräch zwüschen einem Vatter und seinem Sohn, welcher nit mehr zu Kirchen gehen will«.[28] Die Schrift ist gegen die Täufer gerichtet, die den Kirchenbesuch verweigerten, und behandelt eingehend die klassischen Streitpunkte: Kirchgang, die rechte Lehre, Besserung des Lebens, Taufe, Bann, Einhaltung der Lehre, Obrigkeit und Eid. Wirz war Chorherr und Professor an der Hohen Schule und veröffentlichte 1650 eine umfangreiche Sammlung von 45 Predigten unter dem Titel »Spiegel der unermaeßlichen Gnad Gottes gegen den buossfertigen Sünderen«. Er geht in der 36. Predigt ebenfalls auf die sich absondernden und den Kirchgang verweigernden Täufer ein. Wirz vergleicht sie mit der altkirchlichen Sekte der Donatisten, wärmt alte Vorurteile auf, indem er sie in Zusammenhang mit den schwärmerischen St. Galler und sendungsbewussten Münsteraner Täufern der 1520er und 1530er Jahre bringt, und stützt sich in seiner Argumentation auf verschiedene Kirchenväter sowie Bullingers Täuferbuch von 1560.

2. Inhaltliche Schwerpunkte

Die antitäuferischen Disputationen begannen in Zürich wie erwähnt im ersten Amtsjahr Breitingers, der damit vermutlich ein Stück weit

[27] Zürich StA, E II 1a, 1372. Der Entscheid wurde vertagt.
[28] Zürich ZB, Ms D 198.

dem Ratsmandat vom 30. Dezember 1612 zu entsprechen suchte,[29] das eine harte Gangart gegen die Täufer vorsah und dabei auch die Pfarrer in die Pflicht nahm, deren schlechter Lebenswandel und mangelndes Vorbild von den Täufern oft als Grund angegeben wurde, warum sie sich von der Kirche absonderten.[30] Die halbjährlichen Synoden mit den anschließenden Disputationen dienten daher nicht zuletzt der moralischen wie der theologischen Aufrüstung der Pfarrer in der schwelenden Täuferfrage. Die in den oben aufgelisteten Dissertationen abgehandelten Themen entsprechen zur Hauptsache den Fragestellungen, welche bereits die Polemik gegen die Täufer während des 16. Jahrhunderts prägten.

2.1 Taufe

Der Reigen der antitäuferischen Disputationen wurde anlässlich der Frühlingssynode 1613[31] von Kaspar Waser (1565–1625) eröffnet, der seit 1611 die Professur für neutestamentliche Theologie bekleidete. Seine Abhandlung mit dem Titel »Orthodiscalia de paedobaptismo, heterodidascaliae Anabaptistarum opposita« war der Taufe gewidmet, dem meistbehandelten Thema dieser gegen die Täufer gerichteten schmalen Dissertationen, die im Druck nur etwa sechs bis dreißig Seiten umfassen. Die Kinder- bzw. Erwachsenentaufe war abermals 1648, 1649, 1650, 1651 und 1658 Gegenstand der Betrachtung.[32]

---

[29] Disputationen gegen die Täufer wurden vorher schon in Heidelberg und Leiden abgehalten wie zwei Abschriften beweisen, die in der Handschriftenabteilung der Zentralbibliothek aufbewahrt werden: »Theses. De Anabaptistis [...], et inprimis de hac quaestione, an poenis civilibus a magistratu sint coercendi«, Heidelberg, 19. August 1598, unter dem Vorsitz von Professor Daniel Tossanus (Zürich ZB, Ms B 35₁); »Disputatio theologica continens methodicam synopsin praecipuorum errorum anabaptistarum cum orthodoxae veritatis antithesi [...]«, Leiden, 13. März 1600 (Zürich ZB, Ms B 35₂).

[30] Vgl. Johann Heinrich Ott, Annales Anabaptistici, Basel: Johannes Rex und Jakob Werenfels, 1672, 211 f.

[31] 1613 konvertierte Pfalzgraf Wolfgang Wilhelm zum Katholizismus, der die baldige Unterdrückung der Lutheraner und der Reformierten folgte. Es ist schwer nachvollziehbar, dass die Unterdrückung der eigenen Leute im Ausland nicht mindestens den gelehrten Zürchern zu denken gab und sie bezüglich der Verfolgung von Andersdenkenden nicht auf Distanz gingen. Vgl. Helmut Ackermann, Duldung – Bedrängnis – Überleben: Die evangelischen Gemeinden in Düsseldorf unter Pfalzgraf Wolfgang Wilhelm, in: Düsseldorfer Jahrbuch 75 (2004/2005), 81–108.

[32] Zur Dissertation von Hottinger von 1702 siehe das letzte Kapitel (Ausblick).

Waser lässt in seiner »Orthodiscalia de paedobaptismo« an den Täufern kein gutes Haar.[33] Sie sind das Unkraut, das der Teufel strategisch geschickt unter den aufkeimenden Samen der von Gott gewirkten Reformation gesät habe, um dieser zu schaden.[34] Diese Kriegslist wirkte umso verheerender, als es sich dabei nicht einfach um eine, sondern um viele verschiedene Sekten handelte, welche ihr Zerstörungswerk begannen. Waser unterscheidet dabei Täufer, Apostolische, Spiritualisten, Heilige, Schweigende, Betende, von Gott übrig Gelassene, Enthusiasten und Ekstatiker, Libertini, Huterer von einem Hans Hut, Augustinianer von einem gewissen Augustinus von Böhmen, Münsteraner, Lästerer wie Servet, Melchior Hofmann und David Georg.[35] Er folgt in seiner Einteilung der verschiedenen Täufergruppen dem Werk des lutherischen Theologen und Bischofs Johannes Wigand (1523–1587) »De anabaptismo grassante adhuc in multis Germaniae, Poloniae, Prussiae, Belgicae et aliis quoque locis« (Leipzig 1582),[36] auf das sich auch Heinrich Erni in seinen Dissertationen von 1624, 1628 und 1630 bezog. Die Einleitung abrundend weist Waser auf Ähnlichkeiten zwischen den genannten Gruppen und den spätantiken Manichäern, Novatianern, Arianern, Donatisten und Pelagianern hin, woraus deutlich werden sollte, dass der linke Flügel der Reformation alle häretischen Hauptrichtungen der alten Kirche vereinigt und damit lehrmäßig hoffnungslos schief liegt. Waser schreckt auch vor verbalen

---

[33] Waser wusste um die Schrecknisse der um ihres Glaubens willen verfolgten Waldenser und der reformierten Nikodemiten im Kanton Schwyz, was aber keinerlei Spuren in seiner Haltung gegenüber den Täufern hinterließ. In seiner 1622 in Zürich gedruckten »Dissertatio aphoristica, theologica-historica: de persequutionibus Ecclesiae Dei, cum priscis, tum recentibus [...]« übergeht er die Täufer, obschon ihm andererseits das Schicksal der reformierten Schwyzer zu beschäftigen schien, wie sein Handexemplar von Jean Crespins »Gross Martyrbuch« (Hanau: Antonius, 1606) beweist, in das er handschriftliche Dokumente über deren Schicksal einbinden ließ. Seine Frau schenkte den Band am 17. Juli 1628 dem Sohn Hans Kaspar Waser (1612–1677). Heute befindet er sich in Zürich ZB, AWA 117. Zu den Schwyzer Nikodemiten vgl. Alois *Rey*, Geschichte des Protestantismus in Arth bis zum Prozess von 1655, in: Mitteilungen des Historischen Vereins des Kantons Schwyz 14 (1994), XI-XXIV und 1–179.

[34] Ein Vorwurf, den bereits Bullinger gegen die Täufer erhob, weil sie seines Erachtens durch ihr Auftreten die Reformation in Solothurn scheitern ließen. Vgl. Heinrich Bullinger Briefwechsel [HBBW], Bd. 2, 216–218. Hans *Haefliger*, Solothurn in der Reformation, Solothurn 1945, 124 und 145.

[35] Gemeint ist wohl Davis Joris.

[36] Vgl. Kaspar *Waser*, Orthodiscalia de paedobaptismo, heterodidascaliae Anabaptistarum opposita [...], Zürich: 1613, A2r; Johannes *Wigand*, De anabaptismo grassante [...], Leipzig: Georg Deffner, 1582, 15–18.

Entgleisungen nicht zurück, so etwa wenn er die Täufer mit den dummen Donatisten gleichsetzt: »Certe ovum ovo tam simile non est, quam hic sunt Anabaptistae similes stultis Donatistis.«[37] Danach legt er die reformierte Lehre der Kindertaufe kurz dar, die in Analogie der alttestamentlichen Beschneidung als Bundeszeichen des Neuen Bundes betrachtet wird, weshalb jedes Kind christlicher Eltern getauft werden soll. Kinder von Juden, Muslimen und Heiden hingegen können erst dann der Taufe zugeführt werden, nachdem sich ihre Eltern zum Christentum bekehrt haben.

Nach dem Hinweis auf historische Zeugnisse der alten Kirche und der Kirchenväter, die den Gebrauch der Kindertaufe seit den Aposteln bestätigen sollen, folgt die Widerlegung folgender fünf Einwände der Täufer: Die Bibel lehrt die Kindertaufe nicht; getauft werden soll, wer Glauben und Wiederherstellung oder Buße erfassen kann; getauft werden soll, wer am Abendmahl teilnehmen kann; die Taufe ist kein Sakrament des Neuen Bundes, sondern ein Siegel des Gehorsams; bei einem Bundesschluss müssen beide Parteien zustimmen können, wozu Kleinkinder aber nicht in der Lage sind.

35 Jahre bzw. eine Generation später wird das Taufthema von Johann Peter Thomann (1583–1651), der seit dem 26. April 1638 Professor für Altes Testament war,[38] wieder aufgegriffen, und zwar gleich an vier aufeinander folgenden Frühlingssynoden. Diese geballte Ladung gegen die Kindertauf-Gegner mag daher rühren, dass seit 1645 die nur handschriftlich überlieferte, täuferische »Christliche und kurtze Verantwortung der Brüederen, Dieneren und Eltisten in dem Zürichgebiet. Uber das Büchlin oder Manifest, so ußgangen in der Stat und Landschafft Zürich Anno 1639« im Kanton Zürich kursierte.[39] Sie stellt eine Antwort auf Breitingers »Wahrhaften Bericht« von 1639 dar und zeugt von profunden Kenntnissen der Kirchenväter, der Schriften von Erasmus von Rotterdam sowie der protestantischen und katholischen theologischen Literatur, weshalb wohl zurecht vermutet worden ist, dass dieses Werk unter kräftiger Mithilfe der niederländischen

---

[37] *Waser*, Orthodiscalia (1613), A2v. Der Vergleich der Täufer mit den Donatisten wurde im 16. Jahrhundert wiederholt von Bullinger ins Feld geführt. Vgl. *Leu*, Gutachten, 111–116.

[38] Zürich ZB, Ms J 59, 157r.

[39] In den Zürcher Archiven und Bibliotheken sind drei Exemplare erhalten geblieben: Zürich ZB, Ms A 72, 1653–1672; Ms A 124b, 228–249; Zürich StA, E II 443, 263–288.

Mennoniten entstanden ist.[40] Diese gelehrte Arbeit rief möglicherweise
mindestens in der Tauffrage nach einer adäquaten Entgegnung, zumal
mit der 1646/47 in Dortmund gedruckten, über tausend Seiten zäh-
lenden täuferischen »Baptismi historia« aus der Feder von Jakob
Mehrning die Kindertaufe zusätzlich unter Druck geriet.

Im Titel von Thomanns Dissertationen von 1648, 1649 und 1650 ist
vom »ius divinius« der Kindertaufe die Rede, was von der Ernsthaf-
tigkeit und dem Sendungsbewusstsein zeugt, mit dem man den Täufern entgegentrat. Die Arbeit von 1648 will den Schriftbeweis für die
Richtigkeit der Kindertaufe darlegen, die Dissertationen von 1649 und
1650 den historischen aus dem reichen Fundus der Kirchenväterlite-
ratur, wobei insbesondere Cyprian eine hervorragende Rolle zukommt, wird doch in der sieben Seiten umfassenden Publikation von
1649 über fast drei Seiten hinweg aus seinen Werken zitiert. Thema
der vierten Disputation von 1651 war die Beantwortung der Frage,
warum sich Kaiser Konstantin und der Kirchenvater Augustin erst
relativ spät taufen ließen, Konstantin kurz vor seinem Tod[41] und Augustin etwa ein Jahr nach seiner Bekehrung als 33jähriger Mann.[42]
Beide Persönlichkeiten wurden in Zürich spätestens seit Bullinger als
Säulen der alten Kirche betrachtet und insbesondere Augustin in der
Limmatstadt während des 16. und 17. Jahrhunderts intensiv studiert
und rezipiert.[43] Wenn sich schon der allerchristliche Kaiser und der
schriftbewanderte Augustin, die beide gläubige Mütter hatten, erst spät
taufen ließen, warum sollte das dann heute anders gehandhabt werden? Eine Frage, die in der erwähnten täuferischen »Christlichen und
kurtzen Verantwortung« von 1645 aufgeworfen wurde: »Augustinus
von einer christenlichen muoter, der Monica, geboren, ist Catechu-
menus gewäßt biß in das dryßgest jar seines alters, und darnach anno
391 getauft worden [...] Constantius Caesar, von Helena, der christ-
gläubigen königin geboren, ist von den priesteren Christi im glauben
glehrt, und im letzten jahr seines alters getauft worden.«[44] Dieses Ar-

[40] Hanspeter *Jecker*, Ketzer – Rebellen – Heilige: Das Basler Täufertum von 1580–
1700, Basel 1998, 445.
[41] Hartwin *Brandt*, Konstantin der Große: Der erste christliche Kaiser, München
2006, 156–162.
[42] *Possidius*, Vita Augustini, hg. von Wilhelm Geerlings, Paderborn et al. 2005, 31.
[43] Zu Bullinger und Augustin bzw. Konstantin vgl. *Leu*, Gutachten, 111–116; Urs B.
Leu und Sandra *Weidmann*, Heinrich Bullingers Privatbibliothek, Zürich 2004 (Heinrich
Bullinger Werke, Abt. 1: Bibliographien, Bd. 3), 46–50 und 63.
[44] Zürich ZB, Ms A 72, 1663. Die gleiche Argumentation findet sich auch in: Jakob

gument musste in Zürich ins Schwarze treffen und forderte die Gelehrten heraus, wobei Thomanns Antwort theologisch und intellektuell unbefriedigend ausfiel. Er vertrat die Ansicht, dass nicht alle Begebenheiten der alten Kirche als verpflichtendes Gesetz betrachtet werden dürften. Auch könne ein Ereignis im Leben des einen oder anderen nicht das göttliche Recht verändern. Die späte Taufe beider entstamme zudem nicht irgendeiner täuferischen Überzeugung, sondern habe andere Gründe gehabt.

Bereits 1658 war die Taufe wiederum Gegenstand einer Dissertation von Johann Rudolph Stucki (1596–1660), der 1639 zum Theologieprofessor berufen worden war. Seine Arbeit bewegt sich unter Verwendung eines deutlich weniger aggressiven und polemischen Tons in den bekannten Bahnen.

2.2 Zum Verhältnis von Altem und Neuem

Die zweite antitäuferische Zürcher Disputation fand ein halbes Jahr nach der ersten im Herbst 1613 statt und wurde von Heinrich Erni (1565–1639) bestritten, der 1612 zum Theologieprofessor ernannt worden war und der bereits in seinem Antrittsjahr gegen die Täufer Stellung nahm. Mehr als die Hälfte seiner nur handschriftlich überlieferten Rede über die Bibelstelle 1Kor 11, 19 (»Denn es müssen auch Parteiungen unter euch sein, damit die Bewährten offenbar werden unter euch«) vom September 1612[45] handelt von den Täufern, die er in zehn Punkten als Häretiker abzustempeln suchte, wobei seine Argumentationsweise mehr als nur oberflächlich blieb. Ziel seiner Darlegungen war nicht die faire und gerechte Auseinandersetzung mit dem Gegner, sondern die Täufer als Erzketzer vorzuführen, die nicht zuletzt in allen Hauptpunkten des Glaubens irrten.[46] Die Hälfte der antitäuferischen Zürcher Dissertationen stammt von ihm.[47]

Mehrning, Baptismi historia [...], Dortmund: Erben Andres Wechter, 1646/47, 334f. und 363.

[45] Heinrich *Erni*, Oratio de veritate dicti illius Pauli I Cor. 11, 19 [...] Oportet enim et inter vos haereses esse, habita in panegyri pastorum et professorum Ecclesiae et Scholae Tigurinae [...] 12. Septembr. 1612 (Zürich ZB, Ms S 357, 485r-503v).

[46] Die zehn täuferischen Irrtümer betreffen: De sacra scriptura; de Deo; de hominis creatione, corruptione, libero arbitrio, et peccato originali; de praedestinatione; de Christi persona et officio; de hominis iustificatione et sanctificatione; de ecclesia; de sacramentis; de magistratis; de iuramento.

[47] Über Erni ist bis jetzt wenig bekannt. Im Alter wurde er dement und musste von Breitinger vertreten werden. Vgl. Miscellanea Tigurina 5 (1722), 105.

Die Disputation von 1613 war der Frage gewidmet, wie weit das
Alte Testament auch für die neutestamentliche Gemeinde noch Gültigkeit habe. Er formulierte eingangs folgende vier Fragen:

    1. Haben die Schriften des AT die gleiche Autorität wie die des NT?
    2. Umfasst das AT alle Artikel des christlichen Glaubens?
    3. Enthält das AT die ganze Lehre der guten Sitten für den Christen?
    4. Widerstreitet das AT dem NT?

Diese und ähnliche Fragen vermochten seit Beginn der Täuferbewe-
gung die Gemüter zu erhitzen. Grundlage für das Konzept einer
christlichen Gesellschaftsordnung war für die Zürcher Theologen die
Tatsache, dass Gott mit Adam einen Bund gemacht und diesen mit
Noah, Abraham, Moses, David und Christus erneuert hatte. Die Bun-
desbedingungen wie auch die göttlichen Normen blieben damit im
Alten wie im Neuen Testament die gleichen. Der Pfarrer war der
Nachfolger des alttestamentlichen Propheten, der Rat übernahm die
Funktion des alttestamentlichen Königs Israels. Die Täufer hingegen
unterschieden heilsgeschichtlich zwischen dem sichtbaren irdischen
Volk Israel des Alten Testaments und der unsichtbaren, letztlich himm-
lischen Leibesgemeinde Jesu des Neuen Testaments. Sie erklärten im
»Einfachen Bekenntnis« von 1588:

> Darum, ob wol das nüw testament in dem alten gegründet und das nüw
> durch das alt soll und muß bewisen werden, so hören wir doch, das der
> tempel, das priestertum, die sitten und recht des himlischen tempels,
> ouch die verheisung gantz und gar ein anderes und vil des alten uffhören
> und ein nüwes anheben soll. So dan etlichs uffhören und ein nüwes
> anheben soll, etlichs aber verenderet und verbesseret soll werden, wie
> kan dan die geschrifft des alten testament den christen gelten wie des
> nüwen?[48]

Diese unterschiedliche Sichtweise des Verhältnisses von Altem und
Neuem Testament beeinflusste zahlreiche Aspekte der Theologie. So
konnten die Täufer beispielsweise den Rückgriff auf die alttestamentliche Beschneidung zur Legitimation der Kindertaufe nicht zuletzt auf
diesem Hintergrund nicht nachvollziehen. Auch die Verantwortung
der Obrigkeit in geistlichen Dingen sahen sie komplett anders:

---

[48] Christian *Scheidegger*, Das Einfache Bekenntnis von 1588, in: *Leu/Scheidegger*, Zürcher Täufer, 353.

Im alten testament ist ein lybliche, figürliche obrikeit gewest, die zum testament gottes gehört, die das gesatz Mosy sampt syner zugehörung gehandthabet, darüber gehalten und zum fygürlichen handel gottes mit dem schwert und sunst gediennet hat. Im nüwen testament ist ein geistliche obrigkeit, namlich unser herr Jesus Christus, welcher der vatter vor allen dingen zum houpt syner gmeind gesetzt hat (Eph. 1; 5). Dieser regiert, schützt, schirmbt und vertrit syn volk und syn lehr, welche ist das wort des chrützes und das euangelium der gnaden gottes im h. geist [...] Dann die waffen unserer ritterschafft, spricht Paulus, sind nit fleischlich sunder mechtig von gott, zu verstören die bevestigung, damit wir verstören alle anschlag und alle hohe, die sich erhebt wider die erkantnus Christy.[49]

Kein Wunder, dass Bullinger im Juni 1532 Berchtold Haller in Bern riet, die Täufer anlässlich des bevorstehenden Zofinger Täufergesprächs (1.–9. Juli 1532) auf die ganze Bibel und insbesondere das Alte Testament als Diskussions- und Glaubensgrundlage zu verpflichten.[50] Denn auf dieser Basis wäre es für die reformierte Seite ein Leichtes gewesen, die Täufer auf ihre Seite zu ziehen, doch blieb der täuferische Ansatz ein anderer. Das brachte ihnen den Vorwurf ein, der auch von Erni an der Herbstdisputation von 1613 wieder aufgegriffen wurde, das Alte Testament nicht ernst zu nehmen und nicht als gleichwertig mit dem Neuen zu betrachten, was aber falsch war. Nicht ihre Achtung, sondern ihre heilsgeschichtliche Einordnung des Alten Testaments war eine andere.[51]

2.3 Obrigkeit und Eid

Folgerichtig war die nächste antitäuferische »Dissertatio«, die wieder von Kaspar Waser im Hinblick auf die Frühlingssynode von 1614 verfasst worden war, den Fragen gewidmet, ob ein Christ ein obrigkeitliches Amt bekleiden solle und ob gegenüber der Obrigkeit ein Eid abgelegt werden dürfe, zumal Mt 5, 34 und Jak 5, 12 das Schwören untersagten. Waser beruft sich wiederholt ausdrücklich oder stillschweigend auf Augustin, dem in den untersuchten Zürcher Dissertationen generell eine wichtige Rolle zukommt wie überhaupt den

---

[49] *Scheidegger*, Bekenntnis, 355.
[50] HBBW 2, 129–134; Heinold *Fast* und John H. *Yoder*, How to Deal with Anabaptists: An Unpublished Letter of Heinrich Bullinger, in: Mennonite Quarterly Review 33 (1959), 83–95.
[51] Vgl. *Scheidegger*, Bekenntnis, 350. Anlässlich der Herbstsynode 1617 griff Erni das Thema indirekt noch einmal auf, indem er eine Dissertation zum Thema »De unitate ecclesiae utriusque testamenti« verfasste.

Kirchenvätern und Konzilien der ersten Jahrhunderte. Während die
Täufer den Militärdienst und die Bekleidung politischer Ämter ablehnten,[52] ist Waser in gut reformierter Tradition der Auffassung, dass
gerade Christen solche bekleiden sollten. Schließlich hätten viele Persönlichkeiten aus der Kirchengeschichte ihre Ämter auch nach ihrer
Bekehrung nicht niedergelegt. Selbst Johannes der Täufer habe von
den von ihm getauften Soldaten nicht gefordert, die Armee zu verlassen.[53] Zudem sei auch die Verteidigung des Natur- und Völkerrechts
mit Waffengewalt legitim.[54]

Waser fährt mit der Diskussion verschiedener klassischer Bibelstellen
fort, welche die Täufer seit dem 16. Jahrhundert anführten, um ihre
Haltung zu begründen. Gewisse Aussagen wie Lk 22, 25 f.[55] oder Eph
4, 11[56] entkräftet er dahingehend, dass sie nur für die Pfarrer, nicht
aber für jeden Christen gälten. So bezieht er beispielsweise Lk 22, 25 f.
nur auf die Pastoren, damit sie sich nicht in die Politik einmischten.
Ein argumentativer Kunstgriff, der wohl kaum der Intention des Bibeltextes gerecht wird. Ähnlich künstlich konstruiert legt Waser dar,
dass nur das falsche und unbedachte Schwören verboten sei. Schließlich interpretiert er sogar das »Amen« Jesu als eine Art Schwur. Er
unterstellt Paulus, dass auch er gemäß Röm 1, 9[57] und anderen Stellen
geschworen habe, und erinnert an Augustin, der gesagt habe: »Ut

---

[52] Vgl. die im »Schleitheimer Bekenntnis« formulierte theologische Grundlage dazu: Urs B. *Leu* und Christian *Scheidegger* (Hg.), Das Schleitheimer Bekenntnis 1527:
Einleitung, Faksimile, Übersetung und Kommentar, Zug 2004, 69–72 und 102–112.

[53] Kaspar *Waser*, Orthodiscalia, de binis quaestionibus, I. An Christiano liceat ma-
gistratum gerere, etc. II. An eidem liceat praestare juramentum, etc. Heterodidascaliae
anabaptistarum opposita, Zürich 1614, A4r. Vgl. zur Argumentation: *Augustinus*, Contra Faustum manichaeum 22,74.

[54] *Waser*, Orthodiscalia (1614), A4v. Vgl. zur Argumentation wiederum *Augustinus*,
Contra Faustum manichaeum 22,75. Waser interessierte sich vermutlich auch für staats-
und rechtswissenschaftliche Fragen wie sein Handexemplar von Jean Bodins »Les six
livres de la république« (Lyon: Jacques de Puys und Jean de Tournes, 1580) nahe legt,
das er 1602 vom Zürcher Stadtarzt und Chorherrn Georg Keller (1533–1603) geschenkt bekam (Zürich ZB, 11.44).

[55] Verbot zu herrschen: Lk 22, 25 f.: »Er aber sagte zu ihnen: Die Könige herrschen
über ihre Völker, und die Macht über sie haben, lassen sich als Wohltäter feiern. Unter
euch aber soll es nicht so sein, sondern der Größte unter euch werde wie der Jüngste,
und wer herrscht, werde wie einer der dient.«

[56] Die von Gott gegebenen und aus täuferischer Sicht somit erlaubten Ämter: Eph
4, 11: »Und er selbst hat die einen als Apostel eingesetzt, die anderen als Propheten,
andere als Verkündiger des Evangeliums und wieder andere als Hirten und Lehrer.«

[57] Röm 1, 9: »Denn Gott, dem ich mit allem, was in mir ist, diene durch die
Verkündigung des Evangeliums von seinem Sohn, er ist mein Zeuge, dass ich unab-
lässig an euch denke.«

noveritis, verum jurare non esse peccatum, invenimus et Apostolum Paulum iurasse.«[58]

31 Jahre später, im Februar 1645, legte Johannes Wirz abermals eine Dissertation über den Eid vor. Auch er befürwortete den Schwur und betrachtete ihn als religiösen Akt, durch den Gott als Zeuge angerufen werde. Der Eid werde dadurch zum Band der Wahrheit. Mit ihrer Ablehnung des Eides brächten die Täufer die »Respublica Christiana« nicht wenig durcheinander.

2.4 Pfarrer

Die vierte Disputation im Herbst 1614, die wiederum von Heinrich Erni bestritten wurde, war der Berufung der Pfarrer gewidmet. Sie wurden von den Täufern in der Regel nicht akzeptiert, weil sie Diener einer Kirche waren, in der man Mitglied durch Geburt und nicht durch persönliche Bekehrung und anschließende Taufe wurde. Diese Vermischung mit Leuten, die gar nicht ernsthaft in der Nachfolge Jesu standen, die Verflechtung der Kirche mit dem Staat sowie die mangelnde Kirchendisziplin ließen die Täufer auf Distanz gehen. Zudem warfen sie den Pfarrern vor, nicht 1 Tim 4, 12 zu entsprechen bzw. den Leuten kein Vorbild zu sein und nicht selten in Lastern zu leben.[59] Außerdem bezogen sie ihr Salär häufig von Zinsen und Pfründen vorreformatorischer katholischer Institutionen, was für die Täufer Götzengeld war.[60] Erni geht daher zunächst auf die Berufung der Zürcher

---

[58] *Waser*, Orthodiscalia (1614), c2v. Eine analoge Stelle in 2 Kor 1, 23 sowie der von Waser ebenfalls zitierte Vers Heb 6, 16 (*Waser*, Orthodiscalia [1614], c1r) führten dazu, dass der Augsburger Täufer Jörg Maler irgendwann nach 1543 seine Meinung über den Eid geändert hat. Vgl. Heinold *Fast* und Martin *Rothkegel* (Hg.), Briefe und Schriften oberdeutscher Täufer 1527–1555: Das »Kunstbuch« des Jörg Probst Rotenfelder gen. Maler (Burgerbibliothek Bern, Cod. 464), Gütersloh 2007 (Quellen zur Geschichte der Täufer 17), 407.

[59] Diese Vorwürfe waren nicht aus der Luft gegriffen, weshalb sich Breitinger sehr bemühte, die Moral des Pfarrerstandes zu heben. Vgl. auch die zahlreichen Verfehlungen einzelner Pfarrer während der Bullinger-Zeit: Bruce *Gordon*, Clerical Discipline and Rural Reformation: The Synod in Zürich, 1532–1580, Bern et al. 1992 (Zürcher Beiträge zur Reformationsgeschichte 16). Eines der häufigsten Probleme war der Alkoholismus.

[60] So sagte beispielsweise der Aargauer Täuferführer Hans Pfistermeyer auf dem Berner Täufergespräch 1531 (Martin *Haas* [Hg.], Drei Täufergespräche, Zürich 1974 [Quellen zur Geschichte der Täufer in der Schweiz 4], 41): »Ich hab ergernuß empfangen ab irer besoldung, die vom wuocherguot kompt, dann ich erkenn wol, das, der dem evangelio dient, davon zimlich narung mag haben, doch das semlichs nit vom zinß oder wuocherguot komme. Dann es ist ein unrechter gwün uß zinsen leben unnd uß dem guot, so von goetzen kompt.«

Pfarrer ein, die er in Übereinstimmung mit dem Neuen Testament und den Gebräuchen der alten Kirche darstellt. Dem hielten die Täufer entgegen, dass eine rechtmäßige Berufung sich auch in einem entsprechenden Wandel niederschlage, was aber nicht der Fall sei. Erni verteidigt seine Berufskollegen u. a. mit dem Hinweis darauf, dass, auch wenn es idealerweise so sein sollte, trotzdem leider nicht jeder lebenslänglich dem entspreche. Aber selbst die Berufung des Jesus-Verräters Judas sei legitim gewesen, auch wenn er nachher versagt habe.[61]

1627 geht Erni anlässlich der Herbstsynode abermals auf drei Fragen den Pfarrerstand betreffend ein: Ist es nötig, dass die Doktoren der Kirche Latein, Griechisch und Hebräisch können? Sind die Diener der Zürcher Kirche von der ehemaligen Lehre abgewichen? Sollen sie eine Besoldung erhalten? Erni beginnt die Beantwortung der ersten Frage mit der Bemerkung, dass es lächerlich sei, offensichtliche Dinge darlegen zu müssen, aber die Täufer verneinten die Notwendigkeit altsprachlicher Kenntnisse und verspotteten die Gelehrten als Schriftgelehrte und Pharisäer. Dieser antiklerikale Reflex gegen die Pfarrer, die trotz aller Weltweisheit das Wort Gottes nicht zu verstehen vermögen, weil sie sich nicht vom Heiligen Geist unterweisen lassen (vgl. Joh 16, 13), ist in der Täuferbewegung seit Beginn vorhanden. Es sei in diesem Zusammenhang nur auf das bekannte Gedicht »Die Gelehrten, die Verkehrten« des Augsburger Täufers Valentin Ickelsamer (ca. 1500-ca. 1545) hingewiesen, das Aufnahme ins täuferische »Kunstbuch« fand.[62] Anschließend legt Erni gestützt auf Augustin und die Zürcher Reformatoren dar, dass Kenntnisse der »tres linguae sacrae« für die Pfarrer wichtig seien.

Besondere Brisanz besitzt die zweite Frage von Ernis Dissertation, kursierte doch bereits in den 1570er Jahren eine Abhandlung unter den Zürcher Täufern, die den Pfarrern vorwarf, von der anfänglichen Lehre der Reformatoren, insbesondere hinsichtlich der Kirchenzucht, abgewichen zu sein.[63] Gegenstand der Diskussion ist bei Erni aber nicht die Kirchenzucht, sondern der Gebrauch des Zwangs und des

---

[61] Heinrich *Erni*, Disputatio theologica, de vocatione ministrorum ecclesiae reformatae, Zürich 1614, 5.

[62] *Fast/Rothkegel*, Kunstbuch, 99–129.

[63] Vgl. Urs B. *Leu*, Die Zürcher Täufer zur Bullingerzeit, in: Heinrich Bullinger. Life – Thought – Influence. Zurich, Aug. 25–29, 2004. International Congress Heinrich Bullinger (1504–1575), hg. von Emidio Campi und Peter Opitz, Bd. 1, Zürich 2007, 265.

Schwerts in Glaubensangelegenheiten. Die Täufer beschweren sich, dass zu Beginn der Reformation der Glaubenszwang abgelehnt worden sei, nun aber gebilligt werde. Erni entgegnet, dass die Reformatoren den Zwang zum falschen Glauben verworfen hätten, aber beim richtigen Glauben dürfe durchaus Druck mit moderaten Mitteln ausgeübt werden, wie etwa auch die Kinder von den Eltern, Lehrern und der Obrigkeit zur Einhaltung der Sitten mit Worten oder Schlägen gedrungen würden. Schließlich führt Erni auch Lk 14, 23[64] an, einen Vers, der von Augustin in die Diskussion eingeführt wurde und der völlig missverstanden in der Kirchengeschichte über Jahrhunderte für die Legitimation der Verfolgung Andersgläubiger herhalten musste.[65]

Was die Besoldung der Pfarrer angeht, so behauptet Erni, der sich auf das 1544 in Basel erschienene Werk »De anabaptismi exordio [...]« (p. 211) von Johannes Gast beruft, dass die Täufer die Entlöhung der Pfarrer durch die Kirche missbilligten. Solche seien nicht Diener der Wahrheit, sondern Diener ihres Bauches. Neuerdings führten die Täufer zudem ins Feld, dass auch Paulus gemäß Apg 20, 33 f. und 2 Thess 3, 8 f. mit den eigenen Händen gearbeitet und die anderen aufgefordert habe, in gleicher Weise zu leben, weshalb es sich für die Diener der Kirche nicht gezieme, Lohn zu nehmen. Es ist unklar, wann die Ablehnung der Entlöhnung unter den Schweizer Brüdern aufgekommen ist, jedenfalls sahen das Schleitheimer Bekenntnis von 1527 wie auch die Täufer am Zofinger Gespräch von 1538 vor, dass der Hirte von der Gemeinde, die ihn erwählt hat, auch unterhalten werde.[66] Selbstredend verteidigt Erni die Bezahlung der Pfarrer nicht zuletzt mit Verweisen auf das Alte und Neue Testament und Augustins »Liber de pastoribus«.

---

[64] Lk 14, 23: »Und der Herr sagte zum Knecht: Geh hinaus auf die Landstraßen und an die Zäune und dränge sie hereinzukommen, damit mein Haus voll wird!« Zitiert bei Heinrich *Erni*, Trias problematum [...], Zürich 1627, A4r.

[65] Vgl. z.B. Klaus *Schreiner*, »Duldsamkeit« (tolerantia) oder »Schrecken« (terror): Reaktionsformen auf Abweichungen von der religiösen Norm, untersucht und dargestellt am Beispiel des augustinischen Toleranz und Gewaltkonzeptes und dessen Rezeption im Mittelalter und in der frühen Neuzeit, in: Religiöse Devianz: Untersuchungen zu sozialen, rechtlichen und theologischen Reaktionen auf religiöse Abweichungen im westlichen und östlichen Mittelalter, hg. von Dieter Simon, Frankfurt a.M., 1990 (Ius commune: Veröffentlichungen des Max-Planck-Instituts für Europäische Rechtsgeschichte Frankfurt am Main, Sonderhefte, Studien zur Europäischen Rechtsgeschichte 48), 14–45; Perez *Zagorin*, How the Idea of Religious Toleration Came to the West, Princeton / Oxford 2003, 14–45.

[66] *Leu/Scheidegger*, Schleitheimer Bekenntnis, 69 und 101.

2.5 *Absonderung und Kirchenzucht*

Anlässlich der Herbstsynoden von 1616 und 1629 griff Erni die Frage der Absonderung auf, welche Reformierte und Täufer seit Zwingli beschäftigte. Damit eng verbunden war die Kirchenzucht: Wie soll mit dogmatischen oder moralischen Fehltritten umgegangen werden?

Erni leitet seine Dissertation von 1616 mit der Feststellung ein, dass ehemals die Pelagianer und Donatisten, heute die Täufer und andere Häretiker der Ansicht seien, dass die Kirche Gottes auf der Erde (ecclesia militans) gemäß Eph 5, 27 rein sei und sich deshalb nicht mit Sündern vermischen dürfe.[67] Dem stellt Erni gegenüber, dass dies erst im Himmel (ecclesia triumphans) der Fall sein werde. Die Trennung von den Sündern erfolge gemäß Mt 13, 24–30 und 40f. (Gleichnis vom Unkraut) erst am Ende der Tage und werde von den Engeln vollzogen.[68]

Die 1629 vorgelegte Dissertation stellt nicht, wie es der Titel vermuten lässt, primär eine kritische Auseinandersetzung mit der täuferischen Lehre der Absonderung und des Bannes dar, sondern entspricht eher einer praktischen Handreichung für die an der Synode versammelten Zürcher Pfarrer, wie im einzelnen Fall praktisch vorzugehen ist. Erni unterscheidet grundsätzlich dogmatische und moralische Verfehlungen. Als kirchliche Disziplinierungsmittel werden Ermahnung, Suspendierung vom Abendmahl und Ausschluss vorgestellt.[69] Schließlich wurde auch gefragt, was zu tun sei, wenn Irrlehren oder sündiges Leben in der Kirche überhand nähmen. Mit einer Spitze gegen die sich absondernden Täufer antwortet Erni unter Berufung auf Augustins »Contra epistolam Parmeniani«, dass man sich nicht separieren, sondern in der Kirche bleiben und mit gutem Beispiel und Gebet vorangehen solle. Gegen Ende der Abhandlung bringt er zum

---

[67] Dabei schwingt der schon von Zwingli geäußerte Vorwurf gegen die Täufer mit, dass sie sich für sündlos hielten, was aber bereits der mit den Zürchern gut bekannte Waldshuter Täuferführer Balthasar Hubmaier dementierte. Vgl. Balthasar *Hubmaier*, Schriften, hg. von Gunnar Westin und Torsten Bergsten, Heidelberg 1962, 175. Vgl. auch *Scheidegger*, Bekenntnis, 344. Diesen Themenbereich tangieren auch die beiden Dissertationen von Erni (Herbstsynode 1615) und Thomann (Frühlingssynode 1646).

[68] Zur unterschiedlichen Interpretation des Gleichnisses im Lauf der Kirchengeschichte vgl. Roland H. *Bainton*, The Parable of the Tares as the Proof Text of Religious Liberty to the End of the Sixteenth Century, in: Church History 1 (1932), 67–89.

[69] Gegen die Täufer wurde nur beschränkt kirchendisziplinarisch vorgegangen, denn sie verletzten infolge der Übertretung verschiedener obrigkeitlicher Mandate weltliches Recht. Zudem mieden sie den Kirchgang und entzogen sich damit ohnehin der kirchlichen Disziplinierung.

Ausdruck, dass eine Entheiligung (profanatio) des Abendmahls unter allen Umständen zu verhindern sei, weil dies sonst das Gericht Gottes nach sich ziehen würde. Das Abendmahl soll würdig, d.h. nach Selbstprüfung mit Glauben und Buße empfangen werden (vgl. 1Kor 11, 28f.).

2.6 *Außerbiblische Offenbarungen*

Anlässlich der Herbstsynode von 1628 polemisierte Erni einmal mehr gegen die Täufer, wobei seine Vorwürfe und Unterstellungen genau besehen mit den Zürcher Täufern gar nichts zu tun hatten. Er war aber keineswegs der einzige, der verschiedenste dissidente Gruppen vermischte und in den gleichen Topf warf, sondern es finden sich in der Historiographie unzählige Beispiele dafür bis in die Gegenwart.

Im ersten Teil richtete sich Erni gegen enthusiastische Strömungen, die sich auf Offenbarungen außerhalb der Bibel in Form von inneren Erleuchtungen, Träumen und Visionen stützten wie sie Thomas Müntzer, Nikolaus Storch, die fehlgeleiteten Täufer von Münster oder von St. Gallen zur Zeit Luthers und Zwinglis hatten. Zu dieser Gruppe zählte Erni auch einen gewissen Plaustrarius, der ganze Wagenladungen (plaustra) an nichtsnutzigem Zeug verkauft habe.[70] Damit war der evangelische Theologe Johannes Plaustrarius aus Kaiserslautern gemeint, der zwischen 1617 und 1620 verschiedene prophetische Offenbarungen publizierte, die auch in Zürich gelesen wurden wie die relativ zahlreichen Exemplare seiner Schriften nahe legen, die in der Zentralbibliothek Zürich aufbewahrt werden.[71] In einem der ebenfalls in der Zentralbibliothek vorhandenen Exemplare von Ernis Dissertation[72] notierte eine unbekannte Hand des 17. Jahrhunderts zu dieser Passage über Plaustrarius: »Jacobus Amman Tallwylensis, chirurgus et civis Tigurinus«, womit der Thalwiler Wundarzt und Zürcher Bürger Johann Jakob Ammann (1586–1658) in Verbindung mit Plaustrarius gebracht wird. Ammann, dessen »Reiß ins globte Land« in Zürich

---

[70] Heinrich *Erni*, Gemina quaestio [...], Zürich 1628, A3r.

[71] Bereits 1621 verfasste Konrad Holzhalb, Landvogt von Grüningen, eine Entgegnung auf die falschen Offenbarungen von Plaustrarius unter dem Titel »Kurtze grundtliche Offenbarung der vermessne, auffblaßne und frefne. So in einem Tractat begriffen [...]«. Auch der Pietist Gottfried Arnold wusste über Plaustrarius in seiner »Unpartheyischen Kirchen- und Ketzer-Historie« (Bd. 2, Schaffhausen: Hurter, 1741, 526f.) nichts Gutes zu berichten.

[72] Zürich ZB, Diss III 47₂₁.

dreimal aufgelegt wurde,[73] war Theosophe, lehrte die Sündlosigkeit der Wiedergeborenen und dass Jesus seinen Leib nicht von Maria, sondern vom Himmel gebracht habe, verweigerte den Kirchenbesuch und sprach sich gegen den Glaubens- und Kirchenzwang aus, was ihm wiederholt Ärger mit der Obrigkeit einbrachte.[74] Plaustrarius war einmal bei ihm zu Hause. Zudem verteilte er das Büchlein »Aurora sapientiae« des aus Böhmen stammenden Theologen und Theosophen Paul Felgenhauer (1593–1677)[75] und las die »Apocalypsis reserata« von Martin Gühler sowie die »Opera« und die »Kleine Handt-Bibel« von Paracelsus,[76] den »Christianorum Christianus« von Felgenhauer und »Il devotissimo viaggio di Gierusalemme« von Giovanni Zuallardo (1541–1634). Die genannten Werke von Paracelsus, Felgenhauer, Zuallardo sowie sein persönliches Exemplar der »Reiß ins gelobte Land« (Zürich 1630) schenkte er 1630 der Stadtbibliothek Zürich.[77] Besonders bemerkenswert ist, dass Ammann trotz seiner heterodoxen Ansichten und der Verweigerung des Kirchenbesuches nicht wie die Täufer eingekerkert oder ausgewiesen wurde.[78] Vermutlich lag der Grund seiner

---

[73] Und zwar in den Jahren 1618, 1630 und 1678. In Zürich ZB ist auch Ammanns Handexemplar der Ausgabe von 1630 erhalten geblieben (Signatur: 6.361), das er in Haifischleder einbinden ließ. Dieses Stück Leder war möglicherweise ein Mitbringsel von seiner Reise in den Nahen Osten. Da es infolge der kleinen Zähnchen auf der Tierhaut sehr rauh ist, eignete es sich nicht zuletzt zur Einkleidung von Schwertgriffen, damit die Waffe, auch wenn sie noch so blutverschmiert und glitschig war, nicht aus der Hand glitt.

[74] August *Waldburger*, Hans Jakob Ammann, genannt der Thalwyler Schärer, in: Hans Jakob Ammann genannt der Thalwyler Schärer und seine Reise ins Gelobte Land, hg. von August F. Ammann, Zürich 1919, 3–17; Francisca *Loetz*, Mit Gott handeln: Von den Zürcher Gotteslästerern der Frühen Neuzeit zu einer Kulturgeschichte des Religiösen, Göttingen 2002 (Veröffentlichungen des Max-Planck-Instituts für Geschichte 177), 417–419.

[75] Gerhard *Dünnhaupt*, Personalbibliographien zu den Drucken des Barock, 2. Teil, Stuttgart ²1990, 1457.

[76] Vgl. dazu Carlos *Gilly*, »Theophrastia Sancta«: Der Paracelsismus als Religion im Streit mit den offiziellen Kirchen, in: Analecta Paracelsica: Studien zum Nachleben Theophrast von Hohenheims im deutschen Kulturgebiet der frühen Neuzeit, hg. von Joachim Telle, Stuttgart 1994 (Heidelberger Studien zur Naturkunde der frühen Neuzeit 4), 425–488.

[77] Donatorenbuch der Stadtbibliothek Zürich: Zürich ZB, Arch St. 22, S. 143. Die »Handt-Bibel« von Paracelsus muss wenig später abhanden gekommen sein, die »Opera« waren unter der Signatur Zürich ZB, TZ 103 und 104 aufgestellt, gelten aber seit der Revision von 1978 als verloren. Ammanns Exemplare von Zuallardo und Felgenhauers »Aurora Sapientiae« sowie dessen »Christianorum Christianus« sind in Zürich ZB noch vorhanden (Signaturen: L 230 und 1.478$_{1+2}$).

[78] Vgl. Urs B. *Leu*, Letzte Verfolgungswelle und niederländische Interventionen, in: *Leu/Scheidegger*, Zürcher Täufer, 203–245.

Schonung darin, dass er in Antistes Breitinger, dessen Hausarzt er war,[79] einen Fürsprecher fand.

Auch der zweite Teil von Ernis Dissertation von 1628 geht an den Zürcher Täufern vorbei. Aufgrund von Aussagen anlässlich des Täufergesprächs im pfälzischen Frankenthal von 1571 und gewissen Untersuchungen des Leidener Theologen Lukas Trelcatius junior (1573–1607) bezichtigt Erni sie einer antitrinitarischen Gesinnung, was für die Zürcher aber keinesfalls stimmte und auch für das Frankenthaler Gespräch so wohl nicht zutraf. Erni spielt auf die dritte diskutierte Frage in Frankthal an, ob Christus das Wesen seines Fleisches aus der Substanz des Fleisches der Jungfrau Maria oder anderswoher angenommen habe. Die Täufer verwiesen darauf, dass Glaubensgeheimnisse wie dieses nicht rational erklärt werden könnten.[80]

3. AUSBLICK

Im letzten Drittel des 17. Jahrhunderts beschäftigten sich die Pfarrer und die Gelehrten weniger intensiv mit den Täufern, von denen in der Zwischenzeit die meisten das Land verlassen hatten. Erst 1702 legte Johann Jakob Hottinger (1652–1735), der seit 1698 Altes Testament lehrte, wieder eine Dissertation über die Kindertaufe vor. Er wendet sich darin erstmals in diesem Kontext nicht nur gegen die Täufer, sondern auch gegen die Pietisten, die die Kindertaufe nur der Gewohnheit und Tradition halber stehen lassen wollten, sie aber nicht als von der Bibel geboten betrachteten. Dementsprechend nahm er nicht nur die oben erwähnte, 1646/47 in Dortmund gedruckte täuferische »Baptismi historia« von Jakob Mehrning[81] ins Visier, sondern auch die »Unparteiische Kirchen- und Ketzerhistorie« des Pietisten Gottfried Arnold, die erstmals 1699 erschienen war. Anlass für dieses Disputationsthema an der Herbstsynode 1702 war möglicherweise wiederum ein aktuelles Geschehnis, das sich 1701 ereignete. Hottinger schrieb

---

[79] *Waldburger*, Ammann, 12; Miscellanea Tigurina 5 (1722), 79.

[80] Protocoll. Das ist alle Handlung des Gesprechs zu Franckenthal [...], Heidelberg: Johann Mayer, 1573, 152–216; vgl. Mennonitisches Lexikon [ML], hg. von Christian Hege et al., Bd. 1, Frankfurt a.M. 1913, 454.

[81] Vgl. zu Mehrning: ML, Bd. 3, Frankfurt a.M. 1958, 65. In Zürich ZB, II CC 851 wird das persönliche Exemplar von Johann Heinrich Ott aufbewahrt, der die berühmten »Annales anabaptistici« (Basel 1672) verfasste. Der Besitzvermerk auf dem Innendeckel stammt aus dem Jahr 1655.

rückblickend in seiner »Versuchungs-Stund über die Evangelische
Kirch«: »Eine neue Sorgfalt verursachet Anno 1701 in Zürich ein anderes daselbst spargiertes Tractaetlein, dessen Titul: Apologia, oder
Verthaedigungs-Schrift deren so genannten Pietisten.« Darin wurde
u.a. auch die Behauptung aufgestellt, dass die »Kinder-Tauff seye
nicht in Heil. Schrift gegruendet, sonder eine Tradition«.[82]

Trotz aller Tränen, aller herzzerreißenden Schicksale, aller hollän-
discher Interventionen zugunsten der Schweizer Täufer blieben die
Zürcher auch gegenüber der nächsten Dissidenten-Welle in Form des
Pietismus intolerant und hart. Es machte ihnen nur wenig Eindruck,
dass der unmenschliche Umgang mit den Täufern in der Limmatstadt
verschiedene namhafte Denker beschäftigte, darunter John Locke und
Philipp von Zesen. Letzterer verfasste 1665 ein zweiteiliges Werk mit
dem Titel »Des geistlichen Standes Urteile wider den Gewissenszwang
in Glaubenssachen« und widmete den ersten dem Zürcher und den
zweiten dem Berner Rat.[83] Hottinger schrieb über 50 Jahre später
nichtsdestotrotz:

> In Sachen welche die menschliche Gesellschafft etc. betreffen, mag jeder
> seine Meynung sagen, wann die Oberkeit noch nichts darueber ge-
> schlossen, und wann man befraget wird. In Religions-Sachen aber, ha-
> ben wir das Wort Gottes: da gelten keine menschlichen Meynungen.
> Sonder wir muessen allein hoeren was der Herr uns davon sage. Wer
> anders wil oder redet, der ist ein Fluch, Gal. 1,8.9.[84]

Selbstverständlich war es auch das Bestreben der verschiedenen dissidenten Gruppen, allein auf die Bibel zu hören, doch akzeptierten die
Zürcher nur die Auslegung ihrer Pfarrer.

Die während der frühen Neuzeit errichteten und mit vielen Vorur-
teilen befrachteten Fronten gegen alle nichtreformierten Strömungen,
wie sie exemplarisch in den behandelten Dissertationen evident werden, haben das Verhältnis der Zürcher zu Täufern und Freikirchen bis

---

[82] Johann Jakob *Hottinger*, Versuchungs-Stund über die Evangelische Kirch durch
neue selbstlauffende Propheten: Oder kurze und wahrhafte Erzehlung, was sit An.
1689 bis 1717 in Zürich wegen des uebelgenenneten Pietismi verhandlet worden […],
Zürich 1717, 35.

[83] Vgl. *Leu*, Verfolgungswelle, 203–245; Peter G. *Bietenholz*, Philipp von Zesens
Schrift Wider den Gewissenszwang und die Schweizer Täufer, in: Querdenken: Dis-
sens und Toleranz im Wandel der Geschichte, Festschrift zum 65. Geburtstag von
Hans R. Guggisberg, hg. von Michael Erbe et al., Mannheim 1996, 305–317; Leonard
Forster, Dichterbriefe aus dem Barock, in: Euphorion 3. Folge, 47 (1953), 390–405
(Zesen im Briefwechsel mit Johann Heinrich Ott in Zürich).

[84] *Hottinger*, Versuchungs-Stund, 9 f.

in die Gegenwart hinein geprägt. Beurteilungs- und Scheidungskriterium war Kirchenbesuch und Zugehörigkeit zur Landeskirche und nicht christliches Leben und Nachfolge Jesu. Umso erfreulicher ist, dass mit dem Bullinger-Jubiläumsjahr 2004, in das nicht zuletzt auch Emidio Campi viel Herzblut investiert hat, und der Errichtung einer Erinnerungstafel an die Täufer-Märtyrer an der Limmat eine Phase der gegenseitigen Akzeptanz angebrochen ist, die hoffen lässt. Ziel ist nicht – und kann nicht sein – die theologisch unterschiedlichen Bewegungen in einer oberflächlichen Ökumene zusammenzuführen, sondern sich in einem durch Toleranz und Christlichkeit geprägten Klima mit Achtung und Respekt zu begegnen.

VALDÉS AND VERMIGLI: CROSSING THE THEOLOGICAL RUBICON

Frank A. James III

1. Introduction

Peter Martyr Vermigli never once mentions the name of Juan de Valdés, but there can be little doubt that the Spaniard exercised decisive theological influence on the Italian Augustinian.[1] One does get a sense of Vermigli's appreciation for Valdés through a comment in Simler's »Oratio«, much of which was based on Vermigli's personal reminiscences.[2] Simler writes: »The first praise for this (Neapolitan) church is due to Valdés.«[3] This laconic reference to Valdés belies the Spaniard's impact on Vermigli's life, for it was under the tutelage of Valdés that he first embraced justification by faith.[4]

2. Valdés: Spanish Reformist

Valdés' own journey to doctrinal deviation began in Spain. He was born of a distinguished family at Cuenca in New Castile, where his father, Hernando de Valdés, was *regidor* (a leading official of the municipality). His brother Alfonso achieved prominence as Imperial se-

---

[1] José C. *Nieto* (ed.), Valdés Two Catechisms: The Dialogue on Christian Doctrine and the Christian Instruction for Children, trans. William and Carol Jones, Lawrence, KS 1993 and Massimo *Firpo*, The Italian Reformation and Juan de Valdés, in: The Sixteenth Century Journal 27 (1996), 353–364.

[2] Philip *McNair*, Peter Martyr in Italy: An Anatomy of Apostasy, Oxford 1967, 143.

[3] Josias *Simler*, Oratio de vita et obitu clarissimi viri et praestantissimi theologi d. Petri Martyris Vermilii divinarum literarum professoris in schola Tigurina, habita ibidem (Zurich: Christoph Froschauer jr., 1563), 4. English translation in Peter Martyr *Vermigli*, Life, letters, and sermons, transl. and ed. by John Patrick Donnelly, Kirksville, MO 1999 (The Peter Martyr Library 5 / Sixteenth Century Essays and Studies 42), 20.

[4] *McNair*, Peter Martyr in Italy, 178–179.

cretary to Charles V and was a noted advocate of Erasmian reform.[5]
New research suggests that he descended from *conversos* or Jewish
Christians.[6] His first appearance in the historical record was linked to
the 1524 heresy trial of the *Alumbrado*, Pedro Ruiz de Alcaraz.[7] As a
member of the household of the Marquis de Villena in Escalona, Valdés heard the preaching of Alcaraz and was called as a witness to his
orthodoxy. After six years of imprisonment and torture, Alcaraz was
convicted of heresy by the Spanish Inquisition and sentenced to life in
prison. He recanted in 1539 and his life sentence was commuted, but
he was required to do penitential acts for the rest of his life.[8] Valdés
drops from view from 1524 until 1526, reappearing as a student at the
celebrated University of Alcalá de Hernáres, where he studied Greek,
Hebrew and Latin and espoused Spanish Erasmianism.[9] A precocious
young Valdés not only entered into a correspondence with the famed
Erasmus himself, but in 1529 he published his first book, »Diálogo de
doctrina cristiana«, which borrowed overtly from the Dutch humanist.[10] His book found a mixed reception. Some, such as the Inquisitor
of Navarra, Sancho Carranza de Miranda, thought so highly of the
book that he gave copies to his friends.[11] But the Spanish monastic
orders were in no mood to coddle a young Erasmian. It was not long
before the monks challenged the orthodoxy of the »Diálogo« and
brought it to the attention of the Inquisition. A trial (*proceso*) was con-
vened, but Valdés was not without friends in the church hierarchy.
The Inquisitor General, Alonso Manrique, was sympathetic to Valdés
and, although he appointed a commission to examine Valdés' »Diálogo«, he stacked the deck with condolent deputies. The decision reached by the committee had been virtually assured in favor of Valdés.

[5] José *Nieto*, Juan de Valdés and the Origins of the Spanish and Italian Reforma-
tions, Geneva 1970, 171–175.

[6] *Nieto*, Two Catechisms, 4.

[7] Dorothy *Donald* and Elena *Lázaro*, Alfonso de Valdés y su época, Cuenca 1983,
319–356, quoted in *Nieto*, Two Catechisms, 4f.

[8] *Nieto*, Juan de Valdés, 60.

[9] See Frank A. *James* III, Juan de Valdés Before and After Peter Martyr Vermigli:
The Reception of »Gemina Praedestinatio« in Valdés Later Thought, in: Archiv für
Reformationsgeschichte 83 (1992), 180–208. Cf. *Nieto*, Juan de Valdés, 104–106.

[10] Marcel *Bataillon* (ed.), Juan de Valdés, Diálogo de doctrine cristiana, vol. 1, Co-
imbra 1925, 94–97. Cf. *James*, Juan de Valdés Before and After Peter Martyr Vermigli,
182–187 and Massimo *Firpo* (ed.), Juan de Valdés: Alfabeto Cristiano, Domande e
Risposte, Della Predestinazione, Catechismo, Torino 1994, XXXII-XLIII.

[11] *Bataillon*, Diálogo, vol. 1, 65f. and Marcel *Bataillon*, Érasme et l'Espagne, vol. 1,
Paris 1937, 421, quoted in *Nieto*, Juan de Valdés, 116.

The letter of exoneration, however, contained an ominous sign of things to come, for it was not signed by all of the committee members. Despite acquittal, the attacks were renewed almost immediately. The actual record of a second inquisitional trial has been lost, but it is almost certain that Valdés was declared a *lutherano*.[12] By August 1531, Valdés turns up in Rome, never to return to his homeland. The inevitable conclusion is that, having learned of a second trial and knowing the probable outcome, he escaped while he could. The following year proved that his instincts were correct. In 1532, a list of known heretics was produced for the Spanish Inquisition – the name at the top of the list belonged to Juan de Valdés.[13]

Was Valdés a *lutherano* before 1529? Although his theology seems to be an amalgam of Erasmianism, perhaps with strains of the esoteric subjectivism of Spanish *alumbradismo*,[14] its central focus was the Lutheran doctrine of justification by faith alone – often couched in the Melanchthonian phrase »the benefit of Christ«.[15] It has been effectively demonstrated that »Luther first began to speak Spanish through the translation and adaptation of Valdés«.[16] In his definitive essay, Carlos Gilly showed that Valdés borrowed from Luther's »Decem Praecepta Wittenbergensi praedicata« (1518) and his »Explanatio dominicae orationis pro simplicioribus laicis« (1520) in the preparation of the »Diálogo«.[17] Valdés had fled his homeland, but he did not abandon Luther.

---

[12] Edmondo *Cione*, Juan de Valdés: La sua vita e il suo pensiero religioso, Naples 1963 (Collana di studi e testi di letteratura 7), 45–47. Cf. John E. *Longhurst*, Luther and the Spanish Inquisition: The Case of Diego de Uceda 1528–1529, Albuqueque 1953 (University of New Mexico Publications in History 5), 48; *McNair*, Peter Martyr in Italy, 20; *Nieto*, Two Catechisms, 7.

[13] *Cione*, Juan de Valdés, 45–47. Cf. Domingo de *Santa Teresa*, Juan de Valdés, 1498–1541: Su pensamiento religioso y las corrientes espirituales de su tiempo, Rome 1957 (Analecta Gregoriana 85), 86–88; *Longhurst*, Diego de Uceda, 48; *McNair*, Peter Martyr in Italy, 20.

[14] For background on the *Alumbrados*, see *Nieto*, Juan de Valdés, 56–97. Cf. Antonio *Márquez*, Los alumbrados: Orígenes y filosofia (1525–1559), Madrid 1980; Alastair *Hamilton*, Heresy and Mysticism in Sixteenth Century Spain: The »Alumbrados«, Cambridge 1992.

[15] Salvatore *Caponetto*, The Protestant Reformation in Sixteenth-Century Italy, Kirksville, MO 1999 (Sixteenth Century Essays and Studies 43), 64.

[16] Carlos *Gilly*, Juan de Valdés: Übersetzer und Bearbeiter von Luthers Schriften in seinem »Diálogo de Doctrina«, in: Archiv für Reformationsgeschichte 74 (1983), 302.

[17] *Gilly*, Juan de Valdés: Übersetzer, 257–258. Gilly also identifies Oecolampadius' »In Iesaiam Prophetam Hypomnemata« (1525) and Melanchthon's »Enchiridion elementorum puerilium« (1524). José Nieto challenges the Gilly research. See *Nieto*, Two Catechisms, 51–125.

Through the likely influence of his brother, Alfonso, who was also the Imperial Latin secretary, Juan de Valdés entered the service of the Emperor of the Holy Roman Empire, Charles V (also King Charles I of Spain). By 1532, he had acquired two impressive titles in his role as an Imperial agent at the Papal court – chamberlain to Pope Clement VII and secretary to the Emperor.[18] But the death of Pope Clement VIII in the fall of 1534 brought an end to the Church's pro-Spanish policy and to Valdés' residence in Rome. He suddenly found himself on the wrong side of the policies of Pope Paul III, Alessandro Farnese, and he had no choice but to retire to the quiet villa in Chiaja, just outside Naples.[19]

When Vermigli arrived in Naples during the summer of 1537 to take up the abbacy of San Pietro ad Aram, Juan de Valdés had already been there for two years.[20] Valdés had become the spiritual leader of a fraternity of reform minded churchmen, humanists and ladies of nobility.[21] One member of the Valdésian circle, Pietro Carnesecchi, called these gatherings a *regno di Dio* (the kingdom of God)[22] and Celio Secondo Curione described Valdés as »doctor and pastor of noble and illustrious persons«.[23] Vermigli seems to have gravitated to the inner circle of this clandestine conventicle and formed a close friendship with Valdés himself.[24] Carnesecchi, who knew both men well, testified at his trial in 1567 that Valdés was *molto amico*[25] of Vermigli. Even before Carnesecchi's testimony before the Inquisition, Simler had already revealed that, during Vermigli's *triennium* in Naples, Vermigli discussed theology with various persons, but was especially drawn to Valdés and

[18] *McNair*, Peter Martyr in Italy, 22.

[19] *Nieto*, Two Catechisms, 8.

[20] Biblioteca Classense, Ravenna, Acta Capitularia, MS. 222, fols. 13v, 15v, record Vermigli's election to the abbacy of S. Pietro ad Aram.

[21] For a recent account of Valdés and the Italian *Spirituali*, see Massimo *Firpo*, Tra alumbrados e »spirituali«: studi su Juan de Valdés e il valdesianesimo nella crisi religiosa del '500 italiano, Florence 1990 (Studi e testi per la storia religiosa del Cinquecento 3), 127–154. Firpo draws attention to the »privileged role of women« in the Valdésian circle in *Firpo*, The Italian Reformation and Juan de Valdés, 57.

[22] *Nieto*, Juan de Valdes, 148.

[23] *Caponetto*, Protestant Reformation, 64.

[24] Karl *Benrath*, Bernardino Ochino of Siena: A Contribution Towards the History of the Reformation, trans. H. Zimmern, New York 1877, 62. Philip McNair contemplates the possibility that Vermigli and Valdés may have met during the Imperial visit to Bologna in first months of 1533, see *McNair*, Peter Martyr in Italy, 23, 126.

[25] Oddone *Ortolani*, Pietro Carnesecchi: Con estratii dagli Atti del Processo del Santo Officio, Florence 1963, 237.

Marcantonio Flamino.[26] Antonio Caracciolo, in his unpublished bio-graphy of Pope Paul IV, seems to substantiate the close relationship when he belligerently refers to the *Satanicae Reipub[licae] Triumviri* of Valdés, Vermigli and Ochino.[27]

Having settled in Naples, Valdés dedicated himself to a life of study and cautious dissemination of his religious ideas.[28] Although there is direct evidence indicating that he read Luther, one must still proceed with caution.[29] Even after reading Luther, the Spaniard did not embrace Luther's doctrine of justification without modification, nor did he adopt all of the Reformer's other distinctive doctrinal views.[30] It seems likely that Valdés did embrace the essential Lutheran idea of justification by faith alone but filtered it through a general Erasmian soteriological grid.[31] In the early years of the Reformation movement, it was not unusual to conflate Erasmus' philosophy of Christ with Luther's *sola fide*.[32]

The decision to pursue spiritual endeavors completely reoriented Valdés' life. In marked contrast to the political and literary preoccu-

[26] *Simler*, Oratio, 4: »Inter hos vero quibuscum de religione conferebat praecipui fuere Benedictus Cusanus, cuius supra quoque mentionem fecimus, M. Antonius Fla-minius, et Ioannes Valdesius Hispanus.« Significantly, it is almost certain that Simler derived this piece of biographical information from Vermigli himself. Cf. *McNair*, Peter Martyr in Italy, XV.

[27] Antonio *Caracciolo*, Vita et gesti di Paolo Quarto, vol. 1, fol. 128 (Biblioteca Nazionale, Naples, MS. X. D 28), cited in *McNair*, Peter Martyr in Italy, 148.

[28] *McNair*, Peter Martyr in Italy, 39f., dates Valdés' adoption of justification by faith alone to 1536. *Nieto*, Juan de Valdés, 285, makes the extraordinary claim that Valdés' conversion was in Escalona, under the influence of Pedro Ruiz de Alcaraz.

[29] *Gilly*, Juan de Valdés: Übersetzer, 257–258. Cf. *James*, Juan de Valdés before and after Peter Martyr Vermigli, 183–187.

[30] For example, Valdés' doctrine of justification entailed both a general justification for all men and a personal appropriation of this justification by faith alone. Luther knows nothing of such a distinction in his published writings. See Juan de *Valdés*, Commentario ó declarazion breve i compendiosa sobre la epistola de San Pablo Após-tol á los Romanos, Madrid 1856 (Reformistas antiguos espanoles 10–11), 44. Another important doctrinal difference between the two Reformers is that Valdés lays consi-derable stress on the restoration of free will after regeneration, something Luther rejected entirely.

[31] Silvana *Seidel Menchi*, Erasmo in Italia: 1520–1580, Torino 1987 (Nuova cultura 1), 41–67, makes a similar observation when she notes the tendency of some of Erasmus' Italian readers to conflate the ideas of Luther and Erasmus.

[32] Alister *McGrath*, Intellectual Origins of the European Reformation, Oxford 1987, 59–68. See also Leif *Grane*, Martinus Noster: Luther in the German Reform Movment, Mainz 1994 and Bernd *Moeller*, Imperial Cities and the Reformation: Three Essays, ed. and trans. H.C. Erik Midelfort and Mark U. Edwards, Durham, NC 1982, 36.

pations of the early 1530's, his interests took a radically new direction.
From mid-1536 to his death in July 1541, Valdés devoted himself to
what can only be described as a »frenzy« of biblical and pastoral
activity. Besides presiding at regular religious meetings, he wrote numerous biblical commentaries on all the Pauline epistles, the Gospels
of John and Matthew, the Psalms as well as various theological treatises.[33] One contemporary likened Valdés' immense labors to the apost-
le John. »He is always at home like St. John the Evangelist with pen in
hand, so much so that I believe he writes by night what he does by
daylight and by daylight what he dreams by night.«[34] Although he did
continue to show interest in political affairs, politics was no longer the
focal point of his life.[35] After mid-1536, he exhibits far more concern
about spiritual matters than politics. His religious activity of this period
is of a different order and intensity than before. The dramatic change
in Valdés did not escape notice by others. Perhaps the most vivid
attestation to Valdés' transformation derives from Carnesecchi who
specifically distinguishes the earlier Valdés he knew in Rome with the
Valdés he knew after 1536. In his frequently cited testimony, he describes the change that had taken place:

> Although I had known Juan de Valdés in Rome since the time of Pope
> Clement [...] I cannot say that I knew him as a theologian except in the
> year 1540 at Naples. For in Rome I did not know that he was occupied
> with Holy Scriptures, but only knew him as a discreet and well-bred
> courtier. As such I was very fond of him, so that the dealings and con-
> versations which I had with him later in Naples were a continuation of

---

[33] Carnesecchi testified that Valdés wrote commentaries on all of the Pauline epistles except Hebrews. See Oddone *Ortolani*, Pietro Carnesecchi, 230, cited by *Nieto*, Juan
de Valdés, 11. Carnesecchi told the inquisitors that Valdés had written commentaries
on the Pauline corpus with the exception of Hebrews. Josiah Simler indicated that
Valdés also wrote a commentary on the Gospel of John, see his »Epitome bibliothecae
Conradi Gesneri [...]« (Zurich: Christoph Froschauer, 1565), 100. Valdés' commentary
on the Gospel of Matthew is extant. See Juan de *Valdés*, Lo Evangelio di San Matteo,
ed. Carlo Ossola, Rome 1985 (Centro studi sulle società di antico regime: Biblioteca
del Cinquecneto 31).

[34] Juan de *Valdés*, Dialogo de la lengua, ed. José F. Montesinos, Madrid 1953, 18.
Cited in *Nieto*, Juan de Valdés, 11.

[35] *McNair*, Peter Martyr in Italy, 27. Daniel A. *Crews*, Valdés and the »Comunero«
Revolt: An Essay on Spanish Civic Humanism, in: The Sixteenth Century Journal 22
(1991), 249, takes a different view. Crews rightly points to Valdés' continued involvement in Imperial politics. However, when the full picture is drawn, the massive production of theological and devotional writings produced in this final period of his life
conclusively demonstrates that Valdés was primarily (but not exclusively) devoted to
biblical and theological studies.

the friendship formed in Rome. But where one might say that it was a carnal friendship before, at that time in Naples it began to become spiritual, for I found him wholly dedicated to the Spirit and entirely taken up with the study of Holy Scripture.[36]

It has become increasingly clear that Valdés did indeed embrace a Protestant – inspired doctrine of justification, but when? José Nieto contends that the »Diálogo« contains *in nuce* all of Valdés' later theological beliefs.[37] As I have argued elsewhere, this is not entirely accurate.[38] The doctrinal outlook of the »Diálogo« is clearly indebted to Luther, but the language is carefully couched in Erasmian terminology. Erasmus' »Enchiridion« and some of his Colloquies are specifically recommended for reading.[39] Bataillon has demonstrated that much of the discussion on the Creed is derived from Erasmus' »Inquisitio de Fide«.[40] Although Lutheran ideas are present, they are subtly interwoven with the language and outlook of Erasmus throughout the dialogue.

Valdés third book,[41] the »Alfabeto«, marks a turning point. It is the first work from his pen that displays a more definitive approximation

---

[36] *Ortolani*, Pietro Carnesecchi, 172.

[37] *Nieto*, Juan de Valdés, 135: »It [Diálogo] is a mature work containing more than *in nuce* all of Valdés' later theological idea and outlining with precision the proper method and object of this theology. It does not reflect Erasmian spirituality but Alcaraz' theocentric conception of religion.« Denis R. *Janz* in his review of *Nieto*, Two Catechisms, in: The The Sixteenth Century Journal 16 (1985), 284, is rather dubious of Nieto's assertion that Valdés' theology underwent no significant development. Janz writes: »The organizing principle of the *Dialogue* (1529) is the traditional medieval one (creed, code, cult), while the later *Christian Instruction* is ordered along the lines of Augustine's *De Catechizandis Rudibus* (a salvation-historical approach). Does this change not suggest a significant development in Valdés' thought?«

[38] *James*, Juan de Valdés before and after Peter Martyr Vermigli, 180–187. Valdés does indeed employ the term »justification« in the »Diálogo«. However, it is important to note that Erasmus also employed the term »justification« in his »Enchiridion«. See Desiderius *Erasmus*, Opera, vol. 5, Basel: Froben, 1540, 10. In neither case is the term used unequivocally in the sense of a forensic declaration. One finds more generally that both Erasmus and the young Valdés use the term in the same way that most late medieval theologians did – as a term synonymous with regeneration or sanctification. See Alister E. *McGrath*, Iustitia Dei: A History of the Christian Doctrine of Justification, vol. 1, Cambridge et al. 1986, 184.

[39] *Nieto*, Two Catechisms, 229; *Bataillon*, Diálogo, vol. 1, 12, calls the »Diálogo« an »Erasmian colloguy«.

[40] *Bataillon*, Diálogo, vol. 1, 97–99.

[41] Valdés' second publication was the »Diálogo de la Lengua«, which was written in 1535, shortly after his arrival in Naples. The »Diálogo de la lengua« was far from being a theological or biblical work. It is a dialogue in which Valdés' prodigious literary

of Luther's doctrine.[42] The »Alfabeto« is essentially a recounting of an earlier conversation between Valdés and Giulia Gonzaga, the Countess of Fondi, on the meaning of true Christianity, which apparently had been sparked by the 1536 Lenten sermons of Bernardino Ochino.[43] As Valdés makes clear to Giulia Gonzaga, true Christianity is bound up with justification and that comes only by faith. »No one«, he tells Giulia, »can be justified except by faith, because the just live by faith.«[44]

The last work of Valdés before the arrival of Vermigli in Naples was his commentary and translation of the Psalms.[45] It should be noted that the »Salmos« manifests a strong Paulism alongside its Erasmianism.[46] One must be careful not to pit Paul against Erasmus, for in the »Enchiridion«, he encourages the study of Paul. »Above all«, Erasmus counsels, »make Paul your special friend [...] keep him always in your

---

learning is obvious, but in it the author shows no theological interest or content. It is undoubtedly an expression of his Erasmian oriented humanism, apparently aspiring to imitate Pietro Bembo's »Prose della volgar lingua«. See *Valdés*, Diálogo de le lengua, 7. As one would expect in a work of this sort, there is nothing on justification.

[42] *McNair*, Peter Martyr in Italy, 39–40, calls the »Alfabeto« the »first manifesto of Evangelism in Italy«.

[43] Benedetto *Croce* (ed.), Juan de Valdés: Alfabeto cristiano. Dialogo con Giulia Gonzaga, Bari 1938, 4. For an English translation see Alfabeto christiano: Which Teaches the Way to Acquire the Light of the Spirit, trans. Benjamin B. Wiffen, London, 1861. Questions have been raised as to whether Ochino actually said anything about justification in his Lenten sermons. See Philip *McNair* and John *Tedeschi*, New Light on Ochino, in: Bibliothèque d'Humanisme et Renaissance 35 (1973), 289–301.

[44] *Croce*, Alfabeto, 52f.: »Potrei ben dire cose meravigliose, s'io volessi cominciare a lodarvi la fede; ma bastivi sapere questio che tanto sarete cristiana quanto vi saperete confidare in Cristo, essendo cosi che essere una persona cristiana e essere giusta e non puote alcuna essere giusta se non per la fede, peroche il giusto vive per la fede.« And in the appendix attached to the *Croce*, Alfabeto, 134, Valdés employs one of his characteristic formulas for justification: »[...] e ad accettare di nuovo la giustizia di Cristo nel quale mi conosco giusto sempre che in me mi conosco ingiusto.«

[45] Juan de *Valdés*, Comentario a los Salmos escrito por Juan de Valdés en el siglo XVI y ahora impreso por primera vez, ed. Manuel Carrasco in collaboration with Eduard Boehmer, Madrid 1885. For English translation see Juan de *Valdés*, The First Book of Psalms, trans. John T. Betts, London 1894.

[46] *Valdés*, Salmos, 61. Cf. Collected Works of Erasmus, vol. 66: Spiritualia, ed. John O'Malley, Toronto 1988), XXV. O'Malley points out that »within the New Testament, he [Erasmus] showed a special preference for the Pauline corpus, and within that corpus the epistle to the Romans, [...] first attracted his attention at the very time he was working on the *Enchiridion* [...]« Cf. Marjorie O'Rourke *Boyle*, Erasmus and the »Modern« Question: Was He Semi-Pelagian?, in: Archiv für Reformationsgeschichte 75 (1984), 59–77.

pocket [...] and learn [him] by heart.«[47] Valdés was not alone in combining Paulism with Erasmianism. During this period a whole host of Pauline commentaries were written by Catholic churchmen and theologians, many of whom were greatly indebted to the Dutchman.[48]

Indications in his »Salmos« show that Valdés had not rid himself completely of a lingering Erasmian soteriology.[49] Characteristically, Valdés speaks of the religious man in language that suggests the human will, though fallen, still retains some flicker of independent power to

[47] *Erasmus*, Opera, vol. 5, 56: »In primis autem Paulum tibi facito familiarem: hic tibi semper habendus in sinu, nocturna versandus manu, versandus diurna, postremo et verbum ediscendus.«

[48] *McNair*, Peter Martyr in Italy, 130f. noted that there was considerable interest in the Pauline corpus among Catholic theologians during the 1530s. Besides written commentaries there were a number of private readings that focused on Pauline writings. For example in June 1537, Cardinal Ercole Gonzaga chaired such a private session on Paul's epistle to the Romans in Mantua. Thomas Henry Louis *Parker*, Commentaries on the Epistle to the Romans 1532–1542, Edinburgh 1986, VII-XII, concluded that eleven commentaries on Romans were published from 1532-1542, six of which were written by Catholic theologians. The six Catholics were: Cajetan, Gagney, Grimani, Guilliaud, Haresche and Sadoleto. The five Protestants were: Bucer, Bullinger, Calvin, Melanchthon and Pellican. Cf. Roberto *Cessi*, Paolinismo Preluterano, in: Rendiconti delle sedute dell'Accademia Nazionale dei Lincei (Series VII) 12 (1957), 3–30. David *Steinmetz*, Calvin and the Natural Knowledge of God, in: Via Augustini: Augustine in the Later Middle Ages, Renaissance and Reformation, ed. by Heiko A. Oberman and Frank A. James III, Leiden 1991 (Studies in Medieval and Reformation Thought 48), 142–156, expands Parker's list to include the posthumously compiled exegesis of Huldrych *Zwingli*, In evangelicam historiam de Domino nostro Iesu Christo, per Matthaeum, Marcum, Lucam et Ioannem conscriptam, epistolasque aliquot Pauli, annotationes d. Huldrychii Zuinglii per Leonem Iudae exceptae et editae (Zurich 1539) and a commentary by the Lutheran Erasmus *Sarcerius*, In Epistolam ad Romanos pia et erudita scholia (Frankfurt 1541).

[49] Erasmian tendencies pervade the »Alfabeto«. One of the more obvious Erasmian ideas which is evident in the »Alfabeto« is the interior-exterior dialectic (*Croce*, Alfabeto, 102f.). Even more obvious is the Erasmian ideal of Christian perfection. Valdés encourages Giulia to strive after such perfection (*Croce*, Alfabeto, 124f.). One of the most characteristic features of Erasmian thought, the imitation of Christ, is also present in the »Alfabeto« (*Croce*, Alfabeto, 107). John O'Malley (Collected Works of Erasmus, vol. 66: Spiritualia, XXIII, XLIIf.) makes the point that reflection upon one's baptismal vow plays an important role in Erasmian spirituality. Valdés' counsel to Giulia encourages precisely the same spiritual action (*Croce*, Alfabeto, 35). Methodologically, the »Enchiridion« is full of spiritual rules to aid the pious Christian. Again Valdés follows exactly the same procedure in his dialogue with Giulia Gonzaga (*Croce*, Alfabeto, 82). Finally, it is clear that with one exception, Valdés, like Erasmus, accepts traditional Catholic dogma. He encourages Giulia for example to attend mass and to participate in the adoration (*adorazione*) of the sacrament (*Croce*, Alfabeto, 107). We therefore conclude that the dialogue is profoundly Erasmian in nearly every respect except for the presence of justification by faith.

contribute or cooperate with God in salvation. According to Valdés, men »run lovingly after God«, and »remit themselves to God.«[50] Furthermore, nowhere in the »Salmos« does Valdés clearly affirm that faith is a gift of God. There are occasional Erasmian effusions that all good is a gift of God, but this has quite a different meaning.[51] This is significant since it is a crucial feature of his soteriology, especially the doctrine of justification, in all his later writings. These theological conclusions in the »Salmos« may indicate that Valdés had not yet fully understood Luther's doctrine and, Nieto's contention aside, that there is evidence of theological development. Despite a growing sensitivity to Lutheran conceptions, Valdés continues to employ language that fits uncomfortably within a Protestant scheme.

Valdés' later commentaries on the Pauline epistles reflect his more mature thought on justification. Preeminently, one finds in his commentary on Romans a clear affirmation of a distinctively Protestant doctrine of justification »by faith alone«.[52] He declares openly that Abraham »attained justification not by works, but by faith.«[53] This faith is said to be a »gift of God«,[54] and by it, »God has justified him in the righteousness of Christ«.[55] It is »through Christ and in Christ, with whose righteousness He [God] covers them and enfolds them.«[56] He often relates the »the righteousness of faith« with »being ingrafted and incorporated into Him [Christ].«[57] Valdés also envisions a positive and negative divine imputation. On the one hand, »God *does not* impute condemnation for the sins which he [man] commits«, and on the other hand, God *does* impute »faith for righteousness [of Christ].«[58] He is careful to distinguish justification from sanctification while not separating them. »So it is by believing that man attains justification, but by believing he also lives righteously [...]«[59]

Although obviously indebted to Protestantism for his basic understanding of justification, he nevertheless displays a measure of theological independence. He strongly advocates what he calls a »general

---

[50] *Valdés*, Salmos, 60.
[51] *Valdés*, Salmos, 164.
[52] *Valdés*, Romanos, 43.
[53] *Valdés*, Romanos, 51.
[54] *Valdés*, Romanos, 43, 47, 51, 52, 56.
[55] *Valdés*, Romanos, 46.
[56] *Valdés*, Romanos, 73.
[57] *Valdés*, Romanos, 55.
[58] *Valdés*, Romanos, 51.
[59] *Valdés*, Romanos, 170.

justification«,[60] which is closely linked to a universal atonement.[61] It is a kind of hypothetical universal justification, in which »Christ, by obeying God, wrought justification for all men, but only those who believe enjoy it.«[62] Those who experience a »living faith« are said to enjoy a »personal justification«[63] in distinction from a general justification. Employing different language, he makes clear the provisional character of this general pardon. »God, when he punished the sins of all the world in Christ, accepted all men into friendship. True indeed, it is that none enjoy this friendship except those who believe.«[64] He offers an illustration of this hypothetical universal justification. He says it »is as if a prince were generally to pardon all who fled his dominions so that they might return to their homes and some believing the Prince's pardon should return to their homes [...]«[65] Thus, it would appear that Valdés modified Luther's doctrine of justification by combining it with a universal atonement. Christ's death provides a general universal justification, but it can be appropriated only by a lively faith.

It must be recognized that Valdés was not a theologian in the same sense as Vermigli. To the end of his days, Valdés was a practical theologian, concentrating especially on matters related to edification and sanctification, as well as a biblical expositor who tended to shun traditional theological terminology. Throughout his writings, he is hampered by his lack of theological precision and his penchant for writing in a somewhat abbreviated style that often leaves matters unexplained. This practical orientation governed his approach to doctrinal questions.

Valdés teaching did indeed owe much to Protestantism and he made this more explicit for those in the inner circle, such as Vermigli. There is little doubt that these private discussions in Naples with Valdés wetted Vermigli's appetite for a deeper understanding of the Protestant understanding of justification.[66] Valdés never overtly crossed the

---

[60] *Valdés*, Romanos, 44, 51–52. He also speaks repeatedly of a »general pardon«(ibid., XXV, 216f., 257).

[61] *Valdés*, Romanos, XXV: »And thus I tell you that by the gospel, St. Paul means the proclamation of the good news of the general pardon [...] affirming that God has pardoned all the sins of all men in the world, executing the rigor of his justice for all of them upon Christ, who proclaimed this general pardon to the world.«

[62] *Valdés*, Romanos, 71.

[63] *Valdés*, Romanos, 41, 46.

[64] *Valdés*, Romanos, 207.

[65] *Valdés*, Romanos, 51–52.

[66] *Simler*, Oratio, 9.

Protestant divide, although privately he had crossed the theological Rubicon.

3. Infiltration of Italy

Protestant ideas made their way into Italy, just as they penetrated the rest of central Europe. Scholars have hotly debated the relationship between Protestantism and the Italian reform movement of the sixteenth century.[67] Three main interpretative approaches have emerged. Some scholars have seen Italian reform as an indigenous movement, whose origins antedate the northern Reformation.[68] Others have argued that the impetus for reform in Italy should be understood entirely as the consequence of Protestant infiltration.[69] Still another perspective acknowledges the indigenous origins of the Italian movement, but also recognizes that Protestant ideas infiltrated and subsequently gave definitive shape to the budding Italian movement.[70] The latter view probably comes closest to the historical reality. The desire to bring reform to the Church certainly predated Luther's protest. One need only recall the Fifth Lateran Council, where the Italian General of the Augustinian Order, Giles of Viterbo, declared that »men must be changed by religion, not religion by men.«[71] Reform ideas circulated in pre-reformation Italy and may well have prepared the way for a positive reception among some segments in the Church of the more highly developed theological ideas from the North.

[67] For an overview of recent scholarship on the transmission of Protestant books to Italy see: Carlo *De Frede*, Ricerche per la storia della stampa e la diffusione delle idee riformate nell'Italia del Cinquecento, Naples 1985; Silvana *Seidel Menchi*, Le traduzioni italiane di Lutero nella prima metà del Cinquecento, in: Rinascimento 17 (1977), 31–108; Ugo *Rozzo*, Linee per una storia dell'editoria religiosa in Italia (1465–1600), Udine 1993, 21–68 and Ugo *Rozzo*, Biblioteche italiane del Cinquecento tra Riforma e Controriforma, Udine 1994 (Libri e biblioteche 3).

[68] *Nieto*, Juan de Valdés, 333-337.

[69] *McNair*, Peter Martyr in Italy, 1–50.

[70] Dermot *Fenlon*, Heresy and Obedience in Tridentine Italy: Cardinal Pole and the Counter Reformation, Cambridge et al. 1972, 1–24.

[71] Giovanni Domenico *Mansi*, Sacrorum conciliorum nova et amplissima collectio, vol. 32, Paris 1901, col. 669: »[...] homines per sacra immutari fas est, non sacra per homines [...]« See also, John C. *Olin*, Catholic Reform: From Cardinal Ximenez to the Council of Trent (1495–1563), New York 1990, 48; John *O'Malley*, Giles of Viterbo on Church and Reform: A Study in Renaissance Thought, Leiden 1968 (Studies in Medieval and Reformation Thought 5), 139–178; and Advocates of Reform: From Wycliff to Erasmus, ed. by Matthew Spinka, Philadelphia 1963.

Despite Rome's antipathy toward Wittenberg, Luther nevertheless found admirers in the papal backyard. Among the earliest Italian promoters of Lutheran ideas was the Pavian bookseller Francesco Calvi.[72] In a letter of February 1519, Johannes Froben identified Calvi as a smuggler of Luther's books into Italy. Whether Calvi was the first to engage in the clandestine book trade is not known. What is certain is that many were to follow. Ultimately Italy remained Catholic, but there were dedicated reformists who made substantial efforts to bring northern reform ideas to their countrymen. Numerous studies of Italian printing have shown the extent to which northern reformist writings were dispersed throughout Italy. Not only the writings of Luther, but also the works of Oecolampadius, Melanchthon, Zwingli, Calvin and Bucer found their way to Italian soil.[73] During the 1520s and 1530s, the works of northern Reformers entered Italy with relative impunity, but by the end of the 1530s, the distribution of Protestant literature was becoming more difficult.

By 1545 the Catholic Church realized it had to do something to stem the flow of Protestant writings into Italy. Two developments prompted the shift in ecclesial attitude. First, the Valdésian inspired »Beneficio di Cristo« gained wide circulation in Italy, even in the higher echelons of the Church.[74] Second, the writings of Italian apo-

---

[72] Pietro *Tacchi-Venturi*, Storia della Compagnia de Gesu in Italia, vol. 1/1, Rome 1950, 433, quoted by Elisabeth *Gleason*, Sixteenth Century Italian Interpretations of Luther, in: Archiv für Reformationsgeschichte 60 (1969), 168.

[73] *Gilly*, Juan de Valdés: Übersetzer, 257-258. Cf. Carlo *De Frede*, La stampa nel Cinquecento e la diffusione della Riforma in Italia, in: Atti della Accademia Pontiniana 13 (1963/1964), 87-91 and Carlo *De Frede*, Per la storia della stampa nel Cinquencento in rappartoro con la diffusione della Riforma in Italia, in: Gutenberg Jahrbuch 1964, 175-184.

[74] There is a modern critical edition: Il Beneficio di Cristo con le versioni del secolo XVI, documenti e testimonianze, ed. by Salvatore Caponetto, Florence/Chicago 1972. The »Beneficio« has been translated into English by Ruth *Prelowski*, The »Beneficio di Cristo«, in: Italian Reformation Studies in Honor of Laelius Socinus, ed. by John A. Tedeschi, Florence 1965, 21-102. For background to this question of the sources of the »Beneficio di Cristo« see the provocative work of Tommaso *Bozza*, Il Beneficio di Cristo e la Istituzione della Religione Cristiana di Calvino, Rome 1961; Tommaso *Bozza*, Introduzione al »Beneficio di Cristo«, Rome 1963. Also important are: Valdo Vi*nay*, Die Schrift »Il Beneficio di Gesù Cristo« und ihre Verbreitung in Europa nach der neueren Forschung, in: Archiv für Reformationsgeschichte 58 (1967), 29-72. As to the authorship see Carlo *Ginzburg* and Adriano *Prosperi*, Le due redazioni del »Beneficio di Cristo«, in: Albano Bondi et al (ed.), Eresia e Riforma nell'Italia del Cinquecento, Florence/Chicago 1974 (Biblioteca del Corpus Reformatorum Italicorum, Miscellanea 1), 135-204; *Fenlon*, Heresy and Obedience, 69-88; and Barry *Collett*,

states, like Vermigli and Bernardino Ochino, began to filter back into Italy.[75] It was felt both of these developments posed a spiritual threat to the well being of the Church. As a result ecclesiastical legislation was enacted to prohibit the import and distribution of Protestant literature. Censorship was fully implemented in Italy by mid-century. Importers of northern Protestant literature therefore resorted to more sophisticated methods of smuggling their religious contraband.[76]

Valdés himself was acquainted with some of Luther's early writings as well as those of Oecolampadius and Melanchthon, even before he fled the Spanish Inquisition.[77] Indeed, most Vermigli scholars assume that Valdés was behind the circulation of such literature among some members of his Neapolitan fellowship. Pietro Carnesecchi revealed at his inquisitional trial in 1566 that he and other Valdésians had read Luther's commentary on the Psalms, as well as Bucer's commentaries on Matthew and Romans and Calvin's »Institutes«.[78] There is now a scholarly consensus that Calvin's »Institutes« served as a primary source for the »Beneficio de Cristo«.[79] At one point or another, many of the central figures of the Valdésian circle came into contact with Protestant reform writings.

4. Vermigli and the Road to Reformation

Like others in the Valdésian circle at Naples, Vermigli came into direct contact with Protestant books. Simler records in his »Oratio« that Vermigli read two works from the pen of the Strasbourg Reformer Martin Bucer, »Enarrationes perpetuae in sacra quatuor Evangelia«

Italian Benedictine Scholars and the Reformation: The Congregation of Santa Giustina of Padua, Oxford 1985 (Oxford Historical Monographs), 157–185.

[75] Paul F. *Grendler*, Protestant Books, The Circulation of Protestant Books in Italy, in: Peter Martyr Vermigli and Italian Reform, ed. by Joseph C. McLelland, Waterloo 1980, 6.

[76] *Grendler*, Protestant Books, 6.

[77] *Gilly*, Juan de Valdés: Übersetzer, 257f.

[78] Giacomo *Manzoni* (ed.), Estratto del processo di Mons. Pietro Carnesecchi, in: Miscellanea di Storia Italiana 10 (1870), 195, 203, 210f., 213f. Cf. *Firpo*, Tra alumbrados, 24–42.

[79] *Bozza*, Il Beneficio di Cristo e la Istituzione della religione cristiana di Calvino; *Vinay*, Die Schrift »Il Beneficio di Giesù Christo«, 29–72; Salvatore *Caponetto*, Benedetto da Manatova, in: Dizionario biografico degli italiani, vol. 8, Rome 1996, 437–439; *Collett*, Italian Benedictine Scholars, 159-165, 171-185.

and his »Sacrorum Psalmorum libri quinque«. Vermigli also read two works from Ulrich Zwingli – »De providentia Dei« and »De vera et falsa religione«. Simler also mentions that Vermigli read some unidentified works by Erasmus.[80]

Based on Simler's account, it would seem Vermigli's encounter with Protestant literature in Naples was the culmination of a process of theological and moral reflection. Vermigli's residence in Bologna 1530–1533 marks a turning point in his intellectual development. While there, Vermigli began a new and concentrated study of the Bible. Although the theological curriculum at Padua required him to spend considerable time in biblical studies, a new level of interest emerged in Bologna. His purpose for learning Greek while in Padua was to study Aristotle. But in Bologna, he learned Hebrew in order to study the Bible. Simler writes of this period: »he [Vermigli] began more diligently than before to search out the very fountains of theology, that is, the Holy Scriptures of both testaments.«[81] Intensive biblical studies continued during his abbacy at Spoleto (1533–1536) and at Naples.[82]

At some point during his Neapolitan residency, Vermigli's biblical studies gave rise to two important conclusions. The first conclusion resulting from his biblical studies was the recognition of »errors and abuses in the Church«.[83] Of course corruption in the Church was nothing new to Vermigli or to anyone else alive in sixteenth century Italy. Something more seems to be in view than mere recognition of moral corruption in the Church. This link between Bible study and the recognition of ecclesial corruption may indicate that Vermigli had come to believe that the church of his day had fallen into theological error. A few years later, Vermigli would explicitly accuse the Catholic Church of Pelagian tendencies in the context of his doctrine of justification.[84] Perhaps even more important is the second conclusion. Simler indicates that Vermigli's recognition of ecclesial error and abuse

---

[80] *Simler*, Oratio, 4: »[...] atque nactus Buceri commentaria in Evangelistas, et annotationes in Psalmos, quas ille sub Aretii Felini nomine ediderat, diligenter evoluit. Zuinglii quoque librum de vera et falsa religione, et alterum eiusdem de providentia Dei, nonnulla etiam Erasmi et legit, et se horum omnium lectione multum profecisse saepe ingenue confessus est.«

[81] *Simler*, Oratio, 4: »[...] diligentius quam ante hac ipsos fontes Theologiae, Sacras litteras utriusque testamenti per scrutari coepit.«

[82] Record of Vermigli's Abbacy in Spoleto is found in the »Acta Capitularia« MS. 221, fol. 8or (Biblioteca Classense, Ravena).

[83] *Simler*, Oratio, 5: »[...] errores, et abusus in ecclesia coepit agnoscere.«

[84] *Valdés*, Romanos, 215.

prompted the reading of northern Reformers. Having first come to the
personal conclusion that the Church was in theological error, he then
turned with a new open-mindedness to the writings of those who had
reached many of the same fundamental conclusions. Why he turned to
Zwingli and Bucer rather than other Reformers we are not told. What
is known is that Vermigli »diligently read« these authors.[85]

That Vermigli read the writings of Bucer and Zwingli is clear from
Simler's account, but equally important is to determine *how* Vermigli
read them. One must not presuppose that Vermigli read heretical writings uncritically. Some insight into how Vermigli would have appro-
ached such writings may be gained by briefly considering the attitudes
of other Valdésians and their encounter with northern reformist literature. Pietro Carnesecchi provides one of the most significant clues
when he states before the Inquisition: »We picked gold from dung.«[86]
On the one hand, Carnesecchi can describe Luther as a theologian
who had »interpreted many places very well«. On the other hand, he
»disagreed with Luther's schism from the church«.[87] Marcantonio Flaminio also was selective in his appropriation of northern reform ideas.
He read Calvin and may have borrowed his ideas in revising the
»Beneficio di Cristi«.[88] Flaminio affirmed the Lutheran doctrine of
justification by faith alone, yet he never abandoned the Church or the
doctrine of transubstantiation.[89] As we have already suggested, Valdés
himself was selective in his annexation of Luther's theological ideas.
Although he embraced the essence of *sola fide*, there were other aspects
of Luther's formulation of the doctrine of justification that Valdés did
not adopt.[90] Above all, Valdés did not agree with Luther that *sola fide*
required withdrawal from the Roman Church. Despite these differences, Valdés and Valdésians were willing to mine Protestant writings for
theological gold.

It is very likely that Vermigli adopted much the same attitude toward Protestant writings as the Valdésians. By the time of his Priorate
in Lucca, he evinced a Protestant-like soteriology and had probably
rejected a traditional view of the sacraments, yet he was unwilling to
abandon the Catholic Church, that is, until compelled by the Roman

---

[85] *Simler*, Oratio, 4.
[86] *Manzoni*, Estratto, 327.
[87] *Manzoni*, Estratto, 325-327.
[88] See *Collett*, Italian Benedictine Scholars, 157–185.
[89] *Fenlon*, Heresy and Obedience, 93.
[90] *James*, Juan de Valdés Before and After Peter Martyr Vermigli, 188.

Inquisition.[91] Neither Vermigli nor his fellow Italian reformists simplistically and uncritically accepted the teachings of Luther or other Protestants. They selectively borrowed what they deemed right and in accordance with Scripture.

The typical assumption that Catholic reformists were concerned more with moral reform whereas the Reformers in the north were concerned with doctrinal reforms cannot be substantiated. Distinguishing the »gold« of Protestantism from its »dung« required significant theological acumen. One of the most difficult theological issues for Italian reformists was how to balance their ecclesiology with their soteriology. For many, ecclesiological convictions outweighed their soteriological beliefs. The difficult choice was between remaining within the Church while seeking reform and abandoning the Church entirely. The Italian reformists for the most part opted for the former unless compelled to apostatize by the Inquisition.

Although he did not know it at the time, when Vermigli first read Bucer and Zwingli in Naples, he had crossed the theological Rubicon. He eventually came to the conviction that the Valdésians were wrong about one thing. Believing that one is justified by faith alone did require withdrawal from the Roman Church. With the Inquisition breathing down his neck in 1542, he concluded that his future as a theologian lay with the Protestants. He crossed the Alps hoping to find a place where he could teach the doctrine of justification by faith alone without encumbrance from religious authorities. In the providence of God, he found just such a place – Bucer's Strasbourg.

---

[91] Salvatore *Corda*, Veritas Sacramenti: A Study in Vermigli's Doctrine of the Lord's Supper, Zurich 1975 (Zürcher Beiträge zur Reformationsgeschichte 6), 25 f.

FROM FLORENCE TO ZURICH VIA STRASBOURG AND OXFORD: THE INTERNATIONAL CAREER OF PETER MARTYR VERMIGLI (1499–1562)

Torrance Kirby

I. VERMIGLI IN ITALY

According to his contemporary and biographer, Josiah Simler, Peter Martyr Vermigli »was no vulgar Diuine or of the common number of learned men, but he was of so great wit, of so excellent learning, and therewithall of such godlinesse, modestie, and courteous behauiour, that both he was acceptable, beloued and reuerenced among them with whom he liued, and was euen of the aduersaries also reckoned among the excellent men, and was had of them in great admiration.«[1] Vermigli was born into a modest household in Florence and was named for Saint Peter Martyr of Verona who, according to legend, was killed by Manichean heretics for his defense of the orthodox faith.[2] At the age of 16 he was sent a short distance up the hill from his home in Florence to the Augustinian canons of Fiesole where he read *litterae humaniores*. His school chums were young Florentines bearing such names of the Florentine nobility as de Medici, Ricci, and Stuphas. From thence he went to the University of Padua where, for eight years, he was immersed in liberal studies, and chiefly Aristotle. Here he must have acquired his thorough grasp of Aristotelian method and logic which was to become the acknowledged hallmark of his mature writing. By the age of 26 he had mastered Greek and offered lectures on Homer. Around 1525 he was appointed Deputy Prior of his order in Bologna and, being required to preach on the scriptures of both Tes-

---

[1] Josiah *Simler*, An Oration of the life and death of that worthie man and excellent Diuuine d. Peter Martyr Vermillius, professor of Diuinitie in the Schoole of Zuricke, in Another Collection of certeine Diuine matters and doctrines of the same M. D. Peter Martyr, translated and partlie gathered by Anthonie Marten, London 1583, 2r. The narrative that follows is largely drawn from Simler's account.

[2] Born at Verona, 1206; died near Milan, 6 April, 1252.

taments, he applied himself to the study of Hebrew with the aid of a private tutor, a Jewish physician known to us only by the name of Isaac. This was a decisive event, for Vermigli – like both Luther and Calvin – came to devote the bulk of his scholarly energy to commentary on the Old Testament. Moving swiftly up the ladder of preferment, he went on to become Abbot of Spoleto for three years, and then Prior of the College of S. Pietro ad Aram in Naples where he met the great Spanish mystic Juan de Valdes, then leader of the movement known as the *alumbrados* or *spirituali*. Here Vermigli first met Bernardino Ochino who was to become his close associate in both his migration to Protestantism and his eventual flight from Italy. In the company of the *spirituali* Vermigli was introduced to the writings of Martin Bucer and Huldrych Zwingli. Building upon this new theological bearing he offered lectures debunking the traditional doctrine of Purgatory.

On the path of his preferment he had already acquired numerous powerful friends in Rome: Gonzaga, Cardinal of Mantua, Gasparo Contarini, Peter Bembo, and Henry VIII's cousin Reginald Pole who went on to become Cardinal and Archbishop of Canterbury under Queen Mary and Vermigli's nemesis. Meanwhile Vermigli was promoted Visitor General of the entire Order of Augustinian Canons, elevated to the Priory and bishopric of San Frediano in Lucca, and was by now clearly marked as one on the path to becoming a prince of the Church. At Lucca he set up a trilingual College (Hebrew, Greek, and Latin) based upon the Erasmian principles of Christian humanist education which had recently inspired the foundations of St John's College, Cambridge and Corpus Christi College, Oxford. At Lucca Vermigli entertained both the Emperor Charles V and Pope Paul III; he conferred daily with Contarini on matters theological, and had even begun to persuade this powerful Cardinal of the validity of Martin Luther's objections to the Church's teaching on purgatory, indulgences, and the doctrine of grace in general. At Rome, theological disputation had reached a crisis in 1542, the year in which the Inquisition was established and decisive moves made to call a General Council of the Church. Accusations of heresy were leveled directly against Vermigli. As his protector Cardinal Contarini lay dying in Rome, Vermigli's situation had become so untenable that he fled to Zurich. Eighteen of his former students at Lucca followed him, and he thus contributed to the establishment of an enduring community of Italian protestants in exile, which included such distinguished reformers as Ochino, Emmanuel Tremellius, and Jerome Zanchius. Heinrich Bullinger received Martyr warmly on his arrival in Zurich, but there was no post for him then in the *Schola Tigurina*.

2. Strasbourg

Shortly thereafter Martin Bucer invited him to become professor of Hebrew at Strasbourg, and it was here that his reputation as a biblical commentator was well and truly launched. At Strasbourg he outshone even his distinguished host with his »exact method« and his »pure and plain stile«. Vermigli had the ability much admired in the Renaissance to instruct and to delight in equal measure: »he pleased the mindes of his hearers, no onely for the grauitie of the things themselues, but also for the sweetnesse and elegancie of his stile: And moreouer euen in the lectures themselues he with a singular grauities sometime exhorted to godly life, sometime by a sharp rebuking he stirred vp to repentance, so that his lectures, being as it were sauced with all these thinges, and shewing an excellent doctrine and eloquence, ioyned with singular pietie, procured him great glorie in the iudgement of all men.«[3]

Following Bucer's and Luther's example, Vermigli took the position that marriage was an honourable estate for a clerk, and proceeded to marry Katherine Dampmartin. She spoke no Italian and he very little German, so we are left to conjecture about domestic discourse – not to mention pillow-talk – conducted in Latin.

3. Oxford

After five years as professor at Strasbourg, Vermigli's reputation as a leader of Protestant Reform had grown to such an extent that he and his host Bucer were jointly invited by King Edward VI through the offices of Archbishop Thomas Cranmer to take up senior positions at Oxford and Cambridge respectively. Both were appointed to the prestigious Regius chairs in Divinity.

---

[3] *Simler*, Oration, 6v. *Horace*, Ars poetica, v. 333: »prodesse et delectare«.

Once installed at Oxford Vermigli began to lecture on Paul's first epistle to the Corinthians and very swiftly became embroiled in a bitter dispute over the doctrine of the Eucharist. His initial opponent was the conservative Richard Smith, who had just been sacked from the Regius chair to make way for Vermigli. Smith, however, fled to Louvain to join other Catholics in exile before the disputation was fully underway. The ensuing formal debate became an event of national significance. Richard Cox, Chancellor of Oxford, presided along with Henry Holbeach, bishop of Lincoln, and the great humanist scholar and Gentleman of the Privy Chamber, Sir Richard Morison. (Later, during the Marian exile, both Cox and Morison would visit Vermigli in Zurich as guests in the house of Heinrich Bullinger. Such were the vagaries of fortune in the mid-sixteenth century.) In this debate Vermigli formulated what came to be recognized as both his single most significant contribution to Reformation thought and also, though much less recognized, his lasting influence upon the liturgy of the Book of Common Prayer.[4] Vermigli's formulation of the doctrine of the eucharist was praised by John Calvin as the clearest, best formulated orthodox statement of the Reformed position. Known technically as »instrumental realism«, this doctrine seeks to reconcile the conflicting positions of Zwingli's anti-realist sacramentarian memorialism and Luther's hyper-realist consubstantiation, the conflict which caused the deep and lasting rift between the two main Protestant camps, i.e. the Lutherans and the Reformed. Vermigli's eucharistic position is set out in his »Discourse on the Sacrament of the Lordes supper« published in 1550. This formulation became the touchstone of the great liturgical revision which resulted in the second Prayer Book of Edward VI of 1552. Of special significance for the measure of Vermigli's influence on the English Church is the fact that the 1552 Prayer Book sets the standard for all subsequent authorised revisions of the liturgy, including the two most important revisions of the Elizabethan Settlement (1559) and the Restoration Settlement (1662).

[4] See: A discourse or traictise of Petur Martyr Vermilla Flore[n]tine, the publyque reader of diuinitee in the Vniuersitee of Oxford: wherein he openly declared his whole and determinate iudgemente concernynge the sacrament of the Lordes supper in the sayde Vniuersitee, London: Robert Stoughton at the signe of the Bysshoppes Miter, 1550. See also the critical edition by Joseph C. McLelland, The Oxford Treatise and Disputation on the Eucharist, Kirksville 2000 (The Peter Martyr Library 7 / Sixteenth Century Essays and Studies 56). For a discussion of Vermigli's influence on Cranmer's revision of the Prayer-Book liturgy, see Joseph C. *McLelland*, The Second Book of Common Prayer, in: idem, The Visible Words of God: An Exposition of the Sacramental Theology of Peter Martyr Vermigli, Edinburgh 1957, 28–40.

Shortly after the Oxford Disputation on the Eucharist, there was a popular uprising in Devonshire and Cornwall focussed on resistance to the recent imposition of the vernacular liturgy at Pentecost in 1549. Although the object of this conservative popular protest was the liturgy of the First Edwardine Prayer Book, of which both Vermigli and Bucer were critical as being insufficiently Reformed in its theological assumptions, Vermigli was nonetheless singled out by the rebels as among those responsible for the 1549 book and was the subject of death threats.[5] During the Western Rising, sometimes referred to as the »Prayer Book Rebellion«, Vermigli was forced to remove himself from Oxford. He was conducted safely by his friends to London, was received enroute by the King at Richmond, and resided for a time with Cranmer at Lambeth. On his return to Oxford, Vermigli was formally installed as a Canon of Christ Church and created a Doctor of Divinity of the University. At some point during or shortly after the suppression of the western uprising, Vermigli wrote »A Sermon concernynge the tyme of rebellion« in which he addresses the grievances of the rebels, and offers a measured defence of the government's proceeding against sedition. The text of this sermon in Peter Martyr's own hand is in the Matthew Parker collection of MSS at Corpus Christi College, Cambridge.[6]

During this unsettled period Vermigli was appointed by the King to a committee charged with the revision of the Canon Law of England. Initially the committee consisted of 24 members, but it was later reduced to a working group of just four members, which included Cranmer, Vermigli, Walter Haddon, then Regius Professor of Civil Law at Cambridge, and Rowland Taylor, Chancellor to Bishop Nicholas Ridley and, according to John Foxe, one of the first of the Marian martyrs, probably owing to his open support of the Lady Jane Grey.[7] Vermigli contributed extensive emendations to the 1552 text of the »Reformatio legum ecclesiasticarum«, a thorough reformation of the Canon Law which was brought to completion just prior to the death of Edward VI; although printed in 1571 by John Foxe, it was abandoned after the accession of Elizabeth.[8] At the death of Edward, Vermigli was in an

---

[5] See *Simler*, Oration, Qq2v.

[6] MS 340, no. 4.

[7] James C. Spalding (ed.), Reformatio legum ecclesiasticarum: The Reformation of the Ecclesiastical Laws of England, 1552, Kirksville 1992 (Sixteenth Century Essays and Studies 19). (Includes Vermigli's emendations to text of the »Ecclesiastical Laws«).

[8] Tudor church reform: the Henrician Canons of 1535 and the Reformatio Legum

awkward position. Both Cranmer and Taylor were soon to be execu-
ted, and there were certainly many old adversaries at Oxford who
would doubtless have been happy to see the Florentine consigned to
the flames as well. Before receiving permission to depart the realm,
Vermigli courageously consented to join Cranmer and other Protestant
divines in a public disputation with representatives of the new Catholic
establishment in defence of »doctrine and order of religion appointed«
by Edward VI.[9] Cranmer, however, was imprisoned and nothing came
of the proposed disputation. Vermigli was allowed a passport, and
departed for Strasbourg where he was reinstalled in his former chair.[10]

4. VERMIGLI'S SECOND STAY IN STRASBOURG

At Strasbourg he wrote his most important work of political theology
in the form of a »Commentary on the book of Judges«,[11] and began a
»Commentary on Aristotle's Nicomachean Ethics« which was recently
published for the first time in English translation.[12] He also wrote a
lengthy reply on Cranmer's behalf to Stephen Gardiner's attack on the
Archbishop's »Treatise on the Lord's Supper«.[13] This alone is indica-

Ecclesiasticarum, ed. by Gerald Bray, Woodbridge 2000. According to Bray, Foxe's
text was based on a lost 1552 final version of the »Reformatio«, so that it represents the
conclusions of Cranmer, Vermigli and their colleagues rather than a later revision
supposedly supervised by Matthew Parker. Bray also considers why the revised Canon
Law was not adopted under Elizabeth, and concludes that it was abandoned by its
friends rather than defeated by its enemies.

[9] *Simler*, Oration, Qq3r.

[10] Concerning his safe conduct Simler observes, »his friendes scarcelie beleeued,
that although he had had received the Queens Letters, that he could depart away safe.
For his aduersaries said, that so great an enemie of the Popes Religion should not be
suffered to scape out of their hands, but should be plucked euen out of the ship to
prison and punishment.« Oration, Qq3r.

[11] The commentary on Judges was first published in a Latin edition at Zurich
under the title »In librum Iudicum D. Petri Martyris Vermilij Florentini […] com-
mentarij doctissimi (Zurich: Christopher Froschauer, 1561) and three years later in
English translation by John Day under the title »Most fruitfull [and] learned
co[m]mentaries of Doctor Peter Martir Vermil Florentine, professor of deuinitie, in the
Vniuersitye of Tygure: with a very profitable tract of the matter and places« (London:
John Day, 1564).

[12] In Primum, Secundum, et Initium Tertii Libri Ethicorum Aristotelii ad Nicho-
machum, Zurich: Christopher Froschauer, 1563); Commentary on Aristotle's Nicomachean Ethics, ed. by Emidio Campi and Joseph C. McLelland, Kirksville 2006 (The
Peter Martyr Library 9 / Sixteenth Century Essays and Studies 73).

[13] Peter Marytr *Vermigli*, Defensio doctrinae ueteris et apostolicae de sacro sancto

tive of Cranmer's great trust in Vermigli's theological judgement. After a short second stint at Strasbourg, Vermigli became embroiled in further eucharistic controversy between the Lutheran establishment and the minority of those who adhered to his own Reformed position. Owing, however, to the recent death of Conrad Pellican, biblical scholar and exegete of the *Schola Tigurina*, Vermigli finally realised his homecoming by being appointed to succeed in Pellikan's place as Professor of Hebrew in 1556.

When Vermigli left England he was followed shortly afterwards by John Jewel. At the accession of Queen Mary Jewel was charged not only with having preached heretical doctrine, but also with having been a diligent hearer of Vermigli's lectures and of refusing to attend mass. He was expelled from Corpus Christi College, and after serving as notary to Cranmer and Ridley during their public disputation in 1554, fled to Frankfurt where he joined Richard Cox, the exiled Dean of Christ Church, Vermigli's former College, and thence to Strasbourg at Vermigli's invitation. Jewel assisted Vermigli as his secretary, and both he and Cox eventually accompanied Vermigli to Zurich.

5. Zurich

Vermigli's great stature as a reformer is indicated by some of the events in the final years of his career at Zurich before his death in 1562. While Professor of Hebrew he was invited by Calvin to take up an appointment at the Geneva Academy, and after the death of Mary was invited most cordially by Elizabeth to return to his Regius Chair at Oxford.[14]

Eucharistiae sacramento [...] In quatuor distincta partes aduersus Stephani Gardineri [...] librum [...] sub titulo [...] Confutatio cavillationum, Zurich: Christopher Froschauer, 1559.

[14] John Jewel to Peter Martyr Vermigli, 28 April 1559, The Zurich Letters, comprising the correspondence of several English bishops and others, with some of he Helvetian reformers during the reign of queen Elizabeth, transl. [...] and ed. by Hastings Robinson, vol. 1, Cambridge 1842 (Publications of the Parker Society), 20: »The Queen both speaks and thinks most honourably of you: she lately told Lord [Francis] Russell that she was desirous of inviting you to England, a measure which is urged both by himself and others, as far as they are able.« See also Sir Antony Cook's effusive letter to Vermigli of 12 February 1559, Zurich Letters, vol. 2, Cambridge 1845, 13. Vermigli was formally invited to return to his post as Regius Professor of Divinity at Oxford in 1561, but excused himself for reasons of health and his obligations to the Senate of Zurich. See Vermigli's response to Earl Russell in »Letter to the Right honourable the Duke [sic] of Bedford«, Divine Epistles, transl. Anthonie Marten,

At the news of Elizabeth's accession Vermigli penned an effusive pan-
egyric to the young Queen containing both fulsome praise and some
fairly pointed advice.[15] In an almost hyperbolic invocation of the
»Song of Zechariah« from the Gospel of Luke, Vermigli evokes a stri-
king comparison of Elizabeth's accession to the scriptural trope of
redemptive kingship. By means of an appeal to a host of Old-Testa-
ment and early-Church examples of kingship he goes on to advise
Elizabeth on her duty of religious reform in England. Vermigli extends
the metaphor of anointed kingship to the point of identifying England
as an »elect nation«, a conceipt which was destined to become a com-
monplace of Reformation historiography. As God's anointed it is Elizabeth's divinely appointed task to »redeem« the nation through the
restoration and establishment of her »godly rule«.

With respect to Vermigli's international stature perhaps most telling
of all is his appointment by the Senate of Zurich as principal repres-
entative of the Church of Zurich, along side Theodore de Bèze, Calvin's successor at Geneva, at the Colloquy of Poissy convoked by Ca-
therine de Medici, mother of King Charles IX and regent of France.
Attended by Charles of Guise, Cardinal of Lorraine leading a contin-
gent of several dozen Cardinals and bishops representing the French
Church, the conference was a desperate bid to bring about reconciliation between Catholic and Protestant factions, but it foundered on
the critical question of the manner of the »real presence« in the Eucharist. Vermigli was able to address the Queen as a fellow Florentine,
and she is recorded as having asked him frequently and cordially what
counsel he could give for bringing about a peaceful resolution to the

---

London: H. Denham, 1583), 164–165: »Truelie if I might haue mine owne will I woulde
no lesse serue the church of Englande than before time I haue doone: howbeit neither
mine age nor the strength of my body wil any longer indure the same, being not able
to indure a viage solong, so diuers and not altogether easie […] it seemeth better for
me that I remaine where I am.« See also his reply »to a verie honourable Prince in
England«, Divine Epistles, 127–128: »it standeth thus with mee, that I am appointed to
the citie and Church of Tigure, and therefore I am not at my owne libertie.«

[15] Peter Martyr *Vermigli*, To the Most Renowned Princess Elizabeth, by the grace of
God Queene of England, France and Ireland, published in: Martyr's Divine Epistles,
an appendix to the English edition of Common Places, transl. Anthony Marten, Lon-
don: John Day, 1583, part V, 58–61. For the original Latin version of the letter, see:
Martyris Epistolae Theologicae, appended to Loci communes, ed. Robert Masson,
London: Thomas Vautrollerius, 1583, 1121–24; first edition London: John Kingston,
1576. For an excellent modern English translation, see Peter Martyr *Vermigli*, Life,
Letters, and Sermons, transl. and ed. by John Patrick Donnelly, Kirksville 1999 (The
Peter Martyr Library 5 / Sixteenth Century Essays and Studies 42).

religious differences which were soon to engulf France in a bloody conflict that would last into the next century. Here we see Vermigli as an international religious leader, courted by and giving advice to princes. In the key disputation of the Colloquy, once again concerning the Eucharist, Vermigli takes the lead among the Protestant representatives. After the inevitable failure of Poissy, Vermigli returned to Zurich where, within a few months, he died. His portrait, painted by Hans Asper as one of a series of the leading figures of the *Schola Tigurina*, now hangs in the National Portrait Gallery in London.

Throughout the Elizabethan era Vermigli's influence can only be said to have grown. Several of his biblical commentaries were translated from Latin into English and published by John Day, the Queen's Printer. The title pages are festooned with royal iconography – lions and unicorns, dragons and phoenixes, Tudor roses and crowns, and always the knotted letters ER – all conveying evidence of Establishment approval. The *scholia* from these commentaries were collected and published in a four-volume folio edition by John Kingston in 1576, and later in English translation by Anthony Marten, under the title of »The Commonplaces of Peter Martyr«.[16] The »Commonplaces« were organised into four parts corresponding to the principal divisions of Calvin's »Institution of the Christian Religion« (1559). Over the next fifty years the commentaries and the Commonplaces went through multiple editions in both Latin and English and the latter, together with Bullinger's equally famous »Sermonum Decades«, became a standard theological textbook in both universities. Prior to the 1590s, Vermigli's theology was arguably more influential in both Oxford and Cambridge than Calvin's. In the major disputes in the earlier part of Elizabeth's reign – in the Vestiarian Controversy of the mid-1560s and the Admonition Controversy of the 1570s – Vermigli's authority was constantly invoked.

[16] Loci communes: Ex variis ipsius aucthoris and libris in unum volumen collecti, and quatour classes distribute, ed. Robert Masson, 3 vols, London: John Kingston, 1576 and The Commonplaces of the most famous and renowmed Diuine doctor Peter Martyr, divided into foure principall parts, translated and partlie gathered by Anthonie Marten, one of the Sewers of hir Maiesties most Honourable Chamber, London: H. Denham, 1583.

6. INFLUENCE

Although much neglected by historians and political theorists after 1600 (and only very recently having become a subject of scholarly interest), in Edwardine and Elizabethan England Vermigli was regarded by his contemporaries among a preeminent leaders of international Reform throughout his career, and his »auctoritas«[17] was unmatched by any other continental reformers, Calvin included, among the Elizabethan establishment. Vermigli's decisive contributions to the formation of the Elizabethan religious and constitutional settlement are only beginning to receive due acknowledgement by modern critical history of the English Reformation.[18] In particular, Vermigli exerted considerable influence on English political theology during the mid-Tudor period, i.e. from the accession of Edward VI in 1547 to the period of consolidation of the Elizabethan Settlement in the early 1570s. This influence calls for a reconsideration of the underlying historiographical assumptions and interpretations of the English Reformation, with a view to demonstrating that the principles and aims of the religious settlement of 1559 were in accord with ideas prevalent on the continent, and that Vermigli himself was arguably one of the principal figures involved in forging this link. The received interpretation of the Elizabethan Settlement as the work of political exigency and pragmatic compromise *rather than* any clear view of Reformed theological principles – as a »settlement of religion« but not a genuinely »religious settlement« – becomes more difficult to sustain the more closely the influence of this clear-thinking theologian is addressed. Patrick Collinson observed that »the accession of the Protestant Elizabeth

---

[17] In his dedication of his 1583 edition of Vermigli's »Commonplaces« to Queen Elizabeth, Anthony Marten – also sewer in the Queen's chamber – observes as follows: »I cannot but call to mind with ioie and reuerence, that this our natiue countrie did first of all kingdoms in the world, faithfullie receiue, and publikelie professe the religion of Christ. And it reioiseth me much more, that after so long and so foule a fall of the house of God, this of all other kingdoms did first openlie indeuour to repaire the ruines thereof: a principall labourer in which worke was D. Peter Martyr, who long susteined upon his owne, and almost onlie shoulders the greatest weight of this burthen [...]« See The Commonplaces of the most famous and renowmed Diuine doctor Peter Martyr, divided into foure principall parts, translated and partlie gathered by Anthonie Marten, one of the Sewers of hir Maiesties most Honourable Chamber, London: H. Denham, 1583, A3v-A4r.

[18] See W.J. Torrance *Kirby*, The Zurich Connection and Tudor Political Theology, Leiden / Boston 2007 (Studies in the History of Christian Traditions 131).

at once revived deeply rooted notions of the Church as a great public corporation, one with the commonwealth and presided over by royal governors.«[19] Was this »Constantinian« or »Erastian« impulse a merely pragmatic compromise, or was it reconcilable with the Church of England's claim to adhere to the essential tenets of Reformed Protestant orthodoxy? Were the doctrine and the institutions established in the Settlement of 1559 at some underlying level in mutual contradiction? Was the Settlement really tantamount to what Diarmaid MacCulloch has likened to a »theological cuckoo in the nest«, that is, the embrace of a reformed evangelical teaching within an unreformed conservative institutional setting at odds with the first principles proclaimed?[20] Such a conflict of principle and practice on the part of the Elizabethan Church was certainly the common view taken by the Settlement's Puritan critics just as it currently is of the promoters of the English exceptionalist interpretation. A closer examination of the substantive contributions of Peter Martyr Vermigli to the formulation of the doctrine and order of the Church of England provide a corrective to the hitherto usual response to this question.

[19] Patrick *Collinson*, The Elizabethan Puritan Movement, London 1967, 24.
[20] Diarmaid *MacCulloch*, The Later Reformation in England, 1547–1603, New York ²2000, 29.

THE ITALIAN ANTITRINITARIANS

Joseph C. McLelland

The subject of Antitrinitarianism in the Reformation is well documen-ted,[1] but perhaps patient of further examination in light of Peter Mar-tyr Vermigli's life and thought. We begin with »the myth of Italy« as context, then turn to some key players in the theodrama, including Vermigli's own response.

1. »THE MYTH OF ITALY«

It was Antonio D'Andrea who spoke of »the myth of Italy« to illustrate the Renaissance image of a mixed, even contradictory, set of qualities and attitudes towards the peninsula. In particular he draws attention to the role played by Geneva, including its Italian congregation, in fos-tering this image.[2] The issue involves not only the suspicion of Italian rationalism and speculation, but also the role of Machiavelli, at least of what he was taken to stand for against the opposition of the Church of Rome. For instance, the 1560 Latin edition of »The Prince« was trans-lated by Silvestro Tegli and published by Pietro Perna,[3] both of whom

---

[1] E. g. Antonio *Rotondò*, Calvino e gli antitrinitari italiani, in: *Id.*, Studi e ricerche di storia ereticale italiana del Cinquecento, Torino 1974, English translation: Antonio *Rotondò*, Calvin and the Italian anti-Trinitarians, transl. by John and Anne Tedeschi, St. Louis, MO 1968 (Reformation Essays and Studies 2); Luigi *Firpo*, Il vero autore d'un celebre scritto anti-trinitario: Christian Francken, non Lelio Socino, in: Bolletino della Società di studi Valdesi 104 (1958), 51–68; 107 (1960), 27–36; Earl Morse *Wilbur*, A History of Unitarianism, Cambridge 1952; Delio *Cantimori*, Eretici italiani del Cinque-cento, Florence ³1992; George Huntston *Williams*, The Radical Reformation, Kirks-ville, MO ³1992.

[2] Antonio *D'Andrea*, Geneva 1576–78: The Italian Community and the Myth of Italy, in: Peter Martyr Vermigli and Italian Reform, ed. by Joseph C. McLelland, Waterloo 1980, 53–63. See also Ginevra e l'Italia: raccolta di studi promossa dalla Facoltà Valdese di Teologia di Roma, ed. by Delio Cantimori et al., Florence 1959.

[3] *D'Andrea*, Italian Community, 54. Perna published two of Vermigli's works, the commentary on Romans (1558) and the Defence against Smith (1559).

belonged to the Italian refugee community: »their aversion to intolerance had taken them first from Italy to Geneva, and then from the strict orthodoxy of Genevan theocracy to Basel.«

A signal event in this regard was the publication in 1576 of Innocent Gentillet's »Discours sur les moyens de bien gouverner [...] contre Nicolas Machiavel Florentin«. This Huguenot now settled in Geneva, aware of the Italian influence in France, attacked Machiavelli and Italians in general, who are »de nation et de Religion Machiavellistes.«[4] Such French anti-Italian sentiment had characterized Calvin's own period in Geneva. He considered Italy a »nation tordue et pervertie,« whose intellectuals played with God: »quibus nimium familiare est cum Deo ludere«. He disdained their frivolity, Nicodemism and rationalizing, the last resulting in Antitrinitarianism.[5] His intense quarrel with rationalists such as Gentile and Biandrata, who charged the Swiss reformers with Arianism, made him look to Vermigli as chief support and ally.[6]

No doubt this was Calvin's reason for wanting Vermigli to take over the Italian church in Geneva. The congregation's pastor, Count Massimiliano Celso Martinengo, died in 1557.[7] The church elders, after balloting by the membership, invited Vermigli to succeed him; they were supported by English exiles living in Geneva as well as by Calvin himself. But the Strasbourg Senate refused to let him go. Nevertheless, Vermigli served as Calvin's chief ally in the struggle with Servetus and the Italian Antitrinitarians.

Calvin himself had been accused of Antitrinitarianism by »the theological Church adventurer« Pierre Caroli.[8] Like Melanchthon before him (the 1521 »Loci«), the »Confession de la foy« (1537) of Farel and

---

[4] See Pamela D. *Stewart*, Innocent Gentillet e la sua polemica antimachiavellica, Florence 1969.

[5] See *D'Andrea*, Italian Community, 59–60; cf. *Rotondò*, Calvino, 57–86.

[6] See Marvin W. *Anderson*, Peter Martyr: a Reformer in Exile (1542–62), Nieuwkoop 1975.

[7] He had been a member of the Augustinian community in Lucca, teaching Greek in the Academy. He continued as a Nicodemite until 1551 when he fled to Geneva, becoming first pastor of the Italian congregation. See Josias *Simler*, Oratio, in: Peter Martyr *Vermigli*, Life, letters, and sermons, transl. and ed. by John Patrick Donnelly, Kirksville, Mo. 1999 (The Peter Martyr Library 5 / Sixteenth Century Essays and Studies 42), 45 f.

[8] On Pierre Caroli see Eduard *Bähler*, Petrus Caroli und Johannes Calvin: Ein Beitrag zur Geschichte und Kultur der Reformationszeit, in: Jahrbuch für schweizerische Geschichte 29 (1904), 41–168.

Calvin had stressed the »beneficia Christi« to the neglect of the ante-cedent Trinitarian context. But Calvin's first edition of the »Institutio« in the same year, and his reply to Caroli (1545), refute the charge, even if he reiterates his conviction that his task lay with »the problems of appropriation of salvation, and not with their objective presuppositi-ons.« But such tension between the dogmatic preamble to soteriology reminds us that the Antitrinitarians were not simply or merely Uni-tarians; their concern for the role of Jesus is precisely what leads them to deny the speculative theology of the Nicene variety.

2. Spanish Prelude

The burning of Servetus – with apologies from the modern Reformed Church, which erected an expiatory monument in 1903 – remains one of the horror stories of the Reformation. It tends to magnify the errors of the man (including his arrogance in flaunting the authorities) wi-thout necessarily assessing his intention or learning. Michael Servetus (1511–1553) the Spanish physician, had many talents – geographer, anatomist, theologian. His two works on the Trinity led to charges of heresy by the Roman Inquisition and blasphemy by the Genevan Con-sistory. He corresponded secretly with Calvin, arguing that the Holy Spirit is a divine »power« rather than distinct »persona«, and seeming to question the divinity of Jesus. Escaping from Vienne to Geneva, he was tried as heretic and burned at the stake. Calvin supplied evidence against him to both Catholic and Protestant authorities.[9]

The antipathy between Calvin and the local Italian community de-teriorated because of the Servetus affair; no doubt the *lex talionis* was accepted broadly, and it was a bad time for Calvin as to authority in Geneva. The weekly conference meetings of the Italian congregation allowed public forum for the liberal *fratelli*. Matteo Gribaldi, for exam-ple, was so outspoken that he was at last examined before the Council and exiled for his heretical opinion on the Trinity.

Calvin called Servetus a »madman,« summing up his opinion thus:

---

[9] See Willem *Nijenhuis*, Calvin's life and work in the light of the idea of tolerance, in: *Id.*, Ecclesia Reformata: Studies on the Reformation, Leiden 1972 (Kerkhistorische bijdragen 3), 115–129.

> The Divine essence, according to these triflers, belongs solely to the Father, inasmuch as he alone possesses it, and is the author of the essence of the Son. Thus the Divinity of the Son will be a kind of emanation from the essence of God, or a derivation of a part from the whole.[10]

In a later passage, after a lengthy discussion of the Two Natures and the communication of properties, he states:

> But in our time also, there has arisen a heretic equally pestilent, Michael Servetus [...]. Nor are we any more embarrassed with the other cavil of Servetus, that before Christ appeared in the flesh, he is no where called Son of God, but in a figurative sense.[11]

The response of Vermigli to Servetus is brief, chiefly in a conclusion to his 1556 letter to the Polish nobility. He accuses Servetus of blasphemy rather than heresy, as did the Genevan Consistory. But he uses strong words to describe him:

> [...] a genuine son of the Devil whose fatal and detestable doctrine has been exposed for what it is – a prostitution of the truth. There is no reason to fault the magistrate who sent that one to his death, since when he was accused there were no signs of amendment in his life. His blasphemy was totally intolerable.[12]

It was Servetus who provided the philological analysis that raised questions about the unity of God. His aim was to simplify so that the imitation of Christ is paramount and the ancient (Platonic) categories rendered practical. The Italian »rationalists« – the terms of the debate tend to be loaded and pejorative on both sides – seized on such studies, while not necessarily standing in direct line with Servetus.

But when we read Servetus today it is difficult to say why he was so maligned, indeed misunderstood. Of course his resort to crude epithets and his superior attitude counted against him. But his tracts were not intended to deny the doctrine of the Trinity, only the errors that had crept in.[13] His was a literal exegesis, and he takes exception to non-scriptural terms such as nature, »hypostasis« and substance. But his

---

[10] John *Calvin*, Institutio christianae religionis 1,13,23, in: Joannis Calvini opera selecta, ed. by Peter Barth and Wilhelm Niesel [OS], vol. 3, München 1957, 141,30–33.

[11] *Calvin*, Institutio 2,14,5 and 7, in: OS, vol. 3, München 1957, 464,6f. and 468,26–28.

[12] *Vermigli*, Life, Letters, and Sermons, 154.

[13] Two Treatises on the Trinity (»On the errors of the Trinity« and »Dialogue on the Trinity«), trans. and ed. by Earl Morse Wilbur, Cambridge 1932 (Harvard Theological Studies 16).

alternatives, such as »three dispositions,« are unhelpful, especially declaring the Holy Spirit to be an angel (a view he rejects in the »Dialogue«). He wants to affirm the deity of Christ, but questions his pre-
existence and posits his »celestial flesh«. His opening argument shows
the difficulty of a somewhat confused doctrine:

> He, and not the Word, is also the miraculously born Son of God in
> fleshly form [...] Christ, being one with God the Father, equal in power,
> came down from heaven and assumed flesh as a man.

No doubt the inconsistencies proved his downfall, for despite his desire
to exalt Jesus as God's Son, his ambiguity about the Spirit (»30. Philosophers make the Spirit to be a third being, and this leads to a
plurality of Gods.«) led him to charge the orthodox with »tritheism«
and to conclude: »This doctrine was due to Greek philosophy, whereas
the Church should be grounded on the belief that Jesus Christ is the
Son of God« (60).

3. FROM ITALY TO SWITZERLAND

The first Italian Antitrinitarians »appeared during the 1540s in the
milieu of Valdés in Naples and Padua,« led by Girolamo Busale. Switzerland[14] became the new milieu only after 1551, when the new leader
Pietro Manelfi denounced himself before the Inquisition.[15] There is
difficulty in defining the »radicals« in Italy, since »Evangelical Rationalism« has elements from humanism, anabaptism and the Spirituali.
Williams compares them with the Germanic: »the Italians, even when
they were also technically antipedobaptist, stressed not so much the
recovery of believers' baptism as the restitution of a human and kindly
Christ, and, therewith, the dissolution of the Nicene doctrine of the
Trinity, which, in the course of the centuries, seemed to them to have
immobilized his mercy within the rigid carapace of a dogmatic formulation.«[16]

The opening act of the Radical Reformation was played out in
relative harmony, as the »magisterial« reformers were willing to meet
the Italian evangelicals on level ground, since both were concentrating

[14] See especially *Williams*, Radical Reformation, 943–987.
[15] See The Oxford Encyclopedia of the Reformation, ed. by Hans J. Hillerbrand,
vol. 1, New York / Oxford 1996, 56.
[16] *Williams*, Radical Reformation, 945.

on what Melanchthon called »the benefits of Christ« (»Loci communes« 1521). (The phrase recalls the Italian phenomenon issuing from
the Valdésian circle and Viterbo, a significant pedigree that must have
impressed the northern Reformers). In fact, Calvin himself at first
seems ambiguous on the subject: the Spirit is not so much a person as
a power, and elsewhere there is »ung seul Dieu« rather than a trinity.[17]
This disposition to affirm a simpler creed gave way to more explicit
expressions of orthodoxy; but it helps explain why at first the Reformers were open to frank discussion with their critics.

The chief names before us are the jurist Matteo Gribaldi, the phi-
lologist Giovanni Valentino Gentile, the physician Giorgio Biandrata
(or Blandrata), Gianpaolo Alciati, Francesco Stancaro, and the Sozzini, Lelio and his nephew Fausto. George Williams has wisely contributed the term »anti-Nicene« to describe these dissenters in general,
since all the various players sought to lessen the high theology of the
Nicene Fathers.[18] It is true that the Patristic categories were chiefly
(Middle) Platonic, so that the concept »persona« in particular proves
ambiguous when examined through critical modern eyes.

The crucial question at issue was whether Jesus is truly divine as
well as truly human. Biandrata arrived in Geneva in 1557 and while
agreeing with Gribaldi, was more conciliatory in discussion with Calvin. Calvin was a willing partner, answering his questions in writing,[19]
but finally breaking off contact. The crisis came at a special meeting of
the congregation called by the consistory of the Italian church (18
May, 1558) so that the dissenters could have their say. Biandrata and
his supporter Alciati refused to sign a confession of faith affirming the
divinity of Christ and the Holy Spirit; feeling unsafe after this turn of
events, they departed for Bern and then Poland.

The Italian refugees included men of high intellect who were willing
to question tradition at its deepest, and perhaps most vulnerable, point,
the doctrine of the Trinity. (They also rejected the ecclesio-political
stance of the Swiss Reformers). Naturally the new debate recovered
old terms of dispute, notably »Arian« and »Sabellian.« It recalls the
similar terminology within the magisterial Reformation: »Nestorian«

---

[17] See John *Calvin*, Confession de la foy (1537), in: OS, vol. 1, München 1926, 418.

[18] See *Williams*, Radical Reformation, 973 ff.

[19] See John Calvin, Ad quaestiones Georgii Blandratae responsum, in: Ioannis
Calvini opera, ed. by Wilhelm Baum et al., vol. 9, Braunschweig 1870 (Corpus Reformatorum 37), 325–332.

for the Reformed and »Eutychean« for the Lutherans. In Vermigli's correspondence with the Polish church he notes: »as if from that profession of ours we are caught out as Arians and Monophysites.«[20]

Giovanni Gentile was attracted to Geneva by Calvin's teaching but soon sympathized with Gribaldi and Biandrata. Although he had signed the congregational confession, after their departure he expounded similar views, holding the Father to be the »essentiator« or sole divine essence (thus the Son is »essentiatus«). He was imprisoned in July 1557 and condemned to death by the Council. It seems in this case, as against that of Servetus, they followed Calvin's advice to substitute the sword for the fire. He recanted, acknowledging the truth of trinitarian doctrine; the magistrates ordered an »amende honorable« – to walk the streets in minimum apparel, carrying a torch, burning his writings, and begging the judge's pardon. This was done in September, but soon after he fled to join his friends Gribaldi and Alciati, and thence to Lyons. He studied the ante-Nicene Fathers, and wrote the »Antidota« condemning Nicene terminology as well as Two Natures Christology (with some help from Origen). By 1563 he was suspected in Lyons also, and made his way to Poland. After the royal edict expelling Antitrinitarians, he returned to Switzerland, was apprehended in Bern, convicted of heresy and beheaded in September 1566. On his way to his death he declared that he died a martyr for the honor of the supreme God, and charged the ministers with Sabellianism. This proved to be the final scene in the history of Antitrinitarianism in Switzerland.[21]

4. The Minor Church of Poland

The Antitrinitarians were major players in Poland in the 1560s.[22] Biandrata had arrived in 1558, Stancaro in 1559, Gentile and Alciati in 1562. In 1563 the Calvinists established a separate church called *ecclesia maior* as distinguished from the latters' *ecclesia minor*. Similarly, Transylvania, to which Biandrata came in 1563, recognized Unitarianism as an accepted faith.

---

[20] »To the Illustrious Polish Noblemen«, Letter no 267, in: *Vermigli*, Life, Letters, and Sermons, 198.
[21] See Philipp *Schaff*, The Italian Antitrinitarians in Geneva, in: *Id.*, History of the Christian Church, vol. 8, New York 1910, 652 ff.
[22] See *Williams*, Radical Reformation, 1079–1098.

The affairs of Poland involved Vermigli and Calvin through correspondence arising from disputed doctrine, chiefly of Francesco Stancaro (1501–1574). Although not really an Antitrinitarian, his complex teaching on the two natures of Christ was used by that party.[23] George Williams regards him as a born controversialist. He engaged in a publication war with Melanchthon, calling him »the Arius of the north«. His »Apology Against Musculus« (1552) concluded that to preserve the divine impassibility we must exclude Christ's divine nature from his propitiatory death. Turning to the affairs of Poland, in a letter to Calvin and Vermigli (4 December 1560) he accused the Polish Calvinists of teaching tritheism, and they replied that he was guilty of Sabellian modalism.[24] The issue had arisen at the Synod of Secemin in January, 1556, where the classic trinitarian formulae of the Ecumenical Councils were questioned. The next month Vermigli sent a letter to the Polish nobility, warning against Arianism. He was responding to five questions raised by Francesco Lismanini.[25] He denied that Christ suffered in his divine nature, but was mediator in both natures. Thirdly, by nature Christ was both Son of God and son of man. Fourthly, he rejected the »essential justice« of Osiander. His brief paragraph on Servetus noted above is the fifth answer.

A further development was the endorsement of Stancaro at the synod of Pinczow in 1559, using Vermigli's writings in arriving at their decision. The debate on Christ's mediatorial work grew hotter as Stancaro accused Vermigli of inconsistency, citing the commentary on 1 Cor 12 as teaching prayer directly to the Holy Spirit, and on Rom 8 where Vermigli discussed Christ's prayer to the Father (John 17, 21) and concluded: »Filium patre minorem esse [...] inferiorem esse, non aequalem.«

The final answer came in a letter of 27 May 1560 which Vermigli wrote »To the Polish Churches« on behalf of the Zurich ministers.[26]

---

[23] His major statement is »De Trinitate, et Mediatore Domino nostro Iesu Christo [...] adversus Henricum Bullingerum, Petrum Martyrem, et Ioannem Calvinum« (Krakow 1562).

[24] See *Anderson*, Peter Martyr, 439 ff. for this material.

[25] In *Vermigli*, Life, Letters, and Sermons, 142–154. Lismanini (1504–66) originally from Corfu, was the Franciscan confessor of the Queen of Poland Bona Sforza.

[26] In *Vermigli*, Life, Letters, and Sermons, 178–83.

> You ask us to explain a little more in detail what we think about how it pertains to Christ Jesus our Lord to be the one mediator between his Church and the Father so that you can put our statements up against Stancaro, who teaches that Christ is mediator only according to his human nature. [...] Christ Jesus is one person in whom the two natures subsist in a way that they are joined with each other so that they cannot in any way be pulled apart from each other. Therefore all the actions of Christ should be attributed to the hypostasis or person [...].[27]

This orthodox teaching reflects Vermigli's extended treatment in »Dialogus de utraque in Christo natura« (1561). A key concept was the *communicatio idiomatum*:

> [...] since these two natures come together in one and the same hypostasis or person it easily happens that what is said of one nature is also attributed to the other nature.[28]

The letter concludes: »Moreover, if Stancaro excerpts something out of our books by which he shows we agree with him, in this he deceives both himself and others.« And the confession »you sent us written about the mediator Jesus Christ, God and man« is commended (presumably Laski's 1560 statement against him).[29] The final act in Stancaro's story occurred in 1570 when the seven last survivors of his party subscribed to the *Consensus Sendomiriensis*.

5. SOCINIANISM

Lelio Sozzini (1525–1562) had experienced the radical colloquies in Vicenza (c.1546/47), which included Busale. He probably met Vermigli at Oxford in 1548. In Geneva he enjoyed a cordial relationship with Calvin, personal discussions followed by considerable correspondence, in 1549.[30] Reaching Zurich while the Servetus case was under hot debate, his opinions created suspicion, especially on Beza's part. In

---

[27] *Vermigli*, Life, Letters, and Sermons, 179.

[28] In *Vermigli*, Life, Letters, and Sermons, 181.

[29] *Vermigli*, Life, Letters, and Sermons, 183, fn. 245.

[30] See David *Willis*, The Influence of Laelius Socinus on Calvin's Doctrine of the Merits of Christ and the Assurance of Faith, in: Italian Reformation Studies in Honor of Laelius Socinus, ed. by John A. Tedeschi, Florence 1965, 233 ff. Calvin's replies form the substance of *Calvin*, Institutio 2,17,1–5, in: OS, vol. 3, München 1928, 508–514 and Ibid. 3,2,11 f., in: OS, vol. 4, München 1931, 20–23.

1555 he composed a confession of faith at Bullinger's request.[31] He joined an elite group gathered in Poland, including Alciati, Ochino, Gentile and Biandrata. This anti-Nicene party developed from the Calvinist church established in 1550.[32]

The fascinating history of the Minor Church of Poland is part of the story of the Genevan and Zurich theologians, struggling against the Radical Reformers who had found refuge in a land where their views were tolerated, even welcomed, for a hundred years. The Polish Brethren, led by nobility and upper bourgeoisie, were Unitarian by conviction and therefore open to the views of Italian Antitrinitarians.[33] Thus we may detect a mixture and probable development among Anabaptism, Antitrinitarianism, Socinianism and Unitarianism. Noting the different groups formed in various Italian cities, Dickens states that »the Anti-Trinitarian offshoot had arisen from the twin roots of Anabaptist Biblicism and Italian rationalism.«[34]

Lelio's nephew Fausto Sozzini (1539–1604), the founder of »Socinianism«, provided foundation for an adoptive christology with his exegetical work.[35] His crucial text is »De Jesu Christo servatore« (1578), substituting »servatore« for »salvatore«. The Racovian Catechism (1605) would state: »by nature he was truly a man; a mortal man while he lived on earth but now immortal.« The Socinians sought the unity of Christians through a latitudinarian attitude, acknowledging a legitimate worship of Christ as secondary author of salvation.

6. CONCLUSION

One might say, with some truth, that the Reformation agenda was only fully expressed by the Radicals: for various reasons, some political, the magisterial Reformers did not wish to seem heterodox to the

[31] See Earl Morse *Wilbur*, A History of Unitarianism: Socinianism and its Antecedents, Cambridge 1947, ch. XVII.

[32] *Cantimori*, Eretici Italiani, ch. XXI.

[33] See Stanislaw *Kot*, Socinianism in Poland: The Social and Political Ideas of the Polish Antitrinitarians in the Sixteenth and Seventeenth Centuries, transl. by Earl Morse Wilbur, Boston 1957.

[34] Arthur Geoffrey *Dickens*, Reformation and Society, London 1966, 140. See also Delio *Cantimori*, Prospettive di Storia ereticale italiana del Cinquecento, Bari 1960, 29 ff.

[35] R. E. *Florida*, Voltaire and the Socinians, Banbury 1974 (Studies on Voltaire and the Eighteenth Century 122), 26 ff.; *Cantimori*, Eretici Italiani, ch. XXXIV.

authorities, and as Anabaptism developed, they divorced themselves explicitly from this »sect«, as Calvin makes clear in the dedication to King Francis in his »Institutio« (1536). The unwillingness to re-open the most profound theological doctrines of the ancient church committed the Reformers to negative response to everything left-wing theologically. Moreover, the rigid classification into orthodoxy and heresy limited their ability to develop a fully reformed agenda.

The term »anti-Nicene« should be related to »*ante*-Nicene«, since both the Radicals and the Antitrinitarians were seeking to go behind the Fathers of Nicaea to the primitive church, with its simpler creed »Jesus is Lord,« and its avoidance of what they considered questionable speculation about Christ's nature. Tertullian and Irenaeus were taken to be antipathetic to the Nicene Fathers with their philosophical presuppositions.

The question did not easily disappear: for instance, in England Bishop Bull would write a massive defence of the Nicene Creed in 1685, but already there was an underground Antitrinitarian movement in the Church of England. This blossomed in an Arian interpretation of Nicaea through writers such as Samuel Clarke and William Whiston.[36] The development of Unitarianism in New England began with William Ellery Channing's Baltimore Sermon (1819), attacking Trinitarian doctrine as »subverting in effect the unity of God«, yet affirming the lordship of Christ while denying the two natures.

Today we should be able to grasp the point to this demand for re-examination – given our qualifications to omnipotence, our experiments with process thinking and »modes of being« (even Barth has been charged with modalism).[37] The doctrine of God remains elusive; it was always fraught with ambiguity, as witness Augustine: to the question »What three?« the answer is »»three persons‹, not because the phrases are adequate but because they are an alternative to silence.«[38] Or Anselm: »three I know not what« (»tres nescio quid«);[39] and Aquinas, beginning his great »Summa«: »Now we cannot know what God

---

[36] E.g. William *Whiston*, Primitive Christianity Revived, vol. 1, »Historical Preface«, London 1711; Joseph *Priestley*, History of the Corruptions of Christianity, Birmingham 1782.

[37] I argue this in a forthcoming book, Pluralism without Relativism.

[38] *Augustine*, De trinitate 5,9,10, ed. by W.J. Mountain, Turnhout 1968 (Corpus christianorum series latina 50), 217,10f.

[39] *Anselm*, Monologion 79, in: S. Anselmi opera omnia, ed. by Franciscus Salesius Schmitt, vol. 1, Seckau et al. 1938, 85,14.

is, but only what he is not.«[40] Nevertheless we must acknowledge the high stakes in the 16th-century debate, and the desire to maintain ancient standards. The tragedy was that this left the Radicals on their own, subject to exile and persecution, with the fate of Servetus a symbol of intolerance.

[40] *Thomas Aquinas*, Summa theologiae Ia q. 2 a. 3 co., in: S. Thomae Aquinatis opera omnia, ed. by Roberto Busa, vol. 2, Stuttgart / Bad Cannstatt 1980, 187.

KONRAD GESSNER UND UNGARN: KOMMUNIKATIONS- UND BIBLIOTHEKSGESCHICHTLICHE ERKENNTNISSE

Jan-Andrea Bernhard

Die frühe Neuzeit kann es mit der Postmoderne leicht aufnehmen, denn eine intensive Vernetzung und Kommunikation ist nicht eine Errungenschaft der Postmoderne, sondern das Markenzeichen der frühen Neuzeit, insbesondere des Humanismus, wozu auch die Reformation gezählt wird. Die Erfindung des Buchdruckes und die daraus resultierende Verbreitung von Flugschriften, genannt »Nüwe zytungen«[1], gab günstige Voraussetzungen dafür, dass seit dem Übergang vom 15. zum 16. Jahrhundert ein immer intensiveres Netzwerk zwischen Gelehrten aus verschiedensten Ländern ganz Europas entstand. Es erstaunt nicht, dass die Studentenperegrination, d.h. Auslandaufenthalte zu Studienzwecken, im 16. Jahrhundert massiv zunahm, wobei vor allem die humanistischen Zentren gefragt waren. Wir denken an Padua, Wien, Krakau, Paris oder Basel. Die Gründung von Buchdruckereien – allein in Basel waren zur Zeit des Erasmus mehr als ein halbes Dutzend Druckereien tätig – ermöglichte die Verbreitung der neuen Ideen und Erkenntnisse der Humanisten, welche ihrerseits einen inteniven Briefwechsel untereinander pflegten. Der Durchbruch der Reformation ist wesentlich auf dem Hintergrund dieser intensiven Kommunkation im Zeitalter des Humanismus zu verstehen.

Der Zürcher Konrad Gessner kann als ein typischer Vertreter dieser Zeit bewertet werden: Er war in Briefkontakt mit vielen Gelehrten der Schweiz und Europas, studierte an renommierten Universitäten wie Paris oder Basel, seine zahllosen Werke wurden in vielen Städten Europas gedruckt und sind dementsprechend auch verbreitet und benutzt worden. Es wäre aber müssig, den Universalgelehrten und Naturforscher Gessner noch einmal vorzustellen, denn der »Vater der Biblio-

---

[1] So von Wolfgang Musculus in der von ihm besorgten Schrift »Vom uffgang deß wort Gottes by den Christen in Ungern« ([Bern] 1550) auf dem Titelblatt ausgeführt.

graphie« ist durch die wertvollen Studien von Fischer und Leu umfassend gewürdigt worden.[2]

Imre Téglásy hat sich erstmals mit Konrad Gessner und seinen ungarischen Freunden auseinandergesetzt.[3] Er untersuchte die gedruckten Schriften Gessners nach ungarischen Kontakten und stellte seine Erkenntnisse zusammen. Neben der Auflistung der von Gessner in seiner »Bibliotheca universalis« (Zürich 1545) bzw. in der erweiterten Zusammenfassung »Epitome bibliothecae« (Zürich 1555) erwähnten Werke ungarischer Verfasser befasste sich Téglásy vor allem mit zwei Fragen: Er suchte die Hintergründe für Gessners kritische Beurteilung der von János Sylvester besorgten ersten, in ungarischem Druck erschienenen Übersetzung des Neuen Testaments ([Sárvár-Újsziget] 1541),[4] und er setzte sich intensiv mit der Freundschaft zwischen Gessner und Johannes Sambucus / Zsámboky (Holder), der nicht nur an Pfingsten 1560 Gessner in Zürich besucht,[5] sondern auch ein Trauergedicht auf seinen Tod verfasst hat,[6] auseinander. Diese Freundschaft ist zum Teil durch Briefe, dedizierte Bücher,[7] zum Teil auch durch für einander zur Publikation übergebene Manuskripte gekennzeichnet.[8]

In unserer Studie möchten wir uns vor allem kommunikations- und bibliotheksgeschichtlichen Fragen stellen: Welches sind die Hintergründe für Gessners Kenntnisse über die ungarische Bibliographie und

---

[2] Vgl. Hans *Fischer*, Conrad Gessner: Leben und Werk, in: Neujahrsblatt der Naturforschenden Gesellschaft in Zürich, Zürich 1966; ders. (Hg.), Conrad Gessner 1516–1565: Universalgelehrter, Naturforscher, Arzt, Zürich 1967; Urs B. *Leu*, Conrad Gesner als Theologe: Ein Beitrag zur Zürcher Geistesgeschichte des 16. Jahrhunderts, Bern 1990 (Zürcher Beiträge zur Reformationsgeschichte 14); ders., Konrad Gesner und die neue Welt, in: Gesnerus 49 (1992), 179–309.

[3] Vgl. Imre *Téglásy*, Conrad Gesner és magyar barátai, in: Orvostörténeti közlemények 31 (1985), 195–210.

[4] Vgl. Konrad *Gessner*, Mithridates. De differentis linguarum [...] observationes, Zürich 1555, 51v-52r.

[5] Vgl. Liber amicorum Conradi Gesneri, Zentralbibliothek Zürich [Zürich ZB], Ms Z VIII 759 (Kopie von National Library of Medecin, Bethesda, C 32), 130a (vgl. *Téglásy*, Gesner, 207; Richard J. *Durling*, Conrad Gesner's Liber amicorum 1555–1565, in: Gesnerus 22 [1965], 140).

[6] Vgl. Josias *Simler*, Vita clarissimi philosophi et medici excellentissimi Conradi Gesneri Tigurini conscripta a I. S. Tigurino. Item epistola Gesneri de libris a se editis et carmina complura in obitum eius conscripta [...], Zürich ²1566, 40rf.

[7] In Gessners Bibliothek finden sich zwei Werke von Sambucus: Obsidio Zigethiensis [...], Wien 1558; Emblemata cum aliquot nummis antiqui operis, Antwerpen 1564 (vgl. *Leu*, Gesner, 182).

[8] Vgl. *Téglásy*, Gesner, 202ff.

über die ungarische Sprache? Welche Bedeutung hat Gessner für den ungarischen Späthumanismus eingenommen?

Neben der Kenntnis der Forschungsliteratur sind vor allem die Personenkontakte Gessners während seiner Basler und Zürcher Zeit genauer zu untersuchen sowie die historischen Bibliotheksbestände in Ungarn[9] auszuwerten.

1. Kommunikationsgeschichtliche Bemerkungen zu Gessners Personenkontakten

Gessner hatte zeitlebens zwei Standbeine, eines in seiner Geburtsstadt Zürich und das andere in Basel. Obwohl er den grössten Teil seines Forscherlebens in Zürich verbrachte, gestalteten sich gleichzeitig seine Kontakte nach Basel, seit seiner Studienzeit 1536/37 und seiner Promotion 1541, in vielfältiger Weise. Dies erstaunt insofern nicht, da zwischen Basel und Zürich seit Anbeginn der Reformation ein intensiver Geistes- und Personenaustausch bestand. Dozenten – es sei an Konrad Pellikan erinnert – siedelten von der einen Stadt in die andere über, zwischen Gelehrten Basels und Zürichs – es sei an Amerbach oder Bullinger erinnert – bestand ein intensiver Briefwechsel, oder Studenten kamen mit Empfehlungsschreiben von Basel nach Zürich oder umgekehrt. Auch Gessner kam mit einem durch Heinrich Bullinger ermöglichten Stipendium nach Basel.[10]

Im Vorwort der von Konrad Gessner besorgten Galen-Ausgabe von 1562 spricht er seine bleibende Verehrung und Dankbarkeit gegenüber der Stadt aus.[11] Tatsächlich zeichnet sich in seinem ganzen Leben eine intensive Verbindung mit Basel ab. So widmete er die einzelnen Abschnitte seiner »Pandectarum sive partitionum universalium […] libri XXI« (Zürich 1548), der nach systematischen Gesichtspunkten gegliederten Übersicht über die ältere Literatur, besonders verdienten Ver-

---

[9] Es wird in diesem Aufsatz vom historischen Ungarn, wie es bis zum ersten Weltkrieg bestand, ausgegangen; dies umfasste auch weite Teile der heutigen Slowakei, Ukraine, Rumäniens (Siebenbürgen), Sloweniens und Kroatiens mit Dalmatien.

[10] Vgl. Heinrich *Buess*, Conrad Gessners Beziehungen zu Basel, in: Gesnerus 5 (1948), 1 ff.

[11] Vgl. *Galen*, Omnia quae extant, in latinum sermonum conversa […] His accedunt nunc primum Con. Gesneri Praefatio et Prolegomena tripartita […], Basel 1562, 2 f.

legern, allen voran Oporin und Froben.[12] Diese Kontakte wurden natürlich vor allem auch durch seine sehr intensive publizistische Tätigkeit unterstützt: In Basel, besonders auch in Folge des Status als Humanistenstadt, erschienen allein im 16. Jahrhundert an die 6500 Drucke;[13] von Gessner selbst erschienen allein zu seinen Lebzeiten 18 Werke, mehrere davon in zahlreichen Auflagen. Dabei ist nicht nur an Erstdrucke von Werken Gessners, wie sein Erstling »Lexicon Graeco latinum« (Basel 1537), sein »Onomasticon propriorum nominum« (Basel 1544) – beide Werke wurden mehr als ein dutzendmal neu aufgelegt in Basel – oder die Galenausgabe von 1549 zu denken, sondern auch an Basler Neuauflagen von Zürcher Erstdrucken, wie seine Stobaeus-Ausgabe der »Sententiae ex thesauris Graecorum delectae« (Zürich 1543; Basel 1549), sein Auszug (»Elenchus scriptorum amnium«) aus der »Bibliotheca universalis« (Zürich 1545; Basel 1551 [»Elenchus«]), oder seine Ausgabe der »Sententiarum sive capitum theologicorum praecipue [...] libri tres« (Zürich 1546; Basel 1555) von Antonius von Melissa und Maximus. Dies zeigt uns, wie schon bekannt, dass Basel und Zürich betreffend ihrer Druckertätigkeit nicht in Konkurrenz standen, sondern sich gegenseitig unterstützten, ja gegenseitig Aufträge gaben.[14] Freilich hatten die Drucker aus Zürich und Basel nicht durchwegs die gleichen Beweggründe für ihre Druckertätigkeit: Für Froben z. B. und seine Mitarbeiter waren viele Reformatoren einfach Humanisten und sie druckten und verbreiteten deren Werke aus humanistischen Beweggründen.[15] Die Zürcher Drucker hingegen, insbesondere Froschauer, waren besonders um Druck, Absatz und Verbreitung der Werke der Zürcher Reformatoren (Zwingli, Bullinger, Vermigli, usw.) besorgt;[16] der Druck und die Verbreitung humanistischer Werke, be-

---

[12] Vgl. *Buess*, Beziehungen, 8 ff.

[13] Demgegenüber stehen knapp 1600 Drucke aus Züricher Druckereien (vgl. Jan-Andrea *Bernhard* et al., Tagung »Orbis Helveticarum«: Frühneuzeitliche Schweizer Drucke in ostmitteleuropäischen Bibliotheken, in: Zwingliana 34 [2007], 144).

[14] So erschien z. B. die von Gessner besorgte zweite Auflage der Stobaeus-Ausgabe der »Sententiae ex thesauris Graecorum delectae [...]« im Auftrag und auf Kosten von Froschauer: »Basileae, impensis Christophori Froschoveri, ex officina Joannis Oporini. 1549.«

[15] Vgl. Peter G. *Bietenholz*, Der Basler Buchdruck und die Reformation, in: Lectura 3, hg. von István Monok, Szeged 1998 (Gastvorträge im Arbeitskreis für Lesekulturgeschichte, Szeged), 7 f.

[16] Vgl. Joachim *Staedtke*, Christoph Froschauer, der Begründer des Zürcher Buchwesens, Zürich 1964; Gottfried W. *Locher*, Die Zwinglische Reformation im Rahmen der europäischen Kirchengeschichte, Göttingen / Zürich 1979, 582 f.

sonders wenn es sich um Werke bekannter Humanisten wie Konrad Gessner oder Johannes Honterus handelte, konnte damit indirekt auch im Dienst der Ausbreitung der Reformation stehen. Wir werden darauf zurückkommen.

Gessner kam also schon während seinen ersten Basler Aufenthalten in Kontakt mit dem Basler Buchdrucker Oporin – er begann gerade 1536 seine Druchertätigkeit aufzunehmen – und den Mitarbeitern der Froben'schen Druckerei. Dies ist darum bemerkenswert, weil zahlreiche Hungarica in Basler Druckereien, insbesondere bei Petri, Froben, Cratander oder Oporin, erschienen sind. Es sei verwiesen auf Werke von Johannes Honterus, Maximilianus Transylvanus, Martin Brenner, Zsigmond Gyalui Torda oder Johannes Sambucus.[17] In den Basler Druckereien hielten sich auch immer wieder ungarische Studenten auf.[18] Gessner kam so einerseits in Kontakt mit den ungarischen Studenten selbst, andererseits bekam er Kenntnis von den ungarischen Drucken. In Basel erschien während des ersten Aufenthaltes von Gessner bei Oporin Mátyás Dévai Birós Schrift über die Prädestination »Dispositio de statu, in quo sint beatorum animae [...]« (Basel 1537),[19] während seines zweiten Aufenthaltes hielt sich der Siebenbürger Sachse Martin Brenner aus Bistritz (Bistrita) zu Studienzwecken in Basel auf.[20] Brenner gab mehrere Schriften in Basel heraus, wobei insbesondere auf Antonio Bonfinis »Rerum Hungaricarum Decades tres« (Basel 1543) hinzuweisen ist. Gessner ist mit Brenner in Basel wahrscheinlich zusammengetroffen, wenn auch sich dies nicht in einem direkten

---

[17] Vgl. Johannes *Honterus*, Rudimentorum Cosmographiae [...], Basel 1533 [weitere Auflagen folgen]; Maximilianus *Transylvanus*, De Moluccis insulis atque aliis pluribus mirandis [...], Basel 1536; Martin *Brenner*, Dialogus ad Matthiam invictissimum regem [...], Basel 1540; Antonio *Bonfini*, Rerum Hungaricarum decades tres, hg. von Martin Brenner, Basel 1543 [weitere Auflagen folgen]; Bertalan *Georgievics*, Türckey oder Von yetziger Türken kirchen gepräng, Sytem unnd leben [...], Basel 1545; *Euripides*, Orestes, hg. von Zsigmond Gyalui Torda, Basel 1551; Johannes *Honterus*, Imagines constellationum Borealium, in: Claudius *Ptolemaeus*, Omnia quae exstant opera [...], Basel 1551; Johannes *Sambucus*, Epistolarum conscribendarum methodus [...], Basel 1552.

[18] Vgl. Jan-Andrea *Bernhard*, Die Bedeutung des Basler Humanismus für Ungarn: Warum ungarische Adelshöfe zu Förderern der Reformation helvetischer Richtung wurden, erscheint in: »Orbis Helveticarum«: Frühneuzeitliche Schweizer Drucke in ostmitteleuropäischen Bibliotheken [Tagungsband], hg. von Viliam Čičaj, Bratislava 2008, 10.

[19] Ob Dévai sich zu dieser Zeit auch selbst in Basel aufgehalten hatte, konnte bislang nicht abschließend geklärt werden (vgl. *Bernhard*, Bedeutung, 11).

[20] Vgl. Miklós *Szabó* und Sándor *Tonk*, Erdélyiek egyetemjárása a korai újkorban. 1521–1700, Szeged 1992, 161f.; Péter *Bod*, Magyar Athenas (Neudruck der Ausgabe von 1766), Budapest 1982, 291.

schriftlichen Zeugnis niedergeschlagen hat. Aber in seiner »Bibliotheca universalis« (Zürich 1545) kommt er auf das Werk Bonfinis ausführlich zu sprechen, und druckt auch einen Ausschnitt aus der »Epistola nuncupatoria«, die Martin Brenner 1543 erst auf seiner Heimreise aus Wien verfasst hat.[21] In der »Epitome Bibliothecae« (Zürich 1555), der von Josias Simler unter der Aufsicht Gessners verfassten Zusammenfassung der »Bibliotheca universalis« mit den Ergänzungen (»Appendix«), wird noch beigefügt: »Vivit nostra aetate, et eruditionis suae monumenta quaedam posteris relicturus speratur.«[22]

Das Beispiel soll verdeutlichen, dass Gessner dank seiner reichen Kontakte und Beziehungen Kenntnis über viele Drucke hatte, auch solche von Ungarn, die er schließlich in seiner »Bibliotheca universalis« aufnahm. Es wäre verfehlt zu behaupten, dass Gessner sich bei der Abfassung der »Bibliotheca universalis« und des dazugehörigen systematischen Teils, die »Pandectae«, nur auf Verlagsverzeichnisse und Bibliothekskataloge stützte.[23] Vielmehr waren seine reichen Personenkontakte eine wichtige Stütze für die Abfassung seiner »Bibliotheca universalis«. Dies wird besonders deutlich, wenn wir seine Angaben zu Johannes Honterus lesen: Gessner erwähnt die Basler Ausgabe der »Rudimentorum Cosmographiae libri duo« (Basel 1534) sowie den Abdruck zweier von Honterus geschaffener Tafeln mit Bildern der Gestirne in Arats »Phaenomena« (Basel 1535), und schreibt weiter: »Enchiridion totius orbis terrarum comprehensum, tabulis aliquot elegantissimis, in libello chartis 2, impresso nuper in Corona urbe Transylvaniae.«[24] Gessner meint damit die erste vollständige Fassung der »Rudimenta cosmographica«, die 1542 in Kronstadt in Honterus' eigener Druckerei erschienen ist.[25] Woher hat Gessner von dem Druck in Kronstadt Kenntnis? Es ist nicht bekannt, dass Gessner mit Honterus in Briefkontakt stand, hingegen nahmen seit Anfang der 1540er Jahre die Kontakte Bullingers mit ungarischen Studenten zu, die auf ihrer Peregrination auch nach Zürich kamen, oder mit Bullinger in

---

[21] Vgl. Konrad *Gessner*, Bibliotheca universalis, Zürich 1545, 54v.

[22] Josias *Simler* (Hg.), Epitome bibliotecae Conradi Gesneri, Zürich 1555, 127r.

[23] Gessner selbst erwähnt im Vorwort zur »Bibliotheca universalis«, dass Verlagsverzeichnisse neben Bibliothekskatalogen eine ergiebige Quelle waren (vgl. *Gessner*, Bibliotheca, 3r; vgl. auch: *ders.*, Pandectarum sive partitionum universalium [...] libri XXI, Zürich 1548, 2rf.).

[24] *Gessner*, Bibliotheca, 426r.

[25] Er nennt allerdings die Kronstädter Ausgabe »Enchiridion totius orbis terrarum«, unter dessen Titel das Werk später von Froschauer gedruckt wurde. Dies korrigiert Simler in der erweiterten Ausgabe (vgl. *Simler*, Epitome, 101v).

Briefkontakt traten. Wir denken dabei an Martin Hentius, József Macarius (Bódog) oder Gergely Belényesi.[26] Gessner wirkte dieser Zeit neben seiner ärztlichen Tätigkeit als Lektor für Naturphilosophie am Carolinum[27] und war dementsprechend täglich im Kontakt mit Bullinger, hatte also auch Kenntnis von seiner internationalen Korrespondenz. Natürlich lernte er auch Hentius kennen, als er im Mai 1543 bei Bullinger in Zürich weilte; dieser hat ausführlich von der Situation in Kronstadt und über die Tätigkeit von Honterus berichtet.[28] Der spätere Briefwechsel zwischen Bullinger und Hentius ist nun insofern interessant, dass Hentius, angekommen in Kronstadt, im Januar 1544 erneut an Bullinger schrieb und dem Schreiben ein kleines Angebinde (»munusculum«) beilegte.[29] Wie Oskar Netoliczka nachweisen konnte, war das erwähnte Geschenklein die endgültige Ausgabe der Kosmographie des Honterus.[30] Gessner erfuhr damit, als Mitarbeiter von Bullinger am Carolinum, über den Druck der endgültigen Fassung von Honterus' »Rudimenta Cosmographica«. Dieses Wissen floss in seine »Bibliotheca universalis« ein.

In der »Epitome bibliotecae Conradi Gesneri« (Zürich 1555) finden sich zahlreiche weitere Ergänzungen und Nachträge zur ungarischen Bibliographie. Es fällt dabei auf, dass Gessner und Simler gerade von den kürzlich erschienen Hungarica genauere Kenntnis hatten: So werden auch die »Oratio de beatitudine« (Padua 1549) von Zsigmond Gyalui Torda[31], die »Caesarum Romanorum vitae« (Strassburg 1552) von Johannes Sambucus[32] oder die »Poemata« (Venedig 1553) von Ja-

---

[26] Vgl. Endre *Zsindely*, Bullinger und Ungarn, in: Heinrich Bullinger 1504–1575: Gesammelte Aufsätze zum 400. Todestag, hg. von Ulrich Gäbler und Erland Herkenrath, Bd. 2, Zürich 1975 (Zürcher Beiträge zur Reformationsgeschichte 8), 364 ff.

[27] Im Jahre 1546 wurde er mit der fünften Professur an der Prophezei, der »professio physica«, betraut (vgl. *Leu*, Gesner, 52 f.; *ders.*, Konrad Gessner: Naturforscher und Lehrer, in: Schola Tigurina: Die Zürcher Hohe Schule und ihre Gelehrten um 1550, Zürich 1999, 38 f.).

[28] Dies war ja mit ein Grund, warum sich Bullinger im August 1543 an Honterus wandte (vgl. Oskar *Netoliczka*, Der Bullingerbrief an Honterus und Martin Hentius Transylvanus, in: Festschrift für Friedrich Teutsch, Hermannstadt 1931, 179–190).

[29] Vgl. Martin Hentius an Heinrich Bullinger, 3. Januar 1544, in: Karl *Reinerth*, Martin Hentius aus Kronstadt über den Lehrunterschied zwischen Wittenberg und der Schweiz in der Abendmahlsfrage im Jahre 1543, in: Archiv für Reformationsgeschichte 54 (1963), 197.

[30] Diese Ausgabe bildete dann auch die Grundlage für die erste Zürcher Ausgabe von Honterus' »Rudimenta cosmographica« (Zürich 1546), die bei Froschauer erschien (vgl. Oskar *Netoliczka*, Honterus und Zürich, in: Zwingliana 6 [1934], 88 f.).

[31] Vgl. *Simler*, Epitome, 116r.

[32] Vgl. *Simler*, Epitome, 108v.

nus Pannonius[33] neben neueren Basler Drucken der genannten ungarischen Humanisten erwähnt.[34] In Basel erschienen nach Druck der ersten Auflage der »Bibliotheca universalis« (1545) rund ein Dutzend Hungarica; die Buchdrucker, allen voran Oporin, standen mit ungarischen Humanisten in intensivem Kontakt. Darum kamen auch anderswo gedruckte Hungarica nach Basel.[35] Gessner und Simler mussten also dank ihrer Kontakte mit den Basler Buchdruckern von dem Druck neuerer Hungarica erfahren haben. Erneut zeigt sich, dass die Personenkontakte nach Basel eine wichtige Grundlage für die Kenntnis Gessners über die ungarische Bibliographie waren.

Gessner kommt in seiner bahnbrechenden Schrift »Mithridates. De differentiis linguarum [...] observationes« (Zürich 1555), die um die 70 verschiedene Sprachen[36] behandelt und das erste Buch der vergleichenden Sprachwissenschaft darstellt, auch auf die ungarische Sprache zu sprechen. In einem ersten Abschnitt wird Ungarn in seiner historischen Ausdehnung beschrieben; dann kommt er auf die Sprache, die stark durch die Christianisierung geprägt, doch aber »lingua [...] barbara« geblieben sei, zu sprechen.[37] Es werden das ungarische »Ave Maria« und die ungarischen Kardinalzahlen angeführt. Schließlich folgt das Herrengebet, das er folgendermaßen einleitet: »Oratio dominica Hungarica, nescio quam recte scripta. Ego conferendo singulas dictiones extirctare me non possum, sed ut accepi ita adscribam.«[38]

---

[33] Vgl. *Simler*, Epitome, 144v.

[34] Vgl. Zsigmond *Gyalui Torda*, Historia Francisci Spierae, in: Francisci Spierae, quiquod susceptam semel Evangelicae veritatis professionem abnegasset damnassetque [...], Basel 1550; Janus *Pannonius*, Sylva panegyrica, Basel 1518; *ders.*, Opera multo nunc demum quam unquam antea et auctiora et emendatiora, in lucem edita [...], Basel [1550]; Johannes *Sambucus*, Xenophontis Δημηγορίαι: Hoc est Conciones aliquot ex libris Xenophontis [...], Basel 1552; vgl. auch oben Anm. 17.

[35] Viele davon sind bis heute in den Basler Bibliotheken greifbar, so auch die von Zsigmond Gyalui Torda verfasste »Oratio de beatitudine« (Padua 1549) in der Universitätsbibliothek (Signatur: DB VI 8:19).

[36] Gessner selbst spricht in der Einleitung zum Mithridates von etwa 70 Sprachen (vgl. *Gessner*, Mithridates, 1v).

[37] Gessner unterscheidet im »Mithridates« zwischen den drei heiligen Sprachen und den barbarischen. »Barbarica« sind die Sprachen, die mit Griechisch und Lateinisch nichts gemeinsam haben, und an »Reinheit« der Sprache mangeln. Das Christentum habe viele Sprachen »kultiviert«. Da in der ungarischen Sprache, wie Gessner ausführt, die Sprachen mehrerer Völker vermischt sind, ist auch das Ungarische eine barbarische Sprache (vgl. *Gessner*, Mithridates, 16r; vgl. auch: Manfred *Peters*, Sprachwandel und Sprachnorm in Conrad Gesners Mithridates und in seiner Vorrede zu Josua Maalers Teütsch spraach, in: Archiv für das Studium der Neueren Sprachen und Literaturen 208 [1972], 263).

[38] *Gessner*, Mithridates, 50v.

Diese Einleitung ist insofern bemerkenswert, dass sie darauf hinweist, dass Gessner den Text des Herrengebetes von jemandem »erhalten« hat. Wir gehen nicht fehl in der Annahme, dass es ein ungarischer Student gewesen sein muss, der sich in Zürich am Carolinum oder nur auf Durchreise aufgehalten hat, wahrscheinlich in den 1540er Jahren. Hingegen ist es aber Gessner während der Abfassung des »Mithridates« nicht möglich, den ungarischen Text des Herrengebetes nach seiner Richtigkeit zu überprüfen. Dies ist ein Hinweis darauf, dass sich Anfang der 1550er Jahre keine ungarischen Studenten in Zürich aufgehalten haben, wenn auch Bullinger mit einigen wenigen Ungarn in Briefkontakt gestanden hat.[39] Weiter wird damit auch bestätigt, dass die von János Sylvester besorgte ungarische Übersetzung des Neuen Testamentes ([Sárvár-Újsziget] 1541) in Zürich nicht vorhanden war, Gessner den Text also nicht vergleichen konnte, obwohl er Kenntnis von der Übersetzung hatte.[40] So schreibt er später: »Audio hac lingua impressum esse novum Testamentum, sed fere inutiliter, quod hactenus in scribendo usu non fuerit hic sermo, et rustici etiam Latine scribere quantum poterant conati sint.«[41] Die »Unbrauchbarkeit«[42] der Übersetzung führt er unter anderem darauf zurück, dass die Sprache bislang kaum geschrieben wurde.[43] Das ungarische Volk, auch bekannt

---

[39] Besonders hinzuweisen ist da auf den Briefwechsel Bullingers mit János Fejérthóy, der Bullinger 1551 um eine trostspendende Schrift für die unter türkischer Herrschaft leidenden ungarischen Protestanten bat. Bullinger schrieb daraufhin seine »Epistola ad ecclesias Hungaricas earumque pastores« (vgl. *Zsindely*, Bullinger, 370ff.).

[40] Dies, obwohl Bullinger in den Jahren nach dem Druck in seinen Briefen nie Stellung zur ungarischen Übersetzung des Neuen Testamentes nahm (freundliche Mitteilung von Rainer Henrich, Institut für Schweizerische Reformationsgeschichte, Zürich).

[41] *Gessner*, Mithridates, 51v.

[42] Die kritische Beurteilung Gessners von Sylvesters Übersetzung versucht Imre Téglásy auf die Kontakte Gessners mit György Draskovich, dem katholischen Bischof von Pécs (Fünfkirchen), zurückzuführen, der sich sehr kritisch zu der lutherisch gefärbten Übersetzung Sylvesters äußerte (vgl. *Téglásy*, Gesner, 199ff.).

[43] Dies zeigt sich bereits an einem Vergleich der orthographischen Regeln beim »Miatyánk« (Unser Vater) von János Sylvester (Újtestamentum magyar nyelven, [Sárvár-Újsziget] 1541) und Mátyás Dévai Biró (Orthographia Ungarica, Krakau 1549, 12f.). Beide Humanisten haben sich um die ungarische Sprache und Orthographie verdient gemacht; Sylvester gab auch die erste ungarische Grammatik heraus (vgl. Grammatica hungaro-latina, Sárvár-Újsziget 1539). Überhaupt kommt dem ungarischen Humanismus und der daraus erwachsenen Reformation für den schriftlichen Gebrauch der ungarischen Sprache eine nicht zu unterschätzende Bedeutung zu. Die Herausgabe ungarischer Gesangbücher und der Druck ungarischer Übersetzungen der Evangelien, der Paulus-Briefe und später des ganzen Neuen Testaments ist ein Teil der humanistisch-reformatorischen Bildungsbestrebungen im Ungarn der frühen Neu-

als Hunnen, sei ursprünglich aus skytischem Gebiete gekommen – er beruft sich dabei auf Georg Wernhers »De admirandis Hungariae aquis« (Basel 1539, 1549), eine Studie über die Thermalquellen Ungarns[44] – und hätte sich im heutigen »Pannonien« niedergelassen. Darum hätte ihre Sprache noch skytische Einflüsse und gebrauche auch Worte aus dem Slavischen. Schließlich stellt er fest: »Nihil habet haec lingua cun Illyrica, aut Britannica commune, nec cum ulla alia (opinor) ei convenit.«[45]

Unserer Ansicht nach war es der Aufenthalt ungarischer Studenten in der Schweiz, durch die Gessner erstmals direkt mit der ungarischen Sprache in Kontakt kam; dass er so das »Ave Maria«, die Kardinalzahlen und das Herrengebet in ungarischer Sprache kennenlernte, erstaunt nicht. Dies ist viel plausibler als die verschiedentlich zu lesende Ansicht, dass die Ausführungen Gessners nur geringfügige Abweichungen zu Textteilen der »Orthographia Ungarica« (Krakau 1549) von Mátyás Dévai Biró zeigen. Weder ist bekannt, dass Gessner genanntes Werk besass, noch lässt sich dies aufgrund sprachlicher Vergleiche belegen. Abgesehen von den sprachlichen Mängeln des Gessner'schen Herrengebetes[46] ist sein Gebrauch der orthographischen Regeln sehr different zu denjenigen von Dévai. Es scheint, dass Gessner keine Vorlage hatte, sondern die ungarischen Texte nach eigenen orthographischen Regeln niederschrieb.[47] Darum auch schreibt er, dass er »singulas dictiones« so niederschreibe, »ut accepi«. Wenn Gessner keine schriftliche Vorlage hatte, so muss er die ungarischen Textbeispiele, und wohl auch gewisse sprachgeschichtliche Ausführungen, von un-

---

zeit (vgl. Mihály *Bucsay*, Protestantismus in Ungarn 1521–1978, Bd. 1: Im Zeitalter der Reformation, Gegenreformation und katholischen Reform, Wien et al. 1977 [Studien und Texte zur Kirchengeschichte und Geschichte III/1], 90 ff.).

[44] Vgl. *Gessner*, Mithridates, 16r und 51v. Zu Wernher, der im Dienst des Königs von Ungarn stand, vgl. *Simler*, Epitome, 61v.

[45] *Gessner*, Mithridates, 51r-v.

[46] Es soll exemplarisch hingewiesen werden auf: »foldouys« (auch auf der Erde) (recte: »földönnis« für [heute:] »földön is«); »kynyrwek et« (unser Brot) (recte: »ken'erönket« für [heute:] »kenyerünket«); »nekwin« (uns [Dat.]) (recte: »nekönc« für [heute:] »nekünk«); usw.

[47] Es konnte bislang kein ungarischer Schriftsteller gefunden werden, der die gleichen orthographischen Regeln wie Gessner anwendet: Für das ungarische »s« [ʃ] schreibt Gessner »sch«: »giumoltsch« (Frucht) (recte: »gömölts« für [heute:] »gyümölcs«), »esch« (und) (recte: »es« für [heute:] »és«); für das ungarische »cs« [tʃ] schreibt er »ch«: »bochasd« (vergib) (recte: »botsásd« für [heute:] »bocsásd«); für das ungarische »ny« [ɲ] schreibt er »yn« oder »yngny«: »meyngnyegben« (im Himmel) (recte: »menn'ecben« für [heute:] »mennyekben«); usw.

garischen Studenten erhalten haben, die auf ihrer Peregrination in Zürich oder Basel weilten. Seine Ausführungen zeigen, dass er sich seiner rudimentären Kenntnisse der ungarischen Sprache durchaus bewusst war.

Die 1550er Jahre waren wohl Gessners produktivste Jahre: Neben den schon erwähnten Werken erschienen insbesondere die in vier Bänden herausgegebene »Historia animalium« (Zürich 1551–1558), mit der Gessner zum Begründer der modernen beschreibenden Zoologie wurde, und der »Thesaurus Eunomy Philiatri de remediis secretis« (Zürich 1552), die pharmazeutische »Schatztruhe« auf galenischer Grundlage.[48] Diese Werke wurden nicht nur bald ins Deutsche, Englische oder Französische übersetzt, sondern wurden auch in vielen anderen Druckereien Europas nachgedruckt, insbesondere in Frankfurt a.M., Heidelberg, London, Lyon oder Venedig. Es ist nicht bekannt, dass Gessners Werke auch im ungarischen Sprachraum nachgedruckt wurden, dennoch sind manche von denselben bereits kurz nach ihrer Drucklegung in Ungarn verbreitet gewesen. In den Bibliotheken der Humanisten Johannes Dernschwamm, Johannes Sambucus, József Macarius oder György Perneszith finden wir Werke wie des Johannes Stobaeus »Sententiae ex thesauris Graecorum delectae« (Zürich 1543; Basel 1549), die »Bibliotheca universalis« (Zürich 1545) bzw. »Epitome bibliothecae Gesneri« (Zürich 1555), die »Pandectarum sive partitionum universalium […] libri« (Zürich 1548), die »Historia animalium« (Zürich 1551–1558) sowie den »Mithridates« (Zürich 1555).[49] Es erstaunt daher nicht, dass ungarische Humanisten und Ärzte mit Gessner in Kontakt traten, ja ihn in Zürich seiner Gelehrsamkeit wegen gar aufsuchten. Wir wissen davon sowohl aus seinen Werken als auch aus seinem »Liber amicorum«. Im vierten Band der »Historia animalium« (»De piscium aquatilitum natura«) beruft sich Gessner auf Johannes Dernschwamm, von dem er Informationen über den Stör erhalten habe.[50] Der spätere Arzt des Magnaten Gábor Perényi, Johannes Balsaráti Vitus, kam eben in der Zeit, als Gessner am vierten Band der »Historia animalium« arbeitete, also zwischen 1556 und 1557 nach Zü-

---

[48] Zu den weiteren zahlreichen, auch theologischen Werken, ist die Bibliographie Gessners zu vergleichen (vgl. Hans H. *Wellisch*, Conrad Gessner: A Bio-Bibliography, Zug 1984; Matthias *Freudenberg*, Konrad Ges(s)ner, in: Biographisch-bibliographisches Kirchenlexikon, Bd. 15, Nordhausen 1999, 635 ff.).

[49] Vgl. dazu unten.

[50] Vgl. Konrad *Gessner*, Historia animalium, Bd. 4: De piscium aquatilitum natura, Zürich 1558, 59 f. (vgl. *Téglasy*, Gesner, 200).

rich zu Gessner und bedachte ihn mit weiteren Informationen.[51]
Gleichfalls trug er sich ins »Liber amicorum« von Gessner, leider ohne
Datum, ein:

> Scilicet in geniis aliqua est concordia inventis
> et servat studii foedera quisque sui.
> Johannes Vitus Balsaratius Hungarus
> Patak.[52]

Uns interessiert vor allem die Frage, warum Balsaráti Vitus in Zürich
Halt machte. Im Jahre 1550 ging Balsaráti zu Studien ins Ausland;
1554 erwarb er bei Melanchthon den *Magister artium*, hielt sich aber
noch bis 1556 in Wittenberg auf, wo er auch das Amt des Senior des
ungarischen *Coetus* innehatte. Es ist bekannt, dass Melanchthon auf die
Berufsentscheidungen seiner Schüler Einfluss ausübte. So empfahl er
Balsaráti Vitus, nach Italien weiterzuziehen, um das Arztstudium aufzunehmen; er kam zuerst nach Bologna, später nach Padua, wo er am
6. August 1558 den Doktortitel erwarb.[53] Auf der Durchreise von Wittenberg nach Italien suchte Balsaráti Vitus in Zürich Konrad Gessner
auf, dessen Name ihm wegen der Gelehrsamkeit schon bekannt war.
Dass er während seinem Zürcher Aufenthalt auch Bullinger begegne-
te, liegt auf der Hand, zumal er an denselben kurz vor seinem Tode
durch seinen Kollegen, den Sárospataker Rektor, Balázs Szikszai Fabricius Grüsse ausrichten liess.[54] Dennoch dürfte der Beweggrund,
warum Balsaráti Vitus nach Zürich kam, nicht – wie die Besuche
ungarischer Studenten in den 1540er Jahren – Bullinger gewesen sein,
sondern um Gessner kennenzulernen.

Balsaráti Vitus war schließlich nicht der einzige Student, der in
dieser Zeit wegen Gessner nach Zürich kam. Es ist dabei besonders auf
den Humanisten Johannes Sambucus aus Tyrnau, der 1560 von Padua
her nach Zürich kam, sich bei Gessner aufhielt und weiter nach Paris
zog, hinzuweisen. Schon von Padua aus wandte sich Sambucus brief-

---

[51] Vgl. *Gessner*, Historia, Bd. 4, 528 und 1048 (vgl. Ágnes *Ritoók-Szalay*, Balsaráti
Vitus János magyar orvosdoktor a 16. században, in: Orvostörténeti közlemények 78–
79 [1976], 23f.).
    [52] Liber amicorum Conradi Gesneri, Zürich ZB, Ms Z VIII 759 (Kopie), 27.
    [53] Vgl. Ágnes *Ritoók-Szalay*, Warum Melanchthon? Über die Wirkung Melanch-
thons im ehemaligen Ungarn, in: Melanchthon und Europa, hg. von Günter Frank
und Martin Treu, Bd. 1, Stuttgart 2001, 283.
    [54] Vgl. Balázs Szikszai Fabricius an Josias Simler, 1. März 1575, Zürich ZB, Ms F
59, 498f. (vgl. Endre *Zsindely*, A sárospataki kollégium első svájci kapcsolatai, in: Református egyház 1968, 127).

lich an Gessner und gab Gessner die griechischen und lateinischen Handschriften an, die er in Italien erworben hatte.[55] Josias Simler nahm später die bibliographischen Hinweise von Sambucus bereitwillig in die erweiterte Ausgabe der »Bibliotheca instituta et collecta primum a Conrado Gesnero« (Zürich 1574) auf und bemerkte im Vorwort: »Ioannes Sambucus cum propriarum lucubrationem catalogum Gesnero nostro transmisit, tum etiam indicem veterum auctorum, quos plutimos atque optimos in bibliotheca sua possidet, atque complures iam in publicum edidit.«[56] Der Forschungsaustausch zwischen Gessner und Sambucus blieb bis zu Gessners Tod durch Briefwechsel[57] bestehen. Auch das Trauergedicht von Sambucus auf Gessners Tod – neben denjenigen von Theodor de Bèze, Paul Melissus (Schede), Nicolaus Reusner oder Johannes Fabricius Montanus – gibt davon Zeugnis ab.[58]

Gemäß dem »Liber amicorum« von Gessner hielt sich ein weiterer Humanist in Zürich bei Gessner auf, nämlich der Balneologe Tamás Jordán (1539–1585). Jordán stammte aus Klausenburg, weilte aber schon 1555 zum Arztstudium in Wittenberg, ab 1560 in Paris, Montpellier und Venedig, von wo er nach Zürich zu Konrad Gessner kam.[59] Am 1. Oktober 1562 trug er sich ins Stammbuch von Gessner ein.[60] Jordán interessierte sich in dieser Zeit bereits für Balneologie und wusste von Konrad Gessners Verdiensten diesbezüglich. In Venedig kam 1553 Gessners »Excerptorum [...] de thermis tum Helveticis tum Germaniae aliis libri duo« (1552) heraus.[61] Um weitere Bäder kennenzulernen hielt sich Gessner, bezeichnenderweise gerade vor der Ankunft von Jordán, in Graubünden auf. Gemeinsam mit Johannes Fabricius Montanus aus Chur und Johannes Bauhin d.J. aus Basel führte

[55] Vgl. Johannes Sambucus an Konrad Gessner, 18. Januar 1560, Zürich ZB, Ms F 61, 98.

[56] Josias *Simler* (Hg.), Bibliotheca instituta et collecta primum a Conrado Gesnero, Zürich 1574, 4v.

[57] Leider ist nur jener Brief von Sambucus aus Padua erhalten; doch in anderen Briefen erwähnt Gessner, dass er mit Sambucus in Korrespondenz stehe (vgl. Konrad Gessner an Adolph Occo, 28. September und 5. November 1565, in: Caspar *Wolf*, Epistolarum medicinalium Conradi Gesneri [...] libri tres, Zürich 1577, 78v und 79rf.).

[58] Zu den Kontakten Gessners mit Sambucus vgl. *Teglásy*, Gesner, 202–209.

[59] Zu Tamás Jordáns Peregrination: Pál *Kemenes*, Kolozsvári Jordán Tamás (1539–1585), a balneológus, in: Orvosi Hetilap 133 (1992), 1503ff.; *Szabó* und *Tonk*, Erdélyiek, 174.

[60] Vgl. Liber amicorum Conradi Gesneri, Zürich ZB, Ms Z VIII 759 (Kopie), 163.

[61] Vgl. De balneis omnia quae extant apud Graecos, Latinos et Arabos, Venedig 1553, 289–299.

der Weg zu den bedeutendsten Heilbädern der Drei Bünde und des Veltlins.[62] Es kann sehr wohl möglich sein, dass Jordán von Venedig über das Veltlin nach Zürich kam, ja vielleicht gar gemeinsam mit Gessner. Nach seinem Zürcher Aufenthalt ging Jordán, wahrscheinlich zusammen mit Johannes Bauhin, auch er bedeutender Naturwissenschaftler, weiter nach Basel und erneut nach Italien (Padua, Bologna, Pisa, Rom).Rom (Stadt) Dennoch blieb Gessner Vorbild für die weiteren balneologischen Forschungen von Jordán, auch noch als er ab 1570 als *primus medicus publicus* in Brünn (Mähren) wirkte. Deutlich wird dies insbesondere in seinen gedruckten und ungedruckten Schriften über die Heilquellen in Mähren.[63]

Wir haben davon Kenntnis, dass sich seit Ende der 50er Jahre weitere ungarische oder siebenbürgische Studenten in Zürich aufgehalten haben: Es sind dies Petrus Lupinus (1559), Lukács Szikszói (nach 1559), Titus Amicinus (1560), Márton Berzeviczi (1564). Von den ebengenannten trug sich einzig Berzeviczi, ein adliger Humanist am Wiener Hof, der zum Studium der Rechte über Zürich und Genf nach Frankreich unterwegs war, nicht ins Stammbuch von Gessner ein. Dies ist bemerkenswert und zeigt, welche Stellung Gessner in Zürich innehatte, zumal Szikszói, Amicinus und wahrscheinlich auch Lupinus, in erster Linie wohl nicht aus naturwissenschaftlichen Interessen nach Zürich kamen. Amicinus stammte aus Kronstadt und hatte in Wittenberg (1553–1555) studiert. Trotz seiner nachfolgenden Heimkehr begehrte er noch weitere Studien und verliess Siebenbürgen erneut; er kam auch nach Zürich, um die helvetische Richtung besser kennenzulernen.[64] Erneut zuhause in Kronstadt angekommen, musste er die Stadt in Kürze wegen seinem »Sakramentarismus« verlassen; er wirkte fortan in Klausenburg, zusammen mit Gáspár Helt, der schon 1559 in Klausenburg Bullingers »Epistola« (1551) gedruckt hatte.[65]

---

[62] Das Stammbuch Gessners, die Briefe von Johannes Fabricius Montanus sowie die Ausführungen des Kirchenhistorikers Petrus Dominicus Rosius à Porta (vgl. Rosius *à Porta*, Historia Reformationis Ecclesiarum Raeticarum, Bd. I/2, Chur et al. 1771, 336ff.) helfen uns, die Reise zu rekonstruieren (vgl. Rudolf *Steiger*, Conrad Gesners Itinerar seiner Bündner Reise von 1561, in: Gesnerus 35 [1978], 214–223).

[63] Vgl. Tamás *Jordán*, Succinta narratio de origine et usu Thermarum Teplicensium, Olmütz 1572; ders., Knijha o wodách hogitedlynycjh neb Teplicech Morawskych, Brünn 1580; ders., De aquis medicatis Moraviae commentariolus, Frankfurt 1586 (vgl. auch den handschriftlichen Nachlass in der Universitätsbiliothek von Olmütz / Olomouc).

[64] Vgl. Liber amicorum Conradi Gesneri, Zürich ZB, Ms Z VIII 759 (Kopie), 92.

[65] Vgl. Edith *Szegedi*, Die Reformation in Klausenburg, in: Konfessionsbildung und

Über Petrus Lupinus wissen wir nur soviel, dass er aus Hermann-stadt (Sibiu) stammte und sein Sohn später an der evangelisch-luthe-rischen Pfarrkirche von Hermannstadt wirkte (1592–1597). Hingegen ist bekannt, dass Szikszoi, nach Studien in Wittenberg (1558/59) sich nach Zürich wandte, wo er bei Bullinger und Gessner[66] Gastfreund-schaft genoss. Später bedankte er sich dafür und bat um Bullingers Ratschlag und Hilfe betreff der Schäden, die der »Neo-Nestorianer« Francesco Stancaro und seine Anhänger in den Kirchen Ungarns an-richten würden.[67]

Alle genannten Peregrinanten standen auch in Kontakt mit Gessner und trugen sich in sein Stammbuch ein. Ja noch mehr: Nur dank diesem Stammbuch haben wir gar Kenntnis von mehreren Studenten, die in Zürich bei Bullinger weilten. Wenn wir sämtliche ungarische und siebenbürgische Studenten, von deren Zürcher Aufenthalt im Übergang zu den 1560er Jahren wir gesicherte Kenntnis haben, be-trachten, so fällt entgegen anderer Darstellungen[68] auf, dass dieselben keineswegs nur Bullingers wegen nach Zürich kamen, sondern in min-destens gleichem Maße des Polyhistors und Arztes Konrad Gessners wegen. Seine naturwissenschaftliche Tätigkeit dürfte gerade unter den Gelehrten des europäischen Späthumanismus weit herum bekannt ge-wesen sein. Der eher mager erhaltene Briefwechsel von Gessner[69] soll nicht darüber hinwegtäuschen, dass die gesamteuropäische Verbrei-

---

Konfessionskultur in Siebenbürgen in der Frühen Neuzeit, hg. von Volker Leppin und Ulrich A. Wien, Stuttgart 2005 (Quellen und Studien zur Geschichte des östlichen Europa 66), 83 f.; *Szabó* und *Tonk*, Erdélyiek, 279. Zur »Epistola« von Bullinger vgl. Barnabás *Nagy*, Henrychi Bullingeri Epistola ad ecclesias Hungaricas earumque pas-tores scripta MDLI, Budapest 1967; Erich *Bryner*, Die Ausstrahlungen Bullingers auf die Reformation in Ungarn und Polen, in: Zwingliana 31 (2004), 184 ff.; Jan-Andrea *Bernhard*, Reformátori üzenet és ökumenikus szellem: Bullingernek a magyar egyhá-zakhoz küldött »Libellus epistolaris« (1551) című irata, in: Festschrift für István Tőkés zum 90. Geburtstag, hg. von Zsolt Geréb und Zoltán Adorjáni, Kolozsvár 2006, 467–476.

[66] Gemäß einer handschriftlichen Bemerkung Gessners hat er von Szikszói auch Informationen über ungarische Pflanzenarten erhalten (vgl. Konrad *Gessner*, Opera botanica, Bd. 2, Zürich ZB, Ms Z VIII 395, 189 [Kopie aus der Universitätsbibliothek Erlangen]).

[67] Vgl. Lukács Szikszói an Heinrich Bullinger, 24. August 1562, in: Studia et acta ecclesiastica, hg. von Tibor Bartha, Bd. 3, Budapest 1973, 959 ff.

[68] Vgl. *Zsindely*, Bullinger Henrik magyar kapcsolatai, in: Studia et acta ecclesiastica, Bd. 2, Budapest 1967, 75 f.

[69] An dieser Stelle danke ich Herrn Dr. Urs B. Leu, Leiter der Sammlung Alte Drucke der Zentralbibliothek Zürich, für die Freundlichkeit, die aktuelle Liste des derzeit bekannten Briefwechsels auszuhändigen.

tung der Schriften Gessners im 16. Jahrhundert bedeutender ist als
diejenige Bullingers.[70] Abschließend kann wohl gesagt werden, dass
Gessners Tätigkeit in Zürich Studenten nicht nur aus dem ungarischen
Sprachraum, sondern aus ganz Europa anzog; damit leistete Gessner
durch seine Tätigkeit einen wichtigen Beitrag zur Bekanntwerdung
Bullingers auch in weiter entlegenen Gebieten Europas.

2. Bibliotheksgeschichtliche Bemerkungen zu Gessners Wirkungsgeschichte in Ungarn

Auf die bereits in den 1540er Jahren einsetzende Verbreitung von
Werken Gessners in Ungarn und Siebenbürgen haben wir schon
knapp hingewiesen. Gessner war nicht nur bekannt als Bibliograph,
Natur- und Sprachwissenschaftler, sondern auch als Herausgeber klassischer Autoren. Es ist dabei an den Druck der griechischen Antologie
»Sententiae ex thesauris Graecorum delectae« (Zürich 1543) des Johannes Stobaeus zu denken, welche beim Basler Drucker Oporin,
einem der erfahrendsten Drucker für griechische Ausgaben, nach
Konsultation weiterer Handschriften in verbesserter Form 1549 erneut
herauskam.[71] Gessners Stobaeus-Ausgabe war, gegenüber den Drucken aus Rom (1517) und Venedig (1536), so bahnbrechend und gefragt,
dass allein bis 1610 in Antwerpen, Basel, Frankfurt a.M., Genf, Lyon,
Paris und Zürich ein weiteres Dutzend Ausgaben erschienen; auch
noch im 18. und 19. Jahrhundert wurde Gessners Stobaeus nachgedruckt.

Die großen Auflagen und zahlreichen Nachdrucke von Gessneriana
sind Zeichen einer großen Nachfrage. Auch in Ungarn war die Nachfrage nach Werken Gessners bemerkenswert, wie die bereits zahlreichen Publikationen zu historischen Buchbeständen im ungarischen
Sprachraum, herausgegeben vom Institut für ungarische Lesegeschich-
te (Budapest / Szeged), belegen.[72] Leider sind zwar die ursprünglichen

[70] Dies wird insbesondere deutlich bei einem Vergleich historischer Bibliothekskataloge des 16. Jahrhunderts. Gessners bibliographische, sprach- , naturwissenschaftliche Schriften wie auch klassisch-humanistische Ausgaben waren in ganz Europa verbreitet und wurden immer wieder neu aufgelegt. Über die Verbreitung von Gessneriana in Ungarn wird im folgenden Abschnitt des Aufsatzes genauer eingegangen.
[71] Vgl. Frank *Hieronymus*, Griechischer Geist aus Basler Pressen, Basel 1992, 455f.
[72] Die Erforschung der historischen Buchbestände wird nicht nur in Ungarn an
genanntem Institut, sondern auch in mehreren anderen Ländern Europas intensiv
betrieben, gleichfalls in der Schweiz.

Bestände von Humanistenbibliotheken oft nicht überliefert, da sie manchmal erst viele Jahrzehnte später, nachdem sie in öffentliche Bibliotheken integriert[73] oder über Generationen hinweg weitergegeben worden waren, schriftlich erfasst worden sind. Ausnahmen bilden hierbei die berühmten Humanisten-Bibliotheken Dernschwamm, Sambucus, Dudith oder Zrínyi.[74] Dennoch ist es in vielen Fällen möglich festzustellen, in welchem Zeitraum ein Buch erworben wurde; dies trifft vor allem bei Gessneriana mit mehreren Auflagen zu. Sofern in den Bibliotheksverzeichnissen das Druckjahr angegeben wird, kann auch in etwa gefolgert werden, wann ein Werk nach Ungarn kam.[75]

Die Bibliothekskataloge zeigen uns, dass viele Gessneriana in den meisten Gebieten des historischen Ungarn, abgesehen vom türkisch besetzten Mittelungarn – auch Buda ist durch die Türken eingenommen worden[76] –, verbreitet und benutzt wurden. Es ist dabei vorallem an die bibliographischen Werke »Bibliotheca universalis« sowie »Pandectarum sive partitionum universalium [...] libri«, die naturwissenschaftliche Werke »Thesaurus Euonymi Philiatri de remediis secretis« sowie »Historia animalium« und an die Stobaeus-Ausgabe zu den-

---

[73] In bibliotheksgeschichtlichen Forschungen zeigt sich immer wieder, dass Kollegiums- und öffentliche Bibliotheken durch Zusammenlegung verschiedener privater Buchbestände entstanden sind. Als Beispiel sei die Bibliothek des Protestantisch-theologischen Institutes in Klausenburg (Cluj) genannt, welche zwar erst 1895 gegründet wurde, aber auf früheren Einrichtungen beruht; die Bibliothek des Institutes entstand durch private Stiftungen, Legate und Geschenke. So finden sich darin viel humanistische Drucke, insbesondere aus Basel und Genf, z.B. Erasmus' »Institutio principis christiani« (Basel 1516), Plinius' »Historia mundi« (Basel 1525) oder Calvins »Institutio christianae religionis« (Genf 1550).

[74] Vgl. Adattár XVI-XVIII. századi szellemi mozgalmaink történetéhez [Materialien zur Geschichte der Geistesströmungen in Ungarn im 16.–18. Jahrhundert] 12, 1–3; Tibor *Klaniczay* (Hg.), History and Stock of the Bibliotheca Zriniana, Budapest 1991.

[75] Dies trifft für den Bestand der Teleki-Bibliothek in Neumarkt a.M./Marosvásárhely (Targu-Mures) nicht zu, da die Grafen József und Sámuel Teleki, die Begründer der Teleki-Bibliothek, die Bücher auf ihrer Peregrination – sie studierten beide um 1760 auch in Basel – aus ganz Europa erworben hatten und mit nach Hause nahmen (vgl. Die Matrikel der Universität Basel, hg. von Max Triet, Bd. 5: 1726/27–1817/18, Basel 1980, 247ff.; Otto *Spiess*, Basel anno 1760, Basel 1936); darunter waren auch viele Helvetica aus dem 16. Jahrhundert (vgl. Catalogus librorum sedecimo saeculo impressorum Bibliothecae Teleki-Bolyai novum forum siculorum, hg. von Mihály Spielmann-Sebestyén, 2 Bde., Marosvásárhely 2001). Aus diesen Gründen wird die Teleki-Bibliothek bei der nachfolgenden Auswertung weitgehend außer Acht gelassen.

[76] Darauf kommt Gessner im Vorwort seiner »Bibliotheca universalis« (1545) zu sprechen; nach der Zerstörung Budas erachtet er es um so dringender, die bislang bekannten Schriftsteller und deren Bücher zu erfassen (vgl. *Gessner*, Bibliotheca, 2v).

ken.[77] Im 17. Jahrhundert war neben Gessners »Bibliotheca universalis«, meist in der Ausgabe »Bibliotheca instituta et collecta« (Zürich 1574), immer noch seine bahnbrechende »Historia animalium«, als Gesamtausgabe in verschiedenen Sprachen mehrfach nachgedruckt, gefragt.[78] Gessners Erstling, sein »Lexicon Graeco latinum« (Basel 1537–1584 in 13 Auflagen), findet sich hingegen seltener.[79]

In den Bibliotheken der beiden bibliophilen Humanisten Dernschwamm und Sambucus – beide werden heute in der Österreichischen Nationalbibliothek aufbewahrt – finden sich natürlich weitere wichtige Werke Gessners; dabei sind beispielsweise der »Mithridates« (Zürich 1555), des Claudius Aelianus »Opera quae extant omnia« (Zürich 1556), oder die »Epistolarum medicinalium libri tres« (Zürich 1577) zu erwähnen.[80]

Allerdings beweist allein das Vorhandensein genannter Werke noch lange nicht, dass Gessner in Ungarn eine Wirkungsgeschichte hatte. Doch wir besitzen deutliche Hinweise, dass Gessners Werke in Ungarn bald nach ihrem Erscheinen häufig benutzt wurden. Freilich wäre eine differenzierte Darstellung der Wirkungsgeschichte Gessners nur möglich im Sinne einer ungarischen Rezeptionsgeschichte seiner Werke. Dies kann im Rahmen dieser Studie nicht geleistet werden.

Die Benutzung der Werke Gessners zeigt sich aber auch auf andere Art und Weise: So weisen viele Gessneriana in den ungarischen Bibliotheken persönliche Besitzeinträge (*Ex libris*) auf.[81] Ich möchte exemplarisch zwei Beispiele nennen:

[77] Gessneriana in Oberungarn (Adattár 12/1, 14. 25. 40. 130; 15, 90. 99. 183. 186; 17/1, 138. 201), in Siebenbürgen (Adattár 16/2, 109. 122. 126. 130; 16/3, 174. 178; 16/4, 540. 566), in Westungarn (Adattár 12/2, 133. 246. 312. 315f.; Sándor Iván *Kovács*, Bornemissza Péter mecénásának könyvtár jegyzéke 1560-ból, in: Irodalomtörténeti közlemények 1962, 86).
[78] Vgl. Adattár 13/2, 131; 16/2, 31. 50; 16/3, 93; 16/4, 22; 19/1, 42 f. 61. 304; Vladimir *Magić*, Die Bibliotheca Valvasoriana, in: Blaues Blut und Druckerschwärze: Aristokratische Büchersammlungen von 1500 bis 1700, Budapest 2005, 54.
[79] Vgl. Adattár 12/2, 312; 16/2, 34. 101; 16/4, 148 f. 671; 17/1, 84.
[80] Vgl. Adattár 12/1, 126. 216. 241; 12/2, 138. 235; usw.
[81] Dies trifft natürlich auch für viele andere humanistische und reformatorische Drucke, teils Colligate, zu. Es ist ein Desiderat der Forschung, die Besitzeinträge in den Sammlungen der alten Drucke der Bibliotheken einmal genauer zu untersuchen und auszuwerten. Die Auswertung wird nicht nur viele *Ex libris* bekannter Humanisten und Reformatoren zu Tage bringen, sondern auch die zeitliche Bestimmung der Benutzung reformatorischer Werke ermöglichen, was theologiegeschichtlich von weitreichender Bedeutung ist. Der Schreibende hat vor längerer Zeit die sehr zahlreichen zürcherischen Reformatorica in der Akademischen Bibliothek Klausenburg (ehemals die Bibliotheken der reformierten, katholischen und unitarischen Kollegien, konfisziert 1948) nach ihren Besitzeinträgen ausgewertet und konnte feststellen, dass mehrere

Ein Exemplar von Gessners »De raris ed admirandis herbis« (Zürich 1555) kam in die Bibliothek des Magnatenhofes Thurzó in Grossbitsch (Bytča), und so auch, gemäss dem Supralibros auf dem Einband, in den Besitz des evangelischen Grafen György Thurzó, des späteren ungarischen Palatins. Er förderte die Verbreitung der humanistischen Ideen in Oberungarn und schuf an seinem Hofe ein ausserordentliches, rege besuchtes Kulturzentrum. Nach seinem Tode (†1616) gingen Teile seiner Bibliothek, auch Gessners Band, an den FranziskanerordenFranziskaner, in Tyrnau über, schließlich in die Bibliothek der von Péter Pázmany 1635 gegründeten Tyrnauer Universität.[82]

Gessners »Lexicon Graeco latinum« (Basel 1552) wurde 1554 von einem gewissen I. K. R. erworben, zeigt Spuren einer regen Benutzung und kam später in den Besitz des reformierten Kollegiums von Neumarkt a. M. (Targu-Mures), wo es noch heute aufbewahrt wird.[83]

Wie überhaupt humanistische und reformatorische Werke wurden auch viele Gessneriana zwischen den Gelehrten zur Benutzung ausgetauscht und weitergegeben. Teilweise waren auch die privaten Bibliotheken für externe Benutzer zugänglich. Besonders interessant ist diesbezüglich der »Index minor« der Dernschwamm-Bibliothek, in dem durch den »deest«-Vermerk darauf hingewiesen wurde, dass zur Zeit der Abfassung des Indexes genanntes Buch ausgeliehen war.[84]

Die privaten Büchersammlungen von József Macarius, von György Perneszith oder von Zsigmond Zimmermann wurden durch ihre berufliche Tätigkeit rege benutzt. Macarius war durch Jahre als Erzieher bzw. Lehrer von Magnatensöhnen tätig, unter anderem in Wien oder auf der Burg Diód (Nussschloss) im Komitat Weissenburg, wo auch seine Bibliothek konfisziert wurde;[85] Perneszith war Gutsverwalter des Magnaten Tamás Nádasdy in Sárvár und betreute an der dortigen Schule, die von Söhnen von Adligen und Bürgern aus dem ganzen

---

Werke Bullingers bereits wenige Jahre nach ihrem Erscheinen einen ungarischen Besitzeintrag aufweisen. Gleichzeitig weisen viele Drucke Spuren einer sehr häufigen Benutzung auf.

[82] Vgl. Helena *Saktorová*, Die Bibliothek des Palatins Georg Graf Thurzó und die Familienbibliothek der Illésházy, in: Blaues Blut, 162f. und 173.

[83] Vgl. Catalogus librorum [...] Bibliothecae Teleki, Bd. 1, 304f.

[84] Vgl. Adattár 12/1, 300; Jan-Andrea *Bernhard*, Von Adligen, Studenten und Buchdruckern in Ungarn: Ein Beitrag zur »Wende« vom lutherischen zum reformierten Bekenntnis im protestantischen Ungarn des 16. Jahrhunderts, in: Zwingliana 33 (2006), 160.

[85] Vgl. *Bernhard*, Adlige, 163; Ágnes *Ritoók-Szalay*, Ein ungarischer Schüler Melanchthons: Josephus Macarius, in: Acta Classica Universitatis Scientiarum Debrecensis 4 (1968), 111ff.

Land besucht wurde, auch die älteren Schüler;[86] auch die vor allem humanistische Werke – an die 400 Bände – umfassende Bibliothek von Zsigmond Zimmermann, der am Hofe in Pressburg wirkte, dürfte zur Erziehung gedient haben.[87] Weitere Beispiele von privaten Bücherbeständen, in denen auch Gessneriana vorhanden waren, liessen sich anführen.

Abgesehen von der privaten Benutzung von Gessneriana ist vor allem auf die Kollegiums- und öffentlichen Bibliotheken hinzuweisen. In bibliotheksgeschichtlichen Forschungen zeigt sich immer wieder, dass solche Bibliotheken durch Zusammenlegung verschiedener privater Buchbestände entstanden sind. Oft haben auch Studenten einen Teil ihrer Buchbestände an Kollegiumsbibliotheken aus Dankbarkeit gestiftet. Besonders interessant ist diesbezüglich die Bibliothek der Honterusschule in Kronstadt. Die Kronstädter Stadtschule stammte nachweislich schon aus dem 14. Jahrhundert. Im Zuge der Reformation durch Johannes Honterus ging aus ihr das »Studium Coronense« hervor, das erste humanistische Gymnasium Südosteuropas, für das Honterus 1543 seine Schulordnung schaffte.[88] Die Schule wurde wegen ihrem guten Ruf nicht nur von Sachsen, sondern auch von Rumänen und Ungarn aus den umliegenden Gebieten besucht. Der erste Bestandeskatalog ihrer Bibliothek stammt aus dem Jahre 1575; darin finden sich die »Pandectarum sive partitionum universalium [...] libri XXI« (Zürich 1548).[89] Die Bibliothek konnte aber durch Buchschenkungen immer wieder erweitert werden. Zwischen 1604–1619 wurde ein Katalog über den Zuwachs der Bibliothek erstellt; darin findet sich auch die »Bibliotheca universalis« von Konrad Gessner.[90] So kommt es, dass in der Gesamtbestandesaufnahme von 1668 mehrere Ausgaben der »Bibliotheca universalis« vorliegen.[91]

In Kaschau haben wir spätestens seit dem 17. Jahrhundert eine städtische öffentliche Bibliothek; diese nahm in der Bildungsgeschichte Oberungarns eine gesonderte Bedeutung ein. Beherbergte sie doch zahlreiche humanistisch-reformatorische Werke, insbesondere Helvetica.[92] Dies zeigt, dass die Ursprünge der Stadtbibliothek bis weit ins

---

[86] Vgl. *Bernhard*, Adlige, 162; *ders.*, Bedeutung, 17 f.; *Kovács*, Bornemissza, 83 ff.
[87] Vgl. Adattár 13/2, 118 ff.
[88] Vgl. Johannes *Honterus*, Constitutio Scholae Coronensis, Kronstadt 1543 (vgl. Ludwig *Binder*, Johannes Honterus: Schriften, Briefe, Zeugnisse, Bukarest 1996, 89 f.).
[89] Vgl. Adattár 16/4, 540.
[90] Vgl. Adattár 16/4, 566.
[91] Vgl. Adattár 16/4, 605 ff.
[92] Vgl. Adattár 15, 115–187.

16. Jahrhundert zurückreichen, nämlich in die Zeit als Kaschau von Ungaren – nachdem János Zsápolya 1536 die Stadt eingenommen hatte – bewohnt wurde und die helvetische Richtung immer mehr an Beliebtheit gewann. Obwohl unter Ferdinand I. nach 1552 zunehmend wieder eine Germanisierung einsetzte, konnte sich eine ungarische Minderheit mit helvetischem Bekenntnis halten.[93] Die helvetische Orientierung der Stadt Kaschau im 16. Jahrhundert schlug sich natürlich im Bestand der Stadtbibliothek nieder. Dass auch die Werke Gessners – es sind in Kaschau insbesondere die »Historia animalium« und der »Thesaurus Euonymi« zu erwähnen – vorhanden waren und – in einer weitherum bekannten Stadtbibliothek – häufig benutzt wurden, brauchen wir kaum zu erwähnen.

Ähnliche Gegebenheiten treffen wir in den Bibliotheken der reformierten Kollegien in Klausenburg und Neumarkt, des unitarischen Kollegiums in Klausenburg oder des Jesuitenkollegiums in Pressburg an; oft wurden die Gessneriana auch für den Unterricht benutzt. Dies erklärt, warum z. B. im Jesuitenkolleg in Pressburg von Gessners »Thesaurus Euonymi de remedis secretis« drei Exemplare vorhanden waren.[94] In der akademischen Bibliothek Klausenburg, welche die 1948 konfiszierten Bibliotheken der reformierten, unitarischen und katholischen Kollegien beinhaltet, finden wir neben den schon erwähnten Werken auch Gessners »Onomasticon proprium nominum […]« in mehreren Ausgaben.[95]

Abschließend bleibt festzustellen, dass die Erforschung der historischen Buchbestände nicht nur über das Vorhandensein von Gessneriana im historischen Ungarn Aufschluss zu geben vermag, sondern auch einen wichtigen Beitrag zur Wirkungsgeschichte von Gessner in Ungarn und Siebenbürgen leisten kann. Neben der privaten Benutzung durch Humanisten wurden Gessneriana vor allem zu naturwissenschaftlichen Ausbildungszwecken herangezogen. Die bibliographischen und lexikalischen Werke Gessners erwiesen sich durch Jahrhunderte als sehr nützliche Nachschlagewerke.

---

[93] Vgl. Miloslava *Bodnárová*, Die Reformation in den ostslowakischen königlichen Städten in den ersten Hälfte des 16. Jahrhunderts, in: Die Reformation und ihre Wirkungsgeschichte in der Slowakei: Kirchen- und konfessionsgeschichtliche Beiträge, hg. von Karl Schwarz und Peter Švorc, Wien 1996, 30 ff.

[94] Vgl. Adattár 17/1, 138 und 201.

[95] Es liegt meist die mit Ambrosius Calepinus' »Dictionarium linguarum« in einem Band erschiene Ausgabe des »Onomasticon« vor.

3. ERTRAG

Konrad Gessner war einer der umfassendst gebildeten Gelehrten im Zürich der Reformation. Als Arzt, Naturwissenschaftler, Linguist, Bibliograph, Philologe und auch Theologe besass er nicht nur einen hohen europäischen Bekanntheitsgrad, sondern hatte auch eine bemerkenswerte gesamteuropäische Wirkungsgeschichte. Dies trifft auch für den ungarischen Sprachraum zu. Kaum bekannt waren bislang die kommunikationsgeschichtlichen Hintergründe für Gessners Kenntnisse über die ungarische Bibliographie und über die ungarische Sprache. Dank seiner reichen Personenkontakte, insbesondere auch nach Basel, erhielt er wertvolle Informationen aus Ungarn für seine wissenschaftlichen Studien; zugleich wurde Zürich infolge seiner Tätigkeit auch zu einem Anziehungspunkt für mehrere Studenten aus dem ungarischen Sprachraum.

Es erstaunt nicht, dass seine Werke, allen voran seine »Bibliotheca universalis«, seine »Historia animalium«, Stobaeus' »Sententiae ex thesauris Graecorum delectae«, sein »Thesaurus Euonymi« und – seltener – sein »Lexicon Graeco latinum«, unter Gelehrten des ungarischen Späthumanismus begehrt waren und sich in historischen Buchbeständen Ungarns und Siebenbürgens zahlreich finden lassen. Schließlich ist es besonders bemerkenswert, dass mehrere historische Buchbestände, die Gessneriana aufweisen, auch auffallend viel Helvetica, insbesondere Reformatorica, beinhalten.[96] Wir denken dabei vor allem an die privaten Buchsammlungen von György Perneszith, József Macarius oder Johannes Sambucus, an die Bibliotheken in Kaschau (Stadtbibliothek), Klausenburg (reformiertes Kollegium) oder Kronstadt (Honterusschule). Dies zeigt, dass – neben anderen auch – Froschauers Bemühungen, Früchte getragen haben: Es gelang ihm, durch den Druck von humanistischen populären Werken, wie Gessners »Bibliotheca universalis« oder Honterus' »Rudimenta cosmographica«, auch wichtige Werke der helvetischen Reformation im ostmitteleuropäischen Raum zu verbreiten. Letzlich hat also Gessner vor allem durch seine bibliographischen und naturwissenschaftlichen Tätigkeiten einen wichtigen Beitrag zur Ausbreitung der Reformation helvetischer Richtung in Ungarn und Siebenbürgen geleistet.

---

[96] Zu den reformatorischen Helvetica in historischen Buchbeständen Ungarns ist insbesondere zu vergleichen: *Bernhard*, Adlige, 158 ff.; *ders.*, Bedeutung, 8 und 15 ff.

HEINRICH BULLINGERS LETZTWILLIGE VERFÜGUNG ÜBER SEINEN SCHRIFTLICHEN NACHLASS

Rainer Henrich

I. EINLEITUNG

Wenn von Bullingers Testament die Rede ist, denken Kenner des Zürcher Reformators an ein längst bekanntes Schriftstück, nämlich an dessen Abschiedsbrief an Bürgermeister und Räte der Stadt Zürich. Dieses Schreiben, das Bullinger bereits im August 1572 entwarf und am 2. August 1575 ergänzte und neu datierte, enthält sein politisches Vermächtnis. Nach seinem Tod am 17. September 1575 wurde es der Obrigkeit übergeben und am 1. Oktober den Räten vorgelesen. Das kostbare Zeugnis von Bullingers Selbstverständnis als Zürcher Kirchenleiter ist als autographes Original erhalten[1] und war auch den folgenden Generationen gut bekannt, wie rund 30 Abschriften aus dem 16. bis 18. Jahrhundert und zwei Drucke von 1719 und 1722 belegen.[2] Carl Pestalozzi druckte diese Schrift in seiner großen Biographie des Reformators unter dem Titel »Bullingers Testament oder letzter Wille an seine Herren und Oberen von Zürich« in einer modernisierten Fassung ab.[3] 1991 widmete ihr Pamela Biel[4] eine kleine Studie mit dem Titel »Heinrich Bullinger's Death and Testament: A

---

[1] Zürich Staatsarchiv [Zürich StA], E I 1. 4.

[2] Zu den Abschriften s. die unvollständige Auflistung in: Pamela *Biel*, Heinrich Bullinger's Death and Testament: A Well-planned Departure, in: The Sixteenth Century Journal 22/1 (1991), 3–14 (hier 5f., Anm. 16), zu den Drucken: Heinrich *Bullinger*, Werke, Abt. 1: Bibliographie, Bd. 1: Beschreibendes Verzeichnis der gedruckten Werke von Heinrich Bullinger, hg. von Joachim Staedtke, Zürich 1972, Nr. 734; Bd. 2: Beschreibendes Verzeichnis der Literatur über Heinrich Bullinger, hg. von Erland Herkenrath, Zürich 1977, Nr. 1083.

[3] Carl *Pestalozzi*, Heinrich Bullinger: Leben und ausgewählte Schriften, Elberfeld 1858 (Leben und ausgewählte Schriften der Väter und Begründer der reformirten Kirche 5), 618–622.

[4] *Biel*, Testament, 3–14.

Well-planned Departure«. Seit kurzem liegt sowohl eine Edition des Autographs als auch eine Übersetzung in modernes Deutsch vor.[5]

Uns beschäftigt im Folgenden jedoch ein anderes Dokument, nämlich Bullingers letztwillige Verfügung über seine Bibliothek und seine nachgelassenen Papiere. In Bullingers Abschiedsbrief an die Stadtherren ist von solchen Dingen nicht die Rede. Immerhin geht aber klar daraus hervor, dass Bullinger auch ein privates Testament abgefasst haben muss, schreibt er doch wörtlich: »Wiewol ich in minem testament / den minen verlassen / bericht gåben / das ich mich nitt alle zyt der besoldung und pfrůnd behålffen mögen / dann das ich ouch min eigen gůt ettwan ynbůssen müssen.«[6] Und diese kleine Bemerkung ist nicht der einzige Hinweis. Auf eine weitere Spur stießen Urs B. Leu und Sandra Weidmann, als sie im Vorfeld von Bullingers 500. Geburtstag die Privatbibliothek des Reformators rekonstruierten und deren spätere Schicksale zu erhellen versuchten. Dabei griffen sie auf Quellen zurück, die belegen, dass dem Bücherschatz Bullingers nach dem 1583 erfolgten Tod seines ältesten Sohns Heinrich[7] wegen dessen hinterlassenen Schulden die vollständige Liquidation drohte.[8] In diesen Akten ist ebenfalls von einem Testament Bullingers die Rede, auf das sich die Erben beriefen.[9] Bisher galt dieses *private* Testament allerdings als verloren.[10] Auch in den Gemächtsbüchern des Zürcher Staatsar-

---

[5] Heinrich *Bullinger*, Schriften zum Tage, hg. von Hans Ulrich Bächtold et al., Zug 2006 (Studien und Texte zur Bullingerzeit 3), 357–368, bzw. Heinrich *Bullinger*, Schriften, hg. von Emidio Campi et al., Bd. 6, Zürich 2006, 541–552.

[6] *Bullinger*, Schriften zum Tage, 368, Z. 2–6.

[7] Heinrich Bullinger d.J. (1534–1583), seit 1561 Diakon und seit 1575 Pfarrer zu St. Peter in Zürich, war als Bürge seines massiv verschuldeten Bruders Hans Rudolf Bullinger in finanzielle Bedrängnis geraten (vgl. unten Anm. 13). Zu seiner Person s. F. Otto *Pestalozzi*, Aus der Geschichte des Geschlechts der Bullinger von Bremgarten und Zürich, in: Zürcher Taschenbuch auf das Jahr 1930 (Neue Folge 50), Zürich 1929, 27; Zürcher Pfarrerbuch 1519–1952 [ZPfb], hg. von Emanuel Dejung und Willy Wuhrmann, Zürich 1953, 229, Nr. 4.

[8] Heinrich *Bullinger*, Werke. Erste Abt.: Bibliographie, Bd. 3: Heinrich Bullingers Privatbibliothek, bearb. von Urs B. Leu und Sandra Weidmann, Zürich 2004 (zit.: *Leu / Weidmann*, Privatbibliothek), 9–12.

[9] »Diewyl aber her Lafaters tochtermänner als herr Bullingers säligen erben eins teils, her Cörner, her Wirt, her Koler [Rudolf Körner, Rudolf Wirth / Hospinian, Jakob Koller], vermeinen wellen, das inen die libery um 100 lb. zůstan sölte lut eines articels in hern Bullingers säligen testament, ließend sy die zů recht verbieten. Aber am 5. jan. im 84 [...] ward inen [...] der articel uß dem testament vorgelesen und usgelegt, dass sy der anspruch abgestanden« (Zürich StA, E II 453, 10r; vgl. *Leu / Weidmann*, Privatbibliothek, 11).

[10] Vgl. *Leu / Weidmann*, Privatbibliothek, 11, Anm. 34; *Bullinger*, Schriften zum Tage, 359.

chivs,[11] die eine große Zahl von Vermächtnissen aus dem frühneuzeit-lichen Zürich enthalten, ist es nicht zu finden.

Beim Schriftstück, das hier vorgestellt werden soll, handelt es sich um ein Fragment dieses verschollenen Testaments, nämlich um jenen Teil, in dem Bullinger seinen letzten Willen bezüglich seiner Bücher und anderweitigen Papiere festhielt. Im Jahr 2006 kam dieses Stück dem Schreibenden bei Recherchen zu einem anderen Thema zufällig in die Hand.[12] Dass es so lange unbekannt blieb, ist nicht erstaunlich, liegt es doch in einem umfangreichen Bestand, der noch kaum je nä-here Beachtung gefunden hat, und trägt erst noch eine falsche Be-schriftung. Die Schachtel A 21 des Staatsarchivs des Kantons Zürich enthält ein dickes Bündel von Akten aus den Jahren 1565–1584, die sich auf die Schuldenaffäre von Bullingers Sohn Hans Rudolf bezie-hen.[13] In dieser wirtschaftsgeschichtlich sehr interessanten Akten-sammlung liegen ganz hinten, bei den undatierten Stücken, zwei inein-ander gelegte, einfach gefaltete und von einer geübten Kanzleihand sauber beschriebene Blätter, deren Rückseite ein Archivar wohl im 17. Jahrhundert mit »Frau Veritas Bullingerin aufgerichtetes Testament« beschriftet hat. Dass es sich entgegen diesem Dorsualvermerk nicht um das Testament von Bullingers Tochter[14], sondern um das ihres Vaters handelt, klärt sich jedoch schon beim ersten kurzen Blick; als Grund für die irreführende Inhaltsangabe lässt sich vermuten, dass das Do-kument (oder dessen Vorlage) möglicherweise aus dem Besitz der Ge-nannten stammte. Dass es gerade in diesem Aktenbündel liegt, steht

[11] Zürich StA, B VI 304–331 (die Bände decken den Zeitraum 1371–1675 ab, Do-kumente aus den Jahren 1570–1575 finden sich in den Bänden 315–317, 321f und 329).

[12] Kurz vor Abschluss des Manuskripts dieses Beitrags ist es gelungen, eine voll-ständige Abschrift von Bullingers privatem Testament ausfindig zu machen. Da deren Umfang etwa das Fünffache der hier vorgestellten Teilabschrift beträgt, muss die Ver-öffentlichung an anderem Ort erfolgen. Die noch unveröffentlichten Teile nehmen keinen Bezug auf Bullingers schriftlichen Nachlass.

[13] Hans (Johannes) Rudolf Bullinger (1536–1588) wurde 1582 wegen langjähriger Schuldenwirtschaft seines Amtes als Pfarrer von Berg am Irchel enthoben; nach sei-nem Bankrott zog er nach Bern, wo er in seinen letzten Lebensjahren als Wundarzt wirkte. Vgl. C. *Pestalozzi*, Bullinger, 28; F. O. *Pestalozzi*, Geschichte, 28; ZPfb 229, Nr. 4.

[14] Veritas Bullinger, geb. 1543, heiratete 1569 den Spitalmeister Heinrich Trüb (1497–1587) und 1589 in zweiter Ehe den Kürschner und späteren Bürgermeister Kon-rad Großmann (1533–1609); ihr Todesjahr ist nicht bekannt. Vgl. Heinrich *Bullinger*, Diarium (Annales vitae) der Jahre 1504–1574: Zum 400. Geburtstag Bullingers am 18. Juli 1904 hg. von Emil Egli, Basel 1904 (Quellen zur Schweizerischen Reformations-geschichte 2) (Nachdruck: Zürich 1985), 32, 1–3; 101, 8–12; Carl *Keller-Escher*, Promp-tuarium genealogicum, Bd. 1 (Zürich Zentralbibliothek [Zürich ZB], Ms. Z II 1), 569.

wohl im Zusammenhang mit der Tatsache, dass Heinrich Bullinger
d.J., der als Bürge seines Bruders Hans Rudolf tief in dessen Schul-
denhandel verstrickt war,[15] diesem bereits 1575 in Anwendung einer
testamentarischen Bestimmung seinen Anteil an der Bibliothek abge-
kauft hatte.[16]

Wie lässt sich nun aber der Charakter dieses Dokuments genauer
bestimmen? Klar ist, dass es sich nicht um eine vollständige Fassung
des Testaments handelt, setzt doch der erste Satz bereits voraus, dass
zuvor von der Aufteilung des Erbes die Rede war. Jene Passage des
Testaments, auf die Bullinger im eingangs zitierten Abschiedsbrief hinweist, findet sich im hier vorgestellten Auszug nicht. Was wir hier vor
uns haben, ist demnach nur eine Abschrift jener Passagen, in denen
Bullinger einschränkende Bestimmungen für diesen besonderen Teil
seines Nachlasses verfügt hat. Deutlich ist auch, dass es sich um ein
rein privates Dokument handelt, das eine klare Zurückhaltung gegenüber eventuellen Ansprüchen der Obrigkeit auf Teile des Nachlassses
zum Ausdruck bringt und deshalb wohl kaum dem Rat zur Beurkun-
dung vorgelegt wurde. Das wird auch der Grund dafür sein, dass dieses für das 16. Jahrhundert ungewöhnlich ausführliche und persönliche
Vermächtnis in den amtlichen Gemächtsbüchern nicht zu finden ist.[17]
Als Abfassungszeit kommen nur die letzten Monate vor Bullingers Tod
infrage, da im letzten Absatz auf die am 14. Dezember 1574 erfolgte
Übergabe seines chronistischen Alterswerks an das Chorherrenstift am
Großmünster Bezug genommen wird. Die uns vorliegende Teilabschrift dürfte im Zusammenhang mit der Schuldenaffäre der beiden
Bullinger-Söhne, also wohl innerhalb von höchstens zwei Jahrzehnten
nach Bullingers Tod, entstanden sein.

---

[15] Dies geht u.a. aus zahlreichen Aktenstücken hervor, die im oben erwähnten
Band E II 453 enthalten sind. Auch im Protokoll der Zürcher Synode ist festgehalten,
dass Hans Rudolf Bullinger seinen Bruder Heinrich durch seine Schuldenmacherei
und schwere Bürgschaften um das väterliche Erbe gebracht habe; s. Zürich StA, E II
1, 725.

[16] Zu den Einzelheiten, die hier nicht wiederholt zu werden brauchen, s. *Leu/Weid-
mann*, Privatbibliothek, 9. Festzuhalten bleibt, dass Heinrich d.J. dem letzten Willen
seines Vaters nicht folgte, als er die Bibliothek an das Studentenamt verpfändete, um
diesen Kauf zu finanzieren.

[17] Diese enthalten sowohl vom Rat ausgefertigte als auch von den Erblassern verfasste und vom Rat nur bestätigte Vermächtnisse. Eine solche Bestätigung war zwar
eigentlich erforderlich, kam aber allmählich aus der Übung; vgl. Thomas *Weibel*, Erbrecht und Familie: Fortbildung und Aufzeichnung des Erbrechts in der Stadt Zürich
vom Richtebrief zum Stadterbrecht 1716, Zürich 1988, bes. 64f. und 213–215.

Das neu entdeckte Dokument ist in verschiedener Hinsicht von beträchtlichem Interesse. Wir lassen es nachfolgend für sich selbst sprechen und beschränken uns auf einige wenige Hinweise. An erster Stelle kümmert sich Bullinger bei der Regelung seines schriftlichen Nachlasses um seine Bibliothek; sie soll primär den beiden als Pfarrer tätigen Söhnen Heinrich und Hans Rudolf und später eventuell studierenden Enkeln Bullingers gehören, aber auch den prominenten Schwiegersöhnen Ulrich Zwingli d.J. und Ludwig Lavater zugänglich sein. Mit viel Bedacht versucht Bullinger, einer Aufteilung der Bibliothek vorzubeugen, nicht zuletzt auch im Blick auf ihren materiellen Wert, wobei der für einen Auskauf innerhalb der Familie geforderte Preis von 100 Pfund zweifellos mit Absicht sehr tief angesetzt war. Die posthume Publikation ungedruckter Werke wird ausdrücklich untersagt. Die Formulierung seines letzten Willens bezüglich seines höchst umfangreichen Briefwechsels ist Bullinger offensichtlich schwerer gefallen, behält er sich doch ausdrücklich vor, diesen Teilbereich später noch besser zu regeln. Glücklicherweise hat er darauf verzichtet, Teile seiner Korrespondenz aus Sicherheitsgründen zu vernichten, wie es in vielen anderen Fällen geschah,[18] doch er legt fest, dass seine Söhne und Schwiegersöhne gemeinsam darüber beraten sollen, wie damit zu verfahren sei, damit niemand durch die teilweise brisanten Papiere zu Schaden käme. Eine von ihm selbst zusammengestellte Auswahl persönlicher Briefe soll unabhängig davon in den Besitz der beiden Söhne übergehen. Um welche Briefe es sich im Einzelnen handelte, wissen wir leider nicht, so wie sich auch nicht erkennen lässt, nach welchen Kriterien Bullinger die von ihm erwähnte Ausscheidung privater und amtlicher Schriften vornahm. Wie schon im Zusammenhang mit der Bibliothek unterlässt er es aber nicht, zu betonen, dass er durch eigene Arbeit und Entbehrungen in den Besitz seiner Bücher und Privatpapiere gelangt ist. Von Interesse ist hier speziell die Erwähnung einer

---

[18] Dass Briefe – nicht zuletzt zum Schutz der Absender – schon zu Lebzeiten oder nach dem Tod eines Empfängers verbrannt wurden, ist auch von Briefpartnern Bullingers belegt; vgl. die Bemerkung über Briefe Bullingers an Berchtold Haller im Brief Simon Sulzers an Bullinger vom 23. März 1536 (Heinrich *Bullinger*, Werke. Zweite Abt.: Briefwechsel, Bd. 6, bearb. von Hans Ulrich Bächtold und Rainer Henrich, Zürich 1995, Nr. 772, Z. 44f.) oder die Äußerung Vadians im Brief an Bullinger vom 14. November 1547 (Vadianische Briefsammlung, Bd. 6, hg. von Amil Arbenz und Hermann Wartmann, St. Gallen 1908, Nr. 1573, S. 674). Ob die nur bruchstückhafte Überlieferung der Korrespondenz von prominenten Zürcher Kollegen Bullingers wie Theodor Bibliander und Konrad Pellikan durch bewusste Vernichtung zu erklären ist, bleibt offen.

Abschrift des ältesten Tauf- und Ehebuchs des Großmünsters. Besonders bemerkenswert ist zum Schluss, wie sehr sich Bullinger darum sorgt, Angehörige der städtischen Führungsschicht könnten seine Erben zur Herausgabe seiner Eidgenössischen Chronik drängen. An dieser Stelle entwickelt der Erblasser eine eigentliche Verteidigungsstrategie, auch wenn er mit der Möglichkeit rechnet, dass sich diese nicht bis zuletzt durchhalten lässt. Aus seiner Argumentation geht hervor, dass er der Obrigkeit ein Interesse daran unterstellte, bestimmte Vorgänge der jüngeren Geschichte den Augen der Öffentlichkeit vorzuenthalten.[19] Abschließend verweist er auf die auch aus seinem »Diarium« bekannte feierliche Übergabe seines großen historiographischen Hauptwerks an das Großmünsterstift.

Wie wir vor allem dank der Forschungen von Urs B. Leu wissen, ist Bullingers schriftlicher Nachlass trotz dessen Vorsichtsmaßnahmen schon bald nach seinem Tod in den Strudel der Verschuldung seiner Söhne hineingezogen und gut zehn Jahre später zumindest teilweise verkauft worden. Immerhin gelangte ein Teil seiner Bücher in die Stiftsbibliothek und liegt dank diesem Umstand noch heute in der Zürcher Zentralbibliothek. Die von Bullinger als amtlich erachteten Papiere dürften in das spätere, von Johann Jakob Breitinger nach dessen Amtsantritt 1613 begründete Antistitialarchiv (heute im Staatsarchiv des Kantons Zürich, Unterabteilung E II) eingegangen sein. Die privat weitervererbten Papiere haben jedoch zum Teil verschlungene, im Einzelnen nicht rekonstruierbare Wege genommen. Was wir davon noch besitzen, ist oft erst Generationen später aus privatem Besitz in die Stadtbibliothek oder andere öffentliche Sammlungen gelangt. Es stellt sich deshalb die Frage, ob Bullingers Abgang – im Nachhinein betrachtet – tatsächlich so gut geplant war, wie Pamela Biel im Titel des eingangs erwähnten Aufsatzes behauptet. Immerhin hätte ihm auch die Möglichkeit zur Verfügung gestanden, seine Bibliothek gemäß dem von ihm selbst erwähnten Vorbild Zwinglis[20] dem Großmünsterstift zu vermachen. Einem solchen Wunsch des verehrten Patriarchen wäre sicher nicht widersprochen worden.[21] Die testamenta-

---

[19] Dass Bullingers Befürchtungen nicht unbegründet waren, zeigt sich daran, dass der Rat 1587 tatsächlich fünf Chronik-Bände aus der von Heinrich Bullinger d.J. verpfändeten Bibliothek in Verwahrung nahm. Ein Bericht von Stiftsverwalter Wolfgang Haller über ihren Inhalt samt Notizen zur Benutzung einzelner Bände bis 1592 findet sich in Zürich StA, E II 337, 2668f.

[20] Vgl. unten Anm. 39.

[21] Dies trotz der gängigen Praxis, wonach die Söhne eines Verstorbenen Anrecht

rische Schenkung einer Privatbibliothek war auch außerhalb Zürichs keineswegs ohne Beispiel. Erinnert sei hier vor allem an Joachim Vadian, den herausragenden Humanisten, Reformator, Arzt und Bürgermeister von St. Gallen, der seine Bücher wenige Wochen vor seinem Tod »in publicam civium utilitatem« der Stadt vermachte[22] und damit einen wichtigsten Grundstein zur späteren Stadt- und heutigen Kantonsbibliothek legte, die als »Vadiana« noch heute seinen Namen trägt. In ähnlicher Weise hat etwa auch Johannes Fädminger (gest. 1586) der Hohen Schule in Bern seine kostbare, großenteils auf Leonhard Hospinian zurückgehende Bibliothek vermacht.[23] Bullinger hat es vorgezogen, das Schicksal seines gesamten schriftlichen Nachlasses in die Hände seiner Söhne und Schwiegersöhne zu legen. Darin äußert sich neben einem deutlich spürbaren Misstrauen gegenüber der städtischen Obrigkeit, das ja auch aus seinem Abschiedsschreiben hervorgeht, vielleicht doch ein gewisser Zug zum Nepotismus, der in Bullingers Spätzeit auch sonst zu beobachten ist.[24] Dabei ist dem kurz vor seinem Tod stehenden Reformator aber zugutezuhalten, dass er den Wert seines Nachlasses durchaus erkannt und sich sehr bewusst um dessen Sicherung für künftige Generationen bemüht hat. Hätte er dies nicht getan, stünde uns heute keine so überwältigende Fülle wertvoller Bücher und Schriften aus seinem Besitz zu Verfügung.

auf dessen Bücher hatten; vgl. Walter Konrad *Huber*, Das gesetzliche Erbrecht des Kantons Zürich in seiner Entwicklung vom 14. bis ins 19. Jahrhundert, Diss. Zürich 1929, 63.

[22] Vadians testamentarische Verfügung über seine Bibliothek vom 4. Februar 1551 ist als vom Rat ausgefertigte Originalurkunde erhalten und samt Einleitung gedruckt in: Verena *Schenker-Frei*, Bibliotheca Vadiani, St. Gallen 1973 (Vadian-Studien 9), XXIII-XXVI. Sie enthält detaillierte Bestimmungen zur sorgfältigen Verwahrung und Pflege der Bücher und zu deren Ausleihe. Das lateinische Zitat ist Johannes Kesslers »Vita Vadiani« entnommen (s. Johannes *Kessler*, Sabbata, mit kleineren Schriften und Briefen, hg. vom Historischen Verein des Kantons St. Gallen, St. Gallen 1902, 607).

[23] Andreas *Lindt*, Eine Basler Gelehrtenbibliothek aus dem 16. Jahrhundert in der Berner Stadt- und Universitätsbibliothek, in: *ders.*, Berner Einbände, Buchbinder und Buchdrucker: Beiträge zur Buchkunde 15.–19. Jahrhundert, Bern 1969 (Bibliothek des Schweizerischen Gutenbergmuseums 33), 187–205.

[24] Andreas Mühling spricht wohl etwas überspitzt von »Vetternwirtschaft«; s. Andreas *Mühling*, Heinrich Bullingers europäische Kirchenpolitik, Bern et al. 2001(Zürcher Beiträge zur Reformationsgeschichte 19), 276.

2. Beschreibung der Vorlage

Zürich StA, A 21, achtletztes Stück des unnummerierten Aktenbündels, 2°, 8 unpaginierte Seiten. S. 1–4 in sauberer Kanzleischrift mit je ca. 30 Zeilen beschrieben, S. 5–7 leer, S. 8 mit Dorsualvermerk von Archivarenhand: »11. Fr[au] Veritas Bullingerin aufgerichtetes Testament«.

3. Text[25]

Unnd inn dißer theylung söllend die sün als vil als die töchteren unnd die töchteren als vil als die sün empfachen unnd wünnen, doch mit dem vorbehalt, das alle myne bůcher, getruckt unnd geschriben, gebunden unnd ungebunden, welicherleyg unnd was spraach die sind, die alle söllend zů rächtem vortheyl unnd eigen mynen beiden sönen Heinrichen unnd Hanns Růdolffen werden, ane allen yntrag[26]. Dise myn liberyg[27] unnd myn geschribne arbeit, deren vil hab ich one schweinerung[28] des houptgůts mit myner grosßen suren arbeit erarmet[29]; do mancher geschlaffen oder gezächet oder sonnst müssig ganngen, hab ich gewachet, bin frů unnd spadt gsyn unnd Froschouweren dem alten unnd dem jungen, mynen lieben gevatteren,[30] thrüwlich gearbeitet unnd an myn arbeit meertheyls bůcher empfangen unnd gnommen. Hab ouch mit dem gschribnen insonnders grosse arbeit gehept, damit unnd aber hab ich voruß unnd ab[31] gott unnd syner kilchen gedienet unnd will das gunen[32] mynen beiden sünen obgemeldt, vermeinen ouch darzů göttlich rächt zů haben, unnd das niemandt daryn hanngen[33] werde, diewyl ichs sunst in mynem läben hete

---

[25] Die Transkription des Textes folgt den Richtlinien der Bullinger-Briefwechseledition. Seitenwechsel in der Vorlage sind durch senkrechte Trennstriche mit der Blattzahl am Rande kenntlich gemacht.

[26] ohne jede Widerrede.

[27] Bibliothek.

[28] Schmälerung.

[29] durch Darben erworben.

[30] Christoph Froschauer d.Ä. war Pate (Gevatter) von Bullingers Sohn Christoph (geb. 1537), Christoph Froschauer d.J. Pate von Bullingers Enkeln Heinrich Bullinger (geb. 1561), Regula Zwingli (geb. 1563) und Heinrich Bullinger (geb. 1566); s. *Bullinger, Diarium*, 26, Z. 1–3; 68, Z. 1–3; 72, Z. 30–32; 85, Z. 3f.

[31] damit aber habe ich vor allem anderen.

[32] gönnen.

[33] Anspruch darauf erheben.

mögen verschäncken[34] unnd vergaaben, wem ich gunen unnd wöllen. Doch wil ich ouch, das vilermelte[35] myne zwen sön sömlich vorbenampsete bůcher by einannderen behalltind unnd mit einannderen bruchind, die nienen versetzind, vertuschind oder verkhouffind, das sy ouch der geschribnen keins nach mynem todt laßind trucken. Unnd so einer vor dem anderen sturbe, sol der ander die lyberyg unnd das geschriben zů synen hannden nemmen unnd den erben einhundert pfund bezallen. | Also wo ein uffal[36] uff iren einen, darvor gott syge, 2 bescheche, sol die liberyg nit getheylt werden, sonnder die einhundert pfund erleggt werden; dann sölltend sy von einannderen verkhoufft werden, gultend sy wenig, unnd were das für die, denen man schuldig ist, vil baß[37] dann das teylen unnd verkhouffen, diewyl die ganntz liberyg M. Ůlrich Zwinglis des alten unnd h. Theoder Bůchmans[38] beid zůsammen nit über zweyghundert gulden gulten.[39] Doch wellend hernach des einen sün oder erben die bůcher widerumb an sich ziechen, mögend sy das wol thůn, doch mit wider erleggung der einhundert pfunden. Unnd ob iren einer one lyberben[40] sturbe, soll er aber dem anderen die liberyg volgen laßen, unnd wo sy im nit vermachet wurde, mit den einhundert pfunden an sich, ob er will, lösen. Unnd ob sy beid ane lyberben abgiengend, ist myn pitt, das sy die liberyg, ob jemandts vom Bullinger gschlächt vorhannden were oder studierende von der Anna Zwinglin[41] unnd Margretha Laffaterin[42] seligen, densel-

[34] hätte verschenken können.
[35] oft erwähnte.
[36] Konkurs.
[37] besser.
[38] Theodor Bibliander.
[39] Zwingli hatte seine Bücher dem Großmünsterstift vermacht und dafür eine Zahlung von 200 Pfund (100 Gulden) zugunsten seiner Kinder verlangt; s. Zürich StA, G I 1, Nr. 144; Regest: Actensammlung zur Geschichte der Zürcher Reformation in den Jahren 1519–1533, hg. von Emil Egli, Zürich 1879 (Nachdruck: Nieuwkoop 1973), Nr. 1834. In seiner Stiftsgeschichte schreibt Bullinger: »Daryn [d.h. für die Stiftsbibliothek] ward koufft umb 100 g[uld]en vom stifft die gantz libery hebraischer, griechischer und latinischer bůchern m[eister] Ůlrych Zwinglis, ouch die geschribnen bůcher h[errn] Bibliandri noch sinem todt, ouch umb baar gålt vomm stifft« (Zürich ZB, Ms. Car. C 44, 901f.).
[40] leibliche Erben.
[41] Bullingers Tochter Anna (1530–1565) war ab 1549 verheiratet mit Ulrich Zwingli d.J. (1528–1571), s. *Bullinger*, Diarium, 19, Z. 14–16; 37, Z. 6–8; 80, Z. 20f. (zum Ehemann: ZPfb, 662, Nr. 9). Zu diesem Zeitpunkt lebte noch ihr Sohn Ulrich Zwingli III. (1556–1601), s. Historisch-biographisches Lexikon der Schweiz, Bd. 7, Neuenburg 1934, 782, Nr. 4.
[42] Margaretha, Bullingers zweite Tochter (1531–1564), war ab 1550 verheiratet mit

ben umb ein zimlich gelt anschlachind[43] unnd volgen lasßind oder, so
es in irem vermügen, vergabind. Sonnst mögend sy mit denn bůcheren
als mit irem eigenthum hanndlen nach irem nutz unnd eeren. Ob
ouch myner tochtermanen[44] etliche ein zyth der bůcheren etliche enth-
lenen[!] wöltind, sölend myne sön inen sölliche gern unnd gůtlich ly-
chen.

Aber die brieff an mich von vilen orthen har geschriben söllend die
sün unnd dochtermanen gemeinlich mit einannderen berathschlagen,
wie unnd was mit denselben zů hanndlen syge, damit uß inen nieman
3 kein nachtheyl ervolge. Doch hab ich dryg klein schindeltrucken[45] |
daryn ich zusammen gelegt allerleyg geleerter lüthen handgschrifften,
fürsten, herren unnd stetten schryben an mich, die hab ich mynen
sünen allein übergäben unnd gschänckt, söllend deren halben uner-
sůcht[46] blyben. Unnd dißen hanndel von bůcheren unnd brieffen behalten ich mir vor nach glägenheit der sachen unnd loüffen noch baß
zůversächen. Thete ich aber das selb nit, sol es gänntzlich hieby, wie es
unntz[47] har geordnet unnd von mir beschriben ist, blyben.

Was geschrifften dann dem ampt zůgehörend, die hab ich zammen
gelegt flysßig inn zwo groß schinndeltrucken, die stannd uff der louben
im pufat[48]. Wyter darff unnd sol man mir anndere myne geschrifften
weder ersůchen noch ernüsteren[49]. Was inn denen trucken nit liggt, ist
des ampts nit. Unnd das inn den trucken liggt, das hab ich gschriben
unnd mit kosten abschryben lasßen. Sind vil nottwänndiger sachen,
darumb man darzů sorg haben soll, das mans nit verliere. Filicht hette
ein annderer weder můy, arbeit noch kosten angewänndt, dise ding
zůbehallten. Das thouffbůch aber unnd darin die een verzeichnet sind,
liggend hinder den hälfferen[50], die touffend unnd die een zůsammen

---

Ludwig Lavater (1527–1586), der später Bullingers zweiter Nachfolger als Antistes der
Zürcher Kirche wurde, s. *Bullinger*, Diarium, 19, Z. 21–25; 38, Z. 7–9; 77, Z. 18–26 (zum
Ehemann: ZPfb, 403, Nr. 10). Zu diesem Zeitpunkt lebten noch ihre Söhne Felix und
Heinrich Lavater (1553–1601 bzw. 1560–1623), s. *Keller-Escher*, Promptuarium, Bd. 4
(Zürich ZB, Ms. Z II 4), 801 bzw. 803.

[43] zu einem angemessenen Preis anbieten.
[44] Außer Heinrich Trüb (s. Anm. 14) und Ludwig Lavater lebte zu diesem Zeitpunkt noch ein weiterer Schwiegersohn Bullingers, Josias Simler (1530–1576, ab 1551
verheiratet mit Elisabeth Bullinger, 1532–1565), s. *Bullinger*, Diarium, 22, Z. 10–12; 39,
Z. 23–25; 82, Z. 23–28 (zum Ehemann: ZPfb, 532, Nr. 7).
[45] Schachteln aus dünnem Holz.
[46] unbehelligt.
[47] bis.
[48] Buffet.
[49] weder durchsuchen noch durchstöbern.
[50] bei den Helfern (Diakonen).

gäbend. Eins hab ich lasßen von dem iren abschryben, das deshalb myn unnd myner sünen unnd nit des ampts ist.[51] Was aber des stiffts unnd der schůl ist, ist lanngist von mir überantwortet. Das findt man hinder des stiffts verwallter h. Hallern[52] unnd den herren schůllherren. So aber unnder mynen gschrifften | etwas derglychen funden wirt, ist es das myn, alls das ich abgeschriben oder abschryben lasßen in mynem costen, zů mynen unnd der mynen handen.

So wüsßend etliche myner gnedigen herren noch, als deren etlichen ichs gelichen unnd zeigt hab, das ich ein grosß geschriben bůch hab, darin die pündt, friden, verträg, ordnungen unnd allerleyg briefen sind, ouch ein beschrybung des Cappeler kriegs, darzů etwas verzeichnet der eydgnösßischen historien, me entworffen dann usgemacht.[53] So man nun deren von üch begeren wurde, bittend, das man üch sömliche myn arbeit lasße. Diewyl doch inn statt unnd lannd vil sind, die sömliche historien unnd noch vil mee habennd, wurde zwaaren schwer, wo man die all irer arbeit oder das iren zůberouben unnderstůnde oder mich mee dann anndere burger ersůchte. So sind die ding dermaasßen usßkumen, das, wenn man vermeinte durch das myn sömlichs unnderzůtrucken, ists nit müglich. Wenn es aber ye anderst nit syn möchte, dann das mans haben wölte, stadt ein dännine trucken[54] in mynem stüblj hinder dem offen, die gäbend herfür mit ernstlicher pitt, man wölle üwers schadens nit begeren. Dann sömlichs mich ane kost, mům unnd arbeit nit ankommen ist.

Unnd nachdem allem hab ich vier in bräter yngebundne bůcher, in wellichen alle die historien vergriffen sind, dem stifft vergabet unnd überantwortet,[55] da alles ist, das man von mir forderen möchte.

---

[51] Vom ältesten Tauf- und Ehebuch des Großmünsters (Stadtarchiv Zürich, VIII.c.1, umfassend die Jahre 1525–1600) ist nur eine Abschrift erhalten, die bis 1589 von der gleichen unbekannten Hand geschrieben ist; s. Robert *Dünki*, Pfarrbücher, Bürgerbücher und Genealogische Verzeichnisse im Stadtarchiv Zürich, Zürich 1995, 15f.

[52] Wolfgang Haller (1525–1601); s. ZPfb, 319, Nr. 5.

[53] Die Rede ist von der 1568 fertiggestellten Eidgenössischen Chronik (Zürich ZB, Ms. A 14–15), die über weite Strecken den Charakter einer Materialsammlung trägt, und von der als Fortsetzung dazu gedachten Reformationsgeschichte (Zürich ZB, Ms. A 16–17). Vgl. besonders Hans Ulrich *Bächtold*, Heinrich Bullinger als Historiker der Schweizer Geschichte, in: Heinrich Bullinger und seine Zeit: Eine Vorlesungsreihe, hg. von Emidio Campi, Zürich 2004 (= Zwingliana 31), 251–273 (hier 262f.).

[54] Schachtel aus Tannenholz.

[55] Zur feierlichen Übergabe der vierbändigen Chronik (Zürich ZB, Ms. Car. C 43–44: Tigurinerchronik, Autograph Bullingers; Ms. Car. C 45–46: Reformationsgeschichte, Abschrift von Israel Stäheli) an das Großmünsterstift am 14. Dezember 1574 vgl. *Bullinger*, Diarium, 118, Z. 18–26.

MITTELALTERLICHE UND FRÜHNEUZEITLICHE KOMMENTARE ZU AUGUSTINS »DE CIVITATE DEI«

Alfred Schindler

1. AUGUSTINREZEPTION IN MITTELALTER UND FRÜHER NEUZEIT

Augustin war für die abendländische Theologie, Philosophie und Kirchlichkeit eine Autorität über allen anderen Autoritäten, und zwar bis ins 17. Jahrhundert und in allen Konfessionen. Alle wollten mit den Vätern, aber vor allem mit Augustin in Übereinstimmung sein. Das spiegelt sich in der Unmenge von Handschriften, in denen seine Werke überliefert sind,[1] sowie in Kommentaren und Zitatensammlungen, die man kaum überblicken kann. So wundert es nicht, dass auch die Reformatoren ein enormes Interesse an Augustin hatten[2] und man bei jedem von ihnen eine ganze Abhandlung über »Luther, Zwingli, Calvin (usw.) und Augustin« schreiben könnte oder schon geschrieben hat.[3]

---

[1] Wenn auch nicht mehr auf dem Stand der heutigen Forschung ist noch immer nützlich, gerade für »De civitate dei«: André *Wilmart*, La tradition des grands ouvrages de saint Augustin, in: Miscellanea Agostiniana: Testi e Studi, Bd. 2: Studi Agostiniani, Rom 1931, 257–315, bes. 279–294.

[2] Stellvertretend für alle weitere Literatur über die Augustin-Rezeption bis ins 17. Jh. sei genannt: Irena *Backus* (Hg.), The Reception of the Church Fathers in the West: From the Carolingians to the Maurists, 2 Bde., Leiden et al. 1997. Ein Blick in den »Index of Ancient Authors«, wo kein Name in vergleichbarer Quantität so viele Einträge hat wie Augustin, zeigt anschaulich die Höchstschätzung Augustins in der ganzen behandelten Zeit.

[3] Zu Luther stellt alle relevanten Stellen zusammen: Hans-Ulrich *Delius*, Augustin als Quelle Luthers: Eine Materialsammlung, Berlin 1984. Für Zwingli gibt es keine Monographie nur zu diesem Thema. Vgl. aber: Alfred *Schindler*, Zwingli und die Kirchenväter, Zürich 1984 (Neujahrsblatt zum Besten des Waisenhauses Zürich 147). Zu Calvin gibt es das relativ alte Standardwerk: Luchesius *Smits*, Saint Augustin dans l'oeuvre de Jean Calvin, 2 Bde., Assen et al. 1957/1958. Neuer: Jan Marius J. *Lange van Ravenswaay*, Augustinus totus noster: Das Augustinverständnis bei Johannes Calvin, Göttingen 1990 (Forschungen zur Kirchen- und Dogmengeschichte 45). Nur zu »De civitate Dei« und nur zu den zwei bzw. drei erwähnten Reformatoren: Alfred *Schindler*, Il »De civitate Dei« nelle biblioteche e nel pensiero dei Riformatori, soprattutto di

Die verschiedenen Schriften des Kirchenvaters fanden oft auch verschiedene Interessenten, etwa »De doctrina christiana« für die hermeneutischen Fragen oder »De cura pro mortuis gerenda« für Bestattungsfragen und letztlich auch für die Lehre vom Purgatorium usw. Das größte Werk, »De civitate dei«, konnte für das Geschichtsbild, oder im ersten Teil – Bücher 1 bis 10 – für die antike Religion und Philosophie und die »falschen« Kriege sowie das »falsche« Heldentum der Römer große Dienste leisten. Im Widerspruch zu Augustins Absicht wurde aber genau dieser Teil des »Gottesstaates« zur Fundgrube der Kenntnis eben dieser nichtchristlichen Dinge, u.a. deshalb, weil bessere Referate darüber kaum zugänglich und manche Werke – wie Varros »Antiquitates« oder Ciceros »Hortensius« – sonst nicht greifbar waren und zum Teil heute noch nicht sind.[4] Somit ist es sehr gut nachvollziehbar, dass humanistische Bestrebungen vieler Jahrhunderte sich immer wieder auf den großen ersten Teil der »civitas dei« stützten. Das gilt in besonderer Weise für den frühen Humanismus des 14. Jahrhunderts, dessen bekanntester Vertreter Petrarca mit seiner intensiven Beziehung zu Augustin sein dürfte.[5] Es gab aber viele andere, die an Augustins »De civitate dei« so sehr interessiert waren, dass Kommentare zu diesem Teil des Monumentalwerkes entstanden. Im 16. Jahrhundert wiederholte sich das in gewisser Weise, geleitet von dem religiös fundierten Humanismus im Stile des Erasmus. Zu diesen Humanisten gehörte auch Juan Luis Vives, dessen »De civitate«-Kommentar von 1522 bis heute der einzige durchgehende geblieben ist.[6]

Wenn man sich mit den Exemplaren befasst, die Luther und Zwingli von »De civitate dei« benützt haben, was sich an den Randbemerkungen von ihrer Hand deutlich zeigt,[7] so wird sofort klar, dass es sich

Lutero e di Zwingli, in: Elena Cavalcanti (Hg.), Il »De civitate Dei«: L'Opera, le interpretazioni, l'influsso, Rom et al. 1996, 435–446.

[4] Vgl. zu Varro und Cicero Wolfgang *Hübner*, Art. ›II. Traditionen, 1. Klassische lateinische Literatur und Rhetorik‹, in: Augustin Handbuch, hg. von Volker Henning Drecoll, Tübingen 2007 (Theologen-Handbücher), 49–60 (mit Lit.).

[5] Über Petrarcas Beziehung zu »De civitate dei«: Pierre de *Nolhac*, Pétrarque et l'Humanisme, 2 Bde., Paris ²1907, Bd. 1, 195–198.

[6] Eine solche Bemerkung wurde von Henri Irénée Marrou auf dem Augustinkongress in Paris im Jahre 1954 gemacht, mit dem Hinweis, es wäre an der Zeit, einen Kommentar erneut an die Hand zu nehmen, vgl. Augustinian Studies 30 (1999), 1. Als Ersatz oder Kurzform kann das Werk von Gerard *O'Daly* dienen: Augustine's City of God: A Reader's Guide, Oxford 1999.

[7] Die Randbemerkungen Luthers sind publiziert in: D. Martin Luthers Werke: Kritische Gesammtausgabe (Weimarer Ausgabe), Bd. 9, Weimar 1893, 24–27. Diejenigen Zwinglis finden sich in: Huldreich Zwinglis sämtliche Werke, Bd. 12/1, Leipzig 1941 (Corpus Reformatorum 99/1), 153–156.

um Drucke handelt, in denen rundherum, weitgehend am Rand des augustinischen Textes, Kommentare abgedruckt sind,[8] die von den Reformatoren kaum beachtet wurden, aber doch irgendwie »in die Augen sprangen«. Der ohne ältere Kommentare gedruckte Band von Vives' Ausgabe, allein mit *seinem* Kommentar, ist, soweit wir sehen bzw. in der Forschung bekannt wurde, von keinem Reformator jener Zeit benutzt worden. Calvin benutzte zwar den Text selbst, aber nur deshalb, weil für ihn die Quelle seiner Augustin-Kenntnis die Ausgabe von Erasmus (1528/29) war, die den von Vives verbesserten Text von »De civitate dei« wiedergibt,[9] nicht aber seinen Kommentar, den Erasmus für zu lang hielt[10] und dementsprechend nicht in seine Augustin-Ausgabe aufnahm.

2. Die Kommentatoren von »De civitate dei«

Um unnötige Längen und evtl. Unklarheiten zu vermeiden, habe ich im Folgenden die wichtigsten Angaben zu Persönlichkeiten und Drucken, die nachher öfter behandelt werden, in Tabellenform zusammengestellt.

2.1 *Kommentatoren*

> Trivet, Nikolaus: geb. um 1258, gestorben nach 1334, Dominikaner, Studium in Oxford und Tätigkeit ebenda von 1303 bis 1307 und 1314/15, danach bei den Dominikanern in London. Außer dem Kommentar zu Augustin weitere Kommentare u. a. zu Livius' römischer Geschichte.

[8] Zu diesen Kommentaren vgl. unten Abschnitt 2.2.

[9] Es handelt sich schon 1522 um die erste Edition (also nicht den Kommentar), die auf nachgewiesenen Handschriften beruht. Über ihre Qualität konnte sich Vives jedoch kein Urteil bilden. Vgl. dazu Bernhard *Dombart*, Zur Textgeschichte der Civitas Dei Augustins seit dem Entstehen der ersten Drucke, Leipzig 1908 (Texte und Untersuchungen zur Geschichte der altchristlichen Literatur III/2,2a), 43f.

[10] Vgl. Opus epistolarum Des. Erasmi Roterodami, hg. von Percy S. Allen [Allen], Bd. 5, Oxford 1924, Nr. 1531 bzw. La correspondance d'Erasme, hg. von Aloïs Gerlo et al. [Gerlo], Bd. 5, Brüssel 1976. Erasmus berichtet Vives, dass Froben in echter – vor allem finanzieller – Sorge sei, weil er auf der Buchmesse in Frankfurt kein einziges Exemplar von Vives' »De civitate dei« verkauft habe. Und dann: »Ego illic nihil non suspicio, nisi quod brevitas, quam tibi olim commendavi, reddidisset librum vendibiliorem.« Diese Überlegung spielte auch bei der Beschneidung von Vives' Beitrag, also dem Wegfall des Kommentars, nicht aber des von Vives revidierten Textes zur Augustin-Ausgabe des Erasmus 1528/29 eine Rolle, während die (auf Erasmus gestützte) Ausgabe von Claude Chevallon von 1531 (Paris) alle Beigaben von Vives zum Gottesstaat mitabdruckte.

Walleys (Valois), Thomas, auch genannt Thomas Anglicus: starb nach 1349, Dominikaner, Studium und Lehre teils in Oxford, dann in Avignon und dort Konflikt mit Papst Johannes XXII., später wahrscheinlich wieder in England. Kommentare auch zu den Psalmen u. a.

Meyronnes, François de (Franciscus de Mayronis): geb. um 1288, gest. ungefähr 1328. Franziskaner, Schüler von Johannes Duns Scotus in Paris, später in Avignon an der päpstlichen Kurie, Werke neben dem Augustin-Kommentar u. a. über die Sentenzen des Petrus Lombardus.

Passavanti, Jacopo: geb. 1302 in Florenz, gest. 1357. Studium in Paris, Tätigkeit in Italien. Seit 1348 Prior von Santa Maria Novella in Florenz, Dominikaner, Autor u. a. des »Specchio di vera penitenza«.

Vives, Juan Luis: geb. 1492 in Valencia, gest. 1540 in Brügge. Schule und Ausbildung zuerst in Valencia, dann in Paris, von 1512 an in Brügge. Von 1523 an in Oxford (Corpus Christi College: Lektor für Griechisch). Verheiratet, Freund von Kardinal Thomas Wolsey, von Thomas Morus, von Erasmus u. a. Erfreute sich der Gunst Heinrichs VIII. bis zu seiner Scheidung von Katharina von Aragon. Ab 1528 wieder in Brügge, immer unterstützt von hochgestellten Personen, z. B. von Kaiser Karl V. Zahlreiche Werke betreffend theologische, soziale und pädagogische Themen.

2.2 *Inkunabeln und Frühdrucke von »De civitate dei« (mit den Kommentaren)*

1467   Subiaco (erste gedruckte Ausgabe des Werks ohne Kommentare).

1473   Mainz (mit den Kommentaren von Walleys und Trivet).

1479   Basel (mit den Kommentaren von Walleys und Trivet).

1484   Löwen (Louvain / Leuven) (mit dem Kommentar von Walleys).

1488   Toulouse (mit den Kommentaren von Walleys und Trivet).

1489   Basel (mit den Kommentaren von Walleys und Trivet) (Exemplar mit Randbemerkungen Luthers).

1505   Basel (mit den Kommentaren von Trivet, Walleys, Meyronnes und Passavanti).

1515   Basel (mit den Kommentaren von Trivet, Walleys, Meyronnes und Passavanti) (Exemplar mit Randbemerkungen Zwinglis).

1520   Lyon (mit den Kommentaren von Trivet, Walleys, Meyronnes und Passavanti).

1522   Basel (mit dem Kommentar von Vives).

1528/29 Opera Omnia, herausgegeben von Erasmus (Text von »De civitate dei« von Vives, aber ohne seinen Kommentar).

2.3 Zum Charakter der Kommentare

Die mittelalterlichen Kommentare, die 1505, 1515 und 1520 mit dem Text von »De civitate dei« abgedruckt wurden, waren nicht die einzigen mittelalterlichen Kommentare.[11] Schon die Tatsache, dass zuerst keiner und dann die zwei von Trivet und Walleys, später alle vier mitabgedruckt wurden, lässt vermuten, dass es nur einige wenige in den Buchdruck geschafft haben. Über die anderen muss hier nicht im Detail gehandelt werden, ebenso wenig über die nicht in jedem Fall klare Antwort auf die Frage, ob bei den im Druck wiedergegebenen Kommentaren jeweils der ganze Text derselben geboten werde.

Die vier abgedruckten Kommentare waren ihrer Natur nach unter sich sehr verschieden: Während allerdings diejenigen von Trivet und Walley sich, wie Vives meint »wie ein Ei dem anderen« glichen[12] und sich durch ein sehr großes und mit viel Detailkenntnis gerüstetes Interesse an den erwähnten antiken Details der ersten zehn Bücher auszeichnen, endet der Kommentar von Walleys mit Buch 10. Die Additamente von Passavanti, die jeweils gesondert eingerückt sind, gehören grundsätzlich auch zu dieser Art von Kommentar, greifen aber über die ersten zehn Bücher hinaus, ohne das Werk vollständig zu kommentieren. Man könnte also alle drei als »humanistisch« bezeichnen. Gar nicht passen würde dieses Epitheton auf die »Veritates« oder »Flores« des Franciscus de Mayronis. Es sind die einzigen Erläuterungen, die das ganze Werk abdecken und allenthalben das Theologische der Kapitel hervorheben. Wie das zu verstehen ist, wird sich an einem der folgenden Beispiele zeigen. Insgesamt handelt es sich um etwa 600

---

[11] Über nicht gedruckte Kommentare vgl. Marcello *Marin*, Uno sguardo sui commenti al »De civitate dei« agostiniano, in: Padri greci e latini a confronto (sec. XIII-XV), hg. von Mariarosa Cortesi, Florenz 2004, 1-17, vor allem 7ff. In dasselbe 14. Jahrhundert gehört auch das erste »Augustin-Lexikon«, das »Milleloquium veritatis sancti Augustini« (1345) von Bartholomäus von Urbino, dazu: Agustín *Uña Juárez*, San Agustín en el siglo XIV: El Milleloquium veritatis Sancti Augustini, Agustín Triunfo de Ancona y Francisco de Meyronnes, in: Revista Española de Teología 41 (1981), 267-286. Zu den gedruckten Augustin-Kommentaren und ihrem Umfeld: Beryl *Smalley*, Thomas Waleys O.P., in: Archivum Fratrum Praedicatorum 24 (1954), 50-107; Thomas *Kaeppeli*, Une critique du commentaire de Nicola Trevet sur le »De civitate dei«, in: ebd. 29 (1959), 200-205; *ders.*, Opere latine attribuite a Jacopo Passavanti, in: ebd. 32 (1962), 145-179.

[12] »Thomas Valois [...] socium sibi sumpsit, ac velut succedaneum sodalem suum Nicolaum Trivet, tam similem sibi quam ovum ovo [...], Patrologiae cursus completus: Series Latina [MPL], hg. von Jacques Paul Migne, Bd. 47, Paris 1849, 447. Ob das historisch zutrifft, ist eine andere Frage, vgl. *Marin*, Uno sguardo, 7-9.

solcher »Blümchen«, die immer deutlich voneinander geschieden, aber wenn möglich doch am richtigen Ort, d. h. beim entsprechenden Kapitel platziert sind. Unklar bleibt, auf welchen der drei möglichen Drucke sich Vives bezieht. Da sie sich aber bis ins Detail gleich sind, kann auch diese Frage vernachläßigt werden.

3. VIVES' KOMMENTAR

Das Werk von Vives bleibt auch in den Nachdrucken in vieler Hinsicht gleich, obschon Eingriffe mit Rücksicht auf die kirchliche Kritik bzw. die Inquisition an (scheinbaren) Häresien vorgenommen wurden.[13] Dagegen bemerkt der aufmerksame Leser sehr bald, dass die verschiedenen Einleitungen schwerwiegende Eingriffe erlitten. Leicht verständlich ist dies beim Abdruck der Antwort Heinrichs VIII. von England auf das in der ersten Auflage vorgeschaltete Widmungsschreiben von Vives an ihn.[14] Im ebenda 1522 abgedruckten Dankes- und Lobesschreiben an Erasmus und in seinen späteren Verminderungen erkennt man die nach 1522 eingetretene Abkühlung ihrer Beziehung. Andererseits wurden die Teile der Einleitung über seine Vorgänger – eben die bereits kurz behandelten vier mittelalterlichen Kommentatoren – und z. B. der Abschnitt über die Eigenarten der Gothen gelegentlich beibehalten.[15] Ärgerlich ist, dass die derzeit in Valencia erscheinende »Pracht«-Ausgabe des ganzen Werkes in mehreren Bänden auf diese

---

[13] Vgl. dazu unten zu Vives' »Häresien«. Zur Editionsgeschichte des Werkes von Vives besonders gründlich (obschon von der Überschrift her unwahrscheinlich!) Christian *Coppens*, Une collaboration inconnue entre Caroline Guillard et Hugues de La Porte en 1544: le De civitate Dei d'Augustin édité par Juan Luis Vives, in: Gutenberg-Jahrbuch 63 (1988), 126–140.

[14] Vgl. Foster *Watson*, J. L. Vives and Augustine's »Civitas Dei«, in: The Church Quarterly Review 76 (1913), 127–151. Dort S. 136–138 die Widmung und die Antwort Heinrichs VIII. in englischer Übersetzung.

[15] MPL, Bd. 47, Paris 1849 bietet in Übereinstimmung mit der 1522er Ausgabe: Sp. 435–438: Widmungsschreiben an Heinrich VIII.; Sp. 439–445: »Ioannis Lodovici Vivis Valentini in suos commentarios ad libros de civitate D. Aurelii Augustini Praefatio«; Sp. 445–452: »De veteribus interpretibus huius operis«; Sp. 452–458: »Quinam hominum fuerint Gothi, et quomodo Romam ceperint«. Die in der nachfolgenden Anmerkung genannte Ausgabe bietet das Widmungsschreiben an Heinrich VIII., die allgemeine Praefatio, sowie vor den Texten von Vives das Empfehlungsschreiben von Erasmus an den Leser von 1522. Diese heutige Ausgabe bietet aber auch Textabschnitte in eckigen Klammern, deren Erklärung sagt: »ea inclusa sunt, quae, quamquam a codicibus exhibentur, tamen rationi repugnant« [?!] (Bd. 2, S. 13).

Unklarheiten weder eingeht noch alle Einleitungs-Texte wiedergibt, z. B. nicht die erwähnte (negative) Abhandlung über die früheren Kommentare.[16]

Für das Verständnis der Differenz zwischen Vives und seinen Vorgängern ist natürlich der erwähnte Teil der Praefatio von größter Bedeutung. Er will mit dem Spott über diese »Ignoranten« seinem Werk auch einen gewissen Unterhaltungswert verleihen, enthält sich aber im Lauf der Kommentierung selbst weitgehend der Polemik.[17] Er gibt zwar zu, dass diese Leute sich auf dem Niveau ihrer Zeit redlich Mühe gegeben haben, wenn auch mit geringem Erfolg.[18]

Die Einleitung der Kritik beginnt mit dem Erlebnis bzw. der wohl häufigen Erfahrung, dass Vertreter der Dominikaner Vives gegenüber, als sie von seinem Vorhaben erfuhren, sich übermäßig der bestehenden Kommentare aus ihrem Orden rühmten und Verachtung, jedenfalls Unverständnis für seinen geplanten neuen Kommentar erkennen ließen. Dieser falschen Einschätzung gegenüber bekennt er sich zwar als unwillig, eine umfangreiche Gegenkritik vorzubringen, aber er muss ja doch explizit auf die, wie er findet, gravierenden Mängel der bereits existierenden Kommentare eingehen. So Vives. Natürlich könnte er seine Beispielsammlung noch stark erweitern, aber er begnügt sich, wie er sagt, mit Beispielen.[19]

Den Beginn seiner Detailkritik macht Vives mit dem ersten Buch der »civitas dei«, Kapitel 5. Dort kritisiert er, dass in der Rede Cäsars im Senat – nach dem Bericht Sallusts – dieser, also Cäsar, zwar be-

---

[16] Obertitel: Opera omnia Joannis Lodovici Vivis Valentini, vol. 2: Philologica, 1, sodann als Untertitel: I. L. V. V., Commentarii ad divi Aurelii Augustini De civitate Dei, Bd. 1 (Volumen introductorio), Bd. 2 (Bücher 1–5), beide Bde. Valencia 1992; Bd. 3 (Bücher 6–13), Valencia 1993; Bd. 4 (Bücher 14–17), Valencia 2001; Bd. 5 (Bücher 18–20), Valencia 2004.

[17] Das lässt sich anhand des Kommentar-Textes ohne weiteres feststellen, wird von ihm aber auch ausdrücklich gesagt. Eine Ausnahme wird weiter unten behandelt, eine andere: »De civitate dei« 22,6, wo gleich zwei, nämlich Trivet und Passavanti, vorkommen.

[18] Das »Niveau jener Zeit« ist von mir eingetragen, und der Passus heißt in Wirklichkeit: »Nam in saeculo iam tot litteris disciplinisque excultissimo rarissimi sunt, qui quemcumque in illis commentariis legerint locum, non statim, qualis sit tota massa, ex quamlibet parvo exemplo possint iudicare [...] nihil enim est neque gravius neque insuavius, quam stulta refutare prudenter« (MPL, Bd. 47, Paris 1849, Sp. 446). Immerhin gesteht er ihnen zu: »[...] praesertim cum illi homines, quantum mea fert opinio, probi, quod potuere, praestiterint, tametsi hoc imperitum atque ineptum, ut fere illo erant saeculo« (ebd., 447).

[19] MPL, Bd. 47, Paris 1849, 447f.: »Colligam quae prima erunt ad manum paucula quaedam, velut exempla.«

schreibe, was im Krieg geschehe, z.B. »rapi virignes, pueros divelli a complexu parentum«, aber nicht behaupte, Catilina habe solches angerichtet oder veranlasst. Dies aber hätten, so Vives, Valois und Trivet missverstanden und gemeint, an der erwähnten Stelle wolle Cäsar, bzw. Sallust sagen, Catilina habe solche Greuel wirklich begangen. Der Kommentator erweist sich also als »commentor« (Erfinder). Wenn man aber den Kommentartext von Valois / Trivet genau liest, kann man höchstens feststellen, dass nach ihrer Meinung die aufgezählten Untaten Teil des von Catilina Angerichteten gewesen sein *könnten*, mehr nicht. Dass sie es – nach ihrer Meinung – wirklich waren, wird nicht gesagt.[20] Daraufhin fahren die mittelalterlichen Kommentatoren mit einer sehr ausführlichen Diskussion weiter, nämlich ob die Zuschreibung der Rede an Cäsar *gegen* die Manuskript-Tradition, die hier »Cato« liest, gerechtfertigt sei. Dieses Problem besteht bis heute und wird sinngemäß auch von Vives in seinem Kommentar im Sinne der Lesung »Cäsar« gelöst, was auch der Darstellung bei Sallust entspricht.[21] Daran mag man erkennen, dass die Kritik von Vives von extremem Misstrauen geleitet und die wissenschaftliche Qualität seiner Vorgänger zu Unrecht als sehr gering eingeschätzt wird.

Es gibt auch Fälle, wo sich Vives ebenso wie seine mittelalterlichen Gewährsleute bzw. »Naivlinge« in einer (heute überholten) Unkenntnis befinden. So wird z.B. die Behauptung lächerlich gemacht, das Pantheon in Rom sei von Domitian für die »Magna mater deum« (i.e. deorum) errichtet worden. Vives meint, es sei vor Domitian von Agrippa für den »siegreichen Jupiter« errichtet und später allen Göttern geweiht worden.[22] Zwar entspricht die Ansicht von Vives viel besser

---

[20] Die Stelle bei *Sallust*, Catilinae coniuratio 50f., darin 50,9 u.a.: »quae belli saevitia esset, quae victis adciderent […]« und dann folgt eindeutig in der Rede Cäsars »rapi virgines […]«. Vives' Kritik findet sich natürlich in der Praefatio, MPL, Bd. 47, Paris 1849, 448: »etiam commentator haec iam esse a Catilina facta, Caesarem significare dicit«, was natürlich falsch wäre, wenn der »commentator« es sagen würde.

[21] Die im »Corpus Christianorum, Series Latina«, Bd. 47/48, Turnhout 1955, abgedruckte 4. Auflage der Edition von Bernhard Dombart und Alfons Kalb (Leipzig 1928/29 [Bibliotheca scriptorum Graecorum et Romanorum Teubneriana]) bemerkt im Apparat, dass die Augustin-Manuskripte »Cato« lesen, mit der Bemerkung: »ex Augustini errore?«. Die Konjektur scheint eindeutig gefordert, auch wenn das Zeugnis der Handschriften einhellig dagegen spricht. Für den Lapsus geben Trivet / Walleys eine andere, aber durchaus plausible Erklärung, auf die hier nicht näher eingetreten wird.

[22] Der negative Kommentar von Vives zu Kap. 4 von Buch 2 (MPL, Bd. 47, Paris 1849, 448) endet mit: »Pantheon exstruxerit ante Domitianum Agrippa Iovi Victori, deinde caeteris diis«. Auch diese Datierung ist nach heutiger Erkenntnis falsch, und

der berühmten Dedikationsinschrift, die bis heute auf dem Architrav des Pantheon zu lesen ist: »M.AGRIPPA.L.F.COS.TERTIUM.FECIT.« In Wahrheit restaurierte Domitian den älteren Bau, und der heutige, noch erhaltene, geht mit großer Wahrscheinlichkeit auf Hadrian zurück. Ganz »daneben« lagen also auch die alten Kommentatoren mit der Domitian-Datierung nicht!

Eine Kritik an den Vorgängern innerhalb des laufenden Kommentars findet sich, wie erwähnt, selten. Immerhin ist es interessant, dass gelegentlich Ausnahmen vorkommen. Eine Stelle in Buch 14, Kap. 18, greift genüsslich eine Stelle auf, wo Passavanti zugibt, den Autor einer bekannten Charakteristik Ciceros, nämlich »Romani maximus auctor eloquii« nicht zu kennen. Für Vives, den Erasmus als »apprime doctus« bezeichnet hat,[23] war es natürlich ein Leichtes, die Fundstelle anzugeben: Lucan, Pharsalia, Buch 7, Verse 62f., und die Fundstelle bei Cicero: Tusculanae disputationes, Buch 2, Kap. 64. Über diese bloße Unwissenheit hinaus greift Vives im selben Kapitel seine »Opfer« deshalb an, weil sie nicht wie Augustin akzeptieren wollen, dass das Zivilrecht Dinge erlaubt, die religiös gesehen unsittlich sind, so etwa die Konkubinarier. Dies habe zur Folge, dass diese Leute das Heidentum und das Christentum vermischen wollen und so dem Christentum wie dem (von den Römern überlieferten) Heidentum schaden.[24] Das scheint abgesehen vom Thema »Kirche und Staat« eine Anspielung auf die im Mittelalter verbreitete allegorische Interpretation etwa der heidnischen Götter zu sein, wodurch diese unversehens »christianisiert« wurden. Der wahre Humanist aber weiß, was heidnisch und was christlich ist.

Ein letztes Beispiel mag die Kritik an theologischer Überwucherung des »schlichten« Augustinus durch die scholastische Theologie zeigen: Augustin schreibt in Buch 22, Kap. 13, er könne weder »affirmare«

---

die Verehrung »aller Götter« dürfte von Anfang an festgestanden haben. Vgl. dazu Martin *Wallraff*, Pantheon und Allerheiligen: Einheit und Vielfalt des Göttlichen in der Spätantike, in: Jahrbuch für Antike und Christentum 47 (2004), 128–143.

[23] Allen, Bd. 8, Oxford 1934, Nr. 2157, S. 159, Z. 546 bzw. Gerlo, Bd. 8, Brüssel 1979, Nr. 2157, S. 210, Z. 646.

[24] Vives zu Buch 14, Kap. 18: Zu der Wendung bei Augustin: »Quam terrena civitas licitam turpitudinem fecit«: »Nam concubinae et pellices non sunt prohibitae, quemadmodum ex legibus ›de concubinariis‹ ostenditur libro Digestorum. Satis aperte Augustinus testatur esse iure civili vetere Romano multa permissa, quae sunt contraria legibus divinis. Hoc isti nolunt, qui dum gentilitatem coniungere et coaptare Christianismo laborant, corrupto utroque et alterius impatiente nec gentilitatem nec Christianismum retinent.«

noch »negare«, was mit den im Mutterleib verstorbenen Embryonen bei der Auferstehung der Toten geschehe. Franciscus Mayronis meint in einer dazu gedruckten »veritas«: Wenn auch »tempore beati Augustini« diese Schlussfolgerung unsicher gewesen sei, sei sie es heute nicht mehr, und zwar weil man wisse, dass der Fötus von dem Augenblick an, da er »animatus« sei, ein wirklicher Mensch und damit der Auferstehung teilhaftig werde.[25] Das ist eine aus der Scholastik bekannte Meinung, die auch bei Thomas von Aquin vertreten wird und einen aristotelischen Hintergrund hat: Das gezeugte Kind erfährt eine »sukzessive« Beseelung, so dass der eben erst gezeugte Embryo noch kein wirklicher Mensch ist. Damit ist übrigens auch eine Abtreibung im sehr frühen Stadium möglich, sofern sie nicht aus sündhaften Motiven geschieht.[26] Weder Vives noch die anderen mittelalterlichen Kommentatoren äußern sich zu dieser Augustin-Stelle. Die späteren Druckausgaben von Vives' Kommentar setzen immerhin an den Rand eine Parallelstelle bei Augustin selbst.[27] Aber sonst zeigen sich alle vier Kommentatoren an einer sozusagen Augustin-immanenten Interpretation, die man heute als *conditio sine qua non* jedes seriösen Kommentars ansieht, wenig interessiert.

4. Vives' »häresieverdächtige« Aussagen

In Anbetracht dessen, dass Vives' Text- und Kommentar-Ausgabe sozusagen »punktgenau« im Jahr, als die Zürcher Reformation begann, und wenige Jahre nach dem Thesenanschlag Luthers erschien, dürfte es sich lohnen, nach der Rechtgläubigkeit des Spaniers zu fragen, auch in den Jahrzehnten nach dem Erscheinen des Werks. Denn dass Vives der römischen Kirche im Prinzip treu blieb, ist unbestritten, sogar noch deutlicher als bei Erasmus, dessen Denken dem seinigen ansonsten sehr nahe stand.

---

[25] Die (in diesem Buch 14) zwölfte »veritas« des Franciscus de Mayronis sagt zur Unsicherheit Augustins: »[...] licet ista conclusio tempore beati Augustini fuerit incerta, nunc tamen dupliciter est determinata, quod sic: ex quo fetus fuit animatus, fuit verus homo, et omnes oportet manifestari post suam resurrectionem ante tribunal Christi.«

[26] Vgl. dazu: Otto *Wermelinger*, Art. ›Abortus‹, in: Augustinus-Lexikon, Bd. 1, Basel 1994, 6–10, sowie Sabine *Demel* und Ann Loades, Art. ›Schwangerschaftsabbruch‹, in: Theologische Realenzyklopädie [TRE], Bd. 30, Berlin et al. 1999, 630–640.

[27] *Augustin*, Enchiridion de fide, spe et caritate 23,85.

Verdachtsmomente ergaben sich

1. aus der Betonung der »fides«, also des Glaubens, aus dem die »civitas peregrinans« lebt, wie es Augustin ganz am Anfang seines Werks schreibt.[28] Vives zitiert das nicht nur, sondern weist kommentierend auf Paulus, Habakuk (wo die Wendung herkommt) und auf die Septuaginta hin – was alles den Verdacht erwecken konnte, er lehne sich irgendwie an Luthers »sola fide« an.

2. Der Pazifismus von Vives, der sehr ähnlich demjenigen des Erasmus war, wurde kritisiert und ein Passus aus dem Kommentar zu »De civitate dei«, Buch 1, Kap. 21 von der Zensur gestrichen.[29]

3. Missfallen erregte auch der Passus zu »De civitate dei«, Buch 1, Kap. 27, wo man den Eindruck haben konnte, Vives bevorzuge die Erwachsenentaufe, weil dann der Täufling selbst antworten könne und nicht die Paten für ihn antworten müssten.[30] Die Erläuterungen zu diesem Kapitel wurden ebenfalls von der Zensur gestrichen. Sie erinnerten zu stark an die Täufer (und Protestanten).

4. Gegenüber den zeitgenössischen Theologen und ihren Problemlösungen äußert sich Vives oft respektlos. Am schlimmsten ist, was seine Einstellung zu theologisch scheinbar allzu kühnen Äußerungen betrifft: Wenn Augustin und Paulus heute wiederkämen, würde man sie als Schwätzer verurteilen, und Paulus »vel insanire vel haereticus videretur« (Buch 13, Kap. 24).[31] Der Vorwurf des falschen Paulusverständnisses klingt stark an reformatorische Überzeugungen an.

---

[28] *Augustin,* De civitate dei 1, praef.: Anfang des ganzen Werks: »Gloriosissimam civitatem Dei sive in hoc temporum cursu, cum inter impios peregrinatur ex fide vivens [...]«. Die erste Erklärung von Vives im Gesamtwerk betrifft das »ex fide vivens«.

[29] *Augustin,* De civitate dei 1,21, wo Vives zu »qui deo autore bella gesserunt« ergänzt: »Ut Iudaei, qui gesserunt quidem bella, se iubente disertis verbis deo. Quod si illi pii sunt habiti, qui, ut deo parerent, contra humanitatem omnem bellum et caedem hostibus attulerunt, profecto non possumus nos non esse omnium maxime impii, qui tam multa milia etiam christianorum vetante deo contrucidemus.« Die Passage »Quod si [...] contrucidemus« ist in den korrekten katholischen Ausgaben gestrichen.

[30] *Augustin,* De civitate dei 1,27, wo Vives an den Relativsatz »quibus [bzw. qui] baptizatos adloquendo [...]« anknüpft. Er sagt: »[...] nemo olim sacro admovebatur baptisterio, nisi adulta iam aetate [...]«, wofür die Säuglingstaufe nur »imago« ist. Die ganzen Erläuterungen zu diesem Abschnitt Augustins wurden getilgt.

[31] *Augustin,* De civitate dei 13,24, wo Augustin über die Zweideutigkeit von »finxit« spricht, ergänzt Vives ziemlich unvermittelt mit folgender sarkastischen Aussage: »Si quis hoc tempore de verbis in opere theologico sic dissereret, pro grammatico reiiceretur. Augustinum vetustas sua tuetur, qui si nunc revivisceret, cum Paulo certe et ille contemptui esset rhetorculus aut grammaticulus. Paulus vero vel insanire vel haereticus videretur.«

5. Für den endlosen Streit zwischen Dominikanern und Franziskanern über die unbefleckte Empfängnis Mariens hat er nur Spott übrig.[32]

6. Auch der Lebenswandel des Papstes, der Bischöfe, der Priester und der Ordensleute, besonders der Mendikanten, wird von Vives gegeißelt und als im Widerspruch zur Heiligen Schrift stehend angeklagt.[33]

7. Vives wird vorgeworfen, dass er die heidnischen Autoren auch in theologischen Fragen heranziehe, u.a. in der Lehre von der Göttlichen Dreieinigkeit, von der er Funken auch bei außerchristlichen Schriftstellern, besonders bei den Neuplatonikern, findet.[34]

8. Typisch für Vives ist sein geringes theologisches Interesse, was ihm u.a. den Vorwurf eintrug, er lehre ganz ungenügend über die Erbsünde.[35]

Diese verhältnismäßig lange Liste von Häresien oder besser: häresieverdächtigen Äußerungen von Vives stammen im allgemeinen aus der nachtridentinischen Zeit, u.a. von den Jesuiten.[36] Sie hatten aber zur Folge, dass unter den Drucken des 16. Jahrhunderts (und späteren) von angeblichen Irrtümern »gereinigte« erschienen und dies jeweils nicht von vornherein klar war, bzw. ist. Deshalb muss man bei jeder Vives-Ausgabe vorsichtig sein. Jedenfalls beim Kommentar zu »De civitate dei« fehlt bisher eine Untersuchung oder Ausgabe, die einem über die vielen Unklarheiten hinweghelfen könnte. Deshalb bleibt vieles bei ihm im Zwielicht der beginnenden Konfessionalisierung bis heute stehen.

---

[32] Der Streit zwischen Dominikanern und Franziskanern über die erbsündliche Befleckung Mariens und ihre danach erfolgte Reinigung (im Mutterleib) oder die *immaculata conceptio*, also ihre absolute Freiheit von der Erbsünde vom ersten Augenblick ihrer (intrauterinen) Existenz an erscheint ihm als »non pluris aestimanda quam conventum muliercularum in textrina vel thermis« – was natürlich nicht akzeptabel erschien.

[33] Innerhalb des Kommentars zu »De civitate dei« z.B. 1,9; 18,5; 19,19.

[34] Deutlich z.B. im Kommentar zu »De civitate dei« 10,23.

[35] Bezogen ist das auf »De civitate dei« 13,1 bzw. auf den Kommentar, der vor allem die scholastischen Streitfragen kritisiert und typischerweise in dem Ausspruch gipfelt: »Nam quid prodest uti coniecturis in re, quae coniecturas omnes superat humanas et miraculum est audientibus [...] Ego igitur quantum hic Augustinus det, accipiam; et si possum, enarrabo, quod est officii mei; caetera non inquiram.« Diese Schlussfolgerung ist für die Einstellung Vives' zu den theologischen Problemen geradezu programmatisch.

[36] 1559 hat Papst Paul IV., 1564 die Theologen von Löwen, 1584 die Jesuiten den Kommentar von Vives verurteilt, außerdem kam das Werk auf den Index, vgl. *Coppens*, Une collaboration inconnue, bes. S. 134.

Am Ende muss rückblickend nachdrücklich darauf hingewiesen werden, dass »Humanismus« nicht gleich »Humanismus« war. Die »De civitate dei«-Kommentare des 14. Jahrhunderts, mindestens zu »De civitate dei« 1–10, waren nicht weniger humanistisch als derjenige Vives'. Aber natürlich hatte die Altertumswissenschaft, oder besser: das Altertumswissen seit der ersten Hälfte des 14. Jahrhunderts Fortschritte gemacht, und Vives verfügte über ein ungeheuer breites Wissen, nicht nur in diesem Bereich. Dennoch hatte er kein Sensorium für die andere Art des frühen Humanismus.[37] Sein Sendungsbewusstsein war nicht so geartet, dass es den älteren Kommentatoren Gerechtigkeit hätte angedeihen lassen können.

Insofern ist sein Impetus mit demjenigen der Reformatoren durchaus vergleichbar. Das Mittelalter stand bei ihnen allen unter Pauschalverdacht, und man griff heraus, was verwerflich oder mindestens dumm erschien. Ganz besonders die Scholastik unterlag einem »Dauerbeschuss«, bei Vives allerdings sehr viel weniger wegen der Werkgerechtigkeit, und die Unzahl der zeremoniellen (»abergläubischen«) Praktiken geriet bei ihm nicht so unter Beschuss wie bei seinen antirömischen Zeitgenossen. Aber dass diese die mittelalterlichen Kommentare in ihren Exemplaren der »civitas dei« neben dem augustinischen Haupttext so gut wie nicht beachteten, erstaunt bei dieser Einstellung in keiner Weise. – Alles in allem hat Vives zu der immer weiter geltenden Höchstschätzung Augustins im 16. und 17. Jahrhundert maßgeblich beigetragen.[38]

---

[37] Der Begriff des »Humanismus« ist natürlich nicht zeitgenössisch, weder dem 14., noch dem 16. Jahrhundert. Vgl. dazu umfassend Lewis William *Spitz*, Art. ›Humanismus / Humanismusforschung‹, in: TRE, Bd. 15, Berlin et al. 1986, 639–661.

[38] Dies ist insofern übertrieben, als Vives eine gründliche Kenntnis wohl nur von »De civitate dei« hatte und die übrigen Werke Augustins nur mangelhaft oder gar nicht kannte.

»ZŮ VESPERZYT SŎLLEND SIE ANHEBEN ZE LESEN IM NÜWEN TESTAMENT ...«: TRANSFORMATION UND TRANSKULTURATION DES HORENGOTTESDIENSTES IN DER ZÜRCHER REFORMATION

Michael Baumann

1. Einleitung

Es geht auf den folgenden Seiten um eine historische und liturgiewissenschaftliche Suche nach der Frage, wie vor allem Huldrych Zwingli und im kleineren Rahmen Heinrich Bullinger in Zürich mit den Tagzeitengebeten umgegangen sind. Umgegangen darum, weil sie in der Stadt Zürich, die im Spätmittelalter ein Zentrum sowohl in gottesdienstlich-liturgischer wie auch musikalischer Hinsicht war, mit einer Vielzahl hergebrachter, teils sehr innovativen, teils verfallenen, manchmal theologisch hoch reflektierten und häufig inhaltlich wohl auch korrumpierten Formen von Horen- und Tagzeitengottesdiensten konfrontiert wurden. Tagzeitengottesdienste haben die frühen Reformatoren herausgefordert. Spätestens ab der Mitte des 16. Jahrhunderts wurde dies anders, die Horen verschwanden im reformierten Bereich bis in die Neuzeit. Dass damit aber die Frage nach dem täglichen Gebet nicht verschwand, sondern lediglich umgelagert wurde und zu einem theologischen wie editorischen Nebenschauplatz wurde, welcher sich alsbald mit der vergessen geglaubten Kirchenmusik wieder verband, wird nicht verschwiegen. Es entwickelte sich die »heilige Trias« von Katechismusbänden, Gesang- und Gebetsbüchern, die vielleicht ebenso prägend und tragend für den Protestantismus wurden, wie es die Horen für den altgläubigen Ritus waren.

2. Ausgangslage und Fragestellung

Tagzeitengebete gehören neben der Messe zu den ältesten christlichen Gottesdienstformen. Als eine der urtümlichsten Formen der Gottesverehrung des ganzen Volkes bilden sie die Brücke christlicher Gemeinden zu ihren jüdischen Vorläuferinnen.[1] Historisch betrachtet haben die christlichen Kirchen dem apostolischen Gebot zum steten Gebet[2] meistens nachzuleben versucht und dessen liturgische Nicht- oder Wenigbeachtung bei den protestantisch-reformierten Kirchen gehört im Prinzip zu den historischen Kontingenzen, wenngleich diese fälschlicherweise in der Zwischenzeit fast schon als Identitätsmerkmal gelten mögen. So ist denn die Aussage, dass »auch in den reformierten Kirchen der deutschen Schweiz [...] die Bedeutung von Tagzeitenliturgien in den letzten Jahre mehr und mehr erkannt worden«[3], vielleicht etwas zu positiv formuliert.

Jedenfalls beginnt Alfred Ehrensperger seinen Überblicksartikel über die Situation der Tagzeitenliturgien in der reformierten deutschsprachigen Schweiz mit dieser Bilanz. Trotz den mannigfaltigen Versuchen von reformierten Gemeinden, Tagzeitengebete zu etablieren und diese teils über mehrere Jahre bis Jahrzehnte hindurch zu tragen,[4] scheint es mir bei nüchterner Betrachtung doch mehr als fraglich, ob es angemessen ist, bereits von einem *Wiedererkennen* dieser Gottesdienst- und Gebetsform zu sprechen.

Denn wiedererkannt kann nur das werden, was einmal zum eigenen Teil gehört hatte und dessen Besitz den Besitzenden auch bewusst (gewesen) war, andernfalls kann bestenfalls von einer *Erkenntnis* gesprochen werden. Was aber, wenn diese Erkenntnis großen Teilen einer Kirchengemeinschaft abgeht oder dieser noch nicht eigen ist? Was, wenn diese sogar einem Teil als nicht lohnenswert erscheinen würde? Können wir dann historisch ungezwungen von einem ganzen Teil liturgischen Handelns reden oder hieße das nicht viel grundsätzlicher zu fragen, wie dieser wiederentdeckte Schatz zu vermitteln wäre?

Nochmals und anders gefragt: Was lässt mich an der Bilanz Ehrenspergers zweifeln? Es sind nicht die Zweifel an der Genese und Herleitung der Tagzeiten- oder Horengebete.

---

[1] Herbert *Goltzen*, Der tägliche Gottesdienst: Die Geschichte des Tagzeitengebets, seine Ordnungen und seine Erneuerung in der Gegenwart, in: Karl Ferdinand Müller und Walter Blankenburg (Hg.), Leiturgia: Handbuch des evangelischen Gottesdienstes, Bd. 3, Kassel 1956, 100–294, hier 108–111.

[2] 1Thess 5, 17; Eph 5, 20; 1Tim 2, 1; Lk 18, 7.

[3] Alfred *Ehrensperger*, Ökumenische Tagzeitenliturgien, in: Tagzeitenliturgien: Ökumenische Erfahrungen und Perspektiven, hg. von Martin Klöckener und Bruno Bürki, Freiburg i.Üe. 2004, 114.

[4] *Ehrensperger*, Ökumenische Tagzeitenliturgien, 104–122.

In der Literatur wird mannigfaltig und praktisch unisono dargelegt, dass sich in den Tagzeitengebeten gottesdienstähnliche Strukturen finden, deren Anfänge und Nachwirkungen sich aus dem Frühjudentum über das antike und spätantike Christentum, das Mittelalter und die Neuzeit hindurch bis in die post-postmoderne Epoche hindurch nachzeichnen lassen.[5] Vieles deutet darauf hin, von anthropologischen Strukturen zu sprechen, die Gliederung der Zeit[6] und damit des Lebens an sich, Schöpfung und Vergänglichkeit,[7] Leiden und Auferstehung[8] sinnlich-liturgisch erlebbar zu machen. Insofern ist dem Tagzeitengebet tatsächlich eine inhärente Ökumenizität, ja Interreligiosität[9] gegeben, dem nachzudenken an anderer Stelle lohnenswert wäre.

Gleichzeitig lässt sich aber nicht verschweigen, dass immer wieder ausgeblendet wird, dass viele Formen von Tagzeitengebeten nicht einfach mit den etablierten Formen reformierten Gottesdienstes in Übereinstimmung gebracht werden können. Auch regelmäßige reformierte Gottesdienstbesucher betreten mit Tagzeitengebeten liturgisches Neuland. Stundengebete sind auch heute noch der Mehrzahl reformierter Christen fremd, wenngleich nicht gänzlich unbekannt.

Handelt es sich bei den reformierten Formen von Tagzeitgebeten nicht bloß um inhaltlich wie zeitlich radikale gekürzte Schwundstufen nach dem Typus eines »kurzen Gebetes« oder einer Andacht, so finden sie doch zumeist nur bei einer sehr bescheidenen Anzahl von Gemeindegliedern Anklang. Mithin sind Tagzeitengebete sogar nur beschränkt an die parochiale Struktur anpassbar, weil sie leicht die Ressourcen einer Gemeinde überfordern, umgekehrt von den regelmäßig Teilnehmenden aber sehr geschätzt werden.

Tagzeitengebete wirken für Fernerstehende immer irgendwie »katholisch« – positiv wie negativ verstanden. Sie erinnern an Klöster, lassen Besuchende Bruchstückwissen von andern christlichen Gottesdiensten und Konfessionen abfragen, sie faszinieren und stoßen ab. Sie

---

[5] *Goltzen*, Gottesdienst, 108 f.; Hans-Jürg *Stefan*, Tagzeitenliturgie – Gottesdienst im Tageskreis: Gemeinsam Feiern mit den neuen Gesangbüchern, in: Liturgia et Unitas, hg. von Martin Klöckener und Arnaud Join-Lambert, Freiburg i. Üe. 2001, 447 ff.

[6] Vgl. Barbara *Helbling* et al. (Hg.), Bettelorden, Bruderschaften und Beginen in Zürich: Stadtkultur und Seelenheil im Mittelalter, Zürich 2002, 22.

[7] Heinzgerd *Brakmann*, Art. ›Tagzeitenliturgie‹, in: Lexikon für Theologie und Kirche, 3. Aufl. [LThK³], Bd. 9, Freiburg et al. 2000, 1232.

[8] LThK³, Bd. 9, Freiburg et al. 2000, 1234.

[9] LThK³, Bd. 9, Freiburg et al. 2000, 1232; Albert *Gerhards*, Art. ›Stundengebet I: Geschichte‹, in: Theologische Realenzyklopädie [TRE], Bd. 32, Berlin 2001, 268–287.

bauen gegenüber Jugendlichen und jungen Erwachsenen vielleicht eher Hindernisse auf als ab, sind selten bis nie niederschwellig.

Tagzeitengebete verlangen meistens eine Eingewöhnung, häufig sogar das Üben spezieller Gesänge und Responsorien, zumindest aber die Fähigkeit, sich in einer wechselnden (sic!) Liturgie zurechtfinden zu können, auch wenn diese *per se* eigentlich immer gleich sein will.[10] Tagzeitengebete wären von ihrer Herkunft her zwar mehr oder weniger identisch – in praxi aber finden sie überall leicht anders statt, auch und gerade in reformierten Gemeinden. Insofern entsprechen sie völlig den modernen Grundsätzen reformierter Liturgie,[11] ja verkörpern geradezu die hauptsächlichsten Charaktermerkmale (postpost)modernen liturgischen Handelns, das gekennzeichnet ist durch eine relativ große Variabilität bei konstantem Rückbezug und somit gewährleistetem, reflexivem Rückbezug auf bestehende Traditionslinien, auch wenn diese stets neu gruppiert, ausgetauscht und modulartig verändert werden können.[12]

Manchmal verlangen Tagzeitengebete aber auch nur die Fähigkeit, eine Stille von mehreren Minuten aushalten zu können. Es gehört mithin je nach Art und Weise einfach mehr oder weniger Disziplin dazu, sich diesen auszusetzen. Vielleicht macht es das aus, dass Tagzeitengebete zwar zur ältesten Tradition liturgischen Handelns gehören, aber für die durchschnittliche reformierte Christin wohl trotzdem fremd geblieben sind und gerade darum manche faszinieren.

Dieser etwas disparate erste Eindruck lässt sich gespiegelt wieder erkennen in den dazugehörigen theologischen Reflexionen und zur Verfügung stehenden (oder nicht stehenden) liturgischen wie historischen Modellen. Entweder werden dabei nämlich inhaltliche Verbindungen gezogen, die in der praktischen Kirchenlandschaft rein historisch nicht als gewachsen gelten können und deren Plausibilität nicht einleuchtet. Denn ein Merkmal modernen Denkens ist ja, dass das Argument bloßer Historizität nicht mehr zieht. Natürlich kann eine kirchliche Gemeinschaft Traditionen übernehmen, die zuerst fremd

---

[10] *Stefan*, Tagzeitenliturgie, 447: »Dieses ›Kleine Gebet im Alltag‹ ist so klar gebaut, dass es nach kurzer Einübung jederzeit ›par coeur‹ praktiziert werden kann […].«

[11] Vgl. Ralph *Kunz*, Gottesdienst evangelisch-reformiert: Liturgik und Liturgie in der Kirche Zwinglis, Zürich 2001, 197ff. und 289ff.

[12] Slavoij *Zizek*, Die Puppe und der Zwerg: Das Christentum zwischen Perversion und Subversion, Frankfurt 2003; *ders.*, Das Fragile und das Absolute: Warum es sich lohnt, das christliche Erbe zu verteidigen, Berlin 2000; Zygmunt *Bauman*, Unbehagen in der Postmoderne, Hamburg 1999.

erscheinen. Das gehört zum Prozess der Inkulturation, doch sollte das bewusst geschehen.

Oder man kann in verschiedenen Traditionen das Gemeinsame zu finden suchen und so synoptisch den Evensong des »Common Prayer Book«[13], die Vesper aus dem »Missale Romanum«[14] und die lutherische Vesperfeier der »Michaelsbruderschaft«[15] betrachten um daraus eine Vesperfeier abzuleiten, die wieder erkennbare Züge aller drei Typen aufweist und mit großen Zügen der Tradition komplementär ist. In etwa war das das Vorgehen, das zu den Modellen im Reformierten Gesangbuch geführt hat.[16] Damit entsteht etwas Neues, das so keine direkte Vorlage hat, aber doch retrospektiv verantwortbar und verortbar ist. Nur kann die historische Verortung, deren *Lozizität* quasi, nicht gleichzeitig die Begründung des liturgischen Handelns sein. Diese muss auch gerade in reformierter Tradition stets neu an der Verkündigung im weitesten Sinne ausgerichtet werden.[17]

Beide Vorgehensweisen können aber nicht darüber hinweg täuschen, dass es bislang vermeintlich historisch kein Modell eines reformierten Tagzeitengebetes gegeben hat und dieses in der Reflexion auch keine Rolle spielen konnte. Was aber wenn dem gar nicht so war? Was, wenn es tatsächlich reformierte Stundengebete gab, zumindest Formen von Reformationsversuchen gegeben hat, diese sich aber in der Folge der *reformierten Reformation* transformierten und mit der Zeit verloren gegangen sind?

---

[13] Vgl. The Alternative Service Book 1980: Services authorized for use in the Church of England in conjunction with The Book of Common Prayer together with The Liturgical Psalter, Oxford 1980, 45 ff.

[14] Vgl. Katholisches Gesangbuch: Gesang- und Gebetbuch der deutschsprachigen Schweiz, hg. im Auftrag der Schweizer Bischofskonferenz, Zug 1998, Nr. 258–290. Vgl. auch Gemeinsames Gebet- und Gesangbuch für die Katholischen (Erz-)Bistümer Deutschland, Österreichs sowie das Bistum Bozen-Brixen zur Erprobung im Zeitraum vom Ersten Advent 2007 bis Pfingsten 2008, hg. von den (Erz-)Bischöfen Deutschlands und Österreichs und vom Bischof von Bozen-Brixen, Stuttgart 2007.

[15] Evangelisches Tagzeitenbuch, hg. von der Evangelischen Michaelsbruderschaft, Göttingen / Münsterschwarzach [5]2003, 231 ff.

[16] Vgl. Gesangbuch der Evangelisch-reformierten Kirchen der deutschsprachigen Schweiz, hg. vom Verein zur Herausgabe des Gesangbuchs [...], Basel / Zürich 1998, Nr. 555 f., 583 f., 586, 610 als Typen von Gebetsmodellen, die sowohl für den Einzelnen wie die Gemeinde geeignet sein wollen und gleichzeitig die reformiert-biblische Tradition mit derjenigen des westeuropäischen Typus des Stundengebets monastischer wie kathedraler Form in Verbindung zu bringen suchen.

[17] Über Funktion und Begründung reformierten Gottesdienstes vgl. *Kunz*, Gottesdienst, 255–288.

Genau dem soll in dieser kleinen Abhandlung nachgefragt werden. Ich frage also nach dem Stundengebet in der Zürcherischen Reformation und danach, was mit diesem geschehen ist und wozu es sich verändert haben könnte. Und ich tue das nicht aus historischem Selbstzweck, gerade nicht, um eine falsche Begründungsfährte zu liefern, sondern im Hinblick auf ein *formelles Grundgerüst* eines reformierten Stundengebets, bei welchem dann inhaltlichen wie liturgischen Charaktermerkmalen abgelesen werden können.

Noch eine argumentationstheoretische Bemerkung: Gerade theologische Texte aus der Reformationszeit verleiten einen manchmal, historische Argumente für bare Münze zu nehmen und dabei deren geschichtsphilosophischen Bedingtheiten zu vernachläßigen.[18] Historische Argumente aus der Zeit der Kirchenspaltung sind zu allererst kontroverstheologische Argumente. Sie sind nicht in erster Linie inhaltliche Bestimmungen, sondern polemisch-dialogische Unterstreichungen einer Position, die *material* separat verantwortet wird. Argumentieren also Zwingli und Bullinger mit historischen Verweisen, so ist nicht der historische Verweis das Argument, sondern lediglich der formale Hinweis, dass es hierbei um ein inhaltlich wesentliches Argumentationsstück handelt. *Inhaltlich* wird es in der Diskussion um das schriftgemäße Stundengebet um die Frage gehen, inwieweit diese bestimmte einzelne Form von Gottesdienst und Gebet tatsächlich dem biblischen Auftrag zur Verkündigung und zum Gotteslob entsprechen.

3. BEMERKUNGEN ZUR SITUATION IN ZÜRICH

Um gewisse Reaktionen im 16. Jahrhundert und während der Reformation besser einordnen zu können, ist es wichtig, sich der religiösen und liturgischen Situation in Zürich am Ende des Spätmittelalters bewusst zu werden. Bezogen auf das hier thematisierte Stundengebet gilt, dass die Stadt Zürich in mancher Hinsicht quellenmäßig wie faktenhistorisch einen Glücksfall darstellt. Nicht nur besitzen wir aus dem Hoch- wie Spätmittelalter eine Vielzahl von Dokumenten, die das

---

[18] Vgl. Christian *Moser*, Die Evidenz der Historie: Zur Genese, Funktion und Bedeutung von Heinrich Bullingers Universalgeschichtsschreibung, in: Heinrich Bullinger: Life – Thought – Influence, hg. von Emidio Campi und Peter Opitz, Bd. 1, Zürich 2007 (Zürcher Beiträge zur Reformationsgeschichte 24), 459–491.

musikalische wie liturgische Schaffen in Zürich beleuchten,[19] wir können davon ausgehen, dass Zürich im 15. Jahrhundert ein eigentliches Zentrum sowohl der (Kirchen-)Musikalität, musikalischer und liturgischer Innovationen im allgemeinen wie auch der Pflege der Tagzeitengebeten im speziellen darstellte.[20] Seit der Einrichtung des Großmünsterkantorats unter Konrad von Mure 1259 wuchs die Musikalität an der zweitwichtigsten Kirche im Bistum Konstanz kontinuierlich. Einer der Nachfolger Konrad von Mures, der Großmünsterkantor und Frühhumanist Felix Hemmerli[21] schrieb 1448 enthusiastisch über das Großmünster in Zürich und die dort gepflegten Tagzeiten und Gottesdienste:

> Es ist in Wahrheit und durch den öffentlichen Ruf allgemein anerkannte Tatsache, dass es in Oberdeutschland keine Kirche gibt, in welcher sowohl bei Tage als zur Nachtzeit der Gottesdienst mit einer solchen Pracht und einem solchen Glanze gefeiert wird wie an der Grossmünsterkirche zu Zürich.[22]

Ähnlich bewegt, ließ etwas später Albert von Weißenstein[23] 1479 in seiner eigenen, der ersten Stadtzürcher Druckerei eine Lobschrift über den der Komplet folgenden Hymnus »Salve Regina« erscheinen.[24] Zudem waren die Dominikanerinnen des Oetenbacher Klosters für

---

[19] Magdalen *Bless-Grabher*, Zürich und seine Bettelordensklöster, in: *Helbling*, Bettelorden, 11–24.

[20] *Bless-Grabher*, Zürich und seine Bettelordensklöster, 22–24

[21] Friedrich Wilhelm *Bautz*, Art. ›Hemmerlin, Felix‹, in: Biographisch-bibliographisches Kirchenlexikon, hg. von Friedrich Wilhelm Bautz [BBKL], Bd. 2, Hamm 1990, 709–710; Regula Schmid *Keeling*, Art. ›Hemmerli, Felix‹, in: Marco *Jorio* (Red.), Historisches Lexikon der Schweiz [HLS], Bd. 6, Basel 2006, 272–273.

[22] Zit. nach *Bless-Grabher*, Zürich und seine Bettelordensklöster, 22.

[23] Gestorben 1480. Vgl. Christian *Moser* und David *Vitali*, Der Zürcher Ablasstraktat des Albert von Weissenstein (1480), in: Zeitschrift für Schweizerische Kirchengeschichte 95 (2001), 49–109. Albert von Weißenstein richtete in Zürich die erste Druckerei ein, seine Schrift »De Salve Regina« war eine der ersten Zürcher Inkunabeln. Über Albert von Weißenstein vgl. Martin *Germann*, Zürichs erste Druckerei (1479–1481), in: *Helbling*, Bettelorden, 153. Albert scheint Dominikaner gewesen zu sein und war einer der ersten, die die ökonomische Relevanz von Johannes Gutenbergs Erfindung der Druckerpresse realisierten. Von Albert stammen die ersten gedruckten, also vervielfältigten Ablassbriefe. Es scheint, dass er selbst Kontakt zu Gutenberg gehabt hat. Vgl. auch unten die scharfe Kritik Bullingers rund hundert Jahre später an diesem immer stark angewachsenen Ritus. Wenn wir den Zusammenhang von entstandenem Buchdruck, der Produktion von Ablassbriefen und also die spätere reformatorische Kritik am Gnadenhandeln sowie die damit locker zusammenhängende Produktion u. a. dieser Salve Regina-Schrift herstellen, fällt es leichter, die Kritik der Reformatoren nachzuvollziehen.

[24] *Bless-Grabher*, Zürich und seine Bettelordensklöster, 22.

ihren Gesang berühmt, besaßen sie doch einen zusätzlichen kleinen
Chor von acht hervorragenden Sängerinnen.[25] Doch nicht nur die
Dominikanerinnen pflegten den edlen Gebetsgesang in Zürich, auch
der Teilen der bürgerlichen Welt offenstehende Konvent St. Verena
pflegte kunstvoll die Horen und besaß dazu ein eigenes Gebetbuch.[26]
Ebenfalls vom Ende des 15. Jahrhunderts stammt das Zeugnis über die
Zürcher Tagzeitengebete am Pfingstsamstag 1474, worüber ein Hallen-
ser Ratsherr schreibt, er sei noch an keinen Ort gekommen, wo diese
»so herlichin, so eigintlichin, so distincte und pausatym und dorczu
alzo vornemlich« gesungen würden wie in Zürich.[27]

Dass die sieben großen und kleinen Horen in den mindestens fünf
großen Zürcher Konventen, samt dem zusätzlichen kirchlichen wie
auch bürgerlichen Musikschaffen beträchtliche Ressourcen benötigte,
leuchtet ein. So wurde immer wieder Kritik laut, dass den Konvents-
angehörigen darum zuwenig Zeit für eigentliche Aufgaben blieb. Damit deutete sich bereits in frühhumanistischer Zeit ein Auseinander-
klaffen des Verständniszusammenhanges an. Denn offenbar wurde im
Spätmittelalter die Überzeugung nicht mehr unhinterfragt geteilt, dass
die Mönche und Nonnen *stellvertretend* für die restlichen Bevölkerungs-
schichten beteten.

Dem entspricht, dass in der gleichen Zeit die ersten privaten Gebetsbücher erscheinen. Konnten sich eigene Stundenbücher vorher
nur Herrscher und Herrscherinnen leisten, so werden im Spätmittelalter private Andachts- und Stundenbücher in gehobenen Laien- und

---

[25] *Bless-Grabher*, Zürich und seine Bettelordensklöster, 22. Vgl. auch Walter *Baumann*,
Zürichs Kirchen, Klöster und Kapelle bis zur Reformation, Zürich 1994, 70. Interessant ist auch der Hinweis, dass der Zürcher Kantor Johannes Höflin (14. Jahrhundert?)
ein »Direktorium des Gesangs« verfasste, das auch in der Bibliothek des Dominika-
nerinnenklosters am Oetenbach vorhanden war und auf den kultivierten Gesang in
den Frauenklöstern hinwies. Vgl. dazu Heidi *Leuppi* (Hg.), Der Liber Ordinarius des
Konrad von Mure: Die Gottesdienstordnung am Grossmünster in Zürich, Freiburg
i.Üe. 1995 (Spicilegium Friburgense 37), 106.
[26] Das sogenannte Zürcher Gebetbuch des Konvents Sant Frene befindet sich heute in der Burgerbibliothek Bern, Codex A 90 aus dem Jahr 1477. Vgl. dazu Marlis
Stähli, Gebete, Psalmen und Gesundheitsregeln: »Sant Frene« in Handschriften der
Burgerbibliothek Bern und der Zentralbibliothek Zürich, in: *Helbling*, Bettelorden, 239:
»Mehr als die ersten hundert Seiten des Gebetbuches nehmen die Tagzeiten Mariens
ein, die zu acht festgelegten, ab Mitternacht über den Tag verteilten Stunden zu beten
waren: Domine labia ma aperies. Herre gestatte mir das min mund kúnde din lob.
Herr gott zů miner hilfe gedenke, mir zů hilfe solt du ylen […] Invitatorium. Gegrůsset
bis maria voll gnaden, der herr ist mitt dir […].«
[27] *Bless-Grabher*, Zürich und seine Bettelordensklöster, 23.

Bürgerkreisen populär. In England sollen an die 50000 Exemplare privater Gebetsbücher *vor* der Reformation kursiert sein.[28] Das herkömmliche Schema der Stunden- und Tagzeitengebete wurde darin bereits vorreformatorisch aufgeweicht, private Andachten und Gebetsübungen treten an die Stelle der vorgeschriebenen wöchentlichen Lesung des Psalters durch professionelle Religiose.[29]

Dieser Prozess von früher Individualisierung innerhalb des Bürgertums ist darum wichtig, weil er die Möglichkeit der Bedingung dafür ist, dass das alt- und neutestamentliche Gebot zum immerwährenden Gebet plötzlich und wieder neu zu einer Pflicht jedes Christen werden ließ. Erst diese Reaktualisierung der Gebetspflicht, verbunden mit dem Anspruch, auch richtig Beten zu können, lässt die langsam wachsende Kritik an den kathedralen und monastischen Formen des Stundengebets verstehen. Dass dann diese Kritik reformatorisch auch zu einer ökonomischen Kritik wurde und damit die sozialethischen Fragen (Armenfürsorge) plötzlich in Konkurrenz zur etablierten Frömmigkeitspraxis geriet, lässt sich ohne diesen Hintergrund nicht verstehen.[30]

Hingewiesen sei hier umgekehrt nur darauf, dass beispielsweise bereits im 14. Jahrhundert der Dominikanerorden für gewisse Personengruppen innerhalb der Religiosen einen Dispens (sogenannte »Privilegien«) von den Tagzeitengebeten erließ, um diese zeitlichen Hindernisse zum Studium, zur Verkündigung und zur seelsorgerlichen Arbeit wegzuräumen.[31] Insofern gab es auch Versuche, wie dieser Kritik zu begegnen sei, allein, der zugrundeliegende Prozess kultureller Ausdifferenzierung und Etablierung des Bürgertums ließ sich nicht rückgängig machen.[32]

---

[28] Arnold *Angenendt*, Geschichte der Religiosität im Mittelalter, Darmstadt 1997, 486 mit Verweis auf Eamon *Duffy*, The Stripping of the Altars: Traditional Religion in England c.1400-c.1580, New Haven / London 1992.

[29] *Angenendt*, Religiosität, 486f.

[30] Vgl. Barbara *Helbling*, Das Erbe der Klöster, in: *Helbling*, Bettelorden, 294: »Begründung und Nutzen dieses Vorgehens [der Säkularisierung der Klöster] für die Obrigkeit bringt [Bürgermeister Bernhard] Wyss auf eine kurze Formel: ›Denn als die münch nit mer muosstend mäss han, ouch weder metti noch die siben zit singen, do namend mine herren alle clösterguot zuo iren handen, och aller bruoderschaften, der Wasserkilchen, ouch ampelen und liechter, gült, rent und güter.‹ Zwingli, die Bürgermeister und Räte waren sich einig, dass die eingezogenen Klostergüter als Ganzes zum Kapital der Armenfürsorge der Stadt erklärt werden und deshalb zusammenbleiben sollten.«

[31] Walter *Senner*, Zur Spiritualität des Dominikanerordens im Mittelalter, in: *Helbling*, Bettelorden, 130.

[32] Bernd *Hamm*, Bürgertum und Glaube: Konturen der städtischen Reformation, Göttingen 1996, 63–73, 143–178.

So hängt es offenbar von der Perspektive ab, wie die spätmittelalterlichen Tagzeitengebete in einer musikalisch wie liturgisch hoch professionalisierten Stadt wie Zürich bewertet werden. Denn dass sich die Qualität der gesungenen Tagzeiten innerhalb von fünfzig Jahren grundlegend, ja geradezu in ihr Gegenteil verkehrten, kann nicht im Ernst behauptet werden. Wäre dem so gewesen, so wüssten wir auch davon aus altgläubigen Quellen. Sicher mag es Unterschiede gegeben haben, Schwerpunkte, die je nach Konvent und deren Bewohnern sich verschoben, und Moden, wie der entstehende Figuralgesang.[33]

Die zentrale Kritik der Reformation setzte aber an der Verständlichkeit der Tagzeiten und ihrer theologischen Begründung, respektive ihrer »Nebenschlachtfelder« an. Trotz entstehendem Bürgertum und wachsender Bildung, konnte nur eine Minorität Latein. Auch viele der Religiosen verstanden nicht, was sie täglich mehrmals sangen. Einer neuen, bildungshungrigen Schicht von gelehrten Bürgern war jedoch weder theologisch noch bildungstheoretisch klar zu machen, warum religiöse Riten funktional und sinnvoll sein sollen, deren maßgebliche Teile sogar von den Akteuren nicht verstanden wurden. Dafür Geld und Zeit einzusetzen hieß, gerade die tragenden Prinzipien des emanzipierten Bürgertums der Städte mit Füßen treten. Dass das kombiniert wurde mit einer sogar jedem durchschnittlich gebildeten Bürger unverständlichen Veräußerung von Gnadenmitteln, die vermeintlich zugunsten bereits Verstorbener wirksam waren, also mit dem Ablasshandel,[34] sowie mit der Überzeugung, dass die Tagzeiten sogenannt gute Werke seien, mit denen sich ein Schatz im Himmel anhäufen lasse, brachten die Horen in Verruf.

Möglicherweise wurden die Tagzeitengebete darum Opfer eines religiösen Systems, das nicht vor allem am Ritus der Horen krankte, obwohl die altgläubige Kirche mehrere Reformschritte verpasst hatte und beispielsweise die überbordenden Heiligenkalender trotz zeitweiser radikaler Reinigung und Auslichtung immer wieder aus andern

---

[33] *Bless-Grabher*, Bettelordensklöster, in: *Helbling*, Bettelorden, 22. Zu Ludwig Senfl (1486–1542/1543) als dem vielleicht wichtigsten aus Zürich stammenden Komponisten, der neben andern Tätigkeiten als Kirchenmusiker gelten kann, vgl. Klaus Gunther *Wesseling*, Art. ›Senfl, Ludwig‹, in: BBKL, Bd. 24, Nordhausen 2005, 1326–1336; Arnold *Geering*, Art. ›Senfl, Ludwig‹, in: Die Musik in Geschichte und Gegenwart, hg. von Friedrich Blume, Bd. 12, Kassel et al. 1965, 498–516; Birgit *Lodes*, Art. ›Senfl, Senn(f)l‹, in: Musik in Geschichte und Gegenwart, Neuauflage / Personenteil, Bd. 15, Kassel et al. ²2006, 569–590.

[34] *Angenendt*, Religiosität, 486–487; *Helbling*, Das Erbe der Klöster, 293.

Interessen anwachsen ließ. Dass bis ins 19. Jahrhundert hinein die Feier der Tagzeiten als *Gemeindegottesdienst* innerhalb der römisch-katholischen Kirche eine seltene Ausnahme war, zeigt, dass der vielschichtige Reformprozess der Tagzeiten bis in die Gegenwart anhält und auf römisch-katholischer Seite untrennbar auch mit dem unterschiedlichen Amtsverständnis verbunden ist.[35]

Einer der Ursprünge und wichtiger Wegbereiter ist der bereits erwähnte Zürcher Chorherr Konrad von Mure.[36] Sein nachgelassener »Liber ordinarius«, Zürichs älteste liturgisch-musikalische Handschrift, enthält den gesamten Ablauf des gottesdienstlichen Geschehens im Großmünster im Laufe eine Kalenderjahres.[37] 1260 verfasst, listet der »Liber ordinarius« nicht nur das liturgische Geschehen kalendarisch auf, sondern bietet mit den Incipits zu den liturgischen Stücken der Tagzeiten, Heiligentagen, Märtyrer- und Apostelkalendern, den Hinweisen auf außerordentliche zu rezitierende Hymnen und Texte sowie mit kirchen-geographischen wie -topographischen Hinweisen ein beinahe unerschöpfliche Quelle hochmittelalterlicher Liturgie. Warum wird hier auf dieses Werk hingewiesen?

Einmal, um dem nicht ganz falschen, aber doch missverständlichen Vorurteil zu begegnen, die spätmittelalterliche Frömmigkeit sei ausschließlich durch den veräußerlichten Gnadenhandel, hyperbolische liturgische Gebräuche und inhaltliche Leere bestimmt gewesen. Dem ist entschieden nicht so. Wenn es sich bei der sprichwörtlichen reformatorischen Nüchternheit auch um ein falsches Vorurteil handelt, so trifft diese zumindest da den Punkt, dass die reformatorischen Gottesdienstordnungen im Vergleich zum mittelalterlichen System der verschiedenen Messen und Horengottesdienste mehr als kahl wirken. Mögen sie *inhaltlich* auch eine Verbesserung und Intensivierung bedeuten, so könnte agendarisch wie kalendarisch der Unterschied nicht größer sein.

Zweitens gilt es für die sakrale Topographie Zürichs eine Lanze zu brechen und das im Hinblick auf die Chancen, die ein Dokument wie der »Liber ordinarius« Konrad von Mures bieten könnte. Nicht, weil es mir darum ginge, nun Gottesdienste quasi historisch zu rekonstru-

---

[35] Vgl. *Brakmann*, Tagzeitenliturgie, 1235–1241.

[36] Zur Person Konrad von Mures vgl. Johannes *Madey*, Art. ›Konrad von Mure‹, in: BBKL, Bd. 4, Herzberg 1992, 425–426; Pascal *Ladner*, Der Liber ordinarius des Großmünsters von Zürich: Handschrift und Verfasser, in: *Leuppi*, Konrad von Mure, 33–40.

[37] Die Handschrift findet sich unter der Signatur C 8b in der Zentralbibliothek Zürich.

ieren oder deren Plätze zu resakralisieren. Ein *Re-Play* oder *Re-In-Acting*
ist trotz aller szenischen Komponenten moderner liturgischer Überlegungen gewiss nicht möglich und sinnvoll. Man bekäme bestenfalls ein
historisierendes Theater.

Aber es wäre möglicherweise im Hinblick auf eine *historisch erweiterte
Ökumenizität*, also das Ernstnehmen z. B. der alten Heiligenkalender als
Hinweis auf die *sanctorum communio*, wie auch im Hinblick auf die Dinge, die für das einfache Volk[38] von Belang gewesen sind, wichtig, ein
solches Dokument wieder zur Geltung zu bringen. Das Wechselspiel
von *religion prescrite* und *religion vécue*, von vorgeschriebener, obrigkeitlicher Religion und Volksreligiosität[39] könnten daran aufgezeigt werden.
Wo dienen festgesetzte Termine und inhaltliche Stoffe der gemeinschaftlichen Erinnerung, wo engen sie ein? Das sind elementare liturgische Diskussionspunkte,[40] deren Relevanz für die eingangs skizzier-
ten liturgischen Praxen wichtig sind, die aber in der mediävistischen
wie liturgiehistorischen Diskussion grundsätzlich und bei Konrad von
Mures Werk im speziellen keinen Platz finden.

Zudem könnte – in gänzlicher Offenheit evangelisch-reformierter
Liturgien – der »Liber ordinarius« darauf hinweisen, dass lokale liturgische Traditionen immer schon gang und gäbe gewesen sind, dass es
jedoch auch stets deren liturgischer Verifikation und Reflexion bedarf
und dass (teils im wörtlichen Sinn) der *Wegcharakter*[41] reformierten Gottesdienstverständnisses einen Vorläufer *avant lettre* bei Konrad von
Mure hätte.

4. Zwingli, die Zürcher Reformation und das Stundengebet

4.1 *Zwinglis Kritik an den Horen*

Huldrych Zwinglis Position gegenüber dem Stunden- und Tagzeitengebet scheint gemeinhin relativ klar zu sein. Für lange Zeit als prägend

---

[38] Denis R. *Janz* (Hg.), Sozialgeschichte des Christentums, Darmstadt 2007, 7–9;
Richard A. *Horsley*, Von der Wahrnehmung der einfachen Menschen, in: *Janz*, Sozialgeschichte des Christentums, 14–15.

[39] Peter *Dinzelbacher*, Handbuch der Religionsgeschichte im deutschsprachigen
Raum, Bd. 2, Paderborn 2000, 14; *ders.*, »Volksreligion«, »gelebte Religion«, »verord-
nete Religion«: Zu begrifflichem Instrumentarium und historischer Perspektive, in:
Bayerisches Jahrbuch für Volkskunde 1997, 77–97.

[40] *Kunz*, Gottesdienst, 290–294.

[41] *Kunz*, Gottesdienst, 290–294.

wirkend wurden Zwinglis Artikel 44 bis 46 der Schlussreden verstanden.[42] Hier wendet sich Zwingli scharf und biblisch wohl begründet gegen alles falsche, weil heuchlerische Beten, gegen missverstandene Bedingungen und hin zum unverfälschten, ehrlichen Gebet des Einzelnen direkt vor Gott. Jede äußerliche Werkgerechtigkeit[43] wird zurückgewiesen, jeder Lohngedanke abgelehnt.[44] Der Mensch betet, weil Gott gut ist und Gott Lob gebührt.[45] Äußerliche Zierart und unverständliche Worte verfälschen das echte Gebet.[46] Die Liste der polemischen Worte ist lang, der Vorwurf des »undeutlich Singens« der geringste. Wer wollte denn eine »Plärrschwester«, ein »Murmler« und ein »Quäker«[47] sein? Andacht sei in der Regel bei den Tagzeiten nicht möglich, denn »es ist gegen alle menschliche Vernunft, zu glauben, man könnte in großem Getöse und Lärm gesammelt oder andächtig sein.«[48] Zudem sind die Tagzeiten viel zu kurz,[49] so dass sich gar niemand wirklich andächtig sammeln könne, mithin also alle zu kurz kommen.

Geradezu eloquent wird sein Spott, wenn Zwingli über die modischen Melodiearten und Liturgiegewänder herzieht, die in Kontrast zur biblischen Botschaft (hier des Propheten Amos) stehen:

> Was würde der bäuerliche Prophet heutzutage tun, wenn er die verschiedenen Arten von Musik in den Kirchen sähe und die verschiedenen Tempi der langsamen und schnelleren Schreittänze und Springtänze und anderer Taktarten hörte, und dazwischen schritten die zarten Chorherren in ihren seidenen Hemden zum Alter, um zu opfern? Es würde tatsächlich nochmals ein solches Geschrei erheben, dass die ganze Welt seine Worte nicht ertragen könnte.[50]

Falscher Luxus und falsche Manieriertheit, verbunden mit einer gänzlich falschen Theologie, der ein irrtümliches Verständnis von Gottesdienst innewohnt, führen zu seiner Kritik. Doch selbst an dieser Stelle bietet Zwingli durchaus auch eine Alternative:

---

[42] Huldrych *Zwingli*, Auslegung und Begründung der Thesen oder Artikel 1523, in: Huldrych *Zwingli*, Schriften, hg. von Thomas Brunschweiler und Samuel Lutz, Bd. 2, Zürich 1995, 396–402.

[43] *Zwingli*, Auslegung, 399–401.

[44] *Zwingli*, Auslegung, 397.

[45] *Zwingli*, Auslegung, 398.

[46] *Zwingli*, Auslegung, 398.

[47] *Zwingli*, Auslegung, 398.

[48] *Zwingli*, Auslegung, 400.

[49] *Zwingli*, Auslegung, 400.

[50] *Zwingli*, Auslegung, 401f.

> Darum wäre mein ernstgemeinter Rat der, dass man anstelle des Psal-
> mengemurmels die Psalmen läse und auslegte und dann den klaren, vom
> Heiligen Geist gemeinten Sinn sähe, der darin verborgen liegt. Dasselbe
> sage ich auch von den andern Büchern der Schrift. Auf diese Weise
> würde der Mensch täglich gespeist werden, und die, welche zum Pre-
> digtamt berufen werden, würden in der Schrift unterwiesen werden,
> damit sie nicht mit ungewaschenen Händen und Füssen darin herum-
> kneten.[51]

Dies scheint mir die zentrale Stelle zu sein, an der Zwingli ein richti-
ges, weil schriftgemäßes Beten entwirft. Halten wir uns vor Augen: Die
Schlussreden 44 bis und mit 46 haben das *Gebet* zum Thema. Es geht
hier nicht um die Frage, welche detaillierte Gottesdienstform rechtmäßig sei. Es geht viel grundsätzlicher um die Frage, wie der betende
Mensch vor Gott tritt. Tritt er ehrlich und echt, oder durch falsche
Versprechungen und Zierart abgelenkt vor Gott?

Gegen die Vermutungen von Kunz[52] und Jenny[53] ist weder die Frage nach der »Menge der Anwesenden« qua Gottesdienstgemeinde das

---

[51] *Zwingli*, Auslegung, 399.

[52] *Kunz*, Gottesdienst, 127. Es geht m.E. auch überhaupt nicht um die Diskussion,
ob Zwingli hier ein spätmittelalterlicher (Buß)Predigtgottesdienst vorschwebt oder eine
Gebet der Menge. Ganz abgesehen davon, dass der »Pronaus« als Vorläufer des reformierten Predigtgottesdienstes hoch umstritten ist, wäre dieser ja rein genetisch als
Alternative zum Tagzeitengebet völlig ungeeignet: Akteure und Publikum sind nicht
die gleichen. Auch ist nicht die Unterscheidung von Predigtgottesdienst und »Prophezei« problematisiert (wobei der Begriff »Prophezei« entgegen der häufig anzutref-
fenden Meinung bei Zwingli sowieso nur äußerst selten vorkommt und erst im 17.
Jahrhundert dann als typisch Zürcherisch empor stilisiert wird; der genuin Zwinglische
Begriff ist derjenige der »Letzgen«, »lectiones publicae«, und meint sowohl die alttestamentliche Vorlesung im Großmünster am Vormittag wie die Nachmittagsvorlesung
im Fraumünster – jeweils beide mit *anschließender* Auslegung, also Predigt als bzw. mit
Exegese und nachfolgendem Unser Vater). Die Menge der Anwesenden meint *stricto
sensu* wahrscheinlich viel eher die Menge der Akteure; darum ist die Menge nur dann
positiv bewertet, wenn sie als *stille* Menge Gemeinde der *Hörenden* ist.

[53] Markus *Jenny*, Reformierte Kirchenmusik? Zwingli, Bullinger und die Folgen, in:
Heiko A. *Oberman* et al. (Hg.), Reformiertes Erbe. Festschrift Gottfried W. Locher, Bd.
1, Zürich 1992 (Zwingliana 19/1), 187–205, hier 189. Auch zitiert bei *Kunz*, Gottesdienst, 157. Das Problem von Jennys Argumentation ist, dass er zwar richtig sieht, dass
Zwingli in den »Auslegungen und Begründung der Thesen« hier vom Gebet spricht
und nicht von der Messe. Hingegen geht es Zwingli auch gar nicht um die Kirchenmusik als solche. Im Gegenteil ist hier anzumerken, dass diese Sätze kurz *vor* und *nach*
der offiziellen Gründung am 29. Januar 1523 entstanden sind und erstmals im Juli
1523 gedruckt vorlagen. Vgl. dazu das Vorwort in *Zwingli*, Schriften, Bd. 2, Zürich
1995, 3 ff. Zwar notierte Zwingli selbst an seinen Freund Werner Steiner in Zug, dass es
ein »Sammelsurium aller Meinungen geben werde«, die an der Zürcher Disputation
vom 29. Januar 1523 diskutiert wurden. Dennoch kann nicht klar genug betont werden, dass es *in nuce* eine systematisch-theologische Schrift ist, und nicht ein Gelegen-

Problem, noch die Frage, ob mehrere oder weniger Personen singen und die Psalmen beten. Zwinglis Frage ist die, ob der einzelne Mensch in den bestehenden liturgischen Angeboten tatsächlich vor Gott gelangen kann, letztlich seinen Glauben als Gerechtfertigter ausdrücken kann. Darum zielt seine Alternative auf das wirkliche Verstehen dessen, was als biblische Grundlage aus der Schrift zum Gebet verwendet wird und darauf, dass der Mensch nicht abgelenkt werden darf, um die Sündhaftigkeit seines Seins vor Gott zu legen. Natürlich zielt Zwinglis Intention hin zu einer Auslegung dessen, was vorgelesen und von der Gemeinde mitgebetet wird, insofern ist die Alternative klar pädagogisch ausgerichtet und letztlich dann auch kompatibel mit den Gottesdienstformen. Wichtig scheint mir bei dieser Diskussion, dass in der systematisch gedachten, ersten größeren Abhandlung Zwinglis zur Reformation bereits im Keim eine reformierte Alternative zum üblichen Horengottesdienst angedacht wird.

Nun hat Martin Brecht seinerzeit[54] – und mit Berufung auf Emil Egli[55] anfangs des letzten Jahrhunderts – auf die frappante Ähnlichkeit zwischen der Transformation des Wittenberger Horengottesdienstes und der Einrichtung der Prophezei[56] in Zürich hingewiesen. Auch wenn ich Brechts zentralem Argument einer inhaltlichen Abhängigkeit der Zürcher Einrichtung der *lectiones publicae* von Wittenberg nicht folgen kann,[57] so ist doch das Phänomen einer *Reform des Horengottesdienstes* wichtig. Denn es zeigt uns, dass Luther wie Zwingli die Tagzeitgebete nicht einfach abschaffen wollten, sondern sie einer Reform hin zu einem *gottesdienstähnlichen Bildungsanlass* unterzogen.

---

heitsdokument, keine polemische Abrechnung mit seinen Gegner und keine bloß auf praktische Fragen gerichtete Flugschrift. Insofern stellt sich die Frage, ob die »Auslegung« von 1523 überhaupt mit Jennys betrachteter Stellungnahme von Zwingli über die Abendmahlsliturgie von 1531 vergleichbar ist.

[54] Martin *Brecht*, Die Reform des Wittenberger Horengottesdienstes und die Entstehung der Zürcher Prophezei, in: *Oberman*, Reformiertes Erbe, Bd. 1, Zürich 1992, 49–62.

[55] Güder *Egli*, Art. ›Prophezei‹, in: Realenzyklopädie für protestantische Theologie und Kirche, 3. Aufl., hg. von Albert Hauck, Bd. 16, Leipzig 1905, 108–110.

[56] Zum problematischen Begriff vgl. *Brecht*, Reform des Wittenberger Horengottesdienstes, sowie Michael *Baumann* und Rainer *Henrich*, Das Lektorium, sein Lehrkörper, seine Studenten, in: Hans Ulrich *Bächtold* (Red.), Schola Tigurina: Die Zürcher Hohe Schule und ihre Gelehrten um 1550, Zürich / Freiburg i.Br. 1999, 24–27. Zum Begriff des »weyssagens« vgl. *Brecht*, Reform des Wittenberger Horengottesdienstes, 51.

[57] *Brecht*, Reform des Wittenberger Horengottesdienstes, 61.

Dass *örtlich* wie *zeitlich* die Auslegung des Alten Testaments im Chor des Großmünsters durch die Chorherren am Vormittag mit anschließender öffentlicher Predigt und Unser Vater,[58] nachmittags die Auslegung des Neue Testaments im Fraumünster, die Horengottesdienste verdrängen, ist klar. Ob wir diese neue *Letzgen*, *lectiones publicae*, nun ihrerseits als neue Form des Stundengebets bezeichnen wollen, ist umstritten. Gewisse Merkmale werden übernommen, ein quasi-liturgischer Ablauf ist feststellbar,[59] doch handelt es sich nun um exegetische Veranstaltungen zum Zwecke der Bildung der Pfarrer und der Gemeinde. Der ausschließliche *Gebetscharakter* der Horen verschwindet dabei nahezu völlig.[60]

Wir haben es also bei der Einrichtung der *Letzgen* bestenfalls mit einer *Transformation* der kathedralen Horengottesdienste in eine katechetische Lehrveranstaltung mit erweitertem Publikum zu tun. Die monastischen Züge des Chorherrenstifts werden noch bei der Anwesenheit des erweiterten Lehrkörpers im Chor des Großmünsters sichtbar, wenn zuerst aus dem Urtext hebräisch, dann in der Übersetzung der Septuaginta und anschließend mithilfe der Vulgata auf Latein (!) die Stellen exegesiert und erst dann am Schluss auf Deutsch von der Kanzel (*ex cathedra*, nach 1525 vom neuerrichteten Lettner aus) der Gemeinde von Bürgern erklärt wird.[61] Nach 1525 und nach der Errichtung des steinernen Lettners im Großmünster[62] wird so die (nachträgliche) Trennung augenfällig.[63]

---

[58] *Baumann / Henrich*, Lektorium.

[59] Roland *Diethelm*, … da uebt, pflantzt und ner man den waren glouben: Der Liturg Heinrich Bullinger, in: Evangelische Theologie 64 (2004), 127–139.

[60] Vgl. die darum richtige Feststellung in *Brakmann*, Tagzeitenliturgie, 1235 auch im Hinblick auf das nächste Kapitel, wobei sich die Bemerkung vor allem auf die *lutherischen* Kirchen bezieht: »Soweit Klöster in Schulen fortgeführt wurden, hielten sich Horen am Morgen und Abend, meist katechetisch und pädagogisch akzentuiert. Die Gemeinden verblieben noch längere Zeit (bis zur Aufklärung) bei der Vesper am Samstag, meist als Borbereitungs-(Beicht)Gottesdienst des sonntäglichen Abendmahls. Immer wieder gab es Versuche, besonders im 19. Jahrhundert, dann wieder in der liturgischen Bewegung des 20. Jahrhunderts, die altkirchlichen Traditionen der Tagzeiten wieder aufzunehmen; sie erfassten jedoch nur einzelne Kreise (z.B. Berneucher Bewegung, Michaelsbruderschaft). In den *reformierten* Kirchen brach die Tradition der Tagzeiten so gut wie ganz ab.«

[61] *Bächtold*, Schola Tigurina.

[62] Daniel *Gutscher*, Das Grossmünster in Zürich: Eine baugeschichtliche Monographie, Bern 1983.

[63] Man könnte also gewissermaßen von einer »Re-Sakralisierung«, »Re-Monastisierung« sprechen: Die im reformierten Sinn eigentliche theologische Aufgabe der »Mönche«, der Chorherren und Lehrer, wird erst jetzt erreicht: Nicht das entlöhnte

Weil der öffentliche Gebetscharakter der Tagzeiten in deren Nach-
folgeveranstaltung nicht gleichermaßen präsent ist – wie wir gesehen
haben theologisch auch gar nicht gleich präsent sein kann – findet dies
in den privaten Andachten statt. Wie u. a. Roland Diethelm gezeigt
hat,[64] ist dies einer der Gründe für die Entstehung des reformierten
Gebetsbuches.[65] Die »heilige Trias« reformierter Buchproduktion, die
Herstellung von Gebetsbüchern, Gesangbüchern und Katechismen,[66]
kann in der Vermittlung reformierten Gedankengutes nicht über-
schätzt werden. Das bedeutet, dass die Tagzeiten letztlich nicht einfach
nur in eine Bildungsveranstaltung religiösen Charakters überführt werden, sondern im eigentlichen Sinn einer *transkultureller Verschiebung* un-
terliegen.

Weil im Zug der Reformation Frömmigkeit und Andacht nicht
mehr delegiert werden kann, nun also zu Pflicht jedes Christenmen-
schen werden, kann diese auch nicht mehr nur in einer religiösen
Zeremonieform befolgt werden. Es kommt zu einer typischen Ausdifferenzierung, deren *Opfer* gewissermaßen die spätmittelalterliche Kirchenmusik war. Sie unterliegt durch die Streichung sämtlicher meri-
torischer Beweggründe der Horengottesdienste und wird wie die
Mehrzahl der Andachtsveranstaltungen in den langsam entstehenden
privaten, jedenfalls auf reformierter Seite für knapp 100 Jahre nicht
mehr kirchlichen Raum gedrängt.

Beten anstelle anderer, sondern das entlöhnte Unterrichten in der Heiligen Schrift.
Nicht umsonst werden darum die Pfründen der Chorherren problemlos in die Gehälter der Professoren umgewandelt. Träger des neuen »intellektuellen Stundengebets«
sind also die Professoren, nicht die Mönche oder die anwesende Gemeinde. Zwingli
initiiert also eine »Heilige Schule«.

[64] *Diethelm*, Liturg Heinrich Bullinger, 126–139.

[65] Ich gehe auf die kirchenmusikalischen und anthropologischen Gründe dabei
nicht ein. Es ist klar, dass wir die Entstehung der Gesangbücher auch betrachten
könnten unter dem Aspekt, dass sich die Kunstgattungen Lied und Musik ganz einfach
nicht verdrängen ließen und darum neue und apporbierte Ausdrucksformen suchten.

[66] Erst später, Ende des 17. Jahrhunderts werden Bibeln für breite Bevölkerungs-
kreise wirklich erschwinglich und es dauert nochmals gut hundert Jahre, bis Bibeln
Ende des 18. Jahrhunderts für breite Kreise erwerbbar werden. Die große Zeit der
Bibelproduktion ist sodann das 19. Jahrhundert, was im Hinblick auf den Stellenwert
der Bibel als Buch innerhalb des Protestantismus doch auch zu denken gibt. Fiktion
und Realität klaffen auch hierbei wie so oft auseinander. Vgl. zur Geschichte der
Bibelverbreitung Urs *Joerg* und David Marc *Hoffmann* (Hg.), Die Bibel in der Schweiz:
Ursprung und Geschichte, Basel 1997; besonders Felix *Tschudi*, Die Basler Bibelgesell-
schaft im 19. Jahrhundert: Schwerpunkte ihrer Arbeit, in: ebd., 257.

Dass besonders im lutherischen Raum an den evangelischen Schulen die lateinischen Horen eine Zeit lang weitergesungen wurden und es Mischformen gegeben hat, ist bekannt. Eine davon ist das von Paul Eber (1511–1569) herausgegebene evangelische lateinische Brevier »Psalterium Davidis«.[67] Ausgehend von der Existenz solcher Mischformen und weil offenbar gerade in der Anfangszeit der Reformation die spätere fast gänzliche Tilgung der Horen nicht abzusehen war,[68] ist Zwinglis Vorschlag für eine reformierte Form des Stundengebets im Nachgang an die Reformation des Kloster Rüti für uns von besonderem Interesse.

4.2 *Zwinglis Schreiben an die Mönche zu Rüti*

Das Kloster Rüti, Teil der Herrschaft Grüningen und somit unter Herrschaft der Stadt Zürich, geriet Anfang 1525 aus verschiedenen Gründen in den Fokus der städtischen Politik. Die Gründe dafür müssen uns hier nicht weiter interessieren. Entscheidend war, dass die Stadt im Frühjahr 1525 einen Verwalter einsetzte, sich aber entschieden gegen eine schnelle Auflösung des Klosters wandte. Es mögen ökonomische wie rechtliche Gründe in erster Linie dafür verantwort-

---

[67] Hildegard *Tiggemann*, Psalterium Davidis: Ein evangelisches lateinisches Brevier (1564) von Paul Eber aus dem Stift Oberkirchen, in: Jahrbuch für Liturgik und Hymnologie 44 (2005), 42–62, bes. 45: »Unter den Cantionalien des 16. Jahrhunderts gibt es jedoch ein besonderes Buch, welches hier vorgestellt werden soll; es folgt einer anderen Systematik. Es griff auf ein im Mittelalter übliches liturgisches Gesangbuch zurück: das Psalterium. Zunehmend wurden damals Psalterien auch mit Texten der Tagzeitenliturgie angereichert. So waren lange vor Luthers Reformation in ihnen den davidischen Psalmen die Cantica, Hymnen und Gebete hinzugefügt worden und hatten den Psalter zu einer Art Brevier mutieren lassen. Es war folglich sinnvoll, eine Zusammenfassung aller Horengesänge in der Weise des alten Psalterium vorzunehmen und dieses alter vorreformatorische liturgische Gesangbuch so in neuer Form entstehen zu lassen, diesmal für den Gebrauch in evangelischen Gottesdiensten. Nicht eingefügt wurden die Texte, welche die Reformation ausgeschieden wissen wollte; der Hymnen- und Gebetskatalog wurde in der Anzahl der Heiligentage auf unterschiedliche Weise reduziert, Gebetstexte bei Bedarf neu geschaffen; für die Schriftlesung wurde das Vorhandensein einer Bibel vorausgesetzt (meist wurde der Bibeltext auch in deutscher Sprache vorgelesen). Entscheidend war, dass kein Liturgieverlauf vorgeschrieben wurde und so das Buch gleichsam eine nach altem Brauch geordnete Sammlung der liturgischen Elemente der Stundengebete darbot.« Vgl. im weiteren bes. auch ebd., 61; Friedrich Wilhelm *Bautz*, Art. ›Eber, Paul‹, in: BBKL, Bd. 1, Hamm 1975, 1441f.

[68] Zur missverständlichen Einschätzung und als Beispiel für ein vaticinium ex eventu vgl. *Brecht*, Reform des Wittenberger Horengottesdienstes, 61: »Dies war nur noch eine befristete Lösung, da an eine Beibehaltung der Klöster auf Dauer nicht gedacht war.«

lich gewesen sein, jedenfalls geriet Zwingli nun in Zugzwang, dem
Kloster eine neue Ordnung zu geben, andernfalls die Zürcher Obrigkeit in einen Begründungsnotstand gekommen wäre.[69]

Zwinglis Vorschlag, der nachstehend ins Neuhochdeutsche übersetzt folgt, ist insofern bemerkenswert, als dass er einerseits ganz offensichtlich inhaltliche Programmpunkte der Großmünsterstiftsreform
übernimmt: Als erstens soll ihnen ein Lehrer vorgestellt werden. Dieser
ist fürderhin für die Auslegung und damit für die Ausbildung der Mön-

---

[69] Vgl. zu den Hintergründen Walter *Köhler*, Einleitung zu: Huldrych *Zwingli*, Wie
sich die Mönche zu Rüti mit Lesen und Hören der heiligen Schrift verhalten sollen,
23. August 1525, in: Huldrych *Zwingli*, Sämtliche Werke, hg. von Emil Egli et al. [Z],
Bd. 4, Leipzig 1927, 520–525; Heinrich *Bullinger*, Reformationsgeschichte, hg. von J.J.
Hottinger und H.H. Vögeli, Bd. 1, Zürich 1838, 231: »Rûty ein Appty premonstra-
tenser orden, in der herrschafft Grüningen, ward gestifft Anno 1208 von Lûtholden
von Regensperg, und gemeeret von Graffen von Doggenbrug. Von diesem kloster wirt
hernach me volgen, In das setzt die Statt ouch ein Schaffner, wie erst von Kûßnach
gemeldet ist.« Vgl. auch ebd.: »Zû Rûty imm kloster, das inn der herrschafft Grüningen gelågen, regiert die Appty dieser zyt H. Felix Clauser, von Zürych purtig. Dieser
Appt aber was übel an dem wort Gottes, und an der reformation. Dorum brach er uff,
imm Aprellen, und ward flüchtig, namm by nacht und nåbel, Brieff, Sigel, barschafft
und kleynodt, und setzt sich gen Rapperschwyl. Da er hievor hinder dem Wyn, den
Herren Zürych übel geredt, das imm der hålffer zû Rapperschwyl, ußgebracht hat.
Dorumm imm der Aptt entsaaß, und floch. Imm flôchnen aber wurdent ettliche puren
der untrûw gewar, und fiengend dem appt ettliche roß uff, und fûrtends dem vogt zû
Grüningen Jôrgen Bergern zû. Welcher zur stund ettliche knåcht in das kloster zû
hûten legt. und that alle handlung der Statt Zürych zû wûssen. Des anlassend warend
die uffrûrigen puren in Grüninger herrschafft froo, brachend allenthalben uff des 23
Aprilis, Quasi modo und fielend in das kloster Rûty, fiengend da an fråssen suuffen
und vast ungeschickt sin. Und alls sy uff der nacht besorgtend, iren wêre zû wenig iren
unfûr und uffrûr zû schirmen, diewyl inne der vogt uß dem kloster zû ziehen gebodt,
schlûgend sy der nacht in nåchsten dôrffern Sturm, welchen der vogt abstellt, noch
denocht ward der zûlouff so groß, das man uff Mentag volgendts, des volcks uff 1200
schatzt. Es fiel ouch in das Johanniter huß Bûbicken ein große anzal puren, die da nitt
minder mit fråssen und suuffen ungeschickt warend. Dann die anderen zû Rûty. Da
beschahend allerley anschlags. Ettliche vermeintend ab den klôstern so vil zû lösen,
das sy sich môchtind abkouffen von der Statt Zürych, umm das sy von Zürych erkofft
sind. Und entlich ward so vil darzû geredt, das die puren ire Artickel irer beschwerden
in geschrifft stellen ließend. Dann ein Radt der Statt Zürych hat ire Radtbotten hinuff
in's kloster zû den puren gesandt, by den selben was ouch der vogt, die gabend dem
wûtenden volck fast gûte wort, und wysend sy daruff, daß sy ire beschwerden sôlltind
in artickel stellen, und demnach abziehen, so wôlltind sy vor radt ouch das best darzû
reden, gar gûter hoffnung min Herren von Zürych wurdint sy wol und in gnaden
bedencken. Hieruff zog der meerteyl ab, doch blibend ettlich unrûig lûth, noch dem
wyn zû lieb in beiden Klôstern. Aber der Radt Zürych schickt ein mandat hinus, und
gebodt inen abzûziehen. Verbodt ouch mitt offnem ußgangnem mandat fûrhin zû
stûrmen, und in die klôster zû fallen, by irer ungnad und hôchster straaff. Daruff
zugend sy all ab. Die Grûningen Artickel aber sind diß nachuolgende.«

che zuständig, scheint auch die folgenden Tagzeiten mit den Mönchen gemeinsam zu beten.

Die Tagzeiten selbst werden sodann in ihrer Anzahl streng gestrafft, dafür aber zeitlich recht ausgedehnt. Die Matutin erfolgt nach der Vulgata[70] und geht kursorisch durch das ganze Alte Testament, indem täglich vier bis fünf Kapitel gelesen werden. Anschließend folgen vier bis fünf Psalmen gefolgt vom »Benedictus« oder dem »Te Deum laudamus« »alles mit einer angemessenen Stimme.«[71]

Anschließend an diese purifizierte Form der Matutin folgt ähnlich dem Großmünsterstift eine Lesung samt Erklärung aus dem Neuen Testament »in modo lectionis continuae«, wochentags eine dreiviertel Stunde lang, sonntags eine Stunde lang, im Prinzip die neugewonnene Form des reformierten Predigtgottesdienstes am Sonntag. Wir sehen also deutlich, dass Zwingli für das Kloster Rüti sowohl die Morgenhore wie auch nie neugeschaffene Form der *Letzgen* kombiniert. Selbst Heinrich Bullinger hat in seiner Zeit als Lehrer im Kloster Kappel unter Abt Wolfgang Joner dies nicht so zu kombinieren gewagt. Ohne die Frage nach dem zeitlichen Horizont von Zwinglis Neuschöpfung zu stellen, müssen wir doch konstatieren, dass er hier den Tatbeweis dafür liefert, dass die (öffentliche) Erklärung und der Horengottesdienst im reformierten Sinn weder einander ausschließen, noch einander im Sinne einer *Institutionensukzession* ablösen noch gegenseitig ausschließen.

Abends und als Fortführung der Vesper folgt analog zur Morgenhore eine ausführliche neutestamentliche Lesung und eine traditionelle Psalmenlesung inklusive der diese abschließenden Cantica. Dabei können wir ausgehen, dass die beiden Tagzeiten *unisono* und *lateinisch* gesungen wurden, die längere an die Matutin anschließende Lesung samt Auslegung lateinisch und deutsch erfolgte, wenn es nicht gar das Ziel gewesen ist, mit der Zeit den Mönchen in Rüti wie in Kappel direkt aus den Ursprachen zu übersetzen. Dass die Verwendung des

---

[70] Z, Bd. 4, Leipzig 1927, 523.

[71] Zur Diskussion über den Begriff »unison« vgl. Markus *Jenny*, Zwinglis Stellung zur Musik im Gottesdienst, Zürich 1966 (Schriftenreihe des Arbeitskreises für evangelische Kirchenmusik 3), 26f. Demnach bedeutet »unison« nicht im modernen Sinne »einstimmig«, sondern »Sprechgesang auf einem Ton«, und zwar im Sinne des »cursus hebdomarius«. Demnach ist es die einfachste Form des Sprechgesangs, die Zwingli hier zweifelsohne ganz bewusst wählt. Er schließt somit sowohl an die mittelalterliche Tradition des Psalmengesangs an und betont gleichzeitig und unter Abwendung sämtlicher Verzierungen das *gemeinsame* und *verständliche* Rezitieren biblischer Stücke.

Latein und der lateinischen Horen auch evangelischerseits in ehemaligen Klöstern und Stiften nicht unüblich war, zeigt der Vergleich mit dem späteren Eberschen Psalter.[72] Das dürfen wir auch darum annehmen, weil Zwingli selbst vom anzustellenden Lehrer sagt, er habe »ein gůter träffentlicher *latinischer* lerer«[73] zu sein, »damit sy [die Mönche des Kloster Rüti] die sprach wol ergryffind, [und er ihnen,] vorlesen mit den *perceptionibus grammaticis*, wo es not ist.«[74] Das heißt auch hier: Zwingli verbindet das traditionelle Moment der Kenntnis herkömmlicher liturgischer Sprache mit dem reformatorisch-bildungsreformerischen Ansatz der Verbesserung der lateinischen Sprachkenntnisse.

Mit ähnlichen Konsequenzen, aber doch angepasst in ein kleinstädtisches Umfeld, folgte ein knappes Jahr später die Empfehlung für das Kloster Stein am Rhein.[75] Die Umstände waren juristisch wie ökonomisch zwar anders geartet,[76] entscheidend ist jedoch, dass auch hier denjenigen Mönchen, die im Konvent zu verbleiben wünschten, das Beten und Singen nach einer ihnen zuzustellenden Ordnung gestattet wurde. Ebenfalls mit einem Lehrer versehen, sollten die Mönche befähigt werden, sich mit dem Wort Gottes »selbs stäts ůbind«[77] und dabei aber auch die praktische Hilfe an die Armen nicht zu vernachläßigen. Bezüglich dem Singen heißt es im Gutachten ausdrücklich: »und wo es komlich sin wirt, ouch christenlicher wys singind und daby sölcher maas geůbt werdind, das sy ouch dem gemeinen volck zů Steyn und anderwo, da man dem gotzhus pflichtig ist, das läbendig, war, heilsam gotzwort mit aller trüw und zucht erberlich könnind fürhalten und leren.«[78]

Wie sind Zwinglis Reformvorschläge zu beurteilen? Aus dem Rückblick stellen wir fest, dass die Klöster unter der Verwaltung der zürcherischen Amtsleute keine Zukunft als theologische Kommunitäten hatten. Ob es daran lag, dass sowohl Stein wie auch Rüti peripher lagen und darum letztlich vom reformatorischen Bildungsstrom zuwenig erfasst wurden, um *reformiert* Bestand zu haben, bleibe dahin

---

[72] *Tiggemann*, Psalterium Davidis, 55ff.

[73] Z, Bd. 4, Leipzig 1927, 529.

[74] Z, Bd. 4, Leipzig 1927, 529 (Hervorhebungen durch den Vf.).

[75] Huldrych *Zwingli*, Gutachten betreffend Abt David von Winkelsheim von Stein am Rhein, in: Z, Bd. 4, Leipzig 1927, 764–772.

[76] Z, Bd. 4, Leipzig 1927, 765. Unter anderem bat der Abt David von Winkelsheim selbst im Namen des Konvents in Zürich darum, dass er von den Pflichten entbunden, das Kloster also reformiert würde.

[77] Z, Bd. 4, Leipzig 1927, 771,6.

[78] Z, Bd. 4, Leipzig 1927, 771,6–11.

gestellt. Jedenfalls scheint die Doppelung, *gereinigte Tagzeiten* und *öffent-liche Evangeliumslesungen* (Gottesdienste) auf Dauer die Konvente über-fordert zu haben. Es mag auch eine Rolle gespielt haben, dass in beiden Fällen der Zürcher Rat handlungsleitend war und Zwingli nur eine theologisch begründete und begründbare Ordnung zu liefern hat-te. Ähnlich der Wittenberger Horengottesdienste, bei deren Durchfüh-rung Luther kaum wahrnehmbar war und denen darum wenig bis kein weiterer Erfolg gegönnt war, scheint Zwingli sowohl in den Anliegen Rütis wie auch Steins kaum mehr präsent gewesen zu sein. Aber als Fazit können wir feststellen, dass wie auch andernorts in der reformier-ten Liturgiegeschichte nicht ein radikaler Traditionsabbau stattgefun-den hat, sondern wenn schon ein Traditionsaufbau, eher eine theolo-gisch begründete Intensivierung mit neuer Akzentsetzung. Diese Akzente wären wie folgt zu benennen:

- Gereinigte Abfolge von Lesungen durch *lectiones continuae*
- Straffung der Horen durch eine Konzentration auf Matutin und Ves-per
- Ausdehnung der beiden Hauptthoren zu eigentlichen Wochentagsgot-tesdiensten
- Verständlichere Rezitation durch geübten unisonen Vortrag
- Verbesserung der Qualität durch geübtes und korrektes Latein
- Intensivierung der Wortverkündigung durch die der Matutin folgende öffentliche Lesung und Auslegung der Bibel
- Ernstnehmen der altkirchlichen Gebetspflicht im Rahmen einer auch für Außenstehende (nicht dem Konvent Angehörende) nachvollzieh-baren Tagzeitenliturgie ohne voluminösen Pomp und im Verzicht auf sämtliche meritorischen Begründungen

4.3 *Heinrich Bullinger*

Es scheint sinnvoll, zum Schluss noch einen Blick auf das Argumen-tationsmuster zu werfen, welches Heinrich Bullinger mehr als ein Jahr-zehnt später im Blick auf die Frage der Tagzeiten benutzt. Wir müssen dabei vorausschicken, dass es nach 1531 auf dem Gebiet der reformier-ten Obrigkeit Zürichs keine Tagzeiten mehr gab. Insofern hatte sich das Problem faktisch bereits gelöst, nicht aber die theologische Frage. Darum diskutiert Bullinger dies 1538 in der Schrift »De Scripturae sanctae authoritate [...]« auch im Hinblick auf die faktischen Aufga-ben der Bischöfe, also der Diener am Wort Gottes.[79] Gemeinrefor-

---

[79] Zur inhaltlichen wie formellen Zweiteilung der Schrift vgl. Emidio *Campi*, Ein-leitung zu: Heinrich *Bullinger*, Die Autorität der Heiligen Schrift (1538), in: Heinrich *Bullinger*, Schriften, hg. von Emidio Campi et al., Bd. 2, Zürich 2006, 8–11.

matorisch weist Bullinger an den Tagzeiten den meritorischen Charakter zurück, die nichtbiblischen späteren Einträge sowie die Tatsache, dass dem Anspruch der verständlichen und klaren Weitergabe von Gottes Wort nicht Rechnung getragen wurde.[80] Interessant ist aber, dass Bullinger nun den vermeintlich ursprünglichen Charakter der Horen hervorhebt, der, in der Zwischenzeit leider verfälscht und verloren gegangen, durchaus positiv bewertet wird: »Diejenigen, die es [das Tagzeitengebet] ursprünglich einrichteten, wollten nämlich durch ihre Stiftung die Heilige Schrift zu Gehör bringen und ihre Wirkung fördern, damit sie nicht nur von einzelnen Priestern gelesen und ihnen durch den täglichen Umgang vertrauter würde [...].«[81]

In seiner historisierenden, retrospektiven Argumentationsart werden sämtliche späteren Neuerungen als Verfälschungen verstanden.[82] Das

---

[80] *Bullinger*, Autorität, 202 f.: »In der vergangenen Zeit sind die Gebete der Priester verkauft und bisweilen so eingesetzt worden, dass sie nichts anderes mehr waren als das Geschwätz der Heiden, das der Herr im Evangelium verurteilt hat. Hierher gehört das Tagzeitengebet. Diejenigen, die es ursprünglich einrichteten, wollten nämlich durch ihre Stiftung die Heilige Schrift zu Gehör bringen und ihre Wirkung fördern, damit sie nicht nur von einzelnen Priestern gelesen und ihnen durch den täglichen Umgang vertrauter würde, sondern damit man sie sich auch durch Meditationen und Gebete, die Gott zugewandt sind, im Geist vergegenwärtigt. Doch das Gegenteil trat ein: Die Heilige Schrift geriet in Vergessenheit. Sie wurde ohne Meditation, die auf Gott gerichtet war, von weltlich gesinnten Menschen täglich gelesen, aber gedankenlos und in nutzloser Eile. Denn sie kannten den Zweck dieser Einrichtung nicht und glaubten, es genüge, wenn sie die vorgeschriebenen Texte ein einziges Mal gelesen hätten. Ausserdem schlichen sich abergläubische, ja gottlose Erweiterungen ein, die sich auf Götzen und irgendwelche Feste und Possen beziehen. So entstanden eher einträgliche als heilige Lesungen. Darum versündigt sich kein Diener Christi, der die Tagzeitengebete aufgegeben hat und statt dessen geeignete Zeiten für die rechtmäßige Lesung der Heiligen Schrift und aufrichtigere Gebete und Meditationen festgesetzt hat. Diese Einrichtung, auf der einige bestehen, als ob sie von den Aposteln stammte, ist zudem nicht sonderlich alt. Das Tagzeitengebet an sich war zwar bereits den Menschen der alten Zeit bekannt. Denn zu bestimmten Stunden am Tag beschäftigten sich die frühen Bischöfe, Propheten und Gelehrten der einzelnen Kirchen mit der Heiligen Schrift, weswegen uns noch heute die Erklärungen und Auslegungen der Gläubigen vorliegen. Aber der Brauch, dass ungebildete und angeworbenen Menschen in einer fremden Sprache hastig einige tausend Verse in entstellten, ungeordneten und verstümmelten Worten dahermurmeln, war unseren Vorfahren völlig unbekannt.«

[81] *Bullinger*, Autorität, 202.

[82] Vgl. die späte Schrift Bullingers »Von dem glockenlüthen« (1571), in: *Bullinger*, Schriften, Bd. 4, Zürich 2006, 472: »Die sieben Tagzeiten sind aus vielen Teilen zusammengeflickt, denn sie enthalten Psalmen, Antiphonen, Responsorien, Hymnen, Gebete und Lesungen, wie es zum Teil in den Dekreten Gratians, Distinktion 15, erwähnt wird. Und das viele Lesungen auf den Priester Beda zurückgehen, der, wie Hermann von Reichenau in seiner Chronik schreibt, 739 gestorben ist, folgt daraus, dass die erwähnten Horen oder sieben Tagzeiten erst einige Zeit nach 700, vielleicht

gilt natürlich für den verdienstlichen Charakter der Horen[83] wie für die Tatsache, dass die meisten Mönche deren Inhalte nicht mehr verstünden. Wir müssen hier nicht mehr über die Argumentation als solche sprechen, es ist klar, dass sie sich aus theologischen Überlegungen speist, die teils der Wirklichkeit entsprochen haben dürften, teils aber auch bewusste Missdeutungen sind. Gleiches ist über den Kirchengesang, d.h. den Gregorianischen Choral zu sagen. Immerhin weist Bullinger nicht nur mit beträchtlichem Aufwand und historischen Bezügen von Gregor dem Großen, Hieronymus, Ambrosius und Augustin nach, dass der Gesang falsch sei,[84] sondern konstatiert auch, dass zumindest Athanasius den Lektor »die Psalmen mit einer so geringen Modulation der Stimme vortragen [ließ], dass dieser eher einem Redner als einem Sänger glich.«[85] Ob wir hier ein Pendant finden zu Zwinglis Anweisung an die Mönche in Rüti, die Psalmen *unison* vor-

---

etwa um 800 nach Christus, zusammengestellt wurden. Sie sind also in der rechtgläubigen, alten Kirche mehrere hundert Jahre, in denen die Kirche auch noch besser ward weder gesungen noch gelesen worden. Gregor IX. [...] schrieb, wie vor ihm schon Urban II. ungefähr im Jahr 1095, allen Priestern und Geistlichen das tägliche Gebet der sieben Horen vor [...]. Diese Vorschrift war eine Neuerung und existierte vor diesen beiden Päpsten nicht. Das Papsttum hat aber seine Gottesdienste so auf die Messen und die Tagzeiten begründet, dass man glaubte , nur dort sei die rechtgläubige, wahre Kirche mit dem Gott wohlgefälligen Gottesdienst, wo diese gelesen oder gesungen würden; dort aber, wo die Messen und die Tagzeiten nicht gehalten würden, sei überhaupt keine Kirche und kein rechter, Gott wohlgefälliger Gottesdienst, auch wenn man die Heilige Schrift liest und auslegt, das Wort Gottes fleissig predigt, täglich betet, den Gottesdienst besucht und die heiligen Sakramente zu ihrer Zeit empfängt. Genau hierin liegt der wesentliche Unterschied zwischen der päpstischen und er evangelischen Kirche. Der erwähnte Gregor IX. hat zur gleichen Zeit, das heisst um das Jahr 1240, für die Kirche vorgeschrieben, dass man nach der Komplet das ›Salve regina misericordiae, et vitae dulcedo, et spes maxima salve‹ singen solle. [...] Das Salve regina ist aber von einem St. Galler Mönch mit Namen Hermann der Lahme komponiert worden, der ein Graf von Zähringen [...] war und auch eine Chronik verfasst hat, die bis ins Jahr 1066 reicht, dem Jahr, als er starb. Demzufolge ist die Kirche über tausend Jahre ohne das Salve regina ausgekommen, und erst im Jahr 1240 wurde es von Gregor IX. den sieben kanonischen Stunden hinzugefügt. Im Übrigen ist es seinem Wesen nach auch unchristlich und abscheulich.«
[83] Heinrich *Bullinger*, Gegensatz und kurzer Begriff (1551), in: *Bullinger*, Schriften, Bd. 1, Zürich 2004, 590f.: »Evangelisch: 3. Der Herr gibt seiner Kirche in angemessener Weise Lehrer und Hirten, die sie lehren und unterrichten, stets zum Gebet anhalten und ermahnen und alle Glieder Christi mit dem Band des christlichen Glaubens in seinem Leib erhalten [...]. – Päpstlich: 3. Der Herr gibt seiner Kirche durch den Papst und den Bischof Priester, damit sie die Einsetzungsworte des Abendmahls sprechen, die sieben Stundengebete verrichten, binden und lossprechen, predigen und jedermann in die Einigkeit der heiligen römischen Kirche führen und in ihr erhalten [...].«
[84] Wenig erstaunlich *Bullinger*, Autorität, 203–205.
[85] *Bullinger*, Autorität, 203.

zutragen?[86] Dann würden sich Zwingli und Bullinger immerhin soweit der Tradition entgegen neigen, dass immerhin eine *Rezitation* als Minimalvariante, in Bullingers Diktion: als der ursprünglichsten und damit der Schrift angemessenen Form von Verkündigung möglich sei, die von allen Ablenkungen absieht.

Bei aller rückblickenden und darum gegenüber Zwingli m.E. weniger konstruktiven Kritik Bullingers an den Tagzeiten darf nicht unterlassen werden, nochmals auf die bereits erwähnte Form der Gebetsbücher hinzuweisen. Dass die altkirchliche Gebetsverpflichtung aller Gläubigen durch die Reformatoren nicht aufgehoben werden wollte, ist klar. Dass sie demnach in den entstehenden privaten Bereich rückte, wo sich ab der zweiten Hälfte des 16. Jahrhunderts die evangelische Gebetsliteratur entwickelte, leuchtet soweit ein. Doch Roland Diethelm hat darauf hingewiesen, dass es auch hier eine Schnittstelle gab und zwar zwischen den privatim genutzten Gebetsbüchern und den von Klerikern verwendeten Agenden.[87] Heinrich Bullingers private autographe Agende mit lateinischen Gebeten, die er im Gottesdienst dann auf deutsch vortrug, ist bis heute erhalten. An ihr kann abgelesen werden, dass der gleiche Bullinger, der wie oben notiert, in reformatorischer Schärfe gegen die Tradition der Tagzeiten loszog und diese mit dem Argument historischer Unechtheit und späterer Verfälschung beseitigte, ohne weiteres aus der Tradition lateinische Gebete übernehmen konnte und auch auf bestehende Sakramentare zurück griff.[88] Auf der Grundlage der autographen Agende entstanden die verbindlichen gedruckten Agenden für die Zürcher Pfarrer.

Was dabei den offiziellen Charakter unterstrich, die Agenden waren ja primär für den Sonntagspredigtgottesdienst gedacht, fand im »Baettbuechlin« von Johannes Wolf sein privates Gegenstück.[89] Dieses wurde zwar erst 1623 gedruckt, umfasst aber nachweisbar unter seinen rund 90 Gebeten einige, die Bullinger zugehörig bezeichnet werden. Mit den auch in Zürich entstehenden Gebetssammlungen wird – neben den offiziösen Katechismen und Gesangbüchern – der Kernbestand an liturgischer Literatur gebildet, die letztlich die ins Private gedrängte Andacht- und Gebetstradition protestantisch weiter zu füh-

---

[86] *Jenny*, Zwinglis Stellung, 26f.

[87] *Diethelm*, Liturg Heinrich Bullinger, 138f.

[88] *Diethelm*, Liturg Heinrich Bullinger, 138f: »Dabei hat Bullinger offenbar auf alte Sakramentare zurückgegriffen und einige Orationen bewusst der mailändischen (ambrosianischen) Liturgietradition entnommen.«

[89] *Diethelm*, Liturg Heinrich Bullinger, 138–139.

ren pflegt. Die damit verbundene Intensivierung und Ausweitung war aber unweigerlich mit der Marginalisierung, ja fast gänzlichen Annihilisierung des gemeinschaftlichen Tagzeitengebets verbunden. Eine historische Entscheidung, an der reformierte Gemeinden wie anfangs gezeigt sich bis heute schwer tun.

5. Ein reformiertes Stundengebet?

Die letzte Frage lautet: Wie könnte es dann doch aussehen, ein reformiertes Stundengebet? Wie Zwinglis Modell im Anhang zeigt, wird es kaum möglich sein, dieses einfach so zu übernehmen, will man nicht einfach wahllos Teile davon herausbrechen. Eine rekonstruierende Übernahme lässt sich auch schon darum nicht vertreten, weil Zwingli ja 1525 seinen Vorschlag ausdrücklich für das Kloster Rüti, also eine konventuale Lebensgemeinschaft angefertigt hat. Hingegen scheinen mir folgende drei Punkte wichtig:

Einmal betont Zwingli auch bei seinem Vorschlag den *kursorischen Charakter* der *lectio continua*. Wie auch immer ein Tagzeitengebet aufgebaut ist, wesentlich scheint der langanhaltende, kontinuierliche lektorale Gang durch die Bibel. Also verbieten sich demnach inhaltlich das Herausbrechen mehr oder weniger willkürlicher Stellen, die gerade für eine Tageslesung geeignet scheinen, ein Problem, das ja auch die Herrnhuter Gemeinschaft mit den Losungen erkannte.

Zweitens bietet Zwinglis Modell Anknüpfungspunkte an die Tradition. In der dem Konvent zu Rüti vorliegenden Muster sind es die Psalmen, die seit alters Hauptbestandteil der Horen sind sowie die traditionellen Cantica. Diesen scheint sich Zwingli nicht verschlossen zu haben, was aus heutiger Perspektive nicht genug betont werden kann.

Drittens sollen die Werktagsgottesdienste keine Konkurrenz, sondern Ergänzung nach biblischem Gebot zum Sonntagsgottesdienst sein. In Zwinglis Fussstapfen soll also nicht einer Ersatzspiritualität das Wort geredet werden, sondern einer Bildung und Schulung der allgemeinen Frömmigkeit.

Wie wird das reformierter Weise umgesetzt? Der Weg der anglikanischen Kirche, die 1549 als einzige mit dem »Book of Common Prayer« tatsächlich einen Weg gefunden hat, die traditionellen Horen zu transformieren, scheint uns verwehrt. Zudem hat das »Book of Common Prayer«[90] wie auch dessen Additionalien[91] heute in der anglikanischen Kirche auch ein Stand von Dignität erhalten, dass es kaum mehr veränderbar scheint und dabei alternativen Liturgien beflügelt.[92] Für die reformierte Kirche sehe ich darum eigentlich nur folgende beiden Wege: Entweder gelingt es, ein verbindliches und dezidiert ökumenisches Stundengebet zu entwickeln,[93] das mit dem Wegcharakter und der Offenheit gegenwärtiger reformierter Liturgie und gleichermaßen dem reformierten Anspruch an Modularität entsprechen kann. Gegenwärtig scheint das aber schwer verwirklichbar.

Die andere Möglichkeit bestünde in der Schaffung eines ebenso den offenen Charaktermerkmalen reformierten Gottesdienstverständnisses Rechnung tragenden Gebetsbuches als Entsprechung und Ergänzung zum bestehenden Gesangbuch. Diese Gebetsbuch müsste nicht nur einen Psalter umfassen, sondern auch Modelle der drei, respektive vier Hauptthoren (Morgen, Mittag, Abend, Nacht), einen kursorischen Leseplan mindestens durch Teile der Bibel alten wie neuen Testaments, sowie einen Auszug von passenden Vertonungen der Cantica und traditionellen Singstücke. Ob die Vorstufe dazu ein Zürcher Psalter sein könnte, die längst fällige revidierte Taschenagende oder gar ein reformiertes Tagzeitenbuch will ich offen lassen. Dass wir es auch gerade in der Tradition Zwingli sowohl der uns anvertrauten biblischen Botschaft wie auch den mit uns glaubenden Menschen schuldig sind, halte ich für außer Zweifel.

Anhang: Zwinglis Rat an die Mönche zu Rüti

Wie sich die Mönche aus Rüti in Bezug auf das Lesen und Hören der Heiligen Schrift verhalten sollten.[94]

Weil unser Mund zwar niemals aufhören sollte, Gottes Lob zu verkündigen, gleichzeitig aber nicht nur unverständlich, sondern auch

---

[90] Vgl. David N. *Griffiths*, The Bibliography of the Book of Common Prayer 1549–1999, London 2002.

[91] Vgl. The Alternative Service Book.

[92] Vgl. z.B. Iona Abbey Worship Book, hg. von der Iona Community, Glasgow 2002.

[93] Corinna *Dahlgrün*, Art. ›Stundengebet II: Praktisch-theologisch‹, in: TRE, Bd. 32, Berlin 2001, 276 und 278.

[94] Moderne deutsche Übersetzung von *Zwingli*, Wie sich die Mönche, in: Z, Bd. 4, Leipzig 1927, 526–529.

eitel und unsinnig redet, wenn wir ihn mit Worten loben, die andere nicht verstehen können, wie 1Kor 14, 2 bereits geschrieben steht, so ist es vor allen Dingen nötig, dass diejenigen, die in Rüti aufgenommen sind, mit einem versehen werden, der sie öffentlich richtig lehrt, das Wort Gottes zu verstehen.

Und damit die Heilige Schrift ihnen recht eingeprägt und ins Gedächtnis gelegt werde, ist es eben nötig, dass diese sich häufig üben im richtigem und angemessenem Zuhören und Lesen derselben.

Darum sollen die genannten alle morgens zu passender Zeit ungefähr eine Stunde lang aus dem Alten Testament lesen, und zwar mit folgender Ordnung, dass sie mit dem Buch der Schöpfung anfangen und jeweils vier oder fünf Kapitel sofort nacheinander lesen sollen, damit das zusammenhängende Verständnis gegeben sei – oder einfach so viel, dass eine Stunde ausgefüllt werde; und zwar sollen sie mit einer angemessenen Stimmlage lesen, weder zu hoch, noch zu tief, und in rechtem Tempo, nicht zu schnell und nicht zu langsam.

Und wenn die Kapitel gelesen sind sollen sie ungefähr vier Psalmen mit einer Stimme (in uni sono) lesen, wie man vormals cursiert hat und demnach täglich das Benedictus dominus deus Israel oder das Te deum laudamus mit einer Stimme (unisono) lesen, danach ein Kyrie eleeson sowie das Pater noster folgen lassen und sodann die Lesung des vorherigen Sonntags die ganze Woche über wiederholen.

So sollen sie täglich dort in der Heiligen Schriften und in den Psalmen wieder zu lesen beginnen, wo sie am vorherigen Tag aufgehört haben. Und wenn sie das ganze Alte Testament so durchgelesen haben, mögen sie wieder von vorne beginnen.

Nach dem Lesen (des Alten Testaments und er Psalmen) soll der Lehrer aus dem Neuen Testament zu lesen beginnen, und zwar soviel, als er werktags in einer dreiviertel Stunde und sonntags in einer Stunde klar und verständlich auslegen kann – von Anfang bis zum Buch der Offenbarung des Johannes.

Zur Vesperzeit sollen die genannten aber mit einer Lesung von zwei oder drei Kapiteln aus dem Neuen Testament beginnen und anschließend drei Psalmen lesen; sie sollen mit dem Dixit dominus (Ps 109) anfangen, dann das Beati immaculati (Ps 118) nachfolgen lassen, drei Buchstaben für drei Psalmen nehmend; anschließend folgt das Magnificat oder das Nunc dimittis; das Pater noster sowie wie oben bereits genannt, die Lesung wiederholen, alles in allem eine halbe Stunde lang.

Anschließend soll der Lehrer eine Stunde lang einen guten und angemessenen lateinischen Schriftsteller vorlesen, damit sie Latein richtig lernten, wo es nötig ist mit den Hinweisen auf die Grammatik.

Dieser Lehrer soll unter solchen Bedingungen angestellt werden, dass er sich mit Einsatz und Fleiß seiner Aufgabe stelle und falls er nachlassen sollte, abgesetzt werden möge.

Die drei Leutpriester (Huldrych Zwingli am Großmünster – Heinrich Engelhard am Fraumünster – Leo Jud an St. Peter) raten dazu Wolfgang Chroil (Kröwl, Kröwell, Kröul, Kröil), ehemaliger Schulmeister zu Rapperswil oder Johannes Rällicanus (Müller von Rellikon am Greifensee) zu wählen. Bezüglich desjenigen von Rällikon aber meinen diese drei, dass er zwar noch jung sei, doch schon die drei alten Sprachen zu lernen begonnen habe und darum es besser sei, ihn auf eine Stelle in der Stadt zu setzen. Denn es würde ihm und der Stadt gebühren, einen solchen Lehrer zu haben.

ZÜRICH UND DIE GEISTER:
GEISTERGLAUBE UND REFORMATION

Philipp Wälchli

1. ZWINGLI UND »LEMURES«

Ulrich Zwingli steht allgemein im Ruf eines nüchternen Geistes. Umso erstaunlicher wirkt daher auf den ersten Blick folgende Bemerkung im Epilog seines Traktats »Ad illustrissimum Cattorum principem Philippum sermonis de providentia dei anamnema«:[1]

> Interim rebellat caro. Hanc ergo compescere oportet nunc verberibus, nunc donis ac muneribus. Hinc praebetur illi gustus bonorum futurorum, isthinc malorum. Unde adparitionum tum terriculamenta tum solatia. Hic solantur angeli, quo magis videat homo, quo loco habeatur a numine. Hic terrent daemoniorum ac lemurum negocia, quo minus homo sit negligens ad numinis monita minusque ad perversorum spirituum partem deficiat.

> Indessen begehrt das Fleisch auf. Dieses muss daher bald mit Schlägen, bald mit Gaben und Geschenken beschwichtigt werden. Durch letztgenannte wird ihm die Empfindung der zukünftigen Wohltaten, durch erstgenannte jene der zukünftigen Übel beschert, weshalb Erscheinungen bald Schrecknis, bald Trost bringen. In diesem Punkt trösten Engel, so dass der Mensch besser erkennt, was die Gottheit von ihm hält; in diesem Punkt erschreckt der Umgang mit Teufeln und Totengeistern, so dass der Mensch weniger nachläßig im Hinblick auf die Ermahnungen durch die Gottheit wird und weniger leicht auf die Seite verkehrter Geister abgleitet.

Als nüchterner reformierter Denker hätte Zwingli Erscheinungen von Teufeln, Totengeistern und überhaupt Geistern aller Art schlicht ableugnen und zu Aberglauben erklären können. Er scheint an dieser Stelle solchen Erscheinungen allerdings gerade ihre Existenzberechtigung zuzugestehen, mehr noch – ihnen eine entschieden positive Bedeutung zu unterstellen; ausgehend von der Widerspenstigkeit des Flei-

---

[1] Huldrych *Zwingli*, Zwinglis sämtliche Werke, Band 4/3, Zürich 1983, 228.

sches, das je nach Befinden der Züchtigung oder Belohnung bedarf, schreitet seine Argumentation nahtlos zu Erscheinungen weiter: Stellen die Züchtigungen und Belohnungen des Fleisches einen Vorgeschmack der künftigen, d.h. jenseitigen Wohltaten und Übel, der himmlischen Glückseligkeit bzw. der Höllenstrafen, dar, so dienen dazu wechselweise die Erscheinungen von Engeln, die natürlich auf den Himmel, und von Teufeln oder Totengeistern, die natürlich auf die Hölle verweisen. Somit erhalten alle diese Erscheinungen einen guten Sinn, der zudem eine echt reformatorische Konsequenz zulässt: Solche Erscheinungen erinnern den Menschen stets an die *numinis monita*, unter welcher Bezeichnung ohne weiteres die göttlichen Gebote und Verbote zu verstehen sind, so dass der reformiert gesinnte Mensch, dem eine solche Erscheinung begegnet, entweder zu deren Beachtung angespornt oder aber von verkehrten Denkweisen (konkret wohl katholischen oder ketzerischen) abgeschreckt wird, was in beiden Fällen letztlich auf eine Bekräftigung der reformierten Auffassung dessen, was Gott vom Menschen verlangt, hinausläuft.

Somit dreht Zwingli eine scheinbar typisch mittelalterlich-katholische Argumentation, nämlich die Berufung auf Geistererscheinungen, die beispielsweise über das Purgatorium (Fegefeuer) berichten, um, so dass sie eben gerade die reformierte Position unterstützen helfen.

So klar und einleuchtend diese Argumentation bei näherer Betrachtung wird, bleibt gleichwohl die Frage bestehen, warum Zwingli ausgerechnet an dieser Stelle die Berufung auf Geistererscheinungen eingebaut hat. Der Verzicht auf eine solche anscheinend sachfremde Weiterung des Themas auf den letzten Seiten des Traktats erscheint kaum nachteilig. Sein Nachfolger Bullinger verweist im Zusammenhang mit dem Aufbegehren des Fleisches etwa auf die Notwendigkeit, durch gezieltes Fasten dem Fleisch die Grundlage seiner Widerspenstigkeit zu entziehen und es auf diese Weise zu »züchtigen«.[2]

Eine solche Sichtweise verkennt jedoch, dass der Gegensatz von Fleisch und Geist Zwinglis gesamte Schrift durchzieht und darin eine durchaus wichtige Rolle spielt, so beispielsweise deutlich im Anfang des 4. Kapitels, Zwinglis sämtliche Werke, Band 4/3, 115–132. Somit erscheint eine Wiederaufnahme dieses Themas im Epilog der Schrift nicht unangebracht.

---

[2] Vgl. Heinrich *Bullinger*, Confessio Helvetica posterior, Kapitel 24, Druck von März 1566 (Heinrich Bullinger Bibliographie, Bd. 1, hg. von Joachim Staedtke, Zürich 1972 [HBBibl], Nr. 433): Bl. 42v–43r; Drucke von Oktober 1566 (HBBibl, Nr. 434) und 1568 (HBBibl, Nr. 435): Bl. 69v–70r.

Damit ist zwar die Thematik an sich erklärt, jedoch noch nicht unbedingt, warum Zwingli dabei ausgerechnet auf Geistererscheinungen verweist, wobei er solche erwähnt, als seien sie selbstverständlich und beinahe alltäglich. Daraus erwächst eine weiterführende Fragestellung: Verweist Zwingli möglicherweise auf zeitgenössischen lebensweltlichen Hintergrund, in dem solche Erscheinungen durchaus als bekannt und möglich galten? Kannte Zwingli vielleicht sogar selbst derartige Vorfälle?

Dass dies durchaus möglich ist, bezeugt eine Stelle in Heinrich Bullingers »Reformationsgeschichte«, Kapitel 403, unter dem Randtitel »Ein gesicht«:[3] Als Zwingli nachts Baden verlässt, rufen Turmwächter seinen Begleitern zu:

> Lůgend fůr ůch, und habend sorg. Dann wir habend da gesåhen ein menschen in einem Schneewyssen kleid, dem habend wir lang zůgesåhen, der ist gangen in daz Schützen hůßlj [...].

Bullinger berichtet von einer ergebnislosen Durchsuchung des Schützenhauses:

> Do lůff Schwartz[4] und ich[5] vor hinus, sůchtend imm Schützenhůßli, imm stand, und imm gstůd[6], fundent aber nůt. Also gieng der Zwingli (dem wir nůt darvon sagtend) hinus sin straas.

Was Bullinger an dieser Stelle berichtet, trägt alle klassischen Züge einer Gespenstergeschichte: Eine »weiße«, sogar »schneeweiße« Gestalt taucht auf, wird von verschiedenen Personen gesehen, verschwindet aber spurlos, eine Durchsuchung der Örtlichkeiten bleibt erfolglos. Es handelt sich dabei offensichtlich um einen Gespenstertypus, der meist als »weiße Frau« bezeichnet wird und der Forschung durchaus bekannt ist.[7] Ebenfalls typisch für Geistererscheinungen erscheint die Reaktion von Zwinglis Begleitern: Sie verschweigen den Vorfall Zwingli gegenüber, um ihn nicht zu beunruhigen, oder auch aus Zwei-

---

[3] Heinrich Bullingers Reformationsgeschichte, nach dem Autographon herausgegeben auf Veranstaltung der vaterländisch-historischen Gesellschaft in Zürich von J.J. Hottinger und H.H. Vögeli, Band 3, Frauenfeld 1840, 49. (Den Hinweis auf diese Stelle verdanke ich Dr. Christian Moser.)

[4] Jacob Schwartz, ein Badener Ratsherr, der Wache hielt.

[5] Heinrich Bullinger, der Verfasser und in dieser Episode Ich-Erzähler.

[6] Das ist Strauch-, Buschwerk.

[7] Nigel *Pennick*, Ursprünge der Weissagung: Von Orakeln, heiligen Zahlen und magischen Quadraten, Düsseldorf 2003, weist im Kapitel »Der geophysikalische Zusammenhang« (161–170) auf mögliche naturwissenschaftliche Erklärungen besonders der »weißen Frau« hin.

fel darüber, was denn wirklich vorgefallen sei.[8] Allerdings mag es zweifelhaft bleiben, ob Zwingli trotz des Schweigens seiner Begleiter von dem Vorfall nichts bemerkt hat: Das Verhalten seiner Begleiter kann ihm eigenartige vorgekommen sein, vielleicht hat ihm später einer der Beteiligten die Wahrheit eröffnet; vielleicht aber wäre es auch denkbar, dass er die Erscheinung selbst ebenfalls gesehen hätte. Mangels einschlägiger Quellen lässt sich dies nicht entscheiden.

Bestehen bleibt allerdings die Tatsache, dass Bullinger Zwinglis Anwesenheit in unmittelbarer zeitlicher und örtlicher Nähe einer Geistererscheinung bezeugt. Als Seelsorger kann Zwingli außerdem weitere persönliche Erfahrungsberichte von Zeitgenossen durchaus gekannt haben.

Damit ergibt sich für die Deutung der eingangs vorgeführten Stelle im Epilog von »De providentia« ein lebensweltlicher Bezug: Zwingli setzt augenscheinlich Geistererscheinungen als durchaus bekannte und geläufige Tatsache voraus, findet aber eine gegenüber dem mittelalterlichen katholischen Vorstellungshorizont neue, eigenwillige Deutungsmöglichkeit, die auch erschreckenden und beunruhigenden Erscheinungen einen positiven Sinn verleiht, indem sie als Mahnung eben gerade auf die reformatorische Botschaft verweisen.

2. BULLINGER GEGEN »LUDIBRIA«

Heinrich Bullinger, der als Zwinglis Nachfolger von 1532 bis 1575 die Zürcher Kirche leitete und deren Ausgestaltung stärker als Zwingli prägte, war lange Zeit vor allem als Verfasser der »Confessio Helvetica posterior« bekannt. Darin findet sich ein kurzer, aber programmatischer Satz:

Im letzten Absatz des 16. Kapitels »De sepultura fidelium, curaque pro mortuis gerenda, De purgatorio, et apparitione spirituum« (»Betreffend das Begräbnis der Gläubigen und die den Toten zu erweisende Sorge, betreffend den Reinigungsort [Purgatorium] und Erschei-

---

[8] Die von Bullinger geschilderte Szene erinnert übrigens an die Geistererscheinung im Anfang von Shakespeares »Hamlet«: Wächter auf der nächtlichen Wache sehen den Geist, getrauen sich zunächst nicht zu sprechen; die Hauptperson, in jenem Fall Hamlet, im vorliegenden Zwingli, bekommt (zumindest am Anfang) nichts mit; allerdings führt Shakespeare die Erscheinung anders fort, indem sie das auslösende Moment der gesamten Handlung wird, wohingegen die von Bullinger beschriebene Erscheinung offenbar folgenlos blieb.

nungen von Geistern«) schreibt er unter dem Randtitel »Spirituum apparitio« (»Geistererscheinungen«)[9] folgendes:

> Iam quod traditur de spiritibus vel animabus mortuorum, apparentibus aliquando viventibus, et petentibus ab eis officia, quibus liberentur, deputamus apparitiones eas inter ludibria, artes et deceptiones diaboli, qui ut potest se transfigurare in angelum lucis,[10] ita satagit fidem veram, vel evertere, vel in dubium revocare.

> Was betreffend die Geister bzw. Seelen der Toten überliefert wird, die manchmal den Lebenden erscheinen und von ihnen Dienste, durch die sie erlöst werden, fordern, so zählen wir diese zu den lächerlichen Possen, Kniffen und Täuschungen des Teufels, der so, wie er sich in einen Engel des Lichts verwandeln kann, ebenso danach eifert, den wahren Glauben entweder von Grund auf umzustürzen oder aber in Zweifel zu ziehen.

Dieser einzelne Satz mag auf den ersten Blick schlichter wirken, als er tatsächlich ist. Bullinger scheint zunächst nur von jenen Geistererscheinungen zu sprechen, die vom mittelalterlichen Katholizismus oft und gern verbreitet wurden und dem Zweck dienten, den Glauben an das Fegefeuer als Reinigungsort und Zwischenzustand zwischen Himmel und Hölle, in dem es möglich war, den dort befindlichen Toten durch mancherlei geistliche Zuwendungen Erleichterung und schließlich sogar Erlösung zu verschaffen, zu bestärken. Daran hing nichts Geringeres als die Überzeugung der Solidarität zwischen Lebenden und Toten und der Glaube an die Wirksamkeit der kirchlichen Gnadenmittel, die Gläubige spendeten, gerade auch für die Toten. Ein Hinweis, der in diese Richtung zeigt, stellt die Wahl des Wortes »officium« dar: Neben der allgemeinen Bedeutung »Dienst, Pflicht, Dienst- oder Pflichtleistung« ist »officium« auch die übliche Bezeichnung für den liturgischen Ritus einer Feier in der katholischen Kirche.[11] »Officia« dürften also an dieser Stelle nicht irgendwelche Dienstleistungen bezeichnen, sondern konkrete katholische Riten. Allerdings weist Bullingers Ausdrucksweise eben gerade keine eindeutige Beschränkung auf diesen Bereich des katholischen Brauchtums auf, sondern lässt offen, worin genau die Leistungen oder »Dienste« für die Toten bestehen. In der Tat sind nun aber Geschichten über Geistererscheinungen,

---

[9] Im Druck von März 1566 auf Bl. 45r, in den Drucken von Oktober 1566 und von 1568 jeweils auf Bl. 73r.

[10] 2Kor 11, 14.

[11] Die Mess-Liturgien tragen in der Regel Namen nach dem Muster »Officium de festo Corporis Christi, Officium in festo sancti (sanctae) N.« usw.

die irgendwelche Leistungen wie das Heben eines Schatzes, eine Wiedergutmachung an Geschädigte oder sonstige Handlungen fordern, um erlöst zu werden, durchaus häufig bezeugt. Diese stellen streng genommen auch nach katholischer Lehre Aberglauben dar.[12]

Entscheidend ist jedoch, wie Bullinger aus reformatorischer Sicht mit diesen Erscheinungen fertig wird: Statt sie schlicht zu leugnen (was später die Aufklärung im großen und ganzen getan hat, indem sie Erscheinungen, Visionen usw. zu Halluzinationen, Psychoprojektionen, geistigen Störungen u. dgl. erklärte), gibt Bullinger sie dem Grundsatz nach zu. Er erklärt sie hingegen völlig anders als die überkommene mittelalterlich-katholische Auffassung. Statt Toten bzw. deren Seelen oder »Geistern« erscheint nach Bullingers Interpretation der Berichte über solche Vorkommnisse der Teufel in einer Verstellung, was er sogleich mit einer Anspielung auf eine Stelle bei Paulus (2Kor 11, 14) belegt: wenn der Teufel sich in einen Engel des Lichts verwandeln bzw. verstellen kann, dann scheint es auch sehr leicht möglich, dass er sich in beliebige andere Geister von weit minderen Wesen wie etwa in die Seelen toter Menschen verstellen kann. Alles, was solche Erscheinungen demnach berichten oder fordern, kann, weil es vom Teufel stammt, also nur von Übel und schädlich für die Menschen sein. Ein Beweis dafür kann eben gerade darin gesehen werden, welcher Art die Nachrichten und Forderungen der angeblichen Totengeister sind, wobei gerade auch jene Berichte, in denen zur Erlösung Mittel, die auch nach katholischer Lehre unzuläßig sind, bezeichnend für den diabolischen Ursprung solcher Erscheinungen sein könnten. Somit dämonisiert bzw. verteufelt Bullinger solche Erscheinungen ohne Ausnahme.

Auffällig ist, dass Bullinger diese Erscheinungen zuerst »ludibria« des Teufels nennt; »ludibrium« bezeichnet zunächst aber etwas, was lächerlich ist, eine Posse, etwas, was nicht ernst genommen werden kann. Damit deutet Bullinger an, dass solcherlei eigentlich gar nicht beachtet werden sollte. Erst die beiden folgenden Bezeichnungen, »artes«, etwa »Kunstgriffe, Kniffe, Tricks«, und »deceptiones«, eigentliche

---

[12] Die Ansicht, dass Verstorbene an verschiedenen Orten individuell erscheinen und (oft am Ort der Tat) begangene Sünden abbüßen, geht vor allem auf Gregor den Großen zurück, vor allem auf seine »Dialogi«; zum Jenseits finden sich Aussagen auch in den »Moralia in Iob«. Da Gregor StadtrömerRom, Stadt war, lässt sich immerhin vermuten, welche volkstümlichen Vorstellungen ihn beeinflusst haben könnten: Eine »klassische« Gespenstererscheinung am Ort der Tat berichtet im Kern bereits *Plinius minor*, Epistula 7, 27.

Täuschungen oder Täuschungsmanöver, verraten einen bedrohlichen Aspekt der Thematik, denn gekonnten Kunstgriffen und gelungenen Täuschungen ist der Mensch in aller Regel wehrlos ausgeliefert, da es eben unmöglich ist, sie zu durchschauen; »ludibria« hingegen könnten ohne weiteres als das wahrgenommen und erkannt werden, was sie wirklich sind; sich von ihnen täuschen zu lassen, wäre deshalb unnötig und vermeidbar.

Damit deutet dieser auf den ersten Blick schlichte Satz bereits zwei Möglichkeiten des Umgangs mit Geistererscheinungen an, die sich gegenseitig ausschließen oder doch aneinander reiben: Einerseits können sie als »ludibria« ignoriert, nicht Ernst genommen oder sogar verlacht werden, anderseits deuten die Begriffe »artes« und »deceptiones« auch eine sehr viel gefährlichere Möglichkeit an, nämlich die, jenen Täuschungen und Vorspiegelungen des sich verstellenden Teufels zu erliegen. Beides spiegelt sich auch im Anfang und Ende des Satzes: Eingeführt werden die genannten Erscheinungen durch das Verb »traditur«, sie werden also »überliefert«, was bedeuten kann, dass sie (wie alle Tradition aus reformierter Sicht) erst einmal kritisch auf ihre Stichhaltigkeit zu prüfen wären, dass sie ggf. als erfunden abgetan werden könnten. Am Satzende jedoch nennt Bullinger das Ziel, das der Teufel durch solche vorgespielte Erscheinungen verfolge, nämlich die wahre Religion entweder von Grund auf zu zerstören (»evertere«) oder doch in Zweifel zu ziehen, also den Glauben zu zerstören, zu verfälschen oder in Aberglauben zu verkehren.

Diese eben gegebene Interpretation dieses einzelnen Satzes könnte leicht als übertrieben erscheinen, wenn sie nicht durch breitere Ausführungen auch in anderen Werken unterstützt würde. Im selben Abschnitt der »Confessio Helvetica posterior« fährt Bullinger nämlich fort:

> (Deut. 18[, 11].) Dominus in veteri testamento vetuit veritatem sciscitari a mortuis, et ullum cum spiritibus habere commercium. (Luc. 16[, 29 ff.].) Epuloni vero poenis mancipato, sicut narrat veritas evangelica, negatur ad fratres suos reditus: pronunciante interim divino oraculo atque dicente, Habent Mosen et prophetas, audiant illos. Si Mosen et prophetas non audiunt, neque si quis ex mortuis resurrexerit, credent.

> Der Herr hat im alten Testament (Dtn 18, 11) verboten, die Wahrheit von Toten in Erfahrung zu bringen und mit Geistern irgendeinen Umgang zu haben. Dem Fresser aber, der den Strafen überantwortet war, wie die Wahrheit des Evangeliums berichtet (Lk 16, 29 ff.), wird die Rückkehr zu seinen Brüdern verwehrt, indem die göttliche Offenbarung

verkündet und spricht: »Sie haben Mose und die Propheten; auf diese sollen sie hören. Wenn sie auf Mose und die Propheten nicht hören, werden sie auch dann, wenn einer von den Toten auferstanden sein sollte, nicht glauben.«

Schon zwei Abschnitte zuvor hatte Bullinger unter dem Randtitel »Animae migrantis a corpore status« (»Zustand der vom Körper abscheidenden Seele«) zudem ausgeführt:

> Credimus enim fideles recta a morte corporea migrare ad Christum, ideoque viventium suffragijs aut precibus pro defunctis, denique illis suis officijs nihil indigere. Credimus item infideles recta praecipitari in tartara, ex quibus nullus impijs aperitur, ullis viventium officijs, exitus.

> Wir glauben nämlich, dass die Gläubigen unmittelbar nach dem Tod des Körpers zu Christus übergehen und deswegen der Unterstützung der Lebenden oder auch der Fürbitten für die Verstorbenen, schließlich auch ihrer Dienste keineswegs bedürfen. Ferner glauben wir, dass die Ungläubigen unmittelbar [nach ihrem Tod] in die tiefste Hölle[13] gestürzt werden, aus der den Frevlern kein Ausgang durch irgendwelche Dienste der Lebenden geöffnet werden kann.

Bullinger legt also großes Gewicht darauf, dass die Seelen der Verstorbenen sogleich nach dem Tod des Körpers an den jenseitigen Ort gelangen, an dem sie danach auch ewig bleiben, entweder zu Christus (in den »Himmel«) oder in die Hölle zur Strafe; damit bleibt natürlich kein Platz für einen schwebenden Zwischenzustand wie das Purgatorium, keine Möglichkeit einer späteren Veränderung dieses Zustandes, da dieser ja vom Augenblick des Todes an sogleich endgültig ist, womit der gesamten mittelalterlichen katholischen Fürsorge für Verstorbene die Grundlage entzogen ist, am Ende nicht einmal mehr die Möglichkeit bleibt, dass Totengeister in irgend einer Weise den Lebenden erscheinen könnten.

In den »Dekaden« 4,10 führt Bullinger diese Grundsätze breiter aus.[14] Sachlich unterscheiden sich diese Ausführungen nicht von den eben zitierten Stellen der »Confessio Helvetica posterior«. Dabei bemerkt Bullinger beispielsweise: »assero autem animas [...] in puncto quidem vel in coelos deportari vel demergi in tartara.«[15] (»Ich versi-

---

[13] Tartarus oder auch (wie von Bullinger verwendet) Tartara heißt in der griechischen Mythologie der tiefste und schrecklichste (der Name leitet sich vom Verb »tarattein« [»erschrecken«] her) Strafort der Unterwelt.

[14] Heinrich *Bullinger*, Sermonum Decades quinque de potissimis Christianae religionis capitibus (1552), hg. von Peter Opitz, Zürich 2008 (Heinrich Bullinger Werke III/3), 701–726.

[15] *Bullinger*, Decades«, 715,20–23.

chere aber, dass die Seelen [der eben Verstorbenen] [...] in einem
Augenblick entweder in den Himmel fortgetragen oder in die tiefste
Hölle versenkt werden.«) Großes Gewicht liegt sodann gegen Ende der
Predigt auf der Tatsache, dass die Seelen der Toten nicht als Geister
erscheinen könnten.[16] Dabei beruft sich Bullinger wiederum auf das
Gleichnis vom reichen Mann und armen Lazarus als Beleg. Die 1Sam
28 berichtete Beschwörung von Samuels Totengeist erklärt er schließlich so,[17] dass nicht Samuels Seele erschienen sei, sondern dass es sich
um eine Vorspiegelung des Teufels gehandelt habe (zu denken ist an
2Kor 11, 14!), womit dieser biblische Bericht nicht als Gegenbeweis
dienen kann. Damit ist zugleich gesagt, dass eigentliche Geistererscheinungen gar nicht möglich seien.

Eine eigene Schrift hat Bullinger dem Thema unter dem Titel
»Wider die schwarzen kunst [...]« gewidmet, die zu seinen Lebzeiten
aber nur in handschriftlichen Abschriften umlief und erst 1586 post-
hum gedruckt wurde.[18] Bullinger argumentiert darin vor allem mit
biblischen Argumenten, führt aber die Aktivitäten von Magiern, Geistererscheinungen u. dgl. auf den Teufel zurück.[19] Als Beispiel betreffend die Beschwörung und Erscheinung von Totengeistern dient wiederum 1Sam 28, worauf ebenfalls unter Ausdrücklicher Berufung auf
2Kor 11, 14 entgegnet wird, dass der Teufel sich ebenso leicht in den
Geist eines Verstorbenen verstellen könne wie in einen Engel des
Lichts.[20] Ein weiteres Mal wird betont, dass die Kraft der Magie real
sei und vom Teufel stamme.[21]

Insgesamt bestätigen sich also Bullingers Ausführungen in der
»Confessio Helvetica posterior« wiederum, wobei erneut ein zweideu-
tiges Bild entsteht: Zwar leugnet Bullinger das tatsächliche Erscheinen
von Geistern, scheinbar im Sinne einer aufgeklärten Haltung, gesteht
dann jedoch dessen Realität doch wieder ein und erklärt diese durch
Trug des Teufels. Zwar argumentiert Bullinger weitgehend im reformatorischen Sinne auf Grund der Bibel, insgesamt ist aber der Eindruck einer vorherrschenden Dämonisierung gepaart mit einer gewis-

---

[16] *Bullinger*, Decades, 721–724.

[17] *Bullinger*, Decades, 723.

[18] Auf den Abschriften basierende Edition: Rainer *Henrich*, Gegen die schwarzen
Künste, in: Heinrich Bullinger, Schriften zum Tage, hg. von Hans Ulrich Bächtold et
al., Zug 2006 (Studien und Texte zur Bullingerzeit 3), 291–305.

[19] *Henrich*, Künste, 291–292.

[20] *Henrich*, Künste, 299.

[21] *Henrich*, Künste, 302.

sen Furcht vor magisch-jenseitigen Anschlägen gerade in dieser letzten Schrift kaum von der Hand zu weisen.

So ergibt sich, dass Bullingers Aussagen über Erscheinungen aus dem Jenseits, seien es Totengeister oder Teufel, von zwei sich widersprechenden oder doch wenigstens aneinander reibenden Tendenzen geprägt sind: Einerseits verwendet Bullinger aufgeklärte, rationale Argumente, mit denen die reale Existenz solcher Phänome geleugnet werden könnte, andererseits zeichnet sich immer wieder die Tendenz zur Furcht vor ihnen und zu ihrer Dämonisierung ab, ohne dass sich ausmachen lässt, auf welche Seite Bullinger selbst letztlich neigte.

3. Ein katholisch-reformierter Grundlagenstreit?

In der Mandatsammlung der Stadt Zürich findet sich ein auch äußerlich erstaunliches Dokument; erhalten ist es im Staatsarchiv Zürich unter der Signatur III AAb 1.1, der deutsche Text findet sich ebendort auch im Bestand des ehemaligen Kapitelarchives des Freiamt-Kapitels unter der Signatur E IV 29 Freiamt. Es handelt sich um ein Mandat aus dem Jahr 1596, das einer kleinen, aber nicht unwichtigen Gruppe apologetischer Mandate angehört, die keine Vorschriften aufstellen, sondern auf dem Wege amtlicher Publikation Vorwürfe der katholischen Seite zu widerlegen suchen.

Das besagte Mandat ist deutsch abgefasst, aber von einer lateinischen und einer italienischen Übersetzung, die in zwei Spalten nebeneinander gedruckt sind, begleitet. Diese aufwendige Publikation sticht schon formal aus der Masse der Mandate hervor, die alle in stark dialektal gefärbter deutscher Sprache abgefasst sind.

Offensichtlich bestand bei diesem Mandat die Absicht, ihm auch internationale Verbreitung zu sichern, wozu Latein als damalige Verkehrssprache unter Gebildeten gewählt wurde; offenbar zielte die italienische Fassung aber spezifisch auf Italien, worauf weiter unten zurückzukommen sein wird.

Zunächst schildert das Mandat eine Verleumdung, die als Gerücht weithin in Umlauf sein soll: In der katholischen Eidgenossenschaft, aber auch andern katholischen Gebieten des Auslands schien die Behauptung umzulaufen, ein (damals bereits verstorbener) Pfarrer in Zürich habe sich während der Predigt selbst verflucht: Wenn das, was er sage, nicht völlig wahr sei, solle der Teufel ihn holen. Kaum habe er dies gesagt, habe ihn tatsächlich der Teufel mitten aus der Predigt von der Kanzel geholt. Diese Schilderung wird weiter unten im Text etwas ausführlicher wiederholt, wobei auch Hinweise zu den Umständen, wie das Gerücht in Umlauf gebracht wurde, gegeben werden.

Was in diesem Gerücht im Kern vorliegt, ist im Religionsvergleich gut bekannt: Der reformierte Pfarrer spricht eine sogenannte Selbstverfluchung aus. Selbstverfluchungen bestehen darin, dass eine Person für den Fall, dass sie eine Garantie, die sie abgeben muss, verletzen sollte, sich selbst eine göttliche bzw. überirdische Strafe, einen Fluch, herbeiwünscht. Selbstverfluchungen sind um die ganze Welt unabhängig von einer bestimmten Religion verbreitet und haben auch im Alten Testament Spuren hinterlassen.[22]

Die Pointe des Gerüchts liegt aus katholischer Sicht darin, dass diese Selbstverfluchung des reformierten Pfarrers eben gerade in Erfüllung geht; da die Garantie, die der Pfarrer abgeben wollte, darin lag, dass seine Predigt voll und ganz wahr sei, so wird durch das Eintreten des Fluches (Abgeholt werden durch den Teufel) folglich die Wahrheit der Predigt, d.h. (aus katholischer Sicht naturgemäß) der reformierten Lehre widerlegt, somit die reformierte Lehre als unwahr erwiesen.

Darin erschöpfen sich allerdings die Querbeziehungen dieser scheinbar peripheren Anekdote nicht. Denn in der vorreformatorischen katholischen Kirche dienten Berichte über göttliches oder allgemeiner: überirdisch-transzendentes Eingreifen in vielfacher Weise und weit verbreitet als Belege oder gar Beweise für die Wahrheit katholischer Anschauungen. Zu erwähnen sind in diesem Zusammenhang die sogenannten Visionsberichte, die eine eigene Literaturgattung bildeten und allesamt die Hölle oder das Fegefeuer zum Gegenstand hatten. Bei der Begründung und Plausibilisierung der Aussagen über Höllenstrafen, Fegefeuer bzw. Reinigungsort und die Möglichkeiten der Fürbitte bzw. Fürsorge der Lebenden für die Verstorbenen spielten diese Visionsberichte eine bedeutende Rolle; ein ältester Vorläufer dieser Art Literatur stammt sogar schon von Augustin.[23] Eine Fülle kurzer Beispielerzählungen, von denen viele dem im Zürcher Mandat berichteten Gerücht sehr ähnlich sehen, enthält sodann Caesarius' von Heisterbach »Dialogus miraculorum«.

[22] Zum Beispiel die öfter wiederkehrende Formel nach dem Muster »Gott tue mir dies und das, wenn (nicht) ...«: Ruth 1, 17; 2Sam 3, 35; 2Kön 6, 31 passim; Gen 15, 8–17 weist zudem ein altes Selbstverfluchungsritual als Bundesschluss aus.

[23] *Augustin*, De cura pro mortuis gerenda, Kap. 10–18 (§§ 12–23).

Dies bedeutet, dass dieses Gerücht, das ein Kapuziner in der Predigt verwendete, sich nahtlos in die Tradition mittelalterlicher Visionsberichte und Predigtexempel einreiht, dass es sich mithin also um die Art und Weise handelt, wie der traditionelle vorreformatorische Katholizismus manche seiner Lehren zu begründen und zu beweisen suchte. Aus katholischer Sicht erwies somit der angebliche Vorfall die Unwahrheit der reformierten Position.

Die Entgegnung, die im Mandat folgt, nimmt auf diese Funktion als vorgeblicher Beweis ausdrücklich Bezug:

> Dann zum vordristen / so habend wir (Gott dem HErren sye lob und danck gesagt) vil andere und bessere gründ unserer Christlichen Religion unnd Glaubens / dann daß es eines söllichen bezügens bedörffe. Wir wurdind auch unseren Predigern und Dieneren deß Göttlichen Worts das nit gestatten: da sy ir lehr uff disere maaß zůbezügen understůndind / wie sy auch deß nit gesinnet sind / unnd sich söllicher lychtfertigkeit nit gebrucht habend / unnd noch nit gebruchen werdend. Jre zügnussen sind Gottes klar und häll Wort. Und in dem vorüß das heilig Vatter unser[24] / Die artickel deß uralten Christlichen Glaubens / sampt den heiligen Zehen Gebotten[25]. Was mit dem stimpt / das bekennend wir der massen gegründet syn / daß auch die porten der hellen darwider nützit werdend vermögen.[26] Daß es deßhalb deß lychtfertigen zügens nützit bedarff. Was disen Hauptstucken Christlicher Religion unnd Glaubens zewider / Jnnsonders dem thüren verdienst unsers lieben Herren Jesu Christi / das bekennend wir so presthafft und krafftloß syn / daß wann ein Engel von himmlen kheme / unnd ein anders lehrte / wir mit S. Paulo reden wurdind / daß es nit ein gůter / sonder verflůchter Engel sye.[27] Jst derhalben diß anders nützit / dann ein offentliche und unverschampte Calumnia.

Der Zürcher Rat entgegnet also mit einer Häufung von Argumenten: Die Prediger (Pfarrer) unter seiner Herrschaft hätten bessere Argumente, weshalb sie nicht auf solche Art der Selbstverfluchung als Argument angewiesen seien; eine solche Argumentation würde der Rat den Predigern auch nicht gestatten, abgesehen davon, dass ihnen selbst solches gar nicht einfallen würde, weil sie »dess nit gesinnet sind«. Diese Art des vermeintlichen Beweises wird gleich auch durch die Wortwahl diskreditiert, wäre es doch »lychtfertigkeit«, wenn sich die Prediger dessen »understündind«, mithin also ein Zeichen von Charakterschwäche.

---

[24] Mt 6, 9–13; Lk 11, 2–4.
[25] Ex 2, 2–17; Dtn 5, 6–21.
[26] Mt 16, 18.
[27] Gal 1, 8.

Als eigentlicher Beweis der reformierten Auffassungen wird sodann aber Gottes Wort angeführt, dem durch das Begriffspaar »klar und häll« Verständlichkeit bescheinigt wird. Innerhalb des Wortes Gottes wird gleich auch eine Gewichtung vorgenommen: An erster Stelle wird vom Unser-Vater-Gebet ausgegangen, ferner von den zehn Geboten. Zwischen beide wird ein drittes Kriterium eingeschoben: Im deutschen Text wird es als »die artickel dess uralten Christlichen Glaubens« umschrieben, in der lateinischen Übersetzung deutlicher als »antiquissimum Symbolum Apostolorum«, also als das Apostolikum,[28] wie es im damaligen Zürcher Gemeindegottesdienst in Gebrauch stand, abweichend davon in der italienischen Übersetzung als »il Credo« bezeichnet, was insofern auffällig ist, als unter »Credo« in der Regel das Glaubensbekenntnis von Nizäa-Konstantinopel bzw. dessen lateinische Fassung,[29] wie sie seit jeher und bis heute noch in der römisch-katholischen Messe gebräuchlich ist, verstanden wird, sofern nicht eine verallgemeinerte Verwendung im Sinne von »Glaubensbekenntnis« wie englisch »creed« vorliegt.

Die drei genannten Kriterien rechten Glaubens waren durchaus bekannt und verbreitet, handelte es sich dabei doch um die Grundlagentexte des Katechismus bzw. der Unterweisung der Kinder. Allerdings dürfte sich die Frage stellen, ob diese drei Texte an sich ausreichend sind, die reformierte gegenüber der katholischen Auffassung zu belegen, finden sich doch wichtige Belegstellen reformierter Positionen und zwischen den Konfessionen umstrittene Bibelstellen außerhalb dieser Texte in anderen Teilen der Bibel.[30]

In der Tat wird neben den eben genannten »Hauptstücken« christlicher Religion sogleich das »thür verdienst unsers lieben Herren Jesu Christi« als maßgebliches Kriterium hinzugefügt, wodurch die zentrale Stellung der Person Christi und ihres Erlösungswerkes, darin eingeschlossen die Rechtfertigung durch Glauben und die Ablehnung anderer vermeintlich heilswirksamer Praktiken (die ja das Verdienst Christi schmälern würden), verankert wird. Erst dadurch ist ein we-

---

[28] Heinrich *Denzinger*, Enchiridion symbolorum, definitionum et declarationum de rebus fidei et morum – Kompendium der Glaubensbekenntnisse und kirchlichen Lehrentscheidungen, hg. von Peter Hünermann, 40. Aufl. [DH], Freiburg et al. 2005, Nrn. 10–30.

[29] DH, Nr. 125.

[30] So z.B. die Kernstelle für die reformierte Auffassung der Rechtfertigung aus Glauben Röm 3, 28 oder die katholischerseits als Belege für das Purgatorium interpretierten Stellen Mt 12, 31f.; 1Kor 3, 15.

sentliches Kriterium zur Abgrenzung reformierter von katholischer
Auffassung formuliert.

Die Gegen-Argumentation gegen den angeblichen Beweis durch
Rekurs auf einen überirdischen Erweis schließt in halbwegs paradoxer
Weise mit einem Verweis auf einen Engel: Allerdings nur hypothetisch
wird die Erscheinung eines Engels, der etwas im Gegensatz zu den
vorher genannten Grundlagen stehendes lehrte, evoziert, der daher
nur ein böser Engel sein könnte. Dieses hypothetische Beispiel stammt,
wie ausdrücklich vermerkt wird, von Paulus (Gal 1, 8), in dessen Werken sich eine weitere Stelle findet, die sich leicht mit der vorliegend
zitierten verbinden lässt: 2Kor 11, 14, wo gesagt wird, der Teufel könne
sich selbst in einen Engel des Lichts verstellen. Es liegt nahe, dieser
Assoziation zu folgen und den »bösen« Engel als Teufel, der sich nur
als Engel ausgibt, zu deuten, zumal der Teufel nach bereits altkirchlichen Auffassungen ja nichts weiter ist als ein gefallener und somit in
der Tat böser bzw. böse gewordener Engel. Diese Interpretation wird
dadurch bestärkt, dass gleich davor auch die »Pforten der Hölle« aus
Mt 16, 18 genannt werden: Trotz aller vernünftiger Argumente endet
die Verteidigung des Zürcher Rates letztlich im Umfeld von Engels-
bzw. Teufelserscheinung und Hölle. Es bleibe dahingestellt, ob dies
einer stringenten Gegen-Argumentation gegen den Rekurs auf ein vor-
gebliches Eingreifen des Teufels wirklich dienlich ist. Zumindest indirekt könnte darin eine gewisse Rechtfertigung der katholischen Berufung auf das Wirken des Teufels liegen, da ja eben auch die reformierte
Seite auf sein Wirken verweisen muss.

In dieser abschließenden Argumentation lassen sich zwei Motive
wiederfinden, die bereits Bullinger, der inzwischen 21 Jahre tot war,
verwendet hatte: Das Motiv des sich in einen Engel des Lichts verstellenden Teufels hatte ja Bullinger, wie oben dargelegt, bereits zur
Erklärung und zugleich Entkräftung von Toten- und Geistererscheinungen benutzt; gleichermaßen tritt wieder die Tendenz zur Dämonisierung der gesamten Thematik, die schon bei Bullinger zu erkennen
war und sich an einer gegensätzlichen Tendenz, die solche Erscheinungen eher entwertete und beiseite schob, rieb. Im Grunde sind
beide Tendenzen auch im vorliegenden Mandat zu erkennen: Der
Ableugnung und vernünftigen argumentativen Widerlegung der katholischen Vorwürfe steht die am Schluss zum Ausdruck kommende
Tendenz zur Dämonisierung unter Einschaltung des Teufels gegenüber. Die Grundzüge des Problemfeldes scheinen sich, zumindest ge-

mäß dem vorliegenden Zeugnis, seit Bullingers Tod also kaum verändert zu haben.

Abschließend stellen sich einige Fragen zu den äußeren Umständen des vorliegenden Mandates: So bleibt zu klären, warum neben Deutsch und Latein zusätzlich Italienisch gewählt wurde, denn die Nachbarn innerhalb der Eidgenossenschaft, gerade auch die weniger gebildeten Schichten, die kein Latein verstanden, waren durch die deutsche Fassung zu erreichen, das internationale gelehrte Publikum einschließlich des hohen katholischen Klerus durch die lateinische. Daher scheint eine italienische Fassung für die Verbreitung entbehrlich, sofern sie nicht auf ein spezifisches Publikum, das Italienisch sprach, zielte.

Eine vielleicht naheliegende Vermutung, dass die italienische Fassung an die italienischsprachige Flüchtlingsgemeinde in Zürich selbst und eventuell an Kreise im Tessin und im italienisch-sprachigen Teil Graubündens gerichtet war, darf wohl ausscheiden, denn die Flüchtlinge bzw. ihre Nachkommen in Zürich verstanden wohl inzwischen genug Deutsch, um nicht auf eine Übersetzung angewiesen zu sein, die Tessiner und Bündner Italienisch-Sprachigen waren insgesamt wohl auch zu wenig zahlreich, um den Aufwand zu rechtfertigen, und konnten Zürich vor allem auch nicht sonderlich gefährlich werden. Die Vermutung liegt daher nahe, das Zielpublikum in Italien selbst zu suchen, wobei der hohe Klerus als lateinkundig ausscheiden dürfte.

Das Mandat selbst erwähnt die näheren Umstände, unter denen die zu widerlegenden Vorwürfe geäußert wurden: Es handelte sich um eine Predigt in Baden am Dienstag vor Auffahrt 1596, d.h. 21. Mai 1596 nach gregorianischem Kalender; das Mandat selbst wurde gemäß den Angaben im Vorspann bereits am 8. Juni 1596, also nur 18 Tage nach dem Vorfall, verabschiedet. Werden einige Tage zur Verbreitung der Nachrichten über den Vorfall und zur Vorbereitung des durch den Rat verabschiedeten Textes eingerechnet, so ergibt sich, dass der Rat den Vorfall für so schwerwiegend hielt, dass er binnen weniger als zwei Wochen darauf reagierte.

Nach der Schilderung im Mandat fand die Predigt in Baden vor zahlreichem Publikum statt. Baden war damals gemeine Herrschaft der Eidgenossen und diente öfter auch als gewissermaßen »neutraler«, weil unter gemeinsamer Herrschaft stehender Treffpunkt für eidgenössische Verhandlungen, zu erinnern sei nur an die große Disputation noch zu Zwinglis Lebenszeit. Dabei war Baden wie die Mehrheit der

Eidgenossenschaft katholisch geblieben, zugleich aber auch, wie schon
der Name ausdrückt, ein seit römischer Zeit beliebter Badeort und dies
auch im reformierten Zürich. Nicht wenige Zürcher Mandate befassen
sich denn auch mit den »Badenfahrten« der Zürcher,[31] stellten diese
doch Gelegenheiten dar, reformierte Verhaltensregeln, die in Zürich
galten, zu umgehen, aber auch für Kontakte zur katholischen Seite,
die eine »katholische Ansteckung« der reformierten Zürcher zur Folge
haben konnten. So ist keineswegs auszuschließen, dass bei der besagten
Predigt auch Zürcher anwesend waren, die anschließend die Nachricht darüber nach Zürich trugen.

Den Worten des Mandates zufolge handelte es sich bei dem Verweis
auf den angeblichen Vorfall in Zürich, bei dem der Teufel einen Prediger von der Kanzel hinweg gerafft habe, nur um die Spitze weiterer
Verleumdungen ähnlicher Art, die aber nur pauschal erwähnt werden.
Wenn der Schilderung Glauben geschenkt werden darf, dann hat es
den Anschein, dass in der betreffenden Predigt die reformierte Seite
buchstäblich verteufelt wurde.

Es erstaunt dabei nicht, dass zwar der betreffende Prediger nicht
mit Namen genannt wird, aber einer Organisation zugeordnet wird,
deren Predigtstil später sprichwörtlich geworden ist: Es handelte sich
um einen Kapuziner.

Die Kapuziner gehörten zum Franziskaner-Orden, der wiederum in
verschiedene Untergruppen zerfiel, unter denen es im Lauf des 16.
Jahrhunderts verschiedentlich zu Verschiebungen und organisatori-
schen Veränderungen gekommen war. Die nach ihrer langen Kapuze
sogenannten Kapuziner waren fast zeitgleich mit der Reformation entstanden und zunächst als Gruppe innerhalb des Franziskaner-Ordens
gewachsen, bis sie eine förmliche Anerkennung erhielten. Ihre Organisation beschränkte sich zunächst auf Italien, wo der Franziskaner-
Orden überhaupt sein Zentrum besaß. Erst 1574 hatte der Papst die
Bewilligung erteilt, dass die Kapuziner auch außerhalb Italiens aktiv
werden durften.

---

[31] Vgl. z.B. die Schilderung in dem nur teilweise erhaltenen Mandat von ca. 1618,
erstmals nachgedruckt am 29. Dezember 1627, Staatsarchiv Zürich III AAb 1.2, Bl. Cij
v, unter dem Randtitel: »Rythen und gahn gen Baden«: »Unnd so dann die zyt har
auch der mißbruch entstanden / daß man schier nur an Sonn- und Fyrtagen am
morgenfrüh vor- und under der Predig / und etwann auch gesellschaffts wyß / umb
lusts willen gen Baden gefahren / gritten und gangen / welliches aber nebend der
versumnuß deß Gottsdiensts / auch by frömbden und heimschen / nit wenig ergernuß
gebracht [...]«

In der Schweiz wurde eine erste Niederlassung 1581 gegründet,[32] 1589 wurde eine neue Ordensprovinz anerkannt, deren Sitz in Altdorf lag. Die Provinz war in Kustodien eingeteilt, deren eine ihren Sitz in Baden hatte, wo sich der Vorfall zutrug, auf den das vorliegende Mandat entgegnen soll. Zur selben Kustodie gehörte auch die Niederlassung in Frauenfeld.

Diese Niederlassung wird im Protokoll der Zürcher Synode von Dienstag, dem 4. Mai 1596, enthalten im Aktenband E II 1a des Zürcher Staatsarchives, auf Seite 898, unter dem Randtitel »Caputschiner« unangenehm erwähnt. Die Datierung folgte in Zürich noch dem julianischen Kalender, so dass es der Umrechnung in den gregorianischen Bedarf: Dabei ergibt sich der 14. Mai 1596, somit genau eine Woche vor der beanstandeten Kapuziner-Predigt in Baden. Was geschildert wird, verrät dasselbe Predigt-Muster wie in Baden:

> Es habend die Caputschiner zů Frowenfeld, an einer lychpredig, so ghalten worden frow Elsbeta Blaarerin, wider die predicanten scharpfe und veste wort gredt, sy verfelschind die Biblj, verfůrind den gmeinen man, gäbind im für samm man mit stelzen in Himmel styge, thůgind wie die hůner, wie die selbigen wz jnen nit gfall, hindersich kratzind: also thůgind sy mit der Gschrifft etc. Sŏllind in ir Closter kommen, ein brillen uff setzen, so wŏllind sy mit zweyen ougen mer sähen, dann die yhrigen mit vier ougen, wŏllind mit inen disputieren dz jnen die kŏpf spaltind. etc.

Über denselben Vorfall existiert ein weiteres Dokument im Zürcher Staatsarchiv in der Archivschachtel E I 10.2,[33] datiert auf den 4. April 1596:

> Kurtze Verzeichnuß der Lȳchpredig, so der Caputsiner Cȳprianus über das absterben der Eeren F[rau] Elßbeten Blaarerin ghan hatt. 1596. den 4. t[ag] Aprilis. Anno 1596.
>
> Nach dem er lang ein lätz gschrȳg gehept, man sölle gůte Werck thůn, die er doch nit genambset, was die sȳgind, die man thůn sölle, hadt er daruf angefangen schmehen und schenden. Und
>
> 1. Erstlich. Hörst nur, gůter fründt unnd schůler, du gibsts dem gemeinen man schlechtlich und ring für, als ob er uff den Stelzen müße Jnn Himel ufhin faren.
>
> 2. Sagt er. Hörst nur gůter fründt, dů Schůler du verblenst und verfürst den gmeinen man und armen leȳgen.

---

[32] Angaben zum damaligen Stand der Kapuziner in der Schweiz in Helvetia sacra, Band V/2/1, Bern 1974, 33.

[33] Die betreffende Archivabteilung enthält übrigens noch mehr Zeugnisse über katholische Angriffe, worunter immer wieder solche von Seiten des Kapuzinerordens zu finden sind.

3. So seit er. Jr verfeltschend die Biblia. Jr thůnd nit annderst, dann
wie die Hännen uff dem Mist, kratzend numeden füren was Jnen gfalt.

4. Es möcht aber ein fuler catholischer Christ, oder Tüfelischer
schwerm geist khommen und sagen, Jch hab doch Jnn der Epistel zun
Hebreeren gläßen, Christus habe gnůg thon für die sünd. etc. Ja sag Ich.
Satisfecit sufficienter, sed non efficaciter. Du schůler verstedts wol.
Khum zů mir ußhin Jnn mỹn Holts huß. Jch wil mit dir disputieren,
wänd schon 4. augen hast. Unnd ein brüllen oben druff. Will Jch (sagt
er) mit mỹnen 2 ougen mehr sähen, dann Jr mit 4. Unnd wil mit üch
disputieren, das üch das hirne zerspalten.

Zum bschluß sagt er. Unnd wỹl diß Holtselig wỹb sich der gůten
werchen beflißen. Dann sỹ hatt nüt anderes than (sagt er) dann uß Jrem
huß Jnn das Holtshuß unnd widerum gangen. Hatt sỹ das erlangt, daß
sỹ grad am Charfrỹtag gestorben. Darumb sỹ dann von mund uf z'hi-
mel gfaren.

Aus Anlass einer Leichenpredigt (Begräbnisfeier) hat also ein Kapuziner[34] der Niederlassung in Frauenfeld (»Closter«) die reformierten Prediger scharf angegriffen. Der Hauptvorwurf bestand offenbar darin,
dass die reformierten Prediger die Bibel verfälschten oder falsch aus-
legten; damit verbunden ist der Vorwurf, den »gemeinen man«, also
das einfache Volk zu verführen. Spezifisch auf die Rechtfertigungslehre
abzielen dürfte der Vorwurf, sie würden dem einfachen Volk verkün-
den, es sei möglich, gewissermaßen auf Stelzen in den Himmel zu
steigen (was zumindest andeutungsweise auch das Motiv einer möglichen Himmelsreise einschließt). Aus katholischer Sicht, der ein ausge-
prägtes Buß- und Strafwesen zum Heilserwerb eignet, muss naturgemäß das reformierte Vertrauen darauf, gewissermaßen bereits erlöst zu
sein, als unzuläßige Verkürzung erscheinen.[35]

Anscheinend wurden die reformierten Prediger aber auch zu einer
Art Disputation herausgefordert, und zwar in der Niederlassung der
Kapuziner. Doch auch diese Äußerung erscheint wieder in polemi-
scher Zuspitzung: Die reformierten Prediger sollen zwar ihre Brillen
aufsetzen, um besser sehen zu können, gleichwohl würden die katholischen Mönche tiefere Einsicht mit nur zwei Augen als die reformierten mit vier Augen, d.h. mit den künstlichen »Augen« der Brillenglä-
ser, aufweisen und ihnen die »Köpfe spalten«, was wohl drastische

---

[34] Die Identität des betreffenden Cyprianus konnte im Rahmen der vorliegenden
Arbeit leider nicht geklärt werden, ebensowenig jene der verstorbenen Elsbeth Blarer.

[35] »Gegen das eitle Vertrauen der Häretiker« bezog schon das Konzil von Trient in
der 6. Sitzung vom 13. Januar 1547 im Dekret über die Rechtfertigung, Kap. 9, Stellung (DH, Nrn. 1533–1534).

Umschreibung für einen argumentativen Sieg in der Disputation sein soll, aber auch leicht als Überleitung zu Gewalttätigkeit verstanden werden kann.

In einem nachfolgenden »Erkenntnis« beschloss die Synode, die Informationen aufzuzeichnen und an den Rat (»unsere gnedigen herren«) weiterzuleiten, damit dieser Maßnahmen ergreife, um die »lesterzungen« zum Schweigen zu bringen.[36]

Die Vorwürfe sind wiederum massiv: Verfälschung der Bibel bzw. ihrer Botschaft, Verführung des Volkes, sogar ein Übergriff gegenüber dem Himmel und vor allem fehlende Einsicht werden in diesen knappen Aufzeichnungen erwähnt. Zudem wird klar, dass es sich aus Sicht der beteiligten Kapuziner um eine grundsätzliche Auseinandersetzung handelte, worauf die Forderung nach einer Art Disputation hinweist, wie es solche vor allem in den Anfängen der Reformation gegeben hatte, ohne dass diese allerdings je zu einer Einigung geführt hätten. Schließlich deutet sich auch die Bereitschaft zum Gewaltgebrauch an, wenn das Bild vom Spalten der Köpfe nicht bloß rhetorisch verstanden werden sollte.

Diese Quellen beweisen immerhin soviel, dass nur etwas mehr als einen Monat vor dem Vorfall in Baden[37] innerhalb des zu Baden gehörenden Ordensbezirkes eine aufgeheizte, ja militante Stimmung herrschte, von der die Zürcher Synode auch den Rat in Kenntnis setzte. Der Vorfall in Baden, auf den das vorliegende apologetische Mandat reagiert, dürfte daher eine Zuspitzung des Klimas bezeichnen und nicht einen einmaligen Ausfall.

Da die Kapuziner in beiden Fällen als die Urheber der Propaganda gegen die Reformierten erscheinen, liegt es nahe, darin eine Ursache für die Beigabe einer italienischen Fassung des Mandates zu suchen, gingen die Kapuziner als Bewegung ohnehin von Italien aus, hatten sie als Orden ihr Zentrum und Schwergewicht damals in Italien und ar-

---

[36] In der Archiveinheit E I 10.2 des Zürcher Staatsarchivs ist auch das Antwortschreiben des Badener Rates an die Zürcher Räte, datiert auf den 10. Juni 1596, erhalten; inhaltlich trägt es nichts weiter bei; der Rat beruft sich im wesentlichen darauf, dass der Kapuzinerorden nicht seiner Hoheit unterstehe.

[37] Das zweite Dokument ist datiert auf den 4. April 1596, was offensichtlich julianische Datierung ist; nach gregorianischem Kalender ist es somit auf den 14. April 1596 zu datieren; wenn die Angabe zutrifft, dass Frau Blarer an Karfreitag verstarb, ist dies der 12. April 1596 nach gregorianischem Kalender gewesen, das Begräbnis, von dem die Zeugnisse handeln, müsste somit am 12., 13. oder 14. April 1596 stattgefunden haben; der Vorfall in Baden folgte sodann am 21. Mai 1596 nach gregoranischem Kalender.

beiteten sie stets eng mit den Mutterhäusern in Italien zusammen.
Unter den Kapuzinern gab es, weil es sich um einen Laienorden handelte, auch manche weniger gebildete Mitglieder. Ihre Stärke lag in
der Volkspredigt, weniger in der Gelehrsamkeit. Somit läge es nahe zu
vermuten, dass die italienische Fassung des Mandates Mitglieder des
Kapuziner- und vielleicht allgemeiner auch der anderen Franziskaner-
Orden sowie deren Anhänger im einfachen Volk erreichen sollte.

Vielleicht spricht für diese Interpretation auch der Umstand, dass
im italienischen Text das apostolische Glaubensbekenntnis, wie es in
Zürich im Gottesdienst verwendet wurde, nicht ausdrücklich genannt
wird, sondern durch den allgemeineren oder sogar missverständlichen
Ausdruck »il Credo« ersetzt wurde. Um unter Kapuzinern und deren
Anhängern in der katholischen Bevölkerung einen besseren Eindruck
zu erwecken, wäre diese Bezeichnung, unter der das gewohnte Credo
der katholischen Messe verstanden werden konnte, vermutlich besser
geeignet, denn wer dasselbe Bekenntnis verwendet, kann weniger
leicht als häretisch bezeichnet werden.[38]

Zusammenfassend lässt sich an diesem besonderen Zeugnis ausmachen, dass noch Ende des 16. Jahrhunderts eine scharfe Trennung
zwischen reformiertem und katholischem Begründungsdiskurs feststellbar ist: Während die katholische Seite nicht davor zurückschreckte, auf
Exempla als Begründung für die Wahrheit der eigenen und die Falschheit der reformierten Position zurückzugreifen, und diese Exempla
auch aus einem Bereich nahm, der aus der mittelalterlichen Visions-
literatur bekannt ist, nämlich aus dem Bereich des Teuflischen
(Teufelserscheinung, Höllen- oder Himmelfahrt) und Jenseitigen, argumentierte die reformierte Seite dagegen weitgehend biblizistisch: Sie
leugnete die Realität der Exempla und sprach ihnen jegliche Beweis-
kraft ab. Die Wahrheit der reformierten Position wurde vor allem
durch die Bibel belegt, nur Hilfsweise wurde auch auf die Möglichkeit
des sich als Engel ausgebenden Teufels hingewiesen, wie es bereits
Bullinger im gleichen Zusammenhang zur Erschütterung der Visions-
Exempla getan hatte, und dies zudem wiederum in Übereinstimmung
mit den biblischen Belegstellen, aus denen diese Argumente geschöpft
waren.

[38] Aus diesem Grund hatten die Reformatoren stets ihre Rechtgläubigkeit dadurch
betont, dass sie ihre Anerkennung und Übereinstimmung mit den altkirchlichen Bekenntnissen hervorhoben. Schon Bullinger hatte so beispielsweise der »Confessio Helvetica posterior«, aber auch seinen »Dekaden« altkirchliche Bekenntnisse vorangestellt.

Dabei muss aber festgehalten werden, dass augenscheinlich Verteufelung bzw. Dämonisierung der Gegenseite nicht nur bei den in traditionell-mittelalterlicher Weise argumentierenden Kapuzinern, sondern auch auf reformierter Seite zumindest potentiell eine Möglichkeit darstellte. Bullingers widerstreitende Tendenzen der Entkräftung und der Dämonisierung treten also in diesem Beispiel wiederum deutlich hervor.

4. ANTISTES KLINGLER UND DAS ENDE DES GEISTERGLAUBENS IN ZÜRICH?

Im Staatsarchiv des Kantons Zürich existiert unter der Signatur A 18 eine Archivschachtel, die Abschriften der gesammelten Unterlagen zum Hexenprozess von Wasterkingen sowie zu den sich zeitlich damit überschneidenden Spuk-Erscheinungen im Haushalt des damaligen Zürcher Antistes Antonius Klingler enthält. Vor allem der Hexenprozess von Wasterkingen hat immer wieder Interesse gefunden. Eine neuere volkskundliche Dissertation[39] hat die volkskundlich-magischen Aspekte untersucht und sich im Schlusskapitel auch mit den Ereignissen um Antistes Klingler befasst.[40] Unter Verweis auf die ältere Literatur kann daher an dieser Stelle das Wesentliche hervorgehoben werden: Der Prozess begann im April 1701 mit der Aufnahme von Beschuldigungen durch den Landvogt, trat im Mai ins Stadium einer eigentlichen Untersuchung ein, führte im Sommer zu Hinrichtungen und wurde im November 1701 geschlossen.[41] Bei den Anschuldigungen gegen die der Hexerei Bezichtigten spielten dabei auf Seiten der Kläger und auf Seiten der Justiz Vorstellungen über den Teufel und seinen unheilvollen Einfluss auf die Menschen eine wesentliche Rolle.[42] Antistes Antonius Klingler hielt am 25. 11. 1701 eine Art improvisierten reformierten »Exorzismus« im Dorf ab.[43]

---

[39] David *Meili*, Hexen in Wasterkingen: Magie und Lebensform in einem Dorf des frühen 18. Jahrhunderts, Basel 1980 (Schriften der Schweizerischen Gesellschaft für Volkskunde 65). Zu Wasterkingen umfassend: Thomas *Neukom* et al., Wasterkingen – ein Dorf und seine Grenzen, Zürich 2002; zu den Hexenprozessen und den Vorgängen im Antistitium ebd., 69–76.

[40] *Meili*, Hexen, 98–105.

[41] *Meili*, Hexen, 33–59.

[42] *Meili*, Hexen, bes. 41–45; über sexuelle Begegnungen (vielleicht reale Vergewaltigungen?) mit dem Teufel ebd., 78–82.

[43] *Meili*, Hexen, 60.

Noch als der Prozess zu den Vorgängen in Wasterkingen lief, begann im Haus des Antistes Antonius Klingler ein »Gespenst« (vom Typus des »Poltergeistes«) sein Unwesen zu treiben, indem es Gegenstände verschob und Geräusche erzeugte.[44] Der »Spuk« dauerte bis Februar 1702 an.[45] Im Jahr 1702 kamen erneut Klagen aus Wasterkingen und seiner Umgebung, dem Rafzerfeld, über Hexen auf; diese führten jedoch zu keinen Veruteilungen wegen Hexerei mehr.[46] 1704 wurde Klinglers »Hausgespenst« wiederum aktiv; alle Bemühungen Klinglers, es zu vertreiben, scheiterten. 1705 schließlich entdeckte der Antistes, dass der in seinem Haushalt lebende Pfarrer Bernhard Wirz das »Gespenst« war.[47] Trotz drakonischer Bestrafung des Schuldigen und seiner Mitwisser blieb Klinglers Autorität dauerhaft beschädigt; seine Versuche, die Taten des Pfarrers Wirz auf das Wirken des Teufels zurückzuführen, überzeugten nicht.[48] In Zürich kam es zwar noch gelegentlich in späteren Jahren zu Bezichtigungen wegen Hexerei, doch endeten diese Verfahren nunmehr mit Freisprüchen oder der Überweisung zur ärztlichen Behandlung.[49]

Die Vorfälle in Wasterkingen und im Zürcher Antistitium brachten somit beide Entwicklungen, die sich schon bei Bullinger abzeichneten, zu einem Höhepunkt bzw. Abschluss: Wenn der Hexenprozess von Wasterkingen den Höhepunkt der Dämonisierungstendenz bildete, unterstützt durch die dämonologischen Bemühungen des Antistes Klingler, so desavouirte das vermeintliche »Gespenst« im Antistitium eben diese Dämonisierungstendenz nachhaltig und verhalf der gegenläufigen, aufgeklärten Tendenz zum Durchbruch: Die Vorgänge im Antistitium eigneten sich nur als »ludibria«, als Possen; vermeintliche Hexen wurden fortan nicht mehr ernst genommen, sondern höchstens noch als verwirrte, der Betreuung bedürftige Geister behandelt.

So hat sich von den schon bei Zwingli und Bullinger angelegten beiden Tendenzen, jener der Dämonisierung und jener der aufgeklärten Ablehnung, am Ende in Zürich die zweite endgültig durchgesetzt.

---

[44] *Meili*, Hexen, 98.
[45] *Meili*, Hexen, 99.
[46] *Meili*, Hexen, 100–102.
[47] *Meili*, Hexen, 103–104.
[48] *Meili*, Hexen, 104.
[49] *Meili*, Hexen, 104–105.

BIBELDICHTUNG ALS BIBEL-VERDICHTUNG: RUDOLF GWALTHERS »ARGUMENTA CAPITUM« IN DER TRADITION BIBLISCHER GEBRAUCHSPOESIE

Peter Stotz

I. Das Thema

Auf den folgenden Seiten[1] geht es um ein wenig bekanntes Stück Bibeldichtung aus dem Zürich des 16. Jahrhunderts, nämlich um »Argumenta in omnia tam Veteris quam Novi Testamenti capita elegiaco carmine conscripta«, um epigrammartige Bibeltituli, die Rudolf Gwalther der Ältere (1519–1586)[2] zu der lateinischen Bibelausgabe beisteuerte, die 1543 in Zürich erschien.[3] Im selben Jahr wurde davon eine gesonderte Ausgabe gedruckt;[4] diese enthält eine an Theodor Bibliander gerichtete Widmungsvorrede. In diesem Gedicht-Ensemble treffen mehrere Traditionslinien aufeinander; einige von ihnen sollen hier

---

[1] Sehr herzlich danke ich Herrn lic. phil. Kurt Jakob Rüetschi, der mir zu Gwalther wertvolle Materialien zur Verfügung stellte, vor allem aus seiner noch ungedruckten Bio-Bibliographie (einzelne Bezugnahmen darauf: »K. J. R.«), außerdem Frau Dozentin Greti Dinkova-Bruun, PhD, Pontifical Institute of Mediaeval Studies, Toronto, und Herrn Prof. Dr. Peter Orth, Universität zu Köln, für verschiedene wertvolle Hinweise.

[2] Zu ihm Kurt Jakob *Rüetschi* in zahlreichen Arbeiten. – Zu dem hier behandelten Thema außerdem: Max *Engammare*, Apports zurichois étonnants et remarquables à l'histoire des Figures de la Bible (Bilderbibeln), 1530–1780, in: Die Zürcher Reformation: Ausstrahlungen und Rückwirkungen, hg. von Alfred Schindler und Hans Stickelberger, Bern 2001 (Zürcher Beiträge zur Reformationsgeschichte 18), 485–519, besonders 485–493.

[3] Biblia sacrosancta Testamenti Veteris et Noui […], Zürich: Christoph Froschauer, 1543 (Manfred *Vischer*, Bibliographie der Zürcher Druckschriften des 15. und 16. Jahrhunderts, Baden-Baden 1991 [Bibliotheca bibliographica Aureliana 124] C 319/320). Zu Gwalthers Mitwirkung an der Bearbeitung des Textes des Neuen Testamentes: Kurt Jakob *Rüetschi*, Erasmuslob und -tadel bei Rudolf Gwalther d. Ä., in: Erasmus in Zürich: Eine verschwiegene Autorität, hg. von Christine Christ-von Wedel und Urs B. Leu, Zürich 2007, 222–242, hier: 228–233.

[4] Argumenta omnium, tam Veteris quam Novi Testamenti, Capitum […], Zürich: Christoph Froschauer, 1543 (*Vischer*, Bibliographie, C 322).

etwas verfolgt werden. Soweit dabei auf den Wortlaut von Gwalthers Dichtung eingegangen wird, beziehen sich alle Aussagen auf eine Auswahl von sieben Abschnitten, die zusammen 912 Verse umfassen: Genesis, Psalmen 1 bis 50, Kohelet, Hoheslied, Jesaja, Matthäus und Römerbrief.

Dass man großen Literaturwerken in der Überlieferung *Argumenta*, kurze Zusammenfassungen – und zwar oft in dichterischer Form –, beigab, hat eine lange Tradition. Zu Vergils »Aeneis« etwa – bzw. zu ihren einzelnen Büchern – lassen sich in den Handschriften ungefähr 30 *Argumenta metrica* namhaft machen. Dies gehört zu den vielen Maßnahmen, mit denen man in spät- und nachantiker Zeit die Aufnahme, das Verständnis und das Sich-Einprägen der Klassiker zu erleichtern suchte. Gewisse mittelalterliche Epiker haben diese Arbeit dann gleich selber besorgt: so hat Walther von Châtillon den zehn Büchern seiner »Alexandreis« je eine poetische Kurzfassung von (meist) zehn Hexametern vorangestellt.

2. Gwalthers Unternehmen, und wozu es dienen sollte

Gwalther dichtete zu jedem Kapitel der Bibel – und zu jedem Psalm –, einschließlich der deuterokanonischen Texte, aber mit Ausnahme der Proverbia,[5] eine Inhaltsangabe in elegischen Distichen. Meist hält er sich an das Richtmaß des Tetrastichons, das er sich selber auferlegt;[6] oft reicht jedoch ein einzelnes Distichon, nicht selten allerdings benötigt ein Kapitel deren drei, ein einziges Mal sogar vier. Insgesamt zählt das Werk 5278 Verse – umfaßt somit mehr als die Hälfte der »Aeneis« (9896 Verse) –; 3398 davon entfallen auf die kanonischen Bücher des Alten Testamentes, 696 auf die alttestamentlichen Apokryphen, 1184 auf das Neue Testament.[7]

Für die gemessene Vierzahl von Versen in Serien von Kleindichtungen lassen sich in der spätantiken und mittelalterlichen Epigrammmatik zahlreiche Beispiele finden. Besonders aber ist auf ein Werk von Gwalthers (damals vor kurzem verstorbenem) dichterischen Mentor, Helius Eobanus Hessus (1488–1540), hinzuweisen – zumal Gwalther selber ihn an erster Stelle unter den zeitgenössischen Vertretern der

---

[5] Begründung in der Widmungsvorrede (vgl. Anm. 4), A7v.
[6] Zu den formalen Fragen äußert er sich ebenda, A7r / v.
[7] Diese Zahlen nach *Engammare*, Apports, 490, Anm. 17.

christlichen Dichtung nennt[8] – nämlich auf dessen Psalmen- und Ko-
helet-Versifikation.[9] In seinen Psalmennachdichtungen[10] wird jedes
Stück eingeleitet mit einem *Argumentum* in Prosa und einem solchen in
zwei Distichen.

Der Vierzeiler scheint Gwalther deshalb besonders geeignet, weil
dessen Umfang angesichts der Fülle des Inhalts, der untergebracht
werden wolle, und der Prägnanz des eigentlichen Sinnes eine mittlere
Lösung darstelle. Sechszeiler will er nur verwendet haben, wenn es
anders nicht ging. Andererseits beurteilt er die Beschränkung auf Ein-
zeldisticha als besonders glücklich: damit komme er der Gedächtnis-
kraft der jungen Leute entgegen, für welche, wie er hofft, seine Arbeit
nicht nutzlos bleiben solle. Kürze und Einprägsamkeit wird im Umfeld
der Schule immer wieder als Vorzug der Dichtung gerühmt, und Lehr-
und Memorierdichtung machte auch vor dem Buch der Bücher nicht
Halt. Erst nur beiläufig erscheint also hier als Abfassungszweck das
Memorieren des Inhalts der Heiligen Schrift durch junge Leute. Seine
Dichtung versteht Gwalther[11] als Behelf beim (professionellen) Studium der Heiligen Schrift und als Dienst an seiner Kirche.[12] Mit diesem
Probestück anwendungsbezogener Bibeldichtung will er zwar allge-
mein ein Zeugnis ablegen für die Vereinbarkeit der Theologie mit der
Sphäre der Literatur, aber er hat sich dieser Mühe doch auf Bitten der
Zürcher Theologen (und im Hinblick auf die »Biblia sacrosancta«)
unterzogen.[13] Einem unter ihnen, nämlich seinem (ehemaligen) Lehrer
Konrad Pellikan, dankt er dafür, dass er diese Arbeit angeregt habe.[14]

---

[8] Widmungsvorrede, A6r.

[9] Aus der großen Zahl zeitgenössischer Drucke sei genannt: Psalterium Davidis
carmine redditum per Eobanum Hessum [...], cui accessit Ecclesiastes Salomonis
eodem genere carminis redditus, Leipzig: Valentin Papa, 1548. – Gwalther (ebenda)
spricht dagegen von »psalterii et proverbiorum Solomonis interpretatione«.

[10] Zu anderen dichterischen Psalmenparaphrasen der Zeit: Johannes A. *Gaertner,*
Latin Verse Translations of the Psalms, 1500–1620, in: Harvard Theological Review 49
(1956), 271–305.

[11] Zu den von Gwalther genannten Zwecken siehe auch *Engammare,* Apports, 491f.

[12] Widmungsvorrede, A7v. – In der allgemeinen Vorrede zur »Biblia sacrosancta«
von 1543 heißt es (a5v; vgl. *Engammare,* Apports, 491, Anm. 20): »Et quo suavius de-
lectaremus lectorem, appendimus universo operi argumenta singulorum capitum, carmine comprehensa et a [...] Gualthero in usum studiosorum conscripta.«

[13] Dies geht aus der Widmungsvorrede (A6v) hervor. Zuvor allerdings hat er dort
davon gesprochen, dass er erst nach langem Überlegen auf dieses Arbeitsvorhaben
verfallen sei. Aber dies eben doch nicht einfach so, denn bereits weiter vorn (A5v) hatte
er, im Zusammenhang mit dem zürcherischen Bibel-Großprojekt, gesagt: »Quod equidem institutum vestrum etiam nobis huius laboris nostri ansam praebuit.«

[14] Ebenda, A6v.

Sein Unternehmen stellt Gwalther als etwas Originäres dar: Er sagt, dass manche vor ihm einzelne biblische Bücher in Dichtung umgesetzt, oder auch biblische Erzählungen in kurze dichterische Form gebracht hätten, alle Bisherigen jedoch seien vor dem Gesetz und den Propheten zurückgeschreckt, dies wegen der darin vorkommenden Bildreden, Visionen und Verrätselungen.[15] Gwalther kennt und nennt christliche Dichter der Väterzeit: Juvencus, Sedulius und Prudentius.[16] Vielleicht kennt er zufällig auch einzelne Kurzgedichte über biblische Themen; gewiss rechnet er auch versifizierte biblische Erzählungen größeren Umfangs hierher, wie ihrer manche im Umlauf waren. Er selber hatte kurz zuvor (1541) ein Epos mit dem Titel »Monomachia Davidis et Goliae« veröffentlicht.[17] Eine die gesamte Bibel umgreifende Großdichtung kennt er aber nicht, und dies ist auch nicht verwunderlich: so verbreitet die »Aurora« des Petrus Riga (um 1140–1209) im Spätmittelalter zunächst auch war, hat sich ihre Beliebtheit doch in keinen frühen Drucken mehr niederzuschlagen vermocht: das Werk blieb übrigens bis in die Mitte des 20. Jahrhunderts so gut wie völlig vergessen.

Einen Vorläufer im engeren Sinne hatte Gwalther freilich in der Person von Franciscus Gotthi (s. Abschnitt 4), aber wahrscheinlich kennt er dessen Arbeit nicht, auch hätte unser nach der Klassik ausgerichtete Dichter – Verfasser einer in der Zeit erfolgreichen Verslehre – diesen in Rhythmen dichtenden Franziskaner kaum für ebenbürtig gehalten.

3. Drucke, Nachdrucke und Verwendung in neuen Kontexten

Gwalthers metrische Inhaltsangaben zu den Kapiteln der Bibel erschienen zunächst, wie gesagt, in der großen, von verschiedenen Zürcher Theologen sorgfältig vorbereiteten lateinischen Bibelausgabe »Biblia sacrosancta«, die 1543 bei Christoph Froschauer in Zürich in zwei verschiedenen Folioausgaben erschien. Und zwar sind sie nicht, wie nach den literarisch-kodikologischen Gepflogenheiten zu erwarten wäre, den einzelnen Kapiteln vorangestellt, sondern sie stehen zusammengefasst am Schluss, auf drei Bogen für sich, dies unter dem Titel:

[15] Ebenda, A6v.
[16] Ebenda, A6r.
[17] Hierzu: *Engammare*, Apports, 492; *Vischer*, Bibliographie, C 299.

»Argumenta in omnia tam Veteris quam Novi Testamenti capita elegiaco carmine conscripta per Rod(olphum) Gualth(erum) Tigurinum«.[18] Gerne erführe man etwas über die Gründe, die für ihren
Status als Beidruck verantwortlich sind. Scheute man sich, in Gottes
Wort Erzeugnisse eines Dichters der Gegenwart einzuschießen, oder
waren gar verlegerische Erwägungen maßgebend: dass man, wenn
dem Kunden die dichterischen Beigaben missfielen, die letzten Bogen
einfach entfernen konnte? Oder suchte der Verfasser selber die Serie
seiner Kurzdichtungen dadurch als ein kompaktes Ganzes zu charak-
terisieren? Hierfür würde die bereits erwähnte Tatsache sprechen, dass
der Drucker die »Argumenta« gleichzeitig noch gesondert veröffentlichte, dies in einer Oktavausgabe, wie das im 16. Jahrhundert für
Dichtungen üblich war.

Als Beigabe zu der monumentalen lateinischen Bibelausgabe, die
bis in den Anfang des 17. Jahrhunderts verbreitet und geschätzt war,
schienen Gwalthers »Argumenta« – vielleicht, weil sie eine Privatarbeit
waren – nicht sehr großen Anklang gefunden zu haben: in den verschiedenen noch folgenden Drucken blieben sie weg.[19] Hingegen
druckte Froschauer die separate Oktavausgabe in den Jahren 1547 und
1554 (neu gesetzt) nach.[20] In Teilen wurden Gwalthers Bibelepigramme
da und dort abgedruckt. Zur Begleitung seiner 1565 publizierten Homilien zum Johannesevangelium schuf der Autor, Jahrzehnte später,
eine Neufassung seiner Kurzdichtungen hierzu.[21] Größerer Beachtung
wert ist die Eingliederung in folgende neuen Kontexte:

1547 veranstaltete Froschauer eine illustrierte Ausgabe des Neuen
Testamentes nach der lateinischen Übersetzung des Erasmus; darin
druckte er Gwalthers neutestamentliche »Argumenta« ab.[22] Sechs weitere Ausgaben, gedruckt in Zürich, Frankfurt und Genf, sollten folgen.
In den Zürcher Drucken (von 1547, 1554, 1563 und 1575) bilden Gwalthers Gedichte, wie gewohnt, einen Anhang zum Ganzen, in der Genfer Ausgabe (von 1564) einen Vorspann. Dagegen ist in den Ausgaben,
die 1555 und 1560 in Frankfurt am Main erschienen, jedem einzelnen
Kapitel des Neuen Testamentes das zugehörige *Argumentum* vorange-

---

[18] *Vischer*, Bibliographie, C 319/ 320; vgl. auch *Engammare*, Apports, 489.
[19] Zunächst wurde der Hinweis darauf in der Vorrede irrtümlicherweise noch belassen (K.J.R.).
[20] *Vischer*, Bibliographie, C 375 und C 490; *Engammare*, Apports, 489.
[21] *Vischer*, Bibliographie, C 753 und K.J.R.
[22] *Vischer*, Bibliographie, C 374; *Rüetschi*, Erasmuslob, 233 mit Anm. 39.

stellt[23] – hiermit ist also der hergebrachten literarischen Gepflogenheit Rechnung getragen.

In Frankfurt wirkte der Drucker und Verleger Wigand Han[24]; er fand offensichtlich Gefallen an Gwalthers Bibelepigrammen und suchte ihnen zu Wirksamkeit zu verhelfen, indem er sich zu ihrer Verbreitung zusätzlich zweier neuer Medien bediente: Zum einen beauftragte er den Dichter Burkard Waldis (†1556) – bekannt etwa durch sein Fastnachtsspiel über den Verlorenen Sohn (1527) – mit der Nachdichtung von Gwalthers Bibelepigrammen in deutschen Reimen. Zugleich beauftragte er einen Bildenden Künstler damit, zu einzelnen Gedichtpaaren – vielmehr: zu den zugrundeliegenden Bibelperikopen – einen passenden Holzschnitt zu liefern. In dem Druck des Wigand Han von 1556 – in zwei Bänden: Altes und Neues Testament, in Oktav – stehen idealerweise, wie in einem Emblembuch, auf jeder Seite zuoberst, in Antiqua und Kursive, Gwalthers Verse, dann folgt die entsprechende Illustration, darunter stehen in Fraktur Waldis' deutsche Verse.[25] Wie sich von selber versteht, konnte jedoch lange nicht jedes Kapitel der Bibel illustriert werden; die meisten Seiten enthalten lediglich Text. (Einige Proben folgen in Abschnitt 9.)

Doch bereits 1551 hatte ein anderer Frankfurter Drucker und Verleger, Hermann Gülfferich, sich in einer von ihm verlegten Bilderbibel einer Auswahl Gwaltherscher Gedichttexte bedient, denen deutsche Wiedergaben eines Petrus Artopaeus gegenüberstanden.[26] Da ein Verfasser der lateinischen Verse nicht genannt war, schrieb man diese in der Folge ebenfalls Artopaeus zu. Dass man an Gwalthers Versen derart Gefallen fand, hat der Zürcher Dichter in diesem Falle mit seinem Absinken in die Anonymität bezahlt. Noch andere haben Gwalthers Bibeldichtung verwertet – oder geplündert –, so Konrad Weiß in einer 1571 und nochmals 1579 in Frankfurt erschienenen Bilderbibel. Andere Herausgeber von solchen haben sich im engeren oder weiteren Sinne von ihr anregen lassen.[27]

---

[23] Die Einzelheiten hauptsächlich nach K.J.R.; vgl. auch *Engammare*, Apports, 489f.

[24] Aus dessen Offizin stammt übrigens der zweite der oben genannten Frankfurter Drucke (K.J.R.).

[25] Einstieg und allgemeine Angaben: K.J.R. – Einstweilen habe ich nur den ersten Band eingesehen: Argumentorum in Sacra Biblia, a Rudolpho Gualthero carminibus comprehensorum Tomus prior in uetus videlicet Testamentum / Erfte Theil der Summarien vber die gantz Bibel/ Nemlich vber das alte Teftament/ Mit schönen Figuren geziert/ vnd in Reimen verfaßt/ Durch Burckhardum Waldis, Frankfurt am Main: Weygandt Han, 1556.

[26] Hierzu *Engammare*, Apports, 490.

[27] Ebenda S. 492–494.

4. Zur Tradition dichterischer Wiedergabe und Kondensierung biblischer Texte

Wer in diesen Bibelgedichten liest, denkt nicht an die große Bibelepik,[28] von deren Vertretern Gwalther einige kennt und nennt, sondern wird eher an die im Mittelalter verbreitete und vielgestaltige epigrammatische Dichtung im Umkreis der Bibel erinnert. Hierzu hatte der humanistisch ausgerichtete, erst vierundzwanzigjährige Dichter jedoch schwerlich einen lebendigen Zugang, und wohl die meisten von ihnen konnte er gar nicht kennen.

Als Kontrastfolie eignen sich die in Bibelhandschriften den einzelnen Kapiteln zugedachten Inhaltsangaben oder Überschriften. Als Beispiel seien die besonders gut erforschten *tituli psalmorum* herausgegriffen.[29] Hier herrscht, wie sich versteht, Kürze und dürrster Prosastil, aber inhaltlich ist in ihnen vorbereitet, was Gwalther dann systematisch in Dichtung gebracht hat. Und es gibt im Mittelalter kaum eine Textgattung, an der man sich, früher oder später, nicht mit Versifikationen versucht hätte. Was die Psalmen betrifft, haben sich aus karolingischer Zeit zwei Ansätze zu einer ausladenden Nachdichtung des gesamten Psalters erhalten.[30] Aber nicht um sie als solche geht es hier,

---

[28] Hierzu etwa: Reinhart *Herzog*, Die Bibelepik der lateinischen Spätantike: Formgeschichte einer erbaulichen Gattung, Band 1, München 1975 (Theorie und Geschichte der Literatur und der Schönen Künste 37); Dieter *Kartschoke*, Bibeldichtung: Studien zur Geschichte der epischen Bibelparaphrase von Juvencus bis Otfrid von Weißenburg, München 1975; Michael *Roberts*, Biblical Epic and Rhetorical Paraphrase in Late Antiquity, Liverpool 1985 (ARCA, Classical and Medieval Texts, Papers and Monographs 16); J. W. *Binns*, Biblical Latin Poetry in Renaissance England, in: Papers of the Liverpool Latin Seminar, 3, 1981, hg. von Francis Cairns, Liverpool 1981 (ARCA, Classical and Medieval Texts, Papers and Monographs 7), 385–416.

[29] Pierre *Salmon*, Les »Tituli psalmorum« des manuscrits latins, Rom / Città del Vaticano 1959 (Collectanea biblica Latina 12); *ders.*, Les »Tituli psalmorum«, Nouvelles séries, in: ders., Analecta liturgica: extraits des manuscrits liturgiques de la Bibliothèque vaticane. Contribution à l'histoire de la prière chrétienne, Città del Vaticano 1974 (Studi e testi 273), 9–46.

[30] Vgl. Peter *Stotz*, Zwei unbekannte metrische Psalmenparaphrasen wohl aus der Karolingerzeit, in: Biblical Studies in the Early Middle Ages, Proceedings of the Conference on Biblical Studies in the Early Middle Ages, Gargnano 2001, hg. von Claudio Leonardi und Giovanni Orlandi, Florenz 2005 (Millennio medievale 52, Atti di convegni 16), 239–257. Das Zitat »Hoc canitur psalmo [...]« nach der Dichtung in Paris, Bibliothèque nationale de France, lat. 8093, gemäß der demnächst erscheinenden Erstedition durch Prof. Dr. Peter Orth. Hierzu und zu der nachher erwähnten Dichtung des 11. Jahrhunderts: Peter *Orth*, Metrische Paraphrase als Kommentar: Zwei unedierte mittelalterliche Versifikationen der Psalmen im Vergleich, in: Interpreting Latin Texts in the Middle Ages, Proceedings of the Fifth International Congress for Medieval Latin Studies (im Druck).

sondern lediglich um die Einzelheit, dass ihnen metrische Überschriften im Sinne der üblichen *tituli psalmorum* beigegeben sind. Mit solchen dichterischen Extrakten lassen sich Gwalthers »Argumenta« vergleichen – und auch wieder nicht –; zur Probe das zu Ps 22 (21) gehörende Material:

In einer Reihe von *tituli psalmorum*, die auf Beda und durch ihn auf Cassiodor zurückgehen, verlautet dazu:[31]

> In hoc psalmo Christus de passione sua ad Patrem loquitur, admonetque fideles laudare Dominum, quia in resurrectione sua catholicam respexit ecclesiam.

Und in der einen der beiden genannten karolingischen Psalmenparaphrasen heißt es:

> Hoc canitur psalmo memorabilis passio Christi
> obsecrat et natus supremi viscera patris,
> dimittat ne se suscepta morte teneri,
> sed cito de tumulo superas referatur ad auras.

Gwalther gibt den Psalm so wieder:

> Tristia deplorat expulsus fata prophetes.
>   Sunt meliora illum fata secuta tamen.
> Sic moriens Christus gelidaque a morte resurgens
>   imperii fines prorogat usque sui.

Weil Jesus am Kreuz sein Gefühl der Gottverlassenheit mit dem verzweifelten Ausruf am Anfang dieses Psalms äußerte, stand dessen prophetisch-christologischer Charakter in besonderer Weise fest. Aber schon in diesem Beispiel deutet sich an, dass Gwalther stärker der *littera* des Textes verpflichtet ist als die mittelalterlichen Psalmentituli es sind. Ein breiterer Vergleich würde dies bestätigen. Stattdessen hier eine andere Gegenüberstellung:

In einer Psalmendichtung aus Tours vom Ende des 11. Jahrhunderts[32] stehen der Nachdichtung von Ps 17 (16) folgende Verse voran:

> En, sextusdecimus presens est, discutiatur!
> Pretitulant hunc sic ipsi: »Rogitatio David«.

---

[31] *Salmon,* Tituli (1959), 157.
[32] Dies ist der zweite von *Orth,* Paraphrase, besprochene Text. Seine kritische Edition ist vorab zugänglich gemacht auf http://www.mgh.de/~Poetae/Texte/, hier: Psalmi Turonenses, die Stelle: S. 12.

Personę Christi prex hec est apta dicari,
artus ut capiti subclament hanc facienti,
Christo nimirum pia contio catholicorum
orantum per eum simul audirique merentum.
Orat Christus sic et in hoc ęque pius omnis:
»Exaudito [...]«.

Gwalther nun spricht in seinem Extrakt nicht über den Psalm, sondern behält dessen Sprechrichtung und Gebetsform bei. Vor allem aber dies: Bei ihm ist es der bedrängte – israelitische oder christliche – Fromme selber, welcher spricht:

Cum nullae iustis pateant clamoribus aures,
    audi, quaeso, meas, o Deus alme, preces.
Iustus es, eripias igitur de fraude malorum,
    in te sperantem qui periisse volunt.

Was dichterische Kondensate aus Psalmen betrifft, ist auch eine Gegenüberstellung mit den metrischen *Argumenta* von Gwalthers Mentor Helius Eobanus Hessus von Interesse. Um Vergleichbarkeit herzustellen, wähle ich dazu eine »metatextuelle« Psalmenwiedergabe Gwalthers; eine solche findet sich bei ihm etwa für Ps 8; doch zuerst Eobanus:[33]

Ultima praedicit morituri vulnera Christi,
    qualiter et victa surgere morte queat.
Invictas canit imperii super omnia vires,
    cui suberit, toto quicquid in orbe manet.

Und nun Gwalther:

Quanta sit aeterni, docet hic, clementia patris,
    quam licet ex factis cernere rite suis.
Denique quanta hominis sit laus et gloria quanta,
    cuius ad imperium condita quaeque vident.

Gerade die formale Ähnlichkeit der Dichtungen von Lehrer und Schüler lässt einen wesentlichen hermeneutischen Unterschied um so schärfer hervortreten: Das Lob des Schöpfers in Ps 8 deutet Eobanus sogleich, und in engstem Sinne, christologisch – das voranstehende Prosa-*Argumentum* beginnt mit: »Est insignis prophetia de regno Christi et rege Christo [...]« Nicht, dass Gwalther, der sich in seinem langen Leben noch als fruchtbarer Exeget bewähren sollte, die christologische Sinnunterlegung alttestamentlicher Schriften von sich wiese (Näheres:

---

[33] Nach der in Anm. 9 erwähnten Ausgabe, 16.

Abschnitt 6). Aber dass er, gerade weil er so knapp bleiben muss, über die *littera* des Textes nicht einfach hinweghuscht, dies dürften die Zeitgenossen an seiner Bibeldichtung geschätzt haben.

Nach den Psalmentituli in Versform werfen wir einen kurzen Blick auf eine andere Gattung von Bibeldichtung, die im Spätmittelalter in unterschiedlichen Spielarten hervorgebracht wurde, und mit denen man verwandte Ziele verfolgt hatte wie später Gwalther. Es gibt eine große Zahl von Versabbreviaturen der Bibel.[34] Besonders verbreitet waren die »Margarita biblie« des Guido von Vicenza aus dem Anfang des 14. Jahrhunderts – aus gut 1450 Distichen bestehend, so dass meist ein Distichon auf ein Kapitel der Bibel entfällt – und das »Roseum memoriale divinorum eloquiorum« des Petrus von Rosenheim in 1194 Distichen.

Näher eingegangen sei hier auf ein etwas älteres Werk dieser Art, das nunmehr bequem greifbar ist, nämlich die in Distichen gehaltene »Brevissima comprehensio historiarum« des englischen Augustinerchorherrn Alexander von Ashby (†1208 oder 1214), auch in verschiedenen Erweiterungen in Umlauf.[35] Berücksichtigt werden darin freilich nur die erzählenden Partien der Bibel. Besonders in der ursprünglichen Fassung tritt uns mnemotechnische Dichtung von großer Knappheit und scharfer Prägnanz entgegen. Als Beispiel wählen wir die Sintflutgeschichte (Genesis 7 bis 9). Alexander begnügt sich mit Folgendem:[36]

> Amnis diluvii purgavit crimina mundi,
>   peccantes perimens erigit unda pios.
> Victima suscipitur, benediccio redditur archam
>   fratribus egressis cum genitore tribus.
> Signum solamen pietas divina dat illis,
>   ne metuant post hec flumina sive feras.
> Cham ridet patrem nudum, fratres venerantur;
>   hinc bedicuntur hii, maledicitur hic.

---

[34] Einen willkommenen Überblick bietet: Franz Josef *Worstbrock*, Libri pauperum: Zu Entstehung, Struktur und Gebrauch einiger mittelalterlicher Buchformen der Wissensliteratur seit dem 12. Jahrhundert, in: Der Codex im Gebrauch, hg. von Christel Meier et al., München 1997 (Münstersche Mittelalter-Schriften 70), 41–60, hier: 54. – Von dem »Roseum memoriale« wird durch Frau Sabine Tiedje, Köln, die *editio princeps* vorbereitet.

[35] Alexandri Essebiensis Opera poetica, hg. von Greti Dinkova-Bruun, Turnhout 2004 (Corpus Christianorum, Continuatio Mediaevalis 188A).

[36] Nach der Versio brevis, Vs. 49–56, S. 19.

Alexanders »Kollege« aus dem 16. Jahrhundert fasst dieses Geschehen in die Worte:

> Coelitus immissis pluviis perit undique tellus,
>   auxilio Domini non perit ipse Noah.
> Flumina subsidunt, salvam Noah deserit arcam
>   sacrificans summo munera sancta Deo.
> Poenitet inde Deum, nec porro perdere mundum
>   promittit, terris pristina forma redit.
> Hic mortale genus rursum sibi foedere iungit
>   omnipotens, leges et pia iussa ferens.
> Ebrius inde Noah sentit ludibria nati,
>   sunt benedicti alii, Cham maledictus erit.

Während diese beiden Bibeldichter sich formal ähnlicher Mittel bedienen, steht der spätere, Gwalther, in pragmatischer Hinsicht einem anderen, ihm gewiss gleichfalls unbekannt gebliebenen Unternehmen sehr viel näher. Gemeint ist das rhythmische und gereimte Bibelkompendium des Magisters Franciscus Got(h)us/-i, eines wohl dem 14. Jahrhundert angehörenden Franziskaners. Die Dichtung findet sich in spätmittelalterlichen Handschriften, sodann als Beigabe in Vulgatadrucken des frühen 16. Jahrhunderts. Darin ist die ganze Bibel, Kapitel um Kapitel, mit Merktexten in rhythmischen ambrosianischen Strophen versehen.[37] Nachstehend wird seiner Zusammenfassung des 1. Kapitels der Genesis diejenige Gwalthers gegenübergestellt:

> Ante fit (sit *Var.*) lux, producitur.
>   Dividens aquas congregat (sc. Deus).
> Ornatus factis additur,
>   Producta Ade subiugat (sc. Deus).
>
> Condidit e nihilo Dominus mare, sydera, terram
>   et certis fecit legibus ire vices.
> Hinc hominem formans illi benedicit, et huius
>   imperium pariter cuncta timere iubet.

Bei Gotthi werden die Einzelheiten nur durch Stichworte evoziert: der Text »trägt« nicht, sondern ist ein mnemotechnisches Werkzeug. Dieses wird, vom Reim abgesehen, anscheinend auch dadurch handlich gemacht, dass die Strophen, die ein biblisches Buch betreffen, abece-

---

[37] *Engammare*, Apports, 491; Lucas *Wadingus*, Scriptores Ordinis Minorum [...], Editio novissima, Rom 1906–1936 [Hauptband], 83a; Supplementum, Pars 1, 272b; Henri *Quentin*, Mémoire sur l'établissment du texte de la Vulgate, 1ère partie: Octateuque, Rom/Paris 1922 (Collectanea biblica Latina 6), 88f.; vgl. auch *Worstbrock*, Libri pauperum, 54.

darisch angeordnet sind.[38] Es gibt Anzeichen dafür, dass dieses Dicht-
werk in der universitären Praxis auch wirklich benützt wurde.

In der mnemotechnischen Dichtung konnte die Verknappung jedoch noch weiter gehen. Seit dem 13. Jahrhundert verwendete man
ein »Summarium biblicum« in 212 Hexametern, in denen die über
1200 Kapitel der 73 Bücher der Vulgata durch je eine Kürzestangabe
gegenwärtig gemacht sind.[39] Hier geht es um Verdichtung im allerra-
dikalsten Sinne. Im ersten Vers sind die ersten sieben Bücher der Genesis symbolisch gegenwärtig gemacht: »Sex. prohibet. peccant. Abel.
Enoch. et archa fit. intrant.« Man zögert, hier von Dichtung zu sprechen und möchte dergleichen eher ein Machwerk nennen – allein,
dieses hatte einen riesenhaften Erfolg: es kommt in über 400 Handschriften vor. Hierdurch wurde lediglich das, was man bereits wusste,
je durch ein Stichwort im Gedächtnis festgehalten. Der Hexameter ist
hier ein Behälter für Einzelwörter, die wie Kieselsteine zusammen-
schüttet sind. Auch wer höchst bibelfest war, war da oft überfordert.
Daher ist diesen Versen regelmäßig eine Interlinearglossierung beigegeben.[40] Das »Summarium biblicum« ist in frühen Drucken vielfach
dem Vulgatatext vor- oder nachgestellt. Hier finden wir etwa folgende
Aufmachung: Die Hexameter sind über die Breite des Satzspiegels
ausgedehnt. Über jedem einzelnen Wort des Verses steht eine Glosse,
darüber die Kapitelnummer. Am äußeren Rand sind ausgedehntere
Scholien untergebracht.[41]

---

[38] Zumindest gilt dies für die von *Quentin*, Mémoire, gegebene Probe für Gen 1 bis
4; die Strophen 2 bis 4 lauten (Interpunktion hier [und oben in Str. 1] von mir
geändert):
  »Benedicit, fons irrigat.
  Spirat, flumen dividitur.
  Prohibet, feras nominat.
  Condormit, Eva conditur.
    Callidus Evam decipit,
  Peccant et punivit Deus,
  induens nudos eiicit,
  custodit lignum angelus.
    Dat penas Cayn Dominus.
  Enoch ab ipso gignitur.
  Necat hunc Lamech bigamus.
  Loco Abel Seth nascitur.«
[39] *Quentin*, Mémoire, 85; *Worstbrock*, Libri pauperum, 48. 57.
[40] Für den zitierten Eingangshexameter beispielsweise: SEX »opera sex dierum«
[Gen 1] – PROHIBET »fructus ligni vite« [Gen 2] – PECCANT »Adam et Eva« [Gen 3] usf.
[41] Dies nach dem Bild in der Ausgabe: Biblia cum concordantiis Veteris et Noui
Testamenti, Lyon: Jacobus Sacon, 1518, vorne, aa2v-6v.

5. Gwalthers Vorgehensweisen in der Darstellung

Nach diesem Rück- und Rundblick auf dichterische Erzeugnisse, die nach Art und Zielsetzung sich mit der Gwaltherschen Dichtung ungefähr vergleichen lassen, widmen wir uns im Folgenden ihr allein. Zunächst stellt sich die Frage, wie er bei der Raffung und dichterischen Umsetzung des biblischen Wortlautes im Einzelnen vorgegangen ist.

Formal und ganz im Groben lassen sich vier Haupttypen des Herangehens unterscheiden:

A] unmittelbare Wiedergabe der bibeltextlichen Erzählung oder Lehre, d.h. Beibehaltung von Sprecherrolle, Sprechrichtung und illokutivem Typus (z.B. Gebetsform).

B] Wiedergabe in Abhängigkeit von einem metatextuellen Element: Setzung eines Verbums des Sagens, Darstellens, Erkennens aktiv (mit [oder auch ohne] Nennung des Subjekts) oder passiv.

C] intradihegetische Apostrophe, d.h. eine im Bibeltext genannte Gestalt wird vom Dichter unmittelbar angesprochen.

D] Verbindung des biblischen Wortlautes mit einer Auslegung oder dessen Ersetzung durch eine solche.

Typus C], rein auf der formalen Ebene gelegen und ziemlich selten vorkommend, kann als reiner Poetismus, der er ist, kurz abgetan werden: Mitunter lässt sich unterstellen, dass Apostrophe der Suche nach einer gewissen Emphase oder der Belebung des Ausdrucks entsprungen ist. So wenn (Mt 26, [1–]2) der Verräter Jesu angesprochen wird:

> (consilium captant, unguenta fluentia stillant,)
> doctorem vendis, perfide Iuda, tuum.

Manchmal jedoch könnte die Apostrophe – und das gilt ganz allgemein – durch eine prosodisch-metrische Schwierigkeit ausgelöst sein. Dieser Verdacht erhebt sich hier vor allem dann, wenn sie von Elementen gewöhnlicher Erzählung umgeben ist, so bei der Wiedergabe von Gen 35, 19.22.29 (Gen 35, 3f.):

> Occubuitque Rahel, Ruben patris, improbe, lectum
> polluis, Isacum Parca timenda rapit.

Für die Darbietung des Stoffes im Ganzen sind nur die Typen A] und B] von Belang. Wie nicht verwunderlich, sind diese beiden Vorgehensweisen in den einzelnen biblischen Büchern ganz ungleichmäßig verteilt: In der Umsetzung narrativer Bibelteile überwiegt Typus A] deutlich: Bei der Wiedergabe der 50 Kapitel der Genesis erscheint nur an acht Stellen Typus B], dies großenteils bei den genealogischen Zusammenstellungen in Gen 5. 10. 11, 10–32. 25, 12–18. 36; außerhalb davon nur dreimal. Noch durchgehender herrscht Typus A], im Sinne raffender Nacherzählung, im Matthäusevangelium vor; Typus B] erscheint, wie sich von selbst versteht, bei Mt 1, aber auch nur dort. Weit in der Überzahl ist Typus A] jedoch auch bei den Psalmen: Unser Dichter unternimmt es zumeist, aus diesen Liedern und Gebeten wenige Sätze (Klagen, Bitten, Lobesworte usf.) herauszugreifen und sie für das Ganze stehen zu lassen. Im Hohenlied vergegenwärtigt Typus A] die Wiedergabe eines Stücks Personenrede der biblischen Lieder; derartige Stellen sind allerdings in der Minderzahl.[42] Typus B] bezieht sich hier natürlich nicht auf den vermeintlichen biblischen Autor (»Salomo«), sondern auf das Tun und Reden von Bräutigam und Braut.

Beim Jesajabuch ist Typus B] in der Überzahl, während bei einer andern Lehrschrift, dem Römerbrief, die beiden Typen ungefähr gleich stark vertreten sind. In der Jesaja-Wiedergabe ist es zur Bildung eigentlicher »Nester« des einen oder andern Typus gekommen. Die in ihr unter Typus B] vertretenen Aussageweisen sind vielfältig, knapp fünfzig verschiedene Verben sind beteiligt; einige von ihnen (dazu wenige andere) findet man auch im Römerbrief wieder.

Die unmittelbar nachgestaltende Wiedergabe (Typus A]) fällt, je nach den Ausgangsbedingungen, unterschiedlich aus. Im Vordergrund steht der Ansatz zu einer globalen Wiedergabe des jeweiligen Kapitels, vergleichbar den prosaischen Kapitelsüberschriften zeitgenössischer Vulgatadrucke. Die Gegenüberstellung zweier Beispiele genügt allerdings, um zu zeigen, dass die Epigramme keinesfalls eine Versifikation solcher Inhaltsangaben darstellen, sondern dass Gwalther sie unmittelbar aus dem Bibeltext heraus gestaltet hat.[43] Die Wiedergabe von

---

[42] Beispiele hierfür sind Hld 1, Vs. 2: »Non cures, quod sim corpore fusca nigro«, oder 6, Vs. 1: »Grata mei subiit cordis penetralia sponsus«.

[43] Den folgenden Beispielen liegt der in Anm. 41 genannte Druck zugrunde. – Auch mit mittelalterlichen Inhaltsangaben biblischer Perikopen hat Gwalthers Herangehensweise nichts gemein. Ein Beispiel dafür bietet seine Wiedergabe von Ps 2 (hier weiter unten), verglichen mit mittelalterlichen *tituli psalmorum* (vgl. Anm. 29), grundständige Edition (1959), 100, Ser. III: »Vox apostolorum de Pilato et Herode et conventu Iudeorum est; et Christus de potestate a patre accepta dicit.« / 121, Ser. IV: »Prophetatio de Christo et vocatione gentium.« / 138, Ser. V: »(Secundus psalmus ostendit) quod ipse in hereditatem capiat omnes gentes a patre.« / 153, Ser. VI: »Propheta de conventu infidelium contra Christum in passione loquitur, et Dominus Chris-

Gen 1, »Condidit e nihilo [...]« (Abschnitt 4), entspricht – vielmehr:
entspricht eben nicht – folgender Prosaüberschrift: »Die primo facta
est lux, die secundo factum est celum, die tertio factum est mare et
terra, die quarto sol et luna et stelle, quinto reptantia maris et volatilia,
sexto iumenta, serpentes et bestie et homo.« Zu Koh 2 stehen hier die
dürren Worte: »Quod in affluentia delitiarum, in supervacuis edificiis
et divitiis sit vanitas.« Gwalther dagegen dichtet:

> Delicias multi quaerunt, sed nulla voluptas
> integra, nulla boni nomen habere potest.
> Nec labor infoelix turba a sapiente probatur,
> cum mentem cruciet cura dolorque gravem.

Wo es um Ereignisgeschichte geht, nutzt Gwalther das bewährte dichterische Mittel einer dichten Folge parataktisch nebeneinander gesetzter Kurzsätze, so etwa in bezug auf das Ende der Sintflut (Gen 8
[Abschnitt 4]), »Flumina subsidunt [...] forma redit«, oder in dem
(hier weiter oben) beiläufig aus Genesis 35 angeführten Distichon,
»Occubuitque [...] timenda rapit«. Denselben Stil trifft man auch in
der Wiedergabe biblischer Personenrede an, etwa beim letzten Kapitel
der Bergpredigt (Mt 7).

Wo jedoch nicht Erzählung, sondern ein Psalm, ein Stück Lehre
umzusetzen war, wird vielfach die eine oder andere Einzelheit herausgegriffen. Ein Beispiel dafür ist die Wiedergabe von Ps 2:

> Quo ruitis, miseri? Num Christi frangere regnum
> conatur saevo pectore vestra manus?
> Irrita sunt coepta haec, pugnant contraria fata,
> et magna hinc vestrae damna salutis erunt.

Mit dem ersten Distichon werden – mit Apostrophe (Typus C], siehe
oben) – die ersten beiden Verse des Psalms wiedergegeben, das zweite
nimmt in allgemeiner Weise den Inhalt der Verse 4f. und 12 auf, die
Prophetie in seinem Mittelteil ist dagegen kaum berücksichtigt. Vielfach aber sind die einzelnen Stellen so ausgewählt, dass das ganze
Kapitel in den Blick gefasst ist.

Einige Besonderheiten in der Darstellung nach Typus A] verdienen
noch erwähnt zu werden: Zunächst, dass Elemente damaliger routi-
nemäßiger Exegese in der Erzählung so »untergepflügt« sind, als gehörten sie der *littera* selber an. So, wenn es (Gen 18, 1f.) über den
Besuch der drei Männer bei Abraham in Mamre heißt:

tus de omnipotenti regno et de inenarrabili generatione sua.« / Nouvelles séries, 32:
»Terret malos, ne insurgant contra bonos, quia graviter punientur a Christo.«

> Excipit humano velatos corpore divos
>   Abram, qui hunc partus tempora grata docent.

Hier wird, mit einem dogmatisch vielleicht bedenklichen, poetisch jedoch harmlosen Paganismus (»divos«), die damals für selbstverständlich genommene Deutung der drei Männer als die drei Personen der
Trinität unmittelbar in die Nacherzählung eingesetzt. Bemerkenswert
ist ferner, dass manchmal ein Gleichnis Jesu, ohne jeden Hinweis darauf, dass dies erzählende Rede einer Person sei, in erzählte Ereignisse
eingebettet wird. So stehen bei Mt 20 (Vs. 1f.) das Gleichnis von den
Arbeitern im Weinberg, die dritte Leidensankündigung und der
Wunsch der Zebedaidenmutter eng gedrängt zusammen:[44]

> Agricolas plures conduit, tristia fata
>   narrat, pro natis mater inepta rogat.

Im Matthäusevangelium ist, wie sich versteht, vielfach Christus das
Subjekt der einzelnen Aussagen, dabei wird er jedoch – auch am Eingang eines Epigramms oder nach Subjektwechsel – meist nicht genannt. Einigemale sind in die biblische Nacherzählung, und zwar ohne
Redeankündigung, einzelne Jesusworte in direkter Rede eingeflossen.
Im Folgenden die Wiedergabe der Aussendung der Zwölf in Mt 10,
sodann der dortigen Verse 34 und 39:

> Discipulos mittit, doceant ut dogmata Christi,
>   eventus quorum heic officiumque docet.
> Non ego do pacem, sed tristia praelia surgent,
>   sed, quem non terrent praelia, salvus erit.

In Partien, in denen dem Typus B] eine tragende Rolle zukommt, wird
vielfach innerhalb eines Kapitelepigramms zwischen A] und B] gewechselt. Leicht stellt sich der Wechsel von B] zu A] ein in Fällen wie
bei Gen 23:

> Tristia defunctae narrantur funera Sarae,
>   extinctae coniux moesta sepulchra parat.

Auffälliger ist der Wechsel in der umgekehrten Richtung in der Wiedergabe von Röm 1:

---

[44] Zu beachten ist, dass gemäß der »Sachhälfte« des Gleichnisses zwischen »con-
ducit« und »narrat« kein Wechsel des sachlichen Subjektes stattfindet: der Gutsherr in
der Erzählung ist hiernach mit dem Erzähler Jesus identisch.

Saepe quidem volui Romanos visere fratres,
  impediit fortis sed mea vota Deus.
Inde docet, quaenam vitii sit turpis origo,
  ut summi ignores numina sancta Dei.

Was weiterhin die Wiedergabe nach Typus B] angeht, so ist dieser im
Psalter stark verbreitet, in den ersten fünfzig Psalmen beträgt das Ver-
hältnis A]: B] etwa 7:3. Recht häufig wird innerhalb eines Psalmen-
epigramms von B] zu A] gewechselt: erst wird eine beschreibende
Inhaltsangabe gegeben, darauf die Wiedergabe einer Äußerung des
Psalmisten.

In den Inhaltsangaben gemäß Typus B] wird vielfach kein Subjekt
gesetzt. Dies kann sich treffen mit einer hergebrachten Eigentümlich-
keit exegetischer Prosa, so in der Wiedergabe der Nachkommentafel
Noahs, Gen 10:

Humani generis quae sit generatio, vel qui
  regnorum fontes principiumve, docet.

Gemeintes Subjekt ist entweder der vorausgesetzte menschliche *auctor*,
Moses, oder aber Gott / der Heilige Geist. Wenn in der Wiedergabe
von Koh 10 (Vs. 1f.) Entsprechendes geschieht, ist zu berücksichtigen,
dass Salomo als Verfasser feststand (und hier in Koh 1, 3f. auch genannt ist). Erst recht gilt das für das Eingangskapitel des Matthäus-
evangeliums. Im Jesajabuch habe ich 38 solcher Stellen gezählt; immerhin wird Jesaja neunmal als der »propheta/-tes« oder »vates« im
Text genannt. Beim Römerbrief stehen die vielen Setzungen von »docet«, »(de)scribit« usf. alle subjektlos: mit der Nennung von »Romanos« im ersten Vers war Paulus als Urheber des Textes bestimmt. Für
alle Psalmen, die in ihrem Eingang David zugelegt werden, gilt Ähn-
liches.

Mitunter erfolgt eine förmliche Zuweisung einer Sprecherrolle, so
wenn das »Danklied der Erlösten« in Jes 25 eingeleitet wird mit:

Digna Deo summo decantant carmina sancti,
  qui forti fregit corda superba manu.

Bei einem biblischen Buch war die Aufteilung auf Sprechende in Text-
überlieferung und Exegese fest mitgegeben: beim Hohenlied. So wird
denn auch hier einige Male die *sponsa* als sprechend eingeführt. (Der
Bräutigam, der ja mit dem vorausgesetzten göttlichen *auctor* des Textes
in eins fällt, wird nie in dieser Weise genannt.)

6. Exegese in Dichtung, Dichtung als Exegese

Alle Bibeldichtung ist zugleich auch Bibelexegese; dies gilt selbst für stark verknappende poetische Bearbeitungen gleich derjenigen, um die es hier geht. Wir können darin unterscheiden zwischen Exegese-Elementen, die sich als solche bekennen, und solchen, die sich beinahe selbsttätig einstellen, weil der Dichter einer Deutungsgemeinschaft angehört, die ein gewisses Vorverständnis biblischer Texte teilt, etwa den christologischen Fluchtpunkt des Psalters oder die Deutung von Braut und Bräutigam im Hohenlied auf Christus und die Kirche (oder die Seele des Gläubigen). Und schließlich gibt es Deutungselemente, die sich bei der Tätigkeit des Verknappens, beim Herausmeißeln des *sensus* einer Perikope einstellen. Der Dichter nimmt den Text, wie jeder andere Leser auch, auf seine Weise wahr.

Mit Typus D] bezeichnen wir zunächst nur das erstgenannte Vorgehen: dass die bare Umsetzung des Wortlautes ergänzt (oder ersetzt) wird durch eine sich mit textlichen Signalen als solche ausweisende Deutung. In Gwalthers Bibelextrakten kommt dies allerdings nur selten vor. Im Matthäusevangelium und im Römerbrief, auch in der Genesis gibt es keine solchen Passagen. Ab und zu begegnen solche bei Jesaja, häufiger finden sie sich aber im Psalter und im Hohenlied – dessen *littera* man in der älteren Exegese zumeist keinerlei Eigenwert zuerkannt hat. Explizit ist eine hermeneutische Operation dargestellt in der Wiedergabe von Jes 35: Sie führt ein (zwiefaches) Exegeten-Subjekt ein. Andernteils gesteht sie dem alttestamentlichen Text in seiner Zeit einen Eigenwert zu, räumt somit ein, dass sich dessen Bedeutung nicht in der christologischen Perspektive erschöpfe:

> Solatur miseros melioraque fata recenset,
>   tristia nempe suas sunt habitura vices.
> Si tamen haec aliquis referat sub tempora Christi,
>   hunc certa duci cum ratione putem.

Wer die Deutung eines Textes auf dessen Urheber zurückführen will als das von ihm eigentlich Gemeinte, stellt die *littera* als sprachliches Bild, als rhetorischen *color* für das Auszusagende hin. Dies tut Gwalther etwa in seiner Umsetzung von Ps 45; die darin wahrgenommene Rede von einer königlichen Hochzeit ist nach ihm ekklesiologisch gemeint (Ps 45, 3 f.):

> Pingitur his viventi ecclesia sancta colore,
> quae Christo est laeto tradita coniugio.

Wie sehr man die biblischen Texte »rückwärts las«, vermag die Wiedergabe von Hld 4 zu vergegenwärtigen. Hier bezieht sich die Metaphorik des Malens auf den Bräutigam:

> Pulchra suae pingit dilectae corpora sponsae,
> his, quae sint fidei munera sancta, docet.
> Inde suum prompto testatur corde favorem,
> quo sibi devinctos Christus amare solet.

Diese Stelle zeigt, wie beim Hohenlied übergangslos zwischen *littera* und Deutung gewechselt wird. Dies geschieht aber auch sonst recht oft: In der Wiedergabe des Jesajabuches erscheint dreizehnmal der Name Christi, meist in Passagen, die als unmittelbare Aussage Jesajas hingestellt sind, seltener, wie oben bei »Solatur miseros [...]«, als Ergebnis einer Deutung.

Noch bleibt uns von einer besonderen Kategorie von Deutungen, ja, von Umdeutungen, zu sprechen, nämlich solchen, die eher auf die Auffassung der Vorlage durch den Leser-Dichter selber zurückgehen. Spuren davon gewahren wir etwa in der Wiedergabe des Kohelet. Die Abgeklärtheit und Gelassenheit des »Predigers«, sein mit Frömmigkeit gepaartes Behagen an der Welt war Gwalthers Sache nicht, und da und dort fragt man sich geradezu, wo er das gelesen haben will, was er als Inhalt eines Kapitels wiedergibt. In seiner Vorlage scheint er das Entschiedene zu vermissen, wenn er in das 1. Kapitel die Suche nach dem höchsten Gut für die elenden Menschen hineinlegt (Koh 1, 1 f.):

> Magna fuit semper doctorum quaestio, summi
> quinam sit miseris fons et origo boni.

Und das Thema des zweiten Teils von Kapitel 5 ist nun einmal nicht der Geiz, sondern ist der nur bedingte Wert von Reichtum. Gwalther aber gibt (Koh 5, 3 f.) als dessen Inhalt an:

> Divitiis nunquam non affliguntur avari,
> ergo bonum summum nullus avarus habet.

Die Aufmunterung, der Mensch möge sich seiner Jugend freuen (Koh 11, 7–10), gerät bei ihm (Koh 11, 3 f.) zum Bußruf im Sinne von »Eile, rette deine Seele«:

> Non mora sit, moneo, quin mox resipiscere pergas,
>   incertum est etenim, quae ferat hora necem.

Es gibt Stellen, an denen ein großes Erzählthema zu einer altbackenen moralischen Mahnung führt, so mündet die Geschichte von dem Inzest Lots und seiner Töchter – in eine Warnung vor Trunksucht (Gen 19, 3 f.):

> At natae vetuli tentant connubia patris,
>   idem avus et pater est: hoc dedit ebrietas.

Dergleichen Stellen erinnern andererseits daran, welch lebendigen Umgang man im reformierten Zürich des 16. Jahrhunderts mit dem Alten Testament hatte. Reizvoll wäre es, zürcherische Predigtreihen, etwa die von dem jungen Dichter später geschaffenen, zum Vergleich beizuziehen.

7. Zum poetischen Handwerk

Nachdem wir die einzelnen Typen der Umsetzung kennengelernt haben, sollen noch kurz einzelne Aspekte des Dichterisch-Gestalterischen zur Sprache kommen: Wer im Mittelalter oder in der Zeit der Renaissance metrisch dichtete, hatte diese Fertigkeit anhand der großen antiken Vorbilder erlernt. Davon zeugen allerorten Versatzstücke: kraftvolle Prägungen oder aber in der Daktylendichtung gut sitzende Formeln, vor allem am Versschluss. Für ein Werk gleich dem vorliegenden ist indessen fast noch bezeichnender, inwiefern Übereinstimmungen mit älterer christlicher Dichtung bestehen, einerlei, ob es sich dabei um Entlehnungen handle oder ob sie sich von ungefähr eingestellt haben. Mit den heutigen Mitteln würde sich mit geringer Mühe eine Buchhaltung über dergleichen aufmachen lassen, in welcher jedoch wirklich aussagekräftige Befunde in der Menge an beiläufigen Entsprechungen leicht verschwänden. Und der beschränkte Druckraum verbietet an dieser Stelle ohnehin, eine Belegsammlung auszubreiten.

Ein einzelnes Beispiel muss genügen: Der Segen Jakobs und sein Tod (Gen 49) wird durch folgenden Zweizeiler dargestellt:

> Fausta precans natis Iacob venientia fata
>   edocet, hinc moriens regna superna petit.

Dabei ist der Schluss des Hexameters aus Ovids »Metamorphosen« (oder auch aus Lucans »Pharsalia«)[45] bezogen, die zweite Hälfte des Pentameters dagegen kommt überein mit einer Stelle in einem metrischen Epitaph des spätantiken christlichen Dichters Venantius Fortunatus.[46] Auch sonst finden sich überraschende Parallelen gerade zu diesem Dichter. Freilich ist nicht anzunehmen, Gwalther habe seine Texte gekannt. Vielmehr geht es hier um überpersönliche Handwerkstraditionen, die sich fortgeerbt haben.

Dergleichen Bezüge namhaft zu machen, dient dazu, poetischen Mikrostrukturen nachzuspüren, dient dem Versuch, die prägende Kraft dichterischer Konventionen zu erfassen. Denn angesichts von Bibeldichtung, sei sie mehr epischer oder mehr epigrammatischer Art, ist es je und je besonders reizvoll, die Überführung biblischen Erzählens in die Kunstsprache der paganen und der christlichen Daktyliker zu verfolgen, den Anteil abzuschätzen, welchen der Wechsel des »medialen Formates« an der neuen Stilisierung einer Szene hat.

Der Sog, welchen die Konvention und Tradition daktylischer Dichtung ausüben, äußert sich auch, wie manchenorts in lateinischer christlicher Dichtung, in verbalen Paganismen. Der Gebrauch von »divos« (Gen 18, 1) ist schon in Abschnitt 5 erwähnt worden. Allgemein recht gängig ist der Gebrauch von »Olympus« für den Himmel, in dem der christliche Gott thront. In ein antikisches Gewand gehüllt ist auch die Nachricht vom Tode Isaaks (Gen 35, 4, ebenfalls in Abschnitt 5): »Isacum Parca timenda rapit«.

Wer nun aber so stark wie Gwalther mit dieser Handwerkstradition verbunden ist, verwendet gut sitzende Formeln auch selber jeweils mehr als einmal, und dies geschieht reichlich nur schon innerhalb der hier herangezogenen schmalen Ausschnitte aus seiner Bibeldichtung. Stichproben erweisen übrigens, dass es hierin auch zu Gwalthers ungefähr gleichzeitig geschaffener Dichtung »Monomachia Davidis et Goliae« (dazu Abschnitt 2) Querverbindungen gibt.

Eine weitere Charakteristik von Gwalthers Versen besitzt Wurzeln, die weniger weit zurückliegen, sondern einer Gepflogenheit seiner Zeit entsprechen, nämlich die Vorliebe für archaistische Formen. Gerne setzt er »heic« für »hic« oder »-eis« für die Nom./Acc.-Pl.-Endung »-es« ein. Während der Dichter hier lediglich einer Mode folgt, gibt es andere Fälle, in denen er sich mit dem Gebrauch solcher Formen

---

[45] *Ovid*, Metamorphosen 7,605; *Lucan*, Pharsalia 7,212.
[46] *Venantius Fortunatus*, Carmina 4,18,24.

dichterischen Spielraum erkauft hat, so mit »queis« anstelle von »quibus« oder mit »siet« anstelle von »sit«, sehr bequem am Pentameter-
schluss zu verwenden.

8. Tektonisches im Dienste der Emphase

Neben den oben erwähnten Selbstwiederholungen aus Tradition oder
Versbequemlichkeit treffen wir da und dort geplante Wiederholungen
oder, allgemeiner, Parallelisierungen, die im Dienste der Emphase, der
plastischen Herausarbeitung eines Gedankens stehen. So ist bei Ps 36
mittels der sehr ähnlich gebauten Hexameter eine Antithese angelegt:

> Una mali causa est Domini pietate carere
>   et vitii forma blanditiisque capi.
> Una boni causa est Domini pietate teneri,
>   qui sua dat solis commoda magna piis.

Auch Entsprechungen zwischen dem Schluss des einen Epigramms
und dem Anfang des nächsten, nach Art einer freien Anadiplose, kommen vor. Dafür nur ein Beispiel, aus der Wiedergabe zweier Kapitel
des Jesajabuches (Jes 45, 4 / 46, 1):

> […] in idolis non latet ulla salus.

> Nulla idola iuvant, oneri sunt […]

Dass hier (und anderswo) am Anfang eines Epigramms auf den Schluss
des vorigen Bezug genommen zu sein scheint, ist ein Hinweis unter
mehreren, dass Gwalthers »Argumenta capitum«, auch wenn jedes
Epigramm für sich tragfähig ist, sich doch unter gewissen Gesichtspunkten als kohärente Dichtung betrachten lässt.

9. Lateinische Distichen und deutsche Reime

Zum Schluss sollen ein paar Proben von Waldis' Umsetzungen von
Gwalthers »Argumenta« (Abschnitt 3) gegeben werden. Zur Gegenüberstellung wähle ich Stücke aus, deren Wiedergabe durch Gwalther
oben bereits je in anderen Zusammenhängen angeführt worden ist.
(Die ersten drei stammen aus Abschnitt 5, das letzte aus Abschnitt 6).

Gen 1 (»Condidit e nihilo [...]«) lautet bei Waldis:

> Avß nicht im anfang schuff der Herr /
>   Himel vnd Erdt / Fewr / Lufft vnd Meer /
> Vnd ſolch groß vnbegreifflich laſt /
>   Bald in ein beſtendig ordnung faſt.
> Den Menſchen ſchuff er ſchőn ob allen /
>   Segnets vnd ließ jms wolgefallen /
> Vnd ſprach / all Vőgel / Viſch und Thier /
>   Soln furcht vnd gehorſam leiſten dir.

Die Anlehnung an Gwalther ist in einigen Einzelheiten zwar unver-
kennbar, doch lässt bereits diese erste Probe erahnen, dass der deutsche Dichter anderen Leitvorstellungen nachlebt und mitunter unmittelbar auf den Bibeltext zurückgeht. Ähnlich ist der Befund bei Ps 2
(»Quo ruitis, miseri [...]«):

> Die Welt nimpt groſſe torheit fűr /
>   Wie sie Chriſto ſein Reich zerſtőr
> Doch iſts vmb ſonst/ kumpt jn zum hon /
>   Er bleibt fur jn im hőchſten Thron.

Gwalthers emphatische Apostrophe ahmt Waldis nicht nach, der Verlauf der Gedanken ist linearer, allerdings tritt auch hier die Antithese
zwischen erster und zweiter Strophenhälfte deutlich zutage; ebenso
wenig wie bei Gwalther ist die prophetische Partie des Psalms berücksichtigt.

Beim Buch des Predigers fällt auf, dass Waldis auf dessen Gleichmut
und Gelassenheit eingeht, während Gwalther dazu neigt, die Aussagen
auf Schwarzweiß-Kontraste auszurichten. Die Wiedergabe von Koh 2
(Gwalther: »Delicias multi [...]«) liest sich bei Waldis so:

> Auff alle woluſt / wunn vnd freud /
>   Folgt endtlich eittel Hertzen leid.
> Kein ding auff Erden hie beſteht /
>   Der Weiß gleich wie der Narr hingeht.

Geschlossen sei mit der Umsetzung von Hld 4, in der sich Waldis recht
stark an Gwalther (»Pulchra suae pingit [...]«) anlehnt:

> Der Braut Geſtalt gar ſchőn beſchreibt /
>   Viel Tugent ſindt jr ein geleibt.
> Sein Gunst er gegen jr außlegt /
>   Die Christ zu ſeinr gemeine tregt.

10. Rückblick

Vorstehender Skizze war zweierlei zum Ziel gesetzt: einesteils sollte eine wenig bekannte, jedoch bemerkenswerte dichterische Leistung des 16. Jahrhunderts aus dem weiten Gebiet der Bibelpoesie vorgestellt werden, andernteils sollte deutlich gemacht werden, wie sehr sie und andere Hervorbringungen biblischer Gebrauchsdichtung unter verschiedenen Gesichtspunkten von mediengeschichtlichem Interesse sind. Zugrunde gelegt wurde lediglich ein knappes Sechstel des Ganzen, und aus äußeren Gründen war es an dieser Stelle nicht möglich, auf die spezifisch philologischen, poetischen und poetologischen Belange in dem erforderlichen Maße einzugehen. Das Wenige, was hier zu Gwalthers »Argumenta capitum« gesagt werden konnte, trägt den Charakter des Vorläufigen an sich. Möge es als Ansporn dazu dienen, sich dieses lohnenden Themas in vertiefter Weise anzunehmen!

»OUR PHILOSOPHY«: HEINRICH BULLINGER'S PREFACE TO THE 1539 LATIN BIBLE

Bruce Gordon

1. INTRODUCTION

The recent growth in scholarship on Heinrich Bullinger that emerged around the four hundredth anniversary of his birth in 2004 owes much to the leadership of Emidio Campi, who during his tenure as director of the Institute for Swiss Reformation History in Zurich has overseen a series of outstanding projects, including the ongoing publication of the Bullinger correspondence and a critical edition of the »Decades« by Peter Opitz.[1] Over the past years it has been my pleasure to work with Professor Campi on a number of projects as part of an agreement between Zurich and the Institute for Reformation Studies in St Andrews, Scotland, including a jointly-edited volume on Bullinger.[2] Most recently, this relationship has extended to the study of Protestant Latin Bibles of the sixteenth century, a project begun in 2006 with the support of the Arts and Humanities Research Council in the United Kingdom. Zurich was a leading centre in creating these hitherto little-studied works, which were of enormous importance to the development of biblical culture in the Reformation, and I wish in this short paper to address one aspect of the bond between the Protestant Latin Bible and Zurich.

---

[1] Heinrich *Bullinger*, Sermonum Decades quinque de potissimis Christianae religionis capitibus (1552), ed. by Peter Opitz, 2 vols, Zurich 2008 (Heinrich Bullinger Werke III/3). See also Peter *Opitz*, Heinrich Bullinger als Theologe: Eine Studie zu den »Dekaden«, Zurich 2004.

[2] Bruce *Gordon* and Emidio *Campi* (eds), Architect of Reformation: An Introduction to Heinrich Bullinger, 1504–1575, Grand Rapids 2004.

2. The »Biblia Sacra utriusque Testamenti« (1539)

In 1539 the press of Christoph Froschauer in Zurich produced a Latin
Bible entitled »Biblia Sacra utriusque Testamenti«.[3] The work was not
a direct product of Zurich scholarship for it was a composite of Sebastian Münster's Old Testament, first printed in 1534/35 in Basle, and
Erasmus' New Testament. This 1539 Bible marked a new direction in
Zurich: not only was it the first Latin Bible to be produced in the city,
but it signalled a decisive turn away from the Vulgate, which had
remained in use following the Reformation. Münster's Old Testament
was one of the most influential scholarly works of the Swiss reformation.[4] With its extensive use of rabbinical material and detailed philological notes, Münster's translation was intended to provide scholars
with the most up-to-date learning. His favourable engagement with the
rabbinical sources was highly controversial, earning him the ire of both
Martin Luther, who, although he admired Münster's work was deeply
suspicious of his »Judiazing« tendencies, and of his teacher Konrad
Pellikan.[5] During the 1530s, Pellikan, one of the leading Hebraists of
his day, produced in Zurich an extensive commentary on the books of
the Old and New Testament.[6] In the preface to his commentary on the
Pentateuch he declared himself entirely satisfied with Jerome's Bible,
though he felt there was need to correct those errors which had ac-
cumulated over time.[7]

---

[3] Biblia Sacra utriusque testamenti et vetus quidem post omnes omnium hactenus
aeditiones, opera D. Sebast. Munsteri evulgatum et ad Hebraicam veritatem [...]
redditum [...] Novum vero non solum ad Graecam veritatem [...] opera D. Eras. Rot.
ultimo recognitum et aeditum [...] Additi sunt ex LXX. versione et Apocryphi libri
sive Ecclesiastici, qui habentur extra Canonem, Zurich: Christoph Froschauer, 1539.
   [4] On Münster, see Karl Heinz *Burmeister*, Sebastian Münster: Versuch eines biographischen Gesamtbildes, Basel 1963. More recently, Matthew *McLean*, The Cos-
mographia of Sebastian Münster: Describing the World in the Reformation, Aldershot
2007 (St Andrews Studies in Reformation History).
   [5] See Stephen *Burnett*, Reassesing the Basel-Wittenberg Conflict: Dimensions of the
Reformation-era Discussion of Hebrew Scholarship, in: Hebraica Veritas? Christian
Hebraists and the Study of Judaism in Early Modern Europe, ed. by Allison P. Cou-
dert and Jeffrey S. Shoulsen, Philadelphia 2004, 181–210. On Münster's view towards
Judaism, see Stephen *Burnett*, Dialogue of the Deaf: Hebrew Pedagogy and Anti-Jewish
Polemic in Sebastian Munster's Messiahs of the Christians and the Jews (1529/39), in:
Archive for Reformation History 91 (2000), 168–190.
   [6] On Pellikan, see Christoph *Zürcher*, Konrad Pellikans Wirken in Zürich, 1526–
1556, Zurich 1975 (Zürcher Beiträge zur Reformationsgeschichte 4), 85–152.
   [7] Konrad *Pellikan*, In Pentateuchum sive libros quinque libros Mosis, nempe Ge-
nesim, Exodum, Leuiticum, Numeros, Deuteronomium Conradi Pellicani sacrarum

The printing of the 1539 Bible indicated that the mood in Zurich had changed. A revision of Jerome's Vulgate was no longer deemed adequate, and there was a growing sense that a new translation of the Old Testament into Latin from the original Hebrew was required. From late in the 1530s this work was being undertaken by Leo Jud, Zwingli's close companion and the leading figure in the translation of the Bible into Alemannic.[8] Jud had been heavily involved in Zurich biblical work from its inception in 1525 and was personally responsible for the translation of the Apocrypha, as well as Job, the Psalms, Proverbs, Ecclesiastes, and the Song of Songs. During the 1530s, Jud not only led with the translation work but played a key role in its conceptual development in German: he wrote a preface for the 1534 octavo Zurich Bible, reprinted in the 1538 edition, in which he detailed the approach to translation cultivated in the »Prophezei«. Amongst numerous themes he drew attention to the issue of different translations of scripture and their authority. Employing an argument that would figure prominently in the prefaces to the Zurich Bibles written by Heinrich Bullinger later in the 1530s, Jud invoked Jerome to defend the reality of multiple translations.

> Dann als Hieronymus bezeüget / sind schier als vil tolmätschungen gewesen als kirchen [...] Deßhalb mags keyn verständiger schälten das sich diser zeyt die geleerten allenthalben übend in den spraachen / vnd jren vil auß dem Hebreischen transferierend. Ja vil mer sol man sölichs loben / vnd Gott darumb hohen danck sagenn / der die gemüte erweckt / das sy die heylige geschrifft so fleyssig tractierend unnd erdurend.[9]

literarum in schola Tigurina professoris, commentarii. His accessit narratio de ortu vita et obitu eiusdem, opera Ludovici Lavateri Tigurini, iam primum in lucem edita. Item index rerum potissimum de quibus in his tractatur [...], Zurich: Christoph Froschauer, 1582. I have consulted the 1582 edition available in the St Andrews University Library. Pellikan outlines his positive attitude towards Jerome, A7v.

[8] Traudel *Himmighöfer*, Die Zürcher Bibel bis zum Tode Zwinglis, Mainz 1995 (Veröffentlichungen des Instituts für europäische Geschichte Mainz 154). Die Bibel in der Schweiz: Ursprung und Geschichte, ed. by Urs Joerg and David Marc Hoffmann, Basel 1997; Hans *Volz*, Continental Versions to c. 1600. 1. German, in: The Cambridge History of the Bible, vol. 3: The West from the Reformation to the Present Day, ed. by Stanley Lawrence Greenslade, Cambridge 1987; Paul Heinz *Vogel*, Europäische Bibeldrucke des 15. und 16. Jahrhunderts in der Volkssprache: Ein Beitrag zur Bibliographie des Bibeldrucks, Baden-Baden 1962 (Bibliotheca Bibliographica Aureliana 5).

[9] Bibel Teütsch der ursprünglichen Hebreischen und Griechischen warheyt nach auffs treüwlichest verdolmetschet. Darzů sind yetzund kommen ein schön und volkommen Register oder Zeyger über die gantzen Bibel. Die jarzal und rächnung der zeyten von Adamen biß an Christum mitt sampt gewüssen Concordantzen, Argumenten und Zalen, Zurich: Christoph Froschauer, 1538, iiiir. On Froschauer, see Paul

Against Catholic accusations that the vernacular translations possessed no authority, Jud responded, as Zwingli had done earlier, that in the early church the existence of different translations was not seen as a problem. There was no official translation, but rather each church produced its own, recognizing that God had distributed His gifts widely. Indeed, such diversity was to be praised, and seen as part of God's benevolence. It was the Church's insistence on one translation, the Vulgate, that has been the source of error and ignorance.

The preface by Jud presents a variety of concerns facing the Zurich church in the post-Zwingli period, and offers an important guide to how the vernacular language of spirituality was being shaped through the translation of both biblical and theological works. Using a term that would become crucial to Bullinger's own work, Jud describes the Bible as the »schůl der Göttlichen weyßheit« in which the layperson must be instructed in how to distinguish between the literal and figurative meanings of scripture.[10] This association of the Bible with divine wisdom, as we shall see, became central to the teaching of the Zurich reformers, forming a key element of their devotional and pedagogical language. Jud's humanist creed is reflected in his determination that different translations are justifiable if they are grounded in the study of the original languages.

> Das sich nun den Griechen und Latineren in jrer spraach gezimpt hat / warumb sölte das den Teütschen in jrer spraach nit gezimmen? ob gleych zwentzig / ja unzalbar vil wärind / die auß Hebreischem grund die Bibli verteütschtind / damit sy die kirchen / denen sy vorstůndend / dester baß möchtend berichten unnd leeren. Ja ein yetlich volck mag sy in ir spraach vertolmetschen / vnd wirt nütdestminder auß dem kein zwytracht in d'kirchen Gottes entston.[11]

The Zurich attitude towards translation was shaped by both principles and reality. The model of the »Prophezei«, in which scholars worked together under the guidance of the Holy Spirit to translate and interpret the Old Testament from Hebrew into German via the Greek of the Septuagint represented the enlistment of humanist scholarship in the service of the church. But it was also a model of the church itself.

Lehmann-van Elck, Die Offizin Froschauer: Zürichs berühmte Druckerei im 16. Jahrhundert, Zürich/Leipzig 1940. See also Joachim *Staedtke*, Christoph Froschauer: Der Begründer des Zürcher Buchwesens. Zum Gedenken seines 400. Todestages, Zurich 1964.

[10] Bibel Teütsch, iiir.

[11] Bibel Teütsch, iiiir.

At the same time, the Zurich Bibles embodied the diversity of which they spoke. The 1534 and 1538 octavo vernacular Bibles remained hybrids: they included large parts of the Wittenberg Bible, though the language had been altered to suit the Swiss. Jud was quite prepared to admit the debt to Wittenberg, though Luther was not mentioned.

> außgenommen das wir (als es wider bey vns getruckt ward) eins teyls etliche wörtly (so vil die spraach betrifft) nach unserem oberlendischen teütsch / auff bitt etlicher / geenderet / des anderen teyls auch an etlichen orten den sinn (als wir vermeynend das urteyl stande beym läser) klärer unnd verstäntlicher gemacht habend.[12]

The development of the Zurich vernacular Bible in the 1530s cannot be separated from the crucial confessional events that would eventually lead to the permanent rupture of relations between the Zwinglians and Lutherans. The »Wittenberg Accord« and the »First Helvetic Confession« in 1536 defined the theological positions of the two camps, yet, despite polemical outbursts, hope remained for reconciliation. The openness expressed by Jud towards the Lutherans was part of the fading light of Protestant unity. The Swiss, including Jud, had strong connections with the southern German cities. By the end of the decade, however, attitudes were changing rapidly. As a consequence of the »Wittenberg Accord«, and the Swiss refusal to sign it, the Zwinglians were largely excluded from the religious world of the Empire. The Reformed cities of the Confederation were not to be members of the Schmalkaldic League, and Bullinger and his colleagues were dangerously isolated. The rift can be mapped onto the biblical world of Zurich: the 1539 Latin Bible produced by Froschauer contained a preface by Bullinger that was far more polemical and which aggressively attacked unnamed opponents. Bullinger's principal theme, as we shall see, does, however, indicate whom he had in mind. The preface states unequivocally, that the Zurichers, in contrast to their opponents, posses »the true philosophy of the Bible«. Further, the decision to print Münster's translation of the Old Testament was part of the shift away from the mentality, expressed by Pellikan earlier in the decade, that it was sufficient to revise the Vulgate. The production of new translations divided the Reformed from the Lutherans, who remained closely bound to the Vulgate.[13]

---

[12] Bibel Teütsch, iiiir.

[13] Josef *Eskult*, Latin Bible Versions in the Age of the Reformation and Post-Reformation: On the development of new Latin versions of the Old Testament in Hebrew

3. Bullinger's preface

In his preface to the 1539 Zurich Bible, entitled »De omnibus sanctae scripturae libris, eorumque praestantia et dignitate«, Bullinger launches a surprisingly vehement attack on classical literature and what he termed »false wisdom«. Much of the preface is dedicated to the subject of wisdom in its true form and Bullinger's determination to demonstrate its presence in the Zurich church. This preface is quite unlike any of those written earlier in the 1530s; there is nothing of Jud's discussion of the benefits of multiple translations, and no mention of other churches. Instead, the text is suffused with tensions that reflect the troubled position of the Zurich church at the end of the 1530s.

The tone of the preface is partially explained by the Zurich printing of Münster's Old Testament. In the preface to his own translation, Münster had argued that he was not interested in providing an elegant work that followed the style of classical Latin. Rather, his principal endeavour was to capture the complexities of the Hebrew language most faithfully in Latin. This, he recognized, would result in Latin that was, in many respects inelegant and offensive to purists. Without drawing attention directly to Münster's text, Bullinger's preface was intended to defend the translation and the decision by Zurich to print it, arguing that fidelity to the language and the meaning of the text was the primary concern. Bullinger's preface anticipates the criticism from linguistic purists that would be directed against the Zurich 1539 Bible. Nevertheless, the Zurichers were not entirely comfortable with Münster's Old Testament, which was intended as a provisional text until the Zurichers could complete their own version, already underway under the leadership of Leo Jud. The source of the discomfort was Münster's use of Rabbinical material and his extensive philological notes. Notably, the 1539 Bible was printed without Münster's notes, thus denuding it of his principal scholarly achievement; the Zurichers printed only the unadorned text of his translation.

The aggressive tone of the preface reveals Bullinger in full polemical fury. It is a prophetic diatribe against the dangers of uncoupling humanist learning from scripture and of reverence of classical antiquity for its own sake. Bullinger's principal point is to demonstrate that the ancient historians, poets, and philosophers cannot point the way to the truth, for they taught only lies and delusions.

and on the Vulgate as revised and evaluated among the Protestants, in: Kyrkohistorisk Årsskrift (2006), 31–63.

The opening of the preface sets the tone with a quotation from Proverbs 8:6–8 in which Solomon declares »Hear, for I will speak noble things, and from my lips will come what is right, for my mouth will utter truth; wickedness is an abomination to my lips. All the words of my mouth are righteous; there is nothing twisted or crooked in them.« The reference brings into relief Bullinger's primary interest: the relationship between language and truth. The central figure is Cicero, who looms large in all of the Zurich biblical prefaces, and here appears as both hero and villain. For Bullinger, Cicero, like Plato, represents the best of the classical world and its limitations. He names Cicero the greatest of the orators who understands a key element of true wisdom – that it was not dependent on elegance of speech. This for Bullinger and following earlier Zurich arguments is the very principle of the Bible: the »heavenly philosophy and wisdom« has been cast in language that all people can understand and is, therefore, antithetical to impressive and polished rhetoric.[14] Bullinger unleashes a fullscale attack on the art of eloquence, which, he robustly maintains, once more citing Cicero, has nothing to do with wisdom. To speak well and to speak truthfully are not the same thing. True eloquence belongs to the person who speaks the truth. And to do that requires the ability to accommodate oneself to all people, whether they are learned or not, of high station or low.[15]

The distinction between those who value elegance over truth is revealed in their attitude towards the biblical languages. Bullinger says he knows well that many of those who revere the classical languages are offended by the peculiarities of the Hebrew language, which hurts their delicate ears (»delicatis auribus«), and which they regard as barbarous. Yet these same people are perfectly content that Greek and Latin should have their own distinctive forms and structures. When the great works of the Greek authors, such as Plato, Aristotle, Lucian, and Plutarch are translated into Latin they happily read them and accept that the language should be accommodated to suit Latin forms. Why should this not be true of Hebrew? If such people find the original so offensive, then they should read the Old Testament in a Latin trans-

---

[14] »An vero nesciunt in Bibliis nostris coelestem philosophiam ad vulgarium etiam hominum captum esse traditam?« Biblia Sacra utriusque testamenti, A2r.

[15] »Vir sapienter eloquens verborum non est prodigus, sed dicit quae prosint quae que ad destinatum finem pertineant, et ita dicit quemadmodum oportet, cum multis, cum paucis, cum eruditis, cum rudibus, cum pari, cum inferiori, cum maiori, servato temporis et loci decoro.« Biblia Sacra utriusque testamenti, A2v.

lation. The problem, Bullinger suggests, is that they actually despise the biblical languages, using their supposed barbarity as a pretext, yet revere pagan authors. The venal nature of this attitude becomes evident when it comes to learning vernacular languages, which might bring economic advantage. People, Bullinger observes, spare no effort or cost in sending their children to France, Spain, or Italy to learn languages so that they can profit in the world of commerce. If such people made half the effort to learn the biblical languages, then these languages would not seem so peculiar and would be recognised as no less refined.[16]

Elegance is not in itself a virtue, quite the opposite. It is only a tool to be used in the service of the truth. Once more Cicero is Bullinger's witness: he cites the Roman that those who pursue wisdom are philosophers. Followers of wisdom deal with divine matters, an argument with which Plato concurs. Bullinger provides no references for his citations from Cicero and Plato, though he clearly has in mind »The Republic«, for he refers to the right of philosophers to rule. He also follows with Plato's division of philosophy into the three parts through which one progresses to true wisdom.[17] What Plato defines as wisdom encompasses divine and human things, and on this witness, according to Bullinger, scripture must surely be adjudged most highly, for from it one learns the true philosophy. Bullinger states that his task is to demonstrate that the whole of wisdom is not only contained in the Bible, but can be learned from it.

This brings Bullinger to his treatment of the Bible itself, and he expands on themes found in prefaces to earlier Zurich Bibles to offer a fuller theological treatment. He opens with a discussion of the term »Biblia«, which refers to the plurality of books that form scripture, each of which contains in different ways the divine wisdom. This is closely connected to the term »Testamentum«, which has a variety of meanings, such as the will made by the dying in which they declare their last will. Bullinger builds on this analogy to argue that God has declared to the people His commandments and instructions for how they should order their affairs. More significantly, it refers to the covenant (»foedus«) God has made with His people and which has several articles, the first of which is that He is a living, true God who is

---

[16] Biblia Sacra utriusque testamenti, A3r.

[17] »Nam Platonici philosophiam partiuntur in Speculativam, Activam, et Sermocionalem.« Biblia Sacra utriusque testamenti, A3r.

sufficient for all humans. His will is expressed in the Commandments, which all people are bound to keep. He desires that His people are holy as He is holy.[18] This points to the end, or scopus, of the whole of scripture, that there is one high priest, Jesus Christ, whose sacrifice for the sins of humanity alone is salvific.[19] Bullinger then offers the classic Zurich Christological interpretation of the relationship between the Old and New Testaments, declaring that Christ is clearly present in the Old. The Old Testament describes God's relationship with His people Israel while the New speaks of how God's covenant has been extended to the Gentiles. What was foreshadowed in the Old has been fulfilled in Christ.

Bullinger then offers an extensive treatment of all of the books of the Bible, outlining their character and contents. First among the authors of scripture is Moses, whom Bullinger describes as a »father« through whom the divine teaching flowed to humanity. In the first five books of the Bible Moses taught the »vera sapientia« to the whole world. This crucial theme of the Christian Moses, who teaches all, and not just the Israelites, is also to be found in other Zurich writers, such as Pellikan, who addressed the subject in the preface to his biblical commentaries.[20]

Following his treatment of the individual books of the Old and New Testaments, as well as the Apocrypha, Bullinger returns to the subject of divine wisdom and its relationship to classical literature. Addressing his opponents, he asks what, in light of the presence of divine wisdom in the books of the Bible, they are missing. What needs to be found elsewhere?[21] They argue, he continues, that the Bible does not teach about the natural order, and that it has nothing to say about mathematics. Bullinger admits that this is true, but insists that he has never sought to disparage the arts. They are essential tools of learning which must be studied, but in light of the divine wisdom that comes from the Bible alone. Scripture does not simply teach the nature of things which are beyond the natural world; it instructs people in how to live and how to maintain a proper Christian household. The wisdom of the

---

[18] Biblia Sacra utriusque testamenti, A4r.

[19] »Veribus traditum est unum esse deum, hunc solum est colendum, colendum autem spiritu innocentia et fide: item unicam esse orbis iustitiam et redemptionem, unicum esse sacerdotem et sacrificium verum Iesum Christum dei et hominis filium.« Biblia Sacra utriusque testamenti, A4r.

[20] *Pellikan*, In Pentateuchum sive libros quinque libros Mosis, A7v-A8r.

[21] Biblia Sacra utriusque testamenti, B4v.

Bible is practical, and teaches ethics, on which »your philosophy« offers false instruction.[22]

The attack on the ethical teaching of the pagan philosophers leads Bullinger into a virulent assault on Aristotle, whose commentaries, he claims, »no one understands«. As support for his view, Bullinger cites Juan Luis Vives (1492–1540), the Spanish humanist and noted opponent of Aristotle's philosophy.[23] Bullinger describes Aristotle's works on ethics as full of immoral teaching. In stark contrast, he describes Plato as more pious (»syncerior«)[24] He refers to Justin Martyr's »Discourse to the Greeks« where Plato is compared to Moses and the prophets because he spoke of one God, and he relates Justin's story of being in Egypt and reading the works of Plato, in which he discovered that the philosopher recognized the true God, though only darkly. If this what the pre-eminent amongst the philosophers can achieve, Bullinger asks, what of the others? His judgement is damning: nowhere have they demonstrated the ability to find the truth, and there is nothing in their works to recommend them over the Bible. In what concerns the highest good, they have as many opinions as there are days of the year.[25]

History, Bullinger maintains, tells of many learned men who have forsaken the pagans to concentrate on the study of the Bible, among whom are Origen and Cyprian. A philosopher spends his whole life searching for something he can neither find nor comprehend; he arrives at either nothing or false worship and unbelief. Such a vain search comes to only confusion and disorder. Bullinger compares the Twelve Tables of Roman law to the Ten Commandments to argue that everything that is embodied in Greek and Roman learning has been surpassed by the Word of God.[26]

Bullinger acknowledges that Pericles and Cicero were great orators who could move a crowd with their skills, but prompts his reader to consider Paul, who was not a trained speaker. And speaking well has nothing to do truth; what, Bullinger asks, would Cicero have done in the face of the persecution and hatred faced by Paul? Bullinger ridi-

---

[22] Biblia Sacra utriusque testamenti, B4v.

[23] On Bullinger's extensive use of Vives, see Christian *Moser*, Die Dignität des Ereignisses: Studien zu Heinrich Bullingers Reformationsgeschichtsschreibung, chap. 4.1.4 (in print).

[24] Biblia Sacra utriusque testamenti, B5r.

[25] »De summo bono tot propemodum invexerunt opiniones, quot sunt in anni curriculo dies«, Biblia Sacra utriusque testamenti, B5r.

[26] Biblia Sacra utriusque testamenti, B5v.

cules the comfortable lives led by most of the ancient writers. The last part of the preface is a concerted attack on ancient historians, with the fiercest denunciation reserved for Herodotus, who, Bullinger says, is not the father of history, but the »father of lies«.[27]

In his conclusion, Bullinger speaks of Egypt and Assyria as having the longest traditions of philosophy. Moses was in Egypt and Isaiah knew the Assyrians and, therefore, witnessed to the ancient wisdom of those cultures. Yet, in both cases the Bible speaks of how these men of God confounded their opponents. Before Cyrus and Darius the wisdom of God prevailed.[28] It was during the age of the Roman Empire that the Bible was spread throughout the world. Bullinger ends with the admonition to abandon lies and embrace the oldest, truest, and holiest philosophy of the Bible.

The preface to the 1539 Bible is not one of Bullinger's greatest works. It is relentlessly polemical and makes its arguments by assertion. The Bible contains the whole of divine wisdom and therefore is utterly superior to pagan philosophy. Here Bullinger can be found at his most bitter, a mood that could often enter his works. Yet, the preface stands as a highly significant element in the development of Zurich biblical culture. It belongs within a transition towards the more carefully framed and doctrinally precise Latin translation of 1543, completed by Leo Jud, Konrad Pellikan, and Theodore Bibliander. The uncertain attitude towards Jewish sources and the emerging authority of a new Latin Bible are reflected in the deficiencies of the work. The 1543 Latin Bible also contained the 1539 preface, but it was accompanied by a new one written by Bullinger which contained a much more nuanced discussion of the relationship between scholarship, the Bible, and the church.

The 1539 Zurich Latin Bible, like many of the vernacular translations of scripture produced in the city during the decade, was a hybrid work that drew from various sources. Ultimately, these Bibles were replaced by works developed by the remarkable circle of scholars assembled under Bullinger. Yet, their provisional nature reveals much both about the intellectual processes involved in the formation of biblical culture in the city and the historical circumstances which shaped their evolution.

---

[27] Biblia Sacra utriusque testamenti, B6r.

[28] »Apud Persarum regest potentissimos Cyrum et Darium maxima quaedam philosophis nostris concessa sunt.« Biblia Sacra utriusque testamenti, B6v.

»DAS UNS GOTT HELFF UND DIE HEILIGEN«: ZÜRICH IM STREIT UM DIE EIDGENÖSSISCHE SCHWURFORMEL

Hans Ulrich Bächtold

1. 1351–1520 – DER EIDGENÖSSISCHE BUNDESSCHWUR

Die regelmäßige Beschwörung der Bundesverträge war in der Eidgenossenschaft des späten Mittelalters[1] ein Akt von hoher symbolischer Kraft. Der feierliche Anlass und der Treueeid, den die Bürgerschaften oder Landsgemeinden vor den Abgeordneten der Bundesgenossen zu leisten hatten, wurde im Verlaufe des späten Mittelalters zum wichtigen Element im Verfassungsleben des lose verbundenen Staatengebildes, zu einem Zeichen der brüderlichen Verbundenheit – der durch Eid verbundenen Genossenschaft.[2]

Das Ritual, das jeweils in allen Orten gleichzeitig durchgeführt wurde und das nicht nur die Bekräftigung, sondern vor allem auch die Bekanntmachung der Vertragstexte bezweckte, hatte seinen Ursprung in den Weisungen der Bundesverträge selbst. Als sich Zürich 1351 mit den Waldstätten (Uri, Schwyz, Unterwalden) und Luzern verband, wurde festgeschrieben, dass das Bündnis periodisch alle 10 Jahre öffentlich beschworen und damit in allen Vertragsorten Jungen und Alten in Erinnerung gerufen werden solle.[3] Zwei Jahre später, im Ver-

---

[1] Die Eidgenossenschaft war bis 1481 auf VIII Orte, Zürich, Bern, Luzern, Uri, Schwyz, Unterwalden, Zug und Glarus angewachsen und bis 1513 mit Freiburg, Solothurn, Basel, Schaffhausen und Appenzell auf XIII Orte erweitert worden; vgl. Andreas *Würgler*, Art. ›Eidgenossenschaft‹, in: Historisches Lexikon der Schweiz [HLS], Bd. 4, Basel 2005, 115.

[2] William E. *Rappard*, Du renouvellement des pactes confédéraux (1351–1798), Zürich 1944 hat die Geschichte der Bunderserneuerung aufgrund der Eidgenössischen Abschiede im Überblick dargestellt. Über den Eid allg. vgl. Michele *Luminati*, Art. ›Eid‹, in: HLS, Bd. 4, Basel 2005, 111–113; über den Untertaneneid André *Holenstein*, Die Huldigung der Untertanen: Rechtskultur und Herrschaftsordnung (800–1800), Stuttgart 1991; über den Streit um die Eidformel im Rahmen der Verfassungsgeschichte vgl. Hans Conrad *Peyer*, Verfassungsgeschichte der alten Schweiz, Zürich 1978, 88.

[3] Vgl. Hans *Nabholz* und Paul *Kläui*, Quellenbuch zur Verfassungsgeschichte der Schweizerischen Eidgenossenschaft und der Kantone von den Anfängen bis zur Ge-

trag der drei Waldstätte mit Bern, erscheint diese Zeitspanne auf 5 Jahre verkürzt,[4] und in der Folge war in den Bundesverträgen wechselnd von 10 oder 5 Jahren die Rede. Der wohl wichtigste konstitutionelle Akt im vorreformatorischen Bundessystem, das Stanser Abkommen der VIII Orte von 1481, gebot eine Beschwörung jedes 5. Jahr.[5]

Die Schwurhandlung, ein mit Ausnahme der Eidleistung profaner Staatsakt, hatte ihren sakralen Kontext und war stets von einem Gottesdienst begleitet; in den Stadtorten wurde sie denn auch vornehmlich in Kirchen durchgeführt. Die gastgebenden Orte scheuten keine Mühen und Kosten, um den Vertretern der Bundesgenossen an diesem besonderen Tag ihre Freundschaft zu erweisen und bemühten sich, den Anlass zum ebenso würdigen wie glanzvoll-ausgelassenen Fest zu gestalten.[6] An großzügiger Verköstigung und Bewirtung fehlte es nie; im Jahr 1471 seien im Zürcher Rathaus die »lieben eidgenössischen Ratsfreunde« und ihre Begleiter mit Wein freigehalten worden und aus den Herbergen hätten sie Essen zugeschickt bekommen; beim »Ausschenken« sollen 289 Mann zugegen gewesen sein.[7]

Die Bundesbeschwörungen – zwischen 1393 und 1520 sind mindestens 16 belegt[8] –, die in der Regel im Sommer stattfanden, liefen nach einem früh eingespielten Muster ab. Das Basler Ratsbuch von 1507 gewährt uns einen Einblick ins Prozedere: Der Rat bat die Abgesandten der verbündeten Orte, die am Abend in Basel freundlich empfangen und bewirtet worden waren, auf den folgenden Morgen (Sonntag) ins Rathaus, worauf man in feierlichem Zug zum Münster ging und

genwart, Aarau 1940, 18 f.; *Rappard*, Du renouvellement des pactes confédéraux, 11 f. – Im erneuerten Bund zwischen Bern und Freiburg, 6. Juni 1341, wurde sogar die jährliche Beschwörung vorgesehen; *Nabholz/Kläui*, Quellenbuch, 13.

[4] Vgl. *Nabholz/Kläui*, Quellenbuch, 29 f.; *Rappard*, Du renouvellement des pactes confédéraux, 22.

[5] »Und damit alt und jung unnser aller gesvornen pünde dest fürer in gedächtnüß behaltten mögend, und den wissent nachzekommen, so haben wir angesechen und geordnet, das die fürbas hin zů ewigen zytten und allweg in allen ortten von fünff jaren zů fünffen mit geschvornen eyden ernüwret werden söllent.«; *Nabholz/Kläui*, Quellenbuch, 65; Amtliche Sammlung der älteren Eidgenössischen Abschiede, Bde. 3/1–4/2, bearb. von Anton Philipp Segesser et al., Zürich et al. 1858–1886 [EA], Bd. 3/1, 697; *Rappard*, Du renouvellement des pactes confédéraux, 26 f.

[6] So wurden z. B. in Bern (1526) die Abgeordneten »mit Pfeifen und Trommeln« ins Münster geführt; vgl. Hans Stockars Jerusalemfahrt 1519 und Chronik 1520–1529, hg. von Karl Schib, Basel 1949 (Quellen zur Schweizer Geschichte, NF 1, 4) [Stockar, Chronik], 132.

[7] Vgl. Zürich Staatsarchiv [Zürich StA], A 226 (19. Mai 1471).

[8] Vgl. *Rappard*, Du renouvellement des pactes confédéraux, 30 f.

eine Singmesse feierte.[9] Der öffentliche Schwurakt fand sodann unter
Anwesenheit einer großen Volksmenge auf dem »Kornmarkt« statt.
Nach der Einleitung des Zeremoniells durch den Bürgermeister verlas
der Gerichtsschreiber die Vertragstexte der Bünde Basels mit den zehn
Orten und mit Schaffhausen. Der Delegierte von Zürich, der als Vertreter des eidgenössischen Vorortes die Schwurhandlung leitete,[10]
sprach den Baslern nach einigen einleitenden Worten (Vorrede) im
Namen aller Eidgenossen den Eid vor, der mit erhobenen Schwurfin-
gern nachzusprechen sei: »Als der punt verlesen ist und der inhaltet,
das wellen ir [wir] halten und dem nachkomen. Das sweren ir [wir],
das uch [uns] gott helff und die heiligen.«[11]

Bis zur Reformation hatte sich so eine Beschwörungsliturgie entwickelt, die fest im politischen Bewusstsein der Stände verankert war.
Obwohl zum Zeremoniell erstarrt, blieb ihre praktische Zwecksetzung
stets aktuell, denn neben der Vergewisserung der Bundesgenossen-
schaft und der Eröffnung der Texte demonstrierte es vor allem auch
den eidgenössischen Zusammenhalt nach außen. Allerdings fand die
Tradition in der Reformationszeit ihr abruptes Ende; die Schwurfeier
von 1520 wurde zum vorläufig letzten Zeugnis dieser gemeineidgenös-
sischer Einvernehmlichkeit.[12]

2. 1526 – Die Bundesbeschwörung in der Reformation

Die Tradition der Bundesbeschwörung wurde in den Streitereien und
Feindseligkeiten der Reformationsjahre zwangsläufig zum kontrover-
sen Thema. Das Jahr 1525 wäre gemäß der im Stanser Abkommen
vorgesehenen Reihung wieder als Schwörjahr vorgesehen gewesen.

---

[9] »[...] da giengent bede rett mit sampt den botten hynuff inn das munster, ye
zwen und zwen, inn guter erlicher ordnung. Und hielt man ein gesungen ampt von
unser lieben frowen.«; vgl. Basler Chroniken, Bd. 4, bearb. von August Bernoulli,
Leipzig 1890 (Basler Chroniken 4), 89.
[10] Zürich leitete die Eidleistung in allen Orten, in Zürich selbst übernahm jeweils
Bern diese Rolle. Über die Rangfolge und die Vorortschaft in der Alten Eidgenossenschaft vgl. Wilhelm *Oechsli*, Die Benennungen der Alten Eidgenossenschaft und ihrer
Glieder, in: Jahrbuch für Schweizerische Geschichte 41 (1916), 88–93.
[11] Vgl. Basler Chroniken, Bd. 4, 89–91, bes. 90; die Formel ist z.B. auch belegt bei
A. *Koller*, Das Bild der Appenzeller Landsgemeinde, in: Schweizerisches Archiv für
Volkskunde 51 (1955), 197f.
[12] Ein Bericht über die Beschwörung in Zürich 1520 findet sich in: Zürich StA, A
226 (4. Juli 1520).

Doch in eben dieser Zeit erreichte die hitzige Auseinandersetzung um die Kirchenreform und die scharfe Polemik gegen Zürich ihren ersten Höhepunkt. Die eidgenössischen Abgeordneten an der Juni-Tagsatzung in Baden[13] beschlossen daher eine Verschiebung der Sache um ein Jahr, und in der Folge äußerte die Mehrheit der Orte, dass jene, die den »alten Glauben« verlassen hätten, vom Schwurakt auszuschließen seien.[14] Im Vorfeld des geplanten Anlasses vereinbarten die V Orte (Luzern, Uri, Schwyz, Unterwalden und Zug), die als geschlossene Gruppe den Widerstand gegen Zürich und die Reformation anführte, zusammen mit Freiburg und Solothurn, den Zürchern den Eid nicht zu leisten; sie lehnten es auch ab, dass ein Zürcher als Vertreter des Vororts bei den anderen Bundesgenossen die Beeidigung leite und den Eid vorgebe.[15] Die Bundesbeschwörung im Sommer des Jahres 1526 stand daher ganz im Zeichen des Glaubenskampfes und blieb ein höchst fragmentarisches Ereignis, da die VII Orte (die V Orte zusammen mit Freiburg und Solothurn) den Bundesschwur nur mit ausgewählten Orten durchführten.[16] Das konziliante Bern organisierte den Schwurakt in zwei getrennten Durchgängen, erst mit den Traditionalisten, später am Tage mit Zürich und mit Basel (das inzwischen auch in den Ruch der Ketzerei gekommen war).[17] In Appenzell wurde die Schwurhandlung nach dem schmählichen Ausschluss des Zürcher Delegierten gar zur antireformatorischen Manifestation umfunktioniert.[18]

[13] Über die eidgenössischen Tagsatzungen, d.h. die unregelmäßigen Zusammenkünfte der Delegierten aller Orte im aargauischen Baden (nur die sog. Jahrrechnung wurde jährlich um Pfingsten einberufen), vgl. *Oechsli*, Benennungen, 93–147.
[14] Vgl. *Rappard*, Du renouvellement des pactes confédéraux, 50 f.
[15] Vgl. EA 4/1a, 952 f. f (Tagsatzung, Baden, 25. Juni 1526); *Rappard*, Du renouvellement des pactes confédéraux, 51. – Das Vorsprechen der Eidformel erscheint in den Quellen zumeist als »voroffnen«, als »angeben«, »vorgäben«, »fürgäben« oder einfach als »geben«; Beispiele in Zürich StA, A 226 (1545–1551; Auszüge aus Dokumenten zum Bundeseid) und unten, Anhang II.
[16] Vgl. *Rappard*, Du renouvellement des pactes confédéraux, 59 f.; als Zeitzeugen vgl. auch Johannes *Salat*, Reformationschronik 1517–1534, bearb. von Ruth Jörg, Bd. 1, Bern 1986 (Quellen zur Schweizergeschichte, NF 1, 8/1), 336–338, und Heinrich Bullingers Reformationsgeschichte, 3 Bde., hg. von J.J. Hottinger und H.H. Vögeli, Frauenfeld 1838–1840 [HBRG] (Nachdruck Zürich 1985), Bd. 1, 362–365.
[17] Vgl. Stockar, Chronik, 132.
[18] Der Luzerner [Berner?] Abgeordnete übernahm die Vereidigung und versuchte gleichzeitig, die Bündnispartner, über den Inhalt der Bundesbriefe hinaus, auf die »alten brüch der kirchen, satzungen der elteren, by handthabung der hailigen meß und der lieben hailigen bilder und vererung der mütter Gottes etc.« zu verpflichten; vgl. Johannes Kesslers Sabbata, hg. von Emil Egli und Rudolf Schoch, St. Gallen

Dies war für das stolze Zürich nicht nur beleidigend, sondern in seinen Augen auch ein Rechtsbruch.[19] Spätestens zu diesem Zeitpunkt stellte sich die Frage, wie weit Bundesbeschwörung und Rechtskraft der Bünde zusammenhingen. Für die VII Orte war die Verweigerung vorerst einfach der Ausdruck des Abscheus, und die Verletzung ihres Traditionsverständnisses drückte sich in der feindseligen Attitüde aus. Doch zunehmend wurde sie als politisches Mittel benutzt, um Zürich auszugrenzen und gleichzeitig unter Anpassungsdruck zu setzen; in der Konsequenz ließ man die Zürcher spüren, dass sie nicht mehr dazugehörten. Der Schritt zur Interpretation, dass damit die Bundesverpflichtungen außer Kraft gesetzt wurden, lag damit nahe. So jedenfalls sahen es die Zürcher[20] und spielten im Geroldsecker-Handel 1528 kühn mit diesem Argument. Im Streit mit Schwyz um die Einkünfte des Klosters Einsiedeln weigerten sie sich nämlich, einem eidgenössischen Schiedsgerichtsverfahren zuzustimmen, solange der Bundesvertrag mit Schwyz nicht erneuert worden sei. Eine gewagtes Vorgehen, denn die auf »ewig« geschlossenen Verträge hätten wohl kaum ohne formelles Kassieren der Urkunden aufgelöst werden können.[21] Dennoch gab Schwyz nach langen Verhandlungen nach, die beiden Orte beschworen gegenseitig ihr Bündnis und das Rechtsverfahren nahm seinen Lauf.[22]

1902, 226; auch Hans *Büchler*, Die Politik des Landes Appenzell zwischen dem zweiten Kappeler Landfrieden und dem Goldenen Bund 1531–1586, Diss. Zürich 1969, 16f.

[19] Das Klagenverzeichnis Heinrich Utingers von ca. 1529 vermerkt den Ausschluss Zürichs als klare Vertragsverletzung: »Das die pündt uns nit sind geschworen von allen wie wol der inhalt der pündten lutet / wenn man die schwere, ouch uns Zürich, wie anderen orten, schweren sôlle.« Zürich StA, A 250.

[20] Der Weigerung der VII Orte, so Zürich in seiner Klagschrift vom März 1529, war »lychtlich abzûnemmen, und zûvermercken, das sy die Pûnt, nitt willens gewesen zehalten, Dann welicher etwas halten wil, widert sich schweerens nit: Welicher sich aber schweerens widert, der wil ouch (als wol zû gedencken) nit halten.« HBRG, Bd. 2, 70.

[21] Als 1520 in Zürich die Bünde beschworen wurden, brach man den Akt vorzeitig ab (Essenszeit) und beließ es bei der Empfehlung, die nicht mehr verlesenen Bundesverträge einzuhalten; vgl. Zürich StA, A 226 (4. Juli 1520). Dies als Indiz dafür, dass die Beschwörung bzw. Nichtbeschwörung deren Gültigkeit nicht tangierten.

[22] Vgl. *Rappard*, Du renouvellement des pactes confédéraux, 65–69; HBRG, Bd. 2, 2f.; *Salat*, Reformationschronik 1, 413f., erwähnt die Beschwörungsfrage in diesem Handel nicht. – Zu Diebold von Geroldseck vgl. Magdalen *Bless-Grabher*, Art ›Diebold von Geroldseck‹, in: HLS, Bd. 5, Basel 2006, 316.

3. 1532 – Die Eidformel im Fokus der Auseinandersetzung

Die Berner Disputation 1528 brachte schließlich die Wende. Das bis anhin isolierte Zürich konnte in der Folge mit Bern, Basel und Schaffhausen, die sich der Reformbewegung 1528 und 1529 angeschlossen hatten, eine starke Gegenfront aufbauen und so dem Politikum Bundesbeschwörung die Wirkung als Druck- und Disziplinierungsmittel nehmen. Es waren vor allem diese vier reformierten Städte, die fortan den Wunsch nach einer Beschwörung der Bünde wieder ins Gespräch brachten und auch im Ersten Kappeler Landfrieden 1529 festschreiben ließen.[23] Sie trieben das Traktandum auf den Tagsatzungen in der Folgezeit voran, mussten aber bald erkennen, dass sich bei einer allfälligen Durchführung – bedingt durch die religiöse Anbindung des Beschwörungsaktes – erhebliche formale Probleme ergeben würden. Insbesondere Bern verlangte sehr früh eine gemäß evangelischer Lehre gereinigte Form des Eides. Die Sache verzog sich – nicht zuletzt auch, weil Luzern das politische Gewicht dieser Vorbehalte erkannte[24] – bis zum Krieg von 1531. Der von den V Orten diktierte Friedensvertrag, der zweite Landfrieden, verzichtete denn auch auf die Forderung nach einer Neubeschwörung der Bundesverträge; die Kriegsparteien beteuerten nur in allgemeiner Art, dass sie einander die geschworenen Bünde ihrer Vorfahren getreulich halten wollten.[25]

Hatte die Eidverweigerung in den Reformationsjahren die Grundfesten des Bündnissystems gefährdet oder im polemischen Hin und Her zumindest diesen Anschein erweckt, geriet nach 1531 vor allem das Verfahren und der Wortlaut der Eidformel in den Fokus des Streites zwischen den katholischen und den reformierten Orten. Die aus dem Mittelalter tradierte Eidleistung, und vor allem die Anrufung der Heiligen in der Eidformel vertrug sich nicht mehr mit den Vorgaben der evangelischen Lehre. Das hatte Bern schon früh durchschaut und im Innern wie auch nach außen hin die Konsequenzen gezogen. »Wenn ihr hinfür die Wahrheit mit dem Eid bezeugt und bestätigt, tut ihr das allein mit dem Namen Gottes, ohne die Heiligen« hatte der

---

[23] Vgl. Artikel 17 im Ersten Landfrieden vom 26. Juni 1529, in: EA 4/1b, 1482.

[24] Vgl. Franz *Straub*, Zürich und die Bewährung des ersten Landfriedens (Herbst 1529 bis Herbst 1530), Diss. Zürich 1970, 41–48.

[25] Vgl. Artikel 3 im Zweiten Landfrieden Zürichs mit den V Orten vom 20. November 1531; *Nabholz/Kläui*, Quellenbuch, 107; EA 4/1b, 1569, und HBRG, Bd. 2, 250.

Berner Rat in einem Mandat von 1528 verfügt.[26] Und als die Beschwörung des Bündnisses mit Freiburg anstand, hatte es moniert, dass im Vertragstext die Rechte des »Heiligen Vaters, des Papstes« vorbehalten seien, und dass »vor Gott und den Heiligen« geschworen werden sollte. Es hatte deshalb durchgesetzt, dass seine Abgeordneten 1530 in Freiburg bei Gott allein schwören konnten und dass sich die Freiburger Delegierten in Bern die Streichung des »heiligen [Vaters]« gefallen lassen mussten.[27] Bern war es auch gewesen, das bereits zwischen den Kriegen seine Bedenken über diese Konfessionalismen eingebracht hatte, allerdings ohne bei Zürich oder bei den anderen reformierten Orten auf Resonanz zu stoßen.[28]

Doch just diese scheinbaren Formalien sollten den politischen Diskurs unter den Eidgenossen in der Folgezeit entscheidend belasten. Vorerst, im Verlauf der 1530er-Jahre, war die Beschwörung der Bundesverträge an den gesamteidgenössischen Tagsatzungen kaum der Rede wert.[29] Auf der Verwaltungsebene rief die Eidformel allerdings schon im Juni 1532 einige Aufregung hervor, als der für den Thurgau ausersehene eidgenössische Landvogt, Hans Edlibach von Zürich, bei seiner Einsetzung bei Gott, nicht aber bei den Heiligen schwur.[30] Um weiteren Verwirrungen vorzubeugen, beschloss die Tagsatzung, dass bei der Vereidigung der Vögte nicht der Zürcher, sondern der Luzerner oder ein anderer Vertreter den Eid vorsprechen solle, es sei denn, dass der Schwörende reformiert wäre.[31] Im ähnlich gelagerten Fall des Jahres 1535, als der Zürcher Itelhans Thumysen zum Landvogt in den Freien Ämtern vereidigt wurde, verwiesen die Zürcher ausdrücklich auf diese früher getroffene Vereinbarung und auf die nun offenbar

---

[26] Aktensammlung zur Geschichte der Berner Reformation, hg. von Rudolf Steck und Gustav Tobler, Bern 1923, 748 (Mandat des Großen Rates, Bern, 21. Juni 1528).

[27] Vgl. *Rappard*, Du renouvellement des pactes confédéraux, 90f. – Bern hatte im Verlaufe der Verhandlung gar mit der Vertragskündigung gedroht.

[28] Vgl. oben 300 mit Anm. 25f., und Straubs Bemerkungen zu Zürichs Passivität in jenen Diskussionen; *Straub*, Bewährung, 45f. – Zürich hätte spätestens 1528 sensibilisiert sein müssen, als sich die Schwyzer im Geroldsecker-Handel bei der Beschwörung darüber ärgerten, dass der Zürcher Schwurmann die Heiligen nicht nannte; »Und warend die Schwytzer übel zu friden«, überliefert Bullinger (HBRG, Bd. 2, 3).

[29] Vgl. *Rappard*, Du renouvellement des pactes confédéraux, 91f.

[30] Vgl. Ludwig *Knittel*, Werden und Wachsen der evangelischen Kirche im Thurgau von der Reformation bis zum Landfrieden von 1712, Frauenfeld 1946, 95f.

[31] Vgl. EA 4/1b, 1355 i (Tagsatzung, Baden, 10. Juni 1532); ebd. 1383 v (23. Juli 1532) und Actensammlung zur Schweizerischen Reformationsgeschichte in den Jahren 1521–1532, hg. von Johannes Strickler, Bd. 4., Zürich 1881, 628 (Luzerner Instruktion für Hans Golder).

eingespielte Praxis.[32] In diesen Fällen blieb Zürich zwar unnachgiebig, bemühte sich aber stets, die Differenz nicht hochzuspielen. Bezeichnend war etwa die Instruktion an seine Tagsatzungsgesandten im Oktober 1535, dass sie mit allen Mitteln eine Eidabnahme in Bremgarten und Mellingen verhindern, oder aber klarstellen sollen, dass Zürich nicht auf seine Vorortsrechte verzichten und den Eid gemäß seinem Glauben vorgeben würde; gleichzeitig aber mögen sie anbieten, dass die anderen die Heiligen hinzunennen könnten.[33] In dieser Anweisung waren bereits die Zürcher Kernanliegen enthalten, die es künftig zu verteidigen galt: die Leistung des Eides gemäß reformierter Überzeugung (d.h. den Schwur bei Gott allein) sowie die Verteidigung der Stellung als Vorort der Eidgenossenschaft (d.h. die Leitung des Schwuraktes).

4. 1543 – DER AUSBRUCH DES STREITES

Basel, das in Grenzlage zu den habsburgischen Territorien im Elsass und Sundgau stets besonderen Gefährdungen ausgesetzt war, stellte 1543 an der März-Tagsatzung in Baden den Antrag, die eidgenössischen Bünde zu erneuern, denn damit – so die Begründung – »könne man den fremden Fürsten zu verstehen geben, daß die Eidgenossen zusammenhalten und einander nicht verlassen wollen«. Der Vorschlag wurde zwar zustimmend zur Kenntnis genommen und sollte weiterverfolgt werden, weil man mit der Bundeserneuerung aufsässigen Fürsten und Herren »einige Scheu einflößen würde«,[34] doch die Anregung von Blasius Schörli löste eine Diskussion aus, in deren jahrelangem Verlauf der Wortlaut des Eides und das Schwurprozedere zum Haupthindernis aufrückten.

Zürich brachte im Juni erwartungsgemäß die religiösen Vorbehalte der Reformierten ein. Dagegen aber beharrten die katholischen Orte darauf, dass der Eid wie von Alters her, d.h. »bei Gott und den Hei-

---

[32] Vgl. Emil *Schultz*, Reformation und Gegenreformation in den Freien-Ämtern, Diss. Zürich 1890, 133f.

[33] Vgl. Zürich StA, B VIII 3, 82r (Instruktion für Hans Edlibach und Heinrich Rahn zur Tagsatzung, Baden, 18. Oktober 1535).

[34] Vgl. EA 4/1d, 228 n (Tagsatzung, Baden, 12. März 1543) und ebd. 239 e (Tagsatzung, Baden, 16. April 1543): »[...] insonderheit weil der König und die Reichsstände einige Orte und Prälaten mit Auflagen und Kammergerichtsprocessen beschweren wollen.«

ligen«, geleistet werde. Andere Abgeordnete pflichteten ihnen bei, wiegelten ab und versicherten den Zürchern, dass dies den Reformierten bestimmt nicht nachteilig wäre, denn ihr Glaube sei ohnehin durch den Landfrieden gewährleistet, und die Verträge selbst enthielten ja nur weltliche Regelungen. Sie schlugen jedoch vermittelnd vor: Der Zürcher Vertreter solle den Eid nach seiner (evangelischen) Art vorsagen, wonach ihn der Luzerner mit »und die Heiligen« ergänzen würde.[35] Die Kontrahenten hatten so erstmals klar Stellung bezogen, und bereits lag auch eine erste Empfehlung vor, die den Zürchern die religiöse Identität geschützt und deren Vorortsfunktion erhalten hätte.[36]

Aber erst zu Ende des Jahres 1544 – die internationale Lage hatte sich angespannt, von Drohungen gegen die Eidgenossen war die Rede – kam die Debatte wieder in Gang.[37] Und an der Februar-Tagsatzung 1545 schließlich widersetzten sich die V Orte entschieden der Idee, den Zürcher Abgeordneten überall den Eid nach seiner Art vorsprechen sowie einen katholischen »und die Heiligen« nachsagen zu lassen mit dem Argument, dass ihr Volk dies niemals billigen würde. Die Diskussion an dieser Zusammenkunft war fruchtlos und derart bemühend, dass man – wie das Protokoll sagt – nur schwer verstehen konnte, warum über das Geschick der Eidgenossenschaft »eines Wortes wegen« keine Einigkeit möglich sei. Als die Basler Vertreter, Bernhard Meyer und Blasius Schörli, weiterhin auf eine Lösung drängten, als sie darauf hinwiesen, dass bei ihnen – bedingt durch den Generationenwechsel und die Bevölkerungsfluktuation – kaum noch jemand wüsste, was die Bundesverträge besagten, und ankündigten, dass sie nötigenfalls Konsequenzen ziehen müssten, wurden zwei Vorschläge (»Mittel«) erarbeitet und zur Stellungnahme vorgelegt: Der Abgeordnete von Zürich solle überall den Eid »gemäß dem Buchstaben« vorgeben; dass er dabei »die Heiligen« nenne, sei weder dem evangelischen Glauben noch dem Landfrieden abträglich. Lehne Zürich diese Variante ab, dann könnte der Vertreter Luzerns diese Aufgabe in den katholischen Orten (in Luzern der Urner) übernehmen; dies würde ohne Einbuße für das zürcherische Recht auf den Vorrang geschehen.[38]

---

[35] Vgl. EA 4/1d, 262f. g (Tagsatzung, Baden, 4. Juni 1543). – Zur Glaubensgarantie im zweiten Landfrieden von 1531 vgl. unten Anm. 75.

[36] Vgl. auch EA 4/1d, 286 a (Tagsatzung, Baden, 6. August 1543).

[37] Vgl. EA 4/1d, 435 a (Tagsatzung, Baden, 14. Dezember 1544).

[38] Basel war es wichtig, dass eine Bundesbeschwörung durchgeführt wurde; ihre Abgeordneten appellierten an die Kontrahenten, einander nachzugeben, und sie ver-

Dies schreckte die Zürcher auf, denn die beiden Vorschläge hätten ihnen nur gerade die Wahl zwischen dem Aussprechen einer unevangelischen Floskel und dem Verzicht auf den prestigeträchtigen Vorsitz gelassen – eine Zumutung gegenüber den glaubensernsten Reformierten ebenso wie gegenüber der stolzen Stadt. Der Große Rat fertigte deshalb unverzüglich eine Delegation an die V Orte ab, die mitteilen sollte, dass er die beiden »Mittel« nicht annehmen könne, weil sie Zürichs »löblichem Herkommen« und seiner »Religion«, die durch den Landfriedensvertrag garantiert sei, nicht gerecht würden.[39] Stattdessen – so ihr Vorschlag – sollten die V Orte den Gedanken, der an der Juni-Tagsatzung 1543 geäußert worden sei, ihren Landsgemeinden annehmlich machen, nämlich die Ergänzung »und die Heiligen« durch einen katholischen Abgeordneten. Da diese Praxis nicht neu sei, würde sich das Volk gewiss überzeugen lassen.[40]

Über die Reaktionen der einzelnen Orte auf diesen Vorstoß erfahren wir nichts Genaues, aber sie müssen recht unterschiedlich ausgefallen sein. Um den Eindruck der Zerfahrenheit zu vermeiden, meldeten die V Orte nach Zürich, dass sie durch eine Gegengesandtschaft Antwort geben möchten, weil die Zürcher Gesandten unterschiedliche Antworten erhalten hätten.[41] Diese trug am 20. April 1545 vor dem Großen Rat in Zürich die gemeinsame Antwort der V Orte vor. Sie war klar: Sie, die katholischen Orte, lehnten jede Neuerung mit dem Argument ab, das Zürich selber angeführt hatte, nämlich mit der Berufung auf den Landfrieden, der ja auch ihren Glauben schütze, und verlangten, dass ihnen der Abgeordnete des Vorortes den Eid wie von Alters her bei Gott und bei den Heiligen vorgebe. Sie ergänzten ihre Absage mit der leisen Drohung, dass sie notfalls nur mit jenen schwören würden, die ihnen in der altüberlieferten Form zu schwören bereit wären. Die Ratsversammlung scheint die Zurückweisung gelassen auf-

hehlten nicht, dass sie sich im Falle des Scheiterns »nicht darein schicken könnten«. Dies war wohl die verklausulierte Ankündigung, in der Sache gegebenenfalls nachzugeben. Vgl. EA 4/1d, 459 o (Tagsatzung, Baden, 25. Februar 1545).

[39] »[…] diewyl sy von altem har ye unnd ye den eyd angeben unnd dann der lanndsfriden sy by irm glouben schirmpte.« Zürich StA, A 226 (Instruktion, 10. März 1545).

[40] Als Präzedenzfall verwiesen sie auf die Bundesbeschwörung mit Schwyz »nach dem bäurischen Aufruhr«; gemeint ist wohl der Geroldsecker-Handel 1528; vgl. ebd. – Außerdem bestand immer noch die Verabredung von 1532; vgl. oben 301 mit Anm. 31 und 32.

[41] Vgl. Zürich StA, A 250 (Schreiben der V Orte an Zürich, 14. April 1545).

genommen zu haben, versprach, zu gelegener Zeit Antwort zu geben und setzte eine Kommission zur Behandlung des Geschäfts ein.[42]

Bullinger, durch seine Kontakte zu Politikern wie auch durch seine Korrespondenten stets gut informiert, hatte in seiner Predigt tags zuvor den Blick auf den fünförtischen Auftritt gerichtet und den Standpunkt der reformierten Kirche unmissverständlich dargelegt. Er exemplifizierte anhand zahlreicher biblischer Belege, dass in der Frage der Heiligennennung kein Nachgeben möglich sei; denn der Eid wäre eine Sache des Glaubens, und der bedinge, dass Gott allein angerufen werde, ohne dass diesem irgendwelche Götzen beigesellt würden.[43]

Noch während sich der Große Rat den Vortrag der fünförtischen Abgesandten anhörte, verfasste er einige grundsätzliche Gedanken zum Konflikt, die er an Myconius in Basel zur Weitergabe an vertraute Politiker schickte.[44] Der Eid – erläuterte er in seinem Schreiben – sei ein Zeugnis (»bezügen«) auf das höchste Gut, also auf Gott. Die Heiligen neben Gott zu setzen, hieße aber, das Geschöpf dem Schöpfer gleichzustellen. Mit der Formel »Das will ich fest halten, so wahr mir Gott helfe«[45] werde die Hilfe dessen erbeten, der helfen und auch strafen könne; dazu aber seien die Heiligen nicht fähig. Für den reformierten Christen war es demzufolge offenkundig – und dafür sprachen auch die biblischen Gebote und Verbote –, dass ein Eid nur bei Gott allein vorgegeben und auch geleistet werden durfte.

Die Stellungnahme Bullingers weist bereits die Grundzüge der Argumentation auf, die den Kern seiner späteren Äußerungen bildeten und die den Pfarrern in den reformierten Orten im Kampf gegen den Heiligeneid dienlich sein würden. Bullinger hatte auch erstmals gezeigt, dass er sich nicht scheute, die medialen Möglichkeiten wie die Predigt oder die Korrespondenz für seine Sache auszuschöpfen.

---

[42] Vgl. Zürich StA, A 226 (Beschluss des Gr. Rates, 20. April 1545) sowie EA 4/1d, 475, 4. – Der Kommission gehörten an: Bürgermeister Hans Rudolf Lavater, Johannes Hab, Itelhans Thumysen, Jakob Funk, Jakob Röist und Heinrich Holzhalb. – Die V Orte hatten sich schon an ihrer Vorverhandlung auf das Argument geeinigt, dass Zürich, das sich auf den Landfrieden berufe, Gegenrecht halten und sie bei ihrem »wahren alten unbezweifelten christlichen Glauben« belassen müsse; vgl. EA 4/1d, 473 a (Tagsatzung der V Orte, Luzern, 14. April 1545).

[43] »Also bitt ich daß mir gott helff« gab er als gültige Formel vor; vgl. die Predigtnotizen eines unbekannten Hörers: »Capita quaedam per Bulling[erum] et Gualth[erum] tractata in concione sacra 19. aprilis, cum Helvetiorum legati de iureiurando et foederib[us] acturi expectarentur.« Zürich Zentralbibliothek [Zürich ZB], Ms D 51, 83r-84v – Zur Sammlung biblischer Bezugsstellen vgl. unten Anhang I, 339.

[44] Vgl. Zürich StA, E II 342, 127 (Bullinger an Myconius, 20. April 1545).

[45] »Das wil ich styff und stet halten etc., das mir gott also hälff«; ebd.

5. 1545 – Die reformierten Stadtorte unter Druck

Da die Anspannung unter den schweizerischen Reformierten angesichts der internationalen Krise im Vorfeld des Schmalkaldischen Krieges bedenklich anwuchs, suchten sie sich in diesem Jahr 1545 des Zu-
sammenhaltes der Eidgenossenschaft zu vergewissern.[46] Und da die
katholischen Orte – wie sicher anzunehmen war – nicht nachgeben
würden, mussten die Zürcher irgendein Zugeständnis machen. Dabei
stellte sich natürlich die Frage, ob nun religiöse oder staatspolitische
Abstriche gemacht werden sollten. Über die innere Dynamik in den
politischen Gremien dieser Zeit ist leider nichts bekannt. Doch in der
entscheidenden Sitzung des Zürcher Großen Rates, am 10. Juni,
scheint sich die Fraktion der kirchennahen Politiker durchgesetzt zu
haben. Wohl nicht erstaunlich, denn schon die Zusammensetzung der
Kommission wies mit Lavater, Hab und Jakob Röist eine starke Präsenz »evangelischer« Politiker auf, die in guter Beziehung zu Bullinger
standen.[47] In der schriftlichen Antwort an die V Orte bedauerte daher
der Zürcher Rat, dass er deren Verlangen ihres »Glaubens und Ge-
wissens« wegen nicht entsprechen könne. Er zeigte sich gleichwohl,
»um ihrer Freundschaft willen«, zu folgendem Schwurprozedere bereit: Wenn der Zürcher Vorsitzende die Schwurhandlung eingeleitet
habe und die Vertragstexte vorgelesen worden seien, solle der Luzerner Schultheiß oder ein Ammann vortreten und in Gegenwart des
Zürcher Delegierten den Eid nach dem katholischen Brauch vorsprechen. Diese Regelung, nur für die V Orte (den Partnern Zürichs im
Landfriedensvertrag) gültig, dürfe jedoch Zürichs Vorortsrechte nicht
schmälern.[48]

Mit der partiellen Preisgabe des Vorortsrechtes tat Zürich, wohl
gegen den Widerstand mancher »Eidgenossen« in seinen eigenen Rei-

---

[46] Am 4. April 1545 hielten die Delegierten der V Orte in Luzern fest, man sei
wegen der Beschwörung der Bünde zusammengekommen, »da Zürich die Sache
schon öfter angezogen und auch letzthin durch seine Rathsboten in den V Orten die
Bitte angebracht hat, dieselben zu beschwören.« EA 4/1d, 471 a.

[47] Die Anträge der am 20. April eingesetzten Kommission sind nicht bekannt. Zu
deren Zusammensetzung vgl. oben Anm. 42, zu Lavater und Hab unten 307 mit Anm.
50. – Der junge Ratsherr Jakob Röist gehörte zu Bullingers Freundeskreis, der im
April und Mai 1547 in Urdorf zur Badekur weilte; vgl. Hans Ulrich *Bächtold*, »Das gute
Leben in Urdorf«: Heinrich Bullingers Badebericht von 1547, in: Bremgarter Neu-
jahrsblätter 2005, 10.

[48] Vgl. Zürich StA, A 226 (Zürich an die V Orte, 10. Juni 1545); Zürich StA, B IV
16, 108v-209v (Schluss des Schreibens fehlt).

hen, die lieber religiöses Terrain abgegeben hätten, einen Schritt, den auch die Pfarrer billigen konnten. Wie weit Bullinger – wenn einer nicht selber die Heiligen verehre, dürfe er dem Kult auch nicht zudienen, war seine dezidierte Meinung[49] – in diesen Entscheidungsprozess einbezogen war, ist nicht auszumachen. Es ist aber anzunehmen, dass sein Lobbyieren nicht ohne Wirkung geblieben ist. Seine guten persönlichen Beziehungen zu vielen Politikern sind bekannt; insbesondere zu den Bürgermeistern Hans Rudolf Lavater, Johannes Hab und Jörg Müller stand er auf vertrautem Fuß.[50]

Die V Orte honorierten Zürichs Kompromissbereitschaft nicht. An der Juni-Tagsatzung 1545 in Baden beharrten sie auf ihrer Position, die besagte, dass die Bundesbriefe ohne weiteres Diskutieren wie von Alters her beschworen werden müssen. (Offensichtlich war damit die Maximalforderung gemeint, d.h. der Eid würde bei Gott und den Heiligen in allen Orten vor- und nachgesprochen.) Sollte diese Bedingung nicht erfüllt sein, könnte keine Bundesbeschwörung stattfinden; allerdings, fügten sie etwas versöhnlicher hinzu, wäre ihre Bundestreue auch ohne Beeidigung gewährleistet.[51] Die Absage war ernüchternd, nicht nur für die beiden Zürcher Vertreter Lavater und Heinrich Rahn, sondern auch für jene, die nicht in den Disput einbezogen waren. Und aus dieser Enttäuschung heraus bildete sich eine Aktionsgemeinschaft von sechs Orten (unter ihnen auch die katholischen Orte Solothurn und Freiburg), die den Plan fassten, sich mit Gesandtschaften bei den V Orten für den Zürcher Vorschlag stark zu machen.[52]

---

[49] Zürich StA, E II 342, 128 (Bullinger an Myconius, 1. Mai 1545): »[...] wie einer under uns nitt sölle für sich bilder eeren, helgen anrüffen und mäß halten, also söll er ouch nieman darzů hälffen und fürderen.«

[50] Hans Rudolf Lavater, Bürgermeister 1544–1557, Johannes Hab, 1542–1560 und Jörg Müller, 1557–1567. – Zu den persönlichen Beziehungen Bullingers vgl. Erland *Herkenrath*, Bullingers Beziehungen zur politischen Führungsschicht Zürichs, in: Bullinger-Tagung: Vorträge, gehalten aus Anlass von Heinrich Bullingers 400. Todestag, hg. von Ulrich Gäbler und Endre Zsindely, Zürich 1977, 63–67; zur engen Freundschaft mit Lavater vgl. Heinzpeter *Stucki*, Bürgermeister Hans Rudolf Lavater, 1492–1557, Zürich 1973 (Zürcher Beiträge zur Reformationsgeschichte 3), 132–141. – Diese Freundschaft und auch die Haltung Lavaters waren allgemein bekannt. So schrieb z.B. Haller am 28. September 1555, Bullinger möge sich mit Lavater und anderen guten Männern besprechen; vgl. Ioannis Calvini Opera quae supersunt omnia [CO], hg. von Wilhelm Baum et al., Bd. 15, Braunschweig 1876, 797.

[51] Vgl. EA 4/1d, 489f. n (Tagsatzung, Baden, 16. Juni 1545).

[52] Vgl. EA 4/1d, 490f. n und 492 cc (Tagsatzung, Baden, 16. Juni 1545). – Die sechs Orte: Glarus, Basel, Freiburg (zog sich später aus der Aktionsgemeinschaft zurück), Solothurn, Schaffhausen und Appenzell.

Aber ihrem Unternehmen blieb der Erfolg versagt, denn die Obrigkeiten in Luzern, Unterwalden, Uri und Schwyz hielten an ihren Entscheiden fest, und nur gerade die Zuger versprachen, die Sache nochmals vors Volk zu bringen.[53] Ja, die Vermittler kamen nun selbst unter Druck, befanden doch die V Orte bald einmal, dass sich die Neutralen nicht als Schiedsrichter aufführen, sondern sich für oder gegen den alten Modus entscheiden sollten.[54] Nur der Umstand, dass die gegnerischen Abgeordneten an der Tagsatzung im Oktober 1545 unterschiedlich instruiert waren, vereitelte eine neue Abwehrschlacht der geschlossen agierenden vier Stadtorte. Die Versammlung vereinbarte, das Traktandum aufzuschieben, und die Abgeordneten bekundeten einträchtig, dass ihre Orte die Bünde und den Landfrieden gewissenhaft halten werden.[55]

Das Ergebnis war nicht eben ergiebig für Zürich, das sich schon weit vorgewagt hatte, um eine Bundesbeschwörung doch noch zu ermöglichen. Unter der reformierten Geistlichkeit freilich löste es Erleichterung aus, ja Ambrosius Blarer beglückwünschte Bullinger dafür freiheraus, nicht ohne zu hoffen, dass die Reformierten auch künftig gut zusammenwirken würden.[56] Die Uneinigkeit der katholischen Orte verschaffte den reformierten Politikern nun immerhin eine längere Atempause.

6. 1548 – Zürich gibt nach

Die Kriegsereignisse in den deutschen Territorien nach 1545 schwächten die Stellung der eidgenössischen Reformierten weiter. Der Donaufeldzug des Kaisers gegen die Schmalkaldener, dessen Truppen siegreich bis in die Nähe der Schweiz vorgerückt waren, wurde für die vier Städte zur ernsthaften Bedrohung. Und durch das Bündnis von Karl V. mit Papst Paul III. im Juni 1546 hatte der Krieg seine eindeutig konfessionelle, antiprotestantische Note erhalten.[57] In dieser Lage

---

[53] Vgl. EA 4/1d, 522f. (Antworten der V Orte, August 1545).

[54] Vgl. EA 4/1d, 536 a (Tagsatzung der V Orte in Luzern, 12. Oktober 1545).

[55] Vgl. EA 4/1d, 547 r (Tagsatzung, Baden, 19. Oktober 1545).

[56] Vgl. Zürich StA, E II 357, 716 (Blarer an Bullinger, 3. November 1545); Briefwechsel der Brüder Ambrosius und Thomas Blaurer, 1509–1567, bearb. von Traugott Schieß, 3 Bde., Freiburg i. Br., 1908–1912 [Blarer-BW], Bd. 2, 398 (Regest).

[57] Allerdings behauptete Kaiser Karl V. gegenüber den Eidgenossen weiterhin, dass er keinen Religionskrieg führe; vgl. Karl *Geiser*, Über die Haltung der Schweiz

suchten sie sich verständlicherweise der Rückendeckung ihrer Miteidgenossen zu vergewissern. Bernhard Meyer und Batt Summerer von Basel, das vom Kaiser mit der Acht bedroht wurde, stellten an der August-Tagsatzung 1546 die Vertrauensfrage. Und mit ihnen wollten auch die Abgeordneten von Zürich und Bern wissen, was sie bei einem allfälligen Angriff ihres Glaubens wegen von den katholischen Orten zu erwarten hätten.[58]

Die Befragten reagierten etwas pikiert und verwiesen darauf, dass sie die Bundesverträge und den Landfrieden selbstverständlich halten werden, und zwar all jenen, von denen sie dasselbe erwarten könnten.[59] Eine absolute Zusicherung war das nicht gerade, denn sie schloss jene ungefügigen Glieder aus, welche die Verträge ihres Erachtens nicht erfüllten, was eben auch den Bundesschwur betraf. (Bern klagte denn auch etwas später, dass nur Glarus und Schaffhausen eindeutige Hilfszusagen gemacht hätten.) Während Basel weiterhin, jedoch vergeblich auf ausdrückliche Garantien drängte,[60] zog sich Zürich gegen Ende des Jahres 1546 – das Kriegsgeschehen im Reich verlagerte sich allmählich nach Sachsen – aus der Diskussion zurück.[61]

War in dieser Debatte um die Frage der Bundestreue implizit auch die Beschwörung enthalten, wurde diese explizit erst im Mai des Jahres 1548 wieder angesprochen. Der Wunsch von König Heinrich II. von Frankreich, die ihm verbündeten Eidgenossen möchten doch durch eine Beschwörung ihrer Bünde nach außen Einigkeit demonstrieren,[62] gab den Anlass. An der Tagsatzungsverhandlung im Mai 1548 wurde die Sache optimistisch angegangen, denn der Streit hing ja nur »an einem einzigen Wort«.[63]

Die Lage im Deutschen Reich hatte sich wieder zugespitzt, nachdem der Kaiser im Frühjahr zuvor die Schmalkaldener geschlagen,

---

während des schmalkaldischen Krieges, in: Jahrbuch für Schweizerische Geschichte 22 (1897), 179–181.

[58] Vgl. EA 4/1d, 659f. q (Tagsatzung, Baden, 9. August 1546).

[59] Vgl. EA 4/1d, 682f. g (Tagsatzung, Baden, 20. September 1546).

[60] Vgl. EA 4/1d, 682f. zu g (Tagsatzung, Baden, 20. September 1546).

[61] Man wolle den Großen Rat nicht mehr bemühen und die Sache ruhen lassen; vgl. Zürich StA, A 226 (Beschluss des Kleinen Rats, 8. Dezember 1546).

[62] Heinrich II. äußerte diesen Wunsch im Februar 1548 anlässlich der Taufe seiner Tochter, der die Eidgenossen Pate standen; vgl. EA 4/1d, 929 k und 935 zu k (Tagsatzung, Baden, 12. März 1548).

[63] »Diewyl der span an einem eynigen wort gelegen […]«; vgl. EA 4/1d, 946 r (Tagsatzung, Baden, 7. Mai 1548) und Zürich StA, A 226 (1545–1551; Auszüge aus Dokumenten zum Bundeseid).

deren bedeutendste Anführer gefangen gesetzt und nun ab Mai 1548
mit dem »Interim« die protestantischen Städte und Territorien unter
Druck gesetzt hatte. Diese neuen Gefährdungen für die Reformierten
ließen den katholischen Block der V Orte sichtlich erstarken und dürften mit erklären, weshalb die Verhandlungen nun zunehmend gegen
die Reformierten ausschlugen. In den Wochen vor der Juni-Tagsatung
1548 in Baden müssen in Zürich sensible Gespräche stattgefunden haben. Und sogar die standhaftesten Reformierten begannen in diesen
Krisentagen zu wanken. Aus Konstanz kam der Zuruf an Bullinger:
»Man muss in solchen Fällen sieben gerade und vier ungerade sein
lassen«,[64] und aus St. Gallen riet Joachim Vadian angesichts der
»schweren, kriegerischen Zeiten« (»schwären, ufsätzlichen zeyten«)
zum Nachgeben.[65]

Diese Lage mag erklären, dass die Zürcher nun ihre Vorbehalte
fallen ließen (»an ihnen solle es nicht fehlen«) und im Juni 1548 in
Baden »um das gute Werk nicht zu hindern« und »ohne weiteres Ar-
guieren« das Angebot machten, dass ihr Vertreter und Vorsitzender«
einem jeden Ort die Formel nach dessen Glauben vorsprechen werde,[66] d.h. in den katholischen Orten bei Gott und den Heiligen, in den
reformierten Städten nur bei Gott. Damit wahrten sie zwar ihr ange-
stammtes Recht auf die Vorortschaft, opferten aber ein Stück ihrer
religiösen Überzeugung, das sie bisher hartnäckig gehütet hatten. Im
Großen Rat war die kirchennahe Fraktion nun offensichtlich von den
eidgenössisch Gesinnten überstimmt worden.

---

[64] Aus den Worten Blarers spricht höchste Dringlichkeit: »Vigilate. Secht, was ir zů
schaffen hapt; ir werdt leut haben, die woll in die fuust lachen werden und sich ewer
unainigkait gepruchen. Da wellt vor sein und die ewern mehr weysen auff frid und
ainigkait, dann das sy mitt nachtail der ainigkait ir allt herkomen des aidgebens halber
erhallten wellten. Man můß in sölichen fellen sibne lassen grad und viere ungrad sein.«
Zürich StA, E II 357, 799 (Blarer an Bullinger, 9. Juni 1548).
[65] Vgl. Die Vadianische Briefsammlung der Stadtbibliothek St. Gallen, hg. von Emil
Arbenz und Hermann Wartmann, Bd. 6, St. Gallen 1908 (Mitteilungen zur vaterländischen Geschichte 30), 736f. (Vadian an Bullinger, [Juni 1548]). Am 20. August 1548
drängte Vadian angesichts der Gefährdungen von Seiten des Kaisers wiederum auf
einen Zusammenschluss; ebd. 747.
[66] Vgl. EA 4/1d, 956 g (Tagsatzung, Baden, 12. Juni 1548). – Die obrigkeitliche
Darstellung der Zürcher Kanzlei begründet dies kurz: »Das nun an unseren herren
aber nützit erwunde, haben sy uff dem tag der jarrechnung im 48. jar gewilleget, mit
gmeinen eydtgnossen im namen gottes die eydtgnössischen pündt zůernüweren und
zůschweren und das eynem jeden orth der eydt nach sinem gebruch und glouben
vorgeoffnet und gäben werde.« Zürich StA, A 226 (1545–1551; Auszüge aus Dokumenten zum Bundeseid).

Aber Zürichs Bereitwilligkeit lohnte sich nicht, denn die VII Orte hatten ihre Forderungen bereits höher geschraubt. Sie verwiesen auf Bern, Basel und Schaffhausen, die ein Entgegenkommen signalisiert hätten, und verlangten kategorisch, dass der Zürcher Abgeordnete und Vorsitzende den Eid überall bei Gott und den Heiligen vorzugeben hätte; hierbei wollten sie zugeben, dass niemand (im Volk) gezwungen wäre, »und die Heiligen« nachzusprechen.[67] Mit dem Anspruch, die Heiligen auch den Reformierten in Bern, Basel oder in Schaffhausen vorsagen zu lassen, verletzten sie zweifelsohne Hoheitsrechte und vor allem die religiöse Integrität der reformierten Staatswesen, auch wenn sie es dem reformierten Publikum nachsehen wollten, dass es »die Heiligen« nicht nachsagte.

Obschon diese neueste Forderung die reformierte Pfarrerschaft aufwühlen musste, hätten doch damit die Heiligen in gewisser Weise in ihren Kirchen wieder Einzug gehalten, blieb es im Bullingerkreis vorerst ruhig. So ruhig, dass sich Johannes Haller aus Bern am 9. Juli 1548 wunderte, warum von Bullinger nichts zur Entwicklung im Schwurhandel zu hören sei, obschon man in Bern über Zürichs Nachgiebigkeit im höchsten Maß bestürzt sei.[68] Drängendere Probleme, vor allem die Ereignisse in Deutschland, scheinen Bullinger in jenen Wochen beschäftigt zu haben; der Briefwechsel vermittelt ein Bild der Lage: im Juni und Juli war das kaiserliche »Interim«, außer in Sachsen, Straßburg, Konstanz und Lindau, überall durchgesetzt worden, im August erfolgte der Überfall der kaiserlichen Spanier auf Konstanz, Lindau kapitulierte, und die reformierten Pfarrer flüchteten aus Süddeutschland oder bereiteten ihre Flucht vor; die katholischen Mächte standen in Siegerpose an den Grenzen der reformierten Eidgenossenschaft.

Die V Orte behandelten die Schwurangelegenheit zwar im September 1548 nochmals unter sich und versuchten, sich auf den Beschluss zu einigen, dass sie nur mit jenen schwören wollten, die ihnen »laut des Buchstabens« zu schwören bereit waren. Aber es blieb bei der Absicht.[69] Immerhin führten diese Bemühungen – bezeichnend für die wirre und spannungsgeladene Zeit – in Bern zum Gerücht, die katholischen Orte beabsichtigten, die Bundesverträge mit den Refor-

---

[67] Vgl. EA 4/1d, 956 g (Tagsatzung, Baden, 12. Juni 1548).
[68] Zürich StA, E II 370, 70f. (Haller an Bullinger, 9. Juli 1548).
[69] Vgl. EA 4/1d, 1027 c (Tagsatzung der V Orte, Luzern, 12. September 1548).

mierten aufzulösen, wenn diese den geforderten Schwur nicht leisten würden, und die Zürcher seien damit sogar einverstanden.[70]

Die Uneinigkeit der V Orte im Bundesschwurhandel entlastete die reformierten Orten jedoch kaum, im Gegenteil, an dessen Stelle trat verschärfend die Auseinandersetzung um das Konzil von Trient. Der ultimativen Forderung zur Teilnahme waren die Reformierten jahrelang ausgesetzt, ein Druck, dem die Pfarrerschaft mit allen Mitteln zu widerstehen versuchte.[71] Und diese Streitsache ging fugenlos über in die Auseinandersetzung um die neue Soldallianz mit Frankreich; der Bullingerkreis verbuchte in diesen heftig geführten Diskussionen wenigstens Teilerfolge: die Orte verzichteten auf eine Vertretung in Trient, und von den 13 eidgenössischen Orten blieben im Herbst 1549 Bern und Zürich der Allianz fern.[72]

7. 1549 – Uneinige Reformierte

Bereits im Sommer 1549 wurde aber der Bundesschwur in Baden wieder zum Thema gemacht. Es war während der Vertragsverhandlungen mit Frankreich aufgegriffen und im Juni in Solothurn – in Abwesenheit von Zürich, Basel und Schaffhausen – durchbesprochen worden; der Beschluss hatte damals lapidar gelautet, die Orte sollen sich bis zur nächsten Tagsatzung für oder gegen die alte Schwurform entscheiden.[73]

---

[70] Haller an Bullinger, 17. Oktober 1548: »Retulit mihi dominus Imm Hag hisce diebus convenisse Lucernae adversarios nostros Helvetiorum Pagos constituisseque inter alia se, nisi iusiurandum praestemus in confirmandis foederibus iuxta formam hactenus usurpatam, velle ipsum etiam nobiscum dissolutum esse foedus. Atque inter alia addidit sibi relatum esse Tigurinos etiam in hoc consensisse consilium.« Zürich StA, E II 370, 85.

[71] Vgl. z.B. das Gutachten der Zürcher Pfarrer vom 11. November 1548, nachdem eine Gesandtschaft der VII Orte in Zürich vorgesprochen hatte; Zürich ZB, Ms A 65, 118–126, Kopie in: Zürich StA, E II 341, 3591r-3595v (Korr. von Bullingers Hand). Eine Stellungnahme der Basler Pfarrerschaft vom 17. Dezember 1548 in: Zürich ZB, Ms A 65, 93–108. – Zu Bullingers Aktivitäten gegen das Tridentinum vgl. Fritz *Büsser*, Heinrich Bullinger: Leben, Werk und Wirkung, 2 Bde., Zürich 2004/2005, Bd. 2, 50f.

[72] Vgl. z.B. Bullingers Stellungnahme vom Mai 1549 in: Heinrich *Bullinger*, Schriften zum Tage, hg. von Hans Ulrich Bächtold et al., Zug 2006 (Studien und Texte zur Bullingerzeit 3), 99–113, bes. 101f. (Einleitung).

[73] Man sprach von besorgniserregenden Zeitumständen; vgl. EA 4/1e, 91 g (Tagsatzung, Solothurn, 6. Juni 1549). – An der Jahrrechnung waren dann die Delegierten nicht oder derart unterschiedlich instruiert, dass dazu nichts in den Abschied aufgenommen wurde; vgl. Zürich StA, A 226 (1545–1551; Auszüge aus Dokumenten zum Bundeseid).

Spätestens in diesen Sommerwochen, in Vorbereitung zur vermeintlich entscheidenden Tagsatzung, mischte sich Bullinger wieder ins politische Geschehen ein. In einer Stellungnahme,[74] die er wohl vertrauten Politikern zukommen ließ, verwahrte er sich heftig dagegen, dass man Christen (Reformierten) den Eid bei Gott und den Heiligen vorsage, wenn sie gleichwohl nicht gezwungen seien, die Heiligen nachzusprechen. Und der Gedanke, dass dies in einer reformierten Kirche geschehen könnte, war für Bullinger unerträglich: es wäre, als wollte man in der Kirche wieder Heiligenbilder und Altäre aufstellen. Ihnen, nämlich den VII Orten, jetzt nachzugeben, bedeutete nichts anderes als ihnen den (oft und aufreizend erhobenen) Anspruch zu bestätigen, dass sie den alten und wahren Glauben besässen.[75] Einen Eid bei den Heiligen zu schwören war ohnehin nicht gestattet, dafür fand er Belegstellen zur Genüge im Alten Testament.[76]

Das Eidgeschäft kam an der Juni-Tagsatzung (Jahrrechnung) 1549 nicht zur Sprache. Immerhin wusste Bullinger spätestens zu diesem Zeitpunkt, dass Basel dem Druck nachgegeben und den Bundeseid »um des Friedens willen« in der von den VII Orten verlangten Form befürwortet hätte. »Ich befürchte, ein neues Trauerspiel zieht herauf«, hatte ihm Johannes Gast am 30. Juni geklagt.[77] Dieses Ausscheren dürfte Bullinger alarmiert haben. In einem Papier aus diesen Tagen –

[74] Zürich StA, E II 371, 656r-657v (Undatierte Stellungnahme Bullingers, Autograph, gefaltet, ohne Siegelung). – Bullinger hat die Schrift sicherlich nach dem erstmaligen Auftauchen der Forderung mit dem Zusatz »dass niemand gezwungen sei« verfasst und wohl seiner Obrigkeit, bzw. ihm vertrauten Politikern zugestellt.

[75] Dieser Anspruch geht auf den Zweiten Landfrieden vom 20. November 1531 zurück, in dessen 1. Artikel den V Orten der Glaube wie folgt zugesichert worden war: »Zum ersten so söllen und wöllen wier von Zürich unser getrüwen lieben eytgnossen von den fünf orten [...] *by irem waren ungezwyfelten cristenlichen glouben* jetz und hienach [...] gentzlich ungearguwiert, ungetisputiert bliben lassen.« Im Gegenzug hieß es nur: »Hinwiderum so wellen wier von den fünf orten unser eytgnossen von Zürich [...] *by irem glouben* ouch bliben lassen.« *Nabholz/Kläui*, Quellenbuch, 106; auch HBRG, Bd. 3, 249 und EA 4/1b, 1568 (Friede der V Orte mit Zürich, 20. November 1531) – Das qualitative Gefälle in diesen Zusicherungen ist unübersehbar und löste bei den Reformierten immer wieder Irritationen aus.

[76] »[...] darvon vilfalltige geschrifft Deut. 6 [6, 13]. 10 [10, 20]. Exodi 23 [23, 13]. Iosue 23 [23, 7]. Ieremiae 4 [4, 2] und 5 [5, 7]. Isaiae 45 [45, 23]. 65 [65, 16].« Zürich StA, E II 371, 656r. – Zu den immer wieder angeführten Belegstellen vgl. auch unten, Anhang I.

[77] »Nolo iam scribere de statu nostrae civitatis; nostri enim volunt iurare antiquo more foedus Helveticum: das inen gott helff und alle heiligen. Dissentiunt pastores. Tragoediam novam timeo orituram.« Zürich StA, E II 356, 82 (Gast an Bullinger, 30. Juni 1549); vgl. auch Das Tagebuch des Johannes Gast, bearb. von Paul Burckhardt, Basel 1945, 44.

wohl als Briefbeilage verbreitet − lieferte er das Argumentarium, mit
dem gegen den Heiligenschwur angegangen werden sollte. Mit dem
geforderten Eid bei den Heiligen nämlich, so schrieb er, würden die
Reformierten ihren Glauben aktiv und öffentlich verleugnen. Die Sache sei derart wichtig, dass die Pfarrer dazu nicht schweigen dürften;
sie müssten dagegen anpredigen, damit die Untertanen nicht dazu
verführt würden, ihren wahren Glauben zu verleugnen. Und gleichsam als Aufruf zum Boykott fügte er hinzu: »Sollte man bei den Heiligen schwören wollen, dann dürfen die Bürger nicht hingehen und
nicht mitmachen.« Das Schriftstück war eine offene Anleitung zum
Widerstand und war wohl als Predigthilfe gedacht.[78]

Die Lage entspannte sich für die Reformierten allerdings unversehens; denn die Front der VII Orte bröckelte. Der Abnützungsprozess
wurde im August 1549 sichtbar, als sich die V Orte in Luzern nicht auf
eine einheitliche Meinung einigen konnten; während Luzern, Schwyz
und Unterwalden nach traditionellem Muster separat mit den Willigen
schwören wollten, kam für Uri und Zug nur eine gesamteidgenössische
Bundesbeschwörung in Frage.[79] Doch um die Sachlage zu vertuschen,
beschlossen sie, die Basler, die nach ihrem freundschaftlichen Angebot
eine zustimmende Antwort hätten erwarten dürfen, mit guten Worten
hinzuhalten.[80] Dieser Dissens verschaffte den vier Stadtorten inbezug
auf die Bundesschwurfrage für zwei Jahre Ruhe. Sie wurde lediglich
durch den Kleinkonflikt im Zusammenhang mit einem Rechtsverfahren um den Zürcher Kauf der Herrschaft Wädenswil unterbrochen.
Wie einst im Geroldsecker-Handel[81] wurde dabei die Beschwörung der
Bundesverträge als Voraussetzung für die Durchführung gefordert.
Anders als damals 1528 verlangten diesmal die katholischen Orte die
vorgängige Beschwörung der Bünde. Und wieder setzte sich Zürich

---

[78] Vgl. Bullingers Schrift »Das man alein by gott und nitt ouch by den heyligen eyd
schweren soll. 1549.« Zürich StA, E II 337, 422r-423v (Autograph); Wiedergabe unten,
Anhang I. Eine weitere Ausfertigung von Bullingers Hand: Zürich StA, E II 341,
3376r-3377v, eine Kopie: ebd., E II 446, 1r-2 (unbekannte Hand, mit Korrektur Bullingers).

[79] Vgl. EA 4/1e, 128 d (Tagsatzung der V Orte in Luzern, 9. August 1549).

[80] An der Sondertagsatzung der VII Orte vom 3. März 1550 wurde erklärt: »Wenn
aber die VII Orte nicht einig gehen würden, soll die Abgabe einer Antwort an die von
Basel in den füglichsten Worten aufgezogen werden«; vgl. EA 4/1e, 234 b, bes. zu b.
Vgl. auch die Verhandlung der VII Orte in Baden; EA 4/1e, 247 e (Tagsatzung,
Baden, 17. März 1550).

[81] Vgl. oben 299 mit Anm. 22.

durch – diesmal mit der diametral entgegengesetzten Anschauung, dass dies für die Rechtsgültigkeit der Verfahren unnötig sei.[82]

8. 1552 – ZÜRICHS MISSLUNGENE TAKTIK

Die Debatte wurde Ende September 1551 in Baden von Schwyz wieder angestoßen, nachdem die V Orte in der Vorbereitungssitzung noch um eine einheitliche Meinung, d.h. um die Forderung nach einem Verfahren »wie von Alters her«, gerungen hatten.[83] Landammann Dietrich Inderhalden trug den Wunsch nach einer Neubeschwörung in Baden vor: Die Lage (»Zeitläufe«) sei gefährlich, begründete er, deshalb würde ein solcher Akt fremde Fürsten und Herren beeindrucken und manche Pläne der Feinde gegen die Eidgenossenschaft zunichte machen.[84]

Die reformierten Orte, die in diesem Jahr durch die Eröffnung der zweiten Session des Tridentinums und die Aufforderung zur Teilnahme erneut unter Druck geraten waren,[85] und besonders Zürich, das sich in eben dieser Zeit der Ansprüche des Abtes Andreas von Weißenau und von Schwyz auf das ehemalige Kloster Rüti zu erwehren hatte,[86] erkannten rasch, dass sie den V bzw. VII Orten nur im gemeinsamen Vorgehen standzuhalten vermochten. Ein von Bürgermeister Lavater in Baden angeregtes Sondertreffen der Städte zur Besprechung der Konzils- und der Bundeschwurfrage scheiterte jedoch an Bern, das eine solche Zusammenkunft offensichtlich für unnötig und falsch hielt.[87]

---

[82] Vgl. EA 4/1e, 271 h (Tagsatzung in Luzern, 13. April 1550) und Zürich StA, A 226 (1545–1551; Auszüge aus Dokumenten zum Bundeseid). – Zur Erwerbung der Herrschaft Wädenswil vgl. *Stucki*, Lavater, 213–217.

[83] Vgl. EA 4/1e, 547 c (Tagsatzung der V Orte in Luzern, 19. September 1551).

[84] Vgl. EA 4/1e, 550 i (Tagsatzung, Baden, 30. September 1551); Zürich StA, E I 1. 3a (Notizen des Zürcher Stadtschreibers zu dieser Tagsatzung: Die Orte hätten den schwyzerischen Antrag kommentarlos in den Abschied genommen, nur die Gesandten von Luzern und Unterwalden seien vorweg der Meinung gewesen, dass ihre Obrigkeiten den Bundesschwur »nach dem Buchstaben« verlangen würden).

[85] 1551 war von Papst Julius III. die zweite Sitzungsperiode nach Trient einberufen worden; vgl. *Bullinger*, Schriften zum Tage, 211 f. – Das Konzil von Trient und das Verhalten gegenüber dem Konzil war im Bullinger-Briefwechsel des Herbstes 1551 dominantes Thema.

[86] Vgl. auch die Angaben im Tagebuch des Zürcher Ratsherrn Bernhard Sprüngli, in: Zürich ZB, Ms J 35, 25r, 27v und 27v-28r.

[87] Vgl. EA 4/1e, 556 ii und 560 zu ii (Tagsatzung, Baden, 30. September 1551). Von

Als der Zürcher Große Rat in Zürich am 18. November 1551 die Geschäfte für die Badener Tagsatzung vorbereitete, tat sich Überraschendes. Den Gesandten Lavater und Stadtschreiber Hans Escher wurde aufgetragen, sie sollen in Baden zwar die Bereitschaft Zürichs bekanntgeben, die Bünde »mit ihren lieben Eidgenossen« wie früher zu beschwören und zu erneuern, doch wenn die anderen nach dem Durchführungsmodus fragten, dann müssten sie die folgende Erklärung abgeben: »Weil wir von Alters her den Eid vorgesprochen haben und der Landfrieden unseren Glauben schützt, weil auch unsere Vertreter viele Jahre lang den Eid ohne Widerspruch nur bei Gott vorgegeben haben und weil wir den katholischen Delegierten nicht verwehren, die Heiligen nachzunennen, möge man uns bei diesem Brauch belassen.«[88] Dabei soll es sein Bewenden haben. Für den Fall, dass die anderen an die zwischenzeitlich weiter gehenden Angebote Zürichs erinnerten, sollten sie einfach vorschützen, sie wüssten davon nichts und hätten auch keinen weiteren Auftrag.[89]

Es war ein ebenso kühner wie politisch leichtfertiger und etwas naiver Plan, sich auf die Minimalposition von 1545[90] zurückzuziehen und dabei den Anschein zu erwecken, als wäre zwischen 1545 und 1551 nichts vorgefallen. Natürlich hatte man, insbesondere auch unter den reformierten Kirchenleuten, längst bereut, dass sich Zürich im Juni 1548 derart weit auf die siebenörtischen Forderungen eingelassen hatte.[91] Es gebe manch einen in Bern, klagte Haller in diesen Tagen, die bedauerten, dass Zürich einst eingewilligt hätte, selbst den Eid bei den Heiligen vorzugeben.[92]

Basel, dem Onophrion Holzach Bericht erstattet hatte, liegt eine Zusage vom 10. Oktober 1551 vor; Zürich StA, A 240. 1. Schaffhausen, das vom Vorschlag durch seinen Gesandten Alexander Peyer erfahren hatte, sagte am 12. Oktober 1551 zu; Zürich StA, A 252. 1. Bern reagierte nicht. – Wie dringlich für Zürich ein Zusammenwirken der reformierten Städte war, zeigt Bullingers Brief an Myconius vom 7. Oktober 1551: »Interea vellem omnino, imo nostri vellent ex animo urbes christianas convenire et ante illa comitia de rebus omnibus consultare [...]: consultatio de concilio a deundo vel recusando, de foedere novo iureiurando semel confirmando.« Zürich StA, E II 342, 265.

[88] Zürich StA, A 226 (Instruktion, 18. November 1551).

[89] Ebd. – Vgl. Zürich ZB, Ms J 35, 26v-27r (Sprüngli, Tagebuch).

[90] 1545 hatten Zürcher Gesandte in den V Orten den Vorschlag gemacht, der hier nun unverändert wiederholt wurde; zur Instruktion vom 10. März 1545 vgl. oben 304 mit Anm. 40.

[91] Das weitestgehende Zugeständnis hatte Zürich im Juni 1548 gemacht; vgl. oben 310 mit Anm. 66.

[92] »Deß püntschweerens halb werdend min herren nüt nachgen. Ettlich gütwillig

Das Vorhaben der Zürcher ließ sich natürlich in Baden nicht durchführen. Bereits im Vorgespräch an dieser November-Tagsatzung 1551 mussten sich Lavater und Escher von ihren Kollegen aus Bern, Basel und Schaffhausen belehren lassen, dass es nicht angehe, dass Zürich nun alte Vorschläge hervorkrame. Das würde die übrigen Eidgenossen nurmehr ergrimmen. Es wäre wohl am sinnvollsten, wenn Zürich an seine Antwort auf der Jahrrechnung 1548 anknüpfen und sich bereit erklären würde, den Eid einem jeden Ort nach dessen Brauch vorzugeben.[93] Die drei Abgeordneten selbst hatten im übrigen von ihren Obrigkeiten die Kompetenz erhalten, so weit nachzugeben, dass die Formel überall traditionell, also einschließlich der Heiligen, vorgesprochen würde.

Etwas verunsichert sandten Lavater und Escher ihren Eilbericht nach Zürich und baten um neue Instruktionen. Der Große Rat, der die Sache am 25. November nochmals behandelte, zerfiel in zwei Lager. Die einen befürworteten den Rat der reformierten Städte, weil Zürich sonst allein stünde; die Konsequenz, das ein Zürcher den Eid auch bei den Heiligen vorsagen müsste, könnte dem reformierten Glauben ihres Erachtens nichts anhaben, denn einem jeden Juden und Türken gebe man den Eid auch bei seinem Glauben vor. Die anderen beharrten auf der ursprünglich nach Baden verfügten Instruktion, beriefen sich auf die Garantien des Landfriedens, argumentierten theologienah mit Verweisen auf die biblischen Gebote, nur bei Gottes Namen zu schwören, und auf dessen Drohung, die Übertreter zu strafen. Sie beabsichtigen, auf Zeit spielen; denn – so ihre Hoffnung – sollte in Baden keine Einigung erzielt werden, könnte man immer noch darüber befinden. Eine knappe Mehrheit stimmte indessen für den ersten Antrag.[94]

turet, das Zürich sich vor etwas zyten begeben, den Lenderen den eid uff ir wys und bin helgen zů geben, hettend gern, das si uff disem tag es wider umbwurffind. Ist mir befolhen, üch und mim her Lafater darfon zů schriben, doch nieman nammsen; ir wüßends bi imm wol uszůrichten.« Zürich StA, E II 370, 155 (Haller an Bullinger, 18. November 1551).

[93] Vgl. EA 4/1e, 589 zu nn (Tagsatzung, Baden, 23. November 1551). – Zur Juni-Tagsatzung 1548 in Baden (Jahrrechnung) vgl. oben 310 mit Anm. 66.

[94] 102 Stimmen für die nachgiebigere Variante; vgl. Zürich ZB, Ms J 35, 26v-27v (Sprüngli, Tagebuch).

9. 1552 – Die Einheit der V Orte zerfällt

Die hektische Geschäftigkeit im Hinblick auf diese Tagsatzung war – vom Erfolg her betrachtet – umsonst gewesen. Denn auf die einlässlichen Ausführungen der beiden Zürcher Gesandten, denen sich die Berner Hans Franz Nägeli und Anton Tillier anschlossen, blieb die zu erwartende Gegenoffensive aus. Die Delegierten waren derart unterschiedlich instruiert – offensichtlich hatten die V Orte nicht zur Einigkeit zurückgefunden –, dass kein Entscheid gefällt werden konnte. Einige Abgeordnete meinten gar, am besten ließe man die Angelegenheit ruhen; sie empfahlen, die Verträge in Landsgemeinden und Ratsgremien vorlesen zu lassen, damit die (jungen) Leuten deren Inhalte kennen lernten. Und schließlich begnügte man sich damit, die Sache bis zum nächsten Mal zu vertagen.[95]

Bullinger erahnte die übliche Eskalation des Streites und befürchtete – die schlechte Erfahrung hatte es ihn gelehrt –, dass seine Obrigkeit weitere Zugeständnisse machen würde. Er entschloss sich deshalb, im Namen der Zürcher Pfarrer, offiziell beim Großen Rat zu intervenieren. Nicht auf der Kanzel wollten sie die Schwursache behandeln, erklärte er am 9. Dezember 1551 in seinem »Fürtrag« vor den Zweihundert, es erscheine ihnen wirksamer, ihr Anliegen in der Ratsversammlung selbst anzubringen.[96] Er ermahnte seine Herren, in Ausübung ihrer weltlichen Macht den Auftrag und die Bedingungen der Bibel zu respektieren und verwies auf die neuen Umtriebe und die Gefahren für die reformatorische Existenz, namentlich auf das Tridentinum und die Restitutionsforderungen an Zürcher Klöster. Es könnte sonst im Konflikt um die Bundesbeschwörung wiederum geschehen, dass Zürich wesentliches evangelisches Gedankengut preisgeben würde. Selbstverständlich fielen die Bundesverträge an sich – so differenzierte er – in den Zuständigkeitsbereich der weltlichen Obrigkeit, doch deren Beeidigung sei Sache der Religion. Und der Nachweis, dass der Eid, und vor allem auch das Verbot, die Heiligen ebenbürtig neben Gott zu setzen, seine verbindliche Grundlage in der Bibel hatte, war von Bullinger schon in früheren Stellungnahmen mit Hinweisen auf das Alte Testament angeführt worden.[97]

[95] Vgl. Zürich ZB, Ms J 35, 27v (Sprüngli, Tagebuch) und EA 4/1e, 582 z (Tagsatzung, Baden, 23. November 1551).
[96] Bullingers Vortrag vor dem Rat der Zweihundert in: *Bullinger*, Schriften zum Tage, 131–137.
[97] Vgl. unten, Anhang I, 339.

Sein Auftrag an die Zürcher war unmissverständlich: Sie durften weder »heißen« noch »erlauben«, bei den Heiligen zu schwören, d. h. den Eid bei den Heiligen weder vorgeben noch selber leisten. Und die Art, wie konfessionelle Parität in einer Gemeinschaft, wie sie die Eidgenossenschaft verkörperte, gelebt werden musste, fand er bereits in neutestamentlichen Zeiten und im Frühchristentum vorgezeichnet. Denn damals hätten die Christen ihren heidnischen Untergebenen den Eid nicht bei deren falschen Göttern vorgesprochen, obwohl diese dann im Namen ihrer Götter schwuren. Ebendiese Praxis habe auch in der Eidgenossenschaft funktioniert, denn die Zürcher hätten den Eid stets bei Gott allein vorgegeben, und im Umfeld »des päpstlichen Glaubens« sei vom Luzerner Vertreter jeweils »und die Heiligen« hinzugefügt worden – eine Praxis, die auch der Schutzbestimmung des Landfriedens entspreche.[98]

Die Botschaft war klar: Zürich musste sich in den Streitereien um den Bundesschwur auf eine saubere reformierte Position zurückziehen, auch wenn es dabei seine Vorortsstellung einbüßte. Diese Vorgabe entsprach ziemlich genau der Meinung, die der Große Rat am 18. November vertreten, und an der eine erhebliche Ratsminderheit noch am 25. November festgehalten hatte.[99] Bullingers Appell richtete sich somit als Ermahnung an die »Eidgenossen« ebenso wie als Ermutigung an die »Evangelischen« in der Ratsversammlung.

Eine direkte Auswirkung der Rede Bullingers lässt sich aber nicht ausmachen. Im Gegenteil, die Zürcher erklärten sich Anfang April 1552 in Baden nach längeren Diskussionen dazu bereit, dass ihr Abgeordneter den Eid in den katholischen Orten nach dem altem, in den reformierten Städten nach dem neuen Brauch vorsprechen würde, wobei der Luzerner dann die Heiligen hinzufügen könnte. Niemand dürfte aber gezwungen werden, dies zu wiederholen; wer jedoch (in den reformierten Orten) die Heiligen nachspreche, dürfe nicht belangt werden. Damit war Zürich den gegnerischen Wünschen, eigentlich ohne Not, sehr weit entgegen gegangen. Doch in Baden kam weder eine Einigung noch ein Beschluss zustande; denn wie vier Monate zuvor waren die Abgesandten (der VII Orte) so unterschiedlich instruiert, dass das Geschäft verschoben werden musste.[100]

---

[98] Dies wurde offenbar, z. B. bei der Vereidigung der Landvögte, seit dem Beschluss von 1532 so praktiziert; vgl. oben 301 mit Anm. 31 und 32.

[99] Vgl. oben 316 mit Anm. 88 und 317.

[100] Vgl. EA 4/1e, 621 p (Tagsatzung, Baden, 4. April 1552). – Der Vorschlag, dass

Diese Entwicklung, der spürbar nachlassende Druck von Seiten der katholischen Orte, aber wohl auch die Einsicht, in unnötiger Weise Terrain preisgegeben zu haben, führte in Zürich zum Umschwung. Am 26. April 1552 revidierte der Große Rat seine Haltung radikal und kehrte zur einfachen und alten Variante zurück, die er den V Orten schon früher unterbreitet hatte: Der Zürcher Schwurmann spricht den Eid in den reformierten, der Luzerner in den katholischen Orten vor.[101] Dies lag nun gänzlich auf der Linie Bullingers und der reformierten Kirche. Das Kräfteverhältnis scheint sich in der großen Ratsversammlung klar zu Ungunsten der eidgenössisch Gesinnten verschoben zu haben. Denn mit diesem Prozedere blieb Zürich, unter Einbuße angestammter Vorrechte, seinen reformierten Grundsätzen treu. Bullinger konnte sich beruhigt ins Bad Urdorf zurückziehen.[102] In Baden erwartete denn auch Anfang Mai 1552 niemand mehr eine Erklärung Zürichs. Die Sache wurde stillschweigend aufgeschoben.[103]

Bernhard Sprüngli, dem wir wertvolle Angaben und Kommentare zu den Interna des Rates verdanken, mockierte sich über den Eifer der Glarner, die gegen Ende Mai – für alle sichtlich unpassend – das Thema Bundesbeschwörung, der »gefährlichen Zeiten« wegen, doch noch einmal aufgreifen wollten.[104] Die Zeiten waren zwar kriegerisch, aber die Eidgenossenschaft war kaum noch ernsthaft gefährdet. Die Reformierten fühlten sich, anders als in der 1540er-Jahren, eher bestärkt, denn die Truppen der protestantischen Fürsten waren siegreich bis zum Rhein vorgestoßen und trieben den Kaiser in eben diesen Tagen im Tirol und in Kärnten der Kapitulation entgegen.

---

kein Zürcher bestraft werden dürfe, der im Eid »und die Heiligen« nachspreche, war wohl von einigen Vermittlern an dieser Tagsatzung eingebracht worden; vgl. Zürich ZB, Ms J 35, 28r (Sprüngli, Tagebuch).

[101] »Namlich das mine herren innen in dem faal umb sovil wichen (doch irer gerechtigkeit und fryheit unschedlich) und innen vergunnen das die von Lutzern den eydt zLutzern Ury Schwytz Underwald Glaris Fryburg und zů Appenzell geben sollind.« Zürich ZB, Ms J 35, 28r-v (Sprüngli, Tagebuch). – Zur alten Praxis und zum Vorschlag, wie er schon am 10. Juni 1545 vorgelegt worden war vgl. oben 301 mit Anm. 31 und 32 sowie 306 mit Anm. 48.

[102] Bullinger verbrachte den Monat Mai 1552 im Bad Urdorf; vgl. Heinrich Bullingers Diarium (Annales vitae) der Jahre 1504–1574, hg. von Emil Egli, Basel 1904 (Quellen zur schweizerischen Reformationsgeschichte 2), 42, Z. 4.

[103] Vgl. EA 4/1e, 644–649 g (Tagsatzung, Baden, 4. Mai 1552).

[104] Vgl. Zürich ZB, Ms J 35, 28r (Sprüngli, Tagebuch) und EA 4/1e, 659 i (Tagsatzung, Baden, 31. Mai 1552). – Man begnügte sich mit der gegenseitigen Beteuerung, die Bundesverträge zu halten.

Eine weitere Episode dieser Reihe von Diskussionen hatte damit im Frühjahr 1552 ihren Abschluss gefunden. Ratsherr Sprüngli stellte das Verhalten der katholischen Orte – nicht ganz zu Unrecht – in den Kontext des internationalen Geschehens. »So bald der Kaiser erfolgreich war«, bilanzierte er in seinem Tagebuch, »kamen sie mit dem Bundesschwur oder mit der Messe in Rüti etc., wenn die Fürsten im Vorteil lagen, blieben sie ruhig und unternahmen nichts.«[105]

10. 1555 – DER AUFTAKT ZUM ENTSCHEIDUNGSJAHR

Als die Bundesbeschwörung im Jahr 1555 wieder ins Gespräch kam, war der bekannte Verlauf zu erwarten: Auf der einen Seite würde der Block der V bzw. VII konservativen Orte stehen, die mit Ausdauer auf ihrem hohen Anspruch beharrten, auf der anderen die mehr oder weniger konzessionsbereiten vier Stadtorte, wobei Zürich – als Vorort in exponierter Lage – stets würde versuchen müssen, die politischen wie theologischen Leitwerte zu setzen.

Das Konfliktgeschehen in Deutschland, welches die eidgenössischen Diskussionen der späten 1540er-Jahre stark mitgeprägt hatte, war in diesem Jahr 1555 nicht mehr von Belang, befanden sich doch die ehemals verfeindeten konfessionellen Parteien seit dem Frühjahr auf dem Weg zur Aussöhnung (Augsburger Religionsfrieden). Vielmehr dürften zunehmende Spannungen im Innern dazu beigetragen haben, dass die V Orte die Debatte wieder in Gang brachten. In Zürich argwöhnte man, dass die katholischen Orte möglichst den Druck hoch halten wollten, dem die vier Städte in den heftigen Auseinandersetzungen um die Locarner Reformiertengemeinde ausgesetzt gewesen waren.[106] Für Bullinger war der Vorstoß nur ein Glied in der Abfolge von Feindse-

---

[105] »So bald es dem keyser (dem sy doch nit hold) glücklich gieng / kamend sy mit dem pündtschweren oder mit der mäß / z Rütti etc. und wan sy vermeintend der fürsten sach welte ein fürgang haben / so warend sy rûwig und zugend nüt an.« Zürich ZB, Ms J 35, 28v (Sprüngli, Tagebuch).

[106] Zur scharfen Auseinandersetzung um das Schicksal der reformierten Gemeinde in Locarno, der gemeinsamen Herrschaft der XII Orte (alle ohne Appenzell), vgl. Peter *Stadler*, Das Zeitalter der Gegenreformation, in: Handbuch der Schweizer Geschichte, Bd. 1, Zürich 1972, 578f.; zu Bullinger im Locarnerhandel vgl. *Büsser*, Bullinger, Bd. 2, 24–27. – Ferdinand *Meyer*, Die evangelische Gemeinde in Locarno, ihre Auswanderung nach Zürich und ihre weitern Schicksale, Bd. 2, Zürich 1836, 48, meint, dass der 1555 neu aufflammende Streit um den Bundesschwur »wohl als eine unmittelbare Folge des Locarnerhandels anzusehen ist.«

ligkeiten gegen Zürich: Die katholischen Orte, welche die Locarner vertrieben hätten, schrieb er an Calvin, hassten die Zürcher, und heckten nun mit der Forderung nach einer Bundesbeschwörung einen neuen Anschlag aus.[107]

Die Gesandten der V Orte kamen im März gut vorbereitet nach Baden, hatten sie doch an den Vorgesprächen ihre zögernden Mitglieder Zug und Uri auf eine einheitliche Strategie drängen können.[108] Die Luzerner Gesandten Heinrich Fleckenstein und Johann Hug eröffneten ihren Antrag auf eine Neubeschwörung der eidgenössischen Bünde mit dem Argument, dass viele Alte und Junge nicht mehr oder noch nicht wüssten, was die Verträge eigentlich beinhalteten. Der Antrag wurde zur weiteren Behandlung in den Abschied genommen.[109]

Die Zürcher – gewitzt durch die Erfahrung, dass ihr Entgegenkommen kaum je honoriert wurde – reagierten mit einem geradezu provokativen Minimalismus. Lavater und Escher machten im Mai 1555 in Baden das Angebot, dass der Zürcher Vorsitzende in allen Orten den Eid bei Gott allein vorgeben würde, wobei es dem Luzerner freistehen solle, »und die Heiligen« nachzunennen. Das Nachsprechen der Heiligen solle auch in Zürich unbestraft bleiben.[110] Das erinnerte sehr an den allerersten (noch zürichfreundlichen) Vorschlag, den einige Vermittler im Juni 1543 vorgelegt hatten.[111] Allerdings machten die Zürcher nun mit dem Zugeständnis, dass der Luzerner die Heiligen auch in den Städten ergänzend hinzufügen dürfe und vor allem mit dem Zusatz, dass diese von Zürchern ungestraft nachgenannt werden dürften, ein gewichtiges Zugeständnis auf Kosten ihrer evangelischen Grundsätze.[112]

---

[107] »Cives nostri illos [die Locarner Flüchtlinge] amant et fovent. Sed oderunt extreme nos confoederati nostri qui illos eiecerunt. Sed novit nos Dominus. Novam iam ordiuntur telam. Exigunt a nobis ut et ab aliis foederatis ut iuramento confirmemus foedera, iuramento autem praestito per Deum et sanctos.« CO 15, 655f. (Bullinger an Calvin, 14. Juni 1555).

[108] Vgl. EA 4/1e, 1146 f (Tagsatzung der V Orte in Luzern, 2. März 1555). Die Sache war an der Zusammenkunft der V Orte im Februar von Melchior Lussi, Unterwalden, aufgegriffen worden; die Strategie zielte darauf ab, dass nur mit Bundesgenossen zu schwören sei, die es mit ihnen nach altem Brauch tun wollten; ebd. 1144 (Tagsatzung der V Orte in Luzern, 20. Februar 1555).

[109] Vgl. EA 4/1e, 1151 h (Tagsatzung, Baden, 11. März 1555).

[110] Vgl. EA 4/1e, 1204 s (Tagsatzung, Baden, 7. Mai 1555).

[111] Vgl. oben 303 mit Anm. 35.

[112] Der Zusatz war bereits in der Debatte 1548 ins Spiel gekommen; vgl. oben 311 mit Anm. 67.

Ihre Gegenspieler, die sich zum geeinten Block der VII Orte gefunden hatten, wiesen das Zürcher Ansinnen erwartungsgemäß zurück und forderten kompromisslos, dass der Zürcher Vorsitzende überall den Eid bei Gott und den Heiligen vorgebe, und wenn er dazu nicht bereit sei, dann müsse es der Berner oder dann der Luzerner tun (ohne Nachteil für die Vorortsrechte Zürichs, dessen Vertreter in jedem Fall überall die Begrüßung und die Vorrede halten würde); die Reformierten sollen dabei die Heiligen ungestraft nachsprechen dürfen.

Auch wenn die übrigen Orte befanden, dass die beiden Meinungen nur »in Kleinem von einander abweichen«, lag Zürichs Angebot in Wirklichkeit doch weit hinter dem siebenörtigen Anspruch zurück; denn dieser wich eigentlich nur noch wenig vom mittelalterlichen Modus ab. Angesichts dieses Zerwürfnisses erarbeiteten diese »übrigen Orte« unverzüglich Vergleichsartikel (»Mittel«). Allerdings boten diese Artikel keinen Kompromiss, da sie mit den Forderungen der VII Orte identisch waren; nur gerade der Zusatz »wenn sie [die Reformierten] aber die Heiligen nicht nachsprechen, so soll man hiemit auch zufrieden sein« war etwas gefälliger (für die Zürcher wohl eher aufreizender) formuliert.[113] Von Ratsherr Sprüngli erfahren wir, dass dieses »Mittel« aus der Feder des katholischen Politikers Ägidius Tschudi von Glarus stammte.[114] Trotz der Freundlichkeit, mit der sich der Vorschlag präsentierte, konnten die Reformierten aus ihm wohl kaum mehr als die Aufforderung zur Kapitulation herauslesen.

II. 1555 – ERSTARKTES ZÜRICH

Nicht nur im Bullingerkreis spürte man, dass die Debatte in der entscheidenden Verhandlungsrunde angelangt war, auch die Zürcher Politiker erlebten die Sache als schwerwiegend und machten es sich nicht leicht.[115] Der Große Rat zerstritt sich am 12. Juni 1555 in viele Richtungen. Im Widerstand gegen das »Mittel« von Baden wurde Altbekanntes wieder angepriesen, etwa jener Vorschlag vom Juni 1545, der besagte, dass der Zürcher den Eid in den vier Städten, der Luzerner in

---

[113] Vgl. EA 4/1e, 1204 s (Tagsatzung, Baden, 7. Mai 1555); auch Zürich ZB, Ms J 35, 53v (Sprüngli, Tagebuch).

[114] Vgl. Zürich ZB, Ms J 35, 53v (Sprüngli, Tagebuch).

[115] Bezeichnend auch, das Bernhard Sprüngli der Debatte 1555 unter dem Titel »Punndt schweeren« ein eigenständiges Kapitel widmete; vgl. Zürich ZB, Ms J 35, 53r-59r.

den neun übrigen Orten je nach deren Brauch vorgebe[116] oder den noch älteren und kurz zuvor wieder aufgefrischten, dass ein katholischer Abgeordneter jeweils die Zürcher Vorgabe mit den Heiligen ergänzen könnte[117]. Eine der Parteiungen plädierte schlicht für die Annahme des »Mittels«, denn sie konnte keine Gefahr für den rechten Glauben sehen, da ja allgemein bekannt sei, dass die Heiligen im Himmel ihnen nicht helfen könnten.[118] Ein weiterer Antrag, eine Volksanfrage durchzuführen, erhielt in der Abstimmung 72 Stimmen.[119] Aber mit dem Mehr von Stimmen, nämlich mit 91, entschieden die Zweihundert schließlich, die Sache einer Kommission (den Rechenherren) zu überlassen.[120]

Diese Kommission brachte nach gründlichem Studium der Akten die Zürcher Meinung in die einfache Form: Der Zürcher Vorsitzende spricht in Bern, Basel und Schaffhausen den Eid »bei Gott« vor, der Luzerner Delegierte in den übrigen Orten »bei Gott und den Heiligen« (ohne Nachteil für die alten Vorrechte Zürichs). Ihr Antrag wurde am 15. Juni 1555 im Großen Rat einhellig angenommen und mit der dringlichen Bitte um Unterstützung sogleich an Bern, Basel und Schaffhausen weitergeleitet.[121] Nach dem jahrelangen Hin und Her hatten sich die Zürcher – dieser Vorschlag war bereits 1545 im Gespräch gewesen[122] – somit auf ihre reformierten Wurzeln zurückbesonnen und waren bereit, zum Teil auf ihr Vorortsrecht zu verzichten. Es schien, als hätte die Stadt wieder zu radikaler Konsequenz zurückgefunden.

Auch für Bullinger, der über den Gang der Ratsverhandlung Bescheid wusste – mit Lavater und Jörg Müller hatte er ja wichtige Bezugspersonen in der Kommission[123] –, war klar, dass Zürich den Bei-

[116] Vgl. ebd., 54r und oben 306 mit Anm. 48.

[117] Dieser Vorschlag war erstmals von den einigen Orten im Juni 1543 gemacht und von Zürich im Mai 1555 in Baden wieder benutzt worden; vgl. Zürich ZB, Ms J 35, 54r, oben 303 mit Anm. 35 und 322 mit Anm. 110.

[118] Vgl. Zürich ZB, Ms J 35, 54r-v (Sprüngli, Tagebuch).

[119] Vgl. Zürich ZB, Ms J 35, 54r (Sprüngli, Tagebuch).

[120] Vgl. Zürich ZB, Ms J 35, 54v (Sprüngli, Tagebuch).

[121] Vgl. Zürich StA, A 226 (Ratschlag der Rechenherren und gleichzeitig Entwurf des Schreibens nach Bern, Basel und Schaffhausen, 15. Juni 1555) und Zürich ZB, Ms J 35, 54v (Sprüngli, Tagebuch).

[122] Vgl. oben 306 mit Anm. 48.

[123] Zum Rechenrat vgl. Ekkehart *Fabian*, Geheime Räte in Zürich, Bern, Basel und Schaffhausen: Quellen und Untersuchungen zur Staatskirchenrechts- und Verfassungsgeschichte der vier reformierten Orte der Alten Eidgenossenschaft (einschließlich der Zürcher Notstandsverfassung). Mit Namenlisten 1339/1432–1798 (1800), Köln/Wien 1974 (Schriften zur Kirchen- und Rechtsgeschichte 33), 204–215.

stand der glaubensverwandten Städte brauchte, um politisch bestehen zu können. Kaum hatte der Große Rat den Kommissionsvorschlag genehmigt, schrieb er an die Basler Kollegen und riet ihnen, sich gleich nach dem Eintreffen des Zürcher Briefes mit Bürgermeister Brand und anderen vertrauten Politikern zu besprechen und alles daran zu setzen, dass die Reformierten auf der Tagsatzung geschlossen auftreten. Er sah in den gegnerischen Forderungen den Grundbestand der reformierten Lehre ernsthaft gefährdet, denn den Eid bei den Heiligen in einer reformierten Kirche öffentlich zu verlesen und zu erlauben, ihn wörtlich nachzusprechen, war nicht nur entehrend (»unseren Kirchen wird ein Schandmal eingebrannt«), es wäre gleichsam eine Ermunterung zum Abfall vom [evangelischen] Glauben. Wenn jene beschwichtigten, »niemand solle gezwungen sein, die Heiligen nachzusprechen, warum« so fragte er sich »soll man sie dann vorsagen?« Die Annahme eines solchen Zusatzes würde ihre Gegner nur noch bestärken, die stets behaupteten, dass sie – von der Zürchern sogar beurkundet – den alten, wahren Glauben besässen.[124] Mochten die Alten Eidgenossen ihre Bünde noch bei den Heiligen beschworen haben, so hatte der Landfriedensvertrag seiner Meinung nach eine neue Verfassungsgrundlage für die konfessionell geteilte Eidgenossenschaft geschaffen. Und daraus leitete er den Anspruch auf die Formeln in zweigeteilter Ausführung ab, den die katholischen Orte einfach akzeptieren müssten. Wenn sich diese weigerten, würde man – dies als Wegleitung die Basler Politiker – am besten auf eine Beschwörung verzichten, und man könnte den VII Orten erklären, dass die reformierten Orte die Bundesverträge halten würden, als wären sie beschworen; diese seien ohnehin »auf ewig« geschlossen und in ihrer Gültigkeit nicht von einer Beschwörung abhängig gemacht worden.[125]

Wohl gleichentags, am 15. Juni 1555, schilderte er die Sachlage, die durch die Forderungen der V Orte entstanden war, den Schaffhauser Pfarrern und kündigte das Schreiben seiner Obrigkeit an den Schaffhauser Rat an.[126] Er versicherte, dass Zürich das Vorsprechen des Ei-

---

[124] Zu dieser Formulierung im Landfriedensvertrag von 1531 vgl. oben 303, Anm. 75.

[125] Vgl. Zürich StA, E II 371, 654r–655v (Bullinger an Simon Sulzer und Markus Bertschi in Basel, 15. Juni 1555; Kopie). – Ein diesbezüglicher Brief Bullingers nach Bern ist nicht erhalten.

[126] Vgl. Zürich StA, E II 371, 652r–653r (Bullinger an die Pfarrer von Schaffhausen, 15. Juni 1555). Datierung: Bullinger datiert die Briefkopie mit 14. Juni; er weiß zwar bereits vom obrigkeitlichen Schreiben an Schaffhausen, schreibt aber auch »[…] doch

des in den katholischen Orten »um des Friedens willen gern« den
Luzernern überlassen würde, so dass ein jeder bei seinem Glauben
geschützt bliebe. Es gehe nicht einfach um das zänkische Getue wegen
eines Wortes, wie einige meinten: Das Wort beinhaltet den Glauben
voll und ganz,[127] oder, wie er einmal formulierte: Der Eid ist eine
»Bekundung des Glaubens«.[128]

Bullinger nutzte so die Möglichkeiten seines Netzwerkes nun intensiv, um die Kirchenleute anzuspornen und deren Aktivitäten zu ko-
ordinieren. Seine Briefe belegen aber auch, wie gut Bullinger über die
Beratungen in den politischen Gremien unterrichtet war. Die guten
Beziehungen zu den führenden Politikern ermöglichten es ihm, auf
deren Beschlüsse rasch zu reagieren und über den Briefwechsel zu
verwerten. Die Pfarrerschaft der vier Städte lag daher nie weit hinter
dem Wissensstand der Politiker zurück, so dass sich der Schaffhauser
Rat einmal ausdrücklich wunderte, wieso seine Pfarrer über die ge-
heim gehaltenen Ratsgeschäfte so gut Bescheid wüssten.[129]

12. 1555 – DIE UNGESICHERTE ALLIANZ DER REFORMIERTEN

Als die Abgeordneten der vier reformierten Städte am 25. Juni 1555 in
Baden zur Vorbesprechung zusammenkamen, trat ein, was sich früher
schon angedeutet hatte: die Städte waren unter sich uneins. Während
sich die Berner Wolfgang von Erlach und Jakob Thormann hinter den
Zürcher Vorschlag stellten, äußerten die Gesandten der beiden anderen Städte Bedenken.[130] Für die Basler hatte die Durchführung der

---

ist noch nüt beschlossen«; möglicherweise verfasste er den Brief, während die Ratsverhandlung im Gange war.

[127] »Es ligt uns auch nüt ein kleins an dem eid. Iuramentum est religionis obtestatio
und der hafft und pundt auch der religion, nitt allein der usseren dingen. Darumb ists
nüt ein kyb, wie etlich meinend, oder was an einem wort lige; das wort begrifft den
gantzen glauben.« Ebd.

[128] Am 16. Juni 1556 predigte Bullinger: »Vil lüt meynend, es sy nun umm ein wort
ze thůn. Dz ist aber nütt, dan es ist die kundschafft dess glaubens.« Zürich ZB, Ms. D
79, Nr. 21/2 (Nachschrift von Johann Jakob Wick).

[129] »Miratur noster magistratus, quomodo nos, qui sumus a concionibus sacris, haec
rescire potuerimus; secreta enim haec voluerunt esse.« Zürich StA, E II 371, 666
(Simprecht Vogt an Bullinger, 20. Oktober 1555).

[130] Vgl. EA 4/1e, 1264f. zu s (Tagsatzung, Baden, 25. Juni 1555). – Noch eine Woche
zuvor, am 19. Juni 1555, hatte Haller zuversichtlich über die Stimmung in Bern berichtet und auf ein gemeinsames Vorgehen der reformierten Orte gehofft; Zürich StA,
E II 370, 219.

Bundesbeschwörung, vor allem die öffentliche Verlesung der Texte, Priorität. Da sie befürchteten, dass mit einem Nachgeben der katholischen Orte nicht zu rechnen sei und zudem das Risiko bestünde, dass diese eine separate Beschwörung veranstalteten, wären sie bereit, die (Tschudischen) Artikel anzunehmen. Eine Gefährdung der reformierten Lehre durch die Nennung der Heiligen – so die Beteuerungen von Jakob Rüdi und Heinrich Falkner – schätzten sie, ganz im Vertrauen auf die Glaubensstärke ihrer Bürger, als gering ein.[131] Auch Ulrich Pflum aus Schaffhausen hatte den Auftrag, die Artikel anzunehmen. Doch immerhin ließen sich die drei dazu überreden, in der Verhandlung ihre Instruktionen vorerst zurückzuhalten und die Reaktion der V oder VII Orte abzuwarten, um die Meinungsverschiedenheiten unter den Reformierten nicht gleich sichtbar zu machen.[132]

Die Verordneten der VII Orte reagierten unnachgiebig. Ihr Sprecher, Hans Hug von Luzern, gab sich enttäuscht, da die Artikel – wie er meinte – dem reformierten Glauben keinen Abbruch getan hätten, während ihre Obrigkeiten diese nur mit Mühe hätten akzeptieren können. Was wohl heißt, dass sie ganz gerne auch das Nachsprechen der Heiligen durch die reformierten Bürgerschaften gefordert hätten (eine weitere Steigerungsmöglichkeit gab es nicht mehr). In der anschließenden erregten Diskussion fielen markige Worte, die in der Ankündigung der VII Orte gipfelte, sie würden nun einander ohne die vier Städte »laut dem Buchstaben« schwören. Die Glarner und Appenzeller Gesandten versuchten zwar, ihnen dies auszureden, verwiesen auf die Folgen einer solchen Spaltung für das Ansehen der Eidgenossenschaft, ernteten aber damit nur die unwirsche Aufforderung, sich selbst bis zum nächsten Mal für oder gegen die Artikel zu entscheiden.[133]

Damit hatte der Streit um die Bundesbeschwörung seinen Höhepunkt erreicht. Die VII Orte waren so geschlossen und kraftvoll wie nie zuvor aufgetreten, während die beiden Zürcher, Lavater und Escher, mit Bern und den zwei unsicheren Partnern Basel und Schaffhausen im Rücken, dagegen zu halten versuchten. Für Zürich wurde es immer dringlicher, nicht nur die Position gemeinsam mit Bern zu

---

[131] Basel hatte Zürich seine Haltung schon am 18. Juni 1555 dargelegt; vgl. Zürich StA, A 226.

[132] Vgl. EA 4/1e, 1264f. zu s (Tagsatzung, Baden, 25. Juni 1555). – Bernhard Sprüngli fasst etwas vereinfacht zusammen, die Basler und die Berner seien mit Zürich einer Meinung gewesen; vgl. Zürich Ms J 35, 54v.

[133] Vgl. EA 4/1e, 1254f. s (Tagsatzung, Baden, 25. Juni 1555), und Zürich Ms J 35, 55r-55v (Sprüngli, Tagebuch).

halten, sondern die beiden anderen Glaubensverwandten zum Anschluss zu bewegen. Zu diesem Zweck setzte es eine Sonderbespre-
chung auf den 8. August in Schaffhausen an.[134] Doch Simon Sulzer
berichtete bereits Ende Juli resigniert nach Zürich, dass die Basler
Pfarrer für ihr energisches Predigen vom Rat gemaßregelt worden
seien, und er ahnte auch schon, dass seine Obrigkeit ihren Beschluss
nicht mehr revidieren würde.[135]

Die Befürchtungen bewahrheiteten sich, denn in Schaffhausen bestätigte sich die Entzweiung im reformierten Lager. Nicht nur Basel,
das ganz auf seine mündige Bürgerschaft setzte, sondern auch Schaffhausen, das in seiner Grenzlage den gesamteidgenössischen Rückhalt
suchte, war willens, den anderen Eidgenossen nachzugeben. Doch wie
schon an der Jahrrechnung im Juni einigten sich die vier Städte auch
diesmal, vorerst gemeinsam die Zürcher Variante zu erproben.[136]

Allerdings blieb der harte Kurs auch im Zürcher Großen Rat nicht
unbestritten. Am 4. September 1555, in der Vorberatung der Tagsatzung, plädierten die eidgenössisch Gesinnten, für die der Teufel in der
Kirche steckte, für die Annahme des »Mittels«, da man dieses – wie sie
behaupteten – doch früher oder später akzeptieren müsste; alles andere sei nur ein streitsüchtiges Hinauszögern. Sie setzten sich freilich
nicht durch.[137]

Die Thematik führte am 8. September 1555 in Baden zu langen und
mühseligen Verhandlungen, in deren Verlauf die üblichen Enttäu-
schungen (der VII Orte über die Haltung der Reformierten), Beteuerungen (der Städte, alles zu erfüllen, was »frommen« Eidgenossen
gezieme) und Drohungen (der VII Orte, ohne die Reformierten zu
schwören) geäußert wurden. Die Kontrahenten, erratischen Blöcken
gleich, wichen in nichts von ihren Positionen ab; weil die Abgeord-

[134] Vgl. Zürich Ms J 35, 55r-55v (Sprüngli, Tagebuch, über die Beschlüsse des Klei-
nen Rates, 22. Juli, und des Großen Rates, 27. Juli 1555), und Zürich StA, A 226
(Ratschlag der Rechenherren und gleichzeitig Instruktion für die Gesandten nach
Schaffhausen, kurz nach 22. Juli 1555).
[135] Vgl. Zürich StA, E II 336, 397 (Sulzer an Bullinger, 31. Juli 1555). Noch eine
Woche zuvor hatte Sulzer die Hoffnung geäußert, dass sich Basel den Zürchern und
Bernern anschließen würde; ebd. E II, 336, 396. – Christian Hochholzer berichtete
Bullinger in diesen Tagen, er schäme sich, davon zu reden, was die Basler Pfarrer beim
Rat hätten ausrichten können; vgl. Zürich StA, E II 335, 2279v (Hochholzer an Bullinger, 4. August 1555).
[136] Vgl. Zürich StA, A 226 (Abschied der vier Städte in Schaffhausen, 8. August
1555); EA 4/1e, 1292f. b; zur Jahrrechnung 1555 vgl. oben 327 mit Anm. 132.
[137] Vgl. Zürich ZB, Ms J 35, 56r-v (Sprüngli, Tagebuch).

neten ihre Aufträge nicht einzeln eröffnen mussten, blieben die Differenzen unter den Städten verborgen.[138] Um den Stillstand zu überwinden, intervenierten Tschudi und seine Kollegen erneut, sprachen von den besorgniserregenden Zeiten, von der Aufweichung der eidgenössischen Freundschaft, von der Ermunterung der Feinde usw., und warfen wiederum ein »Mittel« in die zerstrittene Runde. Diese neuen Artikel entsprachen jedoch ziemlich genau denjenigen, die sie vier Monate zuvor in Baden präsentiert hatten – nur gerade der aufreizende Zusatz über das Nachsprechen der Heiligen durch die Reformierten fehlte. Die Vermittler brachten damit zwar nichts Neues ein, bewirkten aber, dass die unfruchtbare Debatte abgeschlossen werden konnte.[139] Die VII Orte verlangten jedoch ultimativ, dass sich alle Orte bis zur folgenden Zusammenkunft vom 28. Oktober 1555 für ein Ja oder ein Nein zu diesem »Mittel« entscheiden.[140]

Im Verlauf des Monats Oktober entwickelte die reformierte Pfarrerschaft in den Städten eine fieberhafte Geschäftigkeit; denn alles schien sich auf diese Tagsatzung hin zuzuspitzen. Aus Bern erreichten Bullinger ebenso besorgte wie zuversichtliche Schreiben. Während Wolfgang Musculus um die Sache der Kirche bangte und weitere Argumente gegen die Verwendung der Heiligen in der Eidformel schickte,[141] vertraute Haller auf die Standhaftigkeit seiner und der Zürcher Obrigkeit; Gerüchten, wonach letztere von einem Einlenken gesprochen hätte, wollte er keinen Glauben schenken.[142] Gleichwohl trat Haller mit seinen Kollegen am 8. Oktober vor die Berner Ratsherren,[143] um diese darin zu bestärken, die »abgöttische« Eidformel weiterhin zu bekämpfen. Zur Ablehnung des Heiligeneids seien sie verpflichtet, nicht nur durch das Zeugnis der Schrift – wir begegnen hier dem bekannten Bibelstellenkatalog[144] –, sondern auch zur Sicherung

---

[138] Basel scheint sich unterdessen – will man Sulzer glauben – der Meinung Zürichs angenähert zu haben; vgl. Zürich StA, E II 336, 399 (Sulzer an Bullinger, 30. August 1555).

[139] Vgl. EA 4/1e, 1328–1330 bb (Tagsatzung, Baden, 8. September 1555). – Zum fast identischen Vorschlag im Mai 1555 vgl. oben 323 mit Anm. 113.

[140] Vgl. unten 331 mit Anm. 150.

[141] Vgl. Zürich StA, 371, 658f. (Musculus an Bullinger, mit Beilage, 5. Oktober 1555).

[142] Vgl. Zürich StA, 370, 214 (Haller an Bullinger, 7. Oktober 1555).

[143] Zürich StA, E II 371, 66or-663v (Fürtrag der Berner Pfarrer vor dem Berner Kleinen Rat, 8. Oktober 1555).

[144] Dtn 6, 13, und 10, 20; Jes 45, 23 und 65, 16; Jer 4, 2; Ex 23, 13; Jos 23, 7; Jer 5, 7; Zeph 1, 4. Zürich StA, E II 371, 66ov. – Vgl. dazu auch unten, Anhang I, 339.

der reformierten Ordnung; würde doch die Erlaubnis, in ihren Kirchen die Heiligen zu nennen und gar ungestraft nachsagen zu lassen, beim eigenen Volk Unfrieden bringen und ihre Gegner triumphieren lassen.

Bullinger, sonst bemüht, die Anliegen der Kirche möglichst beim Rat und nicht von der Kanzel anzubringen – ein Verhalten, das von der Obrigkeit nicht nur begrüßt, sondern seit den Auseinandersetzungen um die politische Predigt geradezu gefordert wurde –,[145] wandte sich am 13. Oktober im Großmünstergottesdienst einmal mehr an die Öffentlichkeit.[146] Zur Darstellung der Funktionsweise einer konfessionell geteilten Gemeinschaft bediente er sich der Metapher der konfessionell gemischten Ehe, die er mit neutestamentlichen und frühchristlichen Zeugnissen unterfütterte. Es war ihm ein Leichtes, die verbotene, bzw. erlaubte Form des Eides, zweifellos eine Sache des Glaubens, mit Hilfe der bekannten Schriftzeugnisse[147] zu belegen. Und eindringlich appellierte er an die weltliche Obrigkeit – er sprach die anwesenden Ratsherren direkt an[148] –, sich im Schwurhandel vor glaubenswidrigen Übergriffen zu hüten.

Wie weit diese Anstrengungen die Zürcher Politiker beeinflussten, ist nicht abzuschätzen. Doch während diese unerschütterlich bei ihrem Beschluss verblieben, begann nun unversehens das bis anhin standhafte Bern umzudenken. Am 12. Oktober berichtete Haller entsetzt nach Zürich, seine Herren hätten – nach heftigen Diskussionen – dem Glarner (Tschudischen) Vorschlag zugestimmt.[149] Ein solcher Meinungsumschwung des zuverlässigsten Verbündeten wäre für Zürich folgenschwer gewesen; in Baden hätte ihm der Alleingang gedroht, denn aus Basel und Schaffhausen waren weiterhin keine positiven Signale zu vernehmen. Um das Risiko eines derartigen Alleingangs abzuwenden, suchte der Zürcher Rat erneut den direkten Gedankenaus-

---

[145] Zum Politisieren von der Kanzel vgl. Hans Ulrich *Bächtold*, Heinrich Bullinger vor dem Rat: Zur Gestaltung und Verwaltung des Zürcher Staatswesens in den Jahren 1531 bis 1575, Bern 1982 (Beiträge zur Zürcher Reformationsgeschichte 12), 37–45.

[146] Vgl. die Wiedergabe der Predigt unten, Anhang II, 341–346.

[147] Vgl. unten, Anhang I, 339 und II, 343.

[148] »Ir min gnädig herren […]«; unten, Anhang II, 344.

[149] »Heri proh dolor, fatali illo nobis die, consenserunt nostri in formulam illam iuramenti a Glaronensibus constitutam, ut scilicet liceat adversariis, si velint, nominare sanctos, nostri vero iurent per solum deum.« Zürich StA, E II 370, 216 (Haller an Bullinger, 12. Oktober 1555). Und ein entmutigter Musculus klagte über die vielen, die bei ihnen [in Bern] im Glauben nachließen; vgl. CO, Bd. 15, 821f. (Musculus an Bullinger, 15. Oktober 1555).

tausch. Es sei ihm viel an der Sache gelegen, schrieb er am 16. Oktober nach Bern, Basel und Schaffhausen, und da nun die Sache auf das entscheidende Ja oder Nein ausgerichtet sei, mögen Beauftragte der vier Städte am 22. Oktober in Aarau zusammenkommen.[150]

In diese Zeit des innerreformierten Bruchs fällt wohl der Bericht, den Bullinger mit »Was gehandlet des eydts und pündtschwerrens halb zwüschen den predicanten Zürych, Bern, Basel und Schaffhusen 1555« betitelt hat.[151] Es findet sich kein Beleg für ein Treffen der reformierten Pfarrer zum Thema Bundesschwur in diesem Jahr. Denkbar ist jedoch, dass dieses Papier deren Schriftverkehr zusammenfasste und im Hinblick auf die Aarauer Zusammenkunft den reformierten (Zürcher) Politikern zugespielt wurde. Es stützt sich im ersten Teil auf Bullingers Stellungnahme von 1549[152] und gibt anschließend Argumente wieder, die dieser bereits auch in den Briefen vom 15. Juni[153] angeführt hatte. Die Schlussfolgerung, die als Anweisung an die Politiker verstanden werden muss, lautete: »Da man Frieden und Einigkeit untereinander wahren will, lasse man unsere Eidgenossen [die katholischen Orte] den Eid nach ihrer Art vorgeben und schwören, uns aber nach unserer Art, bei Gott allein.«[154]

13. 1555 – Auf dem Weg zur Entscheidung

Das Gespräch der städtischen Gesandten in Aarau – aus Zürich war Stadtschreiber Escher abgeordnet – verlief in gutem Einvernehmen. Die vier konnten zwar nur eine Empfehlung zuhanden ihrer eigenen Obrigkeiten ausarbeiten, doch sie einigten sich auf folgendes Vorgehen: Man möge die VII Orte fürs erste ersuchen, den Vorschlag der Städte vom 25. Juni (Jahrrechnung) 1555 anzunehmen. Wenn sie ablehnten, hätte man darauf hinzuwirken, dass die Sache verschoben werde. Sollte beides nicht gelingen, müsste man sie auf die folgende

---

[150] Vgl. Zürich StA, A 226 (Zürich an Bern, Basel und Schaffhausen, 16. Oktober 1555: »[...] unnd nun me der handel uff den beschluß ia oder nein zůsagen gestelt sin soll«) und Zürich ZB, Ms J 35, 57r (Sprüngli, Tagebuch).

[151] Vgl. Zürich ZB, Ms A 70, 627–630. Autograph Bullingers.

[152] Vgl. unten, Anhang I, 339f.

[153] Vgl. oben 325f. mit Anm. 125–127.

[154] Zürich ZB, Ms A 70, 628f.

Tagsatzung vertrösten, an der die Städte ihre endgültig Antwort geben würden.[155]

Dies war ein Ergebnis, das Zürich – allen Befürchtungen zum Trotz – wieder zuversichtlich stimmte. Es war ein Erfolg, der wahrscheinlich stark vom Umschwung beeinflusst war, der im Schaffhauser Rat stattgefunden hatte. Denn schon vor der Aarauer Besprechung hatte Pfarrer Vogt erfreut nach Zürich berichtet, dass ihre Predigtarbeit bei den Politikern doch noch gefruchtet habe: Der Große Rat sei nun gewillt, bei Gott allein zu schwören und werde sich von den Gegnern nicht mehr davon abbringen lassen; der Beschluss sei den Baslern bekannt gegeben worden, die ihn auch nach Bern weitermelden würden.[156]

Doch während Schaffhausen auf den Zürcher Kurs einschwenkte und auch der Berner Große Rat schließlich seinen Beschluss aufgrund der Aarauer Empfehlung revidierte,[157] entbrannten in Zürich selbst neue Diskussionen. In der Sitzung des Großen Rates zur Vorbereitung der Tagsatzung vom 28. Oktober 1555[158] zeigte es sich, dass die neue Ratsgeneration vom Inhalt der Verträge, die da beschworen werden sollten, keine Ahnung hatte; deshalb ließ man vorerst die für Zürich einschlägigen Bundesurkunden – den Bundesbrief 1351, den Pfaffenbrief 1370, den Sempacherbrief 1393 und das Stanser Abkommen 1481[159] – verlesen. In der anschließenden Beratung zerfiel die Ratsversammlung in verschiedene Fraktionen. Eine erste Gruppe plädierte für die Abmachung von Schaffhausen[160] mit dem Anhang, dass man die Sache immer noch bereden könnte, falls es die VII Orte wagten, unter Ausschluss der Reformierten zu schwören. Eine zweite drängte darauf, die beiden ersten Aarauer Artikel[161] umzusetzen; in Baden sollte man

---

[155] Vgl. Zürich StA, A 226 (Tagsatzung der vier Städte, Aarau, 23. Oktober 1555); EA 4/1e, 1346, und Zürich ZB, Ms J 35, 57r-v (Sprüngli, Tagebuch).

[156] Vgl. Zürich StA, E II 371, 666 (Vogt an Bullinger, 20. Oktober 1555).

[157] Am 28. Oktober 1555 schrieb Haller, schwankend zwischen Hoffnung und Skepsis, der Große Rat sei in der Sache zusammengerufen worden. »[…] Quid interim sperem, nescio. Die gmein burgerschafft wär gůt; capita sunt aegra. Putant multi, man mögs wol böser, aber nitt beßer machen. Nos nostrum praestamus officium; singulis concionibus declamamus de hac re omnes, accedimus etiam senatum, ut proxime scripsi.« Zürich StA, E II 370, 220 (Haller an Bullinger, 28. Oktober 1555).

[158] Zu dieser Sitzung vom 26. Oktober 1555 vgl. Zürich ZB, Ms J 35, 57v-58r (Sprüngli, Tagebuch).

[159] Die Vertragstexte in: *Nabholz/Kläui*, Quellenbuch, 14–19 (Bund Zürichs mit Luzern, Uri, Schwyz und Unterwalden, 1. Mai 1351), 33–36 (Pfaffenbrief, 7. Oktober 1370), 36–39 (Sempacherbrief, 10. Juli 1393) und 62–66 (Stanser Verkommnis, 22. Dezember 1481).

[160] Vgl. oben 328 mit Anm. 136.

[161] Vgl. oben 331 mit Anm. 155.

vorerst anhören, wozu Bern, Basel und Schaffhausen, aber auch die
VII Orte bereit seien, worauf die Abgeordneten in Zürich neue Weisungen einholen könnten. Die dritte, die eidgenössisch gesinnte Partei,
fragte sich, wieso die Sache eigentlich so verzögert werden sollte, und
drängte auf die Annahme der revidierten (Tschudischen) Artikel;[162]
dies erbrächte von Seiten der Eidgenossen viel Wohlwollen, und man
käme beidseits zur Ruhe.

Die politischen Kräfte in der Versammlung waren also, wie früher
schon, ideologisch in zwei Richtungen gebündelt. Während sich die
beiden ersten Gruppen den Forderungen der reformierten Lehre verpflichtet fühlten, war für die dritte der eidgenössische Gemeinsinn und
die staatliche Integrität Zürichs (Vorortschaft Zürichs) vorrangig. In
der Abstimmung wurde schließlich der zweite Antrag (Aarauer Artikel)
mit der deutlichen Mehrheit von 114 Stimmen angenommen. Die Tatsache, dass die Heiligen in keiner der vorgelesenen Urkunden genannt
waren[163] – der von den katholischen Orten oft wiederholte Verweis auf
den Eid »nach dem Buchstaben« hatte demzufolge nur beschränkte
Gültigkeit –, mag die Zürcher Politiker in ihrer Haltung gestützt haben.

Wie kaum zuvor hatten die Zürcher im Oktober 1555 um ihre klare
Position und um den Schulterschluss der reformierten Stadtorte gerungen. Hätten sie gewusst, was sich unter den VII Orten abspielte,
wären ihnen die Mühen erspart geblieben. Denn als jene am 14. Oktober in Luzern ihre gemeinsame Vorgehensweise, d.h. die Forderung
nach Annahme der Vergleichsartikel, festlegen wollten, konnten sie
sich nicht einig werden. Um den Sachverhalt zu verdecken, beschlossen sie, nicht weiter zu insistieren und einfach »mit den freundlichsten
Worten« darauf hinzuweisen, dass die Zeit ungelegen sei, um Landsgemeinden zusammenzurufen.[164]

Im Protokoll der Badener Tagsatzung vom 28. Oktober heißt es
denn auch knapp, dass man sich nicht habe vergleichen können, und
dass die Frage ohnehin vorerst vor die Landsgemeinden kommen müsse. Aber weil alle XIII Orte willens seien, einander die Bundesbriefe
und den Landfriedensvertrag gewissenhaft zu halten, wie es guten Eidgenossen anstehe, hätten sie beschlossen, die Sache für diesmal ruhen

---

[162] Vgl. oben 329 mit Anm. 139.
[163] Vgl. *Rappard*, Du renouvellement des pactes confédéraux, 23 und *Nabholz / Kläui*,
Quellenbuch, 65.
[164] Vgl. EA 4/1e, 1336f. (Tagsatzung der VII Orte, Luzern, 14. Oktober 1555).

zu lassen.[165] Allerdings verhehlten die VII Orte nicht, dass sie sich über den ihres Erachtens ungebührlichen Einsatz der reformierten Pfarrerschaft ärgerten. Diese hätte von den Kanzeln geeifert und Anweisungen gegeben, als ob die Politiker nicht allein hätten beurteilen können, was für die Eidgenossenschaft gut sei. Dies wäre bei ihnen nicht denkbar.[166] Dieser scheinbar laizistischen Auffassung hatten reformierte Politiker natürlich nichts entgegenzusetzen.

So rasch – wie das Protokoll suggeriert – hatte sich das Geschäft allerdings nicht erledigt. Von Bernhard Sprüngli erfahren wir, wie die vier Städte in Baden mit den VII Orten verhandelten, nicht direkt, sondern stets durch die Vermittlung der Glarner und Appenzeller. Er berichtet, dass Zürich, Bern und Schaffhausen der Aarauer Verabredung folgen wollten, Basel jedoch – nicht unerwartet – das »Mittel« anzunehmen bereit war. Überraschend war dann eher, dass nach längerem Austausch der Vorschläge und Gegenvorschläge die VII Orte ausrichten ließen, man möge, da eine Einigung ohnehin nicht zu erwarten sei, die Sache bis zu besserer Gelegenheit ruhen lassen und die Bünde und den Landfrieden halten, wie wenn sie beschworen wären. Ein Vorschlag, der den vier Städten nicht ungelegen kam.[167]

Sprüngli verrät uns auch, wie die siebenörtige Einheit zerfallen war: Die Orte Uri und Zug hätten darauf bestanden, dass man den vier Städten entgegenkomme und diese bei ihrem Glauben schwören lasse, da diese ja stets angeboten hätten, auch den Glauben der VII Orte zu respektieren und diese bei Gott und den Heiligen schwören lassen wollten.[168] Die Konzilianz dieser zwei katholischen Orte bewirkte letztlich, dass die lange Reihe leidiger und zermürbender Debatten endgültig ihren Abschluss gefunden hatte.

14. 1555 – Der Konflikt bleibt unentschieden

Allerdings war diese Endgültigkeit nicht sogleich ersichtlich. Auch Bullinger schätzte sich noch mitten in der Auseinandersetzung stehend, als er am 2. November 1555 – er hatte eben von der Verschiebung gehört – Calvin berichtete, wie sehr er sich abgemüht habe, damit der Name

---

[165] Vgl. EA 4/1e, 1347 b (Tagsatzung, Baden, 28. Oktober 1555).
[166] Vgl. EA 4/1e, 1352 y (Tagsatzung, Baden, 28. Oktober 1555).
[167] Vgl. Zürich ZB, Ms J 35, 58r-v (Sprüngli, Tagebuch).
[168] Vgl. Zürich ZB, Ms J 35, 58v-59r (Sprüngli, Tagebuch).

Gottes nicht entweiht werde; da es aber auch in den eigenen Reihen viel Widerstand gebe, sei die Auseinandersetzung sehr heftig.[169]

Allmählich wurde jedoch absehbar, dass der Konflikt um die Bundesbeschwörung und die Eidformel damit sein Ende erreicht hatte, und Bullingers Kollegen in Basel und Bern freuten sich offen darüber.[170] Auch für die Politiker war das Geschäft praktisch erledigt. Die reformierten Orte hatten, nach den zwischen 1543 und 1555 gemachten Erfahrungen, kein Interesse mehr an einer Wiederaufnahme der Debatte, andererseits konnten die VII Orte ohne innere Geschlossenheit kaum noch mit einem Erfolg rechnen. Bezeichnend ist die Reaktion der katholischen Orte auf den Vorstoß der Glarner und Appenzeller, die ihr »Mittel« ein Jahr später noch einmal ins Spiel brachten. Als nämlich die vier Städte zur Bedingung machten, dass die VII Orte ihre Instruktionen zuerst bekannt geben müssten, schwiegen sich diese aus.[171]

Dennoch blieb Bullinger in Wehrbereitschaft. Am Schwörsonntag 1556 predigte er deshalb der Gemeinde und seinen Herren mit der gewohnten Leidenschaft ins Gewissen und erörterte anhand des eidgenössischen Zerwürfnisses, wie geschworen werden müsse und wie nicht geschworen werden dürfe.[172] Doch die weitere Entwicklung gab den Kirchenleuten keinen Anlass mehr, sich in die Angelegenheit einzumischen. Die Erfahrungen der konfliktreichen Jahre hinterließen in ihrem Schrifttum allerdings sichtbare Spuren. Schon in den »Dekaden« hatte Bullinger um 1550 über die Verwerflichkeit des Eides bei den Heiligen geschrieben,[173] ebenso im 5. Kapitel des Zweiten Helvetischen Bekenntnisses (»damit wäre den himmlischen Heiligen zuviel Ehre angetan«).[174] Und es ist zu vermuten, dass das Verbot des Heiligenschwurs in der Frage 102 des Heidelberger Katechismus' auf die in Zürich gemachten Erfahrungen zurückzuführen ist.[175] Das 1592 pu-

---

[169] Vgl. CO, Bd. 15, 853 (Bullinger an Calvin, 2. November 1555).

[170] Vgl. Zürich StA, E II 336, 402 (Sulzer an Bullinger, 14. November 1555), und ebd., E II 370, 223 (Haller an Bullinger, 18. November 1555).

[171] Vgl. EA 4/2, 21 (Tagsatzung der vier Städte, Aarau, 23. Oktober 1556).

[172] Vgl. Zürich ZB, Ms D 79, Nr. 21/2 (Predigt Bullingers, 16. Juni 1556; Nachschrift von Johann Jakob Wick).

[173] Vgl. Heinrich *Bullinger*, Schriften, hg. von Emidio Campi et al., Zürich 2004, 270f.

[174] Die Bekenntnisschriften der reformierten Kirche, hg. von E. F. Karl *Müller*, Leipzig 1903, 176.

[175] Das Problem der Beschwörung unter Anrufung der Heiligen war allerdings nicht spezifisch eidgenössisch, es stellte sich überall, wo Protestanten und Katholiken ge-

blizierte Werk über den Eid von Ludwig Lavater belegt, wie sehr das
Thema seine Relevanz weit über die Bullingerzeit hinaus bewahrt hatte; das Werk reflektiert und vertieft die Fragen um den Eid umfassend
und ist gleichzeitig eine Aufarbeitung des in jener Zeit bereits historischen Konflikts.[176]

Der lange eidgenössische Streit um die Eidformel hatte zwar im
Oktober 1555 sein Ende gefunden, aber das Problem war nicht gelöst
worden. Denn eine Bundesbeschwörung – das ursprüngliche Anliegen
in dieser Auseinandersetzung – wurde 243 Jahre lang nicht mehr
durchgeführt. Die wenigen, zaghaften Versuche bis zum Ersten Vill-
mergerkrieg 1656,[177] die Tradition wieder aufleben zu lassen, verpuff-
ten angesichts des fehlenden Interesses einzelner Bundesglieder oder
der Scheu vor neuen Streitereien. Danach verstummte das Gespräch
um die Bundesbeschwörung völlig. Erst im Januar 1798, unter dem
Eindruck der revolutionären Wirren, kurz vor dem Einmarsch der
Franzosen, taten sich die eidgenössischen Orte in Aarau zusammen
und leisteten in einem theatralischen Akt den Eid auf die eidgenössischen Bundesverträge. Sie leisteten den Schwur bei Gott allein, nur
der Luzerner Abgeordnete nannte auch die Heiligen hinterher. Der
pompös aufgezogene Anlass war aber kaum mehr als ein Abgesang auf
die Alte Eidgenossenschaft. Es mag als Ironie der Geschichte gelten,
dass ausgerechnet Basel, als einziges Ort, der feierlichen Zeremonie
fern blieb.

15. 1526–1555 – Vorbote der Gegenreformation

Die Reformation hatte in den Debatten rund um die Eidformel – wie
auch in anderen Bereichen – die Verfassungsstruktur der Alten Eidgenossenschaft heftig erschüttert. Diese Struktur hatte sich neben den

meinsam Rechtsgeschäfte tätigten, insbesondere im konfessionell zersplitterten
Deutschland. Aber der Eid bei den Heiligen hat wohl in der Eidgenossenschaft die
heftigsten und langwierigsten Turbulenzen gezeigt. Von John Hooper wissen wir
übrigens, dass er den Amtseid nicht bei den Heiligen leisten wollte und daher Bullinger und Calvin um Rat anging; vgl. Carl *Pestalozzi*, Heinrich Bullinger: Leben und
ausgewählte Schriften, Elberfeld 1858 (Leben und ausgewählte Schriften der Väter
und Begründer der reformirten Kirche 5), 443.

[176] Ludwig *Lavater*, Der Eyd. Das ist von allen ursachen, umbstennden, wirde,
brauch unnd mißbrauch deß Eydtschwehrens kurtze und grunntliche beschrybung,
Zürich 1592.

[177] Vgl. *Rappard*, Du renouvellement des pactes confédéraux, 111–124.

Vorgaben der Bundesverträge auch durch gewachsene Gewohnheiten und eingespielte Rituale herausgebildet und wurde im Zweiten Landfriedensvertrag nur unvollständig den neuen Gegebenheiten angepasst. Im Streit um die Eidformel setzte sich daher die Anstrengung der evangelischen Städte um die Anerkennung des Reformation und des neuen Staatsverständnisses nach 1531 fort. Traditionalistisches Denken stand gegen den Anspruch der Erneuerung.

Nach anfänglicher Unentschlossenheit beharrten die VII katholischen Orte im Streit um die Formel »Gott und die Heiligen« zunehmend auf einem Standpunkt, der zwar nur zum Teil ausdrücklich von den Bundesverträgen diktiert, aber als Gewohnheitsrecht tief verwurzelt war.[178] Neben der strengen Verpflichtung auf die Tradition konnten sie auch legalistische Argumente gegen die Neuerer anführen, denn in einigen wenigen Vertragstexten waren die Heiligen tatsächlich genannt, vor allem aber fühlten sie sich zu Recht nicht vertreten, wenn der Zürcher Vorsitzende den Eid im Namen aller Eidgenossen auf seine Weise (d.h. ohne die Heiligen zu nennen) vorsprach.[179] Zudem muss den Obrigkeiten der katholischen Orte zugute gehalten werden, dass sie – besonders diejenigen der Landsgemeindeorte, in denen direktdemokratische Regeln den Wandel hemmten – nicht gegen ihr Volk politisieren konnten. Dank ihrer Geschlossenheit, begünstigt auch durch die internationale Politik, vermochten sie in einer ersten Phase mächtig Druck gegen Zürich und dessen Glaubensverwandte aufzubauen. Doch das überrissene (sonderbündlerische) Vorhaben einer separaten Bundesbeschwörung, von Luzern, Schwyz und Unterwalden vorangetrieben, sprengte schließlich ihre Einheit.

Die reformierten Stadtorte Zürich, Bern, Basel und Schaffhausen, nur mit der allgemeinen Schutzbestimmung des Landfriedens im Rücken, waren in ihrer Abwehr vor allem auf die ideologisch-religiöse Argumentation angewiesen. Dabei befand sich Zürich als eidgenössischer Vorort und Quellort des Zwinglianismus' in exponierter Lage, wollte es doch seine überlieferten Vorrechte ebenso wie seine refor-

---

[178] Nur wenige der Verträge nannten neben Gott auch die Heiligen, so etwa das Burg- und Landrecht von Appenzell mit Zürich, Luzern, Uri, Schwyz, Unterwalden, Zug und Glarus, 24. November 1411; vgl. *Nabholz/Kläui*, Quellenbuch, 46, und oben 333 mit Anm. 163. – Die Formel »bei Gott und den Heiligen« lässt sich weit zurück verfolgen; vgl. in etwa das karolingische »Si me adiuvet deus et [...] sanctorum patrocinia« bei *Holenstein*, Huldigung, 114, Anm. 54.

[179] Vgl. Zürich StA, A 250 (Notizen des Stadtschreibers über eigene und gegnerische Argumente).

matorischen Errungenschaften bewahren. Seine glaubensverwandten
Städte konnten ungebundener agieren und beschritten denn auch zwischenzeitlich eigene Wege. Zürichs schwankende Haltung von 1543 bis
1552 war das Resultat z. T. heftiger innerer Auseinandersetzungen;
denn je nach politischer Lage setzten sich in der Ratsversammlung
proeidgenössische Gruppen, die vor allem das Vorortsrecht im Auge
hatten, im Wechsel mit kirchennahen Kräften durch, denen die religiöse Integrität wichtiger war. Die Entschlossenheit, mit der die Zürcher Obrigkeit schließlich 1555 unter Einbindung der Alliierten die
gegnerischen Forderungen abblockte, war zweifellos auch von Bullingers Engagement und der Stimmungsmache der von ihm koordinier-
ten Pfarrerschaft mitbestimmt.[180]

Der Bundesschwur und die Frage nach seiner Durchführung gewann im Verlaufe der Debatten an Bedeutung und wurde zum Gegenstand der Konfessionspolitik. Die Auseinandersetzung, von den V
bzw. VII Orten als antireformiertes Instrument genutzt, war gleichsam
ein Zeichen des erstarkenden Katholizismus und ein Vorbote der Gegenreformation, die in der Schweiz ab 1545 starken Auftrieb erhielt
und ab 1560 kulminierte.[181] Die Spaltung und damit Schwächung des
katholischen Blockes führte jedoch zur Entspannung und letztlich zum
Abbruch der Diskussion. Der Konflikt hatte sich abgenutzt und wurde
sistiert, ohne dass das Problem gelöst worden wäre. Die Tatsache, dass
die Bundesbeschwörung bis 1798 im vielstaatlichen Zusammenleben
keine Rolle mehr spielte, zeigt allerdings, dass sie − trotz der Wichtig-
keit, die ihr in den konfliktreichen Jahren zugesprochen worden war −
für den Bestand der Eidgenossenschaft nicht (mehr) von existentieller
Bedeutung war.

---

[180] René *Hauswirth*, Die politische Ethik der Generation nach Zwingli, in: Zwingliana 13/5 (1971), 310 f., sieht im Problem des Bundesschwurs »einen exemplarischen
Fall zum Verhältnis von Glaube und Staatsräson«, wobei er die Zürcher Politiker − im
Gegensatz zu den Bernern, Baslern und Schaffhausern − (etwas zu eindeutig) in Treue
zur reformierten Lehre handeln lässt.
[181] *Stadler*, Gegenreformation, 573, sieht den »eigentlichen Klimax des konfessionellen Gegensatzes« im Jahrhundert zwischen 1560 und 1660.

ANHANG I

Heinrich Bullinger: Stellungnahme zur Eidformel, 1549
Zürich StA, E II 337, 422r-423v, Autograph Bullingers.[1]

Das man alein by gott und nitt ouch by den heyligen eyd schweren soll. 1549.

Unser eydgnossen habend nitt von uns zů fordern das wir zů den
heiligen schwerind. Dann nach luth des frydens[2] sőllend sy uns by
unserm glouben blyben lassen.

Nun aber ist nitt ein kleiner oder mittelmessiger sunder ein houpt
artikel unsers gloubens das man by gott alein / und nitt ouch by den
heiligen schwerren sol.

Dann dorumb habend wir zum ersten gebott von gott / das wir by
sinem namen warlich schweren sőllend / alls[3]

Deut. 6. und 10. cap.[4]

Exodi 20[5]

Isaiae 45 und 65[6]

und Ierem. 4.[7]

Demnach habend wir verbott das wir by den namen frőmbder gőttern
nitt schweren sőllend / alls

Exodi 23 und Iosue 23[8]

Ieremiae 5 und Sophoniae 1.[9]

---

[1] Vgl. dazu oben 313f. mit Anm. 78. – Die Wiedergabe dieses und des folgenden
Stückes hält sich zeichen-, aber nicht zeilengetreu an die Vorlage, die Abschnittsglie-
derung ist grundsätzlich und soweit erkennbar übernommen worden. An abweichen-
der Regelung gilt das Folgende: Grundsätzlich gilt die Kleinschreibung; groß geschrieben werden nur die Satzanfänge und die Eigennamen. J/j werden als I/i, Y/ÿ
als Y/y, das ſ wird als s, und U/V, u/v werden gemäß ihrem Lautwert (vokalisch
oder konsonantisch) wiedergegeben; die Ligatur æ wurde aufgelöst und das ŭ erscheint
ohne Distinktionszeichen. Das häufige etc. am Satzende wird stets ohne den voran-
gehenden Punkt angeschlossen. Der Seitenwechsel ist im Text durch einen senkrechten
Trennstrich mit der Blattzahl am Rande kenntlich gemacht.

[2] Gemeint ist der zweite Landfriedensvertrag von 1532; vgl. oben 313, Anm. 75.

[3] Zur Sammlung von Belegstellen über die Eidleistung vgl. auch oben 313, Anm.
76, 329, Anm. 145, und unten, Anhang II, 343.

[4] Dtn 6, 13, und 10, 20.

[5] Ex 20, 3–5.

[6] Jes 45, 23, und 65, 16.

[7] Jer 4, 2.

[8] Ex 23, 13, und Jos 23, 7.

[9] Jer 5, 7, und Zeph 1, 4f.

Wyter so ist der eydschwůr ein bezügen uff das hồchste gůt und uff die
eewige warheit. Wenn wir nun ouch | by den heyligen schwerend nå-
bend gott / so setzend wir die heyligen nåbend gott und beckennend
sy mitt gott unser hồchstes gůt und eewige warheyt sin.

422v

Item der eyd ist ein bekantnus wer uns hålffen straaffen oder plagen
mồge. Dann wir språchend ye / das mir gott also hålff.[10] Schwerend
wir nun by den heyligen / so beckennend wir ye das sy uns hålffen
oder plagen mồgend / und gott nitt alein.

Item der eyd ist zum teyl ein bitten und anrůffen. Dann wir språchend ye / also bitten ich das mir gott also hålff. Setzend wir nun
hinzů / und die heyligen / so růffend wir ouch die heyligen an.

Item die heyligen habendts für ein schmach und gottslesterung /
wenn die menschenn inen das zůlegend das gottes alein ist. Hierumb
findst kundtschafft Act. 14. cap.[11] Nun aber ist der eydschwůr ein eer
die gott alein zůhồrt. Dorumb wenn man schwerdt by den heyligen /
so kồnnendts die heyligen nitt zů gůt uffnemmen etc.

Hierumb sồlltend wir bewilligen zů schweren by den heyligen / so
håttend wir unsers gloubens mitt der thaat offentlich verlougnet / den
zorn | gottes über uns erweckt. Darzů by allen glồoubigen ietzund und
hinnach schmach und schand uff uns gelegt. Es wurde ouch wenig
glücks in sồlich pündtschweren schlahen etc.

423r

Der artickel ist ouch so groß das die prediger darzů nitt schwygen
sunder heyter darwider zů predigen schuldig sind: das ouch die glồ-
übigen underthanen sich nitt sồllend dahin bringen lassen / das sy mitt
dem schweren ires waren gloubens verlougnind.

Und wenn man by den heyligen schweren wil / sồllend die burger
wểder dargan noch schweren. Glych wie die diener gottes Danielis
amm 3. cap. ouch nitt gehorsamm warend in glychem faal.[12]

So sye mencklich daran das wir trüwlich by gott alein schwerind
nach vermồg unsers gloubens / und lasse man dann unser eydgnossen
schweren nach irem glouben. Diewyl doch ein yeder teyl den andern
by sinem glouben soll blyben lassen.

| Von dem eyd oder pündt schweren.

423v

---

[10] Zur Schwurformel vgl. oben 297 mit Anm. 11.
[11] Apg 14, 11–17.
[12] Vgl. Dan 3, 14–22.

ANHANG II

Heinrich Bullinger: Aus einer Predigt über den eidgenössischen
Bundesschwur, 13. Oktober 1555
Zürich StA, E II 371, 668r-672v, Autograph Bullingers[1]

13. octobris 1555[a]

1. Pet. 3.[2] Alls die heiligen apostel das heilig evangelium anfangs pred-
getend warend wyt der meerteyl menschen in dem heydenthumb. Da
dann beschach dz nach gehörtem evangelio ettliche sich touffen lies-
send und christen wurdent: die andern aber den christen glouben
schmachtend und vervolgtend. Und hierunder begab es sich das ettliche een sich uff beide glouben begabend / und dz wyb christen
ward / der man aber ein heyd bleyb. Da woltend ettwan die wyber
mitt dem fürwelben des gloubens sich von den unglöübigen mannen
abtrännen. Darwider handlet hie s. Peter und radt den glöubigen wy-
bern / by sölichen iren unglöubigen mannen ze blyben / und zů ver-
süchen / ob sy die möchtend mitt irem gůten christlichen wandel ge-
wünnen.

Doch sol man nitt verstan das das glöubig hiemitt geheissen werde [/] zů gefallen dem unglöubigen man [/] abgöttery tryben etc. S.
Paulus legt das heyterer uuß 1. Corinth. 7[3] und sagt wenn ein glöubig
wyb ein unglöubigen man habe / der aber nüt deß minder by iren ze
whonen verwillige / sölle sy von imm nitt wychen. Wo aber dz un-
glöubig wyche / müsse dz glöubig beschåhen lassen. | Doch sye es   668v
dann nitt gebunden / und möge dann zů handen nemmen dz zů fri-
den und sinem wolstand diene. In der bewilligung aber sölle es blyben / gůter hoffnung es werde den man noch bekeren: darzwüschen
wachse kein unreinikeit uff die kind von des unglöubigen wågen.

Söliche leer strytet nitt mitt der leer Deuteron. 7[4] und 2. Corinth. 6[5]
da heyter verbotten wirt das der glöübig kein unglöübigen gemahel
nemmen sölle. Dann söliche ort sind ze verstan von dem fryen stand /
wenn du ledig bist / das du dich oder die dinen nitt gåbist usset dinem

---

[1] Vgl. dazu oben 330. – Zur Transkription vgl. die Ausführungen oben 339,
Anm. 1.
[2] 1Pet 3, 1–7.
[3] 1Kor 7, 10–16.
[4] Dtn 7, 3.
[5] 2Kor 6, 14–16.

glouben / finden dines gloubens. Dann du hast doch råchnung ob ein mensch fromm und eerlich sye / mee råchnung soltu haben ob er råcht glŏubig sye: dir sye dann mee angelågen dz zytlich dann das eewig etc. Wenn aber die ee vor langist und ee dann der span des gloubens kummen ist / beschlossen und iar und tag gewåret / soltu nitt grad von dinem gmahel schnellen der diner religion nitt ist / er wŏlte dich dann gar von diner religion trången etc.

Glyche gstallt hat es ouch mitt püntnussen / so du fry und ledig bist 669r solt du kein püntnus machen mitt den finden | des waren gloubens. Solomon namm unglŏubige wyber und bekart die so gar nitt / dz sy inn vil mee verfůrtend / und das gantz rych verdarptend. 4. Regum 11. cap.[6] Wenn aber die püntnus langist gemacht ist / und die predig Christi uns in der püntnus findt / und unsere pundtzgnossen oder eydgnossen lassend uns by unser religion blyben / ist nitt von nŏdten von inen ze wychen / sunder wir mŏgend püntnus mitt inen in zytlichen dingen / ußgeschlossen den glouben / haben. Ob aber sy dich wider den glouben richten / oder darvon trången wŏltend / soltu dem pundt nitt so vil zůgåben / dz du darumb gottes pundt verlassist. Wŏllend sy imm pundt nitt sin / du lassist dann din glouben / oder můtend dir zů / das wider din glouben ist / wenn dz nitt thůgist / wŏllind sy uß dem pundt / můst sy wie Paulus sagt wol faren lassen.[7]

Nun wirt diser zyt under den burgern der statt hin und har gearguiert ob man uns by unserm glouben blyben lasse / wenn man uns hie / so man die pündt schwert / den eyd in unsern kylchen vormåldet by gott und den heyligen / doch das wir alein die form und dz vormålden verwilligind / aber die heiligen nitt nachnemmen můssind / 669v sunder alein | by gott schweren mŏgind. Und hie vermeinend ettliche / dz sye ring zů thůn / und werde nieman hie trungen ze thůn dz wider unsern glouben sye. Die andern vermeinend / es bråche uns an unserm glouben nitt wenig ab / und sŏlle keines wågs sŏlich vormålden und formm des eydts by gott und den heyligen in unser kylchen vor zemelden[b] bewilliget und zůgelassen werden.

Damitt man aber ein gwüsses hab us dem wort gottes / wŏllend wir vor allem besåhen was das für ein formm sye / ob sy råcht oder unråcht sye. Von alltem har hat man geschworen by gott: für das man die heiligen angerůfft und anders dann sich gebürt vereeret / hat man ouch by den heiligen geschworen. Von anfang aber und by den råcht

---

[6] 2Chr 9 f.
[7] 1Kor 7, 15.

glŏubigen ist es nitt gebrucht / ist ouch nitt rǎcht. Das wil ich erwysen mitt zügnussen uß dem wort gotts / mitt byspilen und mitt bewårnussen.

Der zügnussen habend wir imm wort gotts zweyerley / zum ersten gebott / dz wir sŏllind schweren by gott und das sye sin eer. Kundtschafften sind Deuteron. 6 und 10.[8] Isaiae 45 und 65.[9] Psal. 63[10] und Ieremiae 4.[11] Und sŏliche kundtschafften redent | nitt alein von denen   670r imm allten testament / sunder ouch von uns in nüwem testament: insonders aber die zügnussen der propheten.

Zum andern diewyl yemandts mŏchte sagen [/] es ist nieman darwider dz man nitt by gott schwere / die zügnussen aber vermŏgend nitt / dz man alein mǔsse by gott schweren / und nitt ouch andere mŏge zǔ imm setzen / so sol man wüssen / dz die kundtschafften ouch vomm dienst gottes und siner eer redent / so man aber alein gott dienen sol / und der eyd under die eer und den dienst gottes hŏrt / soll man by gott alein schweren. Zǔ dem sind ietzund ouch verbott dz man by gott / und nitt by andern die nitt gŏtter sind / schweren sŏlle. Die kundtschafften findt man Exodi 23. Iosue 23. Ieremiae 5.[12] Da der prophet sagt dz volck sye vom herren abgefallen[c] dz es by denen schwere die nitt gŏtter sind. Chrysostomus in der andern ußlegung des 5. cap. Mathei / sagt dz wir das zǔ gŏtten machind / darby wir schwerind. Zǔ gott machen heysse einem zǔ gåben[d] dz gottes alein ist / alls die hertzen und warheit erkennen / und dann so vil krafft haben / dz einer straaffen mŏge die nitt haltend / wz sy geschworen etc. Wüssind nun die heiligen unsere hertzen und mŏgind straffen / so schwerre man byllich by inen | ouch / wo nitt / so schwerre man billich alein by   670v gott / alls dem der alein allwüssend und allmåchtig ist.

Ietzt volgend die byspil deren die alein by gott geschworen. Gott selbs / da er nitt kondt by einem hŏhern schwerren / schwůr er by imm selbs / Hebreos 6.[13] Da wir ouch erlernend dz der eyd by dem hŏchsten gǔt beschåhen sol. Christus hat geschworen ein uffgehapten eyd / alein by gott / Apocalyp. 10.[14] Die patriarchen und propheten ouch apostlen habend alein by gott geschworen / alls die geschrifft

---

[8] Dtn 6, 13, und 10, 20.
[9] Jes 45, 23, und 65, 16.
[10] Ps 63, 12.
[11] Jer 4, 2.
[12] Ex 23, 13; Jos 23, 7; Jer 5, 7.
[13] Heb 6, 13.
[14] Apk 10, 5 f.

züget. Werdent ettliche schwůr funden die ein andere formm habend /
brǎchend sy doch der gebottnen von gott formm nüt ab:[e] Darzů habend die allten ettwan geschworen / doch nitt alls ordenlich eyd sunder sunst alls befestungen irer worten.

Wyter ist kundtbar das der eyd ist ein zügnuß uff dz oberist gůt /
und uff den / der die hertzen erkendt. So dz alein gott kan und ist /
sol by sinem namen alein geschworen werden. Setzt man die heyligen
nǎben inn / so verglichnet man sy gott.

Der eyd ist ein beckantnus unsers gloubens [/] wen wir darfür habind der uns straaffen mǒge / ist ouch ein anrůffen. Dann wir sagend
671r ye [/] das wil | ich hallten / dz mir gott also hǎlff. Diewyl dann gott
alein hǎlffen mag / und wil angerůfft werden / sol man by sinem
namen schwerren / und so man schwert by den heyligen / verlougnet
man unsers gloubens.

Uber dz alles wenn die heyligen anders von uns werdent gehallten /
dann wie sich gebürt / und wenn wir inen das zůgǎbend / das gottes
alein ist / so haltend sy dz für ein gottslesterung / das sicht man in den
thaaten und worten Pauli Actorum 14.[15] Dorumb wenn wir schwůrend
by irem namen / wurdent sy es für kein eer sunder uneer und gottslesterung haben.

Ietzt so wir habend gehǒrt dz die formm des eyds by gott und den
heyligen / der gstallt ist / wie gehǒrt und mitt der warheit klar dar
gethan / wer kann dann nitt sǎhen dz sǒliche formm gar wider unsern
glouben ist / und wir by unserm glouben ungeschwecht nitt blybend /
wenn zů der zyt / alls wir schweren sǒllend / sǒliche formm uns für-
gemǎldet wirt.

Ir min gnǎdig herren / alls die rǎcht von gott gesetzte oberkeit /
habend nitt gwallt üwer gmeind ein sǒlichen eyd vor zů melden: worumb wǒltend ir dann andern / die unsere herren nitt sind / sunder
671v nun eydgnossen / und schuldig uns by unserm | wǎsen blyben zů lassen
ouch zů schirmen / bewilligen ein formm die unser religion zů wider
ist vor zemelden?

Und ob wir schon nitt schuldig sind die heyligen nachzůnemmen /
mǔssend wir doch willigen in dz vormǎlden. Was ist nun in ein ding
verwilligen dz richtig wider gott und sin wort ist? Soltu sy nitt nach-
nemmen / worumb wǒllend sy dir die dann vornemmen? Was darffs
deß?

_____

[15] Apg 14, 11–17.

Wŏltist ouch willigen dz man dir ein alltar mitt bildern uffrichtete in diner kylchen. Da du glich nitt wurdist zwungen anzůbåtten? Wŏltist gestatten dz man in diner kylchen vorbått ůbte / darinn man anrůffte gott und die heyligen / doch dz du sy nitt pflichtig wërist nach zů nemmen? Wenn man uns dz zůmůtete / wŏlte man uns ouch blyben lassen by unserm glouben? Nein. Wurdent ouch sy dulden das man inen in iren kylchen ein andern eyd gåbe dann by gott und den heyligen? Nein. Worum gipt man uns dann nitt ouch den eyd nach unserm glouben?

Ermåssend was das sye / man gipt den eyd offentlich in der kylchen / und in diner kylchen / da will man dir die heyligen nåben gott setzen. Man sol und můß gelert eyd zů gott schweren.

| Lieber ermåß[f] was ist ein gelerter eyd? Frylich der dir vorgemåldet 672r wirt von dem der dir den eyd gipt. Was eyds gipt er dir? Was eyds lert er dich? By gott und den heiligen. Under dem eyd můst du schwerren / nåmpst die heyligen nitt nahin / so bistu dister ellender dz du dir sy last vormelden da du schwerst / und ein anderer dir nitt schwert. Betracht / du schwerst hie andern. Ist nun by gott schweren råcht gnůg / was last man dich nitt also schweren / und måldet dirs also alein[g] vor? Man meldet dir aber den eyd / der gott und die heiligen hat. Da heist[h] du ietz von dem eyd / der dir fürgehallten / eydgnoß / so bist ye des eyds gnoß / hast teyl und gmein an dem eyd[i] der wider gott und dir wider[j] din religion gåben wirt. Das wirt anderschwo bringen grosse ergernus etc.

Im lantfriden wirt gemåldet wir wŏllind sy blyben lassen by irem allten glouben etc.[16] Sŏlichs legend sy uuß man habe inen brieff und sigel gåben dz sy den allten glouben habind. Wie werdent sy dann erst das uußlegen so du in dinen kylchen nitt alein vormålden last nåben gott die heyligen / sunder ouch under sŏlicher vormeldung schwerst? Man sol und můß billich fürsichtig sin.[k]

Lůgend dz ir nitt früntschafft by den menschen sůchend / und gotts huld verlierend. Lůgend dz ir nitt ze vil uff menschen puntnus setzind / und in gfaar kummind wie vor 40 iaren zů Marian[17] / und ietzt 24 iar von wågen der burgråchten[18] etc.

---

[16] Vgl. oben 313 mit Anm. 75.

[17] Anspielung auf die für die Eidgenossen verlustreiche Schlacht bei Marignano im Jahre 1515; vgl. Walter *Schaufelberger*, Spätmittelalter, in: Handbuch der Schweizer Geschichte, Bd. 1, Zürich 1972, 355 f.

[18] Anspielung auf die vor dem Zweiten Kappelerkrieg 1531 von Zürich mit Konstanz, Straßburg, Hessen u.a. geschlossenen Bündnisse; vgl. Heinzpeter *Stucki*, Das 16. Jahrhundert, in: Geschichte des Kantons Zürich, Zürich 1996, 208 und 213.

Handlend daruff dz üwer gloub unversert blybe: ir lassend doch
_{672v} ouch sy by irem wåsen blyben. Schwere man | by gott / und melde
man den eyd also / damitt nieman wider sin conscientz ze handlen
angemůtet: sunder dz glück und gnad darby. Dorumb bittend gott etc.

^a *Am Rande* Ein teyl der predig zum Münster ^b in unser kylchen vor zemelden
am Rande nachgetragen. ^c abgefallen *korrigiert aus* gefallen ^d zů gåben *korrigiert aus*
zůgåben ^e ab: *über der Zeile nachgetragen.* ^f *In der Vorlage versehentlich* ermůß ^g also
alein *über der Zeile nachgetragen.* ^h *In der Vorlage versehentlich zu* heischst *korrigiert.* ⁱ an
dem eyd *am Rande nachgetragen.* ^j dir wider *über der Zeile nachgetragen.* ^k *Dieser
Abschnitt von* Im lantfriden wirt *bis* fürsichtig sin. *auf Bl. 672v nachgetragen.*

»TYRANNUS AC IMPIUS PRINCEPS«: DIE ROLLE DER WALDENSER IM ERSTEN PIEMONTESISCHEN RELIGIONSKRIEG (1560–1561) UND DIE ENTSTEHUNG DER REFORMIERTEN WIDERSTANDSRECHTSLEHRE

Emanuele Fiume

I. Einleitung

Im Vergleich zu den langjährigen französischen Religionskriegen stellte der Feldzug des piemontesischen Herzogs Emanuele Filiberto (1528–1580) gegen die Waldenser eine beschränkte, aber doch spürbare Probe dar.[1] Er dauerte etwa sechs Monate (vom November 1560 bis April 1561) und wurde auf drei kleine Alpentälern begrenzt (Pellicetal, Chisonetal und Germanascatal). Schließlich wurde der Herzog durch die militärische Niederlage aber gezwungen, das Volk der Waldenser als politischen Gesprächspartner anzuerkennen. Der Friedensvertrag von Cavour (1561), in dem der katholische Herzog die Religionsfreiheit der Waldenser im Gebiet ihrer Täler anerkannte, wurde in sechs verschiedenen Fassungen auf Französisch herausgegeben, sozusagen als frühes Modell für einen Ausweg aus dem Konflikt zwischen den katholischen Guisen und den Hugenotten.[2]

---

[1] Augusto Armand *Hugon*, Storia dei Valdesi, Bd. 2, Turin 1984, 21 und 32; *ders.*, Popolo e Chiesa alle Valli dal 1532 al 1561, in: Bollettino della Società di Studi Valdesi 81 (1965), 5–43; Euan *Cameron*, The Reformation of the Eretics, Oxford 1984; Raffaele De *Simone*, Tre anni decisivi di Storia valdese: Missioni, repressione e tolleranza nelle valli piemontesi dal 1559 al 1561, Rom 1958; Emanuele *Fiume*, Scipione Lentolo 1525–1599, Turin 2003, 46–102; Arturo *Pascal*, Fonti e documenti per la storia della campagna militare contro i valdesi negli anni 1560–1561, in: Bollettino della Società di Studi Valdesi 81 (1965), 51–125.

[2] Der Friedensvertrag erschien auf Französisch in drei Fassungen: in der »Histoire Mémorable de la guerre faite par le Duc de Savoye contre ses subjectz des Vallées« (Anonymus, wahrscheinlich Scipione Lentolo, 1561 [zwei Mal] und 1562 [einmal]); in der »Histoire des persecutions et guerres faites depuis l'an 1555 iusques en l'an 1561 contre le peuple appellé Vaudois, que est a valees d'Angrogne, Luserne, sainct Martin, la Perouse autres du païs de Piemont« (Anonymus, wahrscheinlich der Waldenserpfarrer Etienne Noël); zwei Fassungen im Jahr 1562 und in den 1565 erschie-

Ich möchte im Folgenden nach den Wirkungen des Krieges in den Tälern fragen, nach seiner politisch-theologischen Rechtfertigung und den diplomatischen Kontakten, und dies unter Einbezug der Überlegungen der Genfer Theologen. Auf diese Weise soll der Entstehung des Widerstandsrechts in der reformierten Lehre und Politik nachgegangen werden.

2. Die Reformation der Waldenser

Zu Beginn der Krise zwischen Herzog Emanuele Filiberto und den Waldensern, in der Zeit der Rückgabe der meisten piemontesischen Erbgebiete an den Herzog durch den Friedensvertrag von Cateau-Cambrésis (1559), gab es im Gebiet der Täler etwa zwanzig institutionell verfasste reformierte Gemeinden, aber nur zwei der Pfarrer waren ehemalige *Barbi*.[3] Alle anderen kamen aus der Genfer theologischen Bildung oder aus dem katholischen Klerus. Bereits dies zeigt deutlich, dass der Weg der Waldenser von einer mittelalterlichen, verborgenen und nikodemitischen Armenbewegung hin zur calvinistischen Reformation schwierig und nicht problemlos war.

Nach Kontakten zu Martin Bucer und Johannes Oekolampad beschloss die Mehrheit der Mitglieder der Synode von Chanforan (1532) vorsichtige Schritte aus ihrer mittelalterlichen Verfasstheit heraus zu wagen. Die Waldensersynode beschloss, dass die *Barbi* nur in einem einzigen Gebiet ihr Amt ausüben sollten, sowie dass es den Waldensern erlaubt sein sollte, dazu einen Eid abzulegen. Kein Wort fiel aber über den *punctum protestantissimum*, die Rechtfertigungslehre. Die Synode von Chanforan kann somit als eine wichtige Stufe des Eintritts der Waldenser in die internationale Familie der Reformierten[4] betrachtet werden. Zwei Monate später schrieb allerdings Antoine Saunier, Guillaume Farels Sonderberichterstatter in den Waldenser Tälern, dass die

nenen »Commentaires de l'Estat de la Religion et Republique subs les Rois Henry et François seconds et Charles neufiesme« (Anonymus, wahrscheinlich der Hugenotte Pierre La Place).

[3] Das Wort »Barba« kam aus dem spätlateinischen »Barbanus«, d. h. Onkel mütterlicherseits, und wurde für die mittelalterlichen Wanderprädikanten der Waldenserbewegung benuzt.

[4] Über die Auslegung der Synode zu Chanforan vertreten wir eine mittlere Interpretation, zwischen der Meinung Molnárs (Amedeo *Molnár*, Storia dei valdesi, Bd. 1, Turin 1974, 220–235), der eine radikale Zäsur behauptet, und *Cameron*, Reformation of the Eretics, 264–267, der von »making of a myth« spricht.

Waldenser noch nicht wollten, dass das Evangelium *palam* (öffentlich) verkündigt würde.[5] Die Zerstörung der provenzalischen Waldenser Dörfer Cabrières und Merindol (1545) waren keine Ermutigung, sich sichtbar zu machen.

Ziemlich spät, erst 1555 fingen die Waldenser an, den Gottesdienst öffentlich zu feiern. Meines Erachtens dank dreier Faktoren. Erstens hatte die Besetzung der Täler und des weitesten Teils des Piemont von Seiten der französischen Armee (1536–1559) die Macht der Lehnsherren geschwächt, sowie auch die Kraft der katholischen Kirche. Eine wichtige Rolle spielten die protestantischen Gouverneure von Fürstenberg und Gauchier Farel, ein Bruder des Reformators Guillaume. Das *vacuum*, das Adel und Klerus hinterließen, sollte vom Volk und von der reformierten Kirche bald wieder gefüllt werden. Zweitens war der Widerstand der Minderheit der Synode, die dem mittelalterlichen Erbe der Waldenserbewegung treu bleiben wollte, mit der Zeit obsolet geworden. Drittens schickte Johannes Calvin im Rahmen der Politik der Genfer Pastoren (*dresser l'église*) in französischen Gebieten zwei Prediger aus Genf in die Täler der Waldenser. Die politische Überlegung Genfs war dabei möglicherweise, dass eine kleine reformierte *Bastion* in den Erbgebieten des Herzogs am südlichen Rand des französischen Machtbereichs die Savoyer von dem vorgesehenen Angriff gegen die *Bastion* der Stadt Genf ablenken könnte.

Die Prediger aus Genf, Jean Vernou und Jean Lauversat, kamen im Frühling 1555 in die Täler, um eine sehr erfolgreiche Blitzmissionierung durchzuführen. Am Anfang wurden sie in den Dörfern des Chisonetals Balboutè und Fenestrelle von der Waldenser Nobilität ziemlich kühl aufgenommen, aber bald entwickelte sich die Situation zum Besten.

> Si est ce qu'en despit de Satan nous avons là este si bien receuz que ne pouvions satisfaire leur ardeur, encores que tous le iours fissions deux grans sermons, un chascun l'espace de deux bonne heures, sans les exhortations privees: et les maisons n'estoyent capables des personnes il falloit s'assembler es granges. Mesmes le iour de pasques celebrasmes la s. cene en meilleur nombre de gens que n'esperions.[6]

---

[5] *Molnár*, Storia, 225.

[6] Der Bericht von Vernou und Lauversat an Johannes Calvin aus Angrogna, 22. April 1555 ist erschienen in Calvini Opera, hg. von Wilhelm Baum et al. [CO], Bd. 15, Braunschweig 1876 (Corpus Reformatorum 43), 575–578.

Noch größer war der Erfolg der beiden Prediger in Angrogna, einem Nebental von Pellicetal, in dem die Synode zu Chanforan stattgefunden hatte:

> [...] le dimanche, auquel iour se trouvent tant de gens venans d'un costé et d'autre, voire de bien loing, qu'on est contrainct de faire le sermon en une grande court environnce de galeries, et la cour tant qu'on en peut donner: car la multitude y est bien grande. Parquoy on leur a conseille qu'ilz meissent peine d'avoir plus de moissonneurs pour ayder a ceulx qu'ilz avoyent desia, puisqu'il y avoit une si grande moisson en toutes ces vallees.[7]

Nach dem enthusiastischen Bericht Vernous und Lauversats schickte die Genfer Kirche, obwohl in Schwierigkeiten wegen Pfarrermangel, weitere Prediger in die Waldensertäler, und Anfang Herbst 1555 wurde die reformierte Kirche zu Angrogna erbaut. Darauf folgte die Errichtung der anderen Kirchen der Täler. Auch die katholische Bevölkerung der Täler, sowie viele Leute aus der Ebene, bekehrten sich zum protestantischen Glauben. In kürzester Zeit waren alle Dörfer der Täler, abgesehen von Torre Pellice, Luserna und Perrero, reformiert.

1559, als der katholische Herzog Emanuele Filiberto, Neffe Kaiser Karls V., die Gebiete in Piemont zurück erhielt, fand er in den Tälern eine reformierte Einheit vor, die sowohl religiös wie politisch in engsten Beziehungen zu Genf stand, mit einer Ausdehnung bis in die Ebene nach Caraglio, Carignano und Busca. Als Erstes wollte er die Bevölkerung der Täler zum Gehorsam zwingen, danach hätte er sich Zeit genommen, um sich in einer Revanche gegen Genf zu engagieren.

3. Verfolgung und Krieg

Anfang 1560, nach der Hochzeit mit Marguerite von Valois (1523–1574) und der Beerdigung des Schwagers – des französischen Königs Heinrich II. – kaum in Turin angekommen, begann Emanuele Filiberto restriktive Edikte gegen die Waldenser zu erlassen. Der Herzog wollte zuerst die Kirchen abreißen und die Prediger ausweisen. Er hatte aber keinen Erfolg. Daraufhin verbot er den Waldensern, die Prediger zu hören und versuchte, sie zu zwingen, bei einem Priester zu beichten.[8] Inquisitoren und Gendarmen begannen ihre grausame Arbeit.

---

[7] CO, Bd. 15, Braunschweig 1876, 577.
[8] *Fiume*, Scipione Lentolo, 47–50.

Als Ratgeber des Herzogs spielte der junge Jesuit Antonio Possevino eine bedeutende Rolle. Dessen Plan bestand in der Reform des katholischen Klerus im Piemont und in der Ausweisung der Prediger, allesamt Ausländer. Nach diesen Maßnahmen wäre nach seiner Auffassung die Bevölkerung der Täler, *naturaliter catholica*, freiwillig zum römischen Katholizismus zurückgekehrt.

Im Frühling 1560 fand der erste bewaffnete Angriff statt. Die Truppe des katholischen Junkers Carlo Trucchietti von Perrero wurden aber von vierhundert Reformierten aus Pragelato, einem Gebiet Frankreichs, vernichtend geschlagen. Diese wurden von einem reformierten Pfarrer, Martin Tachard, angeführt.[9]

Danach besuchte ein Mittler des Herzogs, der Graf von Racconigi, den Gottesdienst in Angrogna und schlug den Waldensern vor, dem Herzog ein Glaubensbekenntnis präsentieren. Der Neapolitaner Scipione Lentolo, Pfarrer zu Angrogna, übersetzte das hugenottische Bekenntnis ins Italienische und verfasste eine Einleitung für den Herzog. Die Schrift wurde nach Turin geschickt.[10] Lentolo und Racconigi trafen sich Ende Juni 1560 zu einem Religionsgespräch, allerdings erfolglos. Die Savoyer bestimmten, dass die Waldenser die katholischen Prediger annehmen und die reformierten entlassen sollten. Die Waldenser lehnten ab.[11]

Im Sommer 1560 wurde eine öffentliche Disputation in der Ciabas-Kirche in Angrogna organisiert. Auf katholischer Seite nahmen der Jesuit Antonio Possevino und der Serviter Filippo da Castellazzo teil, auf reformierter Seite ein Neapolitaner, der aus dem Karmeliterorden ausgetreten war, sich anschließend bei Calvin hat ausbilden lassen und damals Pfarrer in Angrogna war: der oben erwähnte Scipione Lentolo. Die Disputation über die Messe als Opfer und die biblische Begründung der Mönchsgelübde fand am 25. Juli statt unter Anwesenheit des Volkes der Täler und der Sonderberichterstatter des Herzogs. Sie endete in einer vollständigen Niederlage der katholischen Seite.[12] Der klare Sieg Lentolos konnte den Herzog von Piemont nicht umstimmen, überzeugte aber die Bevölkerung von der Wahrheit seiner Sache. Der Streit über die Messe zwischen Jesuiten und reformierten Genfer

---

[9] Scipione *Lentolo*, Historia delle grandi e crudeli persecutioni, Torre Pellice 1906, 123.

[10] Der Text des Bekenntnisses findet sich in *Lentolo*, Historia, 130–145.

[11] *Fiume*, Scipione Lentolo, 57–61.

[12] *Fiume*, Scipione Lentolo, 63–68.

Theologen ging danach noch fünf Jahre schriftlich weiter. Darin bestand die erste internationale Wirkung des ersten Religionskrieges im Piemont.[13]

Die militärische Leitung der Aktion gegen die Waldenser wurde Giorgio Costa, dem Herrn von Trinità, übertragen. Die Operationen begannen Anfang November. Eine Volksversammlung der Waldenser entschied, sich mit Waffengewalt zu verteidigen. Trinità, der seine Armee aus der Ebene auf die Waldensergebiete vorrücken liess, wollte das Winterwetter ausnützen, um die militärische Aktion in kürzester Zeit beenden zu können. Possevino wurde vom Herzog als Geistlicher engagiert.[14]

Nach dem ersten militärischen Zusammentreffen mit unklarem Ausgang versuchte Trinità, die Einheit der Verteidiger zu zerstören. Er versprach ihnen einen Waffenstillstand unter der Bedingung, dass die Prediger, abgesehen von Etienne Noël, weggeschickt werden müssen. Nach heftiger Diskussion nahmen die Waldenser an und schickten eine Delegation zu ihm. Trinità aber versuchte, Noël zu verhaften. Die Mitglieder der Delegation wurden unter Anwesenheit des apostolischen Nuntius gezwungen, dem evangelischen Glauben abzuschwören.[15]

Die Bürgermeister und die Beauftragten der Waldenser Dörfer unterschrieben in der Folge einen Einheitsbund, wonach den Tälern und den Dörfern nicht erlaubt war, eigene Verhandlungen mit dem Herzog anzufangen, und auf keinen Fall der reformierten Religion abschwören durften.[16] Danach folgten zahlreiche militärische Niederlagen für die Soldaten Trinitàs, bis zum Tod des Herrn von Perrero, Carlo Trucchietti in Pradeltorno bei Angrogna, dies bei einem letzten erfolglosen Versuch, Pradeltorno einzunehmen. Schließlich erfolgte eine Meuterei der katholischen Offiziere und Truppen.[17]

Damit besaßen die Waldenser nun die stärkere Verhandlungsposition. Aus Finanzmangel war der Herr von Trinità gar nicht in der Lage, den Feldzug gegen die Waldenser weiterzuführen. Nach meh-

---

[13] Siehe *Fiume*, Scipione Lentolo, 237–248.

[14] *Pascal*, Fonti e documenti, 60. Der junge Jesuit war der einzige katholische Gesprächspartner des Herzogs. Possevino berichtete regelmäßig an den Jesuitengeneral Laínez in Rom und pflegte Beziehungen zum piemontesischen Klerus.

[15] *Fiume*, Scipione Lentolo, 75–77.

[16] Raccolta delle discipline vigenti nell'ordinamento valdese, Turin 2003, 56–59. Die Auflage von 1571 bleibt im Waldenser Kirchenrecht sogar noch heute gültig.

[17] *Fiume*, Scipione Lentolo, 78–79.

reren Verhandlungstagen unterschrieben der Graf Filippo von Racconigi als Stellvertreter des Herzogs Emanuele Filiberto, zwei Waldenserpfarrer, der Bürgermeister von Angrogna und ein Beauftragter von Tagliaretto einen Vertrag, in dem den Waldensern erlaubt wurde, in zahlreichen Dörfern der Täler den reformierten Gottesdienst öffentlich zu feiern. Der erste Religionskrieg in Südeuropa, und dies zwischen einer religiösen Minderheit und dem legitimen Landesherrn, endete mit der Unterzeichnung des Vertrags von Cavour, am 5. Juni 1561.

4. Die Rechtfertigung der Waldenser und deren Aufnahme in Genf

Ende März 1561 verließ Lentolo die Täler, um sich nach Genf zu begeben, wo er wahrscheinlich zwischen Mitte und Ende April ankam. Er hatte die Pflicht, den Theologen von Genf Informationen über den Krieg zu geben, und überhaupt sie von der Rechtmäßigkeit des Widerstandes zu überzeugen. Lentolo berichtete Theodor Beza schriftlich. Er rechtfertigte den Widerstand der Waldenser als Entscheidung der Volksversammlung gegen den Rat der Prediger:

> Id quod tametsi aliqui Ministrorum non recte factum asseverabant, populus tamen nullis nostris admonitionibus potuit induci quin sese vellet armis tueri.[18]

Der Widerstand wurde von Lentolo aus der Notwendigkeit heraus gerechtfertigt. Sein Zorn gegen den Herzog und den Herrn von Trinità ließen ihn die beiden als *tyrannus* und *impius princeps*, beziehungsweise als Herrn von *Tyrannitas* bezeichnen.

In der »Histoire Mémorable«, 1561 auf Französisch erschienen, wahrscheinlich von Lentolos eigener Hand, wurde das Argument der Notwendigkeit betont:

> Estans donques les choses à ces termes, et s'augmentans journellement les persecutions, voyans aussi que leur patience et misere n'adoucissiot aucunement la rage des adversaires, pes pauvres gens furent provoquez et induits faire deliberation de soy deffendre.[19]

---

[18] Histoire mémorable de la guerre faite par le Duc de Savoye Emanuel Philebert contre ses subjecz des Vallées d'Angrogne, Perosse, S. Martin [...], hg. von Enea Balmas et al., Turin 1972 (Erste Ausgabe 1561), 152.
[19] Histoire mémorable, 84–86.

Zuletzt ein Zitat aus einem detaillierten Bericht Lentolos, wahrscheinlich aus den späten 80er Jahren des 16. Jahrhunderts, dem Entwurf
seiner »Historia delle grandi e crudeli persecutioni«, die der Prediger
1595 in Veltlin vervollständigte:

> Avvenne fratanto, che posto dinuovo in consulta, s'era lecito difendersi
> in tale estremità con l'armi, ve ne furono di quelli, i quali difendevano,
> che di sì: e ne allegavano le seguenti raggioni. Che al popolo era lecito
> difendersi, a ripulsare la ingiuria, e violenza de loro aversarii in simil
> necessità e così estrema: perciochè (diranno essi) ciò si faceva, per difen-
> dere una giusta e santa causa, ch'era di mantenere la vera Religione: a
> conservare la vita et honor loro, delle mogli e figliuoli loro: e tanto più
> che tal guerra era lor fatta ad istigatione del Papa, anzi da lui stesso e da
> suoi, non propriamente di volontà del lor Prencipe. Vi fu uno che disse,
> Io sono obligato al mio Prencipe di esser fedeli [sic], a renderli quello,
> che gli sono per ragione di Suddito e Vassallo quanto alle cose civili et
> humane tenuto: egli poi all'incontro per ogni bene è obligato, non solo
> di non farmi egli violenza, ma di prohibire, che non mi sia fatta, poi
> questo [...][20] e' terreni gli ho da miei passati, e' gli ho coltivati molto
> tempo con sudori di sangue, per nutrir poveramente me e' la mia piccola
> famiglia: e perciò delibero di difendermi da questa ingiusta violenza o
> morire. Non così tosto costui hebbe dette queste parole con una grand-
> issima vehemenza che tutti gli altri si deliberarono nel medesimo.[21]

Zusammenfassend wurde im Bericht an Beza die Entscheidungsrolle
des Volkes betont, in der »Histoire mémorable« (gedruckt erschienen)
aber auch die Gewalt der Feinde als Nötigung für die »pauvres gens«.
Im späteren und detaillierteren Bericht des Augenzeugen kam die klassische Verfassungstheorie heraus (»al popolo era lecito difendersi«, wobei »il popolo« als politisches Subjekt betrachtet wird), aber die entscheidende Meinung berief sich auf die privatistische Theorie. Der
Herzog bewege sich außerhalb seiner Kompetenzen und verrate seine
Pflicht, deswegen konnte er in jenem Fall als »sicut privatus« angesehen werden.[22] Das war eine klassische Argumentation der mittelalterlichen Jurisprudenz, auf die Beza und John Knox zugunsten der Verfassungstheorie verzichteten. Das Waldenser Volk bewährte sich als
politisches Subjekt. Dies war es, was die reformierte Propaganda am
Widerstand der Waldenser schätzte.

[20] Manuskript unleserlich.
[21] *Lentolo*, Historia, 226. Das Manuskript des Bruttos befindet sich in Oxford, Bod-
leian Library. Diese Seite wurde in der letzte Fassung (Burgerbibliothek Bern) ausge-
strichen.
[22] Das Thema des Widerstandsrechts wurde bearbeitet von Quentin *Skinner*, The
Foundations of Modern Political Thought: The Age of Reformation, Cambridge 1978
(italienische Übersetzung: Bologna 1994, 271–342).

In den Jahren 1558–1559 verfasste der Schotte John Knox in seinem Exil in Dieppe und danach in Genf sechs Pamphlete über das Widerstandsrecht, deren die berühmtesten waren: »The First Blast against the Mounstrous Government of Women« (1558) und eine »Appellation« an den schottischen Adel (1558), in der er den unteren Obrigkeiten, »magistratus inferiores«, das Recht, die wahre Religion zu verteidigen zuerkannte, sogar gegen die Königin. Dabei beruft er sich auf den Bund als Begründung der politischen Beziehungen.[23] Obwohl sich sein Mitarbeiter Christopher Goodman, ehemaliger Professor in Oxford und Pfarrer der schottischen Gemeinde zu Genf, mit seinem »How Superior Powers Oght to Be Obeyed of Their Subjects and They May lawfully by Gods Worde Be Disobeyed and Resisted« (1558) deutlich im Feld der privatistischen Theorie bewegt, blieb Knox in den Bahnen der Verfassungstheorie.[24] Johannes Calvin und Theodor Beza schlugen der Genfer Regierung vor, die Schriften Knox' und Goodmans zurückzuziehen.[25] Dafür war es aber zu spät. Das Problem des Widerstandes war bei allen Flüchtlingen *religionis causa* in Genf schon aufgetaucht. Calvin selber blieb bei einer stark loyalistischen Position und stimmte einem Widerstandsrecht *apertis verbis* nie zu. Theodor Beza ließ sich erst nach der Bartholomäusnacht deutlich auf die Verfassungstheorie ein.[26]

Scipione Lentolo hielt sich vom 8. März bis Oktober 1559 in Genf auf.[27] Wahrscheinlich war er von der Debatte über das Widerstandsrecht unterrichtet. Drei Elemente der Schottisch-Genfer Debatte fanden auch in die Täler Eingang: der Streit zwischen der privatistischen Theorie und der Verfassungstheorie des Widerstandes (obwohl in den Tälern die privatistische die entscheidende war, wurde sie in der nachfolgenden Politik und Historiographie nicht weiterentwickelt), die Beschimpfungen gegen den Herrscher, und die Entschlossenheit, die reformierte Religion um jeden Preis zu verteidigen.

Eine wichtige Rolle spielte die Tatsache, dass sich die Waldenser durch den Herzog und den Papst der Lebensgefahr ausgesetzt sahen.

---

[23] John *Knox*, Il primo squillo della tromba contro il mostruoso governo delle donne, hg. von Pietro Adamo, Mailand 1999 (Erstausgabe Genf 1558), 46–88.

[24] *Knox*, Primo squillo, 47–48.

[25] *Knox*, Primo squillo, 79–80.

[26] Theodor *Beza*, De iure magistratuum, hg. von Klaus Sturm, Neukirchen-Vluyn 1965 (Erstausgabe 1574).

[27] Jean Baptiste *Galiffe*, Le réfuge italien de Génève aux XVI et XVII siècles, Genf 1881, 161.

Im Frühling 1561 sandte Theodor Beza eine Kopie des Berichts Lentolos an den Zürcher Antistes Heinrich Bullinger mit folgenden begleitenden Worten:

> Quis fuerit fratrum Pedemontanorum status ab eo tempore quo victa eorum patientia [dux Sabaudiae] ipsos coegit extrema consilia capere, ex eo scripto cognosces cuius exemplum ad te mitto brevi quidem illo, sed vere et simpliciter totam historiam complectente, ut opinor. Est enim ad me missa haec narratio a fratre valde pio nec prorsus indocto, qui rebus ipsis interfuit. Desinit historia ad Paschae ferias. Ab eo tempore feruntur rursus duae veteranorum Hispanorum cohortes et aliquot indigenarum militum turmae duplici certamine ad internecionem caesae. Expedit autem ista miracula ab omnibus cognosci.[28]

Eine andere Kopie des Berichts Lentolos ging an den Fürsten Christoph von Württemberg.[29] Eine dritte Kopie wurde in Cambridge entdeckt und zur Zeit Cromwells von Samuel Morland auf Englisch herausgegeben.[30] Der Zustand extremer Lebensgefahr der Waldenser während der Militäraktion Trinitàs erlaubte es Theodor Beza, dem europäischen Protestantismus die Tat des Widerstandes der Waldenser geradezu als Wunder Gottes darzustellen (»Expedit autem ista miracula ab omnibus cognosci«). Das war ein wichtiger Schritt hin zu einer klaren Befürwortung des Widerstandsrechts von Seiten Bezas.

5. Die »Articuli et capitulationi« von Cavour (1561) und die Hugenotten

Am 5. Juni 1561 wurden in der Stadt Cavour die »Articuli et capitulationi« unterzeichnet. Dies von den Stellvertretern des Herzogs Filippo von Racconigi einerseits und von den Waldenserpfarrern Francesco Valla zu Villar Pellice und Claudio Bergio aus Tagliaretto, von Giorgio Monastier, Bürgermeister zu Angrogna und Michel Raymondet als Stellvertreter der Gemeinde zu Riclaretto andererseits. Der Herzog versicherte den Waldensern die Freiheit zum reformierten Gottesdienst

---

[28] Beza an Bullinger, 24. Mai 1561, in: Correspondance de Théodore de Bèze, Bd. 3, hg. von Hippolyte Aubert et al., Genf 1963 (Travaux d'humanisme et renaissance 61), 101.

[29] John *Tedeschi*, An Addition to the Correspondence of Theodore Beza: Scipione Lentolo's »Lettera ad un Signore di Geneva«, in: Il Pensiero politico 1 (1968), 439–448.

[30] Histoire mémorable, 146–161; Samuel *Morland*, History of the evangelical Churches, London 1658, 230–235.

im Gebiet der Täler (Art. 1–11), abgesehen von den Dörfern im Tal. Zugleich garantierte der 19. Artikel die Freiheit des römisch-katholischen Kultus in allen Dörfern, ohne Zwang für die Bevölkerung.[31] Damit wurde das Recht der Waldenser als Minderheitsvolk, die reformierte Religion zu verteidigen, anerkannt.

Die »Articuli« von Cavour wurden auf französisch übersetzt und im 16. Jahrhundert sechsmal herausgegeben.[32] Sie sind das erste Dokument eines römisch-katholischen Herrschers, welches die Religionsfreiheit für die reformierte Minderheit festsetzt, wenn auch in einem begrenzten Gebiet. Ihr Ursprung lag nicht in einem persönlichen oder politischen Interesse des Fürsten, sondern im misslungenen Feldzug und dem erfolgreichen Waffenwiderstand der Reformierten der Waldensertäler. Am Vorabend der französischen Religionskriege konnte der französische Protestantismus somit die Anerkennung der Glaubensrechte der Waldenser als ein Ziel betrachten, welches für die großen und zahlreichen reformierten Kirchen Frankreichs erreichbar war. Wir können noch weiter gehen: die Rolle der französischen Krone war 1561–1562 gegenüber den Protestanten nicht eindeutig feindlich, wie dies dann in Folge der Bartholomäusnacht der Fall war. Der erfolglose Feldzug Emanuele Filibertos konnte eine richtungsweisende Warnung für den französischen Hof sein, den Reformierten im Sinne einer Freiheitsverfassung ihre Rechte zu garantieren. Deswegen stellen die »Articuli« eine offene Möglichkeit sogar für die Koexistenz des *rex christianissimus* und seiner katholischen Untertanen mit dem *libere praedicare* der zahlreichen Neugläubigen Frankreichs dar.

Faktisch wurde aus den »Articuli« keine anwendbare Möglichkeit in Richtung Frieden zwischen Katholiken und Hugenotten in Frankreich. Aber für die reformierte apologetische Propaganda blieben sie ein historisches Zeugnis des Sieges des Allmächtigen zugunsten seiner Kinder. Der Kommentar von Theodor Beza (*ista miracula*) erkennt in der Geschichte des piemontesischen Religionskrieges und in seinem Ausgang und Sinn eine Wohltat Gottes. Auch wenn die »Articuli« von Cavour rechtlich keine Auswirkungen auf die Nachbarn jenseits der Alpen hatten, lieferten sie doch einen theologischen und paränetischen

---

[31] *Fiume*, Scipione Lentolo, 85.

[32] Vgl. Histoire mémorable; *Noël*, Histoire des persecutions et guerres; *La Place*, Commentaires de l'état; Voisin Lancelot de la *Popelinière*, Histoire de France enrichée des plus notables occurrances survenues en Provinces de l'Europe et pays voisins soit en paix soit en guerre, tant pour le fait seculier que ecclesiastic depuis l'ans 1550 jusques a ces temps, Paris 1581.

Hintergrund für den Kampf und Widerstand der Hugenotten. Die Wunder Gottes zum Wohl und Heil der armen und schwachen Gläubigen, wie im Psalm 68 besungen (»Que Dieu se monstre seulement [...]«), konnten sich in der zeitgenössischen Geschichte offenbaren.

6. Gott, das Volk und der Bund: Scipione Lentolos Theologie und Duplessis Mornays »Vindiciae contra tyrannos«

Die spätere Theologie Lentolos bewegte sich in Richtung einer konservativen Haltung. 1565 wurde der Waldenserpfarrer auf Befehl des Herzogs aus dem Piemont ausgewiesen.[33] Nach einigen Monaten wurde er ins Pfarramt in Chiavenna, Veltlin, gewählt. Dort blieb er mehr als dreißig Jahre, bis zu seinem Tod im Januar 1599. Im Veltlin, das Land war Untertanengebiet Graubündens, waren die Reformierten eine zahlenmäßig starke Minderheit, die von der politischen Obrigkeit unterstützt wurde. Die Katholiken ihrerseits kämpften für die Unabhängigkeit des Veltlins von den Drei Bünden und gegen die religiöse Toleranz für die protestantische Minderheit. Ein Akzeptieren einer radikalen Widerstandslehre von reformierter Seite, wie in den Waldensertälern, hätte in dieser Situation der katholischen Seite Argumente geliefert für ihren Kampf gegen die Besetzung des Landes durch Bündner und zugunsten einer Unabhängigkeit des Veltlins, und so gegen die jenseits der Alpen existierende Ketzerei und zugunsten der katholischen Religion. Dies im Rahmen der Militanz und des Rigorismus der tridentinischen Kirchenreform des Mailänder Erzbischofs Carlo Borromeo.

Lentolo war kein Systematiker, auch kein politischer Philosoph. Er schrieb als Kirchengeschichtler und als Prediger, wenn auch mit großem Interesse an Politik und Polemik. Aber der Kern seiner Waldensergeschichte war die Theologisierung des Begriffs »Volk« als Partner des Allmächtigen in seiner Wanderung durch die Geschichte. Das wird im Bericht über den Einheitsbund deutlich:

> [...] furono tutti al fine di parere che il popolo Valdese et di qua et di là dei monti farebbono tra loro perpetua et inviolabile confederatione, promettendo tutti di mantenere, con la gratia di Dio, la pura predicatione dell'Evangelio et l'amministratione de i Santi Sacramenti, di aiutarsi et

---

[33] Brief des Herzogs an die Waldenser aus Turin, 29. September 1565, Manuskript im Staatsarchiv Turin, Registro delle Lettere della Corte, Bd. 11, 325.

soccorrersi scambievolmente gli uni gli altri, et di rendere ubidienza a i Superiori loro, come la Parola di Dio comanda.[34]

Lentolo zufolge sind die Waldenser ein Volk, weil Gott sie als sein Volk gerettet hat. Gottes Werk versichert ihnen, dass sie als Volk würdig sind, einen Einheits- und Treuebund *coram Deo* zu unterschreiben. Deswegen wurde der Herzog gezwungen, die Waldenser als Gesprächspartner anzuerkennen. Den Bezugspunkt von Lentolos' Interpretation der Waldensergeschichte bildet die biblische Geschichte Israels: das Wort Gottes erschafft alles, auch das Gottesvolk.[35]

Im Werk »Vindiciae contra tyrannos« des Hugenottenführers Philippe du Plessis Mornay (unter dem Pseudonym von Stephanus Junius Brutus), 1579 (wahrscheinlich in Basel) erschienen, wurde der Bund zwischen dem Fürsten und dem Volk mit dem Bund zwischen Gott und dem Volk begründet. Das Volk im eigentlichen Sinn ist stets durch niedrige Obrigkeiten (*magistratus minores*) repräsentiert, genau wie das Volk Israel in der Bibel. Daraus leitet sich der Bund zwischen Fürst und Volk ab, in welchem das Volk, von Gott anerkannt, den Vorrang hat. Auch in »De iure magistratuum« verteidigt Theodor Beza das Widerstandsrecht, wobei die niedrigen Obrigkeiten, vom Volk als »reguli«, d.h. kleine Könige bezeichnet, dem Volk zustimmen. Zwei Verse über die Bartholomäusnacht des hugenottischen Dichters Agrippa d'Aubignés (*les tragiques)*, zeigen die überschrittenen Grenzen des Königtums und die Rechte des Volkes kurz und klar:

> Dessous le nom du Roy, parricide des loix,
> On destruisoit les coeurs par qui les Rois sont Rois.[36]

Obwohl es keine Spur einer direkten Abhängigkeit zwischen den Schriften Lentolos und der »Vindiciae« gibt (wobei die Schriften über die piemontesischen Religionskriege bei den Hugenotten wohl bekannt waren), ist deutlich, dass der erste piemontesische Religionskrieg und dessen Bericht als erstes das Problem des Widerstandsrechts aus der Höhe der Theorie in die Alltagskonflikte der Gegenwart hinuntergebracht haben. Auch aufgrund der Exegese des Alten Testaments von Seiten der Reformatoren (vor allen Dingen Peter Martyr Vermiglis Kommentare zum Buch der Richter) bildeten die alttestamentlichen Wurzeln einen wichtigen Bezugspunkt, sowohl für Lentolo als für Mor-

---

[34] *Lentolo*, Historia, 198.
[35] *Fiume*, Scipione Lentolo, 249–262.
[36] Agrippa *d'Aubigné*, Poema tragico, Milano 1979, 163.

nay. In den achtzig Jahren zwischen der Bartholomäusnacht und der parlamentarischen Revolution in England blieb das Widerstandsrecht das wichtigste politische Problem auf reformierter Seite in Europa. Konkret im Piemont, in Frankreich, in den Niederlanden, in Schottland und in England. Während das Werk Lentolos einen Auftakt darstellt, wurden die »Vindiciae« zu einem Meilenstein des reformierten politischen Denkens, indem das Wort Gottes als Begrenzung auch des Absolutismus und als eine Garantie der Freiheit der Völker interpretiert wurde. Dies wurde von den Reformierten im 17. Jahrhundert wohl verstanden.

7. Abschliessende Bemerkung

Schon kurze Zeit nach dem Feldzug Emanuele Filibertos zeigte sich das Problem des Widerstandsrechts im größeren Kontext, wie etwa in Frankreich und Schottland, und später in den Niederlanden und in England. Entsprechend wurde die Theorie des Widerstandrechts von anderen weitergeführt. Drei Gedanken bzw. Folgen blieben aber von Bedeutung. Erstens, dass die Kirche Jesu Christi sich als Bundesvolk konstituiert, also nicht die Natur, sondern der Bund als gegenseitige Anerkennung zwischen Gott, König und Volk die Grundlage bildet. Zweitens, dass Gott Zebaoth seine armen und schwachen Heiligen verteidigt. Damit findet die Prädestinationslehre einen geschichtlich-gegenwärtigen Sitz im Leben. Drittens, die entstandenen Beziehungen zu allen Gliedern des internationalen »Calvinismus«, welche den Glauben und das Leiden der Waldenser geteilt haben.

DIE RELIGIÖSE TOLERANZ IN SIEBENBÜRGEN UND POLEN-LITAUEN IM KONTEXT DER EUROPÄISCHEN KIRCHENGESCHICHTE

Erich Bryner

In der Geschichte der Toleranz in Europa spielten das Fürstentum Siebenbürgen und das Königreich Polen-Litauen in der zweiten Hälfte des 16. Jahrhunderts eine Pionierrolle. Während in Westeuropa und im Deutschen Reich vielerorts Religionskriege ausgefochten wurden und das Schlimmste, der Dreißigjährige Krieg, noch bevorstand, proklamierten die Landtage in Siebenbürgen (zwischen 1557 und 1571) und die polnische Adelsversammlung (1573) die religiöse Duldung. Drei reformatorische Kirchen in Polen, die lutherische, die reformierte und die Kirche der Böhmischen Brüder, hatten sich zuvor zu einem Konsens zusammen geschlossen (1570).

In seinem Trauerspiel Egmont (vollendet 1788), bringt Johann Wolfgang Goethe das Problem der Toleranz in religiösen Fragen in einem Gespräch zwischen der Regentin Margarete von Parma und ihrem Minister, dem der Dichter bezeichnenderweise den Namen Machiavell gegeben hat, zur Sprache. Im Stück, das in den Niederländischen Befreiungskriegen 1568 spielt, lässt Goethe seinen Machiavell sagen:

> Möchte doch ein guter Geist Philippen eingeben, dass es einem Könige anständiger ist, Bürger zweierlei Glaubens zu regieren, als sie durch einander aufzureiben.

Entsetzt antwortet die Regentin:

> Solch ein Wort nie wieder! […] In weltlichen Geschäften ist das leider nur zu wahr; sollen wir aber auch mit Gott spielen, wie untereinander? Sollen wir gleichgültig gegen unsere bewährte Lehre sein, für die so viele ihr Leben aufgeopfert haben? Die sollten wir hingeben an hergelaufne, ungewisse, sich selbst widersprechende Neuerungen?[1]

---

[1] Johann Wolfgang *Goethe*, Egmont: Ein Trauerspiel in fünf Aufzügen, 1. Aufzug, in: *ders.*, Werke, mit einem Essay von Emil Staiger, Bd. 2, Frankfurt a.M. 1965, 183.

Goethes Machiavell tritt für eine konfessionelle Toleranz ein, die er mit staatspolitischer Vernunft begründet; Margarete von Parma will den einen katholischen Glauben, den sie für den allein richtigen hält, mit allen Mitteln durchsetzen.

Im Folgenden geht es um die Frage, wie diese Problematik zur selben Zeit in Siebenbürgen und Polen-Litauen angepackt wurde. Was verstand man unter Toleranz, wie kam man auf sie, was beinhaltete sie und wo waren allenfalls ihre Grenzen? Wie sind die Toleranzbeschlüsse in den gesamteuropäischen Kontext einzuordnen?

1. RELIGIÖSE TOLERANZ IM FÜRSTENTUM SIEBENBÜRGEN

1.1 Die Reformation im Fürstentum Siebenbürgen

Das Fürstentum Siebenbürgen war der erste europäische Staat, in dem die religiöse Toleranz von der Staatsregierung proklamiert wurde. Das Fürstentum Siebenbürgen war einer der drei Teile des von den Osmanen nach ihrem Sieg in der Schlacht bei Mohácz 1526 zerschlagenen Königreiches Ungarn. Ungarn wurde aufgesplittet in das Königliche Ungarn (West- und Oberungarn, das vom Habsburger Ferdinand I. regiert wurde); die türkische Provinz (Wilayet) Mittelungarn, die vollständig in das Osmanische Reich eingeordnet war, und das Fürstentum Siebenbürgen. Es bestand als eigenständiges Staatswesen von 1542 bis zur Einordnung ins Habsburgerreich 1688, blieb in dieser Zeit weitgehend autonom, war jedoch zur Zahlung von Tributen an das Osmanische Reich verpflichtet; die Residenz des Fürsten befand sich in Alba Iulia (Weißenburg).[2] An der Spitze standen der Fürst und die Stände. Die Standesprivilegien gingen auf König Andreas II. (1204–1235) zurück; er hatte den Adligen Freiheitsrechte, Reichtum und Macht eingestehen müssen. Die Privilegien wurden immer wieder bestätigt und erweitert.[3] Die siebenbürgische Gesellschaft war in drei

---

[2] Karte des dreigeteilten Ungarn in: István *Lázár*, Illustrierte Geschichte Ungarns, Budapest 1989, 65; László *Kontler*, Millennium in Central Europe: A History of Hungary, Budapest 1999, 141.

[3] Thomas von *Bogyay*, Grundzüge der Geschichte Ungarns, Darmstadt 1967, 58, 184. Ernst *Wagner*, Quellen zur Geschichte der Siebenbürger Sachsen, 1191–1975, Köln 1976 (Schriften zur Landeskunde Siebenbürgens 1), 15–20, 47–97. Ein Beispiel für die Bestätigung des andreanischen Freiheitsbriefes von 1224 im Jahre 1552 in: Georg Daniel *Teutsch*, Urkundenbuch der Evangelischen Landeskirche A.B. in Siebenbürgen: Erster Theil, Hermannstadt 1862, 160. Es ging hier speziell um das Recht der freien Pfarrwahl.

Stände oder *nationes* gegliedert: die Ungarn, die Siebenbürger Sachsen und die Székler, ein ungarischsprachiger Stamm im Südosten des früheren ungarischen Königreiches. Die Vertreter der drei *nationes* versammelten sich ein- bis zweimal jährlich zu Landtagen, in denen politische, wirtschaftliche und religiöse Fragen entschieden wurden. Geopolitisch befand sich das Fürstentum im 16. Jahrhundert in einer schwierigen Lage: Es war vom Königreich Ungarn im Nordwesten und vom Osmanischen Reich im Südwesten und Süden umgeben und musste sich gegen die beiden Mächte behaupten. Eine konfessionelle Zersplitterung und Religionskriege hätten ein Eingreifen einer der beiden oder beider Mächte in das zerrissene Land mit sich ziehen können. In dieser Zwangslage musste man für die Religionsfrage andere Lösungen als blutige Auseinandersetzungen finden. Fürst und Landtage entschieden sich für eine Politik der Toleranz.

Einflüsse der Reformation im Gebiet des späteren Fürstentums gehen bis auf den Beginn der 1520er Jahre zurück. Unter den Siebenbürger Sachsen wurden Gedankengut und Schriften Luthers rasch bekannt und verbreitet. Erste evangelische Gottesdienste fanden in einem Privathaus in Hermannstadt statt, bald auch in anderen Städten. Entscheidende Entwicklungsschritte folgten durch das Wirken des Humanisten, Theologen und Buchdruckers Johannes Honterus (1498–1549) in Kronstadt zu Beginn der 1540er Jahre.[4] Sein Einfluss war so stark, dass er 1542/43 den Rat von Kronstadt für die Reformation gewinnen konnte. Er wurde zum Stadtpfarrer ernannt, begann mit der Neugestaltung der Kirche im reformatorischen Sinn und schuf ein Schulwesen und ein bürgerliches Rechtswesen. Die theologischen und kirchlichen Neuerungen wurden in der Bekenntnisschrift »Confessio doctrinae saxonicarum ecclesiarum« von 1551 festgehalten. 1553 erfolgte die Wahl des ersten Bischofs der neugegründeten Kirche[5], 1572 nahm sie die »Confessio Augustana« als verbindliches Bekenntnis an.[6] Unter den Siebenbürger Sachsen entfaltete die Reformation wittenbergischer Prägung rasche und nachhaltige Wirkung.

Auch die ungarische Bevölkerung Siebenbürgens wurde von der Reformation rasch erfasst und durchdrungen, insbesondere in den

---

[4] Johannes *Honterus*, Schriften, Briefe, Zeugnisse, hg. von Ludwig Binder, Bukarest 1996; Erich *Roth*, Die Reformation in Siebenbürgen, 2 Bde., Köln 1962/1964; Karl *Reinerth*, Die Gründung der Evangelischen Kirche in Siebenbürgen, Gütersloh 1956.

[5] Paul Wiener (1553–1554). Sein Nachfolger war Matthias Hebler (1556–1571).

[6] *Wagner*, Quellen, 127–130.

Städten mit gemischter Bevölkerung wie Kronstadt und Hermannstadt. In Klausenburg begann die Reformation lutherischer Prägung in der ungarischen Bevölkerung Mitte der 1540er Jahre. Die führende Persönlichkeit war der Theologe und Buchdrucker Gáspár Heltai (ca. 1515–1574).[7] Von der Mitte des 16. Jahrhunderts an wurden die Einflüsse der helvetischen Reformation unter der ungarischen Bevölkerung deutlich stärker. Durch die heftigen inneren Auseinandersetzungen zwischen den Philippisten und den Gnesiolutheranern nach Luthers Tod 1546 verlor das Luthertum an Attraktivität und Ausstrahlung. Die Reformation in Zürich und Genf wirkte planmäßiger, geschlossener, offensiver, dynamischer. In kürzester Zeit gab es in Siebenbürgen neben den lutherischen auch starke reformierte Kirchgemeinden. Häufig kam es zu Diskussionen, Auseinandersetzungen und Zusammenstößen vor allem in der Abendmahlsfrage. Man entfremdete sich immer mehr, und eine Trennung wurde unabwendbar. Sie erfolgte an der Synode von Mediasch vom 10. Januar 1550.[8]

1.2 *Die ersten Toleranzerklärungen der Siebenbürger Landtage*

Die Siebenbürger Landtage hatten sich intensiv mit der Religionsfrage auseinanderzusetzen, zumal sich das Fürstentum wegen seiner inneren politischen Unstabilität und der äußeren Bedrohung durch die Habsburger im Königreich Ungarn und durch das Osmanische Reich in einer schwachen Situation sah. Die ersten Landtagsbeschlüsse waren vorsichtig, ängstlich und auf Vermeidung von Konflikten bedacht. Im Dekret von 1544 heißt es: »In Sachen der Religion wurde beschlossen, dass fürderhin es niemand wage, etwas Neues einzuführen.« Die Tradition sollte nicht in Frage gestellt, die Arbeit von Mönchen und Weltgeistlichen nicht behindert und somit der alte Glaube mit seinen Gottesdiensten bewahrt werden. Wo aber schon ein neuer Glaube eingeführt worden sei wie kurz zuvor in Kronstadt durch Honterus, sollte

---

[7] Ursprünglich Caspar Helt, ein Siebenbürger Sachse. Nach Studien in Wittenberg war er 1543 katholischer Priester in Klausenburg, führte dort 1544 die Reformation nach Wittenberger Vorbild ein, wechselte 1559 ins reformierte Lager und wurde 1569 Unitarier, vgl. Árpád *Blázy*, Art. ›Helt, Caspar‹, in: Die Religion in Geschichte und Gegenwart, 4. Aufl. [RGG⁴], Bd. 3, Tübingen 2000, 1622. Vgl. ferner: József *Pokoly*, Az Erdélyi Református Egyház története, 3 Bde., Budapest 1904; Mihály *Bucsay*, Der Protestantismus in Ungarn 1521–1978: Ungarns Reformkirchen in Geschichte und Gegenwart, Teil 1, Wien 1978.

[8] Árpád *Ferencz*, Der Einfluss der Theologie Karl Barths auf die Reformierte Kirche Rumäniens, Zürich 2005, 33.

auch nichts verändert werden. In erster Linie galt es, Ruhe im Land zu bewahren.[9] Auch am Landtag von 1548 wurde beschlossen, dass »in diesen Dingen nichts erneuert werde«, sondern die Religionsangelegenheiten im bisherigen Zustand verbleiben sollten. Die christlichen Fürsten in Europa würden in absehbarer Zeit Beschlüsse in den Religionsangelegenheiten fassen. Vom Konzil zu Trient, das zwei Jahre zuvor einberufen worden war, versprach man sich auch in Siebenbürgen viel, und im Reich hatte das Augsburger Interim unter die Religionsstreitigkeiten ein vorläufiges Ende gesetzt.[10] Ähnlich beschloss der Landtag zur Thorenburg (ungar. Torda, rumän. Turda) 1552: Die Untertanen sollen den Glauben behalten, zu dem sie sich entschlossen hatten, sei es der alte oder der neue, und die Neugläubigen sollten die Altgläubigen nicht angreifen und umgekehrt. Die Evangelischen waren deutlich im Vormarsch, wie auch aus den Formulierungen des Beschlusses entnommen werden kann, und die Stände standen ihnen mit Sympathie gegenüber, da sie die Neugläubigen als »pars evangelica« bezeichneten, während die Altgläubigen »pars altera videlicet papistica« genannt wurden; Altgläubige hätten nicht so formulieren können. Außerdem nahm der Landtag zu den Religionsverhältnissen einer einzelnen Stadt Stellung: die Szeklerstadt Vásárhely (Neumarkt, heute Târgu Mureş) wurde offiziell als Stadt zweier gleichberechtigter Bekenntnisse erklärt. Eine Politik grundsätzlicher Glaubenstoleranz wird hier erkennbar.[11] Was sollte für die Armee gelten, in der Offiziere und Soldaten beider Bekenntnisse Dienst taten? Der Landtag von Mediasch 1554 legte fest:

> Da ja der christliche Glaube einer ist, die Menschen im Fürstentum in den Zeremonien und im Vollzug der Sakramente dennoch verschiedener Meinung sind (»dissentiunt«), wurde beschlossen: In den Heerlagern soll jeder Teil seine eigenen Diener und Prediger haben.

---

[9] *Teutsch*, Urkundenbuch, 83. Zum folgenden vgl. auch Ludwig *Binder*, Grundlagen und Formen der Toleranz in Siebenbürgen bis zur Mitte des 17. Jahrhunderts, in: Siebenbürgisches Archiv 11 (1976), 47–53. Erich *Bryner*, Toleranz in Siebenbürgen, in: Glaube in der 2. Welt: Zeitschrift für Religionsfreiheit und Menschenrechte 21 (1993), Nr. 9, 18–20.

[10] *Teutsch*, Urkundenbuch, 83f. »Sonderbar« ist dies nicht, wie *Binder*, Grundlagen, 48 meint. Der Landtag wollte sich aus politischen Überlegungen einer gesamteuropäischen Linie anschließen, auf die man damals durchaus noch hoffen konnte.

[11] *Teutsch*, Urkundenbuch, 84f.

Gegenseitige Beleidigungen und Schmähungen würden nicht geduldet und bestraft. Hier ist also ein weiterer Schritt in Richtung der umfassenden Glaubenstoleranz zu sehen.[12]

Die folgende Entwicklung brachte es mit sich, dass der Landtag zu Thorenburg 1557 eine grundsätzliche Entscheidung fällen musste. Im entsprechenden Dokument heißt es,

> dass jeder an dem Glauben festhalte, den er wolle, mit den neuen oder alten Zeremonien. Wir haben es in Sachen des Glaubens ihrer Entscheidung überlassen, dass geschehe, was ihnen beliebt, Unrecht jedoch ausgenommen. Doch sollen die Anhänger des neuen Glaubens das Bekenntnis der Alten nicht verletzen oder seinen Anhängern auf irgend eine Weise Unrecht tun.[13]

Damit war die Toleranz grundsätzlich ausgesprochen. Mit »jeder« (»quisque«) war hier jedoch nicht jedes Individuum gemeint – das wäre erst im Zeitalter der Aufklärung denkbar – sondern jede politische Einheit, die im Landtag vertreten war. Wie es für jede staatliche Gesetzgebung charakteristisch ist, wurde Unrecht ausgeschlossen. Der alte Glaube, der sich in der Defensive befand, sollte ausdrücklich geschützt werden. Interessant ist ferner, dass der neue Glaube in diesem Beschluss noch als eine Einheit erscheint und eine Differenzierung zwischen lutherischem und reformiertem Glauben nicht vorgenommen wird. Dies entsprach den damaligen historischen Gegebenheiten in Siebenbürgen. Es gab Spannungen zwischen den beiden Richtungen, und sie wurden auch von offizieller Seite wahrgenommen. Doch es bestand Hoffnung auf eine friedliche Klärung der Standpunkte und ein Aufrechterhalten der Einheit. Der Landtagsbeschluss verwies auf eine Generalsynode der Evangelischen Kirche, die in diesen Dingen noch im selben Jahr entscheiden sollte.[14]

Doch die Einheit konnte nicht gewahrt werden. Seit der bereits genannten Synode von Mediasch 1560 gab es zwei evangelische Kirchen in Siebenbürgen, die deutschsprachige lutherische mit ihrem Zentrum in Hermannstadt, der die Siebenbürger Sachsen angehörten und die enge Beziehungen zu Wittenberg pflegte, und die ungarisch-

---

[12] *Teutsch*, Urkundenbuch, 85.

[13] »[...] ut quisque teneret eam fidem quem vellet cum Nouis et antiquis Ceremoniis, permittentes in negocio fidej Eorum arbitrio id fierj quod ipsis liberet citra tamen Iniuriam quorumlibet Ne Noue Religionis Sectatores veterum professionum lacesserent aut illius Sectatoribus fierent quoque modo Iniurij.« *Teutsch*, Urkundenbuch, 85; *Wagner*, Quellen, 121 f.

[14] *Teutsch*, Urkundenbuch, 86.

sprachige reformierte oder calvinistische, wie sie meistens genannt wurde, der vor allem die Ungarn Siebenbürgens angehörten. Sie hatte in Klausenburg ihren Mittelpunkt und pflegte enge Beziehungen zu Debrecen und zu den Reformierten in der mittelungarischen Provinz des Osmanischen Reiches. Der Landtag von Thorenburg von 1564 beschloss, dass Lutheraner und Reformierte friedlich nebeneinander existieren sollten. Der Landtag zu Schässburg wenige Monate zuvor hatte noch einmal offiziell von der Uneinigkeit in der Abendmahlslehre Kenntnis genommen. Die einen würden die wahre Gegenwart des Leibes und des Blutes Christi im Abendmahl bekennen, die andern würden das Mahl nur als ein Zeichen akzeptieren.[15] Doch der innere Friede sollte nicht durch konfessionelle Zwistigkeiten gestört werden. Der Landtag von Thorenburg 1564 fasste deswegen einen klaren Beschluss:

> Um also derartige Disputationen zu vermeiden und jedermanns Gewissen zu befrieden, ist wegen der Ruhe im Lande beschlossen worden, dass es von jetzt an jeder der beiden Parteien freistehe, an der Religion und Anschauung festzuhalten, die sie wolle, sei es die der Klausenburger oder der Hermannstädter Kirche.[16]

Damit war die Toleranz gegenüber beiden evangelischen Kirchen erklärt, und wiederum waren politische Ziele, nämlich die »Ruhe im Lande« der maßgebende Impuls gewesen. Bemerkenswert ist aber auch die Rücksicht auf das Gewissen der Menschen, wie dies für die Reformation insgesamt charakteristisch war. Den Entscheid in Glaubens- und Kirchenangelegenheiten solle jede Stadt (»civitas«), jede Kleinstadt (»oppidum«) oder jedes Dorf (»villa«) treffen. Die Gemeinden hatten also das *ius reformandi*; Einzelnen war aber die Auswanderung gestattet.

1.3 *Die vier rezipierten Religionen*

Das Auftreten der Antitrinitarier in Siebenbürgen zog eine nochmalige Erweiterung der Toleranz mit sich. In West- und Mitteleuropa galt das Leugnen der Trinitätslehre bekanntlich als Verbrechen und war unter sehr schwere Strafe gestellt. Servet wurde 1553 in Genf verbrannt,

---

[15] *Teutsch*, Urkundenbuch, 88–90.

[16] »[...] statutum est, ut a modo in posterum utrique parti liberum sit, sive Kolosvariensis aut Cibiniensis, ecclesiarum religionem et assertionem tenere velit«, *Teutsch*, Urkundenbuch, 90.

Anhänger und Gleichgesinnte vertrieben. Viele von ihnen fanden in Polen-Litauen und in Siebenbürgen Zuflucht und Duldung. Einer der einflussreichsten von ihnen, Giorgio Biandrata (1515–1588)[17], war nach einem mehrjährigen Aufenthalt in Polen, wo er das Amt eines Seniors in der reformierten Kirche bekleidete, 1563 nach Siebenbürgen gezogen. Dort diente er am Hof des Fürsten als Leibarzt und politischer Berater und verkündete seine theologischen Überzeugungen mit großem Nachdruck. Diese kamen den Neigungen humanistisch gebildeter, rational denkender und an einer praktischen Frömmigkeit interessierter Gliedern des Fürstenhauses, den Adeligen und Gelehrten sehr entgegen. Die persönliche Ausstrahlung der charismatischen Führergestalt tat ein Übriges. Der Fürst von Siebenbürgen empfahl ihn ausdrücklich an die Synode von Enyed als »unser treuer hervorragender Doktor«, als »gewichtigen Mann, gebildet und der Heiligen Schriften nicht wenig kundig«.[18] Die Gründung der antitrinitarischen Kirche in Siebenbürgen (1567) geht vorwiegend auf das Wirken von Ferenc Davidis (ca. 1510–1579) zurück,[19] der seine Tätigkeit als Superindendent der reformierten Kirche aufgegeben hatte und zum Antitrinitarismus übergetreten war. Die neu gegründete Kirche stand unter Protektion des Fürsten und wurde rasch zu einem wichtigen religionspolitischen Faktor im Fürstentum. Die Landtage schlossen sie in ihre Toleranzpolitik ein. Im 14. Artikel des Landtages von Thorenburg vom 6. Januar 1568 heißt es:

> Wie unser Herr, Seine Hoheit, in den früheren Landtagen mit seinem Reiche gemeinschaftlich in Sachen der Religion beschlossen hat, so bestätigt er das auch jetzt in dem gegenwärtigen Landtag, nämlich, dass

[17] Giorgio Biandrata war eine Zeitlang Leibarzt am Königshof in Polen und am Fürstenhof in Siebenbürgen. Nach einem kurzen Aufenthalt in Genf kehrte er nach Krakau zurück und ging nochmals nach Siebenbürgen. Wegen seiner antitrinitarischen Ansichten hatte sich Calvin über ihn wiederholt scharf ablehnend geäußert: die Polen mögen sich vor solchen »Brandfackeln« in Acht nehmen; Biandrata sei »eine Bestie«, ein Mensch von einem »heillosen Charakter«, und er »zerstöre die Grundlagen des Glaubens«, Vgl. Calvin an Pierre Statorius, 15. November 1559; Calvin an Jakob Sylvius, April 1563; Calvin an Stanislaus Sarnicki, April 1563; zit. aus: Johannes Calvins Lebenswerk in seinen Briefen: Eine Auswahl von Briefen Calvins in deutscher Übersetzung von Rudolf *Schwarz*, Bd. 2, Tübingen 1909, 289, 432, 433.

[18] *Teutsch*, Urkundenbuch, 186.

[19] Franz David, ursprünglich Franz Hertel, geboren in Klausenburg, 1555 Superintendent der lutherischen Kirche in Klausenburg, 1559 Zuwendung zur reformierten Kirche, 1564 deren Superintendent, 1568 erster Bischof der Antitrinitarier in Siebenbürgen. Vgl. Hermann *Pitters*, Art. ›David(is), Franz‹, in: RGG⁴, Bd. 2, Tübingen 1999, 600.

aller Orten die Prediger das Evangelium predigen, verkündigen, jeder nach seinem Verständniss, und wenn es die Gemeinde annehmen will, gut, wenn aber nicht, so soll sie Niemand mit Gewalt zwingen, da ihre Seele sich dabei nicht beruhigt, sondern sie soll solche Prediger halten können, deren Lehre ihr selbst gefällt, darum aber soll Niemand unter den Superintendenten oder auch Andern die Prediger antasten dürfen. Niemand soll von Jemandem wegen der Religion verspottet werden nach den früheren Artikeln. Auch wird Niemandem gestattet, dass er Jemanden mit Gefangenschaft oder Entziehung seiner Stelle bedrohe wegen seiner Lehre, denn der Glaube ist Gottes Geschenk, derselbe entsteht durch das Hören, welches Hören durch Gottes Wort ist.[20]

Die Evangeliumspredigt in den verschiedenen konfessionellen Prägungen wurde also gestattet, und es wurde den Gemeinden anheim gestellt, sich der einen oder andern Kirche anzuschließen. Zwang in Religionsangelegenheiten wurde verboten, die Schwächeren erhielten Schutz zugesprochen. Der Landtagsbeschluss untermauerte die Glaubenstoleranz mit einem sehr schönen Argument aus dem Römerbrief des Neuen Testamentes: Der Glaube kommt aus der Predigt, das Predigen aber durch Wort Gottes, *fides ex auditu* (Röm 10, 17). Aufregend und in ganz Europa erstmalig war, dass die Antitrinitarier in diesen Toleranzbeschluss eingeschlossen wurden. Somit gab es im Fürstentum Siebenbürgen vier öffentlich anerkannte, tolerierte und privilegierte Kirchen: die lutherische, die reformierte, die römisch-katholische und die antitrinitarische.

Der Landtag zu Neumarkt an Epiphanias 1571 bestätigte den Toleranzbeschluss von Thorenburg feierlich:

Da unser Herr Christus befiehlt, dass wir zunächst das Reich Gottes und seine Gerechtigkeit suchen sollen (vgl. Mt 6, 33), so ist über die Verkündigung und das Hören des Wortes Gottes beschlossen worden, dass, wie auch zuvor Eure Hoheit mit ihrem Reiche beschlossen haben, Gottes Wort überall soll frei können verkündigt, und wegen seines Bekenntnisses Niemand soll gekränkt werden, weder Prediger noch Hörer. Wenn aber irgend ein Geistlicher auf einem Criminalexcess betreten wird, so soll ihn der Superintendent verurtheilen und von allen Amtspflichten entheben können: dann werde er aus dem Lande verbannt.[21]

Auch hier eine sehr schöne theologische Begründung der Glaubenstoleranz mit einem bekannten Wort Jesu aus der Bergpredigt. Die Verkündigung des Wortes Gottes soll frei sein, niemand darf wegen

---

[20] Vgl. Röm 10, 17. *Teutsch*, Urkundenbuch, 94f.
[21] *Teutsch*, Urkundenbuch, 96.

seines Glaubens behelligt werden. Die Prediger durften sich aber nicht zivilrechtlich strafbar machen. Diese Toleranzbeschlüsse wurden in der Folgezeit wiederholt und bestätigt. Die vier Kirchen erhielten die Bezeichnung »religiones receptae«, angenommene oder anerkannte Religion.[22]

Was bedeutete es für eine Kirche, als »religio recepta« bezeichnet zu werden? In erster Linie wurde ihnen staatlicher Schutz und Sicherheit garantiert. Niemandem war es mehr erlaubt, in die inneren Angelegenheiten einer »rezipierten« Religion einzugreifen, sie zu stören oder ihren Status zu verletzen.[23] Das kirchliche Eigentum wurde durch die staatliche Gewalt geschützt; Geraubtes musste zurückerstattet werden.[24] Die Arbeitsstellen und die Einkünfte der Geistlichen wurden geschützt.[25] Die Pfarrhäuser wurden von der Einquartierungspflicht für Militär befreit und vor Entheiligung und Ausraubung bewahrt.[26] Die Sonntage und die drei höchsten Feiertage (Weihnachten, Ostern, Pfingsten) mussten geheiligt werden; an ihnen durfte nicht gearbeitet werden, Hochzeiten und unnötiges Reisen mussten vermieden werden, der Markt hatte bis zum Ende der Gottesdienste zu ruhen und der Weinausschank auszubleiben.[27] Geistliche durften nicht gleichzeitig Schankwirte sein.[28] Die nicht-rezipierten Religionen besaßen diese Privilegien, Garantien und Vorschriften nicht.

1.4 *Und die Orthodoxen?*

Welche Stellung hatte die Orthodoxe Kirche in Siebenbürgen, die ja in den bisher aufgeführten Toleranzbeschlüssen nirgends erwähnt wurde? Dies ist eigenartig, denn etwa die Hälfte der Einwohner Siebenbürgens im 16. Jahrhundert waren Rumänen. Sie gehörten der orthodoxen Kirche an. Die meisten von ihnen waren hörige Bauern in einem entrechteten Status und zu Abgaben verpflichtet, ein kleinerer Teil waren freie Bauern, Handwerker, Städter und Kleinadelige. Zwi-

---

[22] Der Begriff »religiones receptae« findet sich zum erstenmal im Landtagsbeschluss von Léczfalva, 1600: »Die von Alters her rezipierten Religionen, nämlich die katholische oder römische, die lutherische, die calvinistische und die unitarische«, *Teutsch*, Urkundenbuch, 102.

[23] *Teutsch*, Urkundenbuch, 104.

[24] *Teutsch*, Urkundenbuch, 100.

[25] *Teutsch*, Urkundenbuch, 102.

[26] *Teutsch*, Urkundenbuch, 104 f.

[27] *Teutsch*, Urkundenbuch, 106 f.

[28] *Teutsch*, Urkundenbuch, 109.

schen den Ungaren und Rumänen war es oft zu Spannungen und Konflikten gekommen. Unter dem Reichverweser Janos Hunyadi (1446–1452) wurden die orthodoxen Rumänen verfolgt, und für 1453 ist bezeugt, dass katholische Stimmen über die große Anzahl der in Siebenbürgen lebenden »schismatischen« Rumänen entsetzt waren. Doch König Matthias Corvinus (1458–1490) trat für eine Beendigung der Verfolgung ein[29], und seither wurde die orthodoxe Religion der Rumänen *de facto* geduldet. An den Landtagen im Fürstentum Siebenbürgen waren die Rumänen nicht vertreten, denn sie hatten keine ständische Organisation wie die Ungarn, Sachsen und Székler. Doch sie besaßen ein strukturiertes und organisiertes kirchliches Leben mit einem ganzen Netz von Kirchgemeinden, Klöstern und Geistlichen. Der erste orthodoxe Metropolit in Siebenbürgen mit Sitz in Alba Iulia war der 1573 geweihte Eftimie.[30]

In den Schriften der siebenbürgischen Reformation findet sich kaum Polemik gegen die Orthodoxen.[31] In den Landtagsbeschlüssen war von ihnen fast nie die Rede. Doch am Landtag von Hermannstadt 1566, in dem die freie Verkündigung des Evangeliums bestätigt wurde, heißt es, dass die Predigt des Wortes Gottes mit dem »Aberglauben« der Rumänen nicht vereinbar sei und dieser bekämpft werden müsse: »Vielmehr soll aller Götzendienst und gotteswidriges Fluchen unter uns rein ausgetilgt« werden; das Wort Gottes solle frei verkündet werden, »besonders aber unter den Walachen, deren Hirten blind sind, Blinde leiten und so sowohl sich als auch die arme Gemeinde ins Verderben geführt haben.«[32] Die *de facto* Toleranz den Orthodoxen gegenüber galt lediglich der Institution der Kirche und hatte eine innenpolitische Zielsetzung, nämlich die Ruhe im Land zu bewahren und Religionskriege zu vermeiden. Eine Gesinnungstoleranz war es nicht. Von evangelischer Seite gab es verschiedene Versuche, die orthodoxen Rumänen für den reformatorischen Glauben zu gewinnen; die orthodoxe Geschichtsschreibung spricht von »Proselytismus«.[33] Die

---

[29] *Binder*, Toleranz, 101. Von römisch-katholischer Seite wurden die Orthodoxen mit Bezug auf das Schisma von 1054 bis ins 20. Jahrhundert hinein häufig »Schismatiker« genannt. Seit dem 2. Vaticanum werden sie als Schwesterkirchen bezeichnet.

[30] Mircea *Păcurariu*, Geschichte der Rumänischen Orthodoxen Kirche, Erlangen 1994 (Oikonomia: Quellen und Studien zur orthodoxen Theologie 33), 198; Nikolaus *Thon*, Quellenbuch zur Geschichte der Orthodoxen Kirche, Trier 1983 (Sophia: Quellen östlicher Theologie 23), 601.

[31] *Binder*, Toleranz, 107

[32] *Teutsch*, Urkundenbuch, 93. Das Wort von den blinden Blindenführern in Mt 15, 14.

[33] *Păcurariu*, Geschichte, 197f.

politische Ausrichtung der Landtagsbeschlüsse sieht man nochmals in
den Beschlüssen des Landtages von Weißenburg vom 23. Januar 1653,
in denen von Religionsangelegenheiten sehr ausführlich die Rede war
und die bisherige Politik gegenüber den »vier recipirten Religionen«
bestätigt wurde; die Orthodoxen waren lediglich nebenbei erwähnt,
und es wurde von ihnen gesagt, dass »die der walachischen oder griechischen Secte Angehörigen« nicht zu den privilegierten Kirchen gehörten, jedoch »vor der Hand geduldet werden usque beneplacitum
Principum et Regnicolarum«.[34]

1.5 *Grenzen der Toleranz*

Aus den Toleranzerklärungen der Siebenbürger Landtage geht wiederholt hervor, dass die Altgläubigen geschützt werden müssten. Die
Reformation hatte sich im Fürstentum praktisch ungehindert ausbrei-
ten können. Die römische Kirche wurde massiv zurückgedrängt und
verlor rasch viele Gläubige, Bedeutung und Ansehen. Der Bischof von
Alba Iulia Paul Bornemisza sah sich 1556 gezwungen, seinen Bischof-
sitz aufzugeben und das Land als »Bischof von Siebenbürgen ohne
Bistum und Einkünfte« zu verlassen. Nun gab es mehr als anderthalb
Jahrhunderte lang keinen katholischen Bischof in Siebenbürgen mehr;
Vikare, die im Königreich Ungarn residierten, übernahmen die Aufgaben, visitierten gelegentlich die siebenbürgischen Kirchgemeinden
und mussten immer wieder feststellen, wie unerwünscht sie im Lande
waren.[35]

Die Sympathien der Landstände galten dem neuen Glauben. Dies
geht schon aus der Sprache der Toleranzbeschlüsse hervor, z.B. durch
den Gebrauch der Begriffe »Papisten«, »pars altera videlicet papistica«, wie wir bereits gesehen haben. Die Ämter wurden vorwiegend an
die Protestanten verteilt.[36] Bis zum Toleranzpatent Kaisers Joseph II.
1781 wurden in Siebenbürgen die Protestanten bevorzugt, erst dann
änderten sich die Verhältnisse.[37] Formal waren die Altgläubigen in die
Toleranzbeschlüsse einbezogen. Doch als die Jesuiten Niederlassungen

---

[34] *Teutsch*, Urkundenbuch, 122. Der Begriff »Secte« bedeutet in dieser Zeit ganz
einfach Religion oder Konfession; der Begriff besaß damals keinen pejorativen (Ne-
ben-)Geschmack.

[35] Krista *Zach*, Religiöse Toleranz und Stereotypenbildung in einer multikulturellen
Region, in: Das Bild des Anderen: Stereotype in einer multiethnischen Region, hg.
von Konrad Gündisch et al., Köln 1988 (Siebenbürgisches Archiv 33), 118–121.

[36] *Zach*, Religiöse Toleranz, 120.

[37] *Zach*, Religiöse Toleranz, 128–131.

für Predigt und Unterricht gründen wollten und auf Verordnung des Fürsten Stephan Bathori 1583 für ihr Seminar in Klausenburg öffentliche Gelder erhalten sollten[38], erfuhren sie großen Widerstand von Seiten der Bevölkerung, mussten schließlich ihre Pläne aufgeben und auf Geheiß des Landtages Siebenbürgen bald wieder verlassen (1588, und ähnlich nochmals 1603 und 1605).[39]

Eine weitere Einschränkung der Toleranz bekamen die Unitarier zu spüren. Als sie sich in eine gemäßigte und eine radikale Richtung aufspalteten, kam die Toleranzpolitik im Fürstentum Siebenbürgen an ihre Grenzen. Der Streit unter den Unitariern war an der Frage entbrannt, ob Jesus Christus, der ja nicht mehr als die zweite Person der Trinität galt, dennoch angebetet werden könne oder nicht. Die gemäßigte Richtung, die vom Fürsten begünstigt war, bejahte dies. Die radikale Richtung sprach sich gegen jede Anbetung Jesu Christi aus und erhielt die Bezeichnung »Non-Adorantismus«. Diese Richtung wurde als illegale Neuerung betrachtet und verboten; die Non-Adoranten hatten brutale Verfolgungen zu erleiden. Ferenc Davidis, ihr Anführer, wurde zum Tode verurteilt. Er starb noch vor seiner Hinrichtung 1579 im Gefängnis eines natürlichen Todes.[40]

2. Religiöse Toleranz im Königreich Polen-Litauen

Das Königreich Polen-Litauen (in Personalunion seit 1386, in Realunion seit 1569) war im Spätmittelalter und in der frühen Neuzeit eine europäische Großmacht, deren Territorium von der Ostsee zeitweise bis zum Schwarzen Meer reichte. Es war das zweite Land in Europa, das in der 2. Hälfte des 16. Jahrhunderts mit der Warschauer Konföderation von 1573 die religiöse Toleranz beschloss, nur wenig später als das Fürstentum Siebenbürgen.

2.1 *Der Toleranzgedanke in der Geschichte Polen-Litauens*

Polen-Litauen besaß im 16. Jahrhundert bereits Erfahrungen mit der Mehrkonfessionalität auf demselben Staatsgebiet. Zu den ostslavischen Ländern, die König Jagiello (1377–1434) und seine Nachfolger erober-

---

[38] *Teutsch*, Urkundenbuch, 228f.

[39] *Zach*, Religiöse Toleranz, 144f.

[40] Gustav Adolf *Benrath*, Art. ›Antitrinitarier‹, in: Theologische Realenzyklopädie [TRE], Bd. 3, Berlin 1978, 168–174, bes. 171.

ten, gehörten etwa drei Fünftel der früheren Kiever Rus' mit seiner orthodoxen Bevölkerung an. Das lateinische, an Rom orientierte Christentum des Königshofes und der Bevölkerung im Kernland Litauen musste sich mit dem östlich-orthodoxen, nach Konstantinopel ausgerichteten Christentum arrangieren. Die litauische Eroberungsmacht führte eine im Grundsatz tolerante Religionspolitik. Der einheimische orthodoxe Adel blieb zwar von den höheren Staatsämtern ausgeschlossen, doch der orthodoxe Glaube der Untertanen wurde zumeist geduldet, die freie Ausübung der Gottesdienste und Sakramente gestattet. In den unmittelbaren Berührungsgebieten der beiden Glaubensrichtungen erließ Jagiello allerdings Verbote konfessioneller Mischehen. Katholiken sollten nur dann Orthodoxe heiraten dürfen, wenn diese zuerst zum westlichen Christentum konvertiert waren. Doch die Orthodoxie konnte sich behaupten, waren doch die ostslavischen Gebiete dem lange heidnischen und erst im Laufe des letzten Viertels des 14. Jahrhundert von Rom her christianisierten Litauen zumeist turmhoch überlegen.[41]

Polen-Litauen wurde vom Humanismus stark beeinflusst. Adel und Bildungskreise studierten die Schriften des Erasmus von Rotterdam mit Begeisterung. Die Universität Krakau war ein Zentrum des Humanismus. Polnische Humanisten, die sich für Religion und Kirche interessierten, setzten sich für religiöse Toleranz ein. So nahm Andrzej Fricz Modrzewski (Andreas Fricius Modrevius, 1503–1572) Stellung zum Konzil von Trient und äußerte in seiner Schrift »De republica emendanda libri quinque« (1551) ernsthafte Zweifel an dessen Effizienz, da nur Vertreter der römischen Kirche an ihm teilnähmen. Andere Kirchen, so argumentierte er, der (wie wir heute sagen würden) ein Reformkatholik war, seien ebenso christlich wie die römische. »Denn die römische Kirche ist nicht die Universalkirche. Das, wovon sie ein Teil ist, kann nicht das Ganze sein. Alle, die an Jesus Christus glauben, soll man als einen Teil der Gesamtkirche betrachten.« Insbesondere für die Orthodoxen und die Lutheraner brach Modrzewski Lanzen. Wenn die Lutheraner sich vor allem auf die Bibel stützten, seien sie nicht Opponenten, sondern integrale Bestandteile der christlichen Gemeinschaft.[42]

---

[41] Erich *Bryner*, Die orthodoxen Kirchen von 1274 bis 1700, Leipzig 2004 (Kirchengeschichte in Einzeldarstellungen II/9), 101 f.

[42] Andreas Fricius *Modrevius*, Commentariorum de republica emendanda libri quinque [...], Krakau 1551; André *Séguenny* und Wacław *Urban*, Andrzej Fricz Modrzewski

2.2 *Die Reformation in Polen-Litauen und der Konsens von Sandomir*

Die Reformation war schon früh nach Polen eingedrungen.[43] 1518 wurde in Danzig zum erstenmal lutherisch gepredigt und kurz darauf folgte das erste königliche Verbot von Schriften Luthers. Gleichwohl fasste die Reformation rasch Fuß, zuerst unter der deutschsprachigen Stadtbevölkerung Großpolens, dann auch unter dem polnischen Adel. Da der Adel in langwierige Spannungen mit König und Kirche verstrickt war, war er für die Annahme der Reformation besonders motiviert. Wegen der großen sozialen Kluft zwischen Ober- und Unterschicht drang die Reformation nicht in die Landbevölkerung ein; sie war eine »Reformation von oben« und wurde nicht zu einer Volksbewegung.

Ähnlich wie in Ungarn und Siebenbürgen verlor das Luthertum wegen der theologischen Streitigkeiten nach Luthers Tod in der Mitte des 16. Jahrhunderts an Dynamik, während die reformierte Kirche mit ihrer inneren Geschlossenheit an Ausstrahlungskraft gewann.[44] Die helvetische Reformation erwies sich als die modernere und attraktivere Ausprägung des neuen Glaubens. Im dritten Viertel des 16. Jahrhunderts wurde die reformierte Kirche zu einer bedeutenden politischen Kraft vor allem in Kleinpolen (Krakau und Umgebung) und Litauen. Man schätzt, dass in Großpolen an 80, in Kleinpolen an 250 und in Litauen an 191 Orten reformierter Gottesdienst gefeiert wurde.[45]

Die Kirche der Böhmischen Brüder (Nachfahren der böhmischen Reformation unter Hus) kam von 1548 an nach Polen, nachdem sie aus Böhmen ausgewiesen worden waren. Ihre Glieder standen den Reformierten theologisch nahe und schlossen sich in der Synode von Koźminek 1555 mit ihnen zusammen, ohne ihre Eigenheiten in Kultus und Kirchenzucht aufzugeben. Da Polen in ganz Europa den Ruf

---

(Modrevius), Baden-Baden 1997 (Bibliotheca bibliographica Aureliana 151), 82–107; Oleh *Turij*, Die Union von Brest 1595/96: Entstehung und historische Hintergründe, in: Glaube in der 2. Welt: Zeitschrift für Religionsfreiheit und Menschenrechte 25/4 (1997), 11–16.

[43] Karl *Völker*, Kirchengeschichte Polens, Berlin 1930, 133–194. Peter *Hauptmann*, Art. ›Polen‹, in: RGG⁴, Bd. 6, Tübingen 2003, 1441–1449. Jerzy *Kłoczkowski*, Art. ›Polen‹, in: TRE, Bd. 26, Berlin 1996, 758–778.

[44] Ernst Walter *Zeeden*, Calvins Einwirken auf die Reformation in Polen-Litauen: Eine Studie über den Reformator Calvin im Spiegel seiner polnischen Korrespondenzen, in: Syntagma Friburgense 1: Historische Studien Hermann Aubin dargebracht zum 70. Geburtstag, Lindau/Konstanz 1956 (Schriften des Kopernikuskreises 1), 323–359, bes. 323–326.

[45] *Völker*, Kirchengeschichte, 161.

eines toleranten Landes hatte, flohen prominente Antitrinitarier, die in West- und Mitteleuropa keine Bleibe finden konnten, nach Polen und gründeten 1565 ihre Kirche, die »ecclesia minor«. Zu den bekanntesten Namen gehörten Lelio Sozzini, sein Neffe Fausto Sozzini und Giorgio Biandrata.

Um 1570 war Polen-Litauen ein multireligiöses Land mit zehn Kirchen und Religionsgemeinschaften: der römisch-katholischen, der orthodoxen, der armenischen, der lutherischen, der reformierten, der antitrinitarischen (unitarischen) Kirchen, der Kirche der Böhmischen Brüder, der Juden, Karäer (eine jüdische Glaubensgemeinschaft) und Muslime. Eine solche konfessionelle und religiöse Vielfalt war damals »einzigartig in Europa«.[46]

Unter den polnischen Protestanten war in der Mitte des 16. Jahrhunderts der Gedanke aufgekommen, eine Nationalkirche in Polen zu gründen und die Kräfte des neuen Glaubens zusammenzufassen und zu institutionalisieren.[47] Ein entschiedener Vertreter eines solchen Konzepts war Jan Łaski (1499–1561), der nach längerem Wirken als Reformator in Ostfriesland und England 1556 nach Polen zurückgekehrt und zur bedeutendsten Führergestalt der reformierten Kirche in seiner Heimat geworden war. Mehrere reformierte Adelige, darunter der Woiwode von Krakau Stanislaus Myszkowski (gest. 1570)[48] und der Woiwode von Sandomir Marcin Zborowski (gest. 1581), kämpften in dieselbe Richtung. Zu einer polnischen Nationalkirche kam es nicht, doch die lutherische und die reformierte Kirche und die Kirche der Böhmischen Brüder schlossen sich im Konsens von Sandomir 1570 zu einer Kirchengemeinschaft zusammen. Die drei Kirchen fühlten sich unter starkem Druck. Die Reformationsbewegung in Polen verlor durch die Zersplitterung in mehrere Kirchen an Ausstrahlungskraft. Gemeinsam konnten sie auch den Angriffen der erstarkten römischen Kirche und des attraktiven Antitrinitarismus erfolgreich Widerstand leisten. Das Konsenspapier, das die Theologen Krzysztof Tretius (gest. um 1590) und der aus Frankreich stammende Jan Thenaudus (gest. 1582) verfassten, beinhaltete die gegenseitige Anerkennung der drei Bekenntnisse als rechtgläubig und die Absicht eines gemeinsamen Auftretens nach außen.

[46] Gotthold *Rhode*, Kleine Geschichte Polens, Darmstadt 1965, 244 f.
[47] *Völker*, Kirchengeschichte, 163–173.
[48] Stanislaus Myszkowski gehörte zu den wichtigsten Briefpartnern Heinrich Bullingers in Polen, vgl. Erich *Bryner*, Der Briefwechsel Heinrich Bullingers mit polnischen und litauischen Adeligen, in: Kirche im Osten 23 (1980), 75–77.

So wollen wir unsere Kirchen gegenseitig mit derselben christlichen Liebe behandeln und als rechtgläubig anerkennen (»orthodoxas fateamur«), und wir wollen den Extremen absagen und Schweigen über alle Streitereien, Zerwürfnisse und Meinungsverschiedenheiten legen, [...] so dass es unseren Feinden nicht mehr leicht fallen wird, unsere wahre christliche Religion zu schmähen und ihr zu widersprechen.[49]

Zum strittigsten Dissenspunkt, die Abendmahlslehre, fand man einen Kompromiss, der allerdings einige Unklarheiten enthielt und Fragen offen ließ.[50] Außerdem wurde beschlossen, dass jede der drei Kirchen ihr eigenes Bekenntnis und ihre eigene Kirchenordnung habe und ihre eigenen Gottesdienste feiere, dass man sich aber gegenseitig besuche und in Notlagen beistehe.

> Deshalb haben wir versprochen und nehmen es an, gegenseitige Beratung und Dienste der Liebe unter uns darzubringen und für die Zukunft über die Bewahrung und das Wachstum aller frommen, rechtgläubigen, reformatorischen Kirchen des ganzen Königreiches wie über einen Leib zu beratschlagen [...].[51]

Das war mehr als Toleranz, es war gegenseitige Akzeptanz und ein Ansatz zu ökumenischer Zusammenarbeit. Es war ein Konzept der »Einheit in der Vielfalt« und der »versöhnten Verschiedenheit«, wie in der heutigen Ökumene formuliert wird. Der Konsens von Sandomir war ein Vorläufer der Leuenberger Konkordie von 1973, in der die Verschiedenheiten der protestantischen Kirchen in Lehre und Gottesdienstformen von ihnen gegenseitig als rechtgläubig anerkannt wurden.[52] Der Konsens von Sandomir war trotz einiger theologischer Schwächen und Unklarheiten eine ökumenische Pionierleistung ersten Ranges, »ein Muster der Irenik und des Ökumenismus im damaligen Europa«.[53] Er wurde in Polen mehrere Male erneuert, bis er wegen der Schwächung der reformatorischen Kirchen durch die Gegenreformation etwa von der Mitte des 17. Jahrhunderts an seine Bedeutung verlor.

---

[49] Mirosław *Korolko*, Consensus Sandomiriensis, in: Peter F. Barton et al. (Hg.), Ostmitteleuropas Bekenntnisschriften der Evangelischen Kirchen A. und H.B. des Reformationszeitalters, Bd. III/1, 1564–1576, Budapest 1987, 277.

[50] Der wichtigste Satz ist lateinisch und deutsch zitiert in: Janusz *Małek*, Art. ›Sandomir, Consensus von‹, in: TRE, Bd. 30, Berlin 1999, 30; Oskar *Bartel*, Der Consensus Sendomiriensis vom Jahre 1570 im Lichte der ökumenischen Bestrebungen in Polen und Litauen im 16., 17. und 18. Jahrhundert, in: Luther-Jahrbuch 40 (1973), 107–128.

[51] *Korolko*, Consensus Sandomiriensis, 278.

[52] Vgl. Hans-Walter *Krumwiede* et al., Neuzeit, Teil 2, Neukirchen-Vluyn 1980 (Kirchen- und Theologiegeschichte in Quellen 4), 213–219.

[53] *Małek*, Consensus, 31.

2.3 *Die Warschauer Konföderation*

Hinter den Theologen und Kirchenverantwortlichen, die den Konsens von Sandomir gestalteten, standen einflussreiche protestantische Adelige von großem politischem Gewicht. Sie vertraten die Ansicht, dass die Reformationskirchen geeint sein sollen, um in ihrem Zweifrontenkampf gegen Katholizismus und Antitrinitarismus bestehen zu können. 1572 kam ein weiteres Problem dazu. Als König Sigismund II. August am 7. Juli nach kurzer Krankheit unerwartet starb und keinen Thronfolger hinterließ, geriet das Reich in ein Machtvakuum. Gemäß der Regelung, die Polen und Litauen beim Abschluss der Union von 1569 getroffen hatten, sollte ein Reichstag einen neuen König aus den bestehenden europäischen Dynastien wählen und für die Zwischenzeit einen Interrex bestimmen. Der Reichstag vom 1. November 1572 wählte als Interrex den Erzbischof von Gnesen und Primas von Polen Jakób Uchański (1502–1581) und verschaffte damit der katholischen Seite einen großen Vorsprung; er wurde dem Reformierten Jan Firlej, der zu den vornehmsten Kronbeamten zählte, vorgezogen. Der Reichstag vom 11. Mai 1573 wählte dann Henri de Valois, Herzog von Anjou und Bruder des französischen Königs zum König von Polen-Litauen.[54]

Dass Henri de Valois der Kandidat mit den größten Chancen war, hatten die protestantischen Adeligen schon vor der Wahl erkannt. Sie fürchteten, dass Ereignisse wie die Bartholomäusnacht in Paris vom 22./23. August 1572 sich unter der Herrschaft eines Gliedes des französischen Könighauses in Polen wiederholen könnten. Eine solche Befürchtung war begründet, denn die Toleranz der Kirchen funktionierte in Polen-Litauen *de facto* gut, war rechtlich aber nicht abgesichert. Deswegen trat im Januar 1573 eine Adelsversammlung in Warschau zusammen, um diese Fragen zu klären. Damit Sicherheit und Besitz, Religionsfreiheit und Toleranz rechtlich verankert würden, beschloss die Versammlung am 28. Januar die Warschauer Konföderation und legte im dritten Punkt fest:

> Da in unserer Republik ein nicht geringes Dissidium in causa religionis christianae besteht und wir es verhindern wollen, dass daraus ein schädlicher Streit wie in anderen Ländern entsteht, versprechen wir es pro nobis, et successoribus nostris in perpetuum, sub vinculo iuramenti, fide, honore et conscientiis nostris, dass wir, die wir dissidentes de religione sind, untereinander Frieden halten und wegen des verschiedenen Glau-

---

[54] *Rhode*, Kleine Geschichte, 247 f.

bens und der Veränderungen in den Kirchen weder Blut vergießen noch confiscatione bonorum, mit Ehrverlust, carceribus et exilio vorgehen, auch keiner Obrigkeit oder Behörde zu einem solchen Vorgehen verhelfen werden.[55]

Dieses umfassende Toleranzedikt garantierte den Dissidenten politische Gleichberechtigung und religiöse Duldung. Es wurde Religionsfriede und Verzicht auf Gewaltanwendung und Blutvergießen wegen konfessioneller Uneinigkeit »auf Ewigkeit« beschlossen. Ein großer Teil der katholischen Versammlungsteilnehmer verweigerte allerdings die Unterschrift; der Bischof von Krakau Franz Krasiński unterzeichnete mit der einschränkenden Bemerkung »propter bonum pacis«.[56] Gleichwohl waren Position und Selbstbewusstsein des protestantischen Adels gestärkt, und dies gaben einzelne Magnaten dem Thronkandidaten zu spüren. Der reformierte und dann unitarische Adelige Hieronim Bużenski soll einem französischen Gesandten erklärt haben, dass Henri de Valois, falls er sich als König von Polen zu einem Tyrannen entwickeln sollte, seine Untertanen mehr zu fürchten haben werde als diese ihn.[57] Der Magnat Jan Zborowski forderte von Henri die Einhaltung der Warschauer Konföderation mit den Worten: »Nisi id feceris, Rex in Polonia non eris.«[58] Henri de Valois war nur kurze Zeit König von Polen-Litauen. Als er 1574 die Nachricht vom Tod seines Bruders, des französischen Königs Charles IX., erhielt, verließ er Polen, verzichtete auf den polnischen Thron und wurde als Henri III. König von Frankreich. Der polnische Reichstag wählte Stephan Bathory, den Fürsten von Siebenbürgen zu seinem Nachfolger. Auch er wurde auf die Warschauer Konföderation verpflichtet.

Die Warschauer Konföderation war ein Dokument politischer Klugheit. Polen-Litauen besaß ein eminentes Interesse am Religionsfrieden, gerade unter den Eindrücken der westeuropäischen Religi-

---

[55] Erstpublikation des polnischen Textes: Konstytucyje, statuta i przywileje na walnych sejmach koronnych od 1550 aż do roku 1576 uchwalone, Kraków: M. Szarfenberg, 1579. Erstpublikation des deutschen Textes: Confoederations Articul der Gesambten Polnischen Reichs Staende, welche anno 1573 bey wehrendem Interregno auff allgemeinen Landtage zu Warsaw geschlossen und unverbruechlicher Festhaltung offentlich und gantz eyferig beschworen worden, [ohne Ort und Jahr] (anfangs 17. Jahrhundert). Hier zit. aus *Völker*, Kirchengeschichte, 155; Janusz *Tazbir*, Geschichte der polnischen Toleranz, Warschau 1977, 58–67; Ambroise *Jobert*, De Luther à Mohila, Paris 1974 (Collection Historique de l'Institut d'Etudes Slaves 21), 169–171.
[56] *Jobert*, De Luther, 171.
[57] *Tazbir*, Geschichte, 63.
[58] *Tazbir*, Geschichte, 66.

onskriege und auch der Bartholomäusnacht. Viele sahen in der religiösen Toleranz das kleinere von zwei möglichen Übeln. Der Adelige Jan Zamoyski vertrat die Ansicht, die Reformation habe zwar zu großen Spannungen und Religionsspaltungen geführt, doch Liebe, Vernunft und Toleranz hätten sein Land vor Religionskriegen bewahrt.[59] König Stephan Bathory stellte in einer Verordnung von 1581 fest, dass dort, wo Religion durch Feuer und Schwert verbreitet würde, nur Krieg und Zerstörung entstünden, was unter allen Umständen zu vermeiden sei.[60] Im Laufe des 17. Jahrhunderts verlor die Warschauer Konföderation allerdings an praktischer Bedeutung. Ein großer Teil der einst dissidenten Adeligen schloss sich aus politischen Gründen wieder dem Katholizismus an. Die Gegenreformation setzte sich wegen ihres konsequenten Vorgehens und ihrer Macht gegen die Kirchen der Reformation durch.

3. Bilanz

Die Landtage in Siebenbürgen und der Reichstag in Polen-Litauen eilten mit ihren Toleranzbeschlüssen ihrer Zeit weit voraus. Kein anderes europäisches Land erlaubte im dritten Viertel des 16. Jahrhunderts, dass Gottes Wort überall frei verkündet werde, dass jedermann an dem Glauben festhalte, den er wolle, dass niemand mit Gewalt zu einem bestimmten Glauben gezwungen werden dürfe. Kein anderes Land verbot, wegen dissidenter Meinungen in Glaubensdingen Blut zu vergießen, Güter zu beschlagnahmen oder Verurteilungen auszusprechen. Zur gleichen Zeit wurde Westeuropa von Religionskriegen durchzogen. In England kam es unter Königin Mary (auch »die Blutige« genannt) zu brutalen Verfolgungen der Evangelischen und zu vielen Hinrichtungen; unter ihrer Nachfolgerin Elisabeth I. wurde vertrieben, wer den Suprematseid nicht leistete, und die Gegner der Staatskirche, die Puritaner, wurden hart verfolgt. In Frankreich tobten die Hugenottenkriege. Auch in Schottland und in den Niederlanden versuchte man, die Religionsfrage mit Kriegen zu lösen. Im Deutschen Reich stand der Dreißigjährige Krieg mit seinem unsäglichen menschlichen Leid und unendlich vielen Zerstörungen noch bevor.[61]

---

[59] *Tazbir*, Geschichte, 104.
[60] *Tazbir*, Geschichte, 112.
[61] Heiko A. *Oberman*, Die Kirche im Zeitalter der Reformation, Neukirchen-Vluyn 1981 (Kirchen- und Theologiegeschichte in Quellen 3), 268–270.

Die Toleranzerklärungen in Siebenbürgen und Polen-Litauen waren, wie wir gesehen haben, Ausdruck politischer Klugheit und Weisheit. Man wollte den Frieden im Lande bewahren, Verwüstungen und menschliches Leid durch allfällige Religionskriege vermeiden und den Großmächten der Umgebung Gelegenheiten zu politischem Eingreifen verwehren. Es war eine praktische und pragmatische Duldung der verschiedenen Bekenntnisse und noch nicht die philosophisch und theologisch durchdachte und begründete Toleranz der Aufklärungszeit.

Die Toleranzerklärungen in Siebenbürgen und Polen-Litauen gingen weiter als das Edikt von Nantes 1598. In ihm erhielten die Hugenotten Zugang zu öffentlichen Ämtern und zur Rechtgleichheit. Ihre Gottesdienste und Versammlungen durften sie aber nur an genau definierten Orten durchführen, und auch sonst behielt die römische Kirche klare Vorteile. Die Toleranzakte, die auf die »Glorious Revolution« in England 1689 folgten, schlossen die römisch-katholische Kirche aus, weil sie ihr Zentrum außerhalb Englands hatte, und die Unitarier, weil sie das Dreieinigkeitsdogma ablehnten.[62] Die Toleranzedikte in Siebenbürgen und Polen hatten durchaus auch Grenzen, wie wir sahen, aber diese gingen weniger weit. Die religiöse Toleranz in Europa war ein sehr langer und äußerst komplizierter Prozess. In Siebenbürgen und Polen wurde sie schon praktiziert als das übrige Europa davon noch weit entfernt war.

---

[62] *Krumwiede*, Neuzeit, Teil 1, 45f.

»LEX CREDENDI«?
KATHARINA SCHÜTZ ZELL'S PRAYERS

Elsie Anne McKee

The adage *lex orandi, lex credendi* is commonly cited by Christian liturgical scholars to refer to the relationship between worship and theology.[1] The intent is to say that prayer determines doctrine, but the actual historical practice is far more complicated and ambiguous than the maxim suggests. It is also often said that the Protestant Reformation reversed the order, making right belief (*credendi*) the standard for right worship (*orandi*). Without attempting to adjudicate the larger historical debate, this essay offers an overview of the way that one lay reformer in the first generation of the Reformation shaped prayer life, especially for the public. The texts are considered in order, from the most consciously structured presentations to the least premeditated, which also reflects their chronology (though whether one can speak of development is unclear, given the circumstances of production).

1. KATHARINA SCHÜTZ ZELL'S PRAYERS OF THE 1530S

The first, longest, and most structured of Katharina Schütz Zell's prayer texts is the exposition of the Lord's Prayer written for two women of the city of Speyer in 1532, and published much later (1558) in a collection of her devotional pieces, »Den Psalmen Miserere [...] sampt dem Vatter unser mit seiner erklärung«.[2] Schütz Zell explains that

---

[1] For example, Louis *Weil*, Prayer, Liturgical, in: The New Dictionary of Sacramental Worship, ed. by Peter E. Fink, Collegeville, MN 1990. Three times on p. 954 Weil refers to this »adage« without any footnote since the phrase has become so common. »Does public prayer have, in the light of the adage, a didactic purpose? Certainly the liturgy has been exploited at times for this purpose [...] We observe this phenomenon, for example, in the Reformation of the 16th century [...]«

[2] Elsie Anne *McKee*, Katharina Schütz Zell, vol. 2: The Writings. A Critical Edition, Leiden / Boston 1999 (Studies in Late Medieval and Reformation Thought 69/2), 310–366.

while she does not know these women personally, she has heard that
they are suffering because they cannot find peace of conscience, and
thus (as one who has reached that place) she feels compelled to aid
them.[3] It is significant to observe that her means for this consolation is
the theological explanation of a prayer, the chief prayer fundamental
to virtually all Christian catechesis. The women will know the Lord's
Prayer, at least in its Latin form, and they will almost certainly have
heard or read it in the vernacular. What Schütz Zell will provide is her
Protestant (»Gospel«) interpretation, expressed in the first person plu-
ral as a prayer but filled with teaching. The full exposition is too long
for a detailed analysis here, but the structure and some distinctive
language or ideas can be noted.

Most interesting for present purposes is the way that Schütz Zell
prepares the reader for the exposition of the Lord's Prayer. First there
is an extended preface reflecting on the words »our Father«[4] and then
she sets out a full recitation of the apostles' creed with a prayer me-
ditating on that confession. Before the meditation she writes: »Now
there follows the confession of faith, a root and that which goes before
prayer.« After the apostles' creed Schütz Zell introduces the prayer:
»Now the following prayer on this confession«,[5] which devotes a good-
sized paragraph each to Father, Son, and Holy Spirit. While most
notable for the biblical allusions and paraphrases,[6] the prayer also
includes echoes of the *filioque* clause of the Nicene creed: the Spirit
proceeding from Father and Son.[7] There are also other traditional
notes, such as the sanctification of Mary and her continuing virginity
after she gave birth to Jesus.[8] In the context of sixteenth-century confessional arguments there are a number of emphases which convey a

---

[3] For her descriptions of the women, see her words before the preface to the
exposition and in the dedicatory letter in *McKee*, Writings, 340, 215.

[4] *McKee*, Writings, 341–347. See Elsie Anne *McKee*, Katharina Schütz Zell and the
»Our Father«, in: Oratio. Das Gebet in patristischer und reformatorischer Sicht, ed.
by Emidio Campi et al., Göttingen 1999, 239–247.

[5] *McKee*, Writings, 347: »Nun volget die Bekantnus dess glaubens / ain wurtzel und
vorgen des gebeths«; »Nun auff dise bekanthnus dises nachvolgent gebeth.«

[6] *McKee*, Writings, 348–350: 2 Cor 1, 3; Gen 1, 6ff., 20ff., 26ff.; 3, 1ff.; John 3, 3; 1,
1–4, 13–14; 14, 2–3, 16–17, 26; 16, 7ff.; Heb 12, 2; Gal 3, 13; 1 Cor 15, 20, 28; Rom 9,
20ff.; Job 19, 25–26. These appear in the space of slightly more than two pages; if
biblical references in the whole text were listed this note would be pages long.

[7] *McKee*, Writings, 349: »von dir und deinem Son aussgonde«; 350: »wellicher von
dir und deinem Son Christo / aussgeht«.

[8] *McKee*, Writings, 348: »[born] auss irem gerainigten und geheiligten fleisch [...]
on verletzung jhrer Junckfrewlichen gaben.«

more Protestant tone, although they are expressed here without polemic. God alone is the One in whom we must trust and whom we
worship; we have confident trust in the gift of justification and grace
and resurrection[9] with no mention of anything like good works or
purgatory. Along the way in a completely natural fashion there appear
a few theological points which might be less expected in a lay writer,
such as explicit statement of Christ's true humanity and the comparison of the first Adam and the second.[10]

Other Protestant notes are sounded throughout the exposition of
the Prayer itself. Some are not explicit. For example, the frequent
petition that God will not allow us to rest in hypocrisy or a »gleiss-
nerischen falschen won«[11] are probably in part shaped by Schütz
Zell's awareness of her audience. She may suspect that the women of
Speyer have troubled consciences not only because they do not know
how to get right with God but also because they are not (yet) willing
honestly to break with the traditional church. Trust in faith alone and
grace alone, and the rejection of purgatory appear in quietly matter-
of-fact ways. Under »lead us not into temptation« Schütz Zell seeks
»the gift of a living faith« and in »deliver us from evil« she trusts that in
Christ »eternal death, sin, and hell have been overcome and therefore
we will not die when our fleshly bodies die, nor come into judgment,
but will be brought through death into life by faith in Jesus Christ.«[12]

More startling to a traditional Catholic would be Schütz Zell's language about repentance and especially about the Mass / Lord's Supper,
and her interpretation of »daily bread«. Under »your kingdom come«
Schütz Zell quotes Christ's command to repent (cf. Matt 4, 17), but
instead of the traditional Vulgate form: »do penance« she gives the

---

[9] *McKee*, Writings, 348: »bey niemand anders hülff noch trost zuosuochen seie /
sonder unser glaub / forcht / lieb / eer / dienst unnd alles deinem namen allein«;
349: [Christ] »uns geledigt hatt von gefencknus der hellischen band der sünden / unnd
uns gerecht gemacht inn seiner aufferstehung / unns zur lebendigen aufferstehung
bracht / und den ewigen todt überwunden / auch den beschlossenen himmel deiner
huld und gnad auffgethan [...] [Spirit] uns anblasen / inn unnd durch ihn / wir alle
lebendig aufferstohn inn unserm flaisch und bei dir leben werden ewigklich.«

[10] *McKee*, Writings, 348: »warhafftig flaisch unnd bluot worden«; 349: first and
second Adam.

[11] *McKee*, Writings, 351, 352, 352–53, 360. Worship God alone, 353.

[12] *McKee*, Writings, 361: »du wöllest uns aber herausser [from hell] füeren mit Christo durch die gaab ains lebendigen glaubens«; 363–364: »inn und durch ihn den ewigen
todt / sünd und hell überwunden habent / darumb durch unsern flaischlichen todt
nicht sterben noch ins gericht khommen / sonnder durch den glauben inn Jesum
Christum durch den todt ins leben tringen.«

startlingly Zwinglian translation: »bessert eüch« – repent, change your
life.[13] The exposition of »daily bread« is the point where confessional
differences in the Lord's Prayer are usually most evident, since the
Vulgate translates this as »supersubstantialis« and tradition often read
this bread as the Mass. Here Schütz Zell follows the various interpretations expressed by Protestants.[14] Like Luther, she gives much
space to daily bread as preaching, and adds a significant discussion of
good preachers and an exhortation to the congregation to respond to
the Word. Also like Luther she continues to see this phrase of the
Prayer as a reference to the Lord's Supper, but her understanding of
the Supper itself is clearly much closer to Zwingli's, with also a typical
Reformed emphasis on the community as the body of Christ. Further,
she adds as a third meaning of »daily bread« actual physical nourish-
ment, an interpretation particularly characteristic of Reformed theology. Without any direct polemic, and employing the first person language of common prayer, Schütz Zell nevertheless conveys to her still
Catholic readers a rather different understanding of the Prayer than
the Pater Noster of their childhoods.

Shortly after her exposition of the Lord's Prayer for the women of
Speyer whom she had not met, Schütz Zell published an edition of a
Bohemian Brethren hymnbook which had Protestant women particularly in view, although it is addressed to parents and householders and
probably has in view her own neighbors.[15] Her main contribution in
republishing this hymnbook is a new preface which identifies the work
as a »teaching, prayer, and thanks [or praise]« book,[16] an explicit
indication of the idea that theology and devotion are interdependent.
The didactic character of these prayers or sermons-in-song is also evident in the annotations with which Schütz Zell introduces many of the
hymns;[17] one must pray both rightly and with understanding.

---

[13] *McKee*, Writings, 352. Luther gives the more traditional »thut busse« but Schütz
Zell follows the Zürich Bible's »bessernd euch« – as unsacramental a translation as
possible.

[14] *McKee*, Writings, 354–358.

[15] For a full discussion, see Elsie Anne *McKee*, Reforming Popular Piety in Sixteenth-Century Strasbourg: Katharina Schütz Zell and Her Hymnbook, Princeton, NJ
1994 (Studies in Reformed Theology and History 2/4).

[16] *McKee*, Writings, 59: »Ja ich muoss es vil mehr ein Leer: Gebett und danckbuoch
(dann ein gsangbuoch) heyssen«; 63: »sollich Lob: Gebett und Leer gseng«.

[17] See *McKee*, Reforming Popular Piety, appendix II for annotations.

2. KATHARINA SCHÜTZ ZELL'S LATER PRINTED PRAYERS

Most of Katharina Schütz Zell's other recorded prayers come from the late 1540s, at the time of her husband's death and the introduction of the Augsburg Interim. In a sermon which his wife preached at Zell's burial on 11 January 1548 there are a number of prayers from the pastor's deathbed. It is notable, however, that before she describes his final hours, Zell's widow begins with an exposition of his life and teaching; that is the context for understanding his prayers.[18]

Schütz Zell's sermon recounts the last hours of Zell's life, and her description is notable as much for what it leaves out as what it says. She says that, following a full day of vigorous preaching with clear warning to his Strasbourg flock about the dangers of the impending imposition of the Interim, Zell went to bed but woke in pain during the night. Awake in the night, Zell confesses his sin and his faith in prayer, with thanksgiving for the call to preach and trust in Christ (no saints, no purgatory to fear) but also with concern for the church which is facing the Interim.[19] After a few hours he feels better and the next day he continues his work, writing out a sermon, but the following night the pain comes again. Again Zell falls on his knees to pray, and again his ministry and now also the flock he is leaving behind are the focus of his prayer. He commends his soul into God's hands (Ps 31, 5) and he dies as his wife is reciting the creed.[20] Following this recital of their pastor's good death, the grieving widow also shares with the other mourners her own prayers commending her husband to God, thanking God for His mercies, and begging for God's comfort and forgiveness in her own great sorrow. Here again trust and confidence in Zell's well-being in God's hands are explicit: she plainly believes that God will »receive his [Zell's] soul into the number of His prophets and apostles and give him communion with all the elect.«[21]

A strong polemical note is heard in the anxious reference to the Interim, and this is amplified in the next part of the sermon where Schütz Zell gives a summary of her husband's teaching and her own, with another explicit affirmation that Zell is with Christ and not in

[18] The sermon »Klag rede und ermahnung«, in: *McKee*, Writings, 70–94.
[19] *McKee*, Writings, 77–78.
[20] *McKee*, Writings, 78–79.
[21] *McKee*, Writings, 79–80: »sein geist aufnemmen / in die zahl seiner propheten und apostel / und jhm gemeinschaft geben mit allen ausserwehlten in Cion.«

purgatory.[22] Claiming her role as Mary Magdalene and the voice of their dead preacher, Schütz Zell concludes her »confession of faith« with an affirmation of the triune God and speaks (with the people?) the Nicene creed. This recitation of »die summa unsers glaubens« is followed by a brief explanation[23] and then Schütz Zell leads the people in public prayer by reciting the Lord's Prayer and adding a short meditation and explanation for those gathered at the grave. Following her own cry of sorrow, the longest part of this prayer focuses on how Zell honored God's name and preached God's Word, with an exhortation to his people to continue that faith in the perilous times ahead. In the course of the prayers, Schütz Zell reiterates her complete confidence in Zell's life with God, and includes various other Protestant emphases. One central theme is the contrast between true and false teaching, between the Gospel and the doctrines of the devil, pope, and antichrist. The Gospel is associated with knowing and confessing Christ, and forms of *bekennen* are found over and over, often along with *erkennen* or a synonym.[24] Schütz Zell concludes by reciting one verse of a hymn from the book she had earlier (re)published, and the last words of the recorded sermon are a very brief personal prayer. »O God, you who are gracious to all who come to you to pray, have mercy also on me; take me under your shield and grant that I may be one of those widows who will receive her own back from dead in the day of resurrection.«[25]

---

[22] *McKee*, Writings, 82: Zell worked to keep himself and us »seinem herren Christo rein im glauben (welches allein die herzen reinigt)«; 83: Zell warned against the idolatry of the papacy which fights against »die einig erlösung und seeligmachung Christj unsers herren«; 83: Schütz Zell affirms »die einig erlösung unserer sünden / durch das einig bluth unsers herren Jesu Christj dess unschuldigen lams / dass von ewigkeit bey dem vatter / und fur uns im fleisch gedodt ist / dessgleichen die einige gerechtigkeit / die vor gott gilt / unsers erbs dess ewigen lebens / durch die aufferstehung unsers herren Jesu Christj von den todten«; 84: Schütz Zell rejects the papacy and »jhren werken, unglauben und falscher lehr [...] [and all who] den herren Christum nicht den einigen Christ und sündentreger lassen sein [...] [she wants to be saved] nicht durch einiger creaturen werk [...] [but only in Christ] der einig heiland und helffer.«; 85: Schütz Zell affirms »weiss ich dass er in kein gricht ist kommen / sonder in und bey Christo lebt er.«

[23] *McKee*, Writings, 88–89.

[24] *McKee*, Writings, 89–92. Examples of *erkennen/bekennen* and *erkantnuss/bekantnuss* or some synonym, 75–76. For this pair through her writings, see p. 318, note 27; p. 92: »das reich / krafft und herligkeit allein dein ist / und nicht dess teüffels / babstums / antichrists / noch aller falscher lehrer.«

[25] *McKee*, Writings, 94.

The most private of Schütz Zell's published prayers come from her personal notebooks of Bible study after her husband's death. These were kept secret for many years, but in her old age as she was anticipating her own death, she published a selection of these meditations as a legacy of comfort for friends and »other afflicted souls«.[26] Schütz Zell chose a few texts from this diary of prayer and put them together with the 1532 exposition of the Lord's Prayer under the name »Den Psalmen Miserere / mit dem Khünig David bedacht / gebettet / und paraphrasiert [...] sampt dem Vatter unser mit seiner erklärung«.[27] The dedication to her elderly friend Sir Felix Armbruster who was suffering from »leprosy« gives a picture of the existential situation she is addressing:

> Also I have thought about what you told me, how for a while it became so bitter for you to tear yourself out of affliction, until God helped you and gave you patience. Besides, however, I know how your illness is a daily unending pain up to the end and into the grave; and that would readily stir up and call forth many afflictions and impatience. Human beings are weak, and, when the cross weighs him down so much, a person thinks about and bewails the cross more than the sins which earned and brought it upon him. So I sought in my reflections some way to be present with you for comfort, and in part to help bear your cross – spiritually if not physically – or to lighten it with as much spiritual comfort as God has given to me when, in my need, He has also admonished and comforted me about my acts [cf. Gal 6, 2; 2 Cor 1, 4].[28]

Schütz Zell then tells Sir Felix about the existential situation which had produced the meditations she wants to share with him:

> So I sought out some of my old booklets which I wrote years ago for myself, in which I worked through the whole Psalter with lament, prayer, and thanks. Out of these I have taken one, namely the *Miserere* (Ps 51) in which the dear David shows the right way to lament and confess sin, when God through the prophet Nathan pointed out his sin and horrified him by showing the punishment. This same *Miserere* psalm (which David made as a prayer of one troubled and anguished in heart) I also meditated on once alone before God, when I was in great affliction and distress. I prayed and paraphrased this psalm when my heart and conscience were tortured, together with Ps 130, the *De Profundis*, when I was

---

[26] *McKee*, Writings, 315–316.

[27] *McKee*, Writings, 310–366.

[28] *McKee*, Writings, 313–314. Translation in Katharina *Schütz Zell*, Church Mother: The Writings of a Lay Reformer in Sixteenth-Century Germany, ed. Elsie Anne McKee, Chicago 2006 (The Other Voice in Early Modern Europe), 133.

torn apart inside between the wrath and the grace of God. Yet the Lord comforted me in such a fatherly way.[29]

The letter to Sir Felix continues with a description of the people who came to Schütz Zell begging to find a way to peace of conscience and relief from their spiritual distress over the burden of sins. Here she cites the women of Speyer to whom she had written a quarter of a century earlier, explaining to Sir Felix that although he has come to peace these others need the kind of counsel she is publishing in his honor.[30]

Besides the letter to Sir Felix, the book includes a few other additions made for publication in 1558 which appear to serve the purpose of framing the private emotions in a more public and edifying form. A moralizing introduction to the biblical situation of Ps 51 prefaces the first and longer version of that penitential piece, and a long excursus of biblical proof texts for her exposition allows the lay woman to sound a rare »humanist« note.[31]

The three psalms: Ps 130 and Ps 51 in two forms, make the heart of the text. There are a significant number of personal notes in the first reflection on Ps 51, perhaps especially in verse 18 on the Strasbourg experience of the Interim, and in verse 19 where the spiritualization of adultery as any way in which one spouse harms another gives the widow space to express her sorrow over whatever she might have done to hurt her beloved husband.[32] Protestant doctrine comes through clearly, particularly the emphasis on the sin of unbelief / distrust, the strong affirmation of faith and grace without works, and the great importance of God's Word and preaching.[33] In addition to the first long Ps 51, the book includes short paraphrases of Ps 130 and Ps 51.

---

[29] *McKee*, Writings, 314. Translation in *Schütz Zell*, Church Mother, 133.

[30] *McKee*, Writings, 315.

[31] *McKee*, Writings, 317, 329–337.

[32] *McKee*, Writings, 324–329.

[33] *McKee*, Writings, 318 on Ps 51, 2: »rainig mich von meiner sünd des unglaubens« which elsewhere she calls the chief sin (1553 letter to Schwenckfeld, ibid., 150); p. 322 on Ps 51, 13: [teach others] »dieweil sie dein gnade inn mir sehen / das ich nit hülffloss von dir gestanden bin / noch verstossen umb meiner sünden willen / desshalb sie auch billich inn dich vertrauwen werden und zuo dir kommen / so sie sehen / das das wort deiner verhaissung besteht.«; p. 323 on Ps 51, 14b »das ich also schnel on all mein werck der buoss / durch deine verzeihung meiner sünden / vor dir / dein gunst / gnad unnd ewige gerechtigkait erlange«; Ps 51, 15: »darumb schickestu mir ytzt deine vermanungen / durch menschen unnd im hertzen / das ich gedemüetiget / die sünde beweine / dein wort erforsche / den glauben erweck / dein hülff befind on alle werck / das ist der weg den du zaigest zum hail.«

The second version of Ps 51 is arranged in a more »rhetorical« fashion, distinguishing different voices in the text: prayer, confession, lament, narrative. This choice of psalms demonstrates both the penitential focus of traditional devotion and the Protestant orientation of Schütz Zell's piety, while the final form of Ps 51 indicates that literary as well as theological and biblical influences shaped her prayers.

3. Katharina Schütz Zell's Exclamatory Prayers of the late 1540s

As a kind of unscientific postscript it is appropriate to take into account the very brief exclamations which Schütz Zell penned in the margins or on the fly leaves of some pamphlets against the Interim.[34] Unlike the rest of her known prayers, these were not made public except insofar as others might have read her copies of the pamphlets, and the little notes seem to be much less premeditated than her other writings. There are at least nine such ejaculations, ranging in length from six to eighteen words.

The majority of the prayers refer to the corporate situation of the faithful under the Interim. Several are petitions to Christ for spiritual aid. Beside the pamphlet author's reference to remaining »im waren erkentnis / unnd bekentnis Jesu Christi« Schütz Zell writes: »Grant it, O Lord Jesus.«[35] Next to a reference to the suffering of the faithful she exclaims: »O Lord, give and increase faith!«[36] On a fly leaf of the same pamphlet she prays for the Lord to help His own and adds »may the Spirit of understanding, counsel, and strength come on us all. Amen.«[37] Two prayers are more specific in their reference to the troubles of the Interim. One expresses thanksgiving for the (Reformation) teaching

[34] For a fuller description, see Elsie Anne *McKee*, Katharina Schütz Zell, vol. 1: The Life and Thought of a Sixteenth-Century Reformer, Leiden / Boston 1999 (Studies in Medieval and Reformation Thought 69/1), 138–142. The prayers themselves, however, are printed here for the first time.

[35] No. 3 of the ten pamphlets, Matthias *Flacius*, Wider das Interim, Papistische Mess / Canonem / und Meister Eisleben [...] 1549, D3r: »Das gib do[page cut off] O herr Jhesu.«

[36] No. 6 of ten, Caspar *Aquila*, Ein sehr hoch nötige Ermanung / an das kleine blöde verzagte Christlich heufflein [...] 1548, D4v: »O herr gib und mehr den glauben.«

[37] No. 6 of ten, Caspar *Aquila*, Ein sehr hoch nötige Ermanung: »O herr behiet die dinem, der geist des verstants, rats, und sterk, küme jber uns alle amen.«

and a prayer for the descendants of the faithful: »O Lord Christ, what holy teaching, people, and books You have given us. Have mercy on those who come after us.«[38] (This is evidently a concern for the people's access to the Gospel in the context of the re-catholicizing of many Protestant cities, and the fear for her neighbors even though Strasbourg still had some reformed preaching alongside the renewed Mass.) Another prayer has an even more political echo; at the conclusion of a pamphlet which speaks of the prayer of the exile and the innocent blood of Abel, Schütz Zell thinks of the followers of the Gospel who have died for their faith and writes: »O God of all truth, may You hear the prayer, may You judge the blood.«[39]

The remaining three prayers are more personal. One combines petition and confidence: »O Lord Christ, make me devout in You; may my heart never fall away from such righteousness.«[40] The second and third prayers are found in what appears from the number of notes to have been Schütz Zell's favorite pamphlet. It is a fiery call to resist the wrong teaching (of Rome), which would have been very congenial to the Zells' theology. Next to the pamphlet writer's words of praise for those who have been faithful in confessing the Gospel (»Evangelio zubekennen«) despite the persecution of the little group, Schütz Zell writes: »O Lord Christ, grant that to me also.«[41] The third personal prayer is found beside an exhortation to devout women to take the example of the widow Anna (Acts 2, 36–38); recently widowed herself, Schütz Zell writes: »O Lord Jesus, grant this, since before You neither man nor woman counts (Gal 3, 28) but only a new creature in You (2 Cor 5, 17).«[42] This last prayer was perhaps of particular importance, since in the years following Zell's death the figure of Anna became Schütz Zell's favorite image for herself.[43] These simple »occasional«

---

[38] No. 9 of ten, Theodore *Henetus*, Ein kurtzer berich vom Interim […] 1548 (fly leaf): »O herr Christe, wass hastü uns heiliger lehr / lüt / und büecher geben, erbarm dich auch unser nochkimen. Kathrina Zellenn.«

[39] No. 10 of ten, *Magdeburg theologians*, Der von Magdeburgk Entschuoldigung / Bit / unnd gemeine Christliche erinnerunge, 1549 (fly leaf): »O Gott aller worheit, das gebeth würdestü hören, das bluot wurdestu rechen.«

[40] No. 10 of ten, *Magdeburg theologians*, Der von Magdeburgk Entschuoldigung, final page: »O herr Christus, mach mich fromm jnn dir, mÿn hertz soll / solchem rechten nÿmer mehr abfall[en]. Kathrina Zellenn.«

[41] No. 6 of ten, Caspar *Aquila*, Ein sehr hoch nötige Ermanung, B3r: »O herr Christus gib mirs aüch.«

[42] No. 6 of ten, Caspar *Aquila*, Ein sehr hoch nötige Ermanung, C4r: »O herr Jhesü gibs, diewil vor dir weder fraw noch mann giltet, sunder ein nüwe creatür jnn dir.«

[43] See *McKee*, Life and Thought, 434–439.

prayers give evidence that the theology of this devout lay Christian permeated her devotional life in a natural, unforced way.

4. CONCLUSION

And that may stand as a summary of Katharina Schütz Zell's place in the argument over *lex orandi, lex credendi*: this lay woman, who did not know Latin and had no formal theological education, experienced her faith and prayer life as a whole. At times the theological shaping of the prayer is consciously and carefully crafted, at other times it appears that her unpremeditated exclamations, petitions, and cries of sorrow overflow with doctrinal themes that have become second nature. It is quite clear from the way Schütz Zell organizes her public teaching on prayer that she regarded Christian creedal orthodoxy as fundamental: one must have right teaching in order to be able to pray rightly. It is also apparent that while she shares many traditional devotional emphases such as a focus on the penitential Psalms and a deep sense of human sinfulness and the chastisement of God expressed as human suffering, Schütz Zell's piety has been thoroughly reoriented by her Protestant theology. This can be inferred by what is omitted: meritorious good works, prayers to the saints or for the dead, purgatory, transubstantiation and sacrifice of the Mass, and more. It is also visible in what is emphasized: Christ alone, faith and grace alone, the Bible as the sole source of religious knowledge. *Lex credendi?* Yes, probably, but not in any simple way.

PREDIGT BEI CALVIN

Christoph Strohm

Im Jahre 1805 erhielt der Bibliothekar der Bibliothèque publique et
universitaire in Genf, Jean Senebier, von den Direktoren der Bibliothek den Auftrag, sämtliche im Besitz der Bibliothek befindlichen Du-
plikate herauszusuchen und den Buchhändlern Cherbuliez und Manget zu veräußern.[1] Unter diesen wohl nach Papiergewicht verkauften
Werken waren auch 43 Bände Mitschriften der Predigten Calvins.
Knapp zwanzig Jahre später, leider zu spät, entzündete sich eine hitzige Diskussion um die Veräußerung dieser Predigtmitschriften. Die
Bände waren bereits verkauft und nur einige wenige konnten später
wieder zurückerworben werden. Ein großer Teil der Bände ist bis heute verschollen geblieben.[2] Immerhin kennen wir durch die in der Genfer Lokalzeitung, dem Journal de Genève, geführte Diskussion die
Argumente, die zum Verkauf der Manuskripte geführt haben. *Erstens*
seien sie nicht von Calvins eigener Hand geschrieben, *zweitens* außerordentlich schwer, wenn nicht unmöglich zu entziffern. *Drittens* habe
man einen Band als Exempel behalten. *Viertens* benötige die Bibliothek
dringend Regalplatz und *fünftens* würden die Predigten nichts Neues im
Vergleich zu Calvins Kommentaren zu den biblischen Büchern, die
man ja besitze, enthalten.

Der Sachverhalt, dass Calvins Predigten in großem Umfang mit-
geschrieben wurden, ist der compagnie des étrangers in Genf zu verdanken. Der Zustrom an Glaubensflüchtlingen aus Frankreich nach
Genf machte eine Unterstützung durch die Diakone notwendig. Ein

---

[1] Vgl. Bernard *Gagnebin*, L'histoire des manuscrits des sermons de Calvin, in: Jean
Calvin, Sermons sur le Livre d'Esaïe, chapitres 13–29, hg. von Georges A. Barrois,
Neukirchen 1961 (Supplementa Calviniana 2), XIV-XXVIII.

[2] Vor etwas mehr als zehn Jahren hat Max Engammare in der Bibliothek der
wallonischen Gemeinde in London drei weitere Bände mit Predigtmitschriften zum
Buch Jesaja aufgefunden (vgl. Max *Engammare*, Des sermons de Calvin sur Esaïe dé-
couverts à Londres, in: Olivier Millet [Hg.], Calvin et ses contemporains: Actes du
colloques de Paris 1995, Genf 1998 [Cahiers d'Humanisme et Renaissance 53], 69–81,
hier: 69f.).

von diesen initiiertes Komitee organisierte materielle Hilfe für die teilweise mittellos in Genf Eintreffenden.[3] Während Calvin selbst kein
besonderes Interesse an der Publikation seiner Predigten zeigte, suchte
man hier Calvins Predigten aufzuzeichnen und weiterzuverbreiten, um
dadurch Gelder zur Unterstützung der Flüchtlinge zu gewinnen. Im
Jahre 1549 wurde mit Denis Raguinier (auch: Ragueneau) ein Mann
gefunden, der in der Lage war, die Predigten mitzuschreiben. Raguinier hat nach kurzer Einarbeitung eine eigene Schnellschrift entwickelt und bis zu seinem Tod im Jahre 1560 – nur unterbrochen durch
kurze Krankheitsphasen – die Predigten Calvins aufs Genaueste auf-
gezeichnet. Nach seinem Tod ist diese Arbeit bis zum Tod Calvins im
Februar 1564 von einem Nachfolger fortgesetzt worden.[4] Ein Teil der
Predigten wurde gedruckt und auch übersetzt.[5] Unter den Übersetzungen ragen die ins Englische heraus.[6] Sind wir also über Calvins
Predigttätigkeit seit 1549 genau informiert, so sieht es für die Jahre
vorher ganz anders aus. Hier gibt es nur sporadische Informationen in
den frühen Biographien oder einzelnen Briefen von Zeitgenossen.[7]

Den Predigtmitschriften kommt in der Calvin-Forschung eine besondere Bedeutung zu, da gegenwärtig eine der Hauptfragen ist, ob
die Theologie, die Calvin in seinen Bibelkommentierungen entfaltet
hat, mit der in der »Institutio Christianae Religionis« entwickelten

---

[3] Der genaue Name dieses von den Diakonen geleiteten Komitees ist für das Jahr
1567 belegt: »Diacres et Administrateurs des biens aumosnez aux povres estrangers qui
se sont retirez en ceste ville de Genève pour la parolle de Dieu« (Sermons sur le
Deuteronome, in: Calvini opera quae supersunt omnia, hg. von Wilhelm *Baum* et al.,
59 Bde., Braunschweig / Berlin 1863–1900 [CO], hier Bd. 25, 587).

[4] Calvin selbst musste krankheitshalber von September 1558 bis ungefähr Mai
1559 seinen Predigtdienst unterbrechen (vgl. Vie de Calvin par Nicolas Colladon, CO
21, 87. 89).

[5] Vgl. die Zusammenstellungen in: Thomas H.L. *Parker*, Calvin's Preaching, Edinburgh 1992, 180–197; Jean-François *Gilmont* und Rodolphe *Peter*, Bibliotheca Calviniana: Les œuvres de Calvin publiées au XVIᵉ siècle, Bd. 1: Écrits théologiques, littéraires et juridiques. 1532–1554, Genf 1991 (Travaux d'Humanisme et Renaissance
255); Bd. 2: Écrits théologiques, littéraires et juridiques. 1555–1564, Genf 1994 (Travaux d'Humanisme et Renaissance 281); Bd. 3: Écrits théologiques, littéraires et juridiques. 1565–1600, Genf 2000 (Travaux d'Humanisme et Renaissance 339), hier: Bd.
3, 648–650.

[6] Unter den englischen Übersetzungen ragen die fünfmal gedruckten Predigten
zum Buch Hiob heraus (vgl. *Gilmont/Peter*, Bibliotheca Calviniana, Nr. 74/3; 74/4;
79/6; 80/6; 84/6). Zu den Hiob-Predigten vgl. Susan E. *Schreiner*, Where shall wisdom
be found?: Calvin's exegesis of Job from medieval and modern perspectives, Chicago
1994.

[7] Vgl. Vie de Calvin par Théodore de Bèze et Nicolas Colladon, CO 21, 1–118.

identisch ist. Bis vor wenigen Jahren hat sich die Erforschung der Theologie Calvins auf sein Hauptwerk konzentriert und die Bibelkommentare nur zur Ergänzung herangezogen. Dagegen werden die Bibelkommentierungen in der neueren Calvin-Forschung als eigenständige Textgattung gewürdigt.[8] So hat eine neuere Arbeit über die Theologie des Psalmenkommentars herausgearbeitet, in wie starker Weise das Asylmotiv hier prägend ist.[9] Calvin hat sich sein Leben lang als Fremdling gefühlt und in Straßburg wie in Genf vor Flüchtlingen gepredigt. Nicht nur aus den biblischen Texten, sondern auch aus dem kanonischen und römischen Recht war dem juristisch gebildeten Calvin das Asylrecht bekannt. Liest man lediglich die »Institutio«, erschließt sich die Bedeutung des Asylmotivs für Calvins Theologie nicht. Anders hingegen verhält es sich mit den Bibelkommentaren und den Predigten. Hier erscheint im Sinne des Asylgedankens Glauben als Zuflucht-nehmen bei Gott und seiner Vorsehung, was allein Schutz vor Verfolgung und der Trübsal dieser Welt bietet.

Eine weitere, erst in allerjüngster Zeit gestellte Frage ist nun, ob sich auch Unterschiede zwischen den Vorlesungen bzw. Kommentaren zur Bibel und den Predigten ergeben.[10] Diese Frage in der Festschrift anläßlich des 65. Geburtstages Emidio Campis zu stellen, liegt aus zwei Gründen nahe. Zum einen wurde im Laufe der Jahre die Schweizerische Reformationsgeschichte neben der italienischen das zweite Hauptforschungsgebiet des Jubilars und hier war auch der Genfer Reformator immer mit im Blick. Zum anderen hat Emidio Campi seine reformationsgeschichtlichen Forschungen bewusst in den Dienst von Kirche und Verkündigung zu stellen gesucht.

---

[8] Vgl. z.B. Richard A. *Muller*, The Unaccommodated Calvin: Studies in the Foundation of a Theological Tradition, New York 2000, 116: »The Institutes must be read in the light of the commentaries and on the assumption that Calvin's basic, positive theological formulations are at least as likely to appear in the commentaries as in the Institutes.«

[9] Vgl. Herman J. *Selderhuis*, Gott in der Mitte: Calvins Theologie der Psalmen, Leipzig 2004, 33f.

[10] Vgl. Wilhelmus H. Th. *Moehn*, »God calls us to His Service«: The relation between God and his audience in Calvin's Sermons on Acts, Genf 2001; vgl. auch Einleitung zu: Jean *Calvin*, Sermons sur le Livre des Revelations du prophete Ezechiel, chapitres 36 à 48, hg. von Erik Alexander *de Boer* und Barnabas *Nagy*, Genf 2006 (Supplementa Calviniana 10/III), XXVIII-LI; vgl. auch bereits Richard A. *Stauffer*, Dieu, la création et la Providence dans la prédication de Calvin, Bern et al. 1978 (Basler und Berner Studien zur historischen und systematischen Theologie 33).

Das Thema »Predigt bei Calvin« zu behandeln bzw. ihn als Prediger in den Blick zu nehmen,[11] muss zuerst zum Ziel haben zu klären, ob die verbreitete und selbstverständlich gewordene Beurteilung Calvins als des Systematikers unter den Reformatoren zutreffend ist. Dies gibt zugleich Gelegenheit, den äußeren Umfang seiner Predigt- und Auslegungstätigkeit zu skizzieren. In einem zweiten Gedankengang wird Calvins Selbstverständnis als Prediger und zugleich Lehrer erläutert. Ein dritter Abschnitt wird den theologischen Ort der Predigt unter Berücksichtigung der Einflüsse aus der humanistischen Wiederentdeckung der Rhetorik beleuchten. Und schließlich gilt es noch knapp und exemplarisch die eigenständige Bedeutung der Predigten für die Erforschung der Theologie Calvins, sozusagen den »theologischen Mehrwert« der Predigten gegenüber den Bibelkommentaren, aufzuzeigen.

1. CALVIN ALS DER SYSTEMATISCHE THEOLOGE UNTER DEN REFORMATOREN?

Wer ausschließlich Calvins theologisches Hauptwerk, die »Institutio Christianae Religionis« in die Hand nimmt, wird dazu neigen, die systematische Leistung des Genfer Reformators hervorzuheben. Dagegen ist einzuwenden, dass die Erstausgabe der »Institutio« im Jahre 1536 lediglich als eine Einführung in die reformatorische Lehre in katechetischer und apologetischer Absicht gedacht war. Nur ein Teil der umfangreichen Ergänzungen in den späteren Ausgaben ist in dem Interesse erfolgt, die Systematik des Werkes zu verbessern. Die meisten der Veränderungen und Zuwächse sind Ergebnis aktueller Auseinandersetzungen um die rechte Lehre sowie Ertrag der Bemühungen um eine Konsolidierung der Reformation in Genf und Frankreich. Oder

---

[11] Vgl. bes. *Parker*, Calvin's Preaching; vgl. auch Erwin *Mülhaupt*, Die Predigt Calvins, ihre Geschichte, ihre Form und ihre religiösen Grundgedanken, Berlin / Leipzig 1931 (Arbeiten zur Kirchengeschichte 18); Olivier *Fatio*, La prédication de Calvin, in: Bulletin de la société de l'histoire du protestantisme français 134 (1988), 667ff.; Christina *Craig Collier*, Calvin's Theology of Preaching: The Activity of the Holy Spirit in the Preaching Event, Ph.D. diss., The Southern Baptist Theological Seminary, 2001; Dawn *de Vries*, Calvin's Preaching, in: The Cambridge Companion to John Calvin, hg. von Donald K. *McKim*, Cambridge 2004, 106–124; Lester *de Koster*, Light for the City: Calvin's Preaching, Source of Life and Liberty, Grand Rapids 2004.

aber sie sind schlicht Ergebnis des vertieften Studiums der Kirchenväter.[12]

Die »Institutio« ist nur ein vergleichsweise kleiner Teil des umfangreichen literarischen Œuvres Calvins, das sich grob in drei Bereiche einteilen läßt. *Ein* Teil des Werkes ist unmittelbar dem Aufbau einer reformierten Kirche in Genf und Frankreich bzw. Westeuropa gewidmet. Dazu zählen Katechismen, Gottesdienstordnungen sowie verschiedene Visitations- und Kirchenordnungen, aber auch zivile Ehegesetzgebung. Einen *weiteren* umfangreichen Teil bildet Calvins vielfältiges kontroverstheologisches Schrifttum. Es hat seinen Schwerpunkt naturgemäß in der Auseinandersetzung mit römisch-katholischen Theologen.[13] Darüber hinaus setzt er sich mit den Täufern, dem Humanismus und einzelnen seiner Vertreter, den sog. Libertinisten, den sog. Nikodemiten, Antitrinitariern und schließlich auch einzelnen Gnesiolutheranern auseinander.[14] Die »Institutio« ist nicht zuletzt ein Ertrag des angestrengten Bemühens um eine Bewahrung der rechten biblisch-christlichen Lehre, wie sie die Reformatoren wiederentdeckt zu haben glaubten.[15]

---

[12] Vgl. Julius *Köstlin*, Calvin's Institutio nach Form und Inhalt in ihrer geschichtlichen Entwicklung, in: Theologische Studien und Kritiken 41 (1868), 7–62 und 410–486; Jean-Daniel *Benoît*, The History and Development of the Institutio: How Calvin worked, in: Gervase E. Duffield (Hg.), John Calvin, Grand Rapids 1966 (Courtenay Studies in Reformation Theology), 102–117; I. John *Hesselink*, The Development and Purpose of Calvin's »Institutes«, in: Richard C. Gamble (Hg.), Articles on Calvin and Calvinism, Bd. 4, New York/London 1992, 209–216; Elsie Anne *McKee*, Exegesis, Theology, and Development in Calvin's Institutio: A Methodological Suggestion, in: Dies. et al. (Hg.), Probing the Reformed Tradition: Historical Studies in Honor of E.A. Dowey, Jr., Westminster 1989, 154–172; Wilhelm H. *Neuser*, The Development of the Institutes 1536 to 1559, in: John Calvin's Institutes: His Opus Magnum. Proceedings of the Second South African Congress of Calvin Research July, 31-August, 3, 1984, Potchefstroom 1986 (Wetenskaplike Bydraes F3/28), 33–54.

[13] Unter anderem mit Kardinal Sadolet (1539), Albertus Pighius, den Theologen der Sorbonne (1544), aber auch dem Konzil von Trient und dem Augsburger Interim.

[14] Eine sehr gute, durch verschiedene Register erschlossene Übersicht sowie Bemerkungen zur Entstehungssituation der einzelnen Schriften bietet: *Gilmont/Peter*, Bibliotheca Calviniana; vgl. bes. ebd., Bd. 3, 650–654. Eine grobe, thematisch gegliederte und mit Bemerkungen zum Inhalt der Schriften versehene Übersicht finden sich in: Wulf *de Greef*, The Writings of John Calvin: An Introductory Guide, translated by Lyle D. Bierma, Grand Rapids/Leicester 1993.

[15] Zur Stellung der kontroverstheologischen Schriften im literarischen Werk Calvins und der Bedeutung der Polemik für Calvins theologische Argumentationsweise vgl. Francis *Higman*, The Style of John Calvin in His French Polemical Treatises, Oxford 1967; *ders.*, Calvin polémiste, in: Études théologiques et religieuses 69 (1994), 349–365 (wiederabgedr. in: *ders.*, Lire et découvrir: La circulation des idées au temps

Der *größte*, an Umfang die »Institutio« weit übertreffende Teil seines Werkes ist der Auslegung der Heiligen Schrift gewidmet. Calvin hat alle Schriften des Neuen Testaments mit Ausnahme der Johannesapokalypse kommentiert. Auch die meisten Bücher des Alten Testaments hat er in Gestalt von Kommentaren und – später publizierten – Vorlesungen behandelt.[16] Hinzu kommt eine Predigttätigkeit, deren Umfang heute kaum mehr nachzuvollziehen ist.[17]

Über die Predigttätigkeit in den Jahren bis 1549, auch in den Jahren als Pfarrer der französischen Flüchtlingsgemeinde in Straßburg 1538 bis 1541, sind uns, wie erwähnt, nur ein paar wenige Informationen erhalten.[18] Seit 1549 können wir aufgrund der Aufzeichnungen Rague-

---

de la Réforme, Genf 1998 [Travaux d'Humanisme et Renaissance 326], 403–418); *ders.*, »I Came Not to Send Peace, but a Sword«, in: Wilhelm H. *Neuser* und Brian G. *Armstrong* (Hg.), Calvinus Sincerioris Religionis Vindex: Calvin as Protector of the Purer Religion, Kirksville 1997 (Sixteenth Century Studies and Essays 36), 123–137 (wiederabgedr. in: *Higman*, Lire et découvrir, 419–433). Hier findet sich, S. 136f./432f., eine Auflistung der Schriften Calvins gegen katholische Autoren, »Radikale«, »Kompromißler« und Antitrinitarier.

[16] Auch wenn die Vorlesungen etwas ausführlicher als die Kommentare gehalten sind, hat Calvin nur äußerst selten dogmatische Exkurse eingefügt. Er wusste sich zeitlebens an die Ziele gebunden, die er in dem seinem ersten Kommentar, dem über den Römerbrief von 1540, vorangestellten Brief an Simon Grynaeus formuliert hatte (Calvin an Simon Grynaeus, 18. Oktober 1539, CO 10, 402): Die erste Tugend eines Schriftauslegers sei die *perspicua brevitas*, was eben bedeutete, dass systematisch-theologische Ausführungen so kurz wie möglich gehalten sein sollten. Zu Calvins Exegese vgl. Hans-Joachim *Kraus*, Calvin's Exegetical Principles, in: Interpretation 31 (1977), 8–18; Thomas H.L. *Parker*, Calvin's New Testament Commentaries, Edinburgh ²1993, 49–68; *ders.*, Calvin's Old Testament Commentaries, Edinburgh ²1993; *ders.*, Calvin the Exegete: Change and Development, in: Wilhelm H. Neuser (Hg.), Calvinus ecclesiae doctor: Die Referate des Internationalen Kongresses für Calvinforschung vom 25. bis 28. September 1978 in Amsterdam, Kampen s.a., 33–46; Benoit *Girardin*, Rhétorique et théologie: Calvin. Le Commentaire de l'*Épître aux Romains*, Paris 1979 (Théologie historique 54); David L. *Puckett*, John Calvin's Exegesis of the Old Testament, Louisville 1995 (Columbia Series in Reformed Theology); Olivier *Millet*, Calvin et la dynamique de la parole: Etude de rhétorique réformée, Paris 1992 (Bibliothèque littéraire de la Renaissance 3/28) (dort weitere Lit.).

[17] Zu Recht hat William G. Naphy pointiert formuliert: »The single most important means available to Calvin for shaping Genevan minds and mores was not the Consistory, but the pulpit« (*ders.*, Calvin and the Consolidation of the Genevan Reformation, Manchester/New York 1994). In gleichem Sinne hat Francis Higman betont: »Il faut se rappeler que le XVIe siècle était une époque surtout d'oralité, où les informations circulaient par la voie du crieur public, ou par le sermon« (Pierre *de Ronsard*, Discours des misères de ce temps, édition établie, présentée et annotée par Francis *Higman*, Paris 1993, 13). Vgl. ferner *de Boer/Nagy*, Einleitung zu: *Calvin*, Sermons sur Ezechiel, XXXII).

[18] Während seines Aufenthaltes in Straßburg 1538 bis 1541 predigte Calvin neben

niers den Inhalt der Predigttätigkeit Calvins recht gut rekonstruieren.[19]
Die Stadt Genf war in drei Gemeinden aufgeteilt, St. Pierre, St. Gervais und La Madelaine. Tätig waren fünf Pfarrer und drei Assistenten.
Am Sonntag fanden bei Tagesanbruch (im Sommer 6.00 Uhr, im
Winter 7.00 Uhr) sowie am Nachmittag um 15.00 Uhr in allen drei
Kirchen Predigtgottesdienste statt. Zusätzlich gab es unter der Woche
bei Tagesanbruch in allen drei Kirchen einen Gottesdienst.[20] Calvin
hatte, wie sein Biograph Colladon berichtet, neben den wöchentlichen
Sonntagsgottesdiensten jede zweite Woche auch die täglichen Gottesdienste am Morgen der Werktage zu leiten.[21] In den Wochen, in denen
er nicht zu predigen hatte, hielt er dreimal pro Woche Vorlesungen zu
biblischen Büchern. Hinzu kam an jedem Freitag die »Congrégation«,
in der er den Pfarrern der Stadt und der Umgebung eine Bibelauslegung zu deren Fortbildung bot. Calvins Predigten selbst dauerten wohl
ungefähr eine dreiviertel Stunde, was verhältnismäßig kurz gewesen
sein dürfte.[22]

Calvin predigte wie Zwingli und andere Reformatoren über fortlaufende Bücher. Der Sachverhalt, dass er bei seiner Rückkehr im September 1541 an genau der Stelle des biblischen Textes seine Predigt
wiederaufnahm, an der er bei seiner Entlassung durch den Genfer Rat
Ostern 1538 stehen geblieben war, zeigt, dass dies bereits zu Beginn
seines Wirkens in Genf der Fall war. Ab 1549 lassen sich die behandelten Bücher genau rekonstruieren. Die Predigt am Sonntag behandelte ausschließlich neutestamentliche Texte. Eine Ausnahme stellen
hier lediglich die von Calvin besonders geschätzten Psalmen dar. Wochentags wurden alttestamentliche Texte ausgelegt. An besonderen
kirchlichen Festtagen wie Ostern oder Weihnachten wurde die fortlaufende Predigt über biblische Bücher durch die über thematisch passende biblische Texte unterbrochen.

---

seiner Lehrtätigkeit wohl viermal pro Woche, vermutlich zweimal sonntags und je
einmal an zwei anderen Tagen (vgl. Apologia pro Fallesio, CO 10/I, 288; vgl. auch
Parker, Calvin's Preaching, 58).

[19] Der Katalog aller von ihm aufgezeichneten Predigten Calvins, den Raguenier
1557 verfaßt und den Nicolaus Colladon im September 1564 abgeschrieben und ergänzt hat, führt nicht weniger als 2040 Predigten auf (vgl. *Gagnebin*, L'histoire des
manuscrits des sermons, XV-XVII).

[20] Vor 1549 gab es wochentags nur am Montag, Mittwoch und Freitag Gottesdienste (vgl. *Parker*, Calvin's Preaching, 62).

[21] Vgl. Vie de Calvin par Nicolas Colladon, CO 21, 66.

[22] Vgl. *Mülhaupt*, Predigt Calvins, 16f.

Nimmt man die Bibelauslegung im Rahmen der Vorlesungen, Congrégations und Predigten zusammen, muß man hier und nicht bei der »Institutio« den Schwerpunkt der theologischen Arbeit des Genfer Reformators suchen. Calvin hat diese Relativierung der »Institutio« in der seit 1539 allen Ausgaben des Werkes vorangestellten Vorrede an den Leser auch selbst formuliert. Das Werk sei eine Zusammenfassung der biblisch-christlichen Lehre, die den Zweck habe, die Theologiestudierenden zur rechten Lektüre der Heiligen Schrift anzuleiten. Angesichts des Vorhabens, Vorlesungen bzw. Kommentare zu den biblischen Büchern herauszugeben, sei es möglich, auf lange Erörterungen dogmatischer Fragen und eine ausufernde Darstellung von loci communes zu verzichten.[23] Für Calvin ist charakteristisch, dass er sich in erster Linie als Schriftausleger und gerade nicht als systematischen Theologen versteht – wie es die verbreitete Tendenz, Calvin ausgehend von der »Institutio« als den Systematiker unter den Reformatoren zu beschreiben,[24] suggerieren könnte.

2. Calvin als Prediger und Lehrer

Calvin ist im Jahre 1536 in Genf als »sacrarum literarum doctor« angestellt worden und hatte im wesentlichen Vorlesungen über biblische Bücher zu halten. Die Aufgaben eines Pfarrers, das heißt die regelmäßige Predigt, kamen erst später hinzu.[25] Schon dieser Sachverhalt legt die Frage nach dem Verhältnis von Predigt und Bibelauslegung im Rahmen der Lehrtätigkeit nahe. Eine erste Antwort ermöglicht die Untersuchung der Art und Weise, wie Calvin seine Predigten vorbereitet und gestaltet hat. Calvin stieg ohne Notizen, nur mit dem hebräischen Alten Testament oder dem griechischen Neuen Testament in der Hand, auf die Kanzel.[26] Das bedeutete jedoch nicht, dass er ohne Vorbereitung predigte. Vielmehr hat er das gewissenhaft und wohl auch unter Erstellung von Notizen getan. Das entspricht formal im

---

[23] Vgl. OS 3, 6, 18–29.

[24] So spricht zum Beispiel Willem *Nijenhuis* von der »streng systematischen Denkweise« Calvins (*ders.*, Art. ›Calvin, Johannes‹, in: Theologische Realenzyklopädie, Bd. 7, Berlin / New York 1981, 568–592, 579).

[25] Ähnlich verhält es sich mit seiner Straßburger Arbeit in den Jahren 1538 bis 1541 (vgl. u. a. *Cottret*, Calvin, 166–169).

[26] Vgl. die überzeugende Rekonstruktion im Blick auf die Jesaja-Predigten bei: *Parker*, Calvin's Preaching, 81. 172–178.

wesentlichen der Bibelauslegung im Rahmen der Vorlesungstätigkeit. Auch hier bereitete er sich eingehend vor, zog beim Vortrag aber wohl nur den originalsprachlichen Bibeltext heran und verließ sich ansonsten auf sein ausgezeichnetes Gedächtnis.[27] Leute, die ohne genaue Vorbereitung und den Blick in andere Bücher auf die Kanzel steigen und darauf trauen, dass ihnen Gott schon genug zu reden eingeben werde, bezeichnet er als Scharlatane. Wenn ich so etwas täte, würde mich Gott – so Calvin – in meiner Frechheit mit Konfusion strafen.[28]

Die Auslegung des Bibeltextes nimmt in Calvins Predigten wie in den Vorlesungen breiten Raum ein. Sie erfolgt in beiden Fällen im Stile einer Vers-für-Vers-Auslegung. Die erste Predigt zu einem biblischen Buch widmet sich mehr oder weniger ausschließlich dem Gesamtthema des Buches. Dabei handelt es sich in gewissem Sinne um eine vereinfachte Fassung des argumentum, das sich am Anfang der aus den Vorlesungen hervorgegangenen Kommentare zu den einzelnen biblischen Büchern findet. Vergleicht man die erste Predigt zum 2. Timotheusbrief mit der Einleitung zum Kommentar, so ergibt sich ein charakteristischer und wohl repräsentativer Befund. Im Kommentar erörtert Calvin die Entstehungssituation des Briefes und formuliert dann dessen Hauptabsicht. Sie bestehe darin, Timotheus im Glauben an das Evangelium und in dessen beständiger und lauterer Verkündigung zu bestärken. Angesichts der besonderen Situation, nämlich dass Paulus den Tod vor Augen gehabt habe, seien die Ermahnungen besonders eindringlich. »Was wir hier über die Herrschaft Christi, über den Kampf eines Christen, über die Zuversichtlichkeit des Bekenntnisses und die Gewissheit der Lehre lesen, müssen wir so nehmen, als wenn Paulus es nicht mit Tinte, sondern mit seinem eigenen Blut geschrieben hätte. Er behauptet nämlich nichts, wofür er nicht auch sein Leben als Pfand einsetzt. Nach Lage der Dinge ist dieser Brief darum wie eine feierliche Unterschrift, die Paulus unter seine Lehre setzt.«[29]

---

[27] Vgl. *Parker*, Calvin's Preaching, 81.

[28] »C'est comme si ie montoye en chaire, et que ie ne daignasse point regarder au livre, que ie me forgeasse une imagination frivole, pour dire: Et bien, quand ie viendray là, Dieu me donnera assez de quoy pour parler: et que ie ne daignasse lire, ne penser à ce que ie doy mettre en avant, et que ie vinse ici sans avoir bien premedité comme il faut appliquer l'Escriture saincte à l'edification du peuple: et ie scroye un outrecuidé: et Dieu aussi me rendroit confus en mon audace« (Serm. zu Dtn 6, 15–19, CO 26, 473f.).

[29] Comm. 2Tim, Argumentum, CO 52, 341 (zitiert nach: Johannes Calvins Ausle-

In der Eingangspredigt zum 2. Timotheusbrief geht es in etwas
anderer Ausrichtung um das Problem, dass Paulus hier mit besonderer
Schärfe schreibe, Gott aber natürlich in *allen* Paulusbriefen durch den
Mund eines sterblichen Menschen zu uns spreche. Darum müsse all
seine Lehre in Ehrfurcht angenommen werden, »wie wenn Gott selbst
sich sichtbar vom Himmel zeigt. Dabei ist etwas Besonderes zu bemerken. Es ist der Sachverhalt, dass Paulus, im Gefängnis den Tod vor
Augen habend, seinen Glauben unterstreichen wollte, wie wenn er ihn
mit seinem Blut versiegelt hätte.«[30] Wenn wir mit diesem Wissen im
Kopf den Brief läsen, würden wir merken, dass Gottes Geist sich mit
solcher Macht und Gewalt ausgedrückt habe, dass wir gar nicht anders
können, als hingerissen zu werden. »Ich für meine Person weiß, dass
der Brief mir von größerem Nutzen als jede andere biblische Schrift
gewesen ist und das noch jeden Tag ist.«[31] Wenn wir ein Zeugnis der
Wahrheit Gottes haben wollten, könnten wir uns daran halten. Nach
Calvins Darlegung müsste man schon schlafend oder völlig tumb sein,
wenn Gott nicht in einem wirkt, wenn man die hier entfaltete Lehre
hört.[32]

Der Vergleich des einleitenden Arguments und der ersten Predigt
zum 2. Timotheusbrief zeigt die Unterschiede zwischen Bibelkommentaren und Predigten. In letzteren fallen die historisch situierenden Bemerkungen sehr knapp aus oder ganz weg. Zudem greift Calvin einen
einzelnen oder einige wenige Aspekte heraus und spitzt sie je nach
Bedarf zu. Die Auslegung dient der Anwendung und diese bedient sich
kräftigerer Worte als die reine Auslegung. Thematisiert wird die Größe
Gottes, der sich eines sterblichen Menschen bedient, um von den über
die Maßen beschränkten Menschen verstanden zu werden. Damit ist
ein Grundmotiv der Predigten Calvins angesprochen: Der unendliche
Abstand zwischen der göttlichen Majestät und der armseligen menschlichen Wirklichkeit. Diesen suche Gott zu überwinden, indem er sich
in Gestalt seines Wortes »akkomodiere«. Dieser accomodatio zu dienen, ist die entscheidende Aufgabe des Predigers.

---

gung der kleinen Paulinischen Briefe, übers. und bearb. von Otto *Weber* et al., Neukirchen-Vluyn 1963, 529).
    [30] Serm. zu 2Tim 1, 1f., CO 54, 5.
    [31] Ebd.
    [32] »Car il faudra qu'un homme soit bien endormi, et plus que stupide, si Dieu ne
besongne en luy quand il orra la doctrine qui en sera tiree. Voilà ce que nous avons à
observer devant qu'entrer en propos« (ebd.).

Ein weiteres Charakteristikum der Predigten ist, dass Calvin hier deutlich massiver auf die eigene persönliche Erfahrung zurückgreift als in den Vorlesungen bzw. Kommentaren. Und schließlich bedient sich Calvin in den Predigten einer bildhafteren Sprache als in den Kommentaren. Insbesondere Bilder aus dem juristischen, gerichtlichen, militärischen, und familiären Leben sowie aus dem Bereich der Natur und der Schule werden vor Augen gestellt.[33] Insofern lassen sich Unterschiede zwischen den Bibelauslegungen in den Kommentaren und den Predigten aufzeigen. Gleichwohl hat Calvin auch seine Aufgabe als Prediger wesentlich als lehrende, zum *Verstehen* verhelfende Tätigkeit verstanden. Predigen war für ihn wesentlich Lehren. Er lebte in dem Grundgefühl, dass seine römisch-katholisch getauften oder erzogenen Zeitgenossen durch Lehren zum besseren Verstehen geführt werden müssten. Die Gefahr des Rückfalls in den römischen Aberglauben, die in den Konsistoriumsakten der Zeit Calvins breiten Raum einnimmt, war ihm präsent. Und es entsprach seiner eigenen Erfahrung, dass Bekehrung eben, wie er mit Blick auf seine eigene reformatorische Wende formuliert hat, »conversio ad docilitatem« darstellte.[34]

3. Predigt im Spannungsfeld von Rhetorik und Theologie

Es ist unangemessen, in Calvin einfach den Prediger mit rationalisierenden Tendenzen zu sehen. Es ist belegt, dass Calvins Predigten von französischen Protestanten in den Verfolgungen als außerordentlich tröstend gehört bzw. gelesen wurden.[35] So soll etwa Admiral Coligny

---

[33] Vgl. *Mülhaupt*, Predigt Calvins, 39–63.

[34] Vgl. die Vorrede zum Psalmenkommentar, CO 31, 22–24. Zur Interpretation der Formulierung vgl. August *Lang*, Die ältesten theologischen Arbeiten Calvins, in: Neue Jahrbücher für deutsche Theologie 2 (1893), 237–300; Paul *Sprenger*, Das Rätsel um die Bekehrung Calvins, Neukirchen 1959; Alexandre *Ganoczy*, Le jeune Calvin: Genèse et évolution de sa vocation réformatrice, Wiesbaden 1966, 271–304; Danièle *Fischer*, Conversion de Calvin, in: Études théologiques et religieuses 58 (1983), 203–220; Heiko A. *Oberman*, Initia Calvini: The matrix of Calvin's Reformation, Amsterdam et al. 1991 (Koninklijke Nederlandse Akademie van Wetenschappen. Mededelingen van de Afdeling Letterkunde, Nieuwe Reeks, Deel 54 no. 4); *Millet*, Calvin, 522–525; Bernard *Cottret*, Calvin: Eine Biographie, aus dem Französischen von Werner Stingl, Stuttgart 1998 (zuerst französ. Paris 1995), 87–94.

[35] Entsprechendes läßt sich über die 100, zuerst 1557 und dann vielfach nachgedruckten Predigten Heinrich Bullingers zur Apokalypse des Johannes sagen (vgl. Heinrich *Bullinger*, In Apocalypsim Iesu Christi, revelatam quidem per angelum Do-

Calvins Predigten zum Hiob-Buch, in denen nicht nur vielfältige ethische Fragen behandelt, sondern auch eingehend die Anfechtungen thematisiert werden, täglich gelesen haben.[36] Die Mischung aus lehrhaften und tröstend-zusprechenden bzw. fordernd-ermahnenden Elementen, die für Calvins Predigten charakteristisch ist, erschließt sich nur, wenn man Calvins rhetorische Schulung berücksichtigt. Diese eingehend aufgewiesen zu haben, ist das Verdienst der 1992 erschienenen, umfassenden Untersuchung »Calvin et la dynamique de la parole« des Literaturwissenschaftlers Olivier Millet.[37] Schon während seines Jurastudiums in Orléans und Bourges ist Calvin der humanistischen Wiederentdeckung antiker Rhetorik begegnet[38] und bereits die Erstlingsschrift, der 1532 publizierte Kommentar zu Senecas »De clementia«, zeigt seine Verbundenheit mit der humanistischen Wiederentdeckung der antiken Rhetorik.[39]

Calvin versteht die Heilige Schrift als Anrede Gottes an den Menschen, und entsprechend sieht er seine Aufgabe als Prediger darin, die sprachlichen Mittel und ihren je verschiedenen Zweck – Belehrung, Auferbauung, Ermahnung, Tröstung, polemische Abgrenzung usw. – in der Predigt fruchtbar zu machen. Calvin nutzt die Schemata der Rhetorik docere / conciliare / movere bzw. docere / movere, um den Glauben (»fides«) als Ergebnis göttlicher Überredung bzw. Überzeugungsarbeit (»persuasio«) zu erläutern. Der Heiligen Schrift kommt

mini, visam vero vel exceptam atque conscriptam a Ioanne apostolo et euangelista, conciones centum, Basel: Johannes Oporinus, 1557 [Verzeichnis der im deutschen Sprachbereich erschienenen Drucke des XVI. Jahrhunderts, Stuttgart 1983–1995, B 9635; vgl. auch Heinrich Bullinger Bibliographie, bearb. von Joachim *Staedtke*, Bd. 1, Zürich 1972, Nr. 327–356]). Vgl. auch Irena *Backus*, Reformation readings of the Apocalypse: Geneva, Zurich, and Wittenberg, Oxford et al. 2000 (Oxford Studies in Historical Theology), 102–112.

[36] Vgl. *Mülhaupt*, Predigt Calvins, XVIII. Calvins Hiob-Predigten wurden in französischer, lateinischer, deutscher und englischer Sprache in neun verschiedenen Ausgaben gedruckt (vgl. *Gilmont/Peter*, Bibliotheca Calviniana, Nr. 63/22; 69/3; 74/3; 74/4; 79/6; 80/6; 84/6; 87/3; 93/1).

[37] *Millet*, Calvin. In den letzten Jahren sind weitere, allerdings nicht die Qualität der Arbeit Millets erreichende Untersuchungen zur Thematik erschienen: L. Serene *Jones*, »Fulfilled in Your Hearing«: Rhetoric and Doctrine in John Calvin's Institutes of the Christian Religion, Ph.D. diss., Yale, 1991; *dies.*, Calvin and the rhetoric of piety, Louisville 1995 (Columbia Series in Reformed Theology).

[38] Vgl. *Millet*, Calvin, 33–55.

[39] Vgl. Calvin's Commentary on Seneca's »De Clementia«, trans. and notes by Ford Lewis *Battles* and André Malan *Hugo*, Leiden 1969 (Renaissance Text Series 3). Nach Millet hat neben Erasmus, Budé, Bartholomaeus Latomus und Johannes Sturm besonders Melanchthon auf Calvin eingewirkt (vgl. *Millet*, Calvin, 122–141).

dabei primär die Aufgabe zu zu belehren, der Heilige Geist ist der, der das Herz bewegt.[40] Calvin arbeitet zugleich die Eigenart der biblischen Rhetorik und göttlichen Eloquenz heraus.[41]

Schlüsselkategorien biblischer Beredsamkeit (»éloquence biblique«) sind die Begriffe »maiestas« und »accomodatio«, die er aus seiner Kenntnis der Beschreibung von Kommunikationsprozessen durch die Rhetorik gewonnen hat.[42] Der alles menschliche Verstehen übersteigende Gott muss sich der Armseligkeit des sündhaften Menschen anpassen, um verstanden zu werden. Die himmlische Lehre[43] wird in den biblischen Texten von menschlichen Autoren verkündet, und der Prediger hat sie in der Gegenwart zu Gehör zu bringen.[44]

Die reformatorische Grundentscheidung, dass Gott spricht und sein Wort in der Heiligen Schrift greifbar wird, steht im Zentrum der Theologie Calvins und bestimmt sein Selbstverständnis als Prediger. Er ist nicht der Lehrer, der aus den Aussagen der Heiligen Schrift loci communes destilliert, sondern er ist Vertreter Gottes auf der Kanzel,

---

[40] Vgl. Olivier *Millet*, Docere / Movere: les catégories rhétoriques et leurs sources humanistes dans la doctrine calvinienne de la foi, in: *Neuser/Armstrong*, Calvinus Sincerioris Religionis Vindex, 35–51; *Millet*, Calvin, 212–224.

[41] Vgl. *Millet*, Calvin, 185–434.

[42] Vgl. *Millet*, Calvin, 225–256; zur Bedeutung der accomodatio bei Calvin vgl. David F. *Wright*, Calvin's Accomodating God, in: *Neuser/Armstrong*, Calvinus Sincerioris Religionis Vindex, 3–19.

[43] »Soll uns aber der Strahl wahrer Religion treffen, so müssen wir bei der himmlischen Lehre den Anfang machen, und es kommt niemand auch nur zum geringsten Verständnis rechter und heilsamer Lehre, wenn er nicht zuvor ein Schüler der Schrift wird. Da liegt der Ursprung wahren Erkennens: wenn wir mit Ehrfurcht annehmen, was Gott hier von sich selber hat bezeugen wollen.« »Sic autem habendum est, ut nobis affulgeat vera religio, exordium a caelesti doctrina fieri debere, nec quenquam posse vel minimum gustum rectae sanaeque doctrinae percipere, nisi qui Scripturae fuerit discipulus; unde etiam emergit verae intelligentiae principium, ubi reverenter amplectimur quod de se illic testari Deus voluit« (Jean *Calvin*, Institutio Christianae Religionis [1559], in: Joannis Calvini opera selecta [OS], hg. von Peter *Barth* et al., Bd. 3–5, München 1928–1936 [ICR], I,6,2, OS 3, 63,5–10; Übers. nach Otto Weber).

[44] Theologie ist Darlegung der himmlischen Lehre, die auf praktische Anwendung in Gestalt von fides, religio, pietas und aedificatio ecclesiae zielt. Zur Lehre gehört, wie Calvin sagt, als »unabtrennlicher Gefährte« der Glaube (vgl. ICR [1559] III,2,6, OS 4, 13,20f.). Die Ausrichtung der Theologie Calvins auf die applicatio hat insbesondere Paul Christoph Böttger betont und diese als gestaltendes Moment in der literarischen Disposition der »Institutio« herausgearbeitet (vgl. Paul Christoph *Böttger*, Calvins Institutio als Erbauungsbuch: Versuch einer literarischen Analyse, Neukirchen-Vluyn 1990, bes. 15–18, 51–54). Zu Calvins Theologieverständnis und den Einflüssen der Rhetorik darauf vgl. Christoph *Strohm*, Das Theologieverständnis bei Calvin und in der frühen reformierten Orthodoxie, in: Zeitschrift für Theologie und Kirche 98 (2001), 310–343, bes. 312–321.

der das Schriftwort als lebendige Rede von Person zu Person spricht. Predigt ist für Calvin lebendige Rede Gottes. In ihr »waltet unser Herr Jesus Christus seines Hirtenamts«,[45] und der Prediger ist eine Art Repräsentant Gottes.[46]

Calvin geht nicht so weit wie Luther, der in konsequenter Betonung der Inkarnation im Predigtgeschehen eine Entsprechung zur Menschwerdung Gottes sieht. Wie Gott Mensch geworden ist, so wird nach Luther Gotteswort im Menschenwort der Predigt gegenwärtig.[47] Bei Calvin ist Gott in der Predigt gegenwärtig, indem er durch sein Wort Gemeinschaft mit dem Menschen sucht.[48] In dem Prediger, der in diesem Sinne verkündigt, wirkt der Geist Gottes. Auch Calvin geht von der Gegenwart Gottes im Predigtgeschehen aus, aber es fehlt die inkarnatorische Begründung, die für Luther charakteristisch ist. Zwar hat der Prediger die Verantwortung für Auslegung und Anwendung (»applicatio«) des biblischen Wortes,[49] aber das eigentliche Geschehen ist das Wirken des Geistes. Die im Vergleich zu Luther stärkere Betonung des Erwählungsgedankens bei Calvin bringt dies zum Ausdruck. Gleichwohl ist es eine unangemessene Vereinfachung zu sagen, dass nach Calvins Predigtverständnis der Prediger zu *erklären* habe, während der Geist das Herz bewege. Denn auch der Prediger soll über die Auslegung hinaus zur Anwendung gelangen, und Calvin selbst tut dies als Prediger mit aller Leidenschaft, sowohl im tröstenden als auch im fordernd-verurteilenden Sinne.[50]

---

[45] »[...] notons que la predication ne se fait point de cas d'aventure, que les hommes ne viennent point d'euxmesmes, comme sainct Paul aussi en parle aux Romains: mais que Dieu nous visite et qu'il approche de nous, et que nostre Seigneur Iesus Christ fait encores office de Pasteur, voyant que nous sommes brebis errantes, qu'il nous appelle par sa voix« (Serm. zu Eph 2, 16–19, CO 51, 415).

[46] »Que nous enseignions comme si Dieu estoit ici present, comme si un secretaire parloit devant un Prince, ou devant ceux qui ont la iustice en main: car il est organe de celuy qui a la superiorité souveraine« (Serm. zu 2Tim 2, 14f., CO 54, 146).

[47] Eine knappe Übersicht über Predigtverständnis und -tätigkeit Luthers mit weiteren Literaturangaben findet sich in: Hellmut *Zschoch*, Predigten, in: Albrecht Beutel (Hg.), Luther-Handbuch, Tübingen 2005, 315–321.

[48] »Il est vray que la propre naturel de la parole de Dieu, est, de nous attirer à luy, car il nous promet de nous faire misericorde [...]« (Serm. zu Dan 5, 1–5, CO 41, 331). Vgl. *Mülhaupt*, Predigt Calvins, 27 f.

[49] Vgl. *Millet*, Calvin, 215; *ders.*, Docere / Movere, 42 f.

[50] Darlegung der Lehre heißt für Calvin immer auch Darlegung ihrer Anwendung, ihres Nutzens und ihrer Früchte. Die Frage nach Anwendung und Nutzen der Lehre bezieht sich nicht nur auf einzelne Lehrinhalte. Vielmehr gehören Anwendung und Nutzen für die Erbauung des einzelnen und der Kirche konstitutiv zum Wesen der Lehre insgesamt. In diesem Sinne hat Paul Christoph Böttger in seiner literarischen

4. Zum theologischen Eigengewicht der Predigten

Abschließend sei kurz an einem Beispiel die besondere Bedeutung der Predigten für das Verständnis der Theologie Calvins erläutert. In der »Institutio« hat sich Calvin auch angesichts der beginnenden Protestantenverfolgungen in Frankreich nur in auffallend zurückhaltender Weise zu Fragen des Widerstandsrechts geäußert. Calvin hat von der ersten Ausgabe der »Institutio« 1536 an, die nicht zuletzt das Ziel verfolgte, die französischen Protestanten gegen den Vorwurf täuferischen Aufruhrs zu verteidigen, das Gehorsamsgebot auch gegenüber einer ungerechten Obrigkeit eingeschärft.[51] Diese bleibt von Gott eingesetzt, und dem verfolgten Christen stehen nur die Mittel des mutigen Bekenntnisses, der Emigration, des Gebets und der Bitte um Gottes Hilfe zur Verfügung. Dem Bösen mit Gewalt zu widerstehen, hieße, den Herrn zu hindern, helfend einzugreifen.[52] Ähnlich zurückhaltend

Analyse der »Institutio« diese zu Recht als »Erbauungsbuch« beschrieben (vgl. *Böttger*, Calvins Institutio).

[51] Vgl. ICR [1559] IV,20,24–31.

[52] »Et de faict c'est la meilleure et plus seure garde que nous puissions avoir de nous cacher sous son umbre, quand nous sommes assaillis de tels orages. Or est il ainsi qu'en resistant au mal par force d'armes, nous l'empeschons de nous subvenir. Et voila pourquoy St. Paul pour moderer nos passions nous exhorte de donner lieu a son ire, nous appuyant sur la promesse qu'il a faite de maintenir et garentir son peuple, apres que les ennemys auront escumé leur rage« (An die Gemeinde von Aix, 1. Mai 1561, CO 18, 437). Calvin teilt mit den lutherischen Reformatoren die Vorstellung der von Gott erweckten viri heroici, deren besondere Berufung sie zum Widerstand berechtigt (vgl. ICR [1559] IV,20,30), lehnt jedoch jede Art von naturrechtlicher Begründung eines Widerstandsrechts ab (vgl. Praelectiones in Ieremiam, c. 38, CO 39, 158). Weder die Vertragskonstruktion noch der Volkssouveränitätsgedanke finden sich bei ihm. Die Begründung eines Widerstandsrechts geschieht allein durch eine positiv-rechtliche Argumentation (vgl. Ernst *Wolf*, Das Problem des Widerstandsrechts bei Calvin, in: Widerstandsrecht und Grenzen der Staatsgewalt, hg. von Bernhard Pfister und Gerhard Hildmann, Berlin 1956, 45–58; wiederabgedr. in: Arthur *Kaufmann* [Hg., in Verbindung mit Leonhard E. *Backmann*], Widerstandsrecht, Darmstadt 1972 [Wege der Forschung 173], 152–169), wenn Calvin seine Hoffnung angesichts der Verfolgungen seiner Glaubensgenossen in Frankreich auf die Stände des Königreichs richtet. Diese sind in ihrer Gesamtheit die Instanz, die nicht nur berechtigt, sondern auch verpflichtet ist, dem Machtmissbrauch des Herrschers zu wehren. Die antiken Ephoren und populares magistratus werden als die verfassungsmäßig zuständigen Kontrollorgane zur Mäßigung und Begrenzung monarchischer Herrschaft beschrieben (vgl. ICR [1559] IV,20,31). Sie sind »durch Gottes Anordnung« als Hüter der Freiheit des Volkes eingesetzt und entsprechend verpflichtet, Herrschern entgegenzutreten (»intercedere«), die »maßlos wüten« und »das einfache Volk quälen«. Calvin hat diese allgemeinen Ausführungen nur an wenigen Stellen seines Werkes konkreter ausgeführt. Zu Calvins Beurteilung des Widerstandsrechts vgl. Ralph C. *Hancock*, Calvin and the Foundations

äußert sich Calvin in den Kommentaren. In den Predigten zu relevanten Bibeltexten hört man, wie Max Engammare gezeigt hat, andere Töne.[53] In den Predigten zur Apostelgeschichte (1550), Daniel (1552), Jesaja (1557), Genesis (1560) und dem 2. Samuelbuch (1562) finden sich mehr als zehnmal deutlich kritische Bemerkungen gegen die königliche Gewalt. Mit Apg 5, 29 »Man muss Gott mehr gehorchen als den Menschen« fordert Calvin zum Widerstand gegen götzendienerische Tyrannen auf, auch wenn dieser nicht von Privatpersonen ausgehen darf. So formuliert er in einer Predigt am 23. März 1560 in unmittelbarem Bezug auf die Edikte der Jahre 1557 bis 1559, welche die antiprotestantischen Maßnahmen der Könige François I und Henri II erneuerten (Versammlungsverbot bei Androhung der Todesstrafe, Verbot, nach Genf zu reisen, Güterkonfiskation, Bestrafung zu milder Richter in Strafverfahren gegen Protestanten etc.): Wenn die Obrigkeiten ihre Untertanen zur Idolatrie zwingen, d. h. zu papistischen Praktiken, verlieren sie ihre Stellung: »O là ilz ne sont plus roy.« Ähnliche, der »Institutio« fremde Formulierungen finden sich schon in einer Predigt am 14. Dezember 1550: »Mais s'il advient, comme j'ay desja dict, qu'ilz [les princes] nous veulent destorner de l'honeur de Dieu, s'ilz veulent nous constrandre à ydolatries et superstitions, qu'alors ilz ne doibvent avoir nulle auctorité entre nous non plus que les grenouilles, non plus que les poux et encores moins. Et pourquoy? D'autant qu'il nous veult contraindre à faire une chose qui est contre la volunté du prince souverain, auquel nous debvons obeir plustost qu'à tous les hommes du monde, quelque auctorité et preeminence qu'ilz ayent par dessus nous.«[54]

Weitere Beispiele für die Calvins Predigten im Unterschied zu den Kommentaren eigene Diktion ließen sich hinzufügen. In den Predigten spricht Calvin sowohl bildhafter als auch konzentrierter. Zugleich greift er stärker auf persönliche Erfahrung zurück, während das his-

---

of Modern Politics, Ithaca / London 1989; Marijn de *Kroon*, Bucer und Calvin über das Recht auf Widerstand und die Freiheit der Stände, in: Willem van 't Spijker (Hg.), Calvin: Erbe und Auftrag. Festschrift für Wilhelm Heinrich Neuser zum 65. Geburtstag, Kampen 1991, 146–156; *Wolf*, Problem, 45–58.

[53] Vgl. Max *Engammare*, Calvin monarchomaque? Du soupçon à l'argument, in: Archiv für Reformationsgeschichte 89 (1998), 207–226.

[54] Serm. zu Act 7, 41 am 14. Dezember 1550, in: Jean *Calvin*, Sermons on the Acts of the Apostles, chapitres 1–7, hg. von Willem Balke und Wilhelmus H. Th. Moehn, Neukirchen-Vluyn 1994 (Supplementa Calviniana 8), 376; vgl. *Engammare*, Calvin monarchomaque?, 213.

torisch-kontextualisierende Bemühen um den Bibeltext eher in den Hintergrund tritt. Wer Calvins Denken anhand der »Institutio« zu erfassen sucht, wird die rationalen Aspekte seines Werkes betonen. Jedoch hat Calvin auch in diesem Werk größtes Gewicht darauf gelegt, dass theologische Erörterung nicht einfach nur auf die begriffliche Klärung und systematische Stimmigkeit, sondern vor allem auf Anwendung und Erbauung zielt.[55] In seiner lang andauernden und umfassenden Predigttätigkeit wird das Bemühen, das biblische Wort nicht nur verständlich zu machen, sondern auch wirksam werden zu lassen, greifbar. Der Prediger, der seine Aufgabe recht erfüllt, dringt nach Calvins Auffassung in die Gewissen der Zuhörenden, um ihnen den gekreuzigten Christus vor Augen treten zu lassen. Wenn die Kirche solche »Künstler« habe, benötige sie nicht länger die toten Abbilder aus Holz und Stein.[56] Calvins Nachfolger in Genf, Theodor Beza, sprach bewundernd von dem tiefen Ernst, mit dem der Prediger Calvin die Herzen seiner Zuhörer berührt hat. Der Prediger, der dies mit der gewinnenden Eloquenz Pierre Virets und dem ungestümen, don-

---

[55] In der letzten zu Calvins Lebzeiten erschienenen lateinischen Ausgabe der »Institutio« von 1559 findet sich der Begriff »theologia« lediglich fünfmal. Abgesehen von einer Stelle, an der Calvin eher konventionell von den »Kandidaten der heiligen Theologie« spricht (vgl. OS 3, 6,18–21), hat der Begriff »theologia« in der »Institutio« einen klar pejorativen Klang. In dem bereits der Erstausgabe von 1536 vorangestellten Widmungsschreiben an König Franz I. wird damit die Lehre der Gegner bezeichnet, die ihr Leben lang nichts anderes täten, »als das einfache Wort der Schrift in endlose Antithesen und mehr als sophistische Streitfragen zu verwickeln und in Fesseln zu schlagen. Wenn heute die Kirchenväter aus ihren Gräbern aufstünden und derartige Kunststücke hören müssten (die diese Leute als spekulative Theologie [»theologia speculativa«] ausgeben), sie würden alles andere eher für möglich halten, als daß hier von Gott die Rede ist« (OS 1, 29/OS 3, 22,5–9). Nicht weniger abwertend ist der Begriff in Calvins vernichtender Kritik der Religion der Päpste und Kardinäle verwendet. »Das erste Hauptstück jener verborgenen Theologie (»arcana Theologia«), die unter ihnen das Regiment führt, ist dies: Es gibt keinen Gott« (ICR [1559] IV,7,27, OS 5, 130,6f. [Übers. nach O. Weber]). Ansonsten dient der Begriff »theologia« an zwei weiteren Stellen dazu, die mangelnde Fähigkeit der »ägyptischen Geheimtheologie (»mystica Aegyptiorum theologia«) und die falschen Spekulationen über ihr vermeintlich hohes Alter zurückzuweisen (vgl. ICR [1559] I,5,12, OS 3, 56,30f.; ICR [1559] I,8,3, OS 3, 73,24). Offensichtlich ist der Begriff »theologia« in Calvins Augen durch den scholastischen Missbrauch untauglich geworden, die rechte biblisch-christliche Lehre zu beschreiben. Stattdessen gibt Calvin seiner entsprechenden Darstellung den Titel »Christianae religionis institutio«. Der Begriff »religio« wahrt anders als der Begriff »theologia«, der für einen spekulativen Zugang zur Gottesfrage jenseits des biblischen Zeugnisses steht, den notwendig relationalen und existentiellen Charakter allen Redens von Gott.

[56] Vgl. Comm. Gal 3, 1, CO 50, 202f.

nernden Auftreten Guillaume Farels zu verbinden wisse, müsse – so
Beza – der vollkommene Prediger sein.[57]

---

[57] Theodori Bezae vita Calvini, CO 21, 132.

DER BEGRIFF »DOCTRINA« IN DER REFORMIERTEN TRADITION DES 16. JAHRHUNDERTS

Herman J. Selderhuis

Einleitung

Die Verbindung von »reformiert« und »doctrina« erscheint oft als beinahe natürlich gegeben, eine Vorstellung, die unterschwellig davon ausgeht, die reformierte Lehre sei besonders »doktrinär«, also tendierend auf einen Korpus von festumrissenen starren Glaubenswahrheiten. So tadelte der Schweizer Theologe Emil Brunner Calvin, dass dieser die Lehre dem Leben und der Frömmigkeit gegenübergestellt habe, eine Behauptung, der der deutsche Theologe Wilhelm Niesel allerdings entschieden widersprochen hat.[1]

Eine gesonderte Behandlung des reformatorischen *doctrina*-Begriffs führt wohl zu der Frage, worin sich reformierte *doctrina* von lutherischer unterscheidet. Die Antwort darauf ist aus Ermangelung an Studien noch schwer zu geben,[2] wird jedoch in jedem Fall bestimmt durch die Art und Weise, wie man die sogenannte reformierte Lehre sieht. Von orthodox lutherischer Seite aus gesehen wich die reformierte *doctrina* von der ursprünglichen reformatorischen Botschaft ab und war somit Ketzerei; entsprechend erschien es einigen lutherischen Theologen besser, mit Rom als mit reformierten zusammenzuarbeiten.[3]

---

[1] Wilhelm *Niesel*, Wesen und Gestalt der Kirche nach Calvin, in: Evangelische Theologie 3 (1936), 308–330. Niesel verschärft sein Urteil wenn er sagt: »Schlimmer ist aber, dass Brunner gar nicht begriffen hat was Lehre (*doctrina*) nach reformatorischer Auffassung ist«, und kommt dann zum Schluss, dass Brunner die Verheißung und den Auftrag, der für die Kirche in der Predigt gilt, zu wenig ernst nimmt. Vgl. *Niesel*, Wesen und Gestalt, 321.

[2] Ansätze dazu in: Willem van 't *Spijker*, Doctrina naar reformatorische opvatting, in: Theologia Reformata 20 (1977), 263–280; Paul *Tschackert*, Die Entstehung der lutherischen und der reformierten Kirchenlehre samt ihren innerprotestantischen Gegensätzen, Göttingen 1979 (Neudruck der 1. Aufl. von 1910).

[3] Hierzu Herman J. *Selderhuis*, Das Recht Gottes: Der Beitrag der Heidelberger Theologen zu der Debatte über die Prädestination, in: Späthumanismus und refor-

Nicht nur Lutheraner, auch Katholiken haben in der Diskussion des 16. Jahrhunderts auf die Erwählungslehre als kennzeichnenden Aspekt der reformierten *doctrina* hingewiesen, ebenfalls als Beweis für das Verderbliche dieser Lehre.

Es ist interessant zu sehen, wie die Reformierten selbst über den Unterschied mit den Lutheranern dachten. Dabei fallen zwei Dinge auf. Zunächst, dass sich die Reformierten nicht als Calvinisten bezeichneten, womit sie auch zeigten, dass sie aus mehreren Quellen schöpfen wollten, auch aus Luther, dessen Gedanken Calvin weitergesponnen hatte. Des Weiteren, dass sie in ihrer reformierten Lehre im Grunde kaum Unterschiede zur lutherischen sahen. Der wichtigste und nahezu einzige Diskussionspunkt mit den Lutheranern war die Frage der Präsenz Christi im Abendmahl. Laut dem Heidelberger reformierten Theologen David Pareus begann der Streit, als sich Zwingli und Luther 1529 in Marburg über diesen Punkt nicht einigen konnten. Pareus spricht in diesem Zusammenhang von reformierter Lehre,[4] wobei deutlich wird, dass in Zwinglis und Calvins Sicht auf das Abendmahl – die von Pareus gleichgesetzt werden –, das Reformierte zum Ausdruck kommt. Aus reformierter Sicht besteht also, inhaltlich gesehen, nur in einem Punkt ein Unterschied zwischen reformierter und lutherischer *doctrina*. Damit legt sich die Frage nahe, ob möglicherweise *im Umgang* mit der *doctrina* ein entscheidender Unterschied zwischen den Konfessionen bestanden hat. Mit jenem Umgang mit der *doctrina* will sich dieser Aufsatz beschäftigen.

Der Rahmen eines Aufsatzes zwingt zur Einschränkung des zu behandelnden Stoffes. Ein vierfacher Blickwinkel kann aber einen Eindruck von der Verwendung des *doctrina*-Begriffs der Reformierten des 16. Jahrhunderts vermitteln. Zuerst gehe ich auf die Funktion der *doctrina* bei Calvin, als dem einflussreichsten Vertreter der reformierten Tradition, ergänzt durch einige weitere Stimmen, ein. Danach folgt ein Blick auf die Weise, in welcher in reformierten Bekenntnissen, Kirchenordnungen und Katechismen über die Funktion der *doctrina* gesprochen wird.

---

mierte Konfession: Theologie, Jurisprudenz und Philosophie in Heidelberg an der Wende zum 17. Jahrhundert, hg. von Christoph Strohm et al., Tübingen 2006, 227–253.

[4] David *Pareus*, Irenicum sive de unione et synodo Evangelicorum concilianda, Heidelberg: Johannes Lancellotus, 1615, 31: »[...] doctrinam reformatam de S. Coena a Zwinglio et Calvino in Helvetia et Gallia adversus Papatum assertam profitentur.«

I. »LOCI« UND »SUMMAE«

Achtet man auf den Einfluss, den die »Loci« von Philipp Melanchthon gerade in der reformierten Tradition gehabt haben, läge es nahe, bei Melanchthons *doctrina*-Begriff zu beginnen. Dies, weil in der Literatur Melanchthon und Calvin voneinander getrennt werden, gerade wenn es um den Begriff *doctrina* geht.[5] Ist Melanchthon in seinen »loci« dogmatischer als Calvin in seiner »Institutio«?[6] Ein erster Blick auf Melanchthons Werk bestätigt die in der neueren Literatur zu findende These, dass die *doctrina* bei Melanchthon weniger intellektuell ausgerichtet ist, als dies oft behauptet wurde. Trotz der Bedeutung Melanchthons konzentrieren wir uns nun aber auf Calvin als den maßgeblichen Repräsentanten der reformierten Tradition.

Der Begriff *doctrina* kommt bei Calvin beinahe auf jeder Seite seines Werkes vor. In den »Calvini Opera« im »Corpus Reformatorum« sind es mehr als 9500 Seiten, auf welchen Calvin ihn verwendet. Der häufige Gebrauch dieses Begriffs rechtfertigt aber in keiner Weise den Schluss, Calvins Theologie sei »doktrinär« orientiert.[7] »Doctrina« ist bei Calvin nicht gleichzusetzen mit dem, was im Englischen unter »doctrine« oder im Deutschen unter »Doktrin« verstanden wird. Untersucht man den *doctrina*-Begriff bei Calvin,[8] zeigt sich, dass dieser bei ihm eine ganze Reihe von Bedeutungen haben kann. *Doctrina* als systematische Wiedergabe der Lehre ist lediglich eine von ihnen. Calvin kann mit *doctrina* sowohl die Predigt, die Bekenntnisschrift, die Bildung, den Glaubensinhalt und auch dessen Bekenntnis meinen. Daneben ist auffallend, dass Calvin auch die Seelsorge mit *doctrina* verbindet. Bei

---

[5] Victor *d'Assonville*, Der Begriff »doctrina« bei Johannes Calvin: Eine theologische Analyse, Münster 2001, 42–44.

[6] Vgl. Olivier *Millet*, Calvin et la dynamique de la parole: Etude de rhétorique réformée, Genf 1992 (Bibliothèque Littéraire de la Renaissance III/28), 558–560. Millet behauptet dass »doctrina« bei Calvin zum »genre parénétique« gehört, während es bei Melanchthon mehr zum »genre épitreptique« passt, *Millet*, Dynamique, 560–561.

[7] Diesen Fehler macht zum Beispiel Bouwsma wenn er sagt dass die Art und Weise, wie Calvin die Begriffe »evangelium« und »doctrina« benutzt dazu geführt haben, dass er unter Glauben »less as trust in God's promises than as intellectual assent to a body of propositions« versteht, William *Bouwsma*, John Calvin: A Sixteenth-Century Portrait, New York 1989, 99.

[8] Grundlegend ist in dieser Hinsicht die Arbeit von d'Assonville, dessen Schlussfolgerungen auf einer Analyse einer Zahl früherer Werke Calvins basieren, nämlich der Vorrede zur Olivetanbibel, dem Brief an Franz I. und der ersten Edition der »Institutio« (1535/1536) sowie auf zwei Kommentaren aus einer späteren Periode, nämlich denjenigen zu den beiden Briefen an Timotheus (1548) und an Titus (1550).

deren Ausübung dient das Vermitteln von und das Weisen auf *doctrina*, als Inhalt des Evangeliums, den Gläubigen zum Trost. *Doctrina* ist damit also nicht für den Verstand bestimmt, sondern mit Nachdruck für das Herz.[9] Das ist auch der Zweck der *doctrina* wenn es um die Predigt geht. Bei Calvin sind »doctrina« und »praedicatio« fast synonym.[10] *Doctrina* muss verkündigt werden, denn nur so ist sie heilsam,[11] und die Verkündigung dieser »doctrina salutis« muss darum auch absolut rein sein.[12] Das heilige Wort ist die geistliche *doctrina* und die *doctrina* ist wie eine Tür zum himmlischen Königreich.[13]

Dieser Verkündigung geht die Unterweisung der zukünftigen Prediger voran. Mit diesem Ziel hat Calvin an der »Institutio« gearbeitet, die er in der ersten Edition 1536 bekannt macht als eine »Summa«, in der alles stehe, was ein Mensch als »Lehre der Seligkeit« nötig habe.[14] Diese erste Ausgabe hatte vor allem ein katechetisches Ziel. Calvin wollte hier eine Zusammenfassung der evangelischen Lehre geben[15] zum Nutzen der Gläubigen in Frankreich und auch als Beweis, dass die Reformierten keine gefährlichen Täufer seien. Auffallend ist nun, dass Calvin von 1539 an den in der ersten Ausgabe verwendeten Ausdruck der »sacra doctrina«[16] durch den Begriff der »sapientia« er-

---

[9] *D'Assonville*, Begriff, 126–128.

[10] Reinhold *Hedtke*, Erziehung durch die Kirche bei Calvin: Der Unterweisungs- und Erziehungsauftrag der Kirche und seine anthropologischen und theologischen Grundlagen, Heidelberg 1969, 42.

[11] Vgl. J.-D. *Benoit*, Calvin, directeur d'âmes: Contribution à l'histoire de la piété Réformée, Strasbourg 1947, 15: »[…] la doctrine est là, salutaire, enseignée dans l'Évangile, et c'est parce qu'elle est vraie, parce qu'elle procède de la volonté d'amour du Père. Qu'elle porte en elle les consolations et les assurances seules capables d'apaiser les conscience troubles.«

[12] Johannes *Calvin*, Homiliae in primum librum Samuelis 69, in: Ioannis Calvini opera quae supersunt omnia, hg. von Wilhelm Baum et al. [CO], Bd. 30, Brunswick 1886, 299: »Ecclesiarum ministri fideliter verbi ministerio incumbant, nec salutis doctrinam adulterent, sed puram et sinceram populo Dei tradant.«

[13] Johannes *Calvin*, Catechismus ecclesiae Genevensis, in: Johannis Calvini Opera Selecta, hg. von Peter Barth und Wilhelm Niesel [OS], Bd. 2, München 1952, 128: »In hunc finem, sacrum suum verbum nobis reliquit. Est enim spiritualis doctrina, quaedam veluti ianua, qua ingredimur in coeleste eius regnum.«

[14] Der vollständige Titel der ersten Ausgabe der »Institutio« lautet: »Christianae religionis institutio totam fere pietatis summam et quidquid est in doctrina salutis cognitu necessarium complectens, omnibus pietatis studiosis lectu dignissimum opus ac recens editum« (OS, Bd. 1, München 1926, 19).

[15] Johannes *Calvin*, Christianae religionis institutio (1536) (OS, Bd. 1, München 1926, 223): »[…] cui summam evangelicae doctrinae compendio complecti propositum.«

[16] *Calvin*, Institutio (1536) (OS, Bd. 1, München 1926, 37): »Summa fere sacrae doctrinae duabus his partibus constat: Cognitione Dei ac nostri.«

setzt.[17] Es ist nicht deutlich, warum Calvin diese Veränderung vornimmt[18], sie läuft aber zweifellos der Behauptung, Calvin sei allmählich »doktrinärer« geworden, entgegen.

Der unterweisende Charakter des Begriffs »doctrina«, wie er in der ersten Ausgabe der »Institutio« bereits deutlich wird, hat mit Calvins Haltung zur Schrift als einer Schule zu tun, in der den Menschen die Kenntnis von Gott »gelehrt« wird.[19] Neben der Schrift spricht Calvin auch von der Kirche als einer Schule, und in beiden Fällen geht es nicht um eine Institution zur Erweiterung intellektuellen Wissens, sondern um eine Einrichtung, in der Menschen geformt werden.[20] Calvin spricht denn auch von den Schülern dieser Schulen als Jünger.[21]

Bei Calvin ist die *doctrina* stets auf fortschreitende Gotteserkenntnis gerichtet und zugleich auf Selbsterkenntnis, gemäß seiner Definition, dass in dieser zweifachen Erkenntnis die Ganzheit der christlichen Lehre bestehe. Es geht nicht einfach nur darum zu lehren, dass es einen Gott gibt, sondern vor allem darum, dass dieser eine Gott die Quelle aller Gottheit, Gnade, Leben, Macht und Heiligkeit ist.[22] Die *doctrina* lehrt einen Menschen, wie er oder sie Gott zu dienen hat und wo ein Mensch Ruhe für sein Gewissen finden kann. Dieses Verständnis von »doctrina« geht auf die humanistisch-rhetorische Tradition von »docere« zurück, wobei nicht auf die noetische Kenntnis, sondern auf die Formung, die Bildung des Menschen abgezielt wird. Die Lehre ist ein Spiegel, in dem wir das Abbild Gottes erkennen, und wenn wir in diesen Spiegel sehen, werden wir nach dem Bilde Gottes geformt. Dadurch, dass der *doctrina* diese Bedeutung gegeben wird, wird der Begriff in der Tat gleichbedeutend mit christlicher Weisheit (*sapientia*

---

[17] Johannes *Calvin*, Institutio christianae religionis 1,1,1 (OS, Bd. 3, München ²1957, 31,6–8): »Tota fere sapientiae nostrae summa, quae vera demum ac solida sapientia censeri debeat, duabus partibus constat, Dei cognitione et nostri.«

[18] Zur Diskussion siehe *Millet*, Dynamique, 558.

[19] *Calvin*, Institutio 3,21,3 (OS, Bd. 4, München 1931, 372,1–3): »Est enim Scriptura schola Spiritus sancti, in qua ut nihil praetermissum est scitu et necessarium et utile, sic nihil docetur nisi quod scire conducat.«

[20] Auch in den reformierten Bekenntnisschriften wird die Kirche nachdrücklich als Lehrerin und Erzieherin beschrieben, vgl. Benno *Gassmann*, Ecclesia Reformata: Die Kirche in den reformierten Bekenntnisschriften, Freiburg et al. 1968, 266–268.

[21] *Calvin*, Institutio 1,6,2 (OS, Bd. 3, München ²1957, 63,5–9): »Sic autem habendum est, ut nobis fulgeat vera religio, exordium a caelesti doctrina fieri debere, nec quenquam posse vel minimum gustum rectae sanaeque doctrinae percipere, nisi qui Scripturae fuerit discipulus; [...].«

[22] Vgl. *Calvin*, Institutio 1,3,2f. (OS, Bd. 3, München ²1957, 38–40).

christiana),[23] und mit der Bezeichnung der *doctrina* in dieser Weise wird der praktische Fokus des Begriffs bei Calvin unterstrichen. *Doctrina* und *applicatio* gehören bei Calvin unabtrennbar zusammen.

Neben Calvin soll noch kurz auf zwei andere reformierte Autoren, nämlich Heinrich Bullinger und Heinrich Alting (1583–1644), hingewiesen werden. Bullinger wird bisweilen als der »Vater der reformierten Kirche« bezeichnet.[24] Die aus seiner Hand stammende »Confessio Helvetica Posterior« und sein »Hausbuch«, das in 50 Predigten einen Überblick über die reformierte Lehre gibt, können beide als »summae theologiae« oder als »loci communes« gelten. Häufig spricht Bullinger über die »doctrina evangelica« oder die »doctrina apostolica«, Begriffe, die bei ihm Synonyme für »Christi doctrina« und »doctrina fidei nostrae christiana« sind.[25] Obwohl Bullinger gelegentlich sagt, die Lehre sei der Schrift entnommen, geht er davon aus, dass die Lehre vor der Schrift bestanden hat. Diese Lehre ist im Alten wie im Neuen Testament dieselbe und gilt als »orthodox, unaufhaltsam und ewig«. Auch bei Bullinger besteht eine enge Verbindung zwischen *doctrina* und *praedicatio*, wo es die Aufgabe der Prediger ist, das Volk in der Lehre zu unterweisen.[26] Diese Unterrichtung ist freilich im Rahmen des Wachsens im Glauben, als dem Leben mit Christus zu sehen. Die Kenntnis der *doctrina* ist nicht das Ziel dieser Unterweisung, aber sie ist ein Mittel, um beispielsweise die Sakramente in rechter Weise empfangen zu können, die Einheit der Kirche zu wahren und zu lernen, für die Armen sorge zu tragen.

Diese Fokussierung der *doctrina* auf das Leben ist auch in einem Übersichtswerk aus dem frühen 17. Jahrhundert zu finden, nämlich der postum veröffentlichten »Loci Communes« von Heinrich Alting.[27] Er beginnt sein Werk mit einer Definition der Theologie: »Theologie ist die Lehre der göttlichen Dinge, die von Gott geoffenbart sind, zu seiner Ehre und zum Heil der Menschen.«[28] Eben diese Lehre bringt

---

[23] Johannes *Calvin*, Commentarius in epistolam ad Philippenses, in: CO, Bd. 52, Brunswick 1895, 12.

[24] Fritz *Blanke* und Immanuel *Leuschner*, Heinrich Bullinger: Vater der reformierten Kirche, Zürich 1990.

[25] Diese Begriffe werden in Bullingers Apokalypsepredigten häufig als Synonyme verwendet in Unterscheidung zur »doctrina papistica«. Siehe Heinrich *Bullinger*, In Apocalypsim Iesu Christi [...] conciones centum, Basel: Johannes Oporin, 1557.

[26] *Bullinger*, In Apocalypsim, 46–47.

[27] Heinrich *Alting*, Loci communes cum didacticos tum elenchticos, in: Scriptorum Theologicorum Heidelbergensium, Bd. 1, Amsterdam: Janssonius, 1646.

[28] *Alting*, Loci communes, 1: »Theologia est doctrina rerum divinarum a Deo ad suam gloriam et hominum salutem revelata.«

Alting zur Sprache, wenn er über das Zeugnis des Heiligen Geistes spricht, denn es ist der Heilige Geist, der von dieser evangelischen *doctrina* zeugt.[29] Diese Lehre ist von göttlicher Art[30] und ist in jedem einzelnen biblischen Buch beider Testamente zu finden, sodass Alting von einer »doctrinae divinus consensus« sprechen kann.[31] Die Tatsache, dass diese *doctrina* göttlich ist, macht sie auch effektiv,[32] in dem Sinne, dass sie sich in Geist und Wahrheit erweist, so Alting mit Verweis auf 1Kor 2, 4. Die Bezeichnung »doctrina effectiva« schließt sich an Calvins *doctrina*-Begriff an. *Doctrina* ist kein statisches Ganzes, sondern ist Lehre, die zum Leben führt. Was dies betrifft, besteht kein Unterschied zwischen Calvin und späteren Reformierten des 16. Jahrhunderts.

2. »Tolerantia et Doctrina«

Es fällt auf, dass in einer Phase, von der man meint, die *doctrina* würde immer stärker zu einer zu glaubenden »Doktrin«, gerade auf reformierter Seite von Toleranz gesprochen wird. Dies geschieht vor allem im Rahmen der sogenannten Heidelberger Irenik mit dem »Eirenicum« des David Pareus als bekanntester Publikation. Schon in der Überschrift des 12. Kapitels verwendet Pareus den Begriff Toleranz[33] und gehört damit zu den ersten Autoren, die »Toleranz« theologisch verwenden und dies auch noch in positivem Sinne.[34] Er grenzt den Begriff gegen Liberalismus und Indifferenz ab und sieht Toleranz als eine christliche Haltung, die angenommen werden muss, solange man noch nicht völlig einer Meinung ist. Konkret geht es Pareus hier um die Diskussion um Christi Präsenz beim Abendmahl. Seiner Meinung nach ist dies eine Angelegenheit, die der Einheit nicht im Wege zu stehen braucht, da es christliche Toleranz möglich mache, einander in

---

[29] *Alting*, Loci communes, 15: »Etenim spiritus est, qui testificatur spiritum, id est doctrinam Evangelii, esse veritatem.«

[30] *Alting*, Loci communes, 16: »Doctrinae genus divinum.«

[31] *Alting*, Loci communes, 16.

[32] *Alting*, Loci communes, 16: »Et denique Divina eiusdem Doctrina efficacia, per demonstrationem spiritus et potentiae.«

[33] *Pareus*, Irenicum, 65: »Quod, dum synodus et concordia plena, interim pio syncretismo mutuaque tolerantia coire et contra papatum simul stare debeant Evangelici, causa prima exponitur.«

[34] Hans-Joachim *Müller*, Irenik als Kommunikationsreform: Das »Colloquium Charitativum« von Thorn 1645, Göttingen 2004, 35–45.

diesem strittigen Punkt zu akzeptieren und dann aus der Einheit heraus die Diskussion fortzusetzen.[35] Pareus macht dabei einen Unterschied zwischen der gesamten Lehre und einem Teil davon. In diesem
Fall bedeutet es, dass man sich in der Diskussion mit den Lutheranern
nicht mit der »tota doctrina« beschäftigt, sondern mit einem *Teil* der
doctrina, und außerdem mit einem Teil, der nicht heilsnotwendig ist.[36]
Damit fügt Pareus dem reformierten *doctrina*-Begriff einen Aspekt hinzu. Die *doctrina* besteht aus Teilaspekten. Dabei gibt es Teilaspekte, die
nicht essentiell für das ewige Leben sind. In diesen kann Toleranz
aufgebracht werden, wobei bestimmt werden muss, um welche Teilaspekte es sich handelt.[37] Bezüglich des Unterschieds spricht Pareus von
»ihrer« und »unserer« *doctrina*[38], jedoch steht diese Ausdrucksweise bei
ihm im Rahmen des Konsenses in den Fundamenten des Glaubens.[39]
Das bedeutet, dass innerhalb des Konsenses zwei *doctrinae* bestehen
können. Diese können aber, bis zum Erreichen der Einigkeit, nur dann
ohne Streit miteinander auskommen, wenn sich die Vertreter beider
doctrinae gegenseitig Liebe entgegenbringen.[40]

3. Bekenntnisschriften

Die reformierten Bekenntnisse weisen, sowohl was ihre Inhalte als
auch was ihre Funktionen betrifft, eine Eigenheit auf, die sie von anderen Bekenntnissen unterscheidet.[41] Anfänglich waren sie vor allem
als Glaubenszeugnis nach außen und als Gemeinschaft bildende
Grundlage gemeint, mit der Zeit wurden sie dann aber stärker als

---

[35] *Pareus*, Irenicum, 67: »Loquimur de tolerantia christiana mutua partium caetera consentientium: in hac una primaria contradictione dissidentium: corpus Christi est in pane et ubique, corpus Christi non est in pane et ubique.«

[36] *Pareus*, Irenicum, 69: »Verissime enim iam inde a schismatis huius exortu non fuit controversia evangelicis, nisi de S[ancta] Coena; nec de eius doctrina tota, sed tantum de una eius parte eaque ad salutem non necessaria […].«

[37] *Pareus*, Irenicum, 15: »Quinam articuli sint fundamentales, seu in quibus fidei capitibus vere consistat fundamentum salutis?«

[38] *Pareus*, Irenicum, 332: »De discrepantia doctrinae nostrae et ipsorum […].«

[39] *Pareus*, Irenicum, 332: »In fundamento fidei consensum evangelicorum esse.«

[40] *Pareus*, Irenicum, 64: »Qua si omnes cum charitate abundarent, tot dissidia et controversiae de vera doctrina non essent. His igitur tollendis aut conciliandis quae-ritur, petitur synodale remedium.«

[41] Siehe Lourens *Doekes*, Credo-Handboek voor de gereformeerde symboliek, Amsterdam 1979; Jan *Rohls*, Reformed Confessions: Theology from Zürich to Barmen, Louisville 1998.

Lehrform angesehen. In der reformierten Tradition des 16. Jahrhunderts überwiegen noch die beiden ersten Funktionen. So wird beispielsweise in den Artikeln des »Berner Synodus« (1532) durchaus über die Lehre gesprochen, und es kann dabei auch um einen Lehrsatz gehen. Dennoch kann von einer Dogmatisierung der Lehre keine Rede sein, denn wenn es um das Wachstum in der Erkenntnis Christi geht, wird nicht von der Erkenntnis, sondern von der Lehre gesagt, dass sie täglich zunehmen muss.[42] Die Lehre – und gemeint ist die Lehre vom Zunehmen im Glauben in Christus – muss wachsen. Im selben Artikel wird von der Lehre der Vergebung gesprochen und auch von ihr wird gesagt, diese Lehre müsse in allen Predigten zur Sprache gebracht werden.[43] *Doctrina* wird somit unmittelbar mit der Predigt verbunden, wobei die Verkündigung der Lehre nicht das intellektuelle Wissen, sondern dass Wachstum im Glauben fördern soll. Darum sagt der »Berner Synodus« ausdrücklich, dass Christus selbst die Lehre sei. In dieser Formulierung der Lehre kommt zum Ausdruck, wie sehr die *doctrina* auf das Heil und das christliche Leben gerichtet ist:

> Der leer halb hat es die gestalt, das alle heylsame leer nüt anders ist, dann das eynig ewig wort Gottes, die vätterliche güte und hertzlichheit, so er uns durch Christum hat mitgeteylt, dz ist nützet anders weder Christus Jesus selbs, der umb unser sünd willen gecrütziget, und umb unserer gerechtigkeyt willen, damit wir gerechtfertiget würden, von den todten ufferweckt ist.[44]

Zu diesem Verständnis von »doctrina« passt dann auch die Botschaft, dass, was dieser Lehre widerstrebe, auch dem Heil der Menschen widerstrebe.

Um jenes Heil geht es auch im »Bekenntnis der Frankfurter Flüchtlingsgemeinde« (1554), in dem vom Apostolikum gesagt wird, dass es ein Kompendium der Lehre sei, welche die Propheten und Apostel in der Schrift hinterlassen haben.[45] Auch hier geht also die *doctrina* der

---

[42] Lehrartikel des Berner Synodus von 1532, hg. von Friedhelm Krüger, in: Reformierte Bekenntnisschriften, hg. im Auftrag der Evangelischen Kirche in Deutschland von Heiner Faulenbach und Eberhard Busch [RBS], Bd. 1/1, Neukirchen-Vluyn 2002, 534: »Diese leer soll by den kilchen und glöubigen lüten täglich zünemen [...].«

[43] Berner Synodus, in: RBS, Bd. 1/1, Neukirchen-Vluyn 2002, 535: »Welche leer in allen predigen getriben werden solte.«

[44] Berner Synodus, in: RBS, Bd. 1/1, Neukirchen-Vluyn 2002, 521.

[45] Bekenntnis der Niederländer in Glanstonbury (Frankfurt), hg. von Judith Becker, in: RBS, Bd. 1/3, Neukrichen-Vluyn 2007, 89: »Cuius doctrinae extat in Ecclesia compendium quoddam quod symbolum Apostolicum vocant.«

Schrift voran. Ein Kompendium der *doctrina* ist vor allem für die ein-
facheren Gläubigen notwendig, da es ihnen hilft, jede Lehre zu beurteilen.[46] Obwohl in beiden Fällen von der *doctrina* gesprochen wird,
meint die erste das Evangelium und die zweite Lehrsätze, die der
Beurteilung bedürfen.

In reformierten Bekenntnissen kommt auch die Institution der Kirche zur Sprache. So spricht die »Confessio Gallicana« (1559) von der
Leitung der Kirche, als eine von Christus eingesetzte, geistliche »politia«, eine Leitung, die aus Predigern, Ältesten und Diakonen besteht.
Auffallend ist nun, dass als erstes Ziel dieser geistlichen »politia« der
Fortbestand und die Reinheit der *doctrina* genannt wird, gleich danach
die Ermahnung der Sünder und als Drittes die Unterstützung der Armen, eine Aufzählung, die parallel zu den genannten Ämtern ver-
läuft.[47] Nicht die Reinheit der Lehre als solche, sondern ihr Fortschritt
ist das erste Ziel der Ämter, und hierbei zuallererst das der Prediger.
Die Formulierung deutet an, dass die Amtsträger nicht die Aufgabe
haben, gleichsam die *doctrina* zu bewachen, sondern dafür zu sorgen,
dass die reine *doctrina* zu den Menschen kommt. Dies kommt noch
besser zum Ausdruck in der »Confessio Belgica«, die ganz offensichtlich die »Gallicana« als Quelle hatte. Im 30. Artikel wird Artikel 29 der
»Gallicana« beinahe wörtlich übernommen, jedoch wird von den
Amtsträgern gesagt, dass sie den Senat der Kirche bilden, und dass
dies ein Mittel sei, um die wahre Religion zu bewahren und die wahre
doctrina überall zu verbreiten.[48] Obwohl Religion und *doctrina* keine
Gegensätze sind, ist es doch bemerkenswert, dass im Zusammenhang
mit der Bewahrung der Religion die *doctrina* nicht genannt wird, aber
dass von ihr gesagt wird, sie müsse verkündigt werden. Das aus demselben Jahr stammende sogenannte »Ungarische Bekenntnis«[49] be-

---

[46] Bekenntnis der Niederländer, in: RBS, Bd. 1/3, Neukirchen-Vluyn 2007, 89:
»[Apostolicum], quo tanquam gnomone utantur rudiores ad diiudicandam deinceps
omnem doctrinam.«

[47] Confessio Gallicana, in: Ernst Friedrich Karl *Müller*, Die Bekenntnisschriften der
reformierten Kirche, Leipzig 1903, 229: »Quant est de la vraye Eglise, nous croyons
qu'elle doit ester gouvernee selon la police, que nostre Seigneur Iesus Christ a establie:
C'est qu'il y ait des pasteurs, des Surveillans et Diacres, afin que la purete de doctrine
ait son secours [...].«

[48] Confessio Gallicana, in: *Müller*, Bekenntnisschriften, 245: »[...] Senatum quasi
Ecclesiae constituent: ut hac ratione vera religio conservari, veraque doctrina passim
propagari posit [...].«

[49] Das »Ungarische Bekenntnis« oder »Confessio Catholica« (Debreczen und
Eger / Erlau 1562) ist im Grunde eine leicht modifizierte Form von Bezas »Confessio
christianae fidei«, vgl. RBS, Bd. 1/1, Neukirchen-Vluyn 2002, 16.

zeichnet sich ebenfalls als ein »Kompendium der christlichen Lehre«, und auch hier kommt die *doctrina* auf die »politia ecclesiae« zu sprechen.[50] Das primäre Ziel kirchlicher Leitung ist es, sorgfältig darauf zu achten, dass die Lehre von den kirchlichen Regeln unterschieden wird. Von der Lehre wird gesagt, dass in ihrer Erkenntnis und ihrem Gebrauch das Heil liege; das ist denn auch der Grund dafür, dass sie nicht mit den Regeln vermischt werden darf.[51] Die Regeln sind zwar bedeutsam und dienen ebenfalls zum Aufbau der Kirche, aber sie betreffen ihrem Wesen nach nur deren Ordnung und die äußere Erscheinung der Kirche. Die Lehre aber zielt auf das Gewissen.[52] Auch das zweite Ziel der kirchlichen Leitung hat mit der *doctrina* zu tun, denn die Aufgabe, Sorge zu tragen, dass mit den kirchlichen Gesetzen richtig umgegangen und nach ihnen gelebt wird, hat als Ziel, dass Menschen »fortschreiten in der Lehre der Seligkeit«.[53] Die christliche Lehre (*doctrina christiana*) wird als ein einheitliches Ganzes gesehen, das zwar weitergegeben werden kann,[54] das aber dennoch kein »Wahrheitenpaket« ist.

Das »Erlauthaler Bekenntnis« (1562) der ungarischen reformierten Kirche geht in zwei Artikeln besonders auf die Frage nach dem Ursprung, der Autorität und der Gewissheit der christlichen Lehre ein.[55] Diese Lehre ist von himmlischem Ursprung und ist zu uns gekommen, es sei mittelbar durch Gottes Verkündigung in Propheten und Aposteln, es sei unmittelbar durch den Sohn des Vaters selbst, der diese Lehre – die hier als Geheimnis angedeutet wird – direkt aus dem Vater hervorbringt.[56] *Doctrina* wird hier nicht näher formuliert und es wird unterstellt, dass es um die in diesem Bekenntnis formulierte Lehre geht. Zum sicheren Beweis, dass diese Lehre auch wahr ist, werden elf

---

[50] Vgl. Ungarisches Bekenntnis, in: *Müller*, Bekenntnisschriften, 376.

[51] Ungarisches Bekenntnis, in: *Müller*, Bekenntnisschriften, 432: »Primum omnium danda est opera ut doctrina ipsa in cuius cognitione et usu posita est salus, accurate distinguatur a ritibus […].«

[52] Ungarisches Bekenntnis, in: *Müller*, Bekenntnisschriften, 432: »Nam doctrina cuius partem merito facimus administrationem Sacramentorum, Conscientiam attingit […].«

[53] Ungarisches Bekenntnis, in: *Müller*, Bekenntnisschriften, 432: »[…] ut dum omnia decenter et ordine fiunt, quivis in doctrina salutis proficiat […].«

[54] Ungarisches Bekenntnis, in: *Müller*, Bekenntnisschriften, 433: »Qui vero sint ordines eorum, qui doctrinam hanc Ecclesiae tradere […].«

[55] Erlauthaler Bekenntnis, in: *Müller*, Bekenntnisschriften, 352f.

[56] Erlauthaler Bekenntnis, in: *Müller*, Bekenntnisschriften, 352: »Immediate, Filius Dei, qui hoc mysterium ex sinu patris protulit.«

Argumente angeführt, die beinahe alle zum Inhalt haben, dass diese Lehre mit der Bibel übereinstimmt. Auch ein Bekenntnis späteren Datums, der »Consensus Bremensis« (1595) spricht von der Lehre, die in der Bibel wiedergegeben wird. Also auch hier keine *doctrina*, die der Schrift entnommen wird, sondern eine *doctrina* die der Schrift vorangeht.

Zusammenfassend kann man sagen, dass eine kurze Übersicht der reformierten Bekenntnisse bezüglich des Begriffs »doctrina«, ein uniformes Bild ergibt dahingehend, dass das Bekenntnis eine Zusammenfassung der Lehre ist, die in der Schrift in Worte gefasst wurde.

4. KATECHESE

Im Lichte von Calvins *doctrina*-Begriff ist sein Nachdruck auf die Notwendigkeit guter Unterweisung der Lehre absolut selbstredend. Im Vorwort zum »Genfer Katechismus« (1542) beklagt sich Calvin darüber, dass die »Konfirmation« an die Stelle des Unterrichts getreten sei,[57] wo doch der Katechismus ein so gutes Mittel wäre, um den christlichen Glauben an die Kinder weiterzugeben.[58] Damit sagt er – wie schon konstatiert wurde – dass nicht der Katechismus als solcher die Lehre sei, sondern dass er ein Mittel sei, um die Lehre weiterzugeben. So bekräftigt auch die Rede von der »Lehre des Evangeliums« in Frage 127 dieses Katechismus und Frage 304, wo von der Lehre, die uns in der Schrift »gezeigt« (monstrée) wird, die Rede ist, die Unabhängigkeit der Lehre. Die Lehre des Evangeliums ist die Weitergabe des Inhalts des Evangeliums und nicht das Evangelium selbst. Das bedeutet, dass auch die Verkündigung des Evangeliums eine Form ist, in der die Lehre zu uns kommt. Calvin sagt deutlich, dass es in der Unterweisung im Evangelium nicht nur darum geht, dass Menschen die Lehre mit dem Verstand begreifen, sondern vor allem darum, dass sie zu einem Leben im Gehorsam zu Gott bereit werden.[59] Bei der

---

[57] *Calvin*, Catechismus, in: OS, Bd. 2, München 1952, 74,4–7: »Adulterinam enim illam confirmationem, quam in eius locum subrogarunt, instar meretricis magno caeremoniarum splendore, multisque pomparum fucis sine modo ornant.«

[58] Zur Katechese bei Calvin siehe: *Hedtke*, Erziehung; Marinus *Burcht van 't Veer*, Catechese en catechetische stof bij Calvijn, Kampen 1942.

[59] Johannes *Calvin*, Mosis reliqui libri [...] harmonia, in: CO, Bd. 24, Brunswick 1882, 257: »[...] quia doctrinam ipsam mente comprehendere nihil prodesset, nisi accederet reverentia et seria obediendi voluntas.«

Unterweisung der *doctrina* geht es weniger um die Vermittlung von Wissen als um die Verwertung der *doctrina*.[60] Bei der spezifischen Kenntnis der *doctrina*, ist daher auch die Rede von einem Prozess, der ein Leben lang andauert. In diesem Zusammenhang spricht Calvin nicht von »eruditio«, die eher zur kognitiv orientierten *doctrina* gehören würde, sondern von »docilitas«,[61] ein Begriff, der auch sonst eine bedeutende Rolle in Calvins Leben und Denken spielt.

Das Gewicht der *doctrina*, die auf dem Wege der Katechese unterwiesen wird, wird auch im Versprechen sichtbar, das in Genf von den Taufeltern erbeten wird, nämlich dass sie ihr Kind unterweisen werden »en la doctrine, laquelle est receue au peuple de Dieu«.[62] Aus der Erläuterung wird deutlich, dass es nicht um die Belehrung durch Lehrsätze geht, sondern um die Auslegung des Alten und Neuen Testamentes.[63] Die *doctrina* wird nicht nur zu Hause gelehrt, sondern auch in der Kirche, in der Schule, und ausdrücklich auch im Hospital, in dem nicht nur alte Menschen, sondern auch arme Kinder lebten. Dort musste ein Lehrer sein, der diese Kinder in der christlichen Lehre unterrichtete und sie zur Schule schickte.

In der Tradition der reformierten Glaubensunterweisung gehört der »Heidelberger Katechismus« (1563) zu den wichtigsten Dokumenten. Dass auch hier die *doctrina* nicht in ihrem kognitiven, sondern in ihrem effektiven Charakter gesehen wird, wird aus dem Vorwort deutlich, wo gesagt wird, dass die Unordnung in Kirche und Gesellschaft zunehmen würde, wenn dem angeborenen Bösen des Menschen nicht mit der heilsamen Lehre begegnet würde.[64] Dem »Heidelberger Katechis-

---

[60] *Hedtke*, Erziehung, 87.

[61] Johannes *Calvin*, Commentarius in epistolam ad Hebraeos, in CO, Bd. 55, Brunswick 1896, 104: »Scimus autem duplicem esse doctrinae usum, primo, ut qui penitus rudes sunt, a primis elementis incipiant: deinde, ut qui iam sunt initiati, maiores faciant progressus. Quum ergo Christianis quamdiu vivunt, proficiendum sit, certum est, neminem usque adeo sapere quin doceri opus habeat, ut pars non postrema sapientiae nostrae sit docilitas.«

[62] Johannes *Calvin*, Sermons sur le livre de Job, in: CO, Bd. 34, Brunswick 1887, 189: »Puis qu'il est question de recevoir cest enfant en la compagnie de l'Eglise Chrestienne: vous promettez quand il viendra en eage de discretion, de l'instruire en la doctrine, laquelle est receue au peuple de Dieu.«

[63] *Calvin*, Sermons sur le livre de Job, in: CO, Bd. 34, Brunswick 1887, 190: »Vous promettez donques, de mettre peine de l'instruire en toute ceste doctrine, et generallement en tout ce qui est contenu en la sainte Escriture du vieil et nouveau Testament: á ce qu'il le recoyve, comme certaine parolle de Dieu venant du Ciel.«

[64] Heidelberger Katechismus, in: Bekenntnisschriften und Kirchenordnungen der nach Gottes Wort reformierten Kirchen, hg. von Wilhelm Niesel, Zürich ²1938, 148:

mus« geht es denn auch sowohl der Struktur, als auch dem Inhalt nach nicht um eine starre Lehre,[65] da die Lehrinhalte immer unmittelbar mit dem Glaubensleben des Belehrten in Bezug gebracht werden. Die fortwährende Frage nach dem Zweck eines Lehrinhaltes für den individuellen Gläubigen und für die Kirche als Ganzes passt genau in die Tradition des reformierten *doctrina*-Begriffs, wo *doctrina* immer auf Effektivität und Veränderung zielt, auf den Erwerb von Glaubenserkenntnis und Wachstum des Glaubens.

Aus dem Vergleich mit lutherischen Katechismen ergibt sich ein großes Maß an Übereinstimmungen mit den reformierten Lehrbüchern, wenn es um die Zielsetzung des Katechismus geht. In einem Punkt besteht allerdings ein deutlicher Unterschied. Bei beiden geht es um die Erkenntnis Gottes, um ein gottgefälliges Leben, Trost und ewiges Leben; aber während die lutherischen Katechismen daneben die Bewahrung der reinen Lehre zum Ziel haben, sind die Reformierten mehr am Verstehen von Gottes Gesetz für das gesellschaftliche Leben interessiert.[66] Dieser Unterschied hat sicher mit der für die reformierte Tradition kennzeichnenden Verknüpfung von Rechtfertigung und Heiligung zu tun, wobei das Gesetz – und dies im »Heidelberger Katechismus« sehr nachdrücklich – im Grunde als Richtschnur für die Dankbarkeit zurückkehrt. Der Grund dafür, dass die lutherischen Katechismen die Bewahrung der *sana doctrina* mehr betonen als die reformierten, muss im reformierten *doctrina*-Begriff gesucht werden. Katechese ist ein Mittel, um die *doctrina* weiterzugeben, letztlich geht es aber um die *doctrina* in ihrer Effektivität und nicht um *doctrina* als katechetisch formulierte *loci communes*. Es geht nicht um die *doctrina* selbst, sondern um diejenigen, an die die *doctrina* weitergegeben wird. *Doctrina* korrespondiert hier nicht mit intellektueller Kenntnis von Glaubensdingen, sondern mit Erkenntnis des Glaubens. Deswegen geht es auch

---

»Dann Erstlich / haben sie wol bedacht daß die angeborne boßheyt uberhand nemen würde / unnd darnach Kirchen und Politische Regiment verderben / wann man jhr nit bey zeiten mit heilsamer Lehr begegnet.«

[65] Vgl. die Schlussfolgerung von Thorsten *Latzel*, Theologische Grundzüge des Heidelberger Katechismus: Eine fundamentaltheologische Untersuchung seines Ansatzes zur Glaubenskommunikation, Marburg 2004, 190: »Entsprechend dem kommunizierten Evangelium ist dem HK bereits die schriftliche Form sekundär, eine lehrgesetzlich-doktrinäre Auffassung aber vollends unangemessen.« Siehe auch Lyle D. *Bierma* et al., An Introduction to the Heidelberg Catechism: Sources, History and Theology, Grand Rapids 2005 (Texts and Studies in Reformation and Post-Reformation Thought).

[66] W. *Verboom*, De catechese van de Reformatie en de Nadere Reformatie, Amsterdam 1986, 164.

nicht um die *cognitio doctrinae*, sondern um die *cognitio divinae benevolenti-ae*.[67] Das Element des Bewahrens der reinen Lehre ist durchaus vorhanden, allerdings nicht als Ziel, sondern als Mittel. Ziel ist es, dass der Belehrte in der Erkenntnis der Liebe Gottes wächst und in der Lage ist, Zeugnis von seinem oder ihrem Glauben zu geben.[68] Der Zweck eines Katechismus wird diesbezüglich klar in der »Coetusordnung« formuliert, die 1576 für Ostfriesland erstellt wurde.[69] Die Kirche benötigt eine Form, in der die Lehre von Wort und Sakrament dargelegt ist, und darum haben die Prediger in Emden aus verschiedenen Bekenntnisschriften und aus Melanchthons »Loci« von 1554 einen kleinen Katechismus zusammengestellt. Der Katechismus ist eine Form, um die Lehre darzulegen und weiterzugeben; sie ist selbst nicht die Lehre.

5. KIRCHENORDNUNG

Calvin ist es, der sehr nachdrücklich *doctrina* und *disciplina* verbindet.[70] Seiner Meinung nach ist die *doctrina* die Seele der Kirche, während die *disciplina* die Funktion der Nerven ausübt, die dafür sorgen, dass alle Dinge im Leibe in rechter Weise funktionieren.[71] Deshalb würde die Kirche ernsthaft in Aufruhr und Verfall geraten, wenn die *disciplina* nicht dafür sorgen würde, dass die *doctrina* geschützt und bewahrt bleibt. Ohne *doctrina* ist die Kirche ein Kadaver. Hier nähert sich Calvin dem Verhältnis zwischen *doctrina* und *disciplina* aus der Binnenperspektive der Kirche, die auf die Verkündigung der *doctrina* achtet, aber auch den Lebensstil der Gläubigen im Blick hat. Calvin behauptet,

---

[67] *Calvin*, Institutio 3,2,7 (OS, Bd. 4, München 1931, 16,32–35) definiert den Glauben als »divinae erga nos benevolentiae firmam certamque cognitionem, quae gratuitae in Christo promissionis veritate fundata per Spiritum Sanctum et revelatur mentibus nostris et cordibus obsignatur.«

[68] Johannes *Calvin*, Articles concernant l'organisation de l'église, in: OS, Bd. 1, München 1926, 369: »Tiercement jl est fort requis et quasi necessaire, pour conserver le peuple en peurte de doctrine, que les enffans des leur jeune eage soyent tellement instruicts, qui ilz puissent rendre rayson de la foy.«

[69] Emil *Sehling*, Die evangelischen Kirchenodnungen des XVI. Jahrhunderts, Bd. 7/2,1, Tübingen 1963, 434–439.

[70] Siehe Johannes *Plomp*, De kerkelijke tucht bij Calvijn, Kampen 1969.

[71] *Calvin*, Institutio 4,12,1 (OS, Bd. 5, München 1936, 212,24–26): »Proinde quemadmodum salvifica Christi doctrina anima est Ecclesiae, ita illic disciplina pro nervis est.«

dass die *doctrina* gerade dann fruchtbar wäre, wenn der Prediger nicht nur lehren könnte, wie man leben sollte, sondern auch die Mittel hätte, um die Gemeindeglieder dazu anzuspornen und zu ermahnen.[72] In der Einleitung der Genfer Kirchenordnung von 1561 schreibt Calvin, dass diese Kirchenordnung zum Ziel habe, die Lehre zu bewahren.[73] Aus Calvins Sicht auf die *doctrina* als heilsbringend und auf die Verkündigung des Evangeliums als ein Mittel, die *doctrina* zu den Menschen zu bringen, gelangt er zur Forderung, dass bei den von den Amtsträgern abzulegenden Examen zuallererst darauf geachtet werden muss.[74] Dabei geht es laut der »Ordonnances Ecclesiastiques« nicht um einen Korpus von Lehrsätzen, sondern um die Frage, ob jemand gute Kenntnisse der Heiligen Schrift hat und in der Lage ist, diese Kenntnisse zum Aufbau der Kirchgemeinde in guter Weise weiterzugeben. *Doctrina* ist also Kenntnis der Bibel und untrennbar mit dem Vermögen verbunden, diese Kenntnis, mit anderen Worten »la doctrine du Seigneur«, zu artikulieren. Zur Verdeutlichung dessen, worin die rechte Erkenntnis denn nun besteht, wird des weiteren festgelegt, dass es um die *doctrina* geht, die von der Kirche akzeptiert ist, wie sie sich vor allem im »Genfer Katechismus« findet.

Das Gewicht der *doctrina* kommt nicht nur im Amt des Predigers, des Ältesten und des Diakons zum Ausdruck, sondern besonders auch in der Einrichtung des Doktorenamtes. Es ist in besonderer Weise die Aufgabe der Doktoren, die Gläubigen in der gesunden Lehre zu unterrichten, um so die Reinheit des Evangeliums zu bewahren. Die Doktoren beschäftigen sich also nicht mit der Behandlung von *loci*, sondern mit der Auslegung der Schrift. Calvins Einsatz für eine gut funktionierende Ordnung – bei der er seine juristischen Kenntnisse nutzen konnte – steht dann auch im Rahmen der Sorge für die *doctrina* und ist in der Tat gemeint als Ordnung zur Lehre.[75] Die Ordnung dient der *doctrina*, aber die *doctrina* selbst hat ebenfalls eine ordnende Wirkung dadurch, dass sie dafür sorgt, dass die rechte Ordnung zwi-

---

[72] *Calvin*, Institutio 4,12,2 (OS, Bd. 5, München 1936, 213); Johannes *Calvin*, Commentarius in Acta Apostolorum, in: CO, Bd. 48, Brunswick 1892, 462: »Saepe enim frigebit communis doctrina, nisi privatis monitionibus iuvetur.«

[73] Ordonnances ecclésiastiques, hg. von Peter Opitz, in: RBS, Bd. 1/2, Neukirchen-Vluyn 2006, 246: »C'est chose digne de recommendation sur toutes les aultres que la doctrine du sainct Evangile de nostre Seigneur soit bien conservée en sa purité.«

[74] Vgl. RBS, Bd. 1/2, Neukirchen-Vluyn 2006, 250.

[75] Jan *Weerda*, Ordnung zur Lehre: Zur Theologie der Kirchenordnung bei Calvin, in: Calvin-Studien, hg. von Jürgen Moltmann, Neukirchen-Vluyn 1959, 144–171.

schen Gott und Mensch und zwischen den Menschen untereinander wiederhergestellt wird.[76] Im Grunde bildet diese Verbindung die Basis der reformierten Kirchenordnungen und namentlich die Bestimmungen über Zucht und Ordnung darin. In der Kirchenordnung für die Pfalz von 1563 wird der *doctrina*-Begriff nicht nur Norm für den Inhalt der Predigt, sondern auch für deren Form. Ausgangspunkt ist, dass

> das wort Gottes die lehr dahin pfleget zu richten, das es die menschen ernstlich zu erkandnuß irer sünden und elends einführet, darnach auch sie underweiset, wie sie von allen sünden und elend erlöset werden, und zum dritten, wie sie Gott für solche erlösung sollen danckbar seyn, [...].[77]

Auf Grund dessen muss sich der Prediger bei der Behandlung des Textes diese drei Punkte vor Augen halten. Auch hier wird, wie ebenfalls im »Schottischen Bekenntnis«, deutlich, wie die *doctrina* dem schriftlichen Text vorangeht und dieser die *doctrina* so in Worten wiedergibt, dass auf ihre Wirkung hingewiesen wird. Nicht die Predigt und nicht das Wort Gottes an sich, sondern die *doctrina* sorgt für die Erkenntnis des Elends, Erlösung und Dankbarkeit, jedoch hat der Prediger dies ausdrücklich zu berücksichtigen. In der Kirchenordnung, die Johannes a Lasco für die niederländische Flüchtlingsgemeinde in London schrieb und die durch Martin Micron zusammengefasst wurde, ist ebenfalls die Identifikation von Predigt und *doctrina* und die fundamentale Bedeutung der *doctrina* der Ausgangspunkt. Darum ist es die vornehmste Aufgabe des Predigers, »die reine lehre des göttlichen worts« zu lehren.[78] Die für reformierte Kirchenordnungen kennzeichnenden Bestimmungen über kirchliche Zucht nehmen auch in der Londoner Kirchenordnung einen sehr großen Platz ein und beanspruchen beinahe die Hälfte des Textes. Die Zucht erstreckt sich sowohl auf das Leben, als auch auf die Lehre der Gemeindeglieder und der Amtsträger. Die Verbindung beider Aspekte besteht aufgrund der unlöslichen Verbindung zwischen Lehre und Leben und wegen der Überzeugung, dass eine Abweichung in der *doctrina* das ewige Heil des Gläubigen und das Wohl der Kirche bedrohe.

---

[76] *Weerda*, Ordnung, 147. Zum Begriff »ordo« bei Calvin siehe ebenfalls Herman J. *Selderhuis*, Gott in der Mitte: Calvins Theologie der Psalmen, Leipzig 2004, 63–69.

[77] *Sehling*, Kirchenordnungen, Bd. 14: Kurpfalz, Tübingen 1969, 337.

[78] Marten Micron, De christlicke ordinancien der Nederlantscher Ghemeinten te London (1554), hg. von W. F. Dankbaar, 'sGravenhage 1956 (Kerkhistorische Studien 7), 14.

Es ist dieser *doctrina*-Begriff, der dazu führt, dass Johann Casimir 1587 einen Inspektor benennt, der beaufsichtigen sollte, was in Kirche und Schule gelehrt wird. Bezüglich der Predigt gilt der Auftrag, besonders sorgfältig darüber zu wachen, dass die Lehre unverfälscht weitergegeben und dass mit keinem Wort davon abgewichen wird.[79]

In den Artikeln des Weseler Konventes wird ein deutlicher Zusammenhang zwischen der Einheit in der *disciplina* und in der kirchlichen Ordnung gesehen. Die Einheit in der *disciplina* führt also nicht nur zu einer kirchlichen Einheit, sondern muss auch in eine Einheitlichkeit der kirchlichen Ordnung münden.[80] Die darauf folgende Synode von Emden von 1571 wurde zur Basis der reformierten Kirchen in den Niederlanden. Aus dem zweiten Artikel der Akten dieser Synode wird deutlich, dass es die Anerkennung der gemeinschaftlichen *doctrina* war, welche die Kirchen, oder besser ihre Abgesandten, zueinander gebracht hatte. Um dieser Gemeinschaft in der *doctrina* Ausdruck zu verleihen, wurde beschlossen, gemeinsam das Bekenntnis zu unterzeichnen.[81] Dieser Beschluss bedeutet im Grunde, dass der bis dahin nicht näher definierte Inhalt des Begriffs *doctrina* festgelegt wird auf dasjenige, was im Bekenntnis steht. Eine solche Konkretisierung, wie sie die *doctrina* hier erfährt, muss nicht unbedingt eine Reduktion bedeuten. Das zeigt sich auch in der nachfolgenden Bestimmung, die festhält, dass aus einem Examen deutlich werden muss, ob jemand in der rechten Lehre sei.[82] Auf den Inhalt dieses Examens wird nicht näher eingegangen, aber die Formulierung setzt eine bestimmte Lehrnorm vor-

---

[79] *Sehling*, Kirchenordnungen, Bd. 14, 535: »[...] damit von inen die alleinseligmachende lehr und göttliche warheyt (deren fundament, richtschnur und norma sindt die prophetischen und apostolischen schriften) rein, lauter, onverfälscht, fleissig und treulich getrieben und gelert und also alle und die articul unserer waren christlichen religion und glaubens in rebus, phrasibus et verbis rein und onverkert gepredigt und erklärt [...] werde.«

[80] Frederik Lodewijk *Rutgers*, Acta van de Nederlandsche Synoden der zestiende eeuw, 'sGravenhage 1899, 9: »Praecepit Apostolus Paulus ut in ecclesia Dei omnia fiant ordine et decenter: Quo non modo unanimis ecclesiae in doctrina, verum etiam in ipso ordine et politica ministerii gubernatione constet ac habeatur consensus.«

[81] *Rutgers*, Acta, 56: »Ad testandum in doctrina inter Ecclesias Belgicas consensum, visum est fratribus confessioni Ecclesiarum Belgicarum subscribere, et ad testandam harum Ecclesiarum cum Ecclesiis Regni Galliae consensum et coniunctionem, confessioni fidei Ecclesiarum illius Regni similiter subscribere, certa fiducia earum Ecclesiarum ministros confessioni fidei Ecclesiarum belgicarum ad mutuum testandum subscripturos.«

[82] *Rutgers*, Acta, 63: »Examinabuntur ministri ab iis a quibus eliguntur, si probetur eorum doctrina et vita [...].«

aus, also eine mehr oder weniger formulierte *doctrina*. Bemerkenswert ist dieses Übergehen des Inhaltes des Examens deshalb, weil darüber in den Weseler Artikeln sehr nachdrücklich gesprochen wird. Dort nämlich steht, dass, was die *doctrina* betrifft, bei einem Examen eines angehenden Predigers vor allem auf vier Dinge geachtet werden muss.[83] Es bedarf eines Zeugnisses der Kirche oder Schule, aus welcher er stammt, um festzustellen, ob sich jemand vielleicht mit verdächtiger Literatur, oder sinnlosen Spekulationen beschäftigt hat. Des weiteren, ob er sich in allem an die Lehre hält, wie sie in der »Confessio Gallicana« und dem »Heidelberger Katechismus« wiedergegeben wird. Zum dritten muss er sich einer Befragung über bestimmte Lehrsätze unterziehen, und schließlich muss er vor Predigern und möglicherweise einigen Anderen einige Bibeltexte auslegen. In diesen vier Bedingungen wird die Sorge um die *disciplina* in Worte gefasst, aber auch dessen Inhalt bestimmt, obwohl nicht restriktiv festgelegt.[84]

Zusammenfassend kann gesagt werden, dass die reformierten Kirchenordnungen des 16. Jahrhunderts die *doctrina* schützen und fördern wollten, wobei davon ausgegangen wurde, dass die Sorge für die Lehre die Sorge für das ewige Leben impliziert.

6. SCHLUSSFOLGERUNG

Wenn von Calvins *doctrina*-Begriff gesagt wird, dass es nicht um »ein Bündel von Lehren, von Lehrsätzen, die man als solche wissen muss um Christ zu sein« geht, sondern »um ein einübendes, tätiges Erkennen«[85], dann gilt dies im Grunde für die gesamte reformierte Tradition des 16. Jahrhunderts. Gilt es aber auch für spätere Jahrhunderte? Die Entwicklung der reformierten Theologie, in der die Weitergabe der wiederentdeckten *sana doctrina* mit der Zeit eine scholastische, also eine schulische Herangehensweise an die Inhalte erforderte, scheint auf eine Umkehrung der Reihenfolge von Schrift und *doctrina* hinauszulaufen. Bei Calvin geht die *doctrina* der Schrift voran, in der reformierten Orthodoxie scheint die *doctrina* aus von der Schrift abgeleiteten Lehrsätzen zu bestehen. Aber dies hat mehr mit einem veränderten Kontext als mit einem anderen *doctrina*-Begriff zu tun. So muss diese Ver-

---

[83] *Rutgers*, Acta, 14: »In doctrina quatuor observari erit utile […].«
[84] *Rutgers*, Acta, 14.
[85] *Weerda*, Ordnung, 149.

schiebung nicht unbedingt als Widerspruch zum oder als Verlassen des reformatorischen Prinzips verstanden werden. Allerdings ist es eine Entwicklung, die große Konsequenzen für die Theologie und die Kirche haben kann. Zweifellos birgt sie die Gefahr in sich, dass die *doctrina* nun doch mehr kognitiv als affektiv gewichtet wird und die Lehre zu wenig auf das Leben ausgerichtet ist. Obwohl die Art und Weise, in der die *doctrina* im Bekenntnis, in der Katechese und der Kirchenordnung formuliert wird, sie davor gerade schützen will, öffnen sich doch Räume für diese Gefahren. Im *doctrina*-Begriff der reformierten Tradition des 16. Jahrhunderts ist aber inhaltlich von einer derartigen Entwicklung nichts zu bemerken. Die Rede von »doctrina« steht ausdrücklich im Rahmen der Predigt und des Pastorenamtes, des Wachsens im Glauben und des Gemeindeaufbaus und soll dazu dienen. Damit ist der Begriff »doctrina« grundsätzlich auf die Praxis ausgerichtet.

WITNESSING TO THE CALVINISM OF THE ENGLISH CHURCH: THE 1618 EDITION OF THOMAS BRADWARDINE'S »DE CAUSA DEI ADVERSUS PELAGIUM«

Luca Baschera

Thomas Bradwardine died on the 26th of August 1349, 38 days after his consecration as archbishop of Canterbury.[1] Early in his career at Merton College, Oxford, he had engaged in the study of mathematical and physical questions, discussing them in a number of works which remain for the most part still unedited.[2] During his studies at Oxford, however, he also came to the fundamental conclusion that the theologians of his days did not grant the grace of God an appropriate place in matters of soteriology. It was precisely the desire to reassert the Augustinian point of view against any kind of Pelagian tendency which according to him dominated the theology of many among his contemporaries, that caused him to write »De causa Dei adversus Pelagium et de virtute causarum«, which he completed between 1335 and 1344.[3]

This essay will not engage in a study of »De causa Dei« as such, but will rather attempt to reconstruct the motives which led to the publication of the first – and to date also the only – printed edition of this work, published in London in 1618. A mere consideration of the year of publication together with an awareness of the focus of Bradwardine's work (the defence of Augustinian soteriology) should cause historians of the Reformation to suspect the presence of specific theological interests behind the decision to print it.[4] This suspicion is further increased by the fact that this edition was prepared by order of the »most

---

[1] Heiko A. *Oberman*, Archbishop Thomas Bradwardine: A Fourteenth Century Augustinian, Utrecht 1958, 22.

[2] See *Oberman*, Bradwardine, 12f.

[3] For a discussion of the year of completion of »De causa Dei« cf. *Oberman*, Bradwardine, 18f.

[4] Such a suspicion was already formulated by Nicholas *Tyacke*, Anti-Calvinists: The Rise of English Arminiansim c.1590–1640, Oxford 1987, 56.

reverend« archbishop of Canterbury George Abbot,[5] whose Calvinist[6] tendencies are well known.

This article, attempting to substantiate the suspicions mentioned above, argues that the publication of Bradwardine's »De causa Dei« in 1618 should essentially be understood as a piece of religious propaganda. Through the publication of the anti-Pelagian work of his predecessor Thomas Bradwardine George Abbot wanted to reassert the Reformed doctrine of predestination against its critics in England, submitting at the same time to the foreign Reformed churches – which were to assemble at the Synod of Dort in the same year – a clear evidence of what he considered the official position of his own church. Bradwardine's voluminous attack against the Pelagians was therefore meant as a witness to the Calvinism of the English Church, as it were, prior to Calvin himself.

I. »BEHARRUNG« AND »BEWEGUNG« IN ENGLISH THEOLOGY BETWEEN THE 16TH AND 17TH CENTURY

Although the majority of English theologians remained loyal to Calvinist positions throughout the reigns of Elizabeth and James I,[7] there were also significant areas of dissent, which testify to the presence of alternative views at the universities of Oxford and Cambridge as well as among the clergy. The cases of Antonio del Corro (Oxford) and William Barrett (Cambridge) shall serve as examples of the university debates. Corro, a former Spanish monk, who came to England in 1568 and taught at Oxford from around 1579 to 1586, was denied the title of

---

[5] Thomas *Bradwardine*, De causa Dei adversus Pelagium, London: Norton, 1618 (Short-Title Catalogue of Books Printed in England, Scotland, and Ireland and of English Books Printed Abroad 1475–1640, compiled by A.W. Pollard and G.R. Redgrave [Pollard STC], 3 vols., London ²1986, no. 3534), title page: »Iussu reverendiss[imi] Georgii Abbot Cantuariensis archiepiscopi.«

[6] In the present essay the term »Calvinist« is used simply to indicate those who supported a doctrine of absolute predestination as it was developed by Reformed theologians such as Peter Martyr Vermigli or Girolamo Zanchi and as it was afterwards endorsed at the Synod of Dort. Since this view of predestination was shared in England by both conformists and non-conformists, the label »Calvinist« does not as such imply any specific attitude in matters of church government.

[7] *Tyacke*, Anti-Calvinists, 4, 28. Tyacke corroborates his thesis about the Calvinist »monopoly« in this period with a careful analysis of the sermons preached at Paul's Cross, which until 1632 took an orthodox Calvinist line in matters of predestination, cf. *Tyacke*, Anti-Calvinists, 248–265.

Doctor of Divinity in 1576 because he was suspected to hold heterodox views about predestination, free will and justification by faith alone. In a work entitled »Tableau de l'oeuvre de Dieu«, published at Norwich in 1569, he had in fact described the process of salvation essentially as one of moral improvement through the cooperation of the human will.[8] As a further piece of evidence for Corro's heterodoxy the French-speaking church at London, whose minister Pierre l'Oiseleur de Villiers had already attacked Corro immediately after the publication of the »Tableau«,[9] collected together a corpus of 138 theses gathered from Corro's writings, speeches and correspondence, and sent it to Oxford. After a close examination of both the »Tableau« and the theses, and at the insistence of John Rainolds and other supporters of reformed doctrine, the university finally decided to reject Corro's application for a doctoral degree.[10]

Almost twenty years after the Corro affair at Oxford University an even more open criticism was levelled at the doctrine of absolute predestination. This time the attack came from the chaplain of Gonville and Caius College (Cambridge), William Barrett, who during a university sermon held on 29 April 1595 attacked the Calvinist view of predestination, denying that anyone could be certain of his own salvation. This sermon was probably intended as a reply to a lecture delivered two months earlier by the Regius Professor of divinity William Whitaker and directed against the »advocates of universal grace«.[11] Barrett, who seems to have formulated his criticism under the influence of Peter Baro – then Margaret Professor of divinity at Cambridge and assertor of the conditionality of election and reprobation –, was summoned before the Consistory Court and forced to recant. Nonetheless the dispute continued, because Barrett appealed to archbishop Whitgift, presenting himself as the victim of a »Puritan plot«.[12] Although Whitgift criticized at first the Heads of the university for

---

[8] C[hristopher] M. *Dent*, Protestant Reformers in Elizabethan Oxford, Oxford 1983, 121.

[9] *Dent*, Protestant Reformers, 117.

[10] *Dent*, Protestant Reformers, 121–125. On John Rainolds (1549–1607) see Oxford Dictionary of National Biography, ed. by H.C.G. Matthew and Brian Harrison [ODNB], Oxford 2004, vol. 45, 823–827.

[11] Peter *Lake*, Moderate Puritans and the Elizabethan Church, Cambridge 1982, 201–204; *Tyacke*, Anti-Calvinists, 30. On William Whitaker (ca. 1547–1595) see ODNB, vol. 58, Oxford 2004, 517–521.

[12] *Lake*, Moderate Puritans, 206.

their action against Barrett,[13] in November 1595 he agreed to a set of propositions prepared by Whitaker, which reasserted the Reformed doctrine of predestination – the so-called Lambeth Articles.

In spite of Whitgift's approval, however, these Articles were never given confessional status in England, although the »Puritans« tried to achieve this goal at the Hampton Court Conference (1604), and James Ussher even included them in the Articles of the Irish Church in 1615.[14] Viewed more as a solution *ad hoc* than a general and binding statement, the Lambeth Articles were soon criticized and actually could not fulfil the purpose for which William Whitaker had composed them: to defeat once for all the adversaries of absolute predestination. It is perhaps worth mentioning that an early and rather critical assessment of the Lambeth Articles came from Lancelot Andrewes, who was then Whitgift's chaplain, but later became one of the most influential English prelates.[15]

Given these precedents it is understandable that when the ideas of Jacob Arminius began to circulate throughout Europe, they could find appreciation amongst an increasing number of English theologians. Arminius' views were first brought to England by Richard »Dutch« Thomson and found in John Overall a most resolute advocate.[16] Overall not only entertained personal correspondence with Hugo Grotius and Gerhard Johann Vossius, but also claimed on several occasions that the Arminian doctrine essentially agreed with that of the Church of England.[17] He was well connected with bishop Lancelot Andrewes, with whom he collaborated as member of the Court of High Commission. Andrewes supported him in his ecclesiastical career, which resulted in Overall being appointed to the bishopric of Coventry and Lichfield, and finally to that of Norwich.[18]

---

[13] According to Whitgift the Heads had even forced Barrett to approve views »contrary to the doctrine holden and professed by many sound and learned divines in the Church of England.« See *Lake*, Moderate Puritans, 209.

[14] *Lake*, Moderate Puritans, 225; *Tyacke*, Anti-Calvinists, 23.

[15] See Lancelot *Andrewes*, Judgment of the Lambeth Articles, in: The Works of Lancelot Andrewes, vol. 8, Oxford 1854, 289–305. Cf. also Paul A. *Welsby*, Lancelot Andrewes 1555–1626, London 1958, 43f.

[16] *Tyacke*, Anti-Calvinists, 36f. On Richard Thomson (d. 1613) see ODNB, vol. 54, Oxford 2004, 549.

[17] *Tyacke*, Anti-Calvinists, 91.

[18] On John Overall (d. 1619) see ODNB, vol. 42, Oxford 2004, 149–151.

In spite of the support the Arminian ideas gained from such prominent members of the clergy as Overall, there were nonetheless other relevant factors which prevented these ideas from becoming dominant, at least until the end of the reign of James I. First of all the King himself, who delighted in theological debates, was amongst the fiercest adversaries of Arminianism and insisted on sending an English delegation to the Synod of Dort.[19] Another defender of »orthodoxy« was certainly George Abbot, who, since his appointment as archbishop of Canterbury in 1611,[20] occupied a prominent and influential position for the rest of James' reign.[21] Apart from Abbot, other members of the clergy can be added who, together with numerous professors, equally supported the cause of Calvinism in England. To be mentioned here are James Montague, bishop of Bath and Wells and afterwards of Winchester,[22] as well as John Davenant and Samuel Ward who were to participate at the Synod of Dort as members of the English delegation,[23] and Robert Abbot, the brother of George Abbot and Regius Professor of Divinity at Oxford University, who continued to defend the doctrine of double predestination in his lectures.[24]

The theological climate in England prior to the Synod of Dort was therefore dominated by a deep ambivalence, with the Arminian doctrines spreading, but not dominating because of the presence of strong advocates of Calvinism such as the Archbishop of Canterbury or the King himself. This was the situation in which the edition of Bradwardine's »De causa Dei adversus Pelagium« appeared. Before reflecting on its significance, however, it is necessary to look closer at those actively involved in the project.

---

[19] *Tyacke*, Anti-Calvinists, 41, 88, 91.

[20] Paul A. *Welsby*, George Abbot: The Unwanted Archbishop 1562–1633, London 1962, 40.

[21] *Tyacke*, Anti-Calvinists, 88.

[22] On James Montague (1568–1618) see ODNB, vol. 38, Oxford 2004, 738f.

[23] On Samuel Ward (1572–1643) and John Davenant (d. 1641) see ODNB vol. 7, Oxford 2004, 342–344 and vol. 15, Oxford 2004, 252–254. John Davenant defended the Calvinist doctrine of predestination in his »Animadversions upon a Treatise Intitled Gods Love to Mankind« (Cambridge: Roger Daniel 1641; Short-Title Catalogue of Books Printed in England, Scotland, Ireland, Wales, and British America and of English Books Printed in Other Countries 1641–1700, compiled by Donald Wing [Wing STC], 3 vols., New York 1972, no. D315).

[24] On Robert Abbot (ca. 1559–1618) see ODNB, vol. 1, Oxford 2004, 31–34; also *Tyacke*, Anti-Calvinists, 61.

2. The Edition and its Makers

It has been already mentioned that Bradwardine's *opus magnum* was printed »by order of the most reverend archbishop of Canterbury George Abbot.« However, there is no evidence that the latter was directely involved in the editorial work. He surely supported and encouraged the realization of the project, which through the explicit mention of Abbot's name on the title page acquired naturally a more official status, presenting itself as a mirror of the theological position of the English primate. The actual editor of »De causa Dei«, however, was Henry Savile (1549–1622), since 1585 warden of Merton College, Oxford.[25]

Savile can be considered as one of the most erudite scholars in later Elizabethan and Jacobean England. His interests ranged from classical scholarship to mathematics and astronomy, a field in which he began his academic career after graduating with a MA in 1570. Soon he distinguished himself also for his classical erudition and in 1582 became the Greek tutor of Elizabeth I. This appointment marked the beginning of his career as a courtier, which was to have a positive influence on his academic career. Indeed, it was due to his good connections at court that he became warden of Merton College in 1585 and even managed to obtain the provostship of Eton in 1595, although he was not ordained. The fact that he was appointed to those prominent positions by rather unorthodox means should not, however, throw shadows on his activity as an administrator, which was instead successful and appreciated by his contemporaries. Although Savile displayed a life long interest in geometry and astrology, and was in contact with leading mathematicians such as Tycho Brahe's pupil Johannes Praetorius, the only work he published in this field was a series of lectures on Euclid's »Elements« (»Praelectiones tresdecim in principium elementorum Euclidis«, 1621), his inaugural speeches for the two professorships in geometry and astronomy he founded at Oxford in 1620. After the publication of Joseph Scaliger's »Cyclometrica« (Leiden, 1594) – a work which Savile was to criticize in the »Praelectiones« – he had planned to compile an entire history of the problem of the quadrature of the circle, but never completed the project. Savile's two great achievements in the field of classical scholarship were, instead,

---

[25] The only substantial account of Savile's life and work is offered by R.D. *Goulding* in ODNB, vol. 49, Oxford 2004, 109–118.

his English translation of Tacitus' »Historiae« and »Agricola« (1591) as well as his monumental edition of John Chrysostom's complete works in the original Greek. For the realization of the latter project, which led to the publication of eight large volumes in 1613, Savile was assisted by several classical scholars who contributed critical notes to the edition.[26] In spite of its remarkable quality, this edition was not a financial success and had to compete with other editions containing also Latin translations of Chrysostom's writings.

Against this background of Savile's career, it is legitimate to ask what caused his interest for Bradwardine's refutation of Pelagianism. As we have seen, his interests were mainly directed at classical scholarship and mathematics and it can be assumed that he knew Bradwardine as a student of mathematical and physical questions.[27] But what caused his interest in Bradwardine as a theologian? It seems quite evident that the impulse to work on »De causa Dei« came from archbishop Abbot. The two knew each other personally, having served in the same commission of translators during the preparation of the King James Bible.[28] Moreover, Abbot might have been impressed by the proficiency Savile showed as editor of Chrysostom and probably made contact with the latter in or soon after 1613 in order to plan the edition of »De causa Dei«. However, even though the claim that Abbot acted as inspirator of the »Bradwardine project« is supported by the clear indication on the title page of the printed edition (»iussu [...] Georgi Abbot [...] editi«) and indirectly confirmed by his staunch aversion against Arminianism, this should not lead us to consider Savile as a mere instrument in the hands of the archbishop. It cannot be excluded that he shared to some extent Abbot's dislike for the Pelagian tendencies of the theology of his age, as his preface to »De causa Dei« quite clearly indicates. Praising it as Bradwardine's main theological work, Savile describes »De causa Dei« indeed as a book written »against Pelagian perfidy, a heresy which time and again grows in the church,

---

[26] On Savile's edition of Chrysostom's works and a general account of English patristic scholarship see Jean-Louis *Quantin*, The Fathers in 17th Century Anglican Theology, in: The Reception of the Church Fathers in the West, ed. by Irena Backus, Leiden 1997, 994–1000.

[27] With the foundation of the two professorships in geometry and astronomy Savile actually envisaged a revival of mathematical studies which had flourished in the fourteenth century among the »Mertonians«, to whom also Bradwardine belonged. Cf. Peter *Schulthess* and Ruedi *Imbach*, Die Philosophie im lateinischen Mittelalter, Düsseldorf / Zürich 2000, 240f.

[28] See Olga S. *Opfell*, The King James Bible Translators, Jefferson 1982, 77–91.

as experience shows«.[29] Although the significance of such a hint should not be overstated, the explicit reference to »experience« appears as a quite overt allusion to the Arminian movement then flourishing in Holland, which in the eyes of the Calvinists was nothing else than a revival of ancient Pelagianism.

As far as the time schedule is concerned, it remains unclear when Savile started working on Bradwardine, although it seems likely that he was able to dedicate himself to this new project only after the completion of the Chrysostom edition. In the preface to »De causa Dei«, Savile mentions that the printed text relies on six manuscripts, but specifies the provenience only of two of them, which contain variations in the title of the work.[30] If we recount that in the printed version »De causa Dei« covers 876 folio pages, we can imagine that the transcription and collation of the six manuscripts took up a considerable amount of time. Of course Savile could have profited from the help of collaborators, as it had been the case for his edition of Chrysostom's works, but he does not mention anyone in the preface. The only evidence concerning the involvement of other persons in the project is offered by Samuel Clarke in his short biography of William Twisse (ca. 1577–1646).[31] Twisse, a former student at Oxford who had been Robert Abbot's pupil[32] and received the degree of Doctor of Divinity

---

[29] Henry *Savile*, Preface to *Bradwardine*, De causa Dei, a2v–a3r: »In theologia vero palmaris est […], palmam inquam obtinet liber iste […] contra Pelagianorum perfidiam, haeresim omnibus subinde aetatibus, *ut experientia docet*, in ecclesia succrescentem« (my emphasis).

[30] *Savile*, Preface, a3r and *Oberman*, Bradwardine, 18f.

[31] Samuel *Clarke*, The Lives of Sundry Eminent Persons in this Later Age, London: Thomas Simmons 1683 (Wing STC C4538), 13–18.

[32] Although both E.C. *Vernon* in his article on Twisse in ODNB, vol. 55, Oxford 2004, 740 and Sarah *Hutton*, Thomas Jackson, Oxford Platonist, and William Twisse, Aristotelian, in: Journal of the History of Ideas 39/4 (1978), 647 maintain that Twisse had been a student of George Abbot, a passage in the »epistle to the readers« William Ames wrote to be inserted in Twisse's »Vindiciae gratiae potestatis ac providentiae Dei« seem to contradict them. There Ames praises Twisse's work comparing it to Robert *Abbot*, A defence of the Reformed Catholicke of M.W. Perkins, lately deceased, against the bastard counter-Catholicke of D. Bishop, seminary priest, London: George Bishop 1606 (Pollard STC 48), and refers immediately after to Twisse as Abbot's pupil: »Sed bene conveniebat, quum unam palmam retulerat Reverendissimus Abbotius ex defensione Perkinsii adversus Episcopium papistam, qui Catholicum ab ipso reformatum conatus est deformare, ut alter iste triumphus de Arminio reservaretur D[omini] Doctori Twisse, qui sub Abbotio studuit Theologiae eique prae caeteris quasi filius fuit genuinus« (cf. William *Twisse*, Vindiciae gratiae potestatis ac providentiae Dei, Amsterdam: Jansson 1632, *4v).

in 1614, was to become a champion of Calvinist orthodoxy, authoring fierce attacks not only against the Oxford Platonist Thomas Jackson, but also against Arminians (»Vindiciae gratiae potestatis ac providentiae Dei«) and the supporters of the doctrine of middle knowledge (»Dissertatio de scientia media«).[33] Rather interestingly, in his account of Twisse's life, Clarke mentions that Twisse, before taking the doctoral degree, had »given a great manifestation both of his Learning and Industry in his Lectures and Disputations; as also in transcribing and judiciously correcting the Writings of that profound Doctor, Thomas de Bradwardine, which were to be Published by Sir Henry Savil«.[34] Since Twisse – as already mentioned – became Doctor in 1614, Samuel Clarke's account can lead to two different hypotheses. If we assume that the actual work on »De causa Dei« began after or in 1613 under Savile's direction, Clarke's statement should be considered as an indication that Twisse spent time on Bradwardine only for a short period in the very early phase of the editorial work. However, this would not justify Clarke's emphasis on the »judicious« work Twisse made »correcting«, i. e. collating the transcription with other manuscript sources. It seems therefore more likely that Twisse – moved by personal interest and encouraged perhaps also by his mentor Robert Abbot – had worked on Bradwardine already before 1613, through his efforts preparing the way for Savile's later contributions.

3. SIGNIFICANCE AND RECEPTION

The mention of archbishop George Abbot as main supporter of the project, the allusion to contemporary forms of Pelagianism in Savile's preface as well as the dedication to King James I, »guardian and defender of the true faith«,[35] are all factors which concur to corroborate the thesis that the first printed edition of »De causa Dei« did not only constitute a work of erudition, but represented a theological ma-

---

[33] *Twisse*, Vindiciae gratiae, and *Id.*, Dissertatio de scientia media, Arnhem: Bies, 1639. On the polemic between Twisse and Jackson see Sarah *Hutton*, Thomas Jackson and William Twisse, 635–652. On the career of William Twisse see ODNB, vol. 55, Oxford 2004, 740–742.

[34] *Clarke*, The Lives of Sundry Eminent Persons in this Later Age, 14.

[35] *Bradwardine*, De causa Dei, a1r: »Serenissimo et potentissimo principi Iacobo, Dei gratia Magnae Britanniae, Franciae et Hiberniae regi, verae fidei assertori et propugnatori [...].«

nifesto in support of the Calvinist doctrine of predestination and
against the innovations of Arminianism. The Augustinian view, which
Bradwardine defended in »De causa Dei« and was shared by orthodox
Reformed theologians, was to be presented as the »official« position of
the Church of England in soteriological matters. Accordingly, the hid-
den message which seems to underlie the publication of »De causa
Dei« could be summarized as follows: »Archbishop Bradwardine had
directed his book against those among his contemporaries who in his
opinion held Pelagian views of grace; but if he had lived now, at the
beginning of the seventeenth century, he would have criticized with
the same vehemence the Pelagians of today, namely the Arminians.
His work is therefore as useful today as it was in his time and for this
reason deserves to be re-edited.«

Bradwardine indeed constituted a powerful weapon in the hands of
the English adversaries of Arminianism. He was himself an English-
man, a very important point if we remember that the peculiarity of the
Church of England in comparison with foreign Protestant churches
had always been emphasized by the adversaries of Calvinism.[36] Furthermore, he had been archbishop of Canterbury, albeit for a short
time, which means that he was a predecessor of George Abbot, who
shared his views of predestination and liberty of the will. Bradwardine's »De causa Dei« suggested therefore the presence of an ideal con-
tinuity between the two keepers of the see of Canterbury, something
which could be presented by the Calvinist party as a proof that Au-
gustinianism had always, as it were, characterized the doctrinal position of the English primates and was consequently normative for the
whole Church of England. Finally, the testimony of Bradwardine was
very valuable because his doctrine was indeed very similar to the Reformed one, but he had formulated it long before the Reformation.
Accordingly, he could be presented as an impartial voice and as a
reliable *testis veritatis* in support of Calvinist orthodoxy.

---

[36] Even archbishop Whitgift, who of course cannot be simply labeled as an anti-
Calvinist, had pointed out in the early phase of the »Barrett affair« that »to traduce
Calvin and other learned men in pulpits I can by no means like [...]. And yet if a man
should have occasion to control Calvin for his bad and unchristian censure of King
Henry VIII or him and others in their peremptory and false reproofs of this Church of
England in diverse points and likewise in some other singularities, I know no Article of
Religion against it« (quoted in *Lake*, Moderate Puritans, 211). According to *Lake*, Moderate Puritans, 210, »Whitgift's overriding concern was to refute their implicit assi-
milation of the doctrinal position of the English church to the opinions of foreign
divines.«

For a number of years, Calvinists in England had defeated the Arminians. Although there had been some disagreement among the members of the English delegation during the discussions about the extension of the validity of Christ's atonement,[37] the synod of Dort concluded in 1619 with the public and consensual subscription of the canons by all delegates. Officially condemned at Dort, Arminianism seemed to have been defeated also in England, if we consider that Calvinists were able to maintain an almost complete control of the academic life as well as of the university presses until the late 1620s.[38] Yet Arminian tendencies not only survived, but soon began to regain influence also due to the more cautious attitude of James I, who in the 1620s seemed to question his previous unconditional support of the Calvinist cause. Probably influenced by the rather critical stance towards the articles of Dort of his favourite court preacher, Lancelot Andrewes,[39] in August 1622 James issued a number of declarations addressed at the clergy, prohibiting all popular preaching about »predestination, reprobation, or of the universality, efficacy, resistibility or irresistibility of God's grace.«[40] Apparently the King even supported the publication in 1624 of Richard Montagu's »A New Gagg for an Old Goose«, a work in which Montagu tried to correct Catholic misrepresentations of the Church of England, arguing that its doctrine fundamentally differed from Calvinism.[41] However, as Diarmaid MacCulloch points out, this was but »a small portent of the near-complete rout of establishment Calvinism which Laud would captain under Charles I«.[42] Thus it can be concluded that, in the two decades following the publication of Bradwardine's »De causa Dei« and the conclusion of the synod of Dort, the short-term victory of Calvinism was followed by a triumph of Arminianism in the long run.

Nonetheless, it is precisely in a longer perspective that the 1618 edition of Bradwardine reveals its importance. Although the theological party, in whose interest it had been published, progressively lost

---

[37] *Tyacke*, Anti-Calvinists, 96f.

[38] *Tyacke*, Anti-Calvinists, 101.

[39] Cf. Andrewes' critical remarks in a sermon preached in 1621, in: The Works of Lancelot Andrewes, vol. 3, Oxford 1854, 32.

[40] See *Tyacke*, Anti-Calvinists, 102f.

[41] For an evaluation of the possible motives which led James I to support Montagu see *Tyacke*, Anti-Calvinists, 104.

[42] Diarmaid *MacCulloch*, The Later Reformation in England 1547–1603, New York 1990, 96.

ground in the Church of England, »De causa Dei« continued to play an important role in the English controversial literature of the seventeenth and even eighteenth century. Of course Bradwardine had not been totally unknown to Protestants prior to 1618. The Lutheran Matthias Flacius Illyricus had devoted a section of his »Catalogus testium veritatis« to Thomas Bradwardine, whereas William Perkins had even quoted passages out of »De causa Dei« in his polemical work »Problema de Romanae fidei ementito catholicismo«.[43] However, there is no doubt that the printing of Savile's edition in 1618 significantly increased the reception of Bradwardine's *opus magnum* among the English advocates of Calvinism. In order to substantiate this claim we will refer to three polemical works by English theologians, which were all intended as a defence of the Calvinist doctrine of predestination and contain clear evidences of the authors' use of the 1618 edition of Bradwardine's »De causa Dei«.

On 12 January 1625 Samuel Ward, who had been a member of the English delegation at the Synod of Dort and since 1623 Lady Margaret Professor of Divinity, preached a sermon at Cambridge which was printed the following year under the title »Gratia discriminans«.[44] Ward reads Phil 2, 12 f. as a confirmation of the Reformed doctrine of »irresistible grace« set down at Dort and opposed by the Remonstrants. Moreover, in order to reject any »Pelagian« interpretation of Paul'sPaulus words, Ward refers in the course of his *concio* to numerous authorities which in his opinion all support the Calvinist view of efficacious grace. As it could be expected, the author most often quoted is Augustine.[45] Apart from the *Doctor gratiae* Ward refers also to several other Church Fathers as well as to medieval and contemporary theologians, including three references to Bradwardine's »De causa Dei«.[46] What is interesting for us, however, is that he not only quotes »De

---

[43] See Matthias Flacius *Illyricus*, Catalogus testium veritatis, Geneva: Stoer, 1608, col. 1752–1758 and William *Perkins*, Problema de Romanae fidei ementito catholicismo, Cambridge: John Legat, 1604 (Pollard STC 19734), 72. In the first edition of the *Catalogus* (Basel: Oporin, 1556), however, Bradwardine is not mentioned.

[44] Samuel *Ward*, Gratia discriminans, London: Flesher, 1626 (Pollard STC 25026).

[45] In *Gratia discriminans*, which covers 54 pages in octavo, Augustine is referred to 38 times.

[46] Bradwardine is mentioned on page 22, 37 and 42, and is called by Ward: »Bradwardinus noster, gratiae Dei strenuissimus assertor.« Among the other authorities quoted to support Ward's views are: John Chrysostomus (p. 4); Eucherius (6); Irenaeus (p. 7); Jerome (p. 18); Cyprian (p. 18); Bernard of Clairvaux (p. 18, 19, 20); Gregory the Great (p. 19); Prosper (p. 46); Bonaventure (p. 47); Domingo Bañez (p. 40).

causa Dei«, but in two cases even inserts page references, which correspond to the pagination in the 1618 edition of the same work.[47]

Another English Calvinist who made extensive use of Bradwardine in his polemical writings and explicitly referred to Savile's edition of »De causa Dei«, is William Twisse. As it has already been mentioned, Twisse had been involved in the editorial work at an early stage, which finally led to the printing of »De causa Dei« in 1618. It is therefore hardly surprising that he often quotes Bradwardine in support of the Calvinist stance in matters of grace and predestination in his »Vindiciae gratiae potestatis ac providentiae Dei« as well as in the »Dissertatio de scientia media«. Especially in the »Vindiciae«, which was conceived as a detailed and »scholastic« response to Arminius' »Examen libelli«,[48] Twisse specifies not only from which book and chapter of »De causa Dei« he takes the quoted passages, but often also declares on which page of Savile's edition they are to be found.[49]

Finally, the »Historic Proof of the Doctrinal Calvinism of the Church of England« by Augustus Montague Toplady (1740–1778) bears testimony to the continuing influence of »De causa Dei«, and especially the 1618 edition, in English polemics even in the 18th century. Although Toplady is nowadays known mainly as hymn writer, he was also an erudite theologian and a strenuous advocate of predestinarianism against the »Pelagian« tendencies of the founder of Methodism, John Wesley.[50] Toplady's »Historic Proof«, a work which resembles in its structure Flacius' »Catalogus testium veritatis«, was directed precisely against Wesley's denying of absolute predestination. In order to make clear that »Calvinism« has always been the official doctrine of the Church of England, even before the Reformation, Toplady refers to several Church Fathers and English medieval theologians who, according to him, had all been »Calvinists« ante litteram. For all these authors Toplady gives extensive accounts of their lives and opinions, also quoting long passages from their writings. A prominent place among the medievals obtains Thomas Bradwardine, who according to

---

[47] *Ward*, Gratia discriminans, 37 and 42.

[48] Jacob *Arminius*, Examen modestum libelli, quem Gulielmus Perkinsius appriome doctus theologus edidit ante aliquot annos de praedestinationis modo et ordine, Leiden: Basson, 1612.

[49] Explicit references to the 1618 edition of »De causa Dei« are present in William *Twisse*, Vindiciae gratiae, 200a (book 1); 22b and 162b (book 2, part 1); 106b (book 2, part 3); 162b (book 3).

[50] On Toplady's career see ODNB, vol. 55, Oxford 2004, 37–39.

Toplady »may rank with the brightest luminaries, of whom this or any other nation can boast«.[51] Interestingly, Toplady declares that both the information on which his account of Bradwardine's life is based and the numerous quotations from »De causa Dei« in section X of the »Historic Proof« are taken from the 1618 edition of Bradwardine's *opus magnum*. Moreover, he expresses warm thankfulness towards the editors: »This inestimable performance [i.e. ›De causa Dei‹] was printed A.D. 1618 by the united care [...] of the pious Dr. George Abbot, archbishop of Canterbury, and the most learned Sir Henry Savile.«[52]

4. Conclusion

According to the thesis presented in this essay, Thomas Bradwardine's »De causa Dei adversus Pelagium« was published in London in 1618 as part of an anti-Arminian strategy, tending to present Calvinism as the »official« position of the Church of England. However triumphant at Dort, Calvinism was to be gradually defeated in England in the following decades. Nonetheless, Savile's edition of »De causa Dei« continued to circulate and helped make Bradwardine's thought known to an increasing number of theologians. Therefore, although the first edition of »De causa Dei« was printed for specific purposes and in a specific phase of the history of the English Church, its significance did not remain confined to that historical moment. Rather, in the following centuries it contributed to a wider reception of Bradwardine among the advocates of Calvinism and still constitutes the basis for historical inquiries of Bradwardine's theology.[53]

---

[51] Augustus Montague *Toplady*, Historic Proof of the Doctrinal Calvinism of the Church of England, in: Works, London 1841, 104b.

[52] *Toplady*, Historic Proof, 106a-b.

[53] Both Gordon *Leff*, Bradwardine and the Pelagians, Cambridge 1957, and *Oberman*, Bradwardine, quote Bradwardine according to the 1618 edition of »De causa Dei«.

BIBELSTELLENREGISTER

Altes Testament	36, 81, 93–96, 101, 103–105, 109, 113, 131, 135f., 142, 220, 222, 226, 233f., 243, 247, 259f., 263f., 267, 270, 276, 278, 284–293, 313, 318, 343, 359, 400–402, 418f., 425	Gen 35, 4	279
		Gen 35, 19	271
		Gen 36	272
		Gen 49	278
		Ex	284
		Ex 2, 2–17	248
		Ex 20, 3–5	339
		Ex 23	339, 343
		Ex 23, 13	313, 329, 339, 343
Pentateuch	284, 291, 424		
		Lev	284
Gen	260, 270, 276, 284, 410		
		Num	284
Gen 1	269f., 273, 281		
Gen 1–4	270	Dtn	284
Gen 1–50	272	Dtn 5, 6–21	248
Gen 1, 6ff.	384	Dtn 6	343
Gen 1, 20ff.	384	Dtn 6, 13	313, 329, 339, 343
Gen 1, 26ff.	384	Dtn 6, 15–19	403
Gen 2	270	Dtn 7	341
Gen 3	270	Dtn 7, 3	341
Gen 3, 1ff.	384	Dtn 10	343
Gen 5	272	Dtn 10, 20	313, 329, 339, 343
Gen 7–9	268	Dtn 18, 11	243
Gen 8	273		
Gen 10	272, 275	Jos 23	339, 343
Gen 11, 10–32	272	Jos 23, 7	313, 329, 339, 343
Gen 15, 8–17	247		
Gen 18, 1	279	Ri	140, 359
Gen 18, 1f.	273		
Gen 19, 3f.	278	Ruth 1, 17	247
Gen 22	271		
Gen 23	274	1Sam 28	245
Gen 25, 12–18	272		
Gen 28, 15	62	2Sam	410
Gen 29	271	2Sam 3, 35	247
Gen 35	273		
Gen 35, 3f.	271	1Kön 6, 13	62

1Kön 16, 29–33	62	Spr	260f., 285
1Kön 19, 18	62	Spr 8, 6–8	289
1Kön 21, 20–22	62		
1Kön 22, 52–54	62	Koh	260f., 277, 281, 285
		Koh 1, 1f.	277
2Kön 3, 1–3	62	Koh 1, 3f.	275
2Kön 6, 31	247	Koh 2	273, 281
2Kön 8, 16–18	62	Koh 5, 3f.	277
2Kön 8, 24–27	62	Koh 10, 1f.	275
		Koh 11, 3f.	277
2Chr 9f.	342	Koh 11, 7–10	277
2Chr 21, 1–20	62		
2Chr 22, 1–9	62	Hld	260, 272, 275–277, 285
Hiob	242, 285, 396, 406, 425		
		Jes	119, 260, 272, 275–277, 280, 395, 402, 410
Hiob 19, 25–26	384		
		Jes 25	275
Ps	122, 124–126, 130f., 196, 215, 220f., 224, 226f., 229f., 232–234, 260f., 265–268, 272f., 275f., 281, 285, 383, 389, 391, 393, 397, 401, 405	Jes 35	276
		Jes 45	343
		Jes 45, 4	280
		Jes 45, 23	313, 329, 339, 343
		Jes 46, 1	280
		Jes 65	343
		Jes 65, 16	313, 329, 339, 343
Ps 1–50	260		
Ps 2	272f., 281	Jer	409
Ps 2, 4f.	273	Jer 4	343
Ps 2, 12	273	Jer 4, 2	313, 329, 339, 343
Ps 8	267	Jer 5	339, 343
Ps 17 (16)	266	Jer 5, 7	313, 329, 339, 343
Ps 22 (21)	266		
Ps 31, 5	387	Ez	400
Ps 36	280		
Ps 37, 28	62	Dan	410
Ps 45	276	Dan 3	340
Ps 45, 3f.	276	Dan 3, 14–22	340
Ps 51	389–391	Dan 5, 1–5	408
Ps 51, 13	390	Dan 9, 24–27	23
Ps 51, 14b	390		
Ps 51, 15	390	Amos	219
Ps 51, 18	390		
Ps 51, 19	390	Hab	203
Ps 63	343		
Ps 63, 12	343	Zeph 1	339
Ps 64	35	Zeph 1, 4	329
Ps 68	358	Zeph 1, 4f.	339
Ps 109	234		
Ps 118	234	Apokryphen	260, 284f., 291
Ps 130	389f.	Sir	284

Neues Testament 16, 81, 93f., 99,
103–105, 108f., 124,
131, 136, 160, 167,
222, 226, 233f.,
259f., 263f., 270,
284, 289–293, 319,
330, 343, 369,
400–402, 418f., 425

Mt 122, 125, 130, 260,
272, 274–276
Mt 1 272
Mt 4, 17 385
Mt 5 343
Mt 5, 34 105
Mt 6, 9–13 248
Mt 6, 33 369
Mt 7 273
Mt 10 274
Mt 10, 34 274
Mt 10, 39 274
Mt 12, 31f. 249
Mt 13 33
Mt 13, 24–30 110
Mt 13, 40f. 110
Mt 15, 14 371
Mt 16, 18 248, 250
Mt 20, 1f. 274
Mt 26, [1]–2 271

Mk 17, 125

Lk 125
Lk 11, 2–4 248
Lk 14, 23 109
Lk 16, 29ff. 243
Lk 18, 7 208
Lk 22, 25f. 106

Joh 122, 125, 263, 439
Joh 1, 1–4 384
Joh 1, 13–14 384
Joh 3, 3 384
Joh 14, 2–3 384
Joh 14, 16–17 384
Joh 14, 26 384
Joh 16, 7ff. 384
Joh 16, 13 108
Joh 17, 21 154

Apg 410

Apg 2, 36–38 392
Apg 5, 29 410
Apg 7, 41 410
Apg 14, 11–17 340, 344
Apg 17, 30f. 47
Apg 20 33f. 109

Röm 124f., 130, 147, 260,
272, 275f., 369, 400,
408
Röm 1 274
Röm 1, 9 106
Röm 3, 28 249
Röm 8 154
Röm 9 45
Röm 9, 20ff. 384
Röm 10, 17 369
Röm 11, 4 62

1Kor 2, 4 419
1Kor 3, 15 249
1Kor 7, 10–16 341
1Kor 7, 15 342
1Kor 11, 19 103
1Kor 11, 28f. 111
1Kor 12 154
1Kor 14, 2 234
1Kor 15, 20 384
1Kor 15, 28 384

2Kor 1, 3 384
2Kor 1, 4 389
2Kor 1, 23 107
2Kor 5, 17 392
2Kor 6 341
2Kor 6, 14–16 341
2Kor 11, 14 241f., 245, 250

Gal 1, 8 248, 250
Gal 1, 8f. 114
Gal 3, 1 411
Gal 3, 13 384
Gal 3, 28 392
Gal 6, 2 389

Eph 1, 5 105
Eph 2, 16–19 408
Eph 4, 11 106
Eph 5, 20 208
Eph 5, 27 110

Phil 2, 12f. 444

1Thess 5, 17	208	Heb	122, 254, 425
		Heb 6, 13	343
2Thess 3, 8f.	109	Heb 6, 16	107
		Heb 12, 2	384
1Tim	415		
1Tim 2, 1	208	Jak 5, 12	105
1Tim 4, 12	107		
		1Pet 3, 1–7	341
2Tim	403f., 415		
2Tim 1, 1f.	404	Apk	112, 234, 400, 405,
2Tim 2, 14f.	408		418
		Apk 10	343
Tit	415	Apk 10, 5f.	343

PERSONEN- UND ORTSREGISTER

Aarau 69, 331–336
Aargau 107, 298
Abaddon 96
Abbot, George 434, 437–442, 446
Abbot, Robert 437, 440f.
Abel 270, 392
Abraham 104, 126, 273f.
Adam 104, 270, 285, 385
Aegidius von Viterbo 128, 152
Ägypten; Ägypter; ägyptisch 292f., 411
Aelianus, Claudius 176
Aeneas 260
Aesop 78
Afrika; Africa 82
Agrippa, Marcus Vipsanius 200
Ahab von Israel 62
Ahasja von Israel 62
Ahasja von Juda 62
Aix-en-Provence 409
a Lasco, Johannes, s. Łaski, Jan
Alba Iulia, s. Weißenburg
Albert von Weißenstein 213
Alcalá de Hernáres 118
Alcaraz, Pedro Ruiz de 118, 123
Alciati, Gianpaolo 152f., 156
Alexander der Große 260
Alexander von Ashby 268f.
Alpen 133, 358
Altdorf 253
Althamer, Andreas 26
Alting, Heinrich 418f.
Altstätten 3
Ambrosius; ambrosianisch 230f., 269
Amerbach, Basilius 4
Amerbach, Bonifacius 161
Ames, William 440
Amicinus, Titus 172
Ammann, Johann Jakob 111f.
Amsterdam 418, 440

Andrea, Antonio d' 147
Andreas II., ungarischer König 362
Andreas von Österreich, Bischof 66,
    69–74, 78–80, 85–89
Andreas, Abt von Weißenau 315
Andrewes, Lancelot 436, 443
Angrogna 347, 349–353, 356
Anjou 378
Anna 392
Anselm von Canterbury 157
Antonius Manicellus 4
Antonius von Melissa 162
Antonius, Verleger in Hanau 100
Antwerpen 160, 174
Apollinaris, Heiliger 15
Appenzell; Appenzeller 295, 298, 307,
    320f., 327, 334f., 337
Aquila, Caspar 391f.
Aquileia 56
Aquilomontanus, Hermann 33
Aquin, s. Thomas von Aquin
Arat 164
Aristoteles 10, 131, 135, 140, 202, 289,
    292
Arius; Arianer; Arianismus 100, 148,
    152–154, 157
Armbruster, Felix 389f.
Armenien; Armenier; armenisch 31,
    376
Arminius, Jakob; Arminianer; Armini-
    anismus; arminianisch 95, 436f., 439,
    440–443, 445f.
Arnhem 441
Arnold, Gottfried III, 113
Arth 9, 14
Artopaeus, Petrus 264
Asper, Hans 143
Assyrien; Assyrer 293
Athanasius 230

Aubigné, Agrippa d' 359
Augias 42
Augsburg; Augsburger 18, 25–27, 30,
    107, 321, 363, 365, 387, 399
Augustin (s. auch Augustiner; Augusti-
    nianer; Augustinianismus); Augusti-
    nus; augustinisch) 22, 74, 84, 95, 102,
    105 f., 108–110, 123, 157, 193–198,
    200–205, 230, 247, 433, 442, 444
Augustiner, Orden, bzw. Ordensange-
    hörige(r) 14, 117, 128, 135 f., 148, 268
Augustinianer, Anhänger des Augusti-
    nus von Böhmen 100
Augustinianismus 442
Augustinus von Böhmen (s. auch Au-
    gustinianer) 100
Avignon 196

Baal 49, 62
Baden, Kt. Aargau; Badener 13, 15, 65,
    84, 239, 251–253, 255, 298, 301–304,
    307–312, 314–320, 322–324, 326–330,
    332–334
Baden, Markgrafschaft; badisch 74 f.
Baden-Baden, Baden-Württemberg 75
Baden-Durlach, Markgrafschaft 73
Baden-Hachberg, Markgrafschaft 74
Balber, Johann Rudolf 95
Balboutè 349
Balsaráti Vitus, Johannes 169 f.
Baltimore 157
Bañez, Domingo 444
Barothen, Peter 435
Barrett, William 434–436, 442
Bartholomäus von Urbino 197
Basel (s. auch Kleinbasel); Basilea; Bas-
    ler 1–6, 8–10, 13, 16 f., 19, 33, 37, 45,
    53, 67 f., 71, 74 f., 85–89, 95, 99, 109,
    113, 123, 148, 159, 161–164, 166,
    168 f., 171 f., 174–177, 180, 196, 284,
    295–298, 300, 302 f., 305, 307, 309,
    311–314, 316 f., 324–338, 359, 406,
    418, 444
Basilius von Cäsarea 77
Basson, Verleger in Leiden 445
Bataillon, Marcel 123
Bath 437
Bathory, Stephan, polnischer König
    373, 379 f.
Bauhin, Johannes d.J. 171 f.
Beck, Balthasar 22

Beda Venerabilis 229, 266
Bedford 141
Belényesi, Gergely 165
Belgien; belgicum; belgisch 100, 422,
    430
Bembo, Pietro 124, 136
Berg am Irchel 183
Bergell 42
Berger, Jörg 225
Bergio, Claudio 356
Bern; Berner 3 f., 6, 26, 51, 53, 67 f., 71,
    83, 85–89, 105, 107, 114, 152 f., 159,
    183, 187, 295–298, 300 f., 309, 311 f.,
    315–318, 323–335, 337 f., 421
Berneuchen 222
Bernhard von Clairvaux 444
Bernhard, Jan-Andrea 39
Beromünster; Berona 1 f., 7 f., 17
Beronensis, Agathius (Pseud.), s. Kiel,
    Ludwig
Bertschi, Markus 325
Berzeviczi, Márton 172
Beza, Theodor 45, 53, 82, 142, 155, 171,
    353–357, 359, 396, 411 f., 422
Biandrata, Giorgio 148, 152 f., 156, 368,
    376
Bibliander, Theodor 17, 38, 185, 189,
    259, 293
Bicocca 12, 19
Bies, Verleger in Arnhem 441
Bisatz, Johannes Contius 45
Bishop, George 440
Bistritz 163
Blarer, Ambrosius 308, 310
Blarer, Elisabeth 253–255
Blattmann, Erhard 5
Bodin, Jean 106
Bodler, Johannes 12 f., 19
Böckler, Martin 65
Böhmen; böhmisch 31, 112, 361, 375 f.,
    386
Bologna 120, 131, 135, 170, 172
Bona Sforza, polnische Königin 154
Bonaventura 444
Bonfini, Antonio 163 f.
Bormio 39
Borromeo, Carlo 39, 41, 45, 50, 55–57,
    358
Borromeo, Scipione 55
Bourges 406
Bourgogne, Jacques de, Herr von Falais
    401

Bradwardine, Thomas 433f., 437–446
Bräm, Hans 97
Bräm, Heinrich 68
Brahe, Tycho 438
Brand, Theodor 325
Breitinger, Johann Jakob 91, 98, 101,
    107, 113, 186
Breitinger, Melchior 68
Bremen 424
Bremgarten 302
Brenner, Martin 163f.
Brescia 52
Britannien, s. Großbritannien
Brügge 196
Brünn 172
Brutus, Stephanus Junius (Pseud.), s.
    Mornay du Plessis, Philippe
Bubikon 225
Bucer, Martin 32, 125, 129–133, 136f.,
    139, 348
Budé, Guillaume 406
Buda 175
Budapest 174
Büchenbach 26
Bühler, Markus 93
Bünderlin, Hans; Bünderlius, Johannes
    22, 30f.
Bündner; bündnerisch, s. Graubünden
Bürki, Barnabas 3
Buholzer, Johannes 8
Bull, George 157
Bullinger, Christoph 188
Bullinger, Elisabeth, s. Simler Bullinger
    Elisabeth
Bullinger, Geschlecht 189
Bullinger, Hans Rudolf 182–185, 188
Bullinger, Heinrich 22–25, 31–35, 38,
    41–43, 62, 76, 80–82, 84, 96, 98,
    100–102, 105, 107, 115, 125, 137f., 143,
    154, 156, 161f., 164f., 167, 170,
    172–174, 177, 181–191, 207, 212f., 226,
    228–231, 238–246, 250f., 256–258,
    283, 285–293, 301, 305–308, 310–326,
    328–332, 334–336, 338f., 341, 356,
    376, 405, 418
Bullinger, Heinrich (geb. 1534) 182,
    184–186, 188
Bullinger, Heinrich (geb. 1561) 188
Bullinger, Heinrich (geb. 1566) 188
Bullinger, Margaretha, s. Lavater Bul-
    linger, Margaretha

Bullinger, Veritas, s. Trüb, Veritas; spä-
    ter: Großmann, Veritas
Bullinger Zwingli, Anna 189
Bund, Grauer 48, 50
Bund, Oberer 50
Burgauer, Benedikt 26
Busaeus, Theodor 75
Busale, Girolamo 151, 155
Busca 350
Bużenski, Hieronim 379

Cabrières 349
Cäsar 200
Cäsar, Gaius Julius; julianisch 44, 199f.,
    253, 255
Cain, s. Kain
Cajetan, Thomas 125
Calandrini, Scipione 42, 44, 46–48, 50,
    52f., 55, 60f.
Calepinus, Ambrosius 179
Calvi, Francesco 129
Calvin, Johannes; calvinisch; Calvinis-
    mus; Calvinist(en); calvinistisch 38,
    73f., 76, 80, 82, 125, 129f., 132, 136,
    138, 141–144, 148f., 152–157, 175, 193,
    195, 322, 334–336, 348f., 351, 355,
    360, 367f., 370, 395–419, 424f., 427f.,
    431, 433–435., 437, 440–446
Cambridge; Cantabrigia 137, 139, 143,
    356, 434f., 437, 444
Campanus, Johannes 30f., 35
Campell, Ulrich 43, 57
Cantabrigia, s. Cambridge
Canterbury 136, 433f., 437f., 442, 446
Cantù, Cesare 55
Caracciolo, Antonio 121
Caraglio 350
Carignano 350
Carinus, s. Kiel, Ludwig
Carion, Johannes 35
Carnesecchi, Pietro 120, 122, 130, 132
Caroli, Pierre 148f.
Carranza de Miranda, Sancho 118
Cassiodor 266
Castellazzo, Filippo de 351
Castrisch 39
Cateau-Cambrésis 348
Catilina 200
Cato 200
Cavour 347, 353, 356f.
Chanforan 348, 350

Channing, William Ellery 157
Cherbuliez, Buchhändler 395
Chevallon, Claude 195
Chiaja 120
Chiavenna 39f., 42–45, 51, 59, 358
Chisonetal 347, 349
Christoph, Herozg von Württemberg 356
Chrysostomus 343, 439f., 444
Chur; Churer; Curia Rhaetorum 16, 33, 39f., 42f., 45, 48, 50f., 53–55, 59f., 171
Cibinium, Hermannstadt
Cicero 4, 194, 201, 289f., 292
Clarke, Samuel 157, 440f.
Clauser, Felix, s. Klauser, Felix
Clemens VII., Papst 120, 122
Cluj, s. Klausenburg
Coligny, Gaspard de 405
Colladon, Nicolas 396, 401
Collinus, Rodolphus 2, 8f.
Como 41, 56
Constantz, s. Konstanz
Contarini, Gasparo 136
Cook, Antony 141
Cornwall 139
Corona, s. Kronstadt
Corro, Antonio del 434f.
Corvinus, Matthias, s. Matthias Corvinus
Costa von Trinità, Giorgio 352f., 356
Costents, s. Konstanz
Coventry 436
Cox, Richard 138, 141
Cranmer, Thomas 137–141
Cratander, Andreas 163
Crespin, Jean 100
Cromwell, Oliver 356
Cuenca 117
Curia Rhaetorum, s. Chur
Curione, Celio Secondo 120
Cusanus, Benedictus 121
Cyprian 102, 292, 444
Cyprianus, Kapuzinermönch 253f.
Cyrus der Große, persischer König 293

Dalmatien 161
Damasus I., Papst 75–77
Dampmartin Vermigli, Katharina 137
Daniel, Roger 437
Danzig 375

Darius, persischer König 293
Davenant, John 437
David 104, 224, 261f., 266, 275, 279, 389
David von Winkelsheim 227
Davidis, Ferenc; David, Franz; Hertel, Franz 368, 373
Davos 42, 44f., 59, 61
Day, John 140, 142f.
Debrecen 367, 422
Deffner, Georg 100
Demosthenes 4
Denck, Hans 22, 26, 32
Denham, H. 142–144
Dernschwamm, Johannes 169, 175–177
Deutschland (s. auch Oberdeutschland; Süddeutschland); Deutsches Reich; Germania; Tütsche Nation 35, 100, 120, 151, 171, 286f., 308f., 311, 321, 336, 361, 380, 413
Deutschschweiz 208
Dévai, Mátyás 163, 167f.
Devonshire 139
Dieppe 355
Diód, Burg 177
Dominikaner; Dominikanerin(en); Prediger, Orden, bzw. Ordensangehörige(r) 10, 18, 195f., 199, 204, 213–215
Domitian 200f.
Donatisten 82, 94, 96, 98, 100f., 110
Donau 308
Dordrecht 434, 437, 443f., 446
Dortmund 102f., 113
Draskovich, György 167
Drei Bünde, s. Graubünden
Dudith, Andreas 175
Dübendorf 2
Dürnten 92
Dürr, Melchior 2
Duns Scotus, Johannes 196

Eber, Paul 224, 227
Eder, Wolfgang 74
Edlibach, Hans 301f.
Eduard VI., englischer König 137–140, 144
Eftimie, Metropolit 371
Eger; Erlau 422
Egli, Raphael; Eglinus 44–63, 72, 75, 78f., 87–89
Egli, Tobias 42, 45, 59
Eglinus, s. Egli, Raphael

Eidgenossenschaft (s. auch Schweiz); eidgenössisch; Eidgenossen 2, 6, 11–13, 18, 20, 51f., 57, 65–68, 71, 76f., 80, 83–86, 89, 186, 191, 246, 251f., 295–299, 301–303, 306, 308–312, 314–317, 319–322, 325, 327–329, 333–338, 341, 345

Eigenthal, 7

Einsiedeln 6, 13, 16, 299

Eisleben 391

Elisabeth I., englische Königin; elisabethanisch 138–145, 380, 434, 438

Elsass 302

Emanuele Filiberto, Herzog von Savoyen 347f., 350, 353, 357, 360

Emden 427, 430

Emmendingen 75

Eng Kilchmeyer, Magdalena 14

Engelberg 3

Engelhard, Heinrich 235

England (s. auch Großbritannien); Engländer; englisch 24, 34, 138f., 141f., 144f., 148, 157, 196, 198, 215, 268, 360, 376, 380f., 433f., 436–439, 442–446

Enyed 368

Erasmus von Rotterdam; Erasmianer; Erasmianismus 2–5, 8, 10, 16, 22, 34f., 101, 118f., 121, 123–126, 131, 136, 159, 175, 194–196, 198, 201–203, 263, 284, 374, 406

Erast, Thomas 145

Eregrinus, Martin 4

Erhard, Stadtarzt in Luzern 11

Erlach, Wolfgang von 326

Erlau, s. Eger

Erlauthal 423

Erni, Heinrich 93f., 96, 100, 103, 105, 107–111, 113

Escalona 118, 121

Eschenbach 14

Escher, Hans (Stadtschreiber) 316f., 322, 331

Escher, Hans (Ratsherr) 68

Esslingen 32

Eton 438

Eucherius 444

Euklid 438

Euripides 163

Europa (s. auch Mitteleuropa; Ostmitteleuropa; Südosteuropa; Westeuropa) 128, 159, 169, 173–175, 180, 356f., 360–362, 365, 369, 373, 375–378, 380f., 436

Eutychianer 153

Eva 270

Fabricius Montanus, Johannes 42, 171f.

Fädminger, Johannes 187

Falkner, Heinrich 327

Farel, Gauchier 349

Farel, Guillaume 148, 348f., 412

Farnese, Alessandro, s. Paul III., Papst

Federlin, Jakob 16

Feer Zimmermann, Margarete 14

Fejérthóy, János 167

Feldkirch 6

Felgenhauer, Paul 112

Felinius, Aretius 131

Fenestrelle 349

Ferdinand I., deutscher Kaiser 179, 362

Ficeisenius, Ioannes Petrus 95

Fiesole 135

Firlej, Jan 378

Fischart, Johannes 35

Fischer, Hans 160

Flacius Illyricus, Matthias 391, 444f.

Flaminio, Marcantonio 121, 132

Fleckenstein, Heinrich 322

Flesher, Verleger in London 444

Florenz; Florentiner 135, 138, 140, 142, 148, 196

Flüe, Niklaus von 6

Foxe, John 139f.

Francia, s. Frankreich

Franck, Sebastian 21–38

Frankenthal 113

Frankfurt a. M. 65, 125, 141, 169, 172, 174, 195, 263f., 421

Frankreich; Francia; Franzosen; französisch; Gallia; gallicanum 10, 12f., 19, 52, 56, 142f., 148, 172, 290, 309, 312, 336, 347, 349–351, 357, 360, 376, 378–380, 395, 398–400, 405, 409, 414, 416, 422, 430f., 441

Franz I., französischer König 157, 410f., 415

Franz II., französischer König 348

Franziskaner, Orden, bzw. Ordensangehörige(r) 10, 14, 51, 154, 196, 204, 252, 256, 262, 269

Franzosen; französisch, s. Frankreich

Frauenfeld 45, 59, 253 f.
Fraumünster, Zürich 16, 220, 222, 235
Frecht, Martin 32 f., 38
Freiamt, Kt. Zürich 97, 246
Freiburg i. Br. 65, 75
Freiburg i. Üe.; Freiburger; Fryburg 5,
    15, 18, 295 f., 298, 301, 307, 320
Freie Ämter, eidgenössische Herrschaft
    301
Frey, Felix 5
Fries, Jakob; Frisius, Jacobus 38, 94
Fries, Johann Bernhard 93 f.
Fries, Johann Jakob 38
Frisius, Jacobus, s. Fries, Jakob
Froben, Hieronymus 123, 162 f.
Froben, Johannes 10, 129, 195
Frölich, Jakob 34
Froschauer, Christoph 23, 36, 76, 140 f.,
    162, 164 f., 180, 188, 259, 262 f., 284 f.,
    287
Froschauer, Christoph d. J. 38, 43, 117,
    122, 188, 285
Froschauer, Eustachius 35 f.
Fryburg, s. Freiburg i. Üe.
Fünfkirchen, s. Pécs
fünförtisch, s. Orte, V
Fürstenberg, Geschlecht von 349
Funk, Jakob 305

Gaddi, Paolo 42
Gagney, Jean 125
Galen 161 f., 169
Gallia; gallicanum, s. Frankreich
Gantner, Johannes 33 f.
Gardiner, Stephen 140 f.
Gast, Johannes 9, 109, 313
Geißhüsler Schröter, Anna 2
Geißhüsler, Felix 4
Geißhüsler, Oswald, s. Myconius, Os-
    wald
Gellius, Aulus 4
Genath, Johann Rudolf 95
Genf; Genfer 45, 50 f., 53, 95 f., 141 f.,
    147–150, 152 f., 155 f., 172, 174 f., 263,
    348–351, 353, 355, 364, 367 f.,
    395–402, 410 f., 424 f., 428, 444
Gentile, Giovanni Valentino 148, 152 f.,
    156
Gentillet, Innocent 148
Georg, David 100
Georgievics, Bertalan 163

Germanascatal 347
Germania, s. Deutschland
Geroldseck, Diebold von 16, 299, 301,
    304, 314
Gessner, Konrad; Gesnerus, Conradus;
    Pseud.: Philiatrus, Eunomius 9, 38,
    122, 159–180
Gessner, Salomon 95
Glarean, Heinrich 3, 5 f., 8
Glarus; Glarner 5, 295, 307, 309, 320,
    323, 327, 330, 334 f., 337
Gnesen 378
Gnesiolutheraner 364, 399
Göldi, Dorothea; Göldi, Aureola 15
Göldi, Renward 15
Goethe, Johann Wolfgang von 361 f.
Golder, Hans 301
Goliath 262, 279
Gonzaga, Ercole 125, 136
Gonzaga, Giulia, Gräfin von Fondi
    124 f.
Goodman, Christopher 355
Goten 198
Gotteshausbund 40, 48, 50
Gotthi, Franciscus 262, 269
Gratian 229
Graubünden (s. auch Bund, Grauer;
    Bund, Oberer; Gotteshausbund;
    Zehngerichtebund); Bündner; bünd-
    nerisch; Drei Bünde; Rätien; rätisch;
    raeticum; Rhaetus; Rhetia; rhetisch;
    Trium Foederum 39 f., 42–44, 46–57,
    59 f., 63, 171 f., 251, 358
Grebel, Konrad (16. Jh.) 7
Grebel, Konrad (17. Jh.) 68
Gregor I. der Große, Papst; greogori-
    anisch 230, 242, 444
Gregor IX., Papst 230
Gregor XIII., Papst; gregorianisch 44,
    55, 251, 253, 255
Greifensee 235
Grey, Jane 139
Gribaldi, Matteo 149, 152 f.
Griechenland; Griechen; griechisch 151,
    162, 169, 174, 180, 244, 286, 289, 292,
    372
Griechisch 108
Grimani, Marino 125
Groningen 96
Großbitsch 177
Großbritannien; Britannien; britisch;
    Magna Britannia; United Kingdom
    168, 283, 441

Großmann, Konrad 68, 183
Großmann Bullinger (vormals: Trüb Bullinger), Veritas 183, 188
Großpolen 375
Grotius, Hugo 436
Grüningen; Grüninger 91, 111, 224 f.
Grynäus, Johann Jakob 74
Grynäus, Simon 400
Gualtherus, Rudolphus, s. Gwalther, Rudolf
Gühler, Martin 112
Gülfferich, Hermann 264
Guido von Vicenza 268
Guilliaud, Claude 125
Guise, Geschlecht 347
Guise, Karl von 142
Gustenfelden 26
Gutenberg, Johannes von 213
Gwalther, Rudolf; Gualtherus, Rudolphus 39–48, 50–58, 60–63, 259–269, 271–273, 276 f., 279–282, 305
Gwalther, Rudolf d. J. 42
Gyalui Torda, Zsigmond 163, 165 f.

Hab, Johannes 305–307
Habsburg, Geschlecht; habsburgisch 302, 362, 364
Haddon, Walter 139
Hadrian, römischer Kaiser 201
Hätzer, Ludwig 32
Hager, Johannes 25
Halle 214
Haller, Berchtold 105, 185
Haller, Hans Jakob 94
Haller, Johannes 307, 311, 316 f., 326, 329 f., 332, 335
Haller, Wolfgang 186, 191
Hamberger, Tobias 97
Hamlet 240
Han, Wigand 264
Hanau 100
Haresche, Philibert 125
Harst, Andreas 65 f., 69, 85
Hartmannis, Hartmann von 43, 45, 47–49, 58, 61
Hebler, Matthias 363
Heerbrand, Jakob, s. Herbrand, Jakob
Heidelberg 99, 113, 169, 335, 414, 418 f., 425 f., 431
Heinrich II., französischer König 309, 348, 350, 410

Heinrich III., französischer König 378 f.
Heinrich VIII., englischer König 136, 196, 198, 442
Heinrich von Valois, König von Polen-Litauen, s. Heinrich III., französischer König
Heisterbach, Caesarinus von 247
Helena, Mutter von Konstantin dem Großen 102
Helmlin, Johann Maximilian 75
Heltai, Gáspár; Helt, Gáspár 172, 364
Helvetia; Helvetius; helvetisch, s. Schweiz
Hemmerli, Felix 213
Henetus, Theodor 392
Henoch 270
Henricpetri, Sebastian 75
Hentius, Martin 165
Herbrand, Jakob; Heerbrand, Jakob 74 f.
Hermann von Reichenau, der Lahme 229 f.
Hermannstadt; Cibinium; Hermannstädter; Sibiu 173, 363 f., 366 f., 371
Herodes 272
Herodian 4
Herodot 293
Herrnhut 232
Hertel, Franz, s. Davidis, Ferenc
Hertenstein, Benedikt von 12
Hertenstein, Jakob von 12, 14
Hessen 345
Hessus, Helius Eobanus 260 f., 267
Hieronymus 230, 284 f., 444
Higman, Francis 400
Hippo 95
Hispania; Hispanus, s. Spanien
Hochholzer, Christian 328
Höflin, Johannes 214
Hofmann, Melchior 31, 100
Hofmeister, Sebastian 14, 17
Hohiner, Ulrich 94
Holbeach, Henry 138
Holbein, Ambrosius 3 f.
Holbein, Hans 3 f.
Holland (s. auch Niederlande); holländisch 30, 97, 114, 440
Holzach, Onophrion 316
Holzhalb, Hans Heinrich 68
Holzhalb, Heinrich 305
Holzhalb, Konrad 111

Homer 4, 135
Honterus, Johannes 163–165, 178, 180, 363f.
Hooper, John 336
Horaz 4, 137
Hosiander, Lukas 74
Hospinian, Leonhard 187
Hospinian, s. Wirth, Rudolf
Hottinger, Johann Heinrich 51, 60
Hottinger, Johann Jakob 95, 99, 113f.
Hottinger, Johann Rudolf 96
Hubenschmid, Kaspar 42f., 50f.
Huber, Johann Rudolf 95
Huber, Kaspar 93, 95
Huber, Samuel 67
Hubmaier, Balthasar 34, 110
Hug, Hans 322, 327
hungaricum, s. Ungarn
Hunnen 168
Hunnius, Aegidius 74
Hunyadi, Janos 371
Hurter, Verleger in Schaffhausen 111
Hus, Johannes 375
Hutten, Ulrich von 8

Ickelsamer, Valentin 108
Ilanz 57
Im Haag, Peter 312
Inderhalden, Dietrich 315
Ingolstadt 74
Innerschweiz 19
Irenäus 157, 444
Irland; Hibernia; irisch 142, 436, 441
Isaak, Erzvater 271, 279
Isaak, Hebräischlehrer Vermiglis 136
Israel; israelitisch 49, 62, 104, 234, 267, 291, 359
Italien; Italiener; italienisch 40, 43f., 49, 55f., 63, 117, 120f., 124, 128–131, 133, 136, 147–152, 156, 170–172, 196, 246, 251f., 255f., 290, 397

Jackson, William 441
Jakob 278
Jakob I., englischer König 434, 437–439, 441, 443
Jakob III., Markgraf von Baden-Hachberg 74
Jansson (Janssonius), Verleger in Amsterdam 418, 440
Jerusalem 112

Jewel, John 141
Johann Casimir, Administrator der Kurpfalz 430
Johannes der Täufer 106
Johannes XXII., Papst 196
Joner, Wolfgang 226
Joram von Israel 62
Joram von Juda 62
Jordán, Tamás 171f.
Joris, David 100
Joseph II., deutscher Kaiser 372
Jud, Leo 32, 125, 235, 285–288, 293
Juda; Judäer 62
Judas 108, 271
julianisch, s. Cäsar, Gaius Julius
Julius III., Papst 315
Justin der Märtyrer 292
Juvenal 4
Juvencus, Gaius Vettius 8, 262

Kärnten 320
Kain; Cain 270
Kaiserslautern 111
Kambli, Hans (gest. 1590) 60
Kambli, Hans (gest. 1621) 68
Kappel am Albis 16–18, 191, 226, 300
Karl I., englischer König 443
Karl I., spanischer König 120
Karl II, Markgraf von Baden-Durlach 73
Karl V., deutscher Kaiser 12, 31, 118, 120, 136, 196, 308, 350
Karl IX., französischer König 142, 348, 379
Karlstadt, Andreas 26
Kaschau 178–180
Kastilien 117
Katharina von Aragon 196
Katharina von Medici, s. Medici, Katharina von
Keller, Georg 106
Keller, Hans 65f., 68
Keller, Jakob 94, 96
Kesel, Niklaus 43
Kessler, Johannes 187
Kiel, Ludwig; Carinus, Pseud: Beronensis, Agathius 17
Kiewer Rus 374
Kilchmeyer, Jodok 2, 11, 14
Kilchmeyer, Magdalena, s. Eng Kilchmeyer, Magdalena

Kingston, John 142f.
Klausenburg; Cluj; Klausenburger; Kolozsvar 171f., 175f., 179f., 364, 367f., 373
Klauser, Felix; Clauser, Felix 225
Kleinbasel 4
Kleinpolen 375
Klingler, Antonius 257f.
Knonau 91
Knox, John 354f.
Koch, Heinrich 95
Köln 10, 74f., 268
Körner, Rudolf 182
Koler, Johannes 16
Koller, Felix 93
Koller, Jakob 182
Kolozsvar, s. Klausenburg
Konrad von Mure 213, 217f.
Konstantin der Große, römischer Kaiser 8, 95, 102, 145
Konstantinopel 249, 374
Konstanz; Konstanzer; Constantz; Costents 13, 65f., 68f., 74, 80, 84–86, 213, 310f., 345
Korfu 154
Koźminek 375
Krakau 154, 159, 167f., 368, 374–376, 379
Krasiński, Franz 379
Kroatien 161
Kröil, Wolfgang 235
Kronstadt; Corona 164f., 172, 178, 180, 363f.
Küsnacht 13, 225
Kyburg 91
Kykladen 4

Laínez, Diego; Laynez, Diego 352
Lambeth 139, 436
Lamech 270
Lancellotus, Johannes 414
Landis, Hans 96f.
Landolfi, Antonius 48
Landolfi, Cornelius 48
La Place, Pierre 348, 357
La Popelinière, Lancelot de 357
Łaski, Jan; a Lasco, Johannes 155, 376, 429
Latomus, Bartholomaeus 406
Latzel, Thorsten 426
Laud, William 443

Lauversat, Jean 349f.
Lavater, Felix 190
Lavater, Hans Rudolf 305–307, 315–317, 322, 324, 327
Lavater, Heinrich 190
Lavater, Johannes 95
Lavater, Ludwig 54f., 182, 185, 190, 285, 336
Lavater Bullinger, Margaretha 189
Laynez, Diego, s. Laínez, Diego
Lazarus 245
Léczfalva 370
Legat, John 444
Leiden 99, 113, 438, 445
Leipzig; lypsicum 10, 100, 261
Lentolo, Scipione 40, 42–45, 59, 347, 351, 353–356, 358–360
Leo X., Papst 11
Leuenberg 377
Lichfield 436
Limmat 115
Lincoln 138
Lindau 311
Lismanini, Francesco 154
Litauen 374f., 378
Livius, Titus 195
Locarno; Locarner 321f.
Locher, Sebastian 22f.
Locke, John 114
Löwen (Louvain) 10, 138, 196, 204
L'Oiseleur, Pierre 435
Lombardus, Petrus 196
London 135, 138–140, 142–144, 169, 195, 356, 395, 429, 433–435, 440, 444, 446
Lot 278
Lothringen 142
Louvain, s. Löwen
Lucan, Marcus Annaeus 201, 279
Lucca 46, 132, 136, 148
Lucerna; Lucernanus, s. Luzern
Lucian 4, 289
Ludwig II., ungarisch-böhmischer König 34
Lüneburg 34
Lütold von Regensberg 225
Lupinus, Petrus 172f.
Luserna 347, 350
Lussi, Melchior 322
Lutetia, s. Paris
Luther, Martin (s. auch Gnesiolutheraner); Lutherus; Lutheraner; Luther-

tum; lutheranisch 1, 10–12, 14, 17–23,
26, 30f., 33, 62, 73–75, 99f., 111, 119,
121, 123–130, 132f., 136–138, 141, 153,
167, 173, 193f., 196, 202f., 211, 221f.,
224, 228, 284, 287, 361, 363f.,
366–370, 374–376, 386, 408f., 413f.,
420, 426, 444
Luzern; Lucerna; Lucernanus; Lutzern;
Luzerner; luzernisch 1–3, 6–20, 295,
298, 300f., 303, 305f., 308, 311f.,
314f., 319f., 322–324, 326f., 332f.,
336f.
Lyon 106, 153, 169, 174, 196, 270
lypsicum s. Leipzig

Macarius, József 165, 169, 177, 180
Machiavelli, Niccolò; Machiavellisten
147f.
Macrobius 4
Madulain 45
Mähren; Moravia; Morawskych 172
Magdeburg 392
Magna Britannia, s. Großbritannien
Mailand; Mailänder; mailändisch 12,
17, 41, 51, 55–57, 135, 231, 358
Mainz 196
Maler, Jörg 107
Mamre 273
Manelfi, Pietro 151
Manget, Buchhändler 395
Manichäer 100, 135
Manrique, Alonso 118
Mantua 125, 136
Manz, Johannes 5
Marburg 26, 55, 67, 414
Marcianicus, s. Marlianico, Jellosio
Margarete von Parma 361f.
Margaritha von Valois 350
Maria die Blutige, die Katholische,
englische Königin 136, 138f., 141,
380
Maria Magdalena 388
Maria 14, 43, 112f., 166, 168, 204, 214,
384
Marignano 345
Marlianico, Jellosio; Marcianicus 47,
50, 53
Marosvásáhely, s. Neumarkt
Marpeck, Pilgram 31
Marten, Anthony 135, 141–144
Martinengo, Massimiliano, Celso 148

Martinengo, Ulisse 47, 52f.
Masson, Robert 142f.
Matthias Corvinus, ungarischer König
163, 371
Maurer, Hans Jakob 70, 86
Maurer, Konrad 14
Maximus Confessor 162
Mayer, Johann 113
Mayronis, s. Meyronnes
Mediasch 364–366
Medici, Geschlecht 135
Medici, Katharina von 142
Mehrning, Jakob 102f., 113
Melanchthon, Philipp; Philippisten 10,
21, 35, 119, 125, 129f., 148, 152, 154,
170, 364, 406, 415, 427
Melissus, Paulus 171
Mellingen 302
Merindol 349
Merulo, Jacopo 47, 53
Meyer, Bernhard 303, 309
Meyer, Johann Heinrich 94
Meyronnes (Mayronis), François de
196f., 202
Miconius, Oswald, s. Myconius, Os-
wald
Micronius, Martin 429
Misox 50, 56
Mithridates VI., König von Pontus 160,
166–169, 176
Mitteleuropa 367
Mittelungarn 175, 362
Modrevius, Andreas Fricius; Modr-
zewski, Andrzej Fricz 374
Mömpelgard (Montbéliard) 67
Mör, Laurenz 6
Mohács 34, 362
Mollis 3
Molukken 163
Monastier, Giorgio 356
Monica, Mutter Augustins 102
Mont, Gallus 50, 54, 56
Montagu, Richard 443
Montague, James 437
Montbéliard, s. Mömpelgard
Montpellier 171
Moravia; Morawskych, s. Mähren
Morison, Richard 138
Morland, Samuel 356
Mornay du Plessis, Philippe; Pseud.:
Brutus, Stephanus Junius 358–360

Morus, Thomas 196
Moscobiter, s. Moskau
Moses 27, 104f., 243f., 275, 291–293
Moskau; Moskowiter; Moscobiter 31
Müller, Georg 94, 96
Müller, Jörg 307, 324
Müller, Johannes 96
Münster i.W.; Münsteraner 98, 100, 111
Münster, Sebastian; Munsterus, Sebastianus 284, 287f.
Müntzer, Thomas 38, 111
Munsterus, Sebastianus, s. Münster, Sebastian
Musculus, Wolfgang 154, 159, 329
Myconius, Oswald; Miconius, Oswald; Geißhüsler, Oswald 1–19, 305, 307, 316
Myconos 4
Myszkowski, Stanislaus 376

Nádasdy, Tamás 177
Nägeli, Hans Franz 318
Nantes 381
Nathan 389
Navarra 118
Neapel; Neapolitaner 44, 117, 120–124, 127, 130f., 133, 136, 151, 351
Neckar 3
Nestorianer 152, 173
Neumarkt; Marosvásáhely; Târgu Mureş; Vaásáhely 175, 177, 179, 365, 369
Neunforn 70, 86
Nicomachus 140
Nidda 74
Niederlande (s. auch Holland); niederländisch 51, 101, 118, 125, 360f., 380, 429f.
Nikodemit(en); Nikodemismus; nikodemitisch 100, 148, 348, 399
Nizäa 149, 151–153, 156f., 249, 384, 388
Noël, Etienne 347, 352, 357
Noah 104, 269, 275
Nordostschweiz 91
Norton, Verleger in London 434
Norwich 435f.
Novatianer 100
Nürnberg 24, 26

Oberalp, am Pilatus 7
Oberdeutschland 26, 213
Oberungarn 176–178, 362

Oberwetzikon 97
Ochino, Bernardino 121, 124, 130, 136f., 156
Oekolampad, Johannes 10, 16f., 119, 129f., 348
Österreich 52, 56, 65, 176
Ötenbach 213f.
Olivétan, Pierre-Robert 415
Olmütz; Olomouc 172
Oporin, Johannes 162f., 166, 174, 406, 418, 444
Orestes 163
Origenes 22, 153, 292
Orléans 406
Orte, V (Luzern, Uri, Schwyz, Unterwalden, Zug) 298, 300, 303–308, 310–318, 320–322, 325, 327, 338
Orte, VII (Luzern, Uri, Schwyz, Unterwalden, Zug, Solothurn, Freiburg i.Üe.) 298f., 311–316, 319, 321, 323, 325, 327–329, 331–335, 337f.
Orte, XIII (Zürich, Bern, Luzern, Uri, Schwyz, Unterwalden, Glarus, Zug, Solothurn, Freiburg i.Üe., Basel, Schaffhausen, Appenzell) 295
Osiander, Andreas 154
Osiander, Lukas 74
Osmanisches Reich; Osmanen 362–364, 367
Ostfriesland 33, 376, 427
Ostmitteleuropa 180
Ostsee 373
Otmar, Silvan 27
Ott, Johann Heinrich 99, 113f.
Overall, John 436f.
Ovid 4, 279
Oxford 135, 137–141, 143, 155, 195f., 354f., 433–435, 437f., 440f.

Padua 131, 135, 151, 159, 165f., 170, 172
Pagi, s. Orte, V
Pannonien 168
Pannonius, Janus 166
Papa, Valentin 261
Pappus, Johannes 74
Paracelsus 112
Paravicini, Cesare 47, 50, 53
Pareus, David 414, 419f.
Paris; Lutetia 1, 3, 10, 159, 170f., 174, 194–196, 357, 378
Parisotti, Pietro 42

Parker, Matthew 139f.
Parmenianus Bischof von Karthago 110
Passavanti, Jacopo 196f., 199, 201
Paul III., Papst 120, 136, 308
Paul IV., Papst 121, 204
Paulus, Apostel; paulinisch; Paulinismus 27, 31, 103, 105–107, 109, 122, 124–127, 138, 167, 203, 242, 248, 250, 275, 292, 341f., 344, 403f., 408f., 430, 444
Pausanias 4
Pavia 19, 34, 129
Pázmany, Péter 177
Pécs; Fünfkirchen 167
Pedemontium, s. Piemont
Pelagius; Pelagianer; Pelagianismus; pelagianisch 95, 100, 110, 131, 433f., 437, 439–442, 444–446
Pellicetal 347, 350
Pellikan, Konrad 36–38, 125, 141, 161, 185, 261, 284f., 287, 291, 293
Perényi, Gábor 169
Perikles 292
Perkins, William 444f.
Perna, Pietro 147
Perneszith, György 169, 177, 180
Perottus, Nicolaus 4
Perouse 347
Perrero 350–352
Perser 293
Petrarca, Francesco 194
Petri, Heinrich 163
Petrus, Apostel 76f., 81, 341
Petrus Alexandrinus 76f.
Petrus Riga 262
Petrus von Rosenheim 268
Petrus von Verona 135
Peucer, Kaspar 35
Peyer, Alexander 316
Peypus, Friedrich 24, 26
Pfalz 113, 429
Pfistermeyer, Hans 107
Pflum, Ulrich 327
Pfyffer, Kasimir 15
Pharsalos 279
Philiatrus, Eunomius (Pseud.), s. Gessner, Konrad
Philipp I., Landgraf von Hessen 237
Philipp II., spanischer König 51, 361
Philippisten, s. Melanchthon, Philipp
Piccardie; Pickarder 31

Pico della Mirandola 22
Piemont; Pedemontium; piemontesisch 347–352, 356–360
Pighius, Albertus 399
Pilatus, Berg 7
Pilatus, Pontius 7, 272
Pińczów 154
Pisa 172
Pistorius, Johannes 65, 69, 72–89
Plato; Platoniker; platonisch 4, 27, 150, 152, 289f., 292, 441
Platter, Thomas 8, 16
Plaustrarius, Johannes 111f.
Plinius d.Ä. 4, 175
Plinius d.J. 4
Plutarch 4, 289
Poissy 142f.
Pole, Reginald 136
Polen (s. auch Großpolen; Kleinpolen; Polen-Litauen); Polonia; polnisch; polonicum 75, 100, 152–154, 156, 361, 368, 374–379, 381
Polen-Litauen 361f., 368, 373–376, 378–381
polnisch; Polonia; polonicum, s. Polen
Pomponius Mela 7
Pontisella, Johannes d.Ä. 42
Pontisella, Johannes d.J. 42f.
Pontresina 42
Portugal 17
Poschiavo 48, 56
Possevino, Antonio 351f.
Pradeltorno 352
Praetorius, Johannes 438
Prättigau 52
Pragelato 351
Prediger, s. Dominikaner
Pressburg 178f.
Preußen 100
Prosper von Aquitanien 444
Provence 349
Prudentius 262
Ptolemaeus, Claudius 163
Puschlav, s. Poschiavo
Pusterla, Giangiacomo 50f.
Puys, Jacques de 106

Quentel, Arnold 74f.
Quentel, Johann 74f.
Quintilian 4

Racconigi, Filippo von 351, 353, 356

Rällicanus, Johannes, s. Rhellikan, Johannes
raeticum; Rätien; rätisch, s. Graubünden
Rafzerfeld 258
Raguinier, Denis; Ragueneau, Denis 396, 401
Rahel 271
Rahn, Hans Rudolf 68
Rahn, Heinrich 302, 307
Rahn, Johann Heinrich 95
Rainolds, John 435
Raków, Polen 156
Rapperswil 225, 235
Raymondet, Michel 356
Regensburg 34, 75
Rellikon 235
Reusner, Nikolaus 171
Rex, Johannes 99
Rhaetus; rhätisch, s. Graubünden
Rhegius, Urbanus 34
Rhein 5, 320
Rhellikan, Johannes; Rällicanus, Johannes 235
Rhenanus, Beatus 3–5, 12
Rhetia; rhetisch, s. Graubünden
Ricci, Geschlecht 135
Richmond 139
Riclaretto 356
Ridley, Nicholas 139, 141
Röist, Jakob 305f.
Rom; Romanus; romanum; Römer; römisch 13, 17, 22, 29, 34, 39–41, 49, 57, 62, 65f., 68, 72, 75–78, 81, 84f., 94, 119f., 122f., 129, 132, 136, 147, 149, 165, 174, 194f., 198, 200–202, 205, 211, 217, 249, 252, 275, 290, 292f., 351, 357, 369–372, 374, 376, 381, 392, 397, 399, 405, 413, 444
Rosius a Porta, Petrus Dominicus 39f., 172
Rottweil 3
Rubellus, Michael 3
Ruben 271
Rubikon 117, 128, 133
Rüdi, Jakob 327
Rüti 224–228, 230, 232–234, 315, 321
Ruinelli, Andreas 42
Ruinelli, Jakob 42
Ruiz de Alcaraz, Pedro 121
Rumänien; Rumänen 161, 178, 370f.

Russell, Francis 141
Ruswil 2

Sabaudus, s. Savoyen
Sabellius; Sabellianer; Sabellianismus 152–154
Sachsen 163, 178, 309, 311, 363f., 366, 371
Sacon, Jacobus 270
Sadoleto, Jacopo 125, 399
Salice, Friderychus a, s. Travers von Salis, Johannes
Salis, Dietegen von 50
Salis, Familie von 42
Salis, Friedrich von 61
Salis, Vespasian von 43, 45, 49, 58, 61
Sallust 4, 199f.
Salomo 261, 272, 275, 289, 342
Sambucus, Johannes 160, 163, 165f., 169–171, 175f., 180
Samuel 245
Sandomir 155, 375–378
Sara 274
Sarcerius, Erasmus 125
Sarnicki, Stanislaus 368
Sárospatak 170
Sartorius, David 74
Saunier, Antoine 348
Sárvár Újsziget 160, 167, 177
Savile, Henry 438–441, 444–446
Savoyen; Sabaudus; Savoyer 50–52, 56, 347, 349, 351, 356
Scaliger, Joseph 438
Schärer, Johann Friedrich 95
Schässburg 367
Schaffhausen; Schaffhauser 67f., 71, 83, 85–89, 111, 295, 297, 300, 307, 309, 311f., 316f., 324–328, 330–334, 337f.
Schatzmann, Wolfgang 1
Schauenstein, Rudolf von; Schouwenstein, Rodolphus a 47, 49, 54, 56f., 61
Schleitheim 106, 109
Schlettstadt 3f.
Schmalkalden; Schmalkaldener; schmalkaldisch 21, 31, 38, 287, 306, 308f.
Schmid, Andreas 47, 52f.
Schmid, Konrad 13, 19
Schmidlin, Jakob 75
Schörli, Blasius 302f.

Schorsch, Georg 45
Schottland; schottisch 283, 355, 360,
    380, 429
Schröter, Anna, s. Geißhüsler Schröter,
    Anna
Schröter, Hans 2
Schütz Zell, Katharina 383–393
Schwaben; Schwabe; Suevia 6
Schwarz, Jakob 239
Schwarzenbach, Rudolf 93f.
Schwarzes Meer 373
Schweiz (s. auch Deutschschweiz; In-
    nerschweiz; Nordostschweiz); Helve-
    tia; Schweizer; Helvetius; helvetisch
    6, 12, 16f., 48, 51, 57, 67, 71–73, 75f.,
    78, 80, 82–84, 109, 114, 148, 151–153,
    159, 167f., 171f., 174f., 178–180, 208,
    240, 243–245, 253, 256, 283f., 287,
    305f., 308, 312f., 335, 338, 364, 375,
    397, 413f., 418
Schwenckfeld, Kaspar von 31–33, 38,
    390
Schwyz; Schwyzer; schwyzerisch 13,
    100, 295, 298f., 301, 304, 308, 314f.,
    320, 332, 337
Secemin 154
Sedulius, Caelius 262
Seiler, Friedrich 95
Seiler, Ludwig 15
Sempach 1, 14, 332
Senebier, Jean 395
Seneca 4, 27, 29, 406
Senfl, Ludwig 216
Servet, Michael; Servetianer 95, 100,
    148–150, 153–155, 158, 367
Seth 270
Shakespeare, William 240
Sibiu, s. Hermannstadt
Siebenbürgen; Transylvania 57, 153,
    161, 163f., 172–174, 176, 179f.,
    361–373, 375, 379–381
siebenörtisch, s. Orte, VII
Sigismund II. August, polnischer König
    378
Silvio, Bartholomeo 42
Simler, Johann Jakob 58
Simler, Josias 38, 117, 120–122, 130–132,
    135, 137, 139f., 148, 160, 164–166,
    168, 170f., 190
Simler Bullinger, Elisabeth 190
Simmons, Thomas 440

Simon der Zauberer 24
skytisch 168
Slowakei 161
Slowenien 161
Smith, Richard 138, 147
Sokrates 29
Solothurn 100, 295, 298, 307, 312
Sondrio; Sonders 39–42, 44, 46–56,
    58–61
Sozzini, Fausto 152, 156, 376
Sozzini, Lelio; Sozinianer; Sozinianis-
    mus 95, 152, 155f., 376
Spanien; Spanier; spanisch; Hispania;
    Hispanus 8, 40f., 51f., 56, 117–121,
    130, 136, 149, 202, 290, 292, 311, 356,
    434
Speyer 383, 385f., 390
Spiera, Francesco 166
Spoleto 131, 136
Sprecher, Florian 50
Sprüngli, Bernhard 315–318, 320f.,
    323f., 327f., 331f., 334
St Andrews 283, 285
St. Gallen 7, 98, 111, 187, 230, 310
Stäheli, Israël 191
Stancaro, Francesco 152–155, 173
Stans; Stanser 296f., 332
Statorius, Pierre 368
Stein am Rhein 227f.
Steiner, Heinrich 25f., 30
Steiner, Werner 220
Stobaeus, Johannes 162, 169, 174f., 180
Stoer, Verleger in Genf 444
Storch, Nikolaus 111
Stoughton, Robert 138
Straßburg; Straßburger 22, 30–32, 34,
    130, 133, 135, 137, 140f., 148, 165, 311,
    345, 387, 390, 392, 397, 400, 402
Straub, Leonhard 74
Stucki, Johann Rudolf 95, 103
Stucki, Johann Wilhelm 72, 78f., 87–89,
    95
Studtgart, s. Stuttgart
Stumpf, Johann Jakob 94
Stuphas, Geschlecht 135
Sturm, Johannes 406
Stuttgart; Studtgart 74
Subiaco 196
Süddeutschland 311
Südeuropa 353
Südosteuropa 178

Suevia, s. Schwaben
Sulzer, Simon 185, 325, 328f.
Summerer, Batt 309
Sundgau 302
Sylvester, János 160, 167
Sylvius, Jakob 368
Syneisios von Ptolemais 4
Székler 363, 365, 371
Szarfenberg 379
Szeged 174
Szigetvár, Ungarn 160
Szikszai Fabricius, Balázs 170
Szikszói, Lukács 172f.

Tachard, Martin 351
Tacitus 439
Tagliaretto 353, 356
Târgu Mureş, s. Neumarkt
Tartarus; Tartara 244
Taubenmann, Christoph 94
Taylor, Rowland 139f.
Téglásy, Imre 160
Tegli, Silvestro 147
Teglio 45
Teleki, Geschlecht 175
Teleki, József 175
Teleki, Sámuel 175
Teplice 172
Terenz 4, 9
Tertullian 84, 157
Tessin 251
Tettone, Rinaldo 55
Thalwil 111
Thenaudus, Jan 376
Thomann, Johann Peter 95, 101–103, 110
Thomas von Aquin 157, 202
Thomson, Richard 436
Thorenburg; Torda; Turda 365–369
Thormann, Jakob 326
Thumysen, Itelhans 301, 305
Thurgau 59, 301
Thurzó, Geschlecht 177
Thurzó, György 177
Tibull 4
Tiguriner; Tigurinus; Tigurum, s. Zürich
Tillier, Anton 318
Timotheus 403
Tirol 320
Toggenburg, Geschlecht 225

Toplady, Augustus Montague 445f.
Torda, s. Thorenburg
Torre Pellice 350
Tossanus, Daniel 99
Toulouse 196
Tournes, Jean de 106
Tours; Turonenses 266
Trachsel, Balthasar 9, 14
Transylvania, s. Siebenbürgen
Transylvanus, Maximilianus 163
Travers von Salis, Johannes; Salice, Friderychus a 47, 49, 54, 57, 61
Travers, Johannes 61
Trelcatius, Lukas jun. 113
Tremellius, Emmanuel 137
Tretius, Christoph 376
Trient; tridentinisch; Tridentinum 52, 57f., 81, 204, 254, 312, 315, 318, 358, 365, 374, 399
Trinità, s. Costa von Trinità
Trium Foederum, s. Graubünden
Trivet, Nikolaus 195–197, 199f.
Trucchietti, Carlo 351f.
Trüb, Heinrich 183, 190
Trüb Bullinger (später: Großmann Bullinger), Veritas 183, 188
Tschudi, Ägidius 323, 327, 329f., 333
Tudor, Geschlecht 143f.
Tübingen; tübingisch 75
Türkei; Türck; Türckey; Türke(n); türkisch 31, 35, 163, 167, 175, 317, 362
Tütsche Nation, s. Deutschland
Turda, s. Thorenburg
Turin 350f., 358
Turonenses, s. Tours
Tusculum 201
Twisse, William 440f., 445
Tyacke, Nicholas 434
Tyrnau 170, 177

Uchánski, Jakób 378
Üechtland 5, 15
Ukraine 161
Ulm 28, 32f.
Ulmer, Johann Jakob 95
Ulrich, Johann 95
Ulrich, Johann Jakob 97
Ulrich, Rudolf 95
Underwald, s. Unterwalden
Ungarn (s. auch Mittelungarn; Oberungarn; Westungarn); hungaricum; un-

garicum; ungarisch 159–161, 163–170, 172–180, 362–364, 367, 371f., 375, 422f.
Unterengadin 52
Unterwalden; Underwald 295, 298, 308, 314f., 320, 322, 332, 337
Urban II., Papst 230
Urdorf 306, 320
Uri; Urner 295, 298, 303, 308, 314, 320, 322, 334, 337
Ussher, James 436
Utinger, Heinrich 6, 299

Vadian, Joachim 1, 7, 19, 185, 187, 310
Valdés, Alfonso de 117, 120
Valdés, Hernando de 117
Valdés, Juan de; Valdesius, Johannes; Valdesianer; valdesianisch 117–127, 129f., 132f., 136, 151f.
Valdesi, s. Waldenser
Valencia 196, 198
Valerius Maximus 4
Valla, Francesco 356
Valla, Lorenzo 4, 8
Vallis Tellina, s. Veltlin
Valois, Thomas, s. Walleys, Thomas
Varnier, Johannes 28
Varro 4, 194
Vaásáhely, s. Neumarkt
Vautrollerius, Thomas 142
Veltlin; Vallis Tellina; Veltliner 39–41, 43–45, 47–49, 51, 53–61, 63, 172, 354, 358
Venantius Fortunatus 279
Venedig 56, 165, 169, 171f., 174
Vergerio, Pier Paolo 42
Vergil 4, 8, 260
Vermigli, Peter Martyr 117, 120f., 124, 127, 130–133, 135–145, 147f., 150, 153–155, 162, 359, 434
Vernou, Jean 349f.
Verona 135
Vicenza 155
Vicosoprano 43, 45
Vienne 149
Vierwaldstättersee 9
Villar Pellice 356
Villena, Marquis de 118
Villiers 435
Villmergen; Villmerger 336
Viret, Pierre 411

Vives, Juan Luis 194–205, 292
Vogt, Simprecht 326, 332
Vollenweider, Jakob 94, 98
Volpe, Giovanni Antonio 41
Vossius, Gerhard Johann 436

Wädenswil 91, 98, 314f.
Wagner, Jodokus 94
Walachen; walachisch 371f.
Waldenser; Valdesi 100, 347–360
Waldis, Burkard 264, 280f.
Waldshut 110
Waldstätte 295f.
Walleys, Thomas; Valois, Thomas 196f., 200
wallonisch 395
Walther von Châtillon 260
Ward, Samuel 437, 444
Warschau; Warschauer 373, 378–380
Waser, Josias 93
Waser, Kaspar 93, 96, 99–101, 105–107
Wasterkingen 257f.
Wechter, Andres 103
Weil, Louis 383
Weiß, Konrad 264
Weißenau 315
Weißenburg; Alba Iulia 177, 362, 371f.
Wells 437
Werenfels, Jakob 99
Wernher, Georg 168
Wesel 430f.
Wesley, John 445
Westeuropa; westeuropäisch 211, 361, 367, 376, 379f., 399
Westungarn 176, 362
Whiston, William 157
Whitaker, William 435f.
Whitgift, John 435f., 442
Wick, Johann Jakob 51, 326, 335
Widmarius, Abdias 96
Wien 1, 7, 159f., 164, 172, 177
Wiener, Paul 363
Wigand, Johannes 100
Willi, Stephan 43
Williams, George 151f., 154
Winchester 437
Winterthur 55
Wirth, Rudolf; Hospinian 182
Wirz, Bernhard 258
Wirz, Johann Jakob 92
Wirz, Johannes 94, 98, 107

Wittenberg; Wittenberger; wittenbergisch 14, 38, 74, 119, 129, 170–173, 221, 228, 287, 363f., 366
Władysław II. Jagiełło, polnischer König 373f.
Wölflin, Heinrich 6
Wörth 22
Wolf, Hans Ulrich 68
Wolf, Johannes 65, 231
Wolfgang Wilhelm, Pfalzgraf 99
Wolsey, Thomas 196
Worms; Wormser 18f., 67
Wyss, Bernhard 4, 215
Wyss, Johann Melchior 94f.

Xenophon 166
Xylotectus, Johannes 2, 6–8, 11f., 14, 18f.
Xylotetctus, Johannes 11

Zacharias; Zechariah 142
Zähringen, Geschlecht 230
Zamoyski, Jan 380
Zanchi, Girolamo 82, 137, 434
Zborowski, Jan 379
Zborowski, Marcin 376
Zebedaiden, Johannes und Jakobus 274
Zechariah, s. Zacharias
Zehngerichtebund 48, 50
Zell, Katharina, s. Schütz Zell, Katharina
Zell, Matthäus 387f., 392
Zernez 43
Zesen, Philipp von 114
Ziegler, Adrian 68
Ziegler, Hans 68
Zimmermann, Margarete, s. Feer Zimmermann, Margarete
Zimmermann, Zsigmond 177f.

Zingg, Johannes 93
Zion 387
Zofingen 15, 105, 109
Zrínyi, Miklós 175
Zsápolya, János 179
Zuallardo, Giovanni 112
Zürich; Tiguriner; Tigurinus; Tigurum; Zürcher; zürcherisch 1f., 5–16, 19, 21–23, 25–27, 29, 31f., 35–63, 65–80, 83–89, 91–93, 95–114, 117, 122, 125, 135–138, 140–143, 154–156, 159–162, 164–167, 169–174, 176–178, 180–188, 190f., 202, 207, 212–214, 216–218, 220f., 224f., 227f., 231, 233, 240, 246–253, 255–259, 261–264, 278, 283–291, 293, 295–339, 341, 345, 356, 364, 386
Zürichsee 97f.
Zug 220, 295, 298, 308, 314, 322, 334, 337
Zuoz 45
Zur Eich, Jakob 68
Zurgilgen, Johann Jakob 2, 11f.
Zweibrücken 95
Zwick, Johannes 32f.
Zwingli, Anna, s. Bullinger Zwingli, Anna
Zwingli, Huldrych; Zinlius; Zuinglius; zwinglisch; Zwinglius, Huldrichus; Zwinglianer; Zwinglianismus 2, 5f., 9–19, 22, 25–33, 37f., 84, 96, 110f., 125, 129, 131–133, 136, 138, 162, 186, 189, 193f., 196, 207, 212, 215, 218–221, 223–228, 230–233, 235, 237–240, 251, 258, 285–287, 337, 386, 401, 414
Zwingli, Huldrych (geb. 1528) 185, 189
Zwingli, Huldrych (geb. 1556) 189
Zwingli, Regula (geb. 1563) 188

VERZEICHNIS DER MITARBEITENDEN

Hans Ulrich Bächtold, geb. 1943, Dr. phil. (Universität Zürich), Wissenschaftlicher Mitarbeiter am Institut für Schweizerische Reformationsgeschichte, Universität Zürich.

Luca Baschera, geb. 1980, Dr. phil. (Universität Zürich), Wissenschaftlicher Mitarbeiter am Institut für Schweizerische Reformationsgeschichte, Universität Zürich.

Michael Baumann, geb. 1970, lic. theol. (Universität Zürich), Pfarrer in Dorf (Kanton Zürich) und Doktorand, Universität Zürich.

Jan-Andrea Bernhard, geb. 1971, Dr. theol. (Universität Zürich), Pfarrer in Castrisch (Kanton Graubünden) und Habilitand, Universität Zürich.

Erich Bryner, geb. 1942, Dr. phil. (Universität Zürich), Titularprofessor für osteuropäische Kirchengeschichte, Universität Zürich.

Christine Christ-von Wedel, geb. 1948, Dr. phil (Universität Basel).

Emanuele Fiume, geb. 1969, Dr. theol. (Universität Zürich), Pfarrer in Rom.

Bruce Gordon, geb. 1962, Ph.D (University of St. Andrews), Professor für Reformationsgeschichte, Yale University, New Haven.

Rainer Henrich, geb. 1955, lic. theol. (Universität Zürich), 1986–2009 Wissenschaftlicher Mitarbeiter an der Bullinger-Briefwechsel-Edition, Universität Zürich.

Frank A. James III, geb. 1953, D.Phil (University of Oxford) Ph.D (Westminster Theological Seminary, Pennsylvania), Rektor und Professor für Historische Theologie, Gordon-Conwell Theological Seminary, South Hamilton, Massachusetts.

Alexandra Kess, geb. 1975, Ph.D (University of St. Andrews), Wissenschaftliche Mitarbeiterin an der Bullinger-Briefwechsel-Edition, Universität Zürich.

Torrance Kirby, geb. 1955, D.Phil (University of Oxford), Professor für Kirchengeschichte, McGill University, Montreal.

Urs B. Leu, geb. 1961, Dr. phil. (Universität Zürich), Leiter Sammlung Alte Drucke, Zentralbibliothek Zürich.

Elsie Anne McKee, geb. 1951, Ph.D (Princeton Theological Seminary), Professorin für Reformationsgeschichte, Princeton Theological Seminary.

Joseph C. McLelland, geb. 1925, Ph.D (University of Edinburgh), emeritierter Professor für Religionsphilosophie, McGill University, Montreal.

Christian Moser, geb. 1976, Dr. theol. (Universität Zürich), Oberassistent am Institut für Schweizerische Reformationsgeschichte, Universität Zürich.

Peter Opitz, geb. 1957, Dr. theol. (Universität Bern), Privatdozent für Kirchengeschichte, Universität Zürich.

Markus Ries, geb. 1959, Dr. theol. (Universität München), Professor für Kirchengeschichte, Universität Luzern.

Kurt Jakob Rüetschi, geb. 1939, lic. phil. (Universität Zürich), 1971 bis 2004 Wissenschaftlicher Mitarbeiter an der Bullinger-Briefwechsel-Edition, Universität Zürich.

Alfred Schindler, geb. 1934, Dr. theol. (Universität Zürich), emeritierter Professor für Kirchen- und Dogmengeschichte, Universität Zürich.

Herman J. Selderhuis, geb. 1961, Dr. theol. (Theologische Universität Apeldoorn), Professor für Kirchengeschichte und Kirchenrecht, Direktor des Instituts für Reformationsforschung, Theologische Universität Apeldoorn.

Peter Stotz, geb. 1942, Dr. phil. (Universität Zürich), emeritierter Professor für Lateinische Philologie des Mittelalters, Universität Zürich.

Christoph Strohm, geb. 1958, Dr. theol. (Universität Heidelberg), Professor für Reformationsgeschichte und Neuere Kirchengeschichte, Universität Heidelberg.

Philipp Wälchli, geb. 1968, Dr. phil. (Universität Bern), Wissenschaftlicher Mitarbeiter am Institut für Schweizerische Reformationsgeschichte, Universität Zürich.